Wirtschaftslehre für hauswirtschaftliche Betriebe

Herausgeber: Dr. Harald Dettmer

Autoren:
Harald Dettmer
Sabrina Dettmer
Dieter Finck
Diane Gerner
Thomas Hausmann
Petra Hieke
Klaus Steffens
Eva Wittinghofer

Unter Mitarbeit von:
Werner Schneid

4., komplett überarbeitete Auflage

Dr. Felix Büchner – Handwerk und Technik • Hamburg

Bildquellenverzeichnis

Cartoon-Caricature-Contor, München S. 25 (R. Löffler), S. 57 (T. Plassmann), S. 90/1 (E. Liebermann), S. 159
DAK, Hamburg; S. 211
Dettmer, aus „Gastgewerbliche Berufe in Theorie und Praxis", Hamburg; S. 42, 45, 49, 50, 51, 52, 317
Deutsche Bank, Hamburg; S. 305
DPA, Hamburg; S. 88 (4146), 90/2 (7664), 91 (7360), 94, 241 (7687)
Duales System Deutschland AG, Köln; S. 192/2
Erich Schmidt Verlag; S. 15 (293 571), 22 (241 110), 31 (280 040), 32 (141 213), 82/1 (200 125), 137 (128 038), 139 (128 035), 158 (128 044), 195 (128 043), 196 (128 041), 260 (200 250), 277 (200 221)
Fördergemeinschaft Gutes Licht, Frankfurt; S. 99/1
R. Gieseking, Hamburg; S. 56, 65, 98/2, 99/2, 99/3, 100, 190, 221
Globus Infografik GmbH, Hamburg; S. 17 (7726), 24 (9368), 29 (7920), 64 (7881), 72 (2705), 89 (7497), 100 (803A), 100/1, 101 (7902), 105/1 (7434), 105/2 (8283), 110 (2404), 112/1 (2237), 177 (8118), 179 (8155), 180 (8141), 185/1 (7778), 185/2 (7506), 199 (6634), 203, 216 (7779), 217 (7907), 218 (7851), 223 (7628), 225 (8015), 227 (8271), 258 (8030), 263 (5724), 268 (7661), 278 (8262), 312 (4726), 313 (8918), (7770)

HEA Bilderdienst, Frankfurt; S. 82/2
J. R. Lahm, Karlsruhe; S. 217/2
Marie Marcks, Heidelberg; S. 307
Öko-Institut e.V., Freiburg; S. 112/2, 193/1, 198
Stiftung Warentest, test 09/02, Berlin; S. 189
Umweltgutachterausschuss, Berlin; S. 111
Vogel GmbH, Ludwigsburg; S. 119

Titelgestaltung: Harro Wolter, Hamburg

Titelfotos: Miele & Cie GmbH & Co, Gütersloh; H. Wolter, Hamburg; W. Krüper, Steinhagen

Sämtliche nicht im Bildquellenverzeichnis aufgeführten Zeichnungen: Boris Kaip, München

ISBN 3.582.04255.3

Verlag Dr. Felix Büchner – Verlag Handwerk und Technik G.m.b.H.,
Lademannbogen 135, 22339 Hamburg;
Postfach 63 05 00, 22331 Hamburg – 2003
Internetadresse: www.handwerk-technik.de
E-Mail: info@handwerk-technik.de
Layout, Satz und Lithos: tiff.any GmbH, Berlin
Druck: Druckerei zu Altenburg, 04600 Altenburg

Grundsätzliches zur Benutzung dieses Buches

Zielgruppe

Das vorliegende Lehr- und Arbeitsbuch wendet sich an die Lernenden in hauswirtschaftlichen Betrieben sowie an beruflichen Schulen mit den Berufsfeldern

- Ernährung und Hauswirtschaft,
- Sozialpflege,
- Textil und Bekleidung.

Das Buch soll in die grundlegenden Probleme der Wirtschaftslehre einführen, und zwar unter Berücksichtigung der Verbindung von Theorie und Praxis.

Form

Vor der Darstellung des Lehrstoffes steht ein Inhaltsverzeichnis, das eine erste Auskunft über den Buchinhalt ermöglicht. Durch das an den Schluss gestellte ausführliche Sachwortverzeichnis wird das Lernmittel gleichzeitig zu einem Nachschlagewerk.

Sachdarstellung

Jedem Kapitel ist eine überwiegend praxisorientierte Situation vorangestellt, wodurch die Lernenden an die zu vermittelnden Lerninhalte herangeführt werden. Im Text wird immer wieder auf diese Situation zurückgeführt. Dadurch ist eine selbständige Arbeit mit dem Fachbuch möglich. Tabellen, Lernraster usw. stellen den wesentlichen Lernstoff heraus, um die Einprägsamkeit zu erhöhen. Wichtige Zusammenhänge und Begriffe sind durch Fettdruck oder blaue Farbe hervorgehoben, was lerntechnisch von großer Bedeutung ist.

Wesentliche Lerninhalte

Im Anschluss an jeden größeren Lernabschnitt findet man „Wesentliche Lerninhalte", die tragende Begriffe bzw. Aussagen in einfachen Sätzen und zum Teil grafisch aufbereitet wiederholen. So können Leserinnen und Leser das Gelernte auf seine Vollständigkeit prüfen.

Lernerfolgssicherung

An jeden größeren Lernabschnitt schließen sich Aufgaben an, die Gelegenheit geben, Lerninhalte zu festigen bzw. erlerntes Wissen anzuwenden. Dabei wiederholen die Aufgaben in der Regel die getroffenen Aussagen, aber sie ergänzen sie auch und stellen einen vertieften hauswirtschaftlichen Bezug her.

Handlungsorientierung

Im Anschluss an die Lernaufgaben finden sich „Weiterführende Aufgaben", die den Lernenden Impulse geben, umfassende wirtschaftliche Zusammenhänge zu erleben und zu verstehen. Diese weiterführenden Aufgaben können über die gegebenen Situationen hinaus Gegenstand eines handlungsorientierten Unterrichts sein und so der Erarbeitung der Lernbereiche dienen. In die Kapitel integriert sind „Handlungsvorschläge", die – ähnlich wie die weiterführenden Aufgaben – Vorschläge zu vertiefenden Handlungen auch jenseits der schulischen Räume liefern.

 Handlungsvorschläge sind gekennzeichnet durch dieses Symbol.

 Situationen sind gekennzeichnet durch dieses Symbol.

▶▶▶ Teilweise werden Situationen im Kapitel wieder aufgegriffen, gekennzeichnet durch drei Pfeile.

Tipps und Hinweise zu den Aufgaben und Vorschlägen finden die Lernenden auf den Methodenseiten im Anhang, die einen wesentlichen Beitrag zur Handlungsorientierung im Unterricht leisten und in der neuen Auflage stark erweitert wurden.

Bad Harzburg, im Sommer 2003

Herausgeber und Verlag

Inhalt

1 Ausbildung und Beruf

In der Bundesrepublik Deutschland wird die Berufsausbildung in der Regel im **dualen System** durchgeführt, d. h. teils in der Berufsschule und teils beim Arbeitgeber (z. B. in der Großküche eines Betriebes). Das gilt auch für den Ausbildungsberuf Hauswirtschafterin/ Hauswirtschafter. Das Konzept des dualen Systems baut also auf zwei Elementen auf:

Erstes Element: Dem Auszubildenden sollen in der Berufsschule vermittelt werden

- fachtheoretische Wissensinhalte sowie
- allgemein bildendes Wissen.

Um diese Aufgaben gewissenhaft zu erfüllen, benötigen die Berufsschulen eine angemessene personelle Ausstattung. Die folgende Grafik verdeutlicht, dass hier Maßnahmen erforderlich sind, um die Tendenz des Lehrermangels an diesem Schultyp zu stoppen:

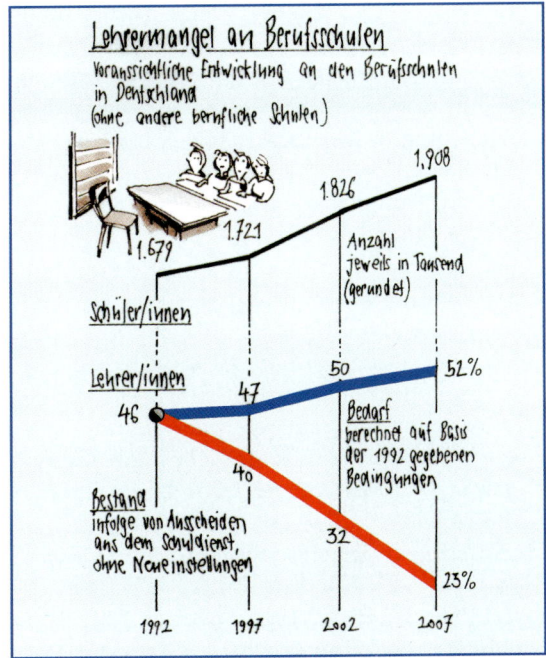

platz zeigt die Entwicklung ein großes Problem: Das Angebot an Ausbildungsstellen nimmt ab. Somit ist ein Mangel an Ausbildungsplätzen zu verzeichnen. Die Gründe dafür zeigt das nachstehende Schaubild:

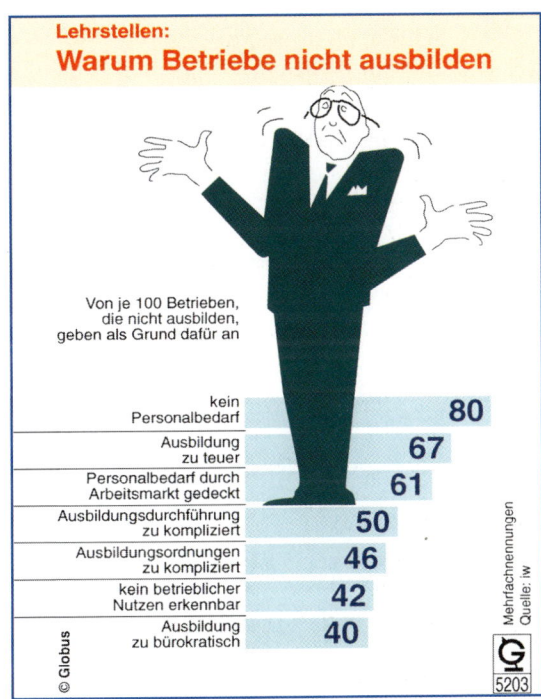

Hier wird ein Widerspruch deutlich. Die Wirtschaft sucht auf der einen Seite Fachkräfte, was die Darstellung der folgenden Umfrage verdeutlicht:

Zweites Element: Weiterhin sollen dem Auszubildenden beim Arbeitgeber die notwendigen praktischen Fertigkeiten vermittelt werden. Auch im Bereich der Ausbildung am Arbeits-

Auf der anderen Seite steht die abnehmende Bereitschaft der Arbeitgeber, Ausbildungsplätze anzubieten. Auch in diesem Element des dualen Systems besteht also ein Maßnahmenbedarf.

1.1 Auszubildende im Berufsfeld

 Situation

Nach ihrer Ausbildung zur Wirtschafterin arbeitet Frau Weise zwei Jahre lang in einem 12-Personen-Haushalt einer Familie des Albert-Schweitzer-Kinderdorfes.

Nachdem Frau Weise eine Weiterbildung zur Hauswirtschaftsleiterin erfolgreich abgeschlossen hat, verbessern sich ihre Einkommensverhältnisse: Frau Weise nimmt eine Stelle in einer karitativen Einrichtung des Müttergenesungswerkes (MGW) mit 100 Betten an. Dort trägt sie die Verantwortung für die Bereiche

- Ernährung,
- Reinigung sowie
- Einrichtung von Arbeitsplätzen. ▶▶▶

Unsere Gesellschaft stellt immer höhere Anforderungen. Daher ist es sicher ein guter Weg, eine qualifizierte Ausbildung in einem zukunftsträchtigen Berufsfeld anzustreben. Trotz steigender technischer Hilfe ist gerade die qualifizierte menschliche Arbeitskraft in vielen Branchen nicht zu ersetzen – so insbesondere in der Hauswirtschaft, wo sich ein steigender Bedarf an Fachkräften abzeichnet.

1.1.1 Die Berufsausbildung

Die Inhalte der Ausbildung zur Hauswirtschafterin/zum Hauswirtschafter sind vielfältig. Gleiches gilt für die Tätigkeitsbereiche in diesem Beruf. Die Bund-Länder-Kommission für Bildungsplanung und Forschungsförderung sowie die Bundesanstalt für Arbeit geben regelmäßig ein Buch mit dem Titel „Studien- und Berufswahl" heraus. Dieses Werk zeigt die aktuellen Ausbildungsinhalte und Tätigkeitsbereiche u. a. für Hauswirtschafterinnen/Hauswirtschafter auf (Übersicht 1.1).

Hauswirtschafterin/Hauswirtschafter	
Ausbildungsinhalt	**Tätigkeitsbereiche**
<ul><li>Bedarfsermittlung, Bedarfsdeckung</li><li>Warenangebot und verbraucherbewusstes Handeln</li><li>wirtschaftliche Haushaltsführung</li><li>Geld- und Geschäftsverkehr</li><li>soziale Aufgaben in der hauswirtschaftlichen Gemeinschaft</li><li>Arbeitsgestaltung und -planung</li><li>Hygiene</li><li>Ernährung</li><li>Nahrungsmittelzubereitung, Vorratshaltung</li><li>Einrichtung, Pflege der Wohn-, Sanitär- und Wirtschaftsräume</li><li>Pflege und Instandhaltung von Wäsche und Oberbekleidung</li><li>Anfertigung einfacher Bekleidung und Heimtextilien</li><li>Gartennutzung und Blumenpflege</li></ul>**Die Ausbildung im 2. und 3. Ausbildungsjahr erstreckt sich auf den Schwerpunkt ländliche oder städtische Hauswirtschaft.**	Hauswirtschafter finden ihre Arbeit in ländlichen oder städtischen Haushalten, Familien- oder Großhaushalten. Alle anfallenden Arbeiten in der Hauswirtschaft werden übernommen – von der gesunden Ernährung, der Wohnungs- und Textilpflege bis zur Vorratshaltung. Dabei sind die Grundsätze der wirtschaftlichen Haushaltsführung – verantwortliches Umgehen mit Geld und Arbeitskraft und das rationelle Einsetzen der technischen Geräte – von besonderer Bedeutung. **Aufstiegsmöglichkeiten sind bei entsprechender Fortbildung zum Wirtschafter, Hauswirtschaftsleiter oder Meister der Hauswirtschaft durch die Übernahme größerer hauswirtschaftlicher Betriebe gegeben.**

Übersicht 1.1

Die Ausbildungszeit zur Hauswirtschafterin/zum Hauswirtschafter beträgt drei Jahre. Eine Verkürzung der Ausbildungszeit ist jedoch vorgesehen, wenn Auszubildende eine der folgenden Qualifikationen nachweisen können:

- einjährige Berufsfachschule,
- Abitur,
- einen gleichwertigen Bildungsabschluss.

Mit dem rechtsgültigen Abschluss eines Ausbildungsvertrages (s. S. 25) entstehen für Auszubildende und Ausbildende Rechte und Pflichten (Übersicht 1.2). Diese sind in den §§ 6–12 und 20–24 *Berufsbildungsgesetz (BBiG)* geregelt und unterscheiden sich z. T. erheblich von den Rechten und Pflichten aus anderen Arbeitsverträgen (s. S. 25).

Im Gegensatz zur allgemeinen Zeugniserteilungspflicht sind die Inhaltspunkte eines Zeugnisses nach der Berufsausbildung spezifischer festgelegt: Übersicht 1.2, letzter Punkt. Nach Beendigung eines Arbeitsverhältnisses außerhalb der Berufsausbildung kann der Arbeitnehmer zwischen einfachem und qualifiziertem Arbeitszeugnis wählen (Übersicht 1.3).

Pflichten des Auszubildenden = Rechte des Ausbildenden	Pflichten des Ausbildenden = Rechte des Auszubildenden
• Besuch der Berufsschule = **Berufsschulpflicht** • Ausführung übertragener Arbeiten mit erforderlicher Sorgfalt = **Dienstleistungspflicht** • Befolgen der Betriebsordnung = **Gehorsamspflicht** • Haftung für böswillig oder grob fahrlässig angerichtete Schäden = **Haftpflicht** • Wahrung von Geschäftsgeheimnissen = **Schweigepflicht** • Wahrung der Geschäftsinteressen = **Treuepflicht** • Ärztliche Untersuchung für Jugendliche unter 18 Jahren = **Pflicht zur ärztlichen Untersuchung** • Regelmäßiges Führen des Ausbildungsnachweises = **Pflicht zum Führen eines Berichtshefts**	• Vermittlung der Ausbildungsinhalte = **Ausbildungspflicht** • Sorge um Gesundheit sowie Schutz vor sittlicher und körperlicher Gefährdung = **Fürsorgepflicht** • Anmeldung zur – Eintragung in das Verzeichnis der Berufsausbildungsverhältnisse der Kammer – Zwischen- und Abschlussprüfung • Abmeldung bei der Kammer nach abgeschlossener Ausbildung = **Meldepflicht** • Zahlung der Ausbildungsbeihilfe und Urlaubsgewährung = **Vergütungspflicht** • Sozialversicherungsanmeldung sowie Zahlung der Beiträge = **Versicherungspflicht** • Ausstellung eines Zeugnisses über – Art, Dauer und Ziel der Ausbildung – erworbene Fertigkeiten und Kenntnisse = **Zeugniserteilungspflicht**

Übersicht 1.2

Zeugnisarten	
Einfaches Zeugnis	**Qualifiziertes Zeugnis**
Ein solches Arbeitszeugnis enthält neben den Namen und Anschriften der Vertragsparteien nur Angaben über Art und Dauer der Beschäftigung.	Diese Zeugnisart enthält über den Inhalt des einfachen Zeugnisses hinaus auch Angaben über Führung und Leistungen des Arbeitnehmers.

Übersicht 1.3

Die Kündigung des Berufsausbildungsverhältnisses

Während der Probezeit, die mindestens einen Monat und höchstens drei Monate dauert (§ 13 BBiG), können beide Vertragsparteien das Ausbildungsverhältnis fristlos ohne Angabe von Gründen kündigen (§ 15 BBiG).

Nach der Probezeit kann natürlich auch Anlass zur Kündigung bestehen. Die Kündigung muss dann unter Angabe des Kündigungsgrundes schriftlich erfolgen.

Folgende Anlässe können Grundlage einer Kündigung des Berufsausbildungsverhältnisses sein:

- der Wunsch des Auszubildenden, die Berufsausbildung aufzugeben, z. B. weil er sich in einem anderen Beruf ausbilden lassen möchte (vierwöchige Kündigungsfrist); das beiderseitige Einverständnis;

- der Konkurs oder die Stilllegung des Ausbildungsunternehmens;

- ein wichtiger Grund, z. B. Diebstahl oder Tätlichkeit (ermöglicht die fristlose Kündigung).

1.1.2 Fort- und Weiterbildung

Nach einer Berufstätigkeit ohne besondere Ausbildung, aber auch nach erfolgreichem Abschluss einer Berufsausbildung zur Hauswirtschafterin/zum Hauswirtschafter gibt es im Berufsfeld der Hauswirtschaft zahlreiche Möglichkeiten der Fort- und Weiterbildung. Die Übersicht 1.4 stellt dieses beispielhaft dar:

Abschluss	Ausbildung	Voraussetzung für die berufliche Weiterbildung
Meisterin der städtischen Hauswirtschaft/ der ländlichen Hauswirtschaft	Vorbereitungslehrgang (Vollzeit-, Teilzeit-, Fernunterricht) mit 900 bis 1.600 Stunden	Abschlussprüfung im hauswirtschaftlichen Ausbildungsberuf und dreijährige praktische Tätigkeit in der Hauswirtschaft
Staatlich geprüfte Wirtschafterin	einjährige Fachschule für Ernährung und Hauswirtschaft	abgeschlossene Berufsausbildung als Hauswirtschafterin und ein Jahr berufliche Tätigkeit oder mindestens fünf Jahre hauswirtschaftliche Tätigkeit – davon ein Jahr im Großhaushalt und ein Jahr im Privathaushalt
Staatlich geprüfte Betriebswirtin Fachrichtung Großhaushalt	zweijähriger Schulbesuch am Berufskolleg für Ernährung und Hauswirtschaft (BfEuH) II	Fachschulreife o. Ä., Abschluss des BfEuH I oder der zweijährigen hauswirtschaftlich-sozialpädagogischen Berufsfachschule und zweijähriges Praktikum oder Abschluss in einem hauswirtschaftlichen Ausbildungsbetrieb
Staatlich geprüfte ländliche Hauswirtschaftsleiterin	zweijährige Fachschule für ländliche und hauswirtschaftliche Berufe	Fachschulreife oder gleichwertiger Abschluss und der Beruf der Hauswirtschafterin mit Schwerpunkt ländliche Hauswirtschaft sowie berufliche Tätigkeit
Diplom-Ökotrophologin	achtsemestriges Fachhochschulstudium	mindestens mittlerer Bildungsabschluss und Abschluss der einjährigen Fachoberschule

berufliche Weiterbildung

Qualifizierte Tätig-keit ohne Berufs-abschluss	Anerkannter beruflicher Abschluss, z. B. Hauswirtschafterin		
Berufliche Qualifizierung durch Kurse und Lehr-gänge (von einigen Wochen bis zu einem Jahr)	Zulassung zur Abschluss-prüfung nach einer Berufs-tätigkeit von mindestens doppelter Dauer der vor-geschriebenen Ausbil-dungszeit …	… oder Zulassung zur Abschlussprüfung nach Erwerb entsprechender Kenntnisse und Fertig-keiten (belegt z. B. durch Zeugnisse oder Tätig-keitsnachweise)	Betriebliche Ausbildung mit Umschulungsvertrag (bis zu 2 Jahren) oder außerbetriebliche Ausbil-dung, z. B. in einer Ein-richtung zur beruflichen Bildung (von bis zu 2 Jahren) oder Besuch einer Fachschule (von bis zu 3 Jahren)
Überbetriebliche Qualifizierung	Nachholen eines fehlenden beruflichen Abschlusses Zulassung in besonderen Fällen, z. B. nach § 40 des Berufsbildungsgesetzes		Umschulung in einen anderen Beruf

Berufstätigkeit ohne besondere Ausbildung

Übersicht 1.4

Fort- und Weiterbildung sind natürlich immer mit persönlichem Einsatz, Aufwendungen und Entbehrungen verbunden.

▶▶▶ Die einleitende Situation zu diesem Ka-pitel zeigt jedoch, dass sich solche Schritte lohnen können, z. B. durch die Übertragung verantwortungsvollerer Aufgaben und eine höhere Entlohnung wie im Falle von Frau Weise. ●●●

Wünscht eine Hauswirtschafterin bzw. ein Haus-wirtschafter eine weiter gehende berufliche Veränderung, empfiehlt sich die Suche nach Be-schäftigungsalternativen, in denen die Kenntnis-se und Fertigkeiten aus dem erlernten Beruf zu verwerten sind. Das neue Berufsziel ist z. B. durch eine Zusatzausbildung zu erreichen. Die Übersicht 1.5 zeigt einige Varianten für Haus-wirtschafterinnen und Hauswirtschafter auf.

Bereiche	Mögliche Beschäf-tigungsalternativen
Fachverkauf/ Kundenberatung	Fachberater, Fach-verkäufer für Haushalts-waren, -geräte und Lebensmittel
Gastgewerbe/ Ernährung	Koch, Bäcker, Konditor, Restaurant-, Hotelfachmann
Landwirtschaft/ Gartenbau	Landwirt, Tierwirt, Gärtner, Winzer
Medizin	Krankenpfleger, Kinderkrankenpfleger, Diätassistent
Reinigungs-gewerbe	Textilreiniger, Gebäudereiniger
Sozialpflege	Altenpfleger, Erzieher, Dorfhelfer, Familien-pfleger, Haus- und Familienpfleger

Übersicht 1.5

Wesentliche Lerninhalte

- In der Bundesrepublik Deutschland wird die Berufsausbildung in der Regel im dualen System durchgeführt.

- Erster Ausbildungsort: Ausbildung beim Arbeitgeber (z. B. im Großhaushalt). Zweiter Ausbildungsort: Ausbildung in der Berufsschule.

- Rechte und Pflichten für Auszubildende und Ausbildende sind in den §§ 6–12 und 20–24 BBiG geregelt, z. B.:

- Beendigung eines Ausbildungsverhältnisses durch:
  ○ Abschlussprüfung (= Normalfall)
  ○ Kündigung (= Ausnahmefall)
    – während der Probezeit fristlos ohne Angabe von Gründen
    – nach der Probezeit aus wichtigem Grund ohne Einhaltung der Kündigungsfrist
    – auf Wunsch des Auszubildenden, z. B. weil er sich in einem anderen Beruf ausbilden lassen möchte (vierwöchige Kündigungsfrist)
    – bei Konkurs oder Stilllegung des Ausbildungsunternehmens
    – bei beiderseitigem Einverständnis

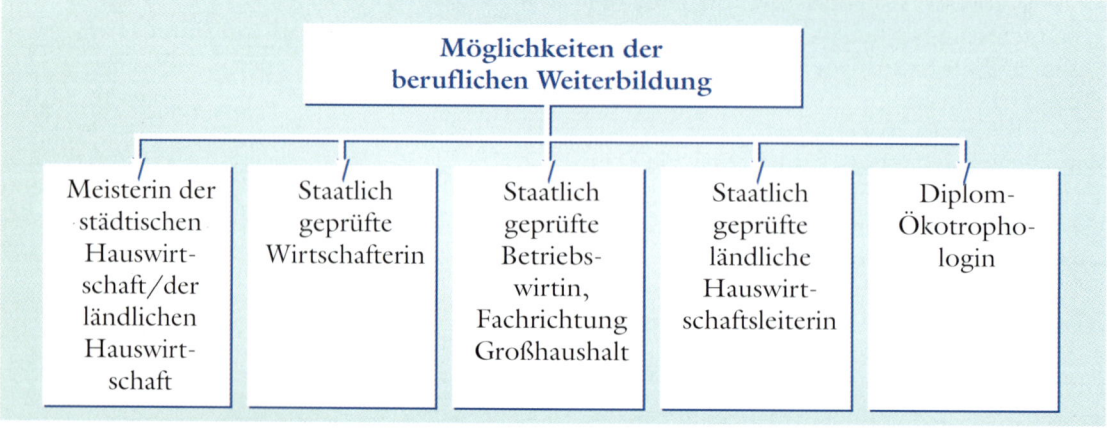

AUSZUBILDENDE	Pflichten	AUSBILDENDE
Berufsschulpflicht Dienstleistungspflicht Gehorsamspflicht Haftpflicht Schweigepflicht Treuepflicht Pflicht zur ärztlichen Untersuchung Pflicht zum Führen eines Berichtshefts		Ausbildungspflicht Fürsorgepflicht Meldepflicht Vergütungspflicht Versicherungspflicht Zeugniserteilungspflicht

Möglichkeiten der beruflichen Weiterbildung

Meisterin der städtischen Hauswirtschaft/der ländlichen Hauswirtschaft	Staatlich geprüfte Wirtschafterin	Staatlich geprüfte Betriebswirtin, Fachrichtung Großhaushalt	Staatlich geprüfte ländliche Hauswirtschaftsleiterin	Diplom-Ökotrophologin

Aufgaben

❶ Erklären Sie kurz, was Sie unter der Berufsausbildung im dualen System verstehen.

❷ Die einleitenden Ausführungen zum Kapitel haben gezeigt, dass im Bereich des dualen Systems Maßnahmenbedarf in zwei Punkten besteht:

- Die Tendenz des Lehrermangels an Berufsschulen ist zu stoppen,
- das Angebot an Ausbildungsstellen ist der entsprechenden Nachfrage anzupassen.

Erstellen Sie einen Maßnahmenplan, der dazu beitragen kann, den negativen Entwicklungen entgegenzuwirken.

❸ Petra befindet sich im zweiten Ausbildungsjahr zur Hauswirtschafterin. Am Montag erscheint sie unentschuldigt nicht an ihrem Arbeitsplatz. Am nächsten Tag fragt die Ausbildungsleiterin Petra, wo sie denn am Montag gewesen sei. Petra antwortet lediglich mit der Bemerkung, sie habe ein „heißes" Wochenende gehabt. Diskutieren Sie, wie Sie als Leiter des Ausbildungsbetriebes reagieren würden.

❹ Nach Ihrer Ausbildung verweigert der Ausbildende die Ausstellung eines Zeugnisses. Ist der Ausbildende im Recht, wenn er Ihnen die Zeugniserteilung verwehrt? Begründen Sie Ihre Antwort.

❺ Warum hat der Gesetzgeber nach Ihrer Ansicht eine Probezeit für Ausbildungsverhältnisse vorgesehen?

❻ Elke wünscht sich nach einigen Jahren Tätigkeit als Hauswirtschafterin eine berufliche Veränderung. Was würden Sie ihr empfehlen?

1.2 Die Entlohnung

👁 Situation

Das städtische Berufsförderungswerk – eine Einrichtung, die Rehabilitanden (= Personen, denen die berufliche Wiedereingliederung ermöglicht werden soll) ganztägig betreut und umschult – hat eine Stelle als Hauswirtschafter/-in ausgeschrieben. Es findet ein Bewerbungsgespräch mit folgendem Inhalt statt:

Personaldezernent: „Gut, Frau Schulz, Sie haben gezeigt, dass Sie die geforderte Qualifikation und die erforderliche Erfahrung für die zu vergebende Stelle besitzen. Wenn eine Entscheidung zu Ihren Gunsten fallen sollte, ist für uns noch interessant, welche Vorstellungen Sie über das Arbeitsentgelt haben."

Frau Schulz: „Ich bin allein erziehende Mutter und habe drei Kinder zu versorgen. Ich erwarte eine Monatsvergütung von 1.700,00 € brutto – Sie wissen ja, was heutzutage alles kostet."

Personaldezernent: „Wir sind gehalten, die freie Stelle nach dem Bundesangestelltentarif, BAT, zu vergüten. Der sieht bei den Tätigkeitsmerkmalen dieser Stelle ein bei weitem niedrigeres Entgelt vor."

Frau Schulz: „Ich habe Ihnen die Entlohnung genannt, die ich erwarte. Von dieser Forderung kann ich leider nicht abweichen."

Personaldezernent: „Da wir nun alle Punkte besprochen haben, bleibt mir nur noch, mich für das Gespräch zu bedanken – Sie werden in den nächsten zwei Wochen von uns hören."

Aus jedem Bewerbungsgespräch – vor allem aus einem gescheiterten – sollte man lernen. Daher ist es für Frau Schulz wichtig, den Inhalt des Gesprächs im Nachhinein zu durchdenken, z. B. in folgenden Punkten:

- die Art, wie sie Ihre Forderung nach einem Entgelt von 1.700,00 € brutto im Monat vorgetragen hat (Argumente),
- ihr Vorgehen, ein Entgelt zu fordern und darauf unnachgiebig zu beharren. ▶▶▶

Handlungsvorschlag
Wenn Sie sich nach Ihrer Ausbildung um eine Stelle bewerben, wird auch auf Sie ein Bewerbungsgespräch zukommen. Versuchen Sie doch mal, eine solche Situation in Form eines Rollenspiels nachzuempfinden. Dabei können Ihnen die Hinweise auf Seite 344 eine Hilfe sein.

1.2.1 Gerechte Entlohnung

Die Situation des Bewerbungsgesprächs zeigt an einem Fall, dass es sehr schwer ist, eine Entlohnung festzuschreiben, die sowohl Arbeitnehmer als auch Arbeitgeber als gerecht empfinden.
Die in Übersicht 1.6 dargestellten Merkmale gelten als Kriterien (= Kennzeichen), einen für beide Seiten angemessenen Lohn zu finden.

Merkmale	Erläuterungen	Gründe der Berücksichtigung	Beispiele
Leistung	Durch sinnvollen Einsatz von körperlicher Kraft, geistigen Fähigkeiten und Geschicklichkeit entsteht Leistung.	Jeder Arbeitsplatz stellt unterschiedliche Anforderungen. Nicht jeder Arbeitnehmer ist gleich leistungsfähig. Die Lohnhöhe ist abhängig von den Anforderungen der Stelle (anforderungsabhängige Lohndifferenzierung).	Eine Tätigkeit als Hauswirtschaftsleiterin wird besser entlohnt als eine Tätigkeit als Wirtschafterin (vgl. Situation Seite 8).
Arbeitsbewertung	Eine Arbeitsbewertung vollzieht sich in den Schritten a) Arbeitsplatzbeschreibung und b) Arbeitsplatzbewertung. Aus a) werden die Anforderungen an die Stelle ermittelt; sie bilden die Grundlage für b).	Die Anforderungen an eine Arbeit müssen bewertet werden, um eine möglichst gerechte Entlohnung zu ermitteln.	Eine Arbeitsbewertung hat die Eingruppierung der Hauswirtschafterin Engelbrecht in die Lohngruppe 6 ergeben: „Selbständige, schwierige und verantwortungsvolle Facharbeiten, deren Anforderungen über die für Lohngruppe 5 erforderlichen Merkmale hinausgehen."
Soziale Gesichtspunkte	Die Berücksichtigung sozialer Gesichtspunkte bei der Lohnfindung widerspricht dem Leistungsprinzip. In Tarifverträgen sind grundsätzlich Festlegungen enthalten, die aus sozialen Gesichtspunkten entstanden sind.	Deren Einbezug ist erforderlich, um gewisse Arbeitnehmergruppen nicht zu benachteiligen, die ebenfalls einen wichtigen Beitrag zu unserem Volkseinkommen leisten (z.B. Schwerbeschädigte sowie ältere Arbeitnehmer).	Frau Bleibtreu (29 Jahre, verheiratet) erhält eine höhere Vergütung als Frau Wohlgemuth (29 Jahre, ledig), obwohl beide die gleiche Arbeit als Hauswirtschafterinnen im öffentlichen Dienst ausüben.

Übersicht 1.6

Arbeitnehmer und Arbeitgeber reagieren unterschiedlich, wenn einzelne dieser Punkte zur Sprache kommen. Daher der nachstehende Hinweis zur einleitenden Situation:

▶▶▶ Es ist nicht klug, eine Entgeltforderung allein mit seiner familiären Situation und den Lebenshaltungskosten zu begründen. Vielmehr hätte Frau Schulz ihre fachlichen Fähigkeiten zur Untermauerung der Lohn- bzw. Gehaltsforderung nutzen sollen. Die von Frau Schulz angeführten Punkte sollten allenfalls genannt werden, wenn sich ein entsprechender Ansatzpunkt im Gespräch ergibt. Häufig ist es ratsam, auf eine entsprechende Frage ohne weitere Begründung die persönliche Vergütungsvorstellung zu nennen und die Reaktion der Gesprächspartner abzuwarten. ▶▶▶

▶▶▶ In den meisten Fällen ist ein starres Beharren auf Forderungen nicht empfehlenswert. Vielmehr sollte die Verhandlung als Herausforderung betrachtet werden, durch Argumente sein Ziel (ggf. auch den genannten Betrag) zu erreichen. ●●●

Trotzdem sind die Lebenshaltungskosten in die Ermittlung einer möglichst gerechten Entlohnung einzubeziehen.

Beispiel:

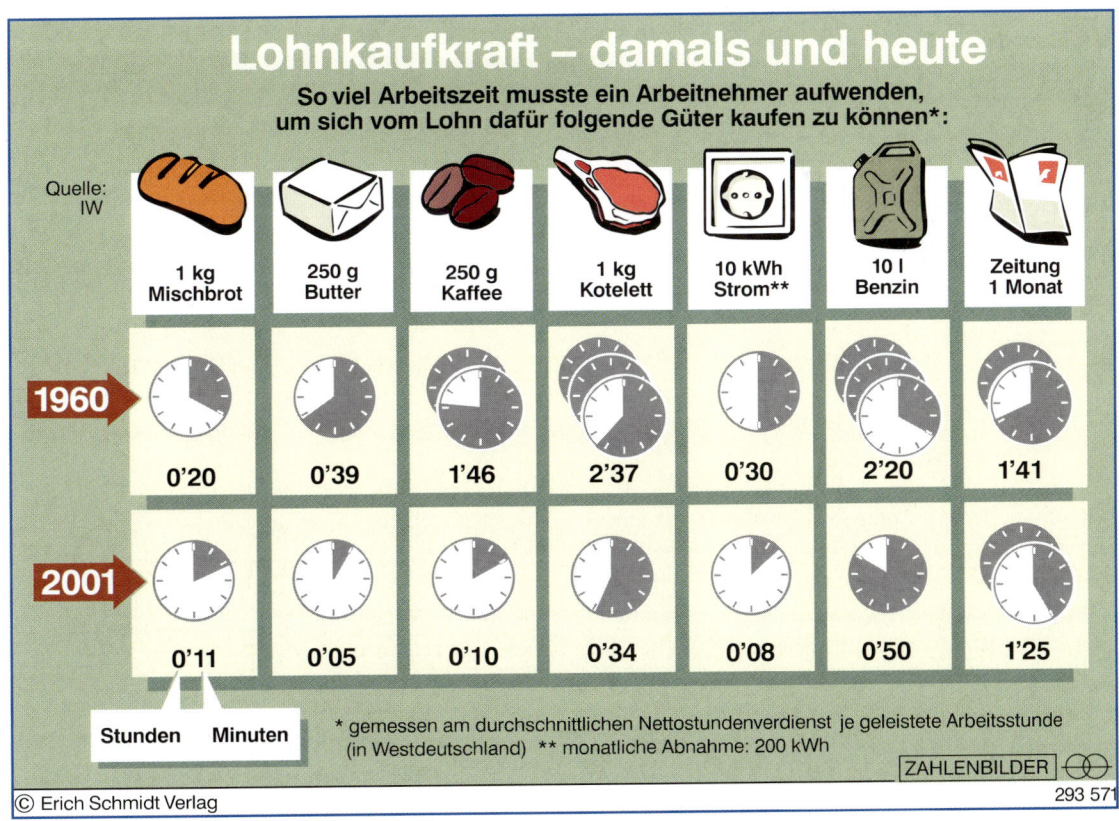

Lohnkaufkraft – damals und heute

So viel Arbeitszeit musste ein Arbeitnehmer aufwenden, um sich vom Lohn dafür folgende Güter kaufen zu können*:

Quelle: IW

	1 kg Mischbrot	250 g Butter	250 g Kaffee	1 kg Kotelett	10 kWh Strom**	10 l Benzin	Zeitung 1 Monat
1960	0'20	0'39	1'46	2'37	0'30	2'20	1'41
2001	0'11	0'05	0'10	0'34	0'08	0'50	1'25

Stunden   Minuten

* gemessen am durchschnittlichen Nettostundenverdienst je geleistete Arbeitsstunde (in Westdeutschland) ** monatliche Abnahme: 200 kWh

ZAHLENBILDER

© Erich Schmidt Verlag

293 571

1.2.2 Entlohnungsformen

Die Entlohnung ist ein wichtiges Motivationsmittel: Ein Arbeitnehmer, der sich unterbezahlt fühlt, wird nicht die Leistung erbringen, zu der er imstande ist. Wenn diese Situation bei vielen Arbeitnehmern in einem Land feststellbar ist,

leidet die Leistungsstärke der Volkswirtschaft darunter erheblich.

Um dem entgegenzuwirken, hat sich in der Praxis ein System der Mitarbeiterbezahlung entwickelt, das die in Übersicht 1.7 dargestellten wesentlichen Arten des Lohns unterscheidet.

Entlohnungsformen		
Zeitlohn	**Stunden- bzw. Monatslohn**	Es wird ein bestimmter Lohn pro Zeiteinheit gezahlt. Die Summe des Arbeitsentgelts richtet sich also nach der Dauer der geleisteten Arbeit. Beispiele: Frau Müller ist Aushilfskraft in einer Großküche. Sie arbeitet pro Woche zwischen 15 und 20 Stunden und bezieht dafür einen Zeitlohn von 6,00 €/Std. (= Stundenlohn). Die Hauswirtschafterin Samuel ist vollzeitbeschäftigt. Sie ist für die Versorgung eines Haushalts eingestellt und bezieht dafür ein Monatsentgelt von 1.120,00 € brutto (= Monatslohn).
Leistungslohn	**Prämienlohn**	Er stellt eine Kombination aus Zeit- und Leistungslohn dar. Es besteht die Möglichkeit, zusätzlich zum Zeitlohn eine Prämie zu erlangen. Beispiel: Frau Samuel unterschreitet im März für die Versorgung des Großhaushalts den geplanten Aufwand um 3.750,00 €, dafür erhält sie eine Prämie von 250,00 € (= Ersparnisprämie) zu ihrem Zeitlohn von 1.1200,00 €. Auch Qualitäts- und Mengenprämien sind gängige Varianten des Prämienlohns.
	Akkordlohn	Es wird ein bestimmter Lohn für eine geleistete Arbeitsmenge gezahlt. Diese Lohnform ist jedoch im Berufsfeld der Hauswirtschaft eher selten, da sich für diese Entlohnung höchstens Teilaufgaben aus dem komplexen Tätigkeitsbereich entsprechender Stellen eignen, z. B. Raum- und Textilpflege (geputzte Fläche in m²/Std. oder gebügelte Kleidungsstücke pro Stunde).

Übersicht 1.7

1.2.3 Lohnbildung und Lohnabrechnung

Arbeitsbedingungen (z. B. Arbeitszeiten) und Wirtschaftsbedingungen (z. B. Löhne) werden in der Bundesrepublik Deutschland verhandelt, ohne dass der Staat eingreifen darf (= **Tarifautonomie**). Arbeitnehmervertreter (Gewerkschaften) und Arbeitgebervertreter (Arbeitgeberverbände) vereinbaren **Mindestnormen**, die in Tarifverträgen verankert werden. Diese Normen können zugunsten der Arbeitnehmer verändert werden. Arbeitnehmer und Arbeitgeber vereinbaren in aller Regel ein Bruttoentgelt, unabhängig da

von, ob es tariflich vereinbart wurde (= **Tariflohn**) oder speziell für die eigene Person gilt (= **Individuallohn**). Dieses Entgelt ist jedoch keineswegs der Verdienst, der dem Arbeitnehmer letztendlich zur Verfügung steht (Auszahlungsbetrag). Der **Bruttolohn** ist die Gesamtheit des Verdienstes während einer Zeiteinheit. Die Zeiteinheit ist in der Regel ein Monat. Verdienst und Abzüge während dieser Spanne werden durch eine schriftliche Lohnabrechnung dokumentiert, die folgende Daten enthält:

Grundlohn (Individual- oder Tariflohn)

+ Zulagen (z.B. für Schmutz oder Gefahren am Arbeitsplatz)
+ Zuschläge (z.B. für Überstunden oder Schichtarbeit)

= **Bruttolohn**

Bruttolohn
– gesetzliche Abzüge (Lohn- und Kirchensteuer sowie Sozialversicherungsbeiträge, s. S. 210)

= **Nettolohn**

Nettolohn
– sonstige Abzüge (z.B. vermögenswirksames Sparen)

= **Auszahlungsbetrag**

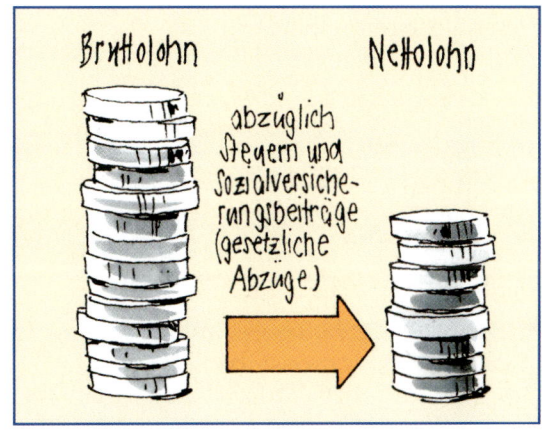

Das folgende Schaubild zeigt die Entwicklung des prozentualen Anteils der Steuern und Abgaben am Volkseinkommen:

Hieraus wird deutlich, dass jede Geldbörse neben den genannten Abzügen noch die indirekten Steuern (z.B. Mehrwertsteuern) verkraften muss. In Deutschland mussten die Einwohner in den letzten Jahren durchschnittlich zwischen 137 und 143 Tage für Steuern und Abgaben arbeiten. Diese Leistungen (Sozialversicherungsbeiträge und Steuern) dienen zum einen direkt der eigenen Sicherheit sowie zum anderen dem Gemeinwohl und somit letztendlich dem eigenen Wohl.

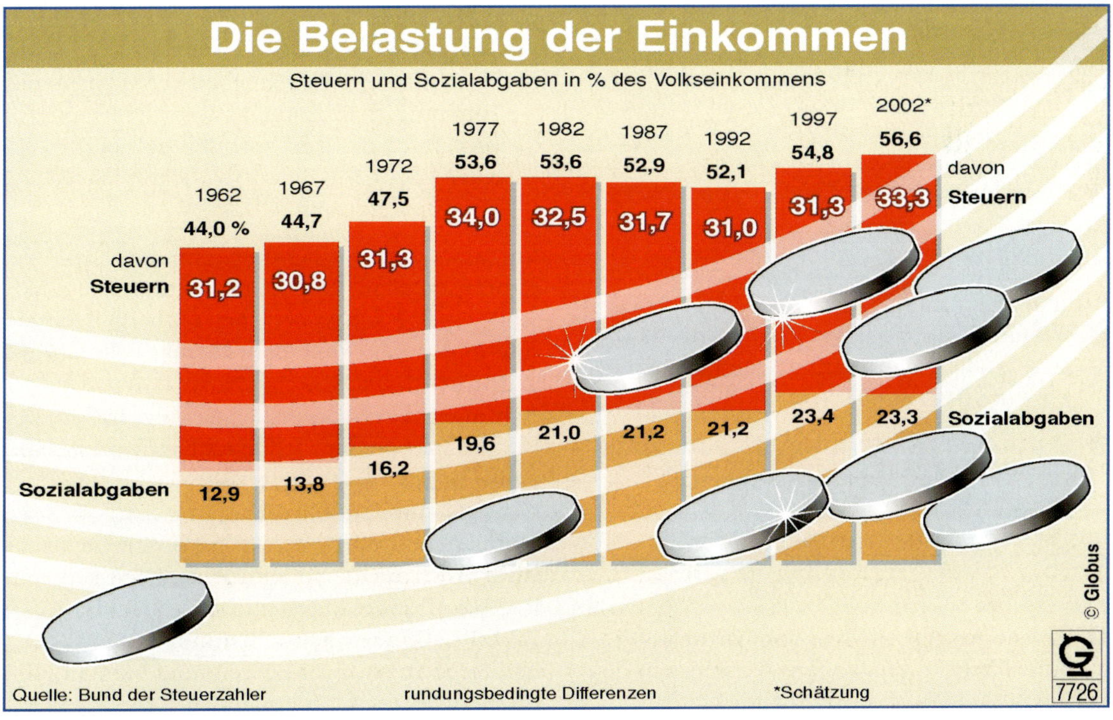

Die Belastung der Einkommen

Steuern und Sozialabgaben in % des Volkseinkommens

	1962	1967	1972	1977	1982	1987	1992	1997	2002*
	44,0 %	44,7	47,5	53,6	53,6	52,9	52,1	54,8	56,6
davon Steuern	31,2	30,8	31,3	34,0	32,5	31,7	31,0	31,3	33,3
Sozialabgaben	12,9	13,8	16,2	19,6	21,0	21,2	21,2	23,4	23,3

© Globus

Quelle: Bund der Steuerzahler   rundungsbedingte Differenzen   *Schätzung

7726

Wesentliche Lerninhalte

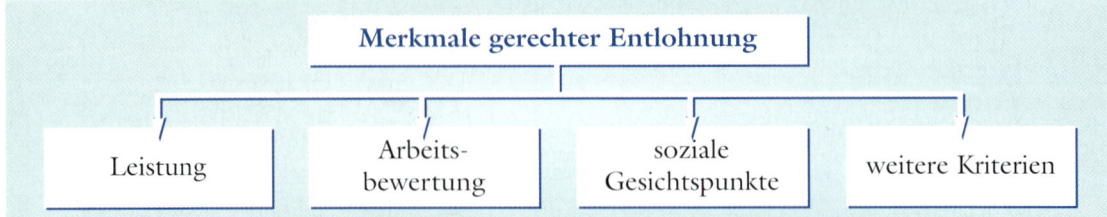

- Die Arten des Lohns (= Entlohnungsformen) werden unterschieden nach
  - Stunden- bzw. Monatslohn (= Zeitlohn) und
  - Prämien- bzw. Akkordlohn (= Leistungslohn).
- Arbeits- und Wirtschaftsbedingungen werden in Deutschland frei von staatlichen Eingriffen durch Gewerkschaften und Arbeitgeberverbände verhandelt.

Grundlohn
+ Zulagen
+ Zuschläge
= **Bruttolohn**
– gesetzliche Abzüge
= **Nettolohn**
– sonstige Abzüge
= **Auszahlungsbetrag**

Aufgaben

❶ Warum ist die Berücksichtigung der Leistung ein wichtiges Kennzeichen für eine gerechte Entlohnung?

❷ Diskutieren Sie den Inhalt des Schaubildes „Lohnkaufkraft – damals und heute" (Seite 15).

❸ Erläutern Sie kurz die Lohnbildung in der Bundesrepublik Deutschland.

❹ Welche Abzüge müssen vom Bruttolohn subtrahiert (= abgezogen) werden, um den Auszahlungsbetrag zu erhalten?

❺ Viele Unternehmen führen die Lohnabrechnung mithilfe der elektronischen Datenverarbeitung (EDV) und entsprechender Lohnabrechnungsformulare durch.
  a) Bitten Sie Unternehmen um ein entsprechendes Blankoformular.
  b) Besprechen Sie Aufbau und Inhalt der vorliegenden Formulare.

Weiterführende Aufgabe

Hauswirtschafter finden einen Arbeitsplatz in Haushalten der Länder und Gemeinden, in Familien- sowie Großhaushalten. Für Arbeitsuchende ist der öffentliche Dienst eine interessante Variante zur Privatwirtschaft. Die Vergütung im öffentlichen Dienst weist jedoch in ihrer Zusammensetzung Besonderheiten auf.
a) Finden Sie diese Besonderheiten heraus.
b) Versuchen Sie, die aktuellen Vereinbarungen zum tariflichen Entgelt sicher anzuwenden.
c) Errechnen Sie Ihr Gesamtentgelt bei einer Einstellung im öffentlichen Dienst, Vergütungsgruppe VIII.

Voraussetzung: Sie benötigen die aktuellen Vergütungstabellen. Die Vergütungstabellen erhalten Sie z. B. bei ihrer örtlichen Gewerkschaft. Sie sind in der Regel in einem kleinen Faltblatt abgedruckt.
Achtung: In der Vergütung der Angestellten des Bundes und der Länder besteht ein Unterschied zum Entgelt von Angestellten der Gemeinden; bitten Sie um beide Faltblätter.
Da die Tarife im Osten und Westen Deutschlands noch nicht einheitlich sind, gibt es den BAT-O (Bundesangestelltentarif Ost) und den BAT-W (Bundesangestelltentarif West). Beziehen Sie sich bei Ihrer Berechnung bitte auf den für Sie in Betracht kommenden BAT.

Vergütungstabellen für Angestellte des Bundes und der Länder (Ost)

Tabelle der Grundvergütungen für die Angestellten der Vergütungsgruppen I bis X nach Vollendung des 21. bzw. 23. Lebensjahres (§ 27 Abschn. A BAT-O) Gültig ab 1. Januar 2003

Vergütungsgruppe	Grundvergütung der Lebensaltersstufe nach vollendetem Lebensjahr (monatlich in A)														
	21.	23.	25.	27.	29.	31.	33.	35.	37.	39.	41.	43.	45.	47.	49.
I	—	2686,63	2837,27	2977,94	3123,59	3269,26	3414,94	3560,57	3706,25	3851,90	3997,57	4143,24	4288,88	4434,53	—
Ia	—	2476,36	2589,56	2702,71	2815,89	2929,09	3042,29	3155,51	3268,67	3381,85	3495,05	3608,26	3721,42	3829,95	
Ib	—	2201,50	2310,32	2419,13	2527,94	2636,75	2745,57	2854,40	2963,20	3072,02	3180,82	3289,64	3398,45	3507,00	
IIa	—	1951,39	2051,34	2151,32	2251,24	2351,19	2451,15	2551,08	2651,05	2750,98	2850,97	2950,90	3050,79	—	—
IIb	—	1819,50	1910,59	2001,69	2092,81	2183,94	2275,04	2366,15	2457,27	2548,37	2639,50	2730,60	2770,40	—	—
III	1734,29	1819,50	1904,68	1989,88	2075,10	2160,29	2245,50	2330,69	2415,89	2501,11	2586,32	2671,53	2752,57	—	—
IVa	1572,10	1650,08	1728,04	1805,98	1883,95	1961,91	2039,87	2117,83	2195,80	2273,76	2351,73	2429,71	2506,59	—	—
IVb	1437,44	1499,31	1561,13	1622,99	1684,79	1746,65	1808,49	1870,34	1932,18	1994,02	2055,88	2117,72	2125,93	—	—
Va	1271,03	1320,03	1369,00	1421,94	1476,28	1530,67	1585,05	1639,41	1693,79	1748,16	1802,56	1856,93	1907,44	—	—
Vb	1271,03	1320,03	1369,00	1421,94	1476,28	1530,67	1585,05	1639,41	1693,79	1748,16	1802,56	1856,93	1860,69	—	—
Vc	1201,47	1245,64	1289,84	1336,21	1382,59	1430,91	1482,35	1533,84	1585,28	1636,74	1687,53				
VIa	1137,77	1171,91	1206,01	1240,15	1274,25	1309,38	1345,22	1381,04	1417,51	1457,27	1497,03	1536,81	1576,57	1616,34	1650,44
VIb	1137,77	1171,91	1206,01	1240,15	1274,25	1309,38	1345,22	1381,04	1417,51	1457,27	1497,03	1528,14			
VII	1054,07	1081,77	1109,50	1137,20	1164,92	1192,63	1220,33	1248,07	1275,77	1304,23	1333,35	1354,34	—		
VIII	975,11	1000,44	1025,81	1051,14	1076,49	1101,83	1127,20	1152,53	1177,89	1196,71	—	—	—	—	
IXa	943,20	968,41	993,61	1018,82	1044,01	1069,20	1094,39	1119,60	1144,72	—	—	—	—		
IXb	907,85	930,86	953,84	976,83	999,83	1022,83	1054,84	1068,82	1088,26	—	—	—	—		
X	843,00	865,98	889,01	911,98	934,99	957,98	980,98	1003,98	1026,95	—	—	—	—		

Ortszuschlag für Angestellte gemäß BAT (Ost)   Gültig ab 1. April 2003

Tarifklasse	Zu der Tarifklasse gehörende Vergütungsgruppen	Stufe 1 ledig	Stufe 2 verheiratet	Stufe 3 1 Kind	Stufe 4 2 Kinder	Stufe 5 3 Kinder	Stufe 6 4 Kinder	Stufe 7 5 Kinder	Stufe 8 6 Kinder
Ib	IIb bis I	504,27	599,63	680,42	761,21	842,00	922,79	1003,58	1084,37
Ic	Va/b bis III	448,15	543,51	624,30	705,09	785,88	866,67	947,46	1028,25
II	X bis Vc	422,13	512,97	593,76	674,55	755,34	836,13	916,92	997,71

Bei mehr als sechs Kindern erhöht sich der Ortszuschlag für jedes weitere zu berücksichtigende Kind um 80,79 Euro. In der Tarifklasse II erhöht sich der Ortszuschlag für Angestellte mit Vergütung nach

den Vergütungsgruppen	für das erste Kind	für das zweite und jedes weitere zu berücksichtigende Kind
X und IXb	um 4,65 Euro	um je 23,26 Euro
IXa	um 4,65 Euro	um je 18,61 Euro
VIII	um 4,65 Euro	um je 13,96 Euro

Tabelle zur allgemeinen Zulage für Angestellte (Ost) Gültig ab 1. Januar 2003

Die allgemeine Zulage beträgt monatlich für die Vergütungsgruppe	Euro
X bis IXa sowie VIII (soweit in Protokollnotiz Nr. 1 aufgeführt)	81,15
VIII (soweit nicht in Protokollnotiz Nr. 1 aufgeführt) bis Vc sowie Vb (soweit in Protokollnotiz Nr. 2 aufgeführt)	95,85
Vb (soweit nicht in Protokollnotiz Nr. 2 aufgeführt) bis IIa	102,24
I b bis I	38,34

Beispiel:

Kerstin Müller ist 26 Jahre alt, verheiratet und hat ein Kind. Sie ist Wirtschaftsvorsteherin in der Küchenverwaltung einer Landeseinrichtung in Mecklenburg-Vorpommern. Ihre Tätigkeit wird nach der Vergütungsgruppe VII bewertet. Ihr Gehalt setzte sich im Mai 2003 wie folgt zusammen:

a) Grundvergütung der Vergütungsgruppe VII
   in der Lebensaltersstufe nach vollendetem
   25. Lebensjahr   1109,50 €
b) Ortszuschlag der Tarifklasse II,
   Stufe 3   593,76 €
c) allgemeiner Zuschlag   95,85 €
                                    _____
                                     1799,11 €

Frau Müller erhält demnach eine Bruttovergütung von monatlich 1799,11 €.

Haben Sie die Unterschiede herausgefunden, die eine Vergütung im öffentlichen Dienst in ihrer Zusammensetzung aufweist?

Wenn Sie zu folgendem Ergebnis gekommen sind, liegen Sie richtig:

❶ Die Gesamtvergütung besteht aus drei Teilen:
  - Grundvergütung,
  - Ortszuschlag,
  - allgemeiner Zuschlag.

❷ Die Bezahlung erfolgt auf der Grundlage einer Einteilung in Vergütungsgruppen (vorgegeben nach Ausbildung und Tätigkeiten).

❸ Bei der Vergütung wird sowohl der Familienstand berücksichtigt (im Rahmen des Ortszuschlags) als auch das Lebensalter (Lebensaltersstufe im Rahmen der Vergütungsgruppe).

❹ Die Höhe der Vergütung im öffentlichen Dienst der Länder bzw. Gemeinden ist unterschiedlich. Die Grundvergütung in Gemeinden liegt bei vergleichbaren Vergütungsgruppen in aller Regel etwas über der Landesvergütung; auch bei den Vergütungsgruppen gibt es teilweise kleine Unterschiede.

1.3 Das Arbeitsrecht

Situation 1

Herr Eberwalde ist Hauswirtschafter in der Privatklinik Prof. Ruhgewohl. Herr Eberwalde ist für die Bedarfsermittlung, -deckung und Vorratshaltung im Küchenbereich zuständig. In seiner Stellenbeschreibung wird auf die Durchführung entsprechender Versorgungstouren als Fahrer besonderer Wert gelegt.

Bei einem Verwandtenbesuch trinkt Herr Eberwalde ausnahmsweise einmal ein paar Flaschen Bier. Als er sich mit dem Auto auf den Rückweg zur Wohnung begibt, gerät er in eine Polizeikontrolle. Eine Blutprobe rechtfertigt den vorläufigen Führerscheinentzug durch die Polizei.

Als der Personalchef von dem Vorfall erfährt, setzt er Herrn Eberwalde in Kenntnis, dass ihm bei Verurteilung eine ordentliche (= fristgemäße) Kündigung drohe. Herrn Eberwalde könne in der Klinik über eine längere Zeit kein anderer Arbeitsplatz zugewiesen werden.

Als Herr Eberwalde im Gerichtsverfahren am 12. Juni tatsächlich mit acht Monaten Führerscheinentzug belegt wird, wendet er sich an den Betriebsrat.

Herr Eberwalde meint, eine Kündigung sei sozial nicht gerechtfertigt. Am 14. Juni wird der Betriebsrat seitens der Klinikleitung in das nun laufende Kündigungsverfahren einbezogen.

Der Betriebsrat reagiert fristgerecht innerhalb einer Woche (ab 14. Juni) auf die oben beschriebene Kündigungsabsicht (bei außerordentlicher Kündigung wäre eine Frist von maximal drei Tagen einzuhalten). ▶▶▶

Handlungsvorschlag

Herr Eberwalde könnte versuchen, seine Kündigung vor Gericht abzuweisen. Würde es Sie interessieren, einer solchen Verhandlung beizuwohnen? Dann nichts wie ran an die Vorbereitungen zum Besuch einer Arbeitsgerichtsverhandlung!

▶▶▶ Herr Eberwalde erhält trotzdem schriftlich eine ordentliche Kündigung, in deren Anhang sich die Abschrift des Schreibens des Betriebsrats befindet. Wurden die Bestimmungen des Arbeitsrechts zur Mitwirkung und Mitbestimmung eingehalten? ▶▶▶

Auszug aus dem Schreiben des Betriebsrats:

Privatklinik Prof. Ruhgewohl
- Betriebsrat -

19. Juni 20..

Herrn
Dr. W. König
– Geschäftsführer –

im Hause

Sehr geehrter Herr Dr. König,

der Betriebsrat hat Ihre Absicht einer ordentlichen Kündigung des Herrn Eberwalde nach Anhörung des Betroffenen erörtert.
Mit diesem Schreiben widerspricht der Betriebsrat einer Kündigung.

Begründung:
Wir sind einhellig der Meinung, dass bei einer Kündigung von Herrn Eberwalde soziale Gesichtspunkte nicht ausreichend berücksichtigt wären. Herr Eberwalde ist Vater eines schwer behinderten Mädchens. Seine Ehefrau kann kein Arbeitsverhältnis aufnehmen, da sie durch ihre Pflege seit jeher die Bezugsperson der Tochter ist.

1.3.1 Der Tarifvertrag

Das Schaubild rechts verdeutlicht noch einmal die Abwicklung der Lohnbildung in Deutschland und zeigt, dass die Vereinbarungen in einen Tarifvertrag münden.

Das Wesen des Tarifvertrages
Die rechtliche Grundlage eines Tarifvertrages bildet das *Tarifvertragsgesetz (TVG)*.
Dabei gibt es verschiedene Tarifvertragsarten. Die Unterscheidung erfolgt
- nach dem Abschlusspartner auf der Arbeitgeberseite (z. B. Unternehmens- oder Betriebstarifvertrag),
- nach dem Inhalt
  - Gehalts- oder Lohntarifverträge, setzen die Vergütung des Arbeitnehmers fest und haben meist eine kürzere Laufzeit

- Manteltarifverträge (Rahmentarifverträge), regeln Arbeitsbedingungen wie Arbeitszeit, Urlaub, Probezeit und gelten meist für eine längere Laufzeit

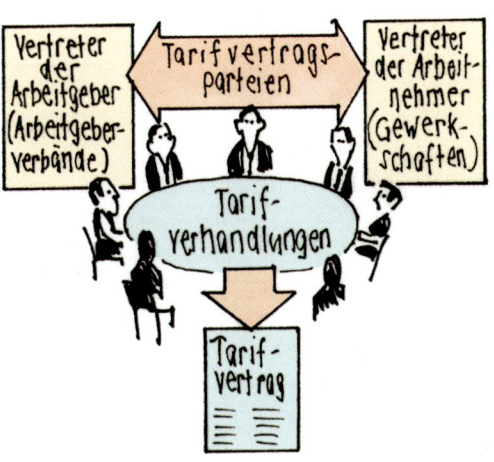

Eine weitere Unterscheidung lässt sich nach dem Geltungsbereich eines Tarifvertrages vornehmen, siehe Übersicht 1.8.

Geltungsbereiche eines Tarifvertrages

fachliche Geltung	persönliche Geltung	räumliche Geltung	zeitliche Geltung
z. B. ausschließlich für bestimmte Branchen oder Betriebstypen	z. B. für Auszubildende oder Facharbeiter	z. B. für Bund, Land oder Bezirk	z. B. für die Dauer eines Jahres

Übersicht 1.8

Das Ziel des Tarifvertrages ist die Festlegung von einheitlichen Arbeits- und Wirtschaftsbedingungen. Diese werden in Deutschland in der Regel für einen ganzen Wirtschaftszweig festgelegt, z. B. Nahrung-Genuss-Gaststätten. Die Begründung liegt darin, dass einzelne Gewerkschaften in Deutschland nicht zwangsläufig nur einen einzelnen Berufsstand vertreten:

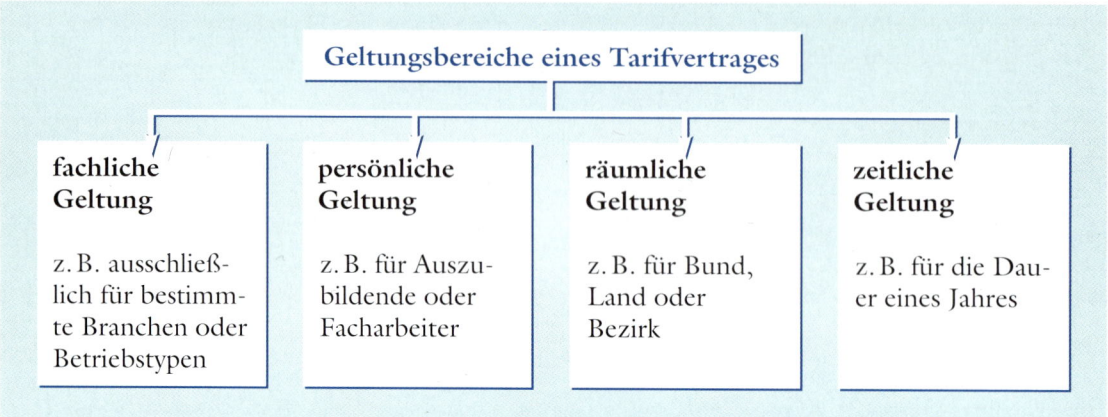

DGB

Die Organisation des Deutschen Gewerkschaftsbunds

IG BAU — IG Bauen-Agrar-Umwelt

IG BCE — IG Bergbau, Chemie, Energie

GEW — Gewerkschaft Erziehung und Wissenschaft

IG Metall

Bundeskongress
Delegierte der Einzelgewerkschaften

Bundesausschuss

Bundesvorstand

Geschäftsführender Bundesvorstand

Gewerkschaft Nahrung-Genuss-Gaststätten — NGG

Gewerkschaft der Polizei

TRANSNET Gewerkschaft GdED

Ver.di Vereinte Dienstleistungsgewerkschaft — ver.di

9 Bezirke

Baden-Württemberg	Bayern	Berlin-Brandenburg	Hessen-Thüringen	Niedersachsen-Bremen-Sachsen-Anhalt	Nord	Nordrhein-Westfalen	Sachsen	West

94 Regionen

Ortskartelle

ZAHLENBILDER

241 110

Stand: 2001

© Erich Schmidt Verlag

Aus den einheitlich festgelegten Arbeits- und Wirtschaftsbedingungen im Tarifvertrag (**regelsetzender Teil**) ergeben sich bestimmte Pflichten (**verpflichtender Teil**), siehe Übersicht 1.9.

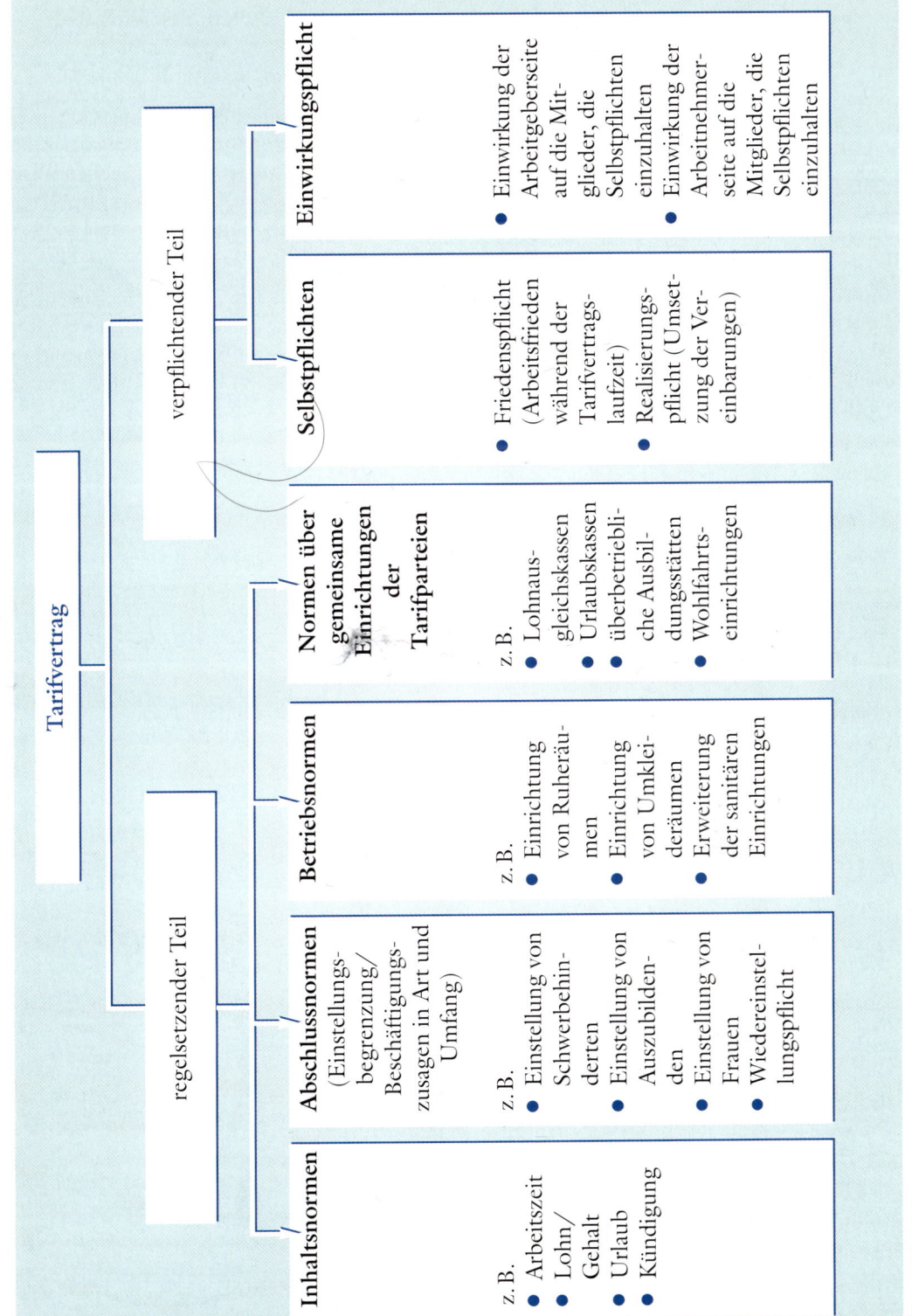

Tarifvertrag

regelsetzender Teil

Inhaltsnormen

z. B.
- Arbeitszeit
- Lohn/Gehalt
- Urlaub
- Kündigung

Abschlussnormen
(Einstellungsbegrenzung/Beschäftigungszusagen in Art und Umfang)

z. B.
- Einstellung von Schwerbehinderten
- Einstellung von Auszubildenden
- Einstellung von Frauen
- Wiedereinstellungspflicht

Betriebsnormen

z. B.
- Einrichtung von Ruheräumen
- Einrichtung von Umkleideräumen
- Erweiterung der sanitären Einrichtungen

Normen über gemeinsame Einrichtungen der Tarifparteien

z. B.
- Lohnausgleichskassen
- Urlaubskassen
- überbetriebliche Ausbildungsstätten
- Wohlfahrtseinrichtungen

verpflichtender Teil

Selbstpflichten

- Friedenspflicht (Arbeitsfrieden während der Tarifvertragslaufzeit)
- Realisierungspflicht (Umsetzung der Vereinbarungen)

Einwirkungspflicht

- Einwirkung der Arbeitgeberseite auf die Mitglieder, die Selbstpflichten einzuhalten
- Einwirkung der Arbeitnehmerseite auf die Mitglieder, die Selbstpflichten einzuhalten

Übersicht 1.9

Der Arbeitskampf

Während der Laufzeit eines Tarifvertrages dürfen Konflikte zwischen Arbeitnehmern und -gebern zu keinem Arbeitskampf führen (**Friedenspflicht**). Solche Konflikte können jedoch während Verhandlungen zu einem neuen Tarifvertrag entstehen. Wird auf dem Verhandlungswege keine Einigung erzielt, ist ein fair geführter Arbeitskampf rechtens, siehe Übersicht 1.10. Er ist ein legales Mittel, die Auseinandersetzungen auszutragen, da er die Tarifautonomie (siehe Seite 21) gewährleistet.

Die von der Arbeitnehmerseite planmäßig gemeinsam durchgeführte Arbeitsniederlegung in einem Berufs- oder Wirtschaftszweig nennt man **Streik**. Voraussetzung ist, die Arbeit wieder aufzunehmen, wenn das Kampfziel erreicht bzw. der Streik beendet wurde.

Die planmäßige und kollektive (= gemeinschaftliche) Ausschließung der Arbeitnehmer durch einen oder mehrere Arbeitgeber ohne Lohnzahlung nennt man **Aussperrung**. Sie dient der Durchsetzung eines bestimmten Ziels bzw. der Beilegung einer Gesamtstreitigkeit.

Genauso wie im sportlichen Bereich ein Box- oder Ringkampf nach bestimmten Regeln abläuft, sind auch für den Arbeitskampf bestimmte Grundsätze zu berücksichtigen: siehe Schaubild 1.10.

Grundsatzformen des Arbeitskampfes

Streik	Aussperrung
Warnstreik: Kurzfristiger Streik während Tarifverhandlungen.	**Abwehraussperrung:** Die Abwehraussperrung ist die Antwort der Arbeitgeberseite auf einen drohenden oder bereits ausgerufenen Streik (z. B. Reaktion auf einen Schwerpunktstreik). Diese Form der Aussperrung ist zulässig und unstrittig. Das haben auch die Arbeitsgerichte bestätigt.
General- oder Massenstreik: In der Regel politischer Streik, bei dem alle Arbeitnehmer eines Landes die Arbeit einstellen. (Politischer Arbeitskampf ist jedoch grundsätzlich rechtswidrig.)	
Demonstrationsstreik: Streik, der sich gegen Handlungen und Äußerungen des Arbeitgebers oder gegen eine politische Tat richtet.	**Angriffsaussperrung:** Bei der Angriffsaussperrung eröffnet die Arbeitgeberseite den Arbeitskampf. Mögliches Beispiel: Der Tarifvertrag wird von der Arbeitgeberseite gekündigt, um einen niedrigeren Tarif durchzusetzen. Die Angriffsaussperrung wurde in der Bundesrepublik Deutschland noch nie praktiziert.
Sympathie- oder Solidaritätsstreik: Streik, der einer Unterstützung anderer Betriebe oder Arbeitnehmer dient.	
Vollstreik: Die Arbeitnehmer eines Betriebes oder Wirtschaftszweiges legen die Arbeit nieder.	
Teil- oder Schwerpunktstreik: Einzelne Betriebe eines Wirtschaftszweiges oder nur einzelne wichtige Abteilungen werden bestreikt.	
Wilder Streik: Spontane Arbeitsniederlegung durch einzelne Arbeitnehmer (rechtswidrig, es sei denn, die Gewerkschaft bestätigt den Streik im Nachhinein).	

Übersicht 1.10

1.3.2 Der Arbeitsvertrag

Wir leben in einer Zeit immer knapper werdender Arbeitsplätze. Glücklich kann sich daher jeder schätzen, der einen angemessenen Arbeitsvertrag unterzeichnen und damit ein Arbeitsverhältnis begründen kann.

Die tarifvertraglichen Vereinbarungen, die bekanntlich als Mindestnormen gelten, werden sehr häufig in individuellen Arbeitsverträgen zwischen einzelnen Arbeitgebern und -nehmern (= **Einzelarbeitsverträge**) übernommen.

Formvoraussetzungen

Jede natürliche Person kann einen Arbeitsvertrag abschließen, soweit sie voll geschäftsfähig ist (in der Regel mit Volljährigkeit im Sinne des *§ 2 BGB)*.

Beschränkt geschäftsfähige Personen können dies

- laut *§ 108 BGB* nur mit ausdrücklicher Einwilligung des gesetzlichen Vertreters (in der Regel durch zusätzliche Unterschrift auf dem Arbeitsvertrag) oder
- mit der Ermächtigung des gesetzlichen Vertreters, ein Arbeitsverhältnis einzugehen *(§ 113 BGB)*.

Für nicht voll geschäftsfähige Personen tritt eine solche Situation meist auf, wenn sie eine Ausbildung beginnen können. Eine Form des Arbeitsvertrages ist der **Berufsausbildungsvertrag**. Dieser ist nur in schriftlicher Form rechtsgültig. Für die meisten anderen Verträge gilt jedoch der Grundsatz der **Vertragsfreiheit**, d. h. kein Zwang in Form und Gestaltung.

Trotzdem sollten Verträge immer schriftlich geschlossen werden, um in Streitfällen nachweisbar abgesichert zu sein. (Beispiel eines schriftlichen Arbeitsvertrages: Seite 348).

Pflichten aus dem Arbeitsvertrag

Gehen Arbeitgeber und -nehmer ein Arbeitsverhältnis ein, ergeben sich daraus für beide Parteien Pflichten (siehe Übersicht 1.11).

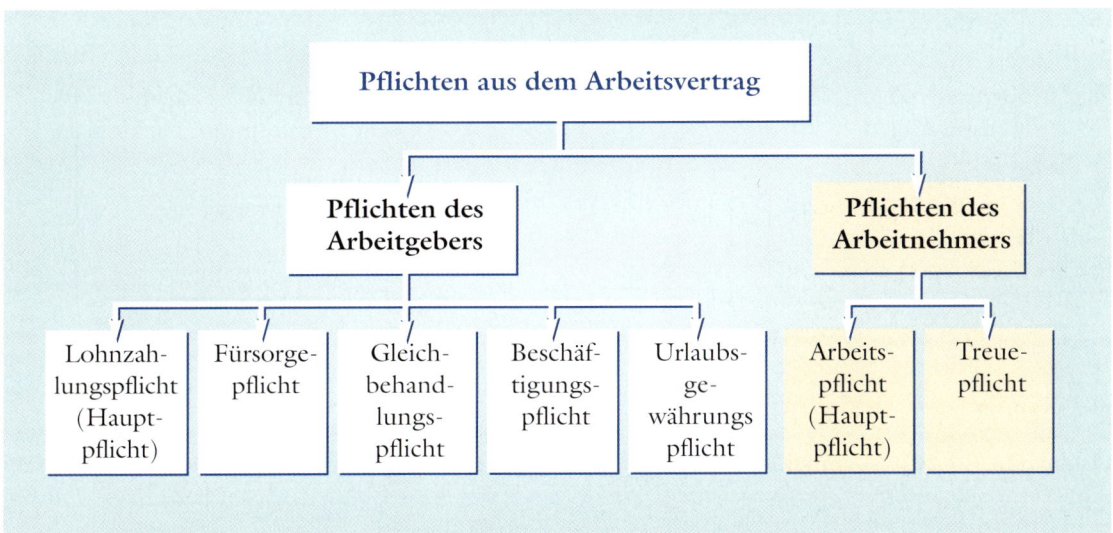

Übersicht 1.11

Pflichten des Arbeitgebers

- **Lohnzahlungspflicht:** die Pflicht zur Zahlung einer Vergütung gemäß vertraglicher Vereinbarung oder nach den Tarifbestimmungen.
- **Fürsorgepflicht:** Der Arbeitgeber hat ein allgemeines soziales Schutzprinzip einzuhalten, das nicht für sämtliche Einzelfälle besonders festgelegt ist. Als Einzelpflichten daraus kommen u. a. Schutz- und Obhutspflichten, Mitteilungs- und Erkundungspflichten sowie Anzeige- und Auskunftspflichten in Betracht.
- **Gleichbehandlungspflicht:** Der Arbeitgeber darf einzelne Arbeitnehmer nicht willkürlich schlechter stellen. Diese Pflicht ergibt sich aus der Fürsorgepflicht.
- **Beschäftigungspflicht:** Der Arbeitgeber hat den Arbeitnehmer entsprechend der vereinbarten Tätigkeit zu beschäftigen.
- **Urlaubsgewährungspflicht:** Die Pflicht zur Freistellung des Arbeitnehmers von der Arbeitspflicht für einen bestimmten Zeitraum unter Fortzahlung der Vergütung.

Pflichten des Arbeitnehmers

- **Arbeitspflicht:** Alle im Rahmen des Arbeitsverhältnisses übertragenen Aufgaben sind vom Arbeitnehmer persönlich, gewissenhaft und zeitgerecht auszuführen. Fehlt eine Festlegung der Aufgaben im Einzel- oder Tarifvertrag, bestimmt der Arbeitgeber – insbesondere in den Einzelheiten – durch sein Direktions- und Weisungsrecht die Art der Arbeitsleistung. Dies beschränkt sich allerdings auf die Arbeiten, die für eine Stelle als üblich betrachtet werden (*§ 242 BGB, § 59 Handelsgesetzbuch*).
- **Treuepflicht:** Der Arbeitnehmer hat sich nach besten Kräften für die Interessen des Arbeitgebers und des Betriebes einzusetzen. Eine Verletzung der Treuepflicht würden z. B. darstellen:
  - Preisgabe von Betriebsgeheimnissen wie Kalkulationen usw.,
  - unsachgemäße Behandlung von Betriebseinrichtungen, Haushaltsgeräten usw.

1.3.3 Der Arbeitnehmerschutz

Die wesentlichen gesetzlichen Bestimmungen zum Arbeitnehmerschutz lassen sich gliedern in (Übersicht 1.12):

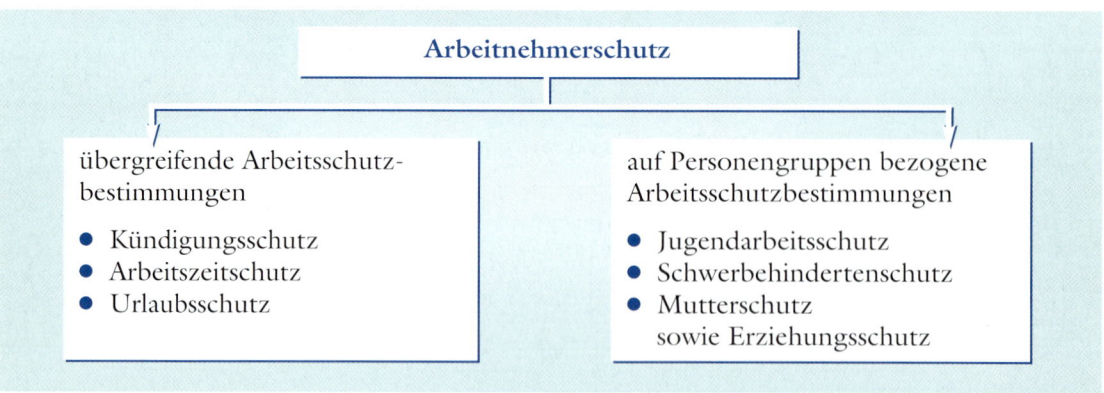

Übersicht 1.12

Der Kündigungsschutz
Grundlage für den allgemeinen Kündigungsschutz ist das *Kündigungsschutzgesetz (KSchG)*, siehe Übersicht 1.13.

Darüber hinaus gewährt das Kündigungsschutzgesetz einen weiter gehenden Kündigungsschutz: So gelten z. B. besondere Kündigungsvorschriften für

- Massenentlassungen *(§§ 17–22 KSchG)*, um die Arbeitnehmer vor groß angelegten Kündigungen zu schützen;
- Betriebs- bzw. Personalratsmitglieder und Wahlwerber: Sie sind vor jeder ordentlichen Kündigung geschützt *(§ 15 KSchG)*, um sie in die Lage zu versetzen, ein derartiges Amt anzustreben bzw. auszuüben. Der Schutz endet bei Betriebs-/Personalratsmitgliedern ein Jahr nach Beendigung der Amtszeit.

Kündigungsschutzgesetz

Definition	Das *Kündigungsschutzgesetz (KSchG)* ist die Grundlage, dem Arbeitnehmer <ul><li>neben allgemeinen Bedingungen *(BGB, HGB, Gewerbeordnung)* und</li><li>speziellen Gesetzen (z.B. *Mutterschutzgesetz (MuSchG), neuntes Sozialgesetzbuch*, dort *Rehabilitation und Teilhabe behinderter Menschen*)</li></ul> einen Rechtsschutz vor unberechtigten Kündigungen zu gewähren.
Anwendungsbereich	Das *KSchG* gilt nach einigen Gesetzesänderungen (1999, 2001) in Betrieben, in denen mehr als fünf Arbeitnehmer beschäftigt sind. Des Weiteren gilt der allgemeine Kündigungsschutz nur für Arbeitnehmer, deren Arbeitsverhältnisse in demselben Betrieb ohne Unterbrechung länger als sechs Monate bestanden hat.
Wichtige Inhalte	Das *KSchG* bestimmt durch *§ 1*, dass für eine ordentliche Kündigung bestimmte sachliche Gründe vorliegen müssen: <ul><li>personenbedingte Gründe,</li><li>verhaltensbedingte Gründe oder</li><li>betriebsbedingte Gründe.</li></ul> Eine Kündigung ist rechtsunwirksam, wenn sie sozial ungerechtfertigt ist. Das ist nach *§ 1 Abs. 3 Satz 1 KSchG* der Fall, wenn sie nicht durch einen der o. g. Gründe bedingt ist, die einer Weiterbeschäftigung des Arbeitnehmers in dem Betrieb entgegenstehen. Eine Kündigung ist ferner sozial ungerechtfertigt, wenn <ul><li>in Betrieben des privaten Rechts<ul><li>die Kündigung gegen eine Richtlinie nach *§ 95 BetrVG* verstößt,</li><li>der Arbeitnehmer an einem anderen Arbeitsplatz in demselben Betrieb weiterbeschäftigt werden kann und seitens des Betriebsrats ein schriftlicher Widerspruch fristgerecht erfolgt ist;</li></ul></li><li>in Betrieben und Verwaltungen des öffentlichen Rechts<ul><li>die Kündigung gegen eine Richtlinie über die personelle Auswahl bei Kündigungen verstößt,</li><li>der Arbeitnehmer an einem anderen Arbeitsplatz desselben Verwaltungszweiges an demselben Dienstort weiterbeschäftigt werden kann und die zuständige Personalvertretung fristgerecht Einwendungen gegen die Kündigung erhoben hat;</li></ul></li><li>die Weiterbeschäftigung des Arbeitnehmers nach zumutbaren Umschulungs- oder Fortbildungsmaßnahmen oder unter geänderten Arbeitsbedingungen möglich ist und der Arbeitnehmer sein Einverständnis dazu erklärt hat.</li></ul>
Konkretes Ziel	Schutz der Arbeitnehmer vor <ul><li>sachlich unbegründeten bzw.</li><li>sozial ungerechtfertigten Kündigungen.</li></ul>

Übersicht 1.13

Der allgemeine Kündigungsschutz bietet dem Arbeitnehmer im Wesentlichen Beistand, wenn er eine

- ordentliche oder
- außerordentliche Kündigung

als nicht gerechtfertigt ansieht (Übersicht 1.14).

Kündigungsarten

Ordentliche Kündigung	Außerordentliche Kündigung
Eine rechtmäßige ordentliche Kündigung ist nur möglich bei - unbefristeten Arbeitsverträgen und - unter Einhaltung bestimmter Kündigungsfristen *(§ 622 BGB)*. Es gilt eine gesetzliche Kündigungsfrist von vier Wochen zum Monatsende oder zum 15. eines Monats. Durch einzelvertragliche Regelung kann die gesetzliche Frist überschritten werden. Eine Verkürzung der Kündigungsfrist ist nur durch tarifliche Regelung möglich, also durch entsprechende Festlegung im Tarifvertrag. Befindet sich ein Arbeitnehmer noch in der Probezeit, so beträgt die Kündigungsfrist zwei Wochen. Die Dauer der Probezeit lässt sich vereinbaren, sie darf jedoch längstens sechs Monate betragen.	Eine außerordentliche (= fristlose) Kündigung ermöglicht jedem Vertragspartner, ohne die Einhaltung einer Frist das Arbeitsverhältnis zu lösen. Bedingung ist jedoch, dass einer Partei die Fortsetzung des Vertragsverhältnisses nicht mehr zugemutet werden kann (im Sinne von *§ 242 BGB*). Dazu muss ein wichtiger Grund vorliegen, der in jedem Einzelfall nachzuweisen ist. Meist handelt es sich um schwerwiegende Verletzungen der vertraglichen Pflichten (s. S. 25).

Übersicht 1.14

Weitere Beendigungstatbestände

Änderungskündigung

Ein Spezialfall der Kündigung ist die Änderungskündigung, deren erstes Ziel nicht die Beendigung des Arbeitsverhältnisses ist, sondern dieses zu geänderten Bedingungen fortzusetzen. Insbesondere wenn der andere Vertragsteil den Arbeitsvertrag nicht zu geänderten Bedingungen fortsetzen will, soll die Kündigung das Arbeitsverhältnis beenden.
In der Regel erfolgt eine arbeitgeberseitige Kündigung, in deren Zusammenhang der Arbeitgeber dem Arbeitnehmer ein Änderungsangebot macht, das Arbeitsverhältnis zu geänderten Arbeitsbedingungen fortzusetzen *(§ 2 KSchG)*.
Der Arbeitnehmer hat nun mehrere Reaktionsmöglichkeiten:

- Annahme des Änderungsangebots
- Ablehnung (unter Beachtung des *§ 4 KSchG*)
- Annahme unter Vorbehalt *(§ 2 KSchG)*

Weitere Beendigungstatbestände *(Fortsetzung)*

Aufhebungsvertrag

Anstelle einer arbeitgeberseitigen Kündigung tritt der Aufhebungsvertrag. Im Rahmen der Vertragsfreiheit (*§§ 241, 311 BGB*) vereinbaren der Arbeitgeber und der Arbeitnehmer in beiderseitigem Einvernehmen die Beendigung des Arbeitsverhältnisses.

Der Arbeitnehmer erhält dabei meist noch eine Abfindung und verlässt den Arbeitgeber in ungekündigter Stellung. Für den Arbeitgeber ist vorteilhaft, dass er weder den Kündigungsschutz noch Rechte des Betriebsrats beachten muss.

Beendigung durch Zeitablauf

Das Arbeitsverhältnis kann auch durch Zeitablauf beendet werden, sofern der Arbeitnehmer mit einem auf bestimmte Zeit geschlossenen Arbeitsvertrag (befristeter Arbeitsvertrag) beschäftigt ist.

Die Dauer des befristeten Arbeitsvertrages kann kalendermäßig bestimmt sein oder sich aus der Art, dem Zweck oder der Beschaffenheit der Arbeitsleistung ergeben (*§ 3 TzBfG*). Damit dieses wirksam ist, muss dabei die Schriftform eingehalten worden sein (*§ 14 TzBfG*).

Das befristete Arbeitsverhältnis ist daher ohne Kündigung allein durch Zeitablauf beendet.

Übersicht 1.15

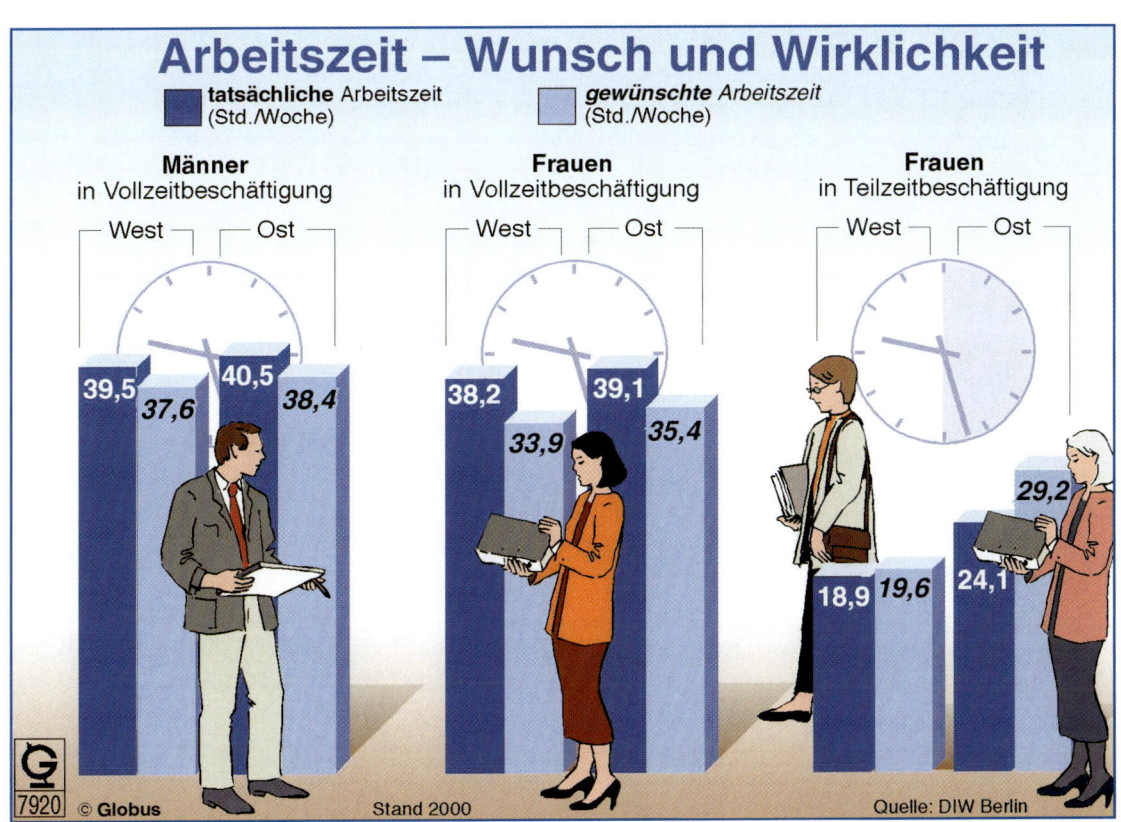

Arbeitszeitschutz

Ziel	Schutz der Arbeitnehmer durch • sichere Gewährung eines Mindestmaßes an Freiheit sowie • Festlegung bestimmter Zeiten, zu denen im Rahmen eines Arbeitsverhältnisses gearbeitet werden darf.
Wesentliche Vorschriften	Die wesentlichen Vorschriften zum Arbeitszeitschutz sind im *Arbeitszeitgesetz* festgelegt. Dieses gilt für Personen, die über 18 Jahre alt sind (*§ 18 ArbZG*).
Normalarbeitszeit	Die Normalarbeitszeit ist auf acht Stunden an Werktagen beschränkt (*§ 3 ArbZG*).
Sonntagsarbeit	Sonntagsarbeit ist in der Regel verboten. Es gibt allerdings Ausnahmen, z. B. im Versorgungs- und Betreuungsbereich.
Pausen	Pausen sind zwingend vorgeschrieben. Ein Arbeitstag zwischen sechs und neun Stunden muss z. B. mindestens eine zusammenhängende Pause von 30 Minuten enthalten.
Ausnahmeregelung	Ausnahmen sind zugelassen, z. B. • Verlängerung der Arbeitszeit auf höchstens zehn Stunden täglich, • andere Verteilung der Arbeitszeit. Diese sind u. a. zugelassen bei entsprechender • Genehmigung des Gewerbeaufsichtsamtes, • tarifvertraglicher Regelung.

Übersicht 1.16

Urlaubsschutz

Ziel	Festlegung von bindenden Mindestbestimmungen: Auch im Einzelarbeitsvertrag, in einer Betriebsvereinbarung oder im Tarifvertrag sind keine Abweichungen nach unten möglich.
Wesentliche Vorschriften	Das *Bundesurlaubsgesetz (BUrlG)* regelt Anspruch und Länge des Jahresurlaubs.
Urlaubsanspruch	Jeder vollzeitbeschäftigte Arbeitnehmer hat im Kalenderjahr einen Urlaubsanspruch von mindestens 24 Werktagen. Bei Teilzeitarbeitnehmern vermindert sich der Anspruch entsprechend anteilmäßig (*§§ 1ff. BUrlG*).
Zeitpunkt der Inanspruchnahme	Soll dem Arbeitnehmer überlassen werden, soweit dem Urlaubswunsch keine dringenden betrieblichen Gründe entgegenstehen (*§ 7 BUrlG*).
Zeitliche Übertragbarkeit	Eine Übertragung des Urlaubsanspruchs in das folgende Kalenderjahr ist nur aus dringenden betrieblichen oder persönlichen Gründen möglich (*§ 7 BUrlG*).
Erkrankung während des Urlaubs	Eine während des Urlaubs durch ärztliches Attest nachgewiesene Erkrankung wird nicht dem Urlaub angerechnet. Der erwünschte Erholungseffekt durch Urlaub könnte andernfalls nicht eintreten (*§ 9 BUrlG*).

Übersicht 1.17

Jugendarbeitsschutzgesetz

Geltungsbereich
des Jugendarbeitsschutzgesetzes:
Ausbildung und Beschäftigung
von Jugendlichen
unter 18 Jahren (§ 1)

Arbeitszeit
40 Stunden pro Woche,
bis zu 8,5 Stunden am Tag (§ 8)

5-Tage-Woche (§ 15)

Schichtzeit (Arbeitszeit und
Pausen) höchstens 10 Stunden
am Tag (§ 12)

Arbeitsbeginn ab 6 Uhr, Arbeitsschluss spätestens 20 Uhr (§ 14)

Ruhepausen
mind. 15 Minuten (§ 11)

Verbot der Samstags- und Sonntagsarbeit (§ 16, 17)

Jahresurlaub (§ 19)

Gesundheitsschutz
Erstuntersuchung (§ 32)

Nach- und Ergänzungsuntersuchungen (§ 33)

Freistellung für Untersuchungen
(§ 43)

Züchtigungsverbot (§ 31)

**Freistellung zum
Berufsschulunterricht (§ 9)**

Beschäftigungsverbote
Kinderarbeit (§ 5)
Gefährliche Arbeiten (§ 22)
Akkordarbeit (§ 23)
Arbeiten unter Tage (§ 24)

Jugendarbeitsschutz

Ziel	Sonderschutz für Kinder und Jugendliche, da diese aus medizinischer Sicht nicht die Widerstandsfähigkeit eines erwachsenen Menschen besitzen. Das Gesetz soll demzufolge gesundheitlichen Gefährdungen und Entwicklungsstörungen bei Kindern und Jugendlichen entgegenwirken (*§2 JArbSchG*).
Wesentliche Vorschriften	Die wesentlichen Vorschriften zum Jugendarbeitsschutz sind im *Gesetz zum Schutz der arbeitenden Jugend (Jugendarbeitsschutzgesetz/JArbSchG)* festgelegt. Das Gesetz vom 9. August 1960 mit seinen Änderungen – z.B. 1976, 1986, 1997 und 2000 – gilt für Personen, die über 15, aber noch nicht 18 Jahre alt sind.
Arbeitsverbot	Grundsätzlich ist es verboten, Kinder zu beschäftigen; Kind im Sinne des *JArbSchG* ist, wer noch nicht 15 Jahre alt ist (*§§ 5, 2 JArbSchG*). Hierbei existieren jedoch Ausnahmevorschriften (*§§ 5, 6 JArbSchG*).
Arbeitszeit	Die Arbeitszeit darf täglich acht Stunden und wöchentlich 40 Stunden für Jugendliche nicht überschreiten. Eine Verlängerung der täglichen Arbeitszeit auf 8½ Stunden ist jedoch unter bestimmten Voraussetzungen möglich (*§ 8 JArbSchG*).
Berufsschulunterricht	• Der Arbeitgeber hat den Jugendlichen für die Teilnahme am Berufsschulunterricht freizustellen. • Der Berufsschulunterricht wird auf die Arbeitszeit angerechnet. • Ein Entgeltausfall darf durch den Besuch der Berufsschule nicht eintreten.

Übersicht 1.18

Rehabilitation und Teilhabe behinderter Menschen

Ziel	Selbstbestimmung und gleichberechtigte Teilhabe am Leben in der Gesellschaft, um Benachteiligungen zu vermeiden oder ihnen entgegenzuwirken.
Wesentliche Vorschriften	Das *neunte Buch des Sozialgesetzbuchs* (*SGB IX*) regelt die Teilhabe und Rehabilitation behinderter und von Behinderung bedrohter Menschen. Dies gilt für behinderte, schwerbehinderte oder schwerbehinderten Menschen gleichgestellte Personen.
Einsatz im Betrieb	Private und öffentliche Arbeitgeber sind, sofern sie über mindestens 20 Arbeitsplätze verfügen, verpflichtet, fünf Prozent der vorhandenen Arbeitsplätze mit schwerbehinderten Menschen zu besetzen (*§ 71 SGB IX*); ansonsten muss der Arbeitgeber monatlich eine Ausgleichsabgabe entrichten.
Zusatzurlaub	Schwerbehinderte Menschen haben Anspruch auf einen bezahlten zusätzlichen Urlaub von fünf Arbeitstagen im Urlaubsjahr; dieser erhöht oder vermindert sich entsprechend seiner regelmäßigen Arbeitszeit (*§ 125 SGB IX*).
Kündigung	Die arbeitgeberseitige Kündigung des Arbeitsverhältnisses eines schwerbehinderten Menschen, das bereits mindestens sechs Monate bestanden hat, bedarf der vorherigen Zustimmung des zuständigen Integrationsamtes (*§§ 85, 90 SGB IX*). Die Kündigungsfrist beträgt dabei mindestens vier Wochen.

Übersicht 1.19

Der Mutter- und Erziehungsschutz

Gefahrenschutz
Keine Arbeiten, die
die Gesundheit von Mutter
und Kind gefährden (§ 3)

Mutterschutz

Kündigungsschutz
Während der Schwangerschaft
bis 4 Monate nach der
Entbindung und während des
Erziehungsurlaubs
(§ 9, § 18 BErzGG)

Leistungen der Krankenkassen
*bei Schwangerschaft
und Mutterschaft*
z. B. ärztliche Betreuung
Hebammenhilfe
häusliche Pflege

Mutterschaftsgeld oder
ein einmaliges Entbindungsgeld
(§§ 13–15)

Schutzfrist
6 Wochen vor bis 8 Wochen
nach der Entbindung (bzw.
12 Wochen bei Früh- und
Mehrlingsgeburten) (§§ 3,6)

Erziehungsurlaub für die Mutter oder den Vater
im Anschluss an die Mutterschutzfrist (§ 15 BErzG),
bis das Kind 36 Monate alt ist (nur auf Antrag der Eltern)
Erziehungsgeld für bis zu 24 Monate
(abhängig vom Einkommen der Eltern) (§ 4 BErzGG)

Mutter- und Erziehungsschutz	
Ziel	Gewährung eines über die allgemeinen Bedingungen hinausgehenden Schutzes, der die besondere körperliche Konstitution (= Verfassung) berücksichtigt und/oder für finanzielle Absicherung sorgt.
Wesentliche Vorschriften	Die wesentlichen Vorschriften sind in den folgenden Gesetzen verankert: • *Mutterschutzgesetz (MuSchG)* vom 24. Januar 1952 mit seinen Änderungen, z.B. 1968, 1988 und 1997 • *Bundeserziehungsgesetz (BErzG* ergänzt das *MuSchG* seit 1986 in der Fassung von 2001) • *Arbeitszeitgesetz (ArbZG)* (s. Arbeitszeitschutz, S. 30)
Darüber hinaus-gehender Mutter- und Erziehungs-schutz	Das *Mutterschutzgesetz* schreibt vor, dass • werdenden Müttern keine schweren körperlichen Arbeiten zu übertragen sind, dazu zählen insbesondere Akkord- und Fließbandarbeit *(§ 4 MuSchG)*, • Mehr-, Nacht- und Sonntagsarbeit verboten ist *(§ 8 MuSchG)*, • werdende Mütter sechs Wochen vor der zu erwartenden Niederkunft und acht Wochen danach nur mit ihrer Einwilligung beschäftigt werden dürfen *(§ 3 MuSchG)*, • eine Kündigung während der Schwangerschaft und bis zu vier Monate nach der Niederkunft unzulässig ist *(§ 9 MuSchG)*. Das *BErzG* dehnt den Kündigungsschutz für die Zeit des Erziehungsurlaubs aus. Dieser spezielle Kündigungsschutz gilt gleichermaßen für Väter im Erziehungsurlaub *(§ 15 BErzGG)*.

Übersicht 1.20

1.3.4 Mitwirkung und Mitbestimmung

Situation 2

Die neu gewählte Jugend- und Auszu-bildendenvertretung (JAV) der Privatklinik Prof. Ruhgewohl vertritt die Interessen der 51 in der Klinik beschäftigten Jugendlichen aus den Berufsgruppen

• Hauswirtschafterin/Hauswirtschafter,
• Krankengymnastin/Krankengymnast,
• Krankenschwester/Krankenpfleger,
• Köchin/Koch.

Um die jungen Kollegen besser beraten zu können, will die JAV künftig feste Sprech-stunden einrichten.

Als der Betriebsrat und die Jugend- und Aus-zubildendenvertretung an die Unterneh-mensleitung herantreten, um Ort und Zeit der Sprechstunde festzulegen, will diese eine Sprechstunde während der Arbeitszeit nicht gewähren. ▶▶▶

Solche Beteiligungsmöglichkeiten der Arbeitnehmer und entsprechende formale Vorgehensweisen sind in den Gesetzen zur Mitbestimmung in Unternehmen enthalten.

Die im Schaubild dargestellten Gesetze zur Mitbestimmung der Arbeitnehmer haben die Rechte des Betriebsrats in bestimmten Angelegenheiten festgelegt und ausgebaut, siehe Übersicht 1.21.

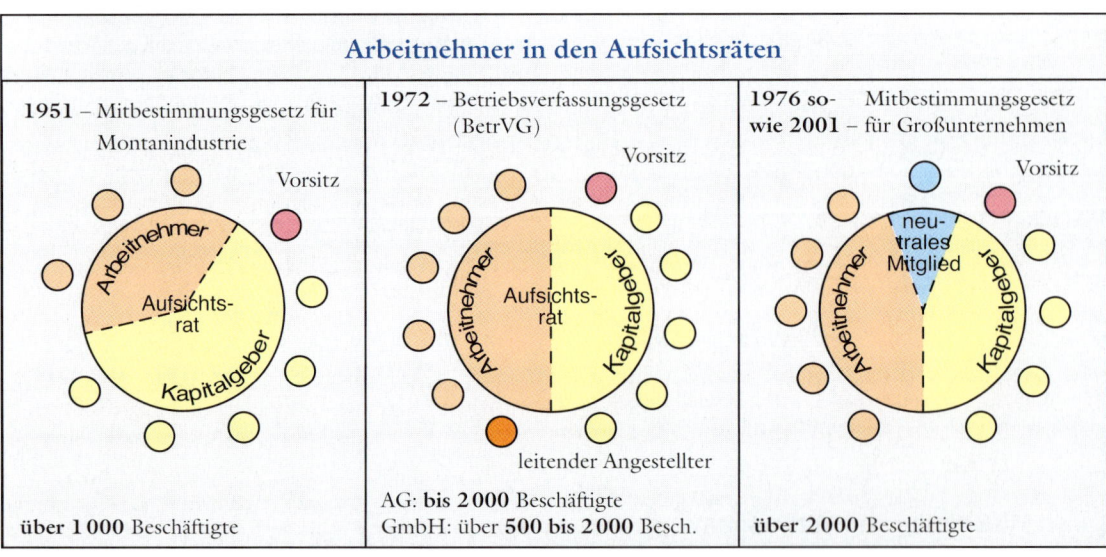

Arbeitnehmer in den Aufsichtsräten

1951 – Mitbestimmungsgesetz für Montanindustrie

über **1 000** Beschäftigte

1972 – Betriebsverfassungsgesetz (BetrVG)

AG: **bis 2 000** Beschäftigte
GmbH: über **500 bis 2 000** Besch.

1976 sowie 2001 – Mitbestimmungsgesetz für Großunternehmen

über **2 000** Beschäftigte

Sozialer Bereich	Personeller Bereich	Wirtschaftlicher Bereich
z.B.	z.B.	z.B.
• Arbeitszeit	• Berufsausbildung	• Arbeitsmethoden
• Auswahlrichtlinien	• Kündigung	• Änderung der Betriebsorganisation
• Beurteilungsgrundsätze	• Personalbeurteilung	• Betriebsverlegung
• Entlohnung	• Personalauswahl	• Betriebszusammenschlüsse
• Personalfragebogen	• Personaleinstellung	• Rationalisierung
• Stellenausschreibung	• Personalplanung	
• Sozialeinrichtungen	• Versetzung	

Übersicht 1.21

▶▶▶ In der Situation 1 zum Kapitel Arbeitsrecht (S. 20) wurden alle Formalitäten im Rahmen der Mitwirkung und Mitbestimmung eingehalten:

a) Der Betriebsrat wurde unter Angabe der Kündigungsgründe seitens der Geschäftsleitung gehört; seine Mitbestimmung bei der Kündigung wurde ihm somit gewährt (*§ 102 BetrVG*).
b) Der Betriebsrat teilte dem Arbeitgeber seine Bedenken zur Kündigung fristgerecht mit (Widerspruch nach *§ 102 BetrVG*).
c) Der Arbeitgeber kündigt trotz des Widerspruchs durch den Betriebsrat. Er meint, dass relevante (= bedeutsame) Anzeichen für eine sozialwidrige Kündigung nicht erkennbar seien. Mit dem Kündigungsschreiben leitet der Arbeitgeber Herrn Eberwalde die Stellungnahme des Betriebsrates zu (*§ 102 BetrVG*). ●●●

Die Wahl des Betriebsrates

In Betrieben mit i. d. R. mindestens fünf Arbeitnehmern kann ein Betriebsrat gewählt werden, falls wenigstens drei dieser Arbeitnehmer wählbar sind. Als Arbeitnehmer gelten auch Aushilfs- und Teilzeitkräfte sowie Heimarbeiterinnen und Heimarbeiter. Beschäftigte, die das 18. Lebensjahr vollendet haben, sind wahlberechtigt. Wahlberechtigte, die mindestens sechs Monate dem Betrieb angehören, sind wählbar (vgl. *§§ 1, 8 BetrVG*).

Die Zahl der Betriebsratsmitglieder ist nach Betriebsgrößen gestaffelt (vgl. *§ 9 BetrVG*).

Arbeit und Aufgaben des Betriebsrates

Dem Betriebsrat darf die Erfüllung der folgenden Aufgaben keine Nachteile bringen. Daher ermöglicht beispielsweise *§ 38 BetrVG* eine Arbeitsbefreiung von Betriebsratsmitgliedern in Betrieben bestimmter Größe. Ebenso ist ein Betriebsratsmitglied aufgrund des *Kündigungsschutzgesetzes (§§ 13, 15 KSchG)* unabhängig.

Zu den Aufgaben des Betriebsrates zählen:

- Maßnahmen zum Nutzen von Betrieb und Belegschaft beantragen;
- Beschäftigung älterer Arbeitnehmer im Betrieb fördern;
- Eingliederung ausländischer Mitarbeiter im Betrieb fördern;
- Eingliederung Schwerbehinderter im Betrieb fördern;
- Durchführung und Einhaltung von
  ○ Gesetzen,
  ○ Verordnungen,
  ○ Tarifverträgen und Betriebsvereinbarungen überwachen;
- Wahl einer Jugend- und Auszubildendenvertretung vorbereiten.

Wahl einer Jugend- und Auszubildendenvertretung (JAV)

In Betrieben mit zusammen mindestens fünf Arbeitnehmern aus folgenden Personengruppen kann eine JAV gewählt werden:

a) Arbeitnehmer, die das 18. Lebensjahr noch nicht vollendet haben;
b) Auszubildende, die das 25. Lebensjahr noch nicht vollendet haben (*§ 1 BetrVG*).

Beide Personengruppen können in die JAV gewählt werden.

Die Zahl der Vertretungsmitglieder ist nach Betriebsgrößen gestaffelt (vgl. *§ 62 BetrVG*).

Die **Jugend- und Auszubildendenversammlung** kann im Einvernehmen mit Betriebsrat und Arbeitgeber zeitlich von der **Betriebsversammlung** abgekoppelt werden.

Gegenüber der Unternehmensleitung kann die JAV nur über den Betriebsrat tätig werden. Die allgemeinen Aufgaben der JAV sind in *§ 70 BetrVG* wiedergegeben.

Arbeit und Aufgaben der JAV

Jugendliche Arbeitnehmer haben besondere Probleme. Die Berücksichtigung entsprechender Schwierigkeiten und die Förderung der aktiven Teilnahme dieser Arbeitnehmergruppe erfordern eine JAV.

Zu den Aufgaben der JAV zählen:

- Maßnahmen zugunsten jugendlicher Betriebsangehöriger beantragen;
- Durchführung und Einhaltung von
  - Gesetzen,
  - Verordnungen,
  - Tarifverträgen/Betriebsvereinbarungen zugunsten der jugendlichen Arbeitnehmer überwachen;
- Jugendinteressen vor dem Betriebsrat vertreten;
- Kritiken der jugendlichen Arbeitnehmer an den Betriebsrat weitergeben.

Zusammenfassend zeigt das Schaubild „Mitwirkung des Betriebsrates" die Organe zur Arbeitnehmervertretung und deren Aufgaben.

▶▶▶ In Situation 2 (S. 33) sind mehr als 50 Jugendliche im Betrieb beschäftigt. Daher kann die JAV gem. *§ 69 BetrVG* eigene Sprechstunden abhalten. Die Einigungsstelle *(§ 76 BetrVG)* hat den Auftrag, schlichtend einzugreifen, wenn sich Arbeitgeber und Betriebsrat nicht über Ort und Zeit der Sprechstunde einigen können. Letztendlich obliegt ihr in solchen Fällen die Entscheidung. ●●●

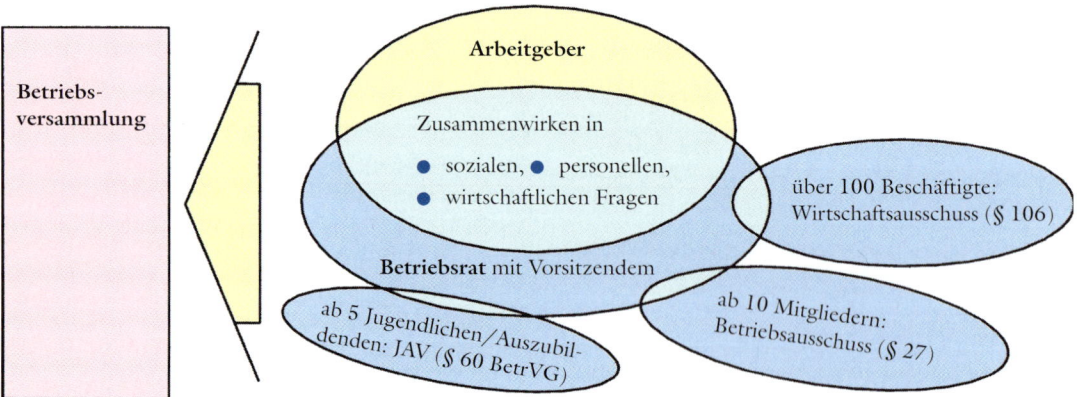

Wesentliche Lerninhalte

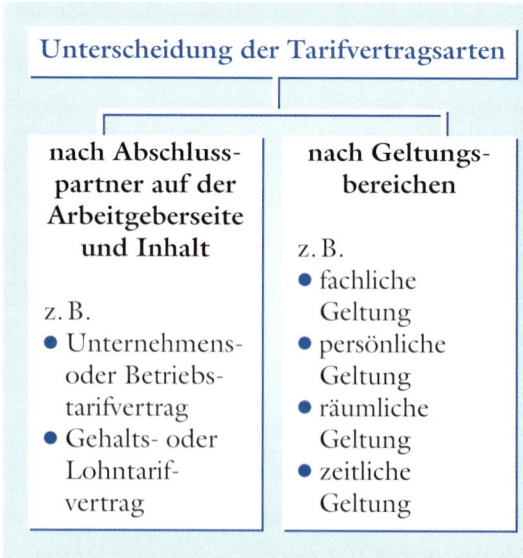

Unterscheidung der Tarifvertragsarten	
nach Abschlusspartner auf der Arbeitgeberseite und Inhalt	**nach Geltungsbereichen**
z. B. • Unternehmens- oder Betriebstarifvertrag • Gehalts- oder Lohntarifvertrag	z. B. • fachliche Geltung • persönliche Geltung • räumliche Geltung • zeitliche Geltung

- Das Ziel des Tarifvertrages ist die Festlegung von einheitlichen Arbeits- und Wirtschaftsbedingungen.
- Während Verhandlungen zu einem neuen Tarifvertrag können Konflikte entstehen, die zum so genannten Arbeitskampf führen.
- Abschluss eines Arbeitsvertrages:
  - Jede natürliche Person kann einen Arbeitsvertrag abschließen, soweit sie voll geschäftsfähig ist (in der Regel mit Volljährigkeit).
  - Bei beschränkt Geschäftsfähigen ist die Einwilligung oder Ermächtigung des gesetzlichen Vertreters erforderlich, um ein Arbeitsverhältnis einzugehen.
- Der Berufsausbildungsvertrag als Form des Arbeitsvertrages ist nur in schriftlicher Form gültig.

Arbeitnehmerschutz				
Kündigungs- schutz	Schwer- behinderten- schutz	Arbeits- und Urlaubsschutz	Mutter- und Erziehungs- schutz	Jugendarbeits- schutz

Die Mitbestimmungs- und Mitwirkungsmöglichkeiten des Betriebsrates stellen sich wie folgt dar:

Einflussbereiche		
soziale Angelegenheiten	personelle Angelegenheiten	wirtschaftliche Angelegenheiten

Betriebsrat

- In Betrieben mit mindestens fünf Arbeitnehmern – von denen wenigstens drei wählbar sind wird ein Betriebsrat gewählt.
- In den Betriebsrat können Mitarbeiter gewählt werden, wenn sie
  ○ das 18. Lebensjahr vollendet haben **und** zugleich mindestens
  ○ sechs Monate dem Betrieb angehören.

JAV

- In Betrieben mit zusammen mindestens fünf Arbeitnehmern aus den nachstehenden Personengruppen kann eine JAV gewählt werden.
- In die JAV können Arbeitnehmer gewählt werden,
  ○ die das 18. Lebensjahr noch nicht vollendet haben **bzw.** auch
  ○ Auszubildende unter 25 Jahren.

Aufgaben

❶ Stellen Sie die Grundsatzformen des Arbeitskampfes gegenüber. Erläutern Sie dabei vier dieser Formen.

❷ Worin sehen Sie die Vorteile eines Tarifvertrags
a) für die Arbeitgeberseite,
b) für die Arbeitnehmerseite?

❸ Gehen Arbeitgeber und -nehmer ein Arbeitsverhältnis ein, ergeben sich daraus für beide Parteien Pflichten. Nennen und erläutern Sie
a) Pflichten des Arbeitgebers,
b) Pflichten des Arbeitnehmers.

❹ a) Nennen Sie die wesentlichen Bestimmungen zum Arbeitnehmerschutz.
b) Erläutern Sie die Ziele dieser Schutzbestimmungen.

❺ Hat das Mitwirkungsrecht des Betriebsrates in Situation 1 (S. 20) zu Recht nicht ausgereicht, die Kündigung von Herrn Eberwalde abzuwenden?

❻ Nennen Sie die Organe zur Arbeitnehmervertretung.

❼ Es sind verschiedene Voraussetzungen erforderlich, um in einem Betrieb einen Betriebsrat wählen zu können. Welche?

❽ Der Betriebsrat widerspricht termingerecht und schriftlich der Absicht des Arbeitgebers, einer Mitarbeiterin zu kündigen. Der Arbeitgeber hält jedoch die Gründe, die der Betriebsrat gegen die Kündigung aufführt, für nicht gerechtfertigt.
Was muss der Arbeitgeber gemäß *§ 102 Abs. 4 BetrVG* beachten?

1.4 Die Arbeitssicherheit

1.4.1 Gesetzliche Grundlagen der Arbeitssicherheit

👁 Situation
Grundgesetz Artikel 2, Absatz 2
„Jeder hat das Recht auf Leben und körperliche Unversehrtheit. Die Freiheit der Person ist unverletzlich. In diese Rechte darf nur aufgrund eines Gesetzes eingegriffen werden." ●●●

Zwei Bereiche beinhaltet das Arbeitsschutzrecht: zum einen den sozialen Arbeitsschutz (z. B. Arbeitszeit oder Jugendarbeitsschutz) und zum anderen den technischen Arbeitsschutz. Auf diesen Bereich wird hier näher eingegangen. Verschiedene Organe wachen darüber, dass die vorgegebenen Gesetze und Verordnungen eingehalten und befolgt werden:

1. Staatliche Gewerbeaufsicht (Gewerbeaufsichtsamt)
Die strikte Einhaltung von Hygiene- und Arbeitsschutzverordnungen überprüfen die Beauftragten der Gewerbeaufsichtsämter bei ihren in der Regel unangemeldeten Besuchen.

2. Betriebliche Unfallversicherung
Jeder Arbeitnehmer ist durch seinen Arbeitgeber in einer betrieblichen Unfallversicherung pflichtversichert. Auch hier wird ein Überprüfen der Sicherheitsvorrichtungen des Betriebes die Regel sein.
Um sicher zu sein, dass die Arbeitgeber immer umfassend informiert sind, gibt der Gesetzgeber Verordnungen und Richtlinien über bestimmte Arbeitsvorgänge, Unfallverhütungsmaßnahmen und Sicherheitsbestimmungen an die Betriebe weiter.

3. Berufsgenossenschaft
Aufgabe der Berufsgenossenschaft ist es, die Anzahl der Arbeitsunfälle so niedrig wie möglich zu halten und einen entstandenen Unfallschaden zu regulieren. Jeder Betrieb ist zwangsläufig Mitglied der zuständigen Berufsgenossenschaft.

Die Mitgliedschaft erstreckt sich auf die Arbeitnehmer, den Unternehmer und dessen mitarbeitende Familienangehörige.
Der Versicherungsschutz der Berufsgenossenschaft schließt den Weg von und zur Arbeit sowie alle Tätigkeiten, die mit dem Betrieb in Zusammenhang stehen, mit ein.

Berufsgenossenschaften haben die Aufgabe, über Unfallgefahren aufzuklären. Sie bilden **Sicherheitsingenieure** aus, die Arbeitgeber und Arbeitnehmer in Fragen der Unfallverhütung beraten und die Unfallverhütungsvorschriften überwachen. Die Beiträge sind vom Arbeitgeber allein zu tragen. Die Sozialversicherungsgesetze berechtigen die Berufsgenossenschaft, die Betriebe anzuweisen, bestimmte Unfallverhütungsmaßnahmen durchzuführen. Kernstück des technischen Arbeitsschutzes ist die *Gewerbeordnung*. Sie regelt bestimmte Arbeitsvorgänge und den Umgang mit gefährlichen Arbeitsstoffen.

4. Sicherheitsbeauftragte
Das Gesetz über die Unfallverhütung schreibt vor, dass in Betrieben mit mehr als 20 Mitarbeitern Sicherheitsbeauftragte benannt sein müssen. Diese sind von der Unternehmensleitung unter Mitwirkung des Betriebsrates zu bestellen. Die Sicherheitsbeauftragten haben die Unternehmer bei der Durchführung des Unfallschutzes zu unterstützen, insbesondere sich von dem Vorhandensein und der ordnungsgemäßen Benutzung der vorgeschriebenen Schutzvorrichtungen fortlaufend zu überzeugen.

Erfüllung der Meldepflicht
Nach den gesetzlichen Bestimmungen und der Satzung der Berufsgenossenschaft muss der Unternehmer jeden Arbeitsunfall binnen drei Tagen melden, wenn durch den Unfall ein Beschäftigter so verletzt wird, dass er voraussichtlich länger als drei Tage arbeitsunfähig ist.

Tödliche und besonders schwere Unfälle sind sofort telefonisch oder schriftlich der Berufsgenossenschaft, dem Gewerbeaufsichtsamt und ggf. der Ortspolizeibehörde (tödlicher Unfall) zu melden.

1.4.2 Berufsunfälle und vorbeugende Maßnahmen

Situation

Petra Schuster, Auszubildende zur Hauswirtschafterin im 3. Ausbildungsjahr, erhält von ihrem Ausbilder den Auftrag, alle in ihrem Ausbildungsbetrieb vorhandenen Gefahrenquellen, die ihren Arbeitsbereich betreffen, zu benennen und die dagegen getroffenen Vorsichtsmaßnahmen aufzuzeigen. ●●●

In jedem gewerblichen Unternehmen befindet sich eine große Zahl von sichtbaren und verborgenen Gefahrenquellen, die den Ablauf der Tätigkeit entscheidend beeinflussen können. Damit die Sicherheit der Mitarbeiter gewährleistet ist, sollte keine Anstrengung zu groß sein, um die verborgenen Gefahrenquellen zu beseitigen. Dafür ist es notwendig, Unfallquellen und -situationen zu kennen. Dementsprechend sind nachfolgend berufstypische Gefahrenquellen aufgezeigt und Möglichkeiten der Beseitigung aufgeführt (Übersicht 1.22).

Unfallquelle/Gefahrenstelle	Gegenmaßnahmen
Material- oder Fertigungsmängel an Geräten und Maschinen	sofortige Mängelüberprüfung bei Anlieferung von Geräten
Mängel an Signal- und Bedienungseinrichtungen von Maschinen	vor der täglichen Inbetriebnahme Überprüfung aller Signal- und Bedienungseinrichtungen
mangelhafte Sicherung gegen Zugriff zu Schneid- und Quetschstellen	Sicherstellung, dass Schneidmesser bis auf die Schneidstelle abgedeckt sind und die Fleischwolfschnecke nicht durch den Eingabetrichter erreicht werden kann
eingeschränkte oder mangelhafte Standfestigkeit und Tragfähigkeit von Leitern	Sicherheitseinrichtungen einer Stehleiter sind auf Funktionsfähigkeit zu überprüfen, Spannvorrichtungen müssen fest verankert sein, die Sicherheitsbrücke muss festzustellen sein
Verwendung von behelfsmäßigen Arbeitsmitteln	grundsätzlich nur auf fach- und sachgerechte Arbeitsmittel zurückgreifen
mangelhafte oder fehlende Absperrung oder Abdeckung von Gefahrenquellen	erkannte Gefahrenquellen sind sofort zu sichern und abzusperren, wenn möglich, ist die Ursache umgehend zu beheben

Übersicht 1.22

Unfallquelle/Gefahrenstelle	Gegenmaßnahmen
verstellte oder nicht gekennzeichnete Fluchtwege	Kennzeichnung und Freihaltung der Fluchtwege muss schon im Interesse eines jeden Mitarbeiters oberstes Gebot sein, das bei Missachtung scharf gemaßregelt werden muss
mangelhafte Sicherungen und unsachgemäßes Arbeiten an der Kippbratpfanne	Deckel muss gegen unbeabsichtigtes Zufallen (z. B. Anschlag oder Gewichtsausgleich) gesichert sein – Deckel und Deckelgriffe müssen so angeordnet sein, dass beim Öffnen ein Verbrühen durch Dampfschaden vermieden wird
Dampf- und Heißwasser-Verbrühung oder Zerknall des Druckbehälters infolge Drucküberschreitung bei Kaffeemaschinen mit Druckbehälter	Sicherheitseinrichtung gewährleistet, dass Dampf und Heißwasser nicht unbeabsichtigt austreten können, außerdem ist darauf zu achten, dass die Kaffeemaschine den Bestimmungen der Druckbehälter-Verordnung entspricht (eine mind. halbjährliche Wartung ist zu empfehlen)
allgemeine Unachtsamkeit im Umgang mit Kochtöpfen und Bratpfannen	volle oder besonders schwere Töpfe nie allein transportieren, Töpfe nicht zu hoch füllen, Fett nicht überhitzen
Unachtsamkeit bei der Beseitigung von Abfall aus Dosen, Porzellan- oder Glasbruch	durch Trennen und sorgfältige Aufbewahrung der verschiedenen Abfallmaterialien werden Schnittwunden vermieden, Porzellan- oder Glasbruch nie mit der Hand, sondern nur mit Kehrschaufeln und Besen aufnehmen
eingeschränkte Bewegungsfreiheit am Arbeitsplatz	unbedingt für räumliche Ausweitung sorgen, da sonst die Arbeitssicherheit in Gefahr ist
schadhafte Beleuchtung des Arbeitsplatzes	sofort Abhilfe schaffen, wenn nötig, durch Facharbeiter
verbrauchte oder stark rauchbelastete Atemluft	sauerstoffarme Atemluft sorgt für Konzentrationsmängel, daher ist am Arbeitsplatz der Zufluss von frischer Atemluft unerlässlich
unangemessener Lärm, der die Verständigung erschwert	Lärm am Arbeitsplatz ist konzentrationshemmend und daher schädlich – Lärmquelle beseitigen
fehlerhafte Gas-, Wasser- oder Elektroinstallation	derartige Gefahrenquellen nur vom Fachmann beseitigen lassen
mangelhafte Überwachung durch Ausbilder	nur durch ständige Schulung der Ausbilder ist eine verantwortungsvolle Ausbildung sichergestellt
Fehlen der empfohlenen oder vorgeschriebenen persönlichen Körperschutzausrüstung	zum Schutz des eigenen Körpers werden z. B. Arbeits- und Sicherheitsschutz überprüft und angewandt

Unfallquelle/Gefahrenstelle	Gegenmaßnahmen
unsachgemäße Verlegung von Bodenbelägen, Wandbespannungen und Deckenverkleidungen	nächstmöglichen Termin zur Beseitigung dieser Gefahrenquelle nutzen
Versäumnis der vorgeschriebenen, termingerechten Überprüfung von technischen Arbeits- und Hilfsmitteln	Lieferanten von Geräten, die einer behördlichen turnusmäßigen Überprüfung unterliegen, machen auf den fälligen Termin aufmerksam
Gefährdung durch Fußböden und Treppen	Fußböden sind dann rutsch- und trittsicher, wenn sie eben sind und ihre Oberfläche auch bei leichter Nässe noch genügend griffig ist, bei Treppen ist darauf zu achten, dass die Stufen nicht ausgetreten sind, eine rutschfeste Oberfläche haben und ein Handlauf (oder zwei), wenn vorgeschrieben, angebracht ist, Treppen, die schlecht einsehbar sind, erhalten ausreichende Beleuchtung
Gefährdung durch heißes Fett in der Fritteuse	auf sicheren Standplatz der Fritteuse achten, das Fett rechtzeitig austauschen und Temperaturregler und -begrenzer immer auf Funktionstüchtigkeit überprüfen, die Ablasseinrichtung immer gegen unbeabsichtigtes Öffnen sichern

Übersicht 1.22

Achtung!

Fritteusen stellen in der Küche die größte Gefahr dar. Ein eingebauter Thermostat garantiert, dass das Fett nie so heiß wird, dass es sich entzünden kann, wenn dieser jedoch einmal versagt, kann das Fett brennen. Bei Fritteusen muss ein Kohlendioxidlöscher eingesetzt werden. Wasser hat verheerende Folgen. Es würde in der Fritteuse nach unten sinken, dort durch die hohe Temperatur verdampfen und wieder nach oben steigen. Aus einem Liter Wasser werden ca. 1.700 Liter heißer Dampf, dabei würde sich an jedes Dampftröpfchen etwas Fett binden, das sich beim Aufsteigen durch die Flammen entzündet. Das brennende Fett bildet aber eine große Stichflamme, die alles, was sich in der Nähe befindet, verbrennt.

Aus diesem Grund sind in Küchen nur **Löschdecken** und **Kohlendioxidlöscher** als Feuerlöscheinrichtung erlaubt. Wenn der Inhalt einer oder mehrerer nebeneinander stehender Fritteusen allerdings mehr als 50 Liter beträgt, muss eine automatische Löschanlage vorhanden sein.

Außer den genannten Unfallquellen und Gefahrenstellen sind noch die physische Überforderung des Mitarbeiters (bedingt durch zu schnelles Arbeitstempo oder durch unregelmäßige Pausen), das fehlende Gefühl (Sensibilisierung) des Mitarbeiters für Unfallgefahr und -risiko sowie allgemeine Unachtsamkeit (hervorgerufen durch fehlende Motivation oder Ärger bzw. Streit mit den Kollegen) zu nennen. Hier helfen das intensive Mitarbeitergespräch und eine lückenlose Aufklärung über die Unfallgefahren. Nur so erreicht man ein ausgewogenes Betriebsklima und reduziert die Unfallgefahren auf ein Minimum. Zusätzlich wird ein verantwortungsbewusster Vorgesetzter rechtzeitig für die Anbringung von Warntafeln oder Sicherheitszeichen an Gefahrenstellen sorgen und selbstverständlich auf Gefahrenhinweise von Dritten umgehend reagieren.

Sicherheitszeichen

Um ein Höchstmaß an Sicherheit am Arbeitsplatz zu erreichen, weisen eine große Anzahl von Sicherheitszeichen auf Gefahren am Arbeitsplatz hin. Diese Zeichen kann man unterteilen in:

Verbotszeichen (Beispiele)

Gebotszeichen (Beispiele)

Rettungs- und Warnzeichen (Beispiele)

Unter den möglichen Unfallursachen nimmt die Gefahr durch **elektrischen Strom** eine besondere Stellung ein.

- Nur Schutzkontaktstecker/-steckdosen verwenden!
- Beschädigte Geräte nicht weiterverwenden!
- Keine Do-it-yourself-Reparaturen durchführen!
- Nur geprüfte (VDE-Zeichen) Geräte, Leitungen und Stecker verwenden!
- Alle Sicherheitszeichen besonders beachten!

Sicherheitszeichen an Elektrogeräten

Die dennoch immer wieder vorkommenden Stromunfälle sind zurückzuführen auf Unkenntnis, Unachtsamkeit und Leichtsinn.
Entscheidend für die Gefährdung sind die Stärke des Stromes, der im Fehlerfall durch den

Sicherheitszeichen Elektrogeräte

Tropfwassergeschützt
Geräte und Maschinen, die bei Nässe, im Freien oder zum Erhitzen von Flüssigkeiten benutzt werden, müssen so am Typenschild gekennzeichnet sein.

Regengeschützt
Kleine Elektrogeräte und -werkzeuge sind meistens schutzisoliert, das heißt, dass das gesamte Gehäuse mit Isoliermaterial umhüllt ist und dadurch höchstmögliche Sicherheit bietet.

Prüfzeichen
Hersteller, die ihre Maschinen und Geräte prüfen lassen, erhalten von der Prüfstelle eine Prüfbescheinigung mit Berechtigung, die Maschine bzw. das Gerät mit dem GSZeichen (Geprüfte Sicherheit) zu kennzeichnen.

CE-Zeichen
Konformitätszeichen der Europäischen Union

Übersicht 1.23

Körper fließt, und die Zeitdauer der Stromwirkung. Dazu muss man wissen, dass Strom nur in einem geschlossenen Stromkreis fließt. Dieser kommt zustande durch elektrisch mehr oder weniger leitende Materialien, die untereinander in Verbindung stehen. Und das sind nicht nur elektrische Kabel oder Metalle, sondern auch viele andere Stoffe, zum Beispiel Wasser, Fliesen, Beton oder Erde, und natürlich der Mensch, wenn er Teil des Stromkreises wird!

Diese Gefahr besteht dann, wenn Teile eines elektrischen Gerätes durch Isolationsfehler unter Stromspannung geraten. Berührt man ein solches Gerät bei gleichzeitigem Kontakt etwa zu einer Metallleitung, Zentralheizung oder einem gut leitenden Fußboden, dann fließt der Strom durch den Körper und damit zur Erde, der Kreislauf ist geschlossen.

Zu unterscheiden sind drei Schutzklassen an Geräten:

Schutzklasse I, Schutzmaßnahmen mit Schutzleiter
Leuchten mit leitenden Gehäusen (Steh-, Tisch- oder Deckenleuchten) müssen an einen Schutzleiter angeschlossen sein. Die Klemmstellen haben in den meisten Fällen diese Erkennungszeichen.

Schutzklasse II, Schutzisolierung
Geräte mit Schutzisolierung besitzen ein Gehäuse aus Isoliermaterial (Kunststoff).

Schutzklasse III, Schutzkleinspannung (höchste Schutzklasse)
In Duschbecken und Badewannen ist es untersagt, Elektrogeräte (z. B. Rasierapparat, Föhn, Heizlüfter) zu verwenden.
Eine Ausnahme stellen die Geräte dar, die mit nebenstehendem Zeichen – Schutzkleinspannung – versehen sind.

Übersicht 1.24

Unfall durch elektrischen Strom

Wenn Sie eine Schließung des Stromkreislaufes erkennen können und ein Mensch (Mitarbeiter/-in) dabei in Gefahr ist, dann ist sofortige Hilfe unerlässlich. Dabei muss der Helfer immer an seinen eigenen Schutz denken – Unachtsamkeit bringt ihn selbst in Gefahr (Atem-, Herz-Kreislauf-Stillstand, Verbrennung).
Bei Stromunfällen muss wie folgt verfahren werden:

- Bei Niederspannung (Haushalt und Gewerbe bis 1.000 Volt): Strom sofort unterbrechen!
  ○ ausschalten
  ○ Stecker aus der Steckdose ziehen
  ○ Sicherungen herausnehmen

- Verunglückte von Stromspannung trennen!
  ○ durch nicht leitenden Gegenstand (z. B. Holzlatte oder Tischdecke) vom Gefahrenherd trennen
  ○ an seinen Kleidern wegziehen
  ○ Wichtig! Sich selbst dabei isoliert aufstellen (z. B. trockenes Holz, Kleider, Papierstoß)
- Bei Hochspannung (über 1.000 Volt):
  ○ Notruf „Elektrounfall"
  ○ Strom nur vom Fachmann unterbrechen lassen
  ○ Verunglückten nicht berühren, Lebensgefahr!

Unfall durch Giftstoffe und Gase

Neben elektrischem Strom sind auch die Gefahren durch Gifte, Gase und leicht entzündliche Stoffe zu nennen (vgl. Übersicht 1.25).
Gifte sind grundsätzlich in Giftschränken (doppelt gesichert) aufzubewahren, von Lebensmitteln fern zu halten und entsprechend zu kennzeichnen.

Gifte niemals in handelsüblichen Behältnissen aufbewahren!
Flüssige Gifte, die in Flaschen aufbewahrt werden, müssen unbedingt klar deklariert sein – alte Etiketten entfernen!

Gase werden in der Regel in Behältnissen aufbewahrt, die unter Druck stehen. Auch finden sie z. B. als Treibgas in Spraydosen Verwendung. Druckbehälter sind gekennzeichnet und ab einem bestimmten Druck prüfungspflichtig. Manometer, Sicherheitsventile und Druckminderungsventile reduzieren die Gefahr einer Explosion auf ein Mindestmaß.

Kohlensäure wird in grauen Stahlflaschen in flüssigem Zustand gespeichert und in gasförmigem Zustand entnommen. Es ist darauf zu achten, dass Kohlensäureflaschen entweder liegend oder stehend – aber nur in dafür geeigneten Ständern oder Vorrichtungen – in einem unbeheizten Raum aufbewahrt werden. Der Anschluss bzw. die Entnahme erfolgt grundsätzlich in aufrechtem Zustand der Flasche.

Beim Umgang mit Spraydosen ist unbedingt darauf zu achten, dass eine Erhitzung des Inhalts den Innendruck nicht gefährlich ansteigen lässt. Ein mögliches Zerspringen des Behältnisses kann die Folge sein. Bei brennbaren Füllungen können dann Stichflammen auftreten und bei gesundheitsschädlichen Füllungen Erkrankungen die Folge sein.

- Spraydosen nicht in offene Flammen sprühen!
- Nicht gewaltsam öffnen!
- Niemals in Augen sprühen!
- Nur völlig leer entsorgen!
- Vor Sonne und Hitze schützen!
- Leere Dosen nicht verbrennen!
- Sprühgut niemals einatmen!

Leicht entzündliche Textilien

Diese sind im hauswirtschaftlichen Bereich hinreichend vorhanden. Es handelt sich u.a. um Vorhänge, Teppiche, Tischdecken, Bettwäsche, Handtücher o.Ä. Durch Beachten der Vorschriften über Feuerverhütung und Brandschutzeinrichtungen lässt sich die Gefahr eines Brandes vermindern bzw. ausschließen.

Lagerung brennbarer Flüssigkeiten und Gase	
Propangas	In Gebäuden mit Aufenthaltsräumen dürfen Flaschen mit max. 14 kg Füllgewicht aufgestellt werden. Eine übermäßige Erwärmung (Abstand zu Wärmequellen) muss vermieden werden. Behälter über 14 kg sind im Freien in Schutzschränken oder in besonderen Räumen aufzustellen. Hierbei sind eine gute Belüftung sowie Türen, die nach außen aufschlagen und vom Freien aus zugänglich sind, Voraussetzung.
Kohlensäure	Sie wird in druckfeste Stahlflaschen abgefüllt und stehend oder liegend in einem kühlen, trockenen Raum gelagert oder verwendet. In beiden Fällen muss die Flasche vor dem Umfallen/Wegrollen gesichert sein.
Brennspiritus	Da in Großhaushalten Brennspiritus vielfach Verwendung findet (Küche, Service), muss immer ein Vorrat im Haus vorhanden sein. Er darf nur den Verwendern zugänglich sein. Nach Gebrauch müssen die Behältnisse (meist Plastikflaschen) in einem abgeschlossenen Raum lagern.
Hochprozentige Spirituosen	Hier gelten die gleichen Vorsichtsmaßnahmen wie bei Brennspiritus. Bei beiden brennbaren Flüssigkeiten ist zudem das Personal auf die Gefahren (auch Suchtgefahr) besonders hinzuweisen.
Reinigungsmittel	Im häuslichen Bereich wird ebenfalls mit diesen Produkten gearbeitet – die Gefahren bei Missbrauch sind hinlänglich bekannt. Reinigungsmittel haben in abgeschlossenen Räumen zu lagern. Ihre Verwendung muss kontrolliert werden, da sie aus ökologischer Sicht nicht unbedenklich ist.

Übersicht 1.25

1.4.3 Brandschutz

Situation
Brandschutz-Checkliste

1 Sind eigene, nicht brennbare Behälter mit dicht schließendem Deckel für die Aufnahme von Rauchtabakresten aufgestellt?
2 Ist das Küchenpersonal aufgeklärt, wie Brände in Frittiergeräten zu vermeiden beziehungsweise zu löschen sind?
3 Sind elektrische Anlagen und Geräte auf ihre Betriebssicherheit vom Fachmann in letzter Zeit geprüft worden?
4 Sind an den Aufzügen Aufkleber angebracht, die auf das Benutzungsverbot im Brandfall hinweisen?
5 Schließen die Türen zwischen Fluren und Treppenräumen dicht und lassen sie sich in Fluchtrichtung öffnen?
6 Sind Flure und Treppenräume von brennbaren Stoffen freigehalten?
7 Sind die Rettungswege ausreichend gekennzeichnet und von einengenden Gegenständen freigehalten?
8 Sind vorgeschriebene Feuerlöscher gut sichtbar und für jeden schnell erreichbar angebracht?
9 Sind die Mitarbeiter – auch die ausländischen – über Brandschutz und richtiges Verhalten im Brandfall informiert worden?

Grundsätzlich ist der Unternehmer für die Sicherheit, also den Arbeits-, Brand- und Umweltschutz, im Betrieb verantwortlich – hinsichtlich des Brandschutzes unter anderem in folgenden Gesetzen: § 3 ArbSchG, § 618 BGB, § 62 HGB.

Sofern der Arbeitgeber die damit verbundenen Aufgaben nicht persönlich wahrnimmt, muss er diese an **geeignete Personen** delegieren.

Im Rahmen des vorbeugenden Brandschutzes werden solche Personen häufig als **Brandschutzbeauftragte** bezeichnet. Ihre Bestellung wird von VdS (Richtlinien für Gewerbe- und Industriebetriebe, für Großhaushalte) empfohlen. Gesetzlich bzw. behördlich vorgeschrieben werden Brandschutzbeauftragte derzeit z. B. in einigen Bundesländern für **Krankenhäuser** und in den meisten Bundesländern für **Verkaufsstätten**. Die Bestellung eines Brandschutzbeauftragten honorieren die Versicherungen manchmal mit Rabatten.

Brennbare und explosionsgefährliche Stoffe sind in jedem Betrieb vorhanden – beispielsweise Brenn- und Kraftstoffe, Verpackungsmaterial, Lösemittel, Klebstoffe, Nahrungsmittel usw.
Die Möglichkeit eines Brandausbruchs besteht immer. Statistisch gesehen, entsteht alle sieben Minuten (Tag und Nacht) ein Brand in Gewerbe- und Industriebetrieben der Bundesrepublik Deutschland.

Daher kommt dem effektiven Brandschutz besondere Bedeutung zu (vgl. Übersicht 1.26).

Alarmieren   Retten

Brand bekämpfen

Verhalten im Brandfall

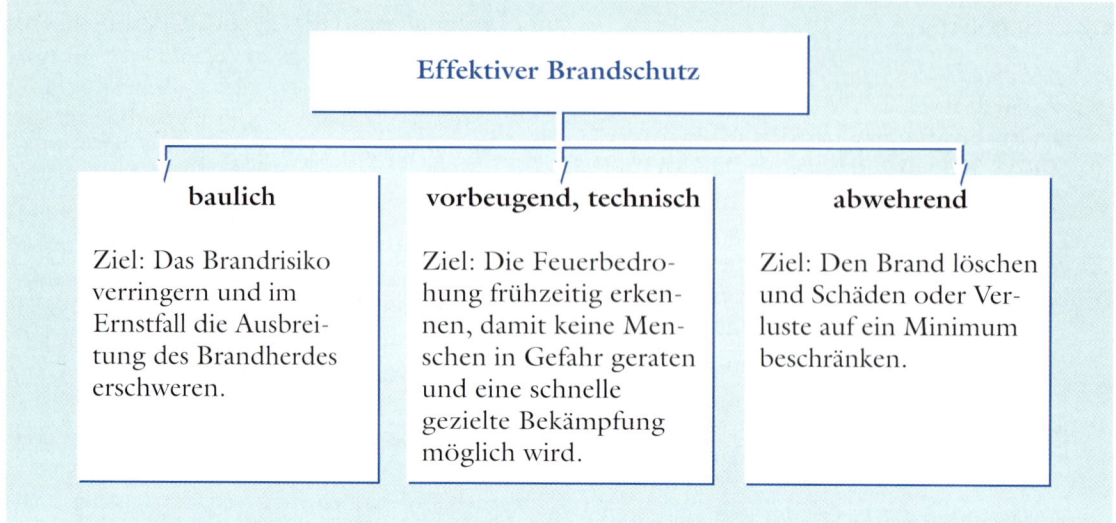

Übersicht 1.26

Brandschutzunterweisungen
Bei Betrieben mit bis zu 100 Mitarbeitern ist geeignetes Personal in der Handhabung von Feuerlöschgeräten zu unterweisen. Bei Betrieben mit mehr als 100 Mitarbeitern ist eine in der Löschtechnik besonders unterwiesene Gruppe von Personen, vorzugsweise Stammpersonal, für erste Lösch- und Rettungsmaßnahmen aufzustellen. Dies ist mit der örtlichen Feuerwehr abzustimmen.

Eine Brandschutzordnung ist jedem Betriebsangehörigen auszuhändigen und von diesem zu bestätigen. Außerdem ist eine Brandschutzordnung in jedem Aufenthaltsraum des Personals gut sichtbar auszuhängen.
Zum Schutz größerer Menschenansammlungen oder wichtiger Anlagen sowie feuergefährdeter Bereiche, in denen mit einer raschen Brandausbreitung zu rechnen ist (z. B. Küche), sind ortsfeste Löschanlagen erforderlich. Diese werden von Hand oder automatisch ausgelöst.

Brandmelder
Als Auslöseelemente kommen Wärmemelder (Temperaturdetektoren) sowie Ionisations-Rauchmelder infrage. Beim Wärmemelder sprechen die Detektoren beim Überschreiten eines

vorgegebenen Temperaturwertes an. Der Ionisations-Rauchmelder ist ein empfindlicher Frühwarndetektor, der nicht nur auf sichtbaren Rauch oder Qualm, sondern auch auf unsichtbare Verbrennungsgase sowie andere Gase und Dämpfe anspricht.

Wichtig ist jedoch, dass Rauchmelder nur Sicherheit vor einer Brandgefahr bieten können, wenn sie nicht auf den Fluren, sondern in den Zimmern angebracht sind. Bei einem Schwelbrand besteht nur so die Chance, das Unglück zu überleben. Die Sicherheitskette für den Gast verbessern optoelektronische Brandmelder in den Zimmern, die den Brandrauch sofort wahrnehmen und die Schlafenden wecken.

Die am weitesten verbreitete Wasserlöschanlage ist die **Sprinkleranlage**. Sie ist eine ortsfeste, selbsttätig wirkende Melde- und Löschanlage. Sie besteht im Wesentlichen aus einem mit Düsen bestückten Wasserrohrnetz, welches unter der Decke oder dem Dach montiert ist und ständig unter Druck steht. Die Düsen sind verschlossen und öffnen sich unter Einfluss von Wärmeentwicklung im Brandfall. Somit löschen nur diejenigen Sprinkler, die in unmittelbarer Brandnähe aufgeheizt werden.

1.4.4 Erste Hilfe

Situation

Mathias Hirsch ist Koch in einem Krankenhaus. Bei den Vorbereitungsarbeiten für ein kaltes Büfett fällt ihm ein Messer aus der Hand. Bei der reflexartigen Reaktion, das Messer aufzufangen, greift er in die Schneide und verletzt sich dabei so schwer, dass sofort erste Hilfe nötig ist. Welche Maßnahmen sind zu ergreifen? ●●●

Oft ist die erste Hilfsmaßnahme am Unfallort entscheidend für den späteren Heilungsverlauf einer Verletzung bzw. für die Rettung eines Mitarbeiters.

Deshalb müssen in jedem Unternehmen gut ausgebildete Ersthelfer vorhanden sein, die schnell und richtig helfen können, und zwar bei

- bis zu 20 anwesenden Versicherten
  1 Ersthelfer,
- mehr als 20 anwesenden Versicherten
  - in Verwaltungs- und Handelsbetrieben 5 %,
  - bei sonstigen Betrieben 10 % der anwesenden Beschäftigten.

Außerdem schreibt die *Arbeitsstättenverordnung* die Bereithaltung von Sanitäts- und Erste-Hilfe-Ausstattungen vor. Zu unterschieden ist zwischen dem großen und kleinen Betriebsverbandskasten (DIN 13 169 bzw. DIN 13 157). Der kleine Verbandskasten enthält mindestens:

Füllung Industrie Norm DIN 13 157 – Grundausstattung

1 aluderm Verbandtuch (40 × 60 cm)
1 aluderm Verbandtuch (60 × 80 cm)
3 aluderm Verbandpäckchen, mittel
2 aluderm Verbandpäckchen, groß
2 WS-elast. Binden (4 m × 6 cm)
2 WS-Elast. Binden (4 m × 8 cm)
1 WS-fix Netzverband Größe 3
6 aluderm Kompressen, einzeln
  (10 × 10 cm)
1 aluderm-aluplast elastisch (1 m × 6 cm)
1 aluderm-aluplast Fingerverband
  (Sortiment klein)

1 SÖHNGEN-Plast (5m × 2,5 cm)
1 Sirius-Rettungsdecke silber/gold
  (160 × 220 cm)
1 Air-Vita Bi-Protect Beatmungsgerät
1 Dreiecktuch V
1 Erste-Hilfe-Listerschere (14,5 cm lang)
1×10 Beutel mit 10 Vliestüchern
  (20 × 30 cm)
2 Minigrip-Beutel (30 × 40 cm)
1 Beutel mit 4 Stück Vinylhandschuhen
1 Anleitung zur ersten Hilfe
2 Aluderm-Augenkompressen
1 WS-Fixierbinden (4 m × 6 cm)
1 WS-Fixierbinden (4 m × 8 cm)

Übersicht 1.27

Krankentragen

In Arbeitsstätten mit großen räumlichen Ausdehnungen müssen Krankentragen/Transportmittel an mehreren, gut erreichbaren Stellen bereitgestellt sein.

Nach § 31 der Arbeitsstätten-Verordnung sind bei bis zu 20 Arbeitnehmern eine, bei bis zu 50 zwei Liegen vorgeschrieben.

Die „Anleitung zur ersten Hilfe bei Unfällen" ist im Betrieb an geeigneten Stellen, z. B. am Verbandskasten oder im Personalaufenthaltsraum, auszuhängen. Auf dieser Aushangtafel zur ersten Hilfe sind auch die Anschriften und die Fernsprechnummern des örtlichen Rettungsdienstes, der praktizierenden Ärzte sowie des nächsten zugelassenen Krankenhauses anzugeben. Darüber hinaus sollte im Interesse des Betriebes und des Berufsnachwuchses jedem Auszubildenden die Teilnahme an einem Erste-Hilfe-Lehrgang ermöglicht werden.

Aufgaben des Ersthelfers

Der Ersthelfer muss schnell und richtig erkennen, was geschehen ist. Weiter muss er überlegen, welche zusätzliche Gefahr droht, und zielstrebig – unter Berücksichtigung der jeweiligen Situation – handeln.

Er darf keine Maßnahmen ergreifen, die Rettungsdienstmitarbeitern und Ärzten vorbehalten sind. Dazu gehört auch die Verabreichung von Medikamenten.

(Hilfs-)Maßnahmen bei einem Arbeitsunfall

ohne nachfolgende **Arbeitsunfähigkeit**	**Versorgung durch:** • Ersthelfer • Betriebssanitäter • niedergelassenen Arzt • Betriebsarzt	**innerbetrieblich:** Eintragung der Verletzung in das Verbandsbuch durch den Ersthelfer und Meldung an den Vorgesetzten: • Name • Datum, Zeitpunkt und Ort des Unfalls • Art und Umfang der Verletzung und der Erste-Hilfe-Leistung • Unfallhergang
mit nachfolgender **Arbeitsunfähigkeit**	**Versorgung durch:** • Ersthelfer • Betriebssanitäter • Betriebsarzt • niedergelassenen Arzt Transport zum Durchgangsarzt bzw. ins Krankenhaus (falls erforderlich, durch Rettungsdienst)	**innerbetrieblich:** Eintragung der Verletzung in das Verbandsbuch (s. o.), Unfallmeldung an den unmittelbaren Vorgesetzten. Dieser benachrichtigt: • den Vorgesetzten • die Sicherheitsfachkraft • den Betriebsrat • die Personalabteilung **an Außenstehende:** • Unfallanzeige an Berufsgenossenschaft (BG) und Gewerbeaufsichtsamt (GAA) • bei tödlichen und schweren Unfällen telefonische und telegrafische Benachrichtigung an BG/GAA und Ortspolizeibehörde

Übersicht 1.28

Richtiges Verhalten
- Ruhe bewahren
- Erkennen, Überlegen, Handeln
- Zusätzliche Schädigungen verhindern
- Unfallstelle absichern
- Hilfe herbeiholen
- Notruf
- Verletzten möglichst nicht allein lassen

Damit beim Notruf schnell agiert werden kann, muss der Anrufende nach folgendem **Frageschema** vorgehen, nur so ist eine sofortige Hilfe gewährleistet:

- **Wo** geschah es?
- **Was** geschah?
- **Wie** viele Verletzte?
- **Welche** Art von Verletzungen?
- **Warten** auf Rückfragen

Versorgung des Verletzten
Immer, wenn nötig, ist sofort erste Hilfe zu leisten. Dies geschieht durch die hierfür ausgebildeten Ersthelfer, notfalls auch durch andere Personen. Auch kleine Wunden sind zu verbinden. Bei schweren Verletzungen ist unverzüglich der für die Verletzung zuständige Arzt (Hals-, Nasen-, Ohren-Facharzt – Augenarzt – Hausarzt oder das nächstliegende Krankenhaus) aufzusuchen. Muss der Verletzte wegen der Folgen seiner Verletzung die Arbeit einstellen, dann ist ein Durchgangsarzt in Anspruch zu nehmen.

Jedermann sollte in der Lage sein, einen Notfall sofort zu erkennen und die Zeit bis zum Eintreffen des Arztes zu überbrücken. Zu den Notfällen zählen schwere Unfallverletzungen und lebensbedrohliche akute Erkrankungen oder Vergiftungen, die sofort lebensrettende Maßnahmen erforderlich machen. Es können die

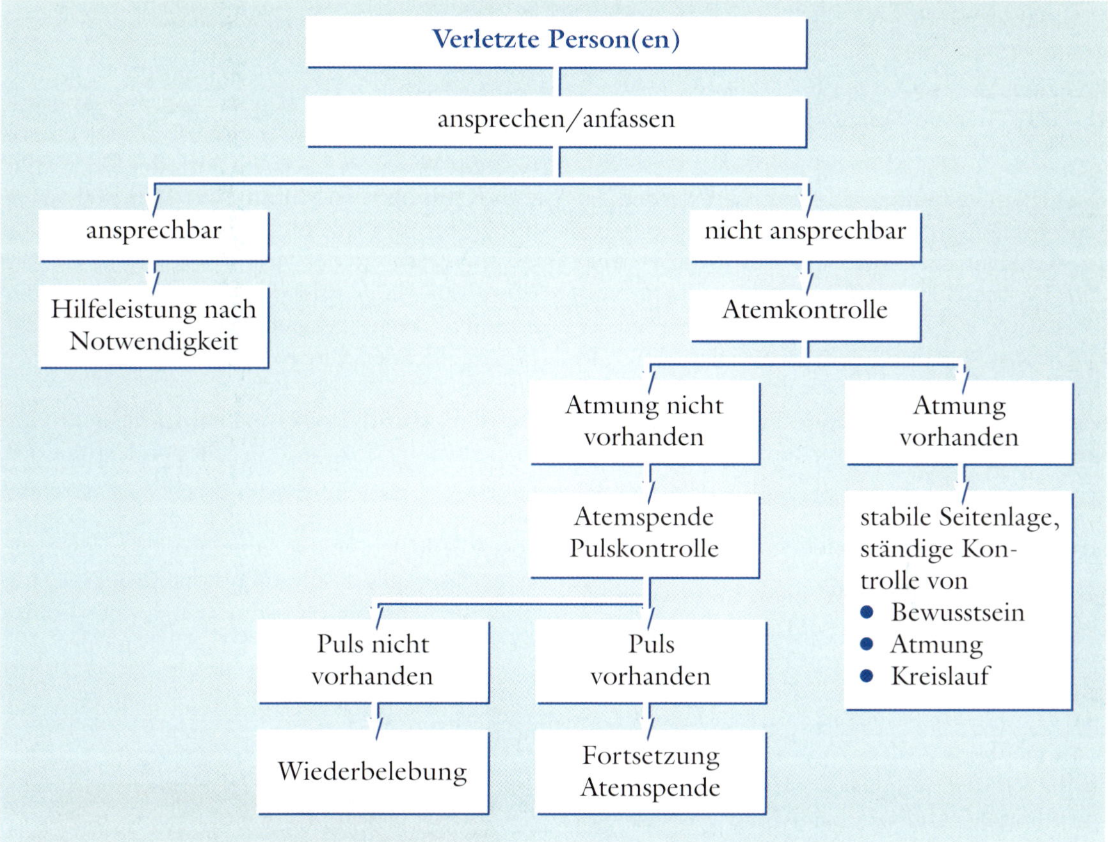

```
                    Verletzte Person(en)

                    ansprechen/anfassen

       ansprechbar                      nicht ansprechbar

  Hilfeleistung nach                     Atemkontrolle
   Notwendigkeit

                        Atmung nicht              Atmung
                         vorhanden               vorhanden

                         Atemspende          stabile Seitenlage,
                         Pulskontrolle       ständige Kon-
                                             trolle von
                                               ● Bewusstsein
        Puls nicht          Puls               ● Atmung
        vorhanden         vorhanden            ● Kreislauf

      Wiederbelebung     Fortsetzung
                         Atemspende
```

Übersicht 1.29

vitalen Funktionen (Bewusstsein, Atmung, Kreislauf) ausgefallen sein, d.h., die Situation ist lebensbedrohend.

Kommen wir an einen Unfallort, sichern wir zuerst die Unfallstelle ab und bringen den Verletzten gegebenenfalls aus dem Gefahrenbereich. Dann prüfen wir die vitalen Funktionen, ehe wir blutende Verletzungen, Knochenbrüche, Prellungen und Quetschungen versorgen. Ist der Verletzte ansprechbar, kann die Hilfeleistung je nach Notwendigkeit erfolgen (vgl. auch Übersicht 1.29).

1. Bewusstlosigkeit

Jeder, der nicht mehr auf Reize reagiert und auch die Fähigkeit der räumlich/zeitlichen Orientierung nicht mehr besitzt, wird als „bewusstlos" bezeichnet. Bei jedem Bewusstlosen ist sofort die Atmung zu überprüfen, da die Muskeln erschlaffen und die zurücksinkende Zunge die

Atmung blockieren kann. Zur Atemkontrolle wird der Hals des Verletzten überstreckt, der Mund kann leicht geöffnet werden.

Kniend legt der Ersthelfer seine Wange über Mund/Nase und eine Hand auf den Brustkorb des Verletzten und kann durch
- Hören (Atemgeräusche),
- Fühlen (Luftbewegung an Wange/Heben des Brustkorbes) und
- Sehen (Heben des Brustkorbes)

eine vorhandene Atmung erkennen.

Ist die Atmung aktiv, wird der Verletzte in die stabile Seitenlage gebracht.

Stabile Seitenlage

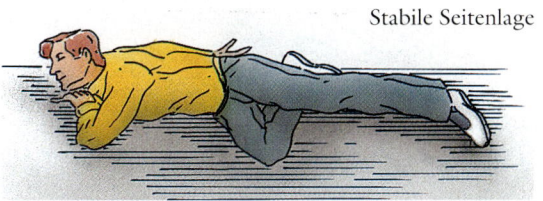

2. Atemstillstand

Atemstillstand heißt:
- keine Atemgeräusche
- keine Atembewegungen
- keine Ausatemluft

Die Gefahr, an Sauerstoffmangel zu sterben, ist groß. Stellen wir einen Atemstillstand fest, muss der Kreislauf ebenfalls sofort kontrolliert werden. Da das Gehirn sehr intensiv mit Blut versorgt wird, soll die Pulskontrolle direkt an der Halsschlagader durchgeführt werden. Hier ist der Puls am besten tastbar, oft auch dann noch, wenn am Handgelenk keine Pulstätigkeit mehr spürbar ist. Wir tasten mit den 3 Fingerbeeren (Zeige-, Mittel-, Ringfinger) seitlich neben den Kehlkopf und rutschen zur Halsgrube ab. Hier können wir den Puls fühlen.

Ist die Kreislauftätigkeit nicht mehr vorhanden, müssen wir mit der Herz-Lungen-Wiederbelebung beginnen (Erste-Hilfe-Lehrgang).

3. Atemspende

Ist die Kreislauftätigkeit noch vorhanden, muss sofort mit der Atemspende (Mund-zu-Nase-Beatmung) begonnen werden.
Bei der Atemspende blasen wir dem Verunglückten unsere eigene Atemluft ein.

Die erste und wichtigste Regel bei der Atemspende heißt, den Kopf des Verunglückten so weit wie möglich nackenwärts zu beugen und

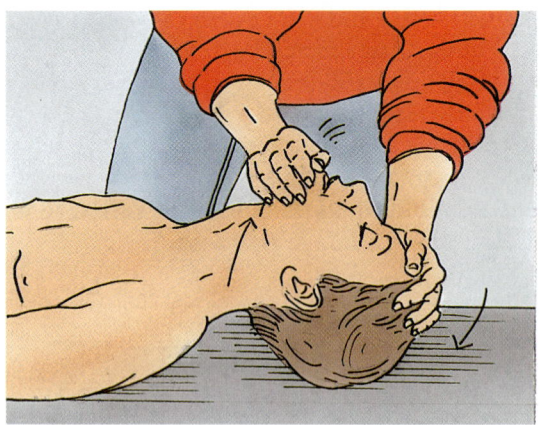

Überstreckung

ihn in dieser überstreckten Stellung während der ganzen Beatmung zu belassen.

Zweite Regel: Man beginnt unverzüglich mit der Atemspende, denn innerhalb der ersten kritischen Minuten nach Eintritt des Atemstillstands mindert jede Minute die Lebenschancen um 15 bis 20 Prozent.
Zwei Verfahren der Atemspende gibt es: die Mund-zu-Nase- und die Mund-zu-Mund-Beatmung. Beide sind gleichwertig, wenn sie richtig angewendet werden.

Bei der Mund-zu-Nase-Beatmung liegt eine Hand auf der Stirn und drückt den Kopf in den Nacken. Die andere Hand drückt das Kinn nach oben, schiebt den Unterkiefer nach vorn und verschließt den Mund, indem der Daumen die Unterlippe gegen die Oberlippe drückt. Dann umschließt der Helfer mit den Lippen seines weit geöffneten Mundes fest die Nase des Verunglückten und bläst ihm seine Luft unter sanftem Druck im Rhythmus seiner eigenen Atmung ein.

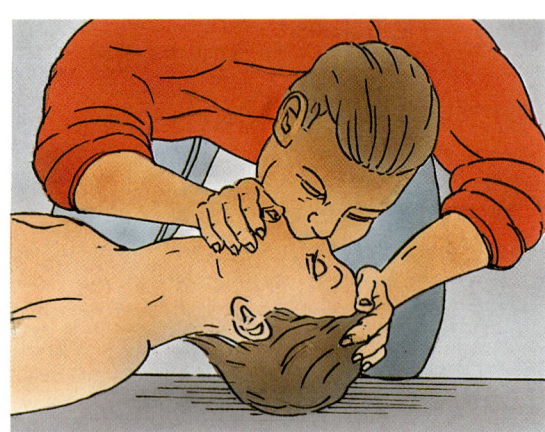

Mund-zu-Nase-Beatmung

Bei der Mund-zu-Mund-Beatmung unterstützt eine Hand den zurückgebeugten Nacken. Die andere liegt auf der Stirn und drückt den Kopf zurück. Daumen und Zeigefinger dieser Hand verschließen die Nase. Dann umschließt der Helfer mit seinen Lippen den leicht geöffneten Mund des verunglückten und bläst ihm seine Luft ein.

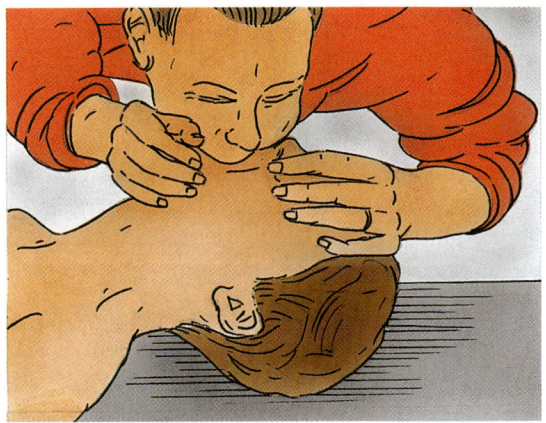

Mund-zu-Mund-Beatmung

4. Unfallschock
Die Anzeichen eines Schocks können sein:
- schneller und schwächer werdender, schließlich kaum tastbarer Puls
- fahle Blässe
- Frieren
- Schweiß auf der Stirn
- Teilnahmslosigkeit

Folgende Sofortmaßnahmen können Sie zur Schockbekämpfung einleiten:
- Den Verunglückten flach und ganz bequem lagern.

- Beine für ein bis zwei Minuten senkrecht anheben und dann erhöht lagern.
- Bewusstsein, Atmung und Kreislauf ständig kontrollieren.
- Warm zudecken, aber bei heißem Wetter Wärmestauung vermeiden.
- Tröstender und beruhigender Zuspruch.

Diese wenigen Handgriffe – so einfach sie auch scheinen mögen – können lebensrettend sein.

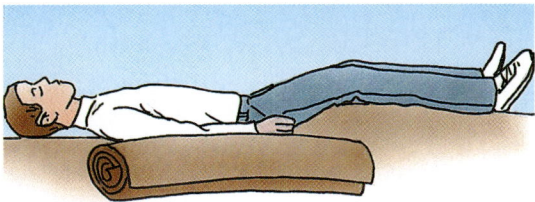

Schocklage

5. Blutende Verletzungen
Verletzungen, die eine Abschürfung oder Durchtrennung der Haut oder Schleimhäute verursachen, nennt man Wunden. Dabei werden stets kleinere und größere Blutgefäße geöffnet. Wunden verursachen Schmerzen, und schließlich können auch Krankheitserreger eindringen. Aufgabe des Helfers ist es, einen keimfreien Wundverband anzulegen.

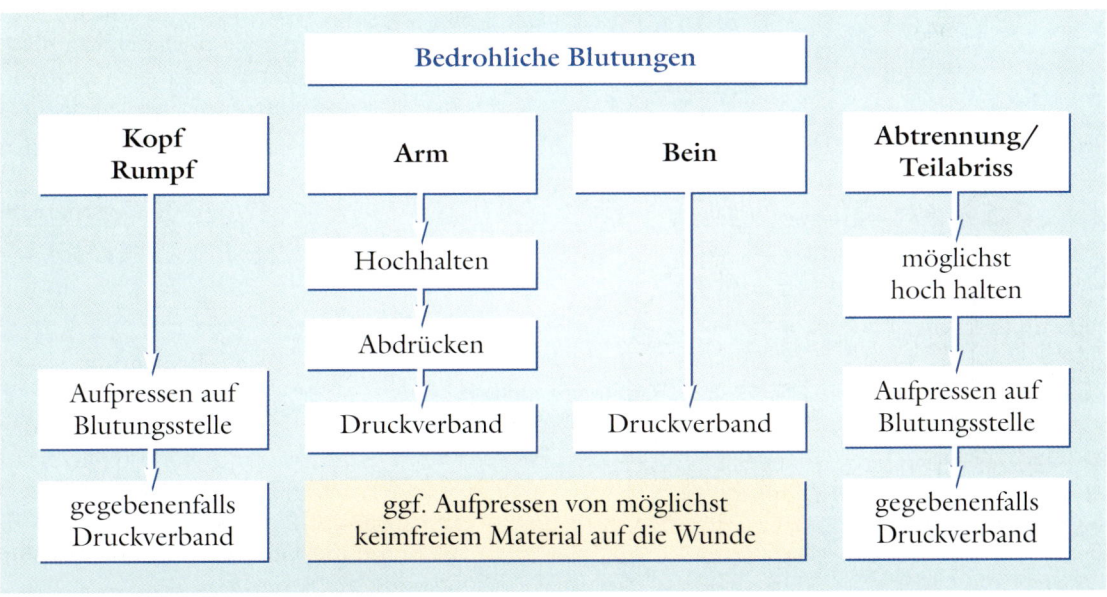

Bedrohliche Blutungen

Kopf Rumpf	Arm	Bein	Abtrennung/ Teilabriss
	Hochhalten		möglichst hoch halten
	Abdrücken		
Aufpressen auf Blutungsstelle	Druckverband	Druckverband	Aufpressen auf Blutungsstelle
gegebenenfalls Druckverband	ggf. Aufpressen von möglichst keimfreiem Material auf die Wunde		gegebenenfalls Druckverband

Übersicht 1.30

Der Verband soll
- die Blutung stillen,
- das Eindringen von Keimen verhüten und die Schmerzen lindern.

Hierfür merken wir uns einige strikte Verbote:
- Keine Wunde berühren, spülen oder waschen.
- Keine Salben oder Puder auftragen.
- Niemals Blutschorf oder Fremdkörper entfernen.

Die Anlage des Wundverbandes ergänzen wir durch eine entsprechende Lagerung und Ruhigstellung des verletzten Körpers und gegebenenfalls durch zusätzliche Blutstillung mit einem Druckverband, wenn der einfache Verband nicht genügt.

6. Knochenbrüche

Um einen Knochenbruch zu erkennen, richten wir uns nach den Angaben des Verletzten und

Finger- und Handgelenkbrüche

Unterarmbrüche   Oberarm- und
                        Schulterbrüche

dem, was wir sehen. Niemals „untersuchen" und bewegen wir die Bruchstelle.

Wir vermuten einen Knochenbruch,
- wenn der Verletzte starke Schmerzen hat,
- wenn die Gebrauchsfähigkeit der Gliedmaßen gestört ist,
- wenn die verletzten Gliedmaßen eine unnatürliche Form aufweisen.

Auch ohne besondere Hilfsmittel können wir gebrochene Gliedmaßen folgendermaßen ruhig stellen:
- Finger- und Handgelenkbrüche werden in einem Armtragetuch ruhig gestellt.
- Bei Unterarmbrüchen wickeln wir zusätzlich eine gepolsterte Schiene oder ein breites Pappstück am Ober- und Unterarm fest.
- Oberarm- und Schulterbrüche werden ebenfalls an der Außenseite des Armes von den Ellenbogen bis zur Schulter mit einer gepolsterten Schiene versorgt und mit einem Armtragetuch versehen. Ober- und unterhalb der Bruchstelle legen wir eine Krawatte um den Brustkorb.
- Brüche der unteren Gliedmaßen stellen wir behelfsmäßig mit zusammengerollten Decken, Kleidungsstücken oder Sandsäcken ruhig. Bei Verdacht auf Wirbelbruch (Schmerzen im Rücken, Bewegungsunfähigkeit der Wirbelsäule, Kribbeln oder Taubheit in Armen oder Beinen) ist die Lage des Verletzten nicht zu verändern, bis der Arzt und Rettungswagen eingetroffen sind.

7. Verbrennungen

Hierbei ergibt sich folgender Ablauf:

- Erkennen
  - Schmerz
  - Hautrötung
  - Blasenbildung
  - tiefer gehende Gewebeschädigungen

- Gefahren
  - Schock
  - Infektion
  - Verbrennungskrankheit
  - Störung der Atmung

- Maßnahmen
  - Bei brennender Kleidung:
    - Brennende Person aufhalten und ablöschen
    - Bekleidung, die mit heißen Stoffen (z. B. Teer, Asphalt, heiße Öle, Fette) behaftet ist, sofort entfernen oder mit Wasser ablöschen
    - Heiße oder brennende Stoffe, die unmittelbar auf die Haut gelangt sind, nicht entfernen
  - Bei Verbrühungen:
    - Betroffene Gliedmaßen sofort in kaltes Wasser eintauchen oder unter fließendes kaltes Wasser halten, bis Schmerzlinderung eintritt
    - Anschließend Brandwunde keimfrei bedecken (Brandwundenverbandpäckchen, Brandwundenverbandtuch o. Ä.)
  - Bei Verbrennungen am Körperstamm:
    - Mit kaltem Wasser abbrausen oder Übergießen des Verletzten. Auf keinen Fall den Verletzten in kaltes Wasser eintauchen (Gefahr des Kälteschocks). Danach keimfreie Bedeckung mit Brandwundenverbandtuch oder mit frischen, sauberen Tüchern
  - Bei Gesichtsverbrennungen:
    - Keine Wundbedeckung
    - Vorsichtige Wasseranwendung
    - Bei Gesichtsverbrennungen muss zusätzlich davon ausgegangen werden, dass Flammen eingeatmet wurden. Deshalb zuerst die Atmung kontrollieren.

Hinweise
- Beruhigungs- und Schmerzmittel darf nur der Arzt geben.
- Keine Anwendung von Mehl, Puder, Salben, Ölen usw.
- Auf keinen Fall alkoholische Getränke verabreichen.
- Wärmeverlust verhindern, schonend zudecken

- Dem ansprechbaren Verletzten in kleinen Schlucken zu trinken geben, möglichst Salzwasser (1 Teelöffel Kochsalz auf 1 Liter Wasser); jedoch nicht bei
  - Bewusstseinsstörungen,
  - Gesichtsverbrennungen,
  - Übelkeit oder
  - Schock.
- Atmung und Puls kontrollieren, bei Atemstillstand Atemspende. Notruf!

Bei schweren Verbrennungen ist sofort der Notarzt hinzuzuziehen. Falls dies nicht möglich ist, ist der Brandverletzte sofort in das nächstgelegene Krankenhaus oder zum nächsterreichbaren Arzt zu transportieren, weil im Vordergrund seiner Behandlung zunächst die dringliche Behandlung des Schocks steht. Auf keinen Fall darf einem Schwerbrandverletzten ein weiterer oder längerer Transport ohne zuvor eingeleitete Schockbekämpfung zugemutet werden.

8. Verätzungen
Hier ist unter Einwirkung von Säuren, Laugen oder anderen chemischen Mitteln eine Schädigung der Haut, der Schleimhäute oder tieferer Gewebe die Folge. Die Schwere der Schädigung hängt von der Konzentration des Mittels und der Dauer der Einwirkung ab.

In allen Fällen ist ein Arzt zu benachrichtigen!

Hautverätzungen:
Abspülen mit Leitungswasser. Bei Säureverätzungen dem Wasser Soda, doppelkohlensaures Natron oder Seife zusetzen. Bei Laugenverätzungen: verdünnten Essig oder Zitronenwasser.

Schleimhautverätzungen:
Reichlich Wasser, Milch, Schleimsuppe trinken. Nicht zum Brechen reizen!

Augenverätzung:
Ober- und Unterlid spreizen, Flüssigkeit in das Auge aus 10–15 cm Höhe in den inneren Augenwinkel gießen. Kopf zur Seite drehen.

Reizgase:
Bei Verätzung der Atmungsorgane
- für absolute Körperruhe sorgen
- Liegendtransport ins Krankenhaus

Aufzeichnung von Erste-Hilfe-Leistungen

Jedes Unternehmen ist verpflichtet, die Erste-Hilfe-Leistungen aufzuzeichnen:

- Zeit und Ablauf des Unfalls,
- Art und Umfang der Verletzung,
- Zeitpunkt, Art und Weise der Erste-Hilfe-Leistung sowie die Namen des Verletzten, des Ersthelfers und etwaiger Zeugen.

Wesentliche Lerninhalte

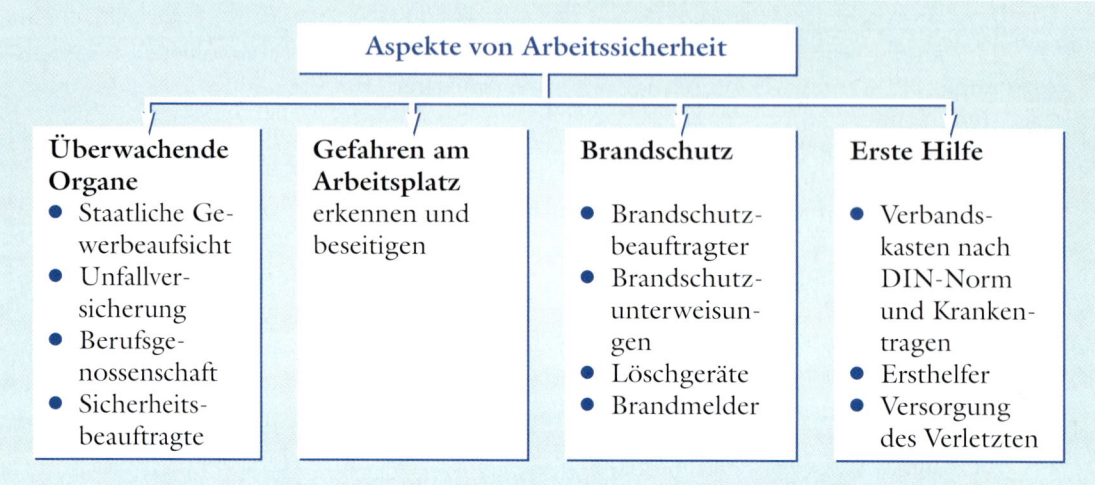

Aspekte von Arbeitssicherheit			
Überwachende Organe	**Gefahren am Arbeitsplatz**	**Brandschutz**	**Erste Hilfe**
• Staatliche Gewerbeaufsicht • Unfallversicherung • Berufsgenossenschaft • Sicherheitsbeauftragte	erkennen und beseitigen	• Brandschutzbeauftragter • Brandschutzunterweisungen • Löschgeräte • Brandmelder	• Verbandskasten nach DIN-Norm und Krankentragen • Ersthelfer • Versorgung des Verletzten

Aufgaben

1 Die Sicherheitszeichen werden in Verbots-, Gebots-, Warn- und Rettungszeichen unterteilt. Nennen Sie je drei Zeichen.

2 Aufgrund vorübergehender Umbaumaßnahmen im Altenheim „Silentium" hat die Geschäftsleitung verfügt, dass ein Teil des Mobiliars auf den Fluchtwegen und vor dem Notausgang deponiert werden soll. Warum kann sich diese Entscheidung als ein verhängnisvoller Fehler herausstellen?

3 Beim Auswechseln einer Glühlampe hat der Auszubildende Günter Klein einen Stromschlag erhalten. Zu seinem Glück stand er dabei vorschriftsmäßig auf einer Leiter, die den Sicherheitsnormen entsprach. Vor welchen möglichen Folgen hat ihn diese Vorsicht bewahrt?

4 Eine Brandschutzordnung dient zur Vorsorge und hilft bei Notfällen. Zählen Sie die Maßnahmen in der richtigen Reihenfolge auf, die bei einem Notfall einzuleiten sind.

5 Sie sind als Ersthelfer ausgebildet. Welche Maßnahmen leiten Sie bei einer stark blutenden Wunde ein, und welche strikten Verbote haben Sie dabei zu beachten?

6 Helmut Klein ist Küchenchef. Außer ihm sind noch 23 weitere Mitarbeiter/-innen in der Großküche angestellt. Wie viel ausgebildete Ersthelfer müssen anwesend sein, wenn alle gleichzeitig im Haus sind?

7 Frau Rudolph, Hausdame im Seniorenheim „Silentium" wird bei einem Kontrollgang im ersten Stock des Hauses durch ein lautes Stöhnen überrascht. Bei der Lokalisierung des Geräusches stellt sie fest, dass dieses aus Zimmer 28 kommt. Auf ihr Klopfen und Rufen erhält sie keine Antwort. Sie öffnet daraufhin das Zimmer mit dem Generalschlüssel. Vor ihr liegt (bewusstlos) der Hausgast Dr. Schmid. Welche Erste-Hilfe-Maßnahmen muss Frau Rudolph als ausgebildete Ersthelferin der Reihe nach zur Hilfe von Herrn Dr. Schmid bis zum Eintreffen des Arztes einleiten?

2 Wirtschaften im Haushalt

2.1 Aufgaben und Ziele der Haushaltsführung

👁 **Situation**

Bea, Linda, Verena, Martin und Chris haben sich im gemeinsamen Ausbildungsbetrieb kennen gelernt. Sie verstehen sich sehr gut. Alle mussten für die Ausbildung ihren Heimatort verlassen und hierher in die Großstadt ziehen. Schon nach kurzer Zeit beschließen sie, zusammenzuziehen und eine Wohngemeinschaft zu gründen.

Doch schon nach wenigen Monaten des Zusammenlebens hängt der Haussegen schief. Die vielen Partys sind echt gut, aber inzwischen nerven die Stapel schmutziger Wäsche und das gebrauchte Geschirr in der Küche. Alle müssen den ganzen Tag arbeiten und streiten sich deshalb oft, wer abends die nötigen Hausarbeiten erledigt, einkaufen geht und kocht. Häufig bleibt viel Arbeit liegen. Ihr gemeinsames Haushaltsgeld reicht in manchen Monaten kaum, dabei sollte das Leben in der WG doch billiger sein als allein.

Jetzt ist auch noch die altersschwache Waschmaschine, die Bea mitgebracht hat, kaputt und kein Geld da, um eine neue zu kaufen. Alle fühlen sich in der gemeinsamen Wohnung langsam ziemlich unwohl und beginnen, den Entschluss zu bereuen, zusammen einen gemeinsamen Haushalt zu gründen. Im Betrieb bleibt die schlechte Stimmung der Gruppe nicht verborgen, und schließlich spricht sie die Ausbilderin Frau Jordan darauf an. ▶▶▶

▶▶▶ Die Gruppe vertraut sich ihr an. Frau Jordan ist Hauswirtschaftsleiterin und spricht mit ihnen über die Ziele und Aufgaben der Haushaltsführung. ▶▶▶

Die wesentliche Aufgabe der Haushaltsführung ist die bestmögliche Befriedigung der Bedürfnisse aller Haushaltsmitglieder mit dem Ziel, für das Wohlbefinden jedes Einzelnen zu sorgen. Dazu zählt neben dem körperlichen Wohlbefinden auch das seelische.

Damit jedes Haushaltsmitglied eine optimale Bedürfnisbefriedigung erlangt, müssen von allen Personen im Haushalt stets vielfältige Aufgaben erfüllt werden, siehe Übersicht 2.1.

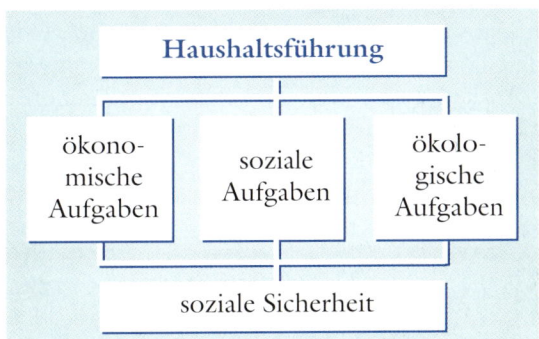

Übersicht 2.1

2.1.1 Ökonomische Aufgaben

Die Erfüllung ökonomischer Aufgaben dient einer sparsamen und vorausschauenden Haushaltsführung. Die dem Haushalt zur Verfügung stehenden Mittel Geld, Arbeitskraft und Güter müssen so eingesetzt werden, dass sie zur Erfüllung der Bedürfnisse aller Haushaltsmitglieder heute und in der Zukunft ausreichen.

Einkommensbeschaffung

Damit dem Haushalt Geld zur Verfügung steht, muss mindestens ein Haushaltsmitglied seine Arbeitskraft in einem wirtschaftlichen Betrieb außerhalb des Haushalts einsetzen. Dieser Arbeitnehmer erhält für seine Arbeitsleistung ein **Einkommen**, von dem alle Güter, die ein

Haushalt benötigt, bezahlt werden können. Einkommensbeschaffung ist somit eine Grundvoraussetzung zur Bedürfnisbefriedigung.

Versorgung der Haushaltsmitglieder

Ein Haushaltsmitglied muss, unabhängig von Alter oder Geschlecht, in der gesamten Dauer der Haushaltszugehörigkeit versorgt werden, z. B. mit Nahrung und Kleidung. Diese Aufgabe kann nur erfüllt werden, wenn der Haushalt genügend Einkommen und Arbeitskraft nutzen kann.

Planung täglich anfallender Hausarbeiten

Eine gute Planung sorgt dafür, dass die Hausarbeit regelmäßig erledigt wird und man sich in seiner Wohnung wohl fühlt. Eine gerechte Verteilung der anfallenden Arbeiten auf alle Haushaltsmitglieder ist wichtig, damit nicht dauerhaft eine Person überlastet wird. Die Arbeitsplanung sollte auch die Interessen und Neigungen der Haushaltsmitglieder berücksichtigen.

Zusätzlich ist die Planung des Einsatzes von Sachgütern wichtig. Eine Waschmaschine z. B.

wäscht besonders ökonomisch und ökologisch, wenn sie auch optimal beladen ist. Auf diese Weise lassen sich Geld und wichtige Ressourcen (z. B. Wasser und Energie) einsparen.

Wenn Sie mehr über richtige Arbeitsplanung und Umweltschutz erfahren wollen, dann lesen Sie weiter in Kapitel 5.3 und Kapitel 4.

Planung der Finanzen

Damit das dem Haushalt zur Verfügung stehende Einkommen optimal genutzt werden kann, ist eine regelmäßige Planung der einzelnen Ausgaben nötig. Nur so kann über längere Zeit gewährleistet werden, dass das vorhandene Einkommen für alle wichtigen Ausgaben ausreicht. Wenn Sie mehr über Rechnungswesen im Haushalt erfahren wollen, dann lesen Sie weiter im Kapitel 12.

Planung von Neuanschaffungen

Nicht immer steht einem Haushalt so viel Geld zur Verfügung, dass alle Bedürfnisse sofort erfüllt werden können. Möchte man sich beispielsweise ein neues Haushaltsgerät anschaffen, muss zuvor geprüft werden, ob das vorhandene Einkommen ausreicht oder vorher Rücklagen angespart werden müssen und ob dieses Gerät für diesen Haushalt überhaupt sinnvoll ist.

Planung für Notfälle und die Zukunft

Haushaltsgeräte oder das für den Arbeitsweg wichtige Auto können den Dienst versagen und eine teure Reparatur notwendig werden lassen. Für diese Fälle muss rechtzeitig Geld zurückgelegt werden, das dann im Notfall zur Verfügung steht. Wenn Kinder zum Haushalt gehören, ist frühzeitig an Rücklagen für ihre spätere Berufsausbildung zu denken.

2.1.2 Soziale und ökologische Aufgaben

Neben den ökonomischen Aufgaben sind auch soziale Aufgaben im Haushalt zu erfüllen. Sie sind sehr umfangreich und je nach der Struktur des Haushalts unterschiedlich. In einem Haushalt mit Kindern steht die Erziehung als soziale Aufgabe im Vordergrund. Für berufstätige Haushaltsmitglieder ist vor allem die Erholung wichtig, für Althaushalte steht eventuell die Pflege des alten Menschen im Mittelpunkt.

Vermittlung grundsätzlicher Werte und Normen

Dies ist für jeden Menschen von der Geburt an und besonders in den ersten Lebensjahren entscheidend. Eltern müssen ihren Kindern beispielsweise Werte wie Ehrlichkeit und Toleranz, aber auch das Gefühl für Sauberkeit und bestimmte Verhaltensweisen bei der Nahrungsaufnahme vermitteln.

Eingliederung in unsere Gesellschaft

Unsere Gesellschaft wird als **soziales System** bezeichnet. Jeder Mensch muss sich in dieses System eingliedern, damit es funktionieren kann. Die Familie und somit auch der Haushalt unterstützt den Menschen dabei.

Partnerschaftliches Verhalten

Durch den Besuch von Kindergarten und Schule oder während der Berufsausbildung entwickelt sich der Mensch weiter. Diese Entwicklung muss im privaten Lebensbereich durch die Familie ermöglicht und gefördert werden. Das bedeutet, dass Eltern sich mit ihren Kindern beschäftigen und auseinander setzen müssen. Die unterschiedlichen Bedürfnisse der einzelnen Haushaltsmitglieder müssen dabei Berücksichtigung finden und zur Zufriedenheit aller erfüllt werden.

- **Partnerschaftlicher Umgang** sollte nicht nur im Erziehungsprozess von Kindern und Jugendlichen, sondern auch im Zusammenleben zweier Menschen selbstverständlich sein.
- **Schutz, Entspannung, Sicherheit, Geborgenheit und Freiraum für Selbstverwirklichung** muss der Haushalt für jedes seiner Mitglieder bieten.
- **Betreuung erkrankter, behinderter oder alter Menschen** ist im Haushalt zu gewährleisten, ohne ein Haushaltsmitglied damit dauerhaft zu überfordern.
- **Vermeidung von Umweltbelastungen durch den privaten Haushalt** sollte auch zum Wohle der nachfolgenden Generationen selbstverständlich sein.

▶▶▶ Nach den Ausführungen von Frau Jordan erkennen die WG-Mitglieder, dass eine monatliche Einnahmen- und Ausgabenplanung weiterhelfen würde. Sie könnten so auch etwas Geld für die nötige Waschmaschine einsparen. Sie beschließen außerdem, eine gerechte Verteilung der Hausarbeiten vorzunehmen. So kann künftig dem Streit darüber vorgebeugt werden. ●●●

Handlungsvorschlag

Diskutieren Sie in der Klasse, welche langfristigen Folgen das Verhalten der Mutter in der Karikatur für das Kind haben wird.

Wesentliche Lerninhalte

Der Haushalt und seine Aufgaben

Ökonomische Aufgaben

- Einkommen beschaffen
- Haushaltsmitglieder versorgen
- Finanzen planen und verwalten
- Anfallende Arbeiten planen und erledigen
- Neuanschaffungen planen und tätigen
- Für Notfälle und die Zukunft planen und vorsorgen

Soziale Aufgaben

- Grundsätzliche Werte und Normen vermitteln
- In das soziale System der Gesellschaft eingliedern
- Für Schutz, Entspannung und Geborgenheit sorgen
- Partnerschaftlich miteinander umgehen
- Probleme gemeinsam lösen
- Kranke, behinderte oder ältere Haushaltsmitglieder betreuen

Ökologische Aufgaben

- Vermeidung von Luft-, Wasser- und Bodenverunreinigungen
- Hausmüllvermeidung
- Sparsamer Umgang mit Wasser und Energie

Hauptziel

Das Wohlbefinden und die soziale Sicherheit jedes Haushaltsmitgliedes ein Leben lang

Aufgaben

❶ Erklären Sie, was man unter den ökonomischen Aufgaben eines Haushalts versteht. Nennen Sie zwei Beispiele.

❷ Peter bekommt regelmäßig zum Monatsanfang sein Gehalt. Leider ist bereits schon Mitte des Monats kaum noch etwas davon übrig. Was können Sie Peter raten, damit sein Geld bis zum Monatsende reicht?

❸ Nennen Sie die sozialen Aufgaben eines Haushalts und erläutern Sie diese.

❹ Beschreiben Sie, warum die Planung aller anfallenden Aufgaben im Haushalt wichtig ist und was man dabei berücksichtigen sollte.
a) Betrachten Sie Ihren eigenen Haushalt und beschreiben Sie, ob und wie hier eine Planung der täglich anfallenden Arbeiten vorgenommen wird.
b) Welche Verbesserungsvorschläge haben Sie?

2.2 Bedürfnisse und Bedarf

👁 Situation

Die 18-jährige Natascha hat – wie schon damals ihre Mutter – ihre Ausbildung zur Kinderkrankenschwester begonnen. Da das Krankenhaus, in dem sie arbeitet, weit von ihren Eltern und damit ihrer jetzigen Wohnung entfernt ist, muss Natascha in eine kleine 1-Zimmer-Wohnung in der Nähe des Krankenhauses umziehen, die sie von ihrer Ausbildungsbeihilfe bezahlen kann. Für den Weg zur Arbeit braucht sie ein neues Fahrrad, und für ihre Wohnung benötigt sie noch ein paar neue Möbelstücke. Gerne würde sie sich auch das schöne Kleid kaufen, das sie neulich in einer Boutique gesehen hat, und am Samstag mit ihrer Freundin ins Kino gehen. Ob sie sich das alles leisten kann? ▶▶▶

Ein Mensch hat die Fähigkeit zu unbegrenzten Wünschen. Es existiert ein Gefühl des Mangels. Diese Wünsche werden auch als **Bedürfnisse** bezeichnet. Die Mittel, die zur Erfüllung der Bedürfnisse zur Verfügung stehen, z.B. Geld, reichen in der Regel nicht aus, um alle Bedürfnisse gleichzeitig zu befriedigen.

Den Teil der Bedürfnisse eines Menschen, der erfüllt wird, bezeichnet man als **Bedarf**. Damit aus einem Bedürfnis ein Bedarf wird, müssen die notwendigen Mittel (z.B. Einkommen) jedoch nicht nur vorhanden sein, sondern auch entsprechend genutzt werden.

Welche Bedürfnisarten es gibt und wie sie eingeteilt werden, verdeutlicht Übersicht 2.2.

▶▶▶ Nachdem Natascha ihre Finanzen durchgerechnet hat, muss sie leider feststellen, dass sie sich von ihren vielen Wünschen wirklich nicht alles leisten kann. Ihr fällt aber auch auf, dass ihr heute bestimmte Dinge wichtig geworden sind, die ihr z.B. vor dem Umzug völlig unwichtig waren. ●●●

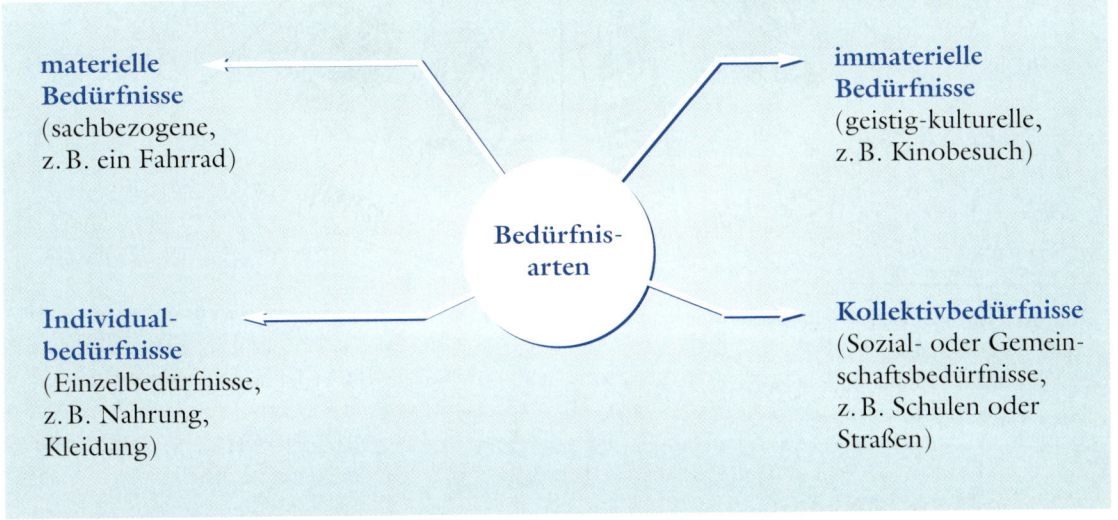

materielle Bedürfnisse
(sachbezogene, z.B. ein Fahrrad)

immaterielle Bedürfnisse
(geistig-kulturelle, z.B. Kinobesuch)

Bedürfnisarten

Individualbedürfnisse
(Einzelbedürfnisse, z.B. Nahrung, Kleidung)

Kollektivbedürfnisse
(Sozial- oder Gemeinschaftsbedürfnisse, z.B. Schulen oder Straßen)

Übersicht 2.2

Bedürfnisse und Bedarf sind bei den Menschen nicht ein Leben lang gleich. Im Gegenteil, sie unterliegen einem ständigen Wandel. Die unterschiedlichsten **Einflüsse**, die auf einen Menschen im Laufe seines Lebens einwirken, spielen dabei eine Rolle. Die Übersicht 2.3 zeigt verschiedene Einflussfaktoren:

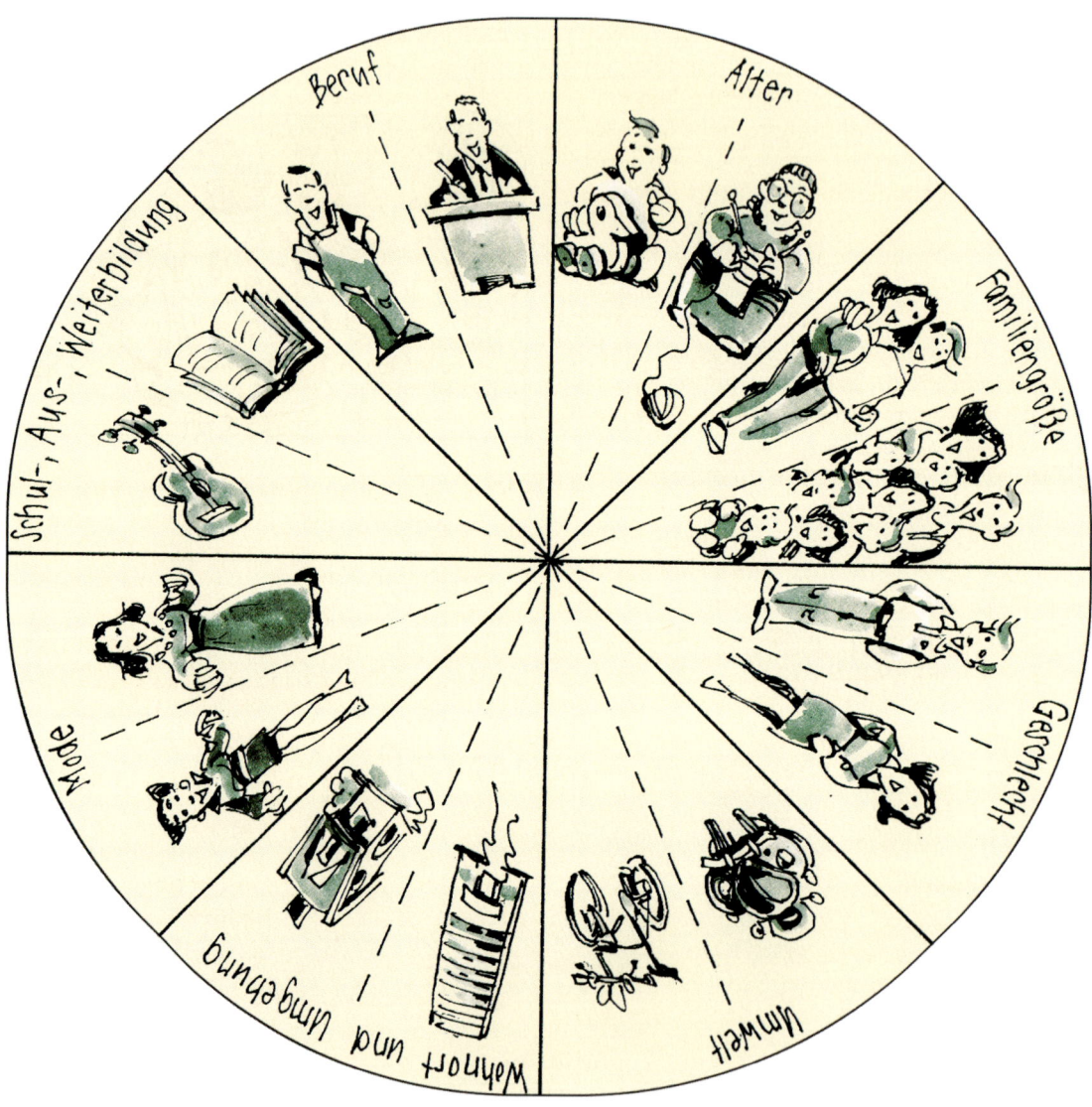

Übersicht 2.3

Wesentliche Lerninhalte

● Jeder Mensch hat unbegrenzte Bedürfnisse.
● Bedarf = Bedürfnis, für dessen Befriedigung
  ○ das geeignete Mittel in ausreichender Menge zur Verfügung steht und
  ○ auch genutzt wird.

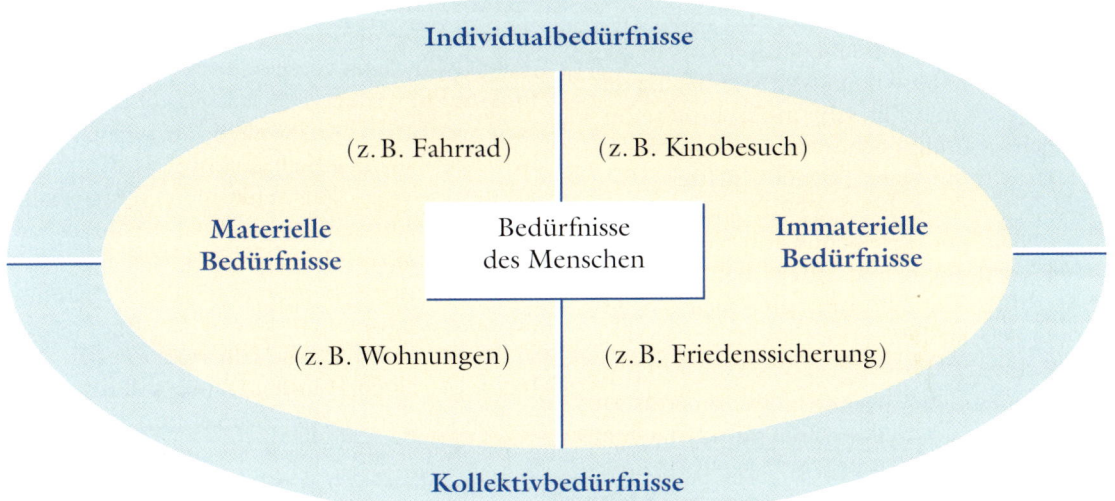

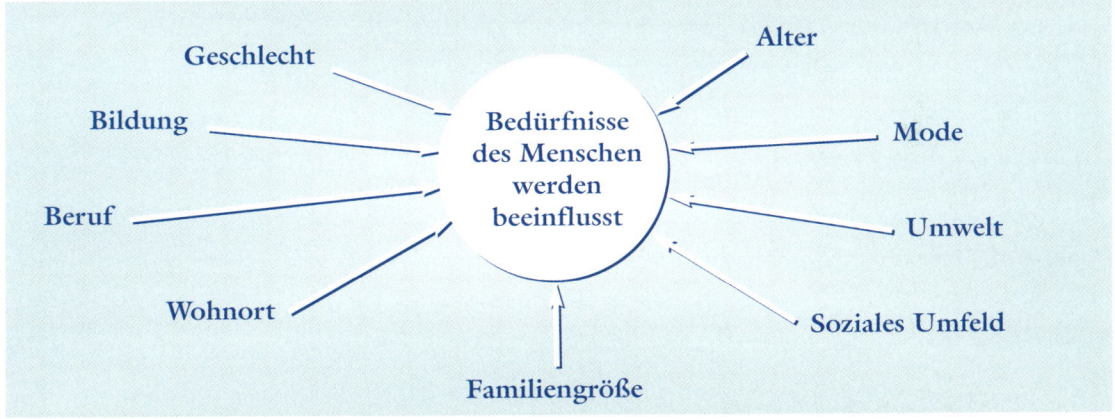

Aufgaben

❶ Erläutern Sie, was man unter Bedürfnissen versteht.

❷ Natascha benötigt für ihre neue Wohnung noch einige Möbel. Welcher Bedürfnisart sind Möbel zuzuordnen?

❸ Erklären Sie, wann man von einem Bedarf spricht.

❹ Notieren Sie fünf eigene Bedürfnisse und sortieren Sie sie nach dem Schema auf S. 59.

❺ Erläutern Sie die Übersicht 2.3 von S. 60 mit Ihren eigenen Worten.

2.3 Mittel zur Bedürfnisbefriedigung

Situation

Familie Schumann wohnt in einem Haus am Stadtrand. Frau Schumann ist ganztags berufstätig und verdient recht gut. Herr Schumann hat sein Recht auf Elternzeit in Anspruch genommen und versorgt die drei Kinder im Alter von einem, drei und sieben Jahren. Der Haushalt und die Versorgung der Kinder nehmen ihn sehr in Anspruch. Zusätzlich sorgt Herr Schumann noch viermal in der Woche für seine pflegebedürftige Mutter.

Dauerhaft hält Herr Schumann dieser Belastung nicht stand und bereut bereits seinen Entschluss, die Elternzeit in Anspruch genommen zu haben. „Wir müssen uns zusammensetzen und überlegen, wie es in Zukunft weitergehen soll," sagt er eines abends zu seiner Frau. „Wie können die Mittel, die dem Haushalt zur Verfügung stehen, noch sinnvoller genutzt werden?" ▶▶▶

Zur Erfüllung der Bedürfnisse aller Haushaltsmitglieder stehen dem Haushalt verschiedene Mittel zur Verfügung, siehe Übersicht 2.4.

Die einzelnen Mittel können auch untereinander ausgetauscht werden:

Hat ein Haushalt nur ein sehr geringes Einkommen, steht ihm also nur wenig **Geld** zur Verfügung, dann kann dieses durch einen größeren Einsatz von Arbeitskraft ausgeglichen werden. Ist es jedoch nicht möglich, ausreichend **Arbeitskraft** im Haushalt aufzubringen, weil die dazu notwendige Zeit fehlt oder ein Haushaltsmitglied krank ist, dann muss der verstärkte Einsatz bestimmter **Güter**, z. B. Haushaltsgeräte, einen Teil der Arbeitskraft ersetzen. Die Kundenberatung in einem Haushaltswarengeschäft stellt in diesem Falle die **Information** dar.

Jeder, der einen Haushalt führt, sollte sich genau überlegen, welche Mittel ihm zur Verfügung stehen und wie sie so eingesetzt werden können, dass er den größtmöglichen Nutzen hat. Nur so können Geld, Arbeitskraft und Zeit gespart und gleichzeitig viele Bedürfnisse der Haushaltsmitglieder befriedigt werden.

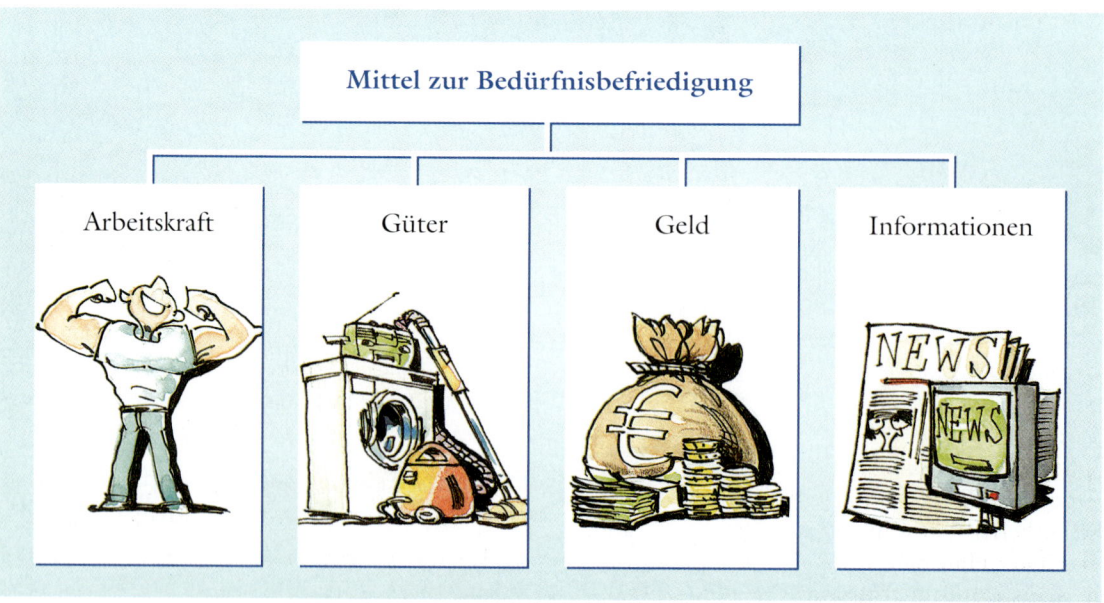

Übersicht 2.4

2.3.1 Die Arbeitskraft

Es werden verschiedene Formen der Arbeit unterschieden (Übersicht 2.5). Sie kann sachbezogen sein, z. B. wenn die Wäsche gereinigt wird. Sie kann sich aber auch auf Personen richten, z. B. wenn pflegebedürftige Personen betreut werden. Weiterhin unterscheidet man haushaltseigene und haushaltsfremde sowie innerhalb und außerhalb des Haushalts ausgeführte Arbeiten.

▶▶▶ Frau Schumann stellt ihre Arbeitskraft einem Betrieb außerhalb des Haushalts zur Verfügung und erhält dafür ein Einkommen. Herr Schumann verdient momentan kein Geld, verrichtet dafür aber haushaltseigene Arbeit. Würden die Schumanns eine Hauswirtschafterin einstellen, dann würde diese haushaltsfremde Arbeit leisten. ▶▶▶

Formen der Arbeit

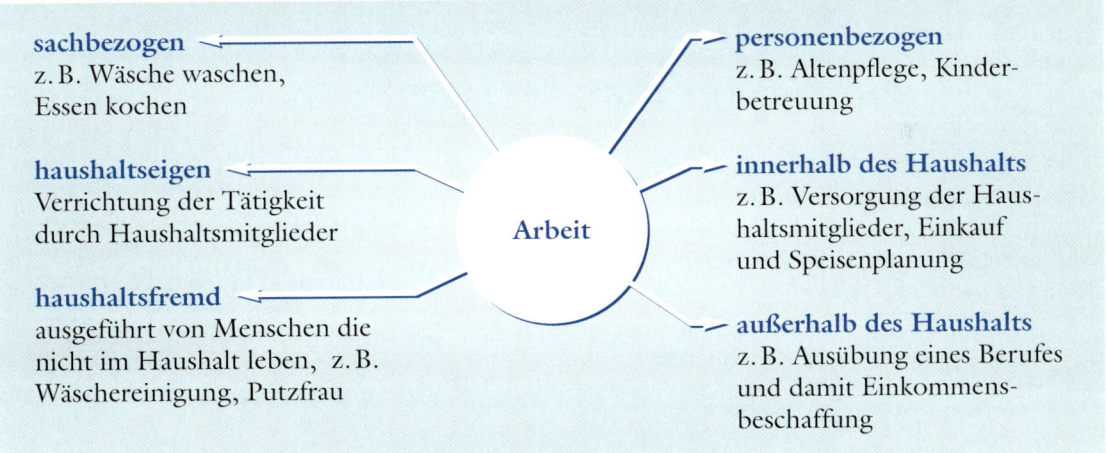

sachbezogen
z. B. Wäsche waschen, Essen kochen

haushaltseigen
Verrichtung der Tätigkeit durch Haushaltsmitglieder

haushaltsfremd
ausgeführt von Menschen die nicht im Haushalt leben, z. B. Wäschereinigung, Putzfrau

Arbeit

personenbezogen
z. B. Altenpflege, Kinderbetreuung

innerhalb des Haushalts
z. B. Versorgung der Haushaltsmitglieder, Einkauf und Speisenplanung

außerhalb des Haushalts
z. B. Ausübung eines Berufes und damit Einkommensbeschaffung

Übersicht 2.5

2.3.2 Güter und Geld

Zur Bedürfnisbefriedigung stehen dem Haushalt neben den unterschiedlichen Formen der Arbeit auch verschiedene Güter zur Verfügung. Güter lassen sich in freie und wirtschaftliche Güter unterteilen.
Dem Menschen stehen nur wenige **freie Güter** zur Verfügung. Dazu gehören Luft, Wasser im Meer und Sonnenenergie.

Wirtschaftliche Güter können in materielle und immaterielle Güter unterteilt werden. Die Übersicht 2.6 zeigt eine genaue Aufteilung wirtschaftlicher Güter mit Beispielen.
In einem Haushalt findet man in der Regel viele **Konsumgüter**. Nicht alle dienen der Arbeits-

erleichterung, sondern erfüllen auch andere Bedürfnisse, z. B. das Bedürfnis nach Unterhaltung (CD-Player oder Videorecorder).
Die Industriewaschmaschine in einem Großhaushalt ist ein typisches Beispiel für **Produktionsgüter**.

Konsum- und Produktionsgüter werden außerdem nach Gebrauchs- und Verbrauchsgütern unterschieden. Dies drückt die Dauer der Verwendbarkeit aus. **Verbrauchsgüter** sind zum Verbrauch bestimmt, z. B. Nahrungsmittel, Strom und Wasser. **Gebrauchsgüter** können mehrmals genutzt werden, z. B. Haushaltsgeräte und Möbel.

Wirtschaftliche Güter im Überblick

Güter			
materielle Güter		**immaterielle Güter**	
Produktionsgüter (nur bei Großhaushalten)	Konsum-güter	Dienst-leistungen	Rechts-verhältnisse
Gebrauchsgüter z. B. • Hausrat • Kraftfahrzeuge • Textilien	Gebrauchsgüter z. B. • Hausrat • Kraftfahrzeuge • Textilien	personenbezogen z. B. • Unterrichts-erteilung • Pflegeleistung	Miet- und Pacht-verhältnisse und sonstige Rechte z. B. • Mieten eines Autos • Konzessionen, z. B. Führen eines Alten-heims • Lizenzen
Verbrauchsgüter z. B. • Nahrungs-mittel • Trinkwasser • Energie	Verbrauchsgüter z. B. • Nahrungs-mittel • Trinkwasser • Energie	sachbezogen z. B. • Versicherungs-leistung • Verwaltungs-leistung	

Übersicht 2.6

Blick in deutsche Wohnungen

Von je 100 Haushalten in Deutschland sind ausgestattet mit

Kühlschrank	99
Fernsehgerät	96
Telefon (stationär)	96
Waschmaschine	95
Fahrrad	78
Pkw	75
Gefriergerät	73
Videorecorder	69
Hi-Fi-Anlage	65
Mikrowellengerät	58
Mobiltelefon	56
Kabelanschluss	54
PC	53
Geschirrspülmaschine	51
Anrufbeantworter	43
Wäschetrockner	33
Satellitenempfangsanlage	32
Internetzugang	27
Modem	22
Videokamera, Camcorder	18
Faxgerät	16
ISDN-Anschluss	12

7881 © Globus

Stand 2001/aktualisiert Mitte 2002, Quelle: Stat. Bundesamt

Dienstleistungen können von Haushaltsmitgliedern oder haushaltsfremden Personen erbracht werden.

▶▶▶ Die Pflege der Mutter von Herrn Schumann ist eine haushaltsfremde Dienstleistung. Ebenso könnte dies eine Fachhauswirtschafterin erledigen. In diesem Fall würde eine haushaltsfremde Dienstleistung in Anspruch genommen, die allerdings bezahlt werden muss. ▶▶▶

Dienstleistungen für den Haushalt können auch vom Staat, z. B. Schulunterricht, oder von Betrieben, z. B. Textilreinigung, Handwerker usw., erbracht werden.

Rechtsverhältnisse gehören wie die Dienstleistungen zu den immateriellen Gütern. Ein Mieter hat z. B. mit dem Abschluss eines Mietvertrages ein Recht darauf, in der gemieteten Wohnung zu wohnen. Ebenso hat jemand, der einen Pachtvertrag (beispielsweise für einen Kleingarten) abgeschlossen hat, das Recht, diesen Garten auch zu nutzen und das Obst der Bäume zu ernten.

Geld ist eines der wichtigsten Mittel zur Bedürfnisbefriedigung, denn mit Geld kann man Güter und Arbeitsleistungen kaufen. Innerhalb und außerhalb des Haushalts spielt Geld eine große Rolle.

▶▶▶ Herr Schumann könnte z. B. wieder arbeiten gehen und hätte damit ein Einkommen. Dieses Einkommen könnte für eine Hauswirtschafterin und eine stundenweise eingestellte Pflegekraft der Mutter eingesetzt werden. Der veränderte Mitteleinsatz von Arbeitskraft und Einkommen führt auf diese Weise zu einer Aufgabenentlastung von Herrn Schumann im Haushalt. ▶▶▶

Welche vielfältigen Aufgaben Geld erfüllt und welche Formen des Geldes es gibt, beschreibt das Kapitel 9.

2.3.3 Informationen

Neben den Mitteln Arbeit, Güter und Geld spielen die verschiedensten Informationsquellen eine große Rolle für den Haushalt. Folgende können dabei unterschieden werden:

- Zeitungsanzeigen,
- Internet,
- Gespräche und Telefonate,
- Branchen- und Adressenverzeichnisse,
- Fachbücher und Fachzeitschriften,
- Verbraucherberatungsstellen,
- Computersoftware (z. B. Hilfsprogramme zur Einkommensteuererklärung),
- Messen/Ausstellungen (z. B. Verbrauchermesse Infa).

Die Nutzung der Informationsquellen kann für den Haushalt eine große Erleichterung darstellen.

▶▶▶ Herr Schumann könnte sich beispielsweise mittels des Branchenverzeichnisses erkundigen, welche Dienstleistungen angeboten werden, die ihn z. B. bei der Kinderbetreuung oder der Reinigung des Hauses unterstützen. ●●●

Datennetze wie das Internet gewinnen auch für den Privathaushalt immer mehr an Bedeutung. Sie ermöglichen unter anderem den Einkauf von Kleidung und Haushaltswaren sowie die Erledigung der Bankgeschäfte direkt am Computer. Weitere Informationen hierzu können Sie im Kapitel 9 nachlesen.

Wesentliche Lerninhalte
- Einem Haushalt stehen zur Bedürfnisbe-
  friedigung die Mittel Arbeitskraft, Güter,
  Geld und Informationen zur Verfügung.

Die Arbeit im Haushalt lässt sich wie folgt einteilen:

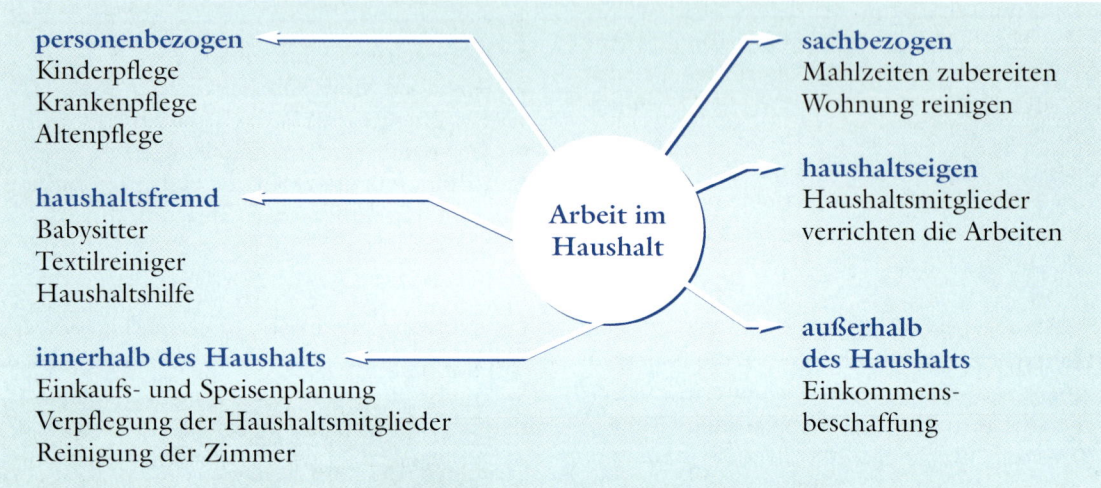

personenbezogen
Kinderpflege
Krankenpflege
Altenpflege

sachbezogen
Mahlzeiten zubereiten
Wohnung reinigen

haushaltsfremd
Babysitter
Textilreiniger
Haushaltshilfe

haushaltseigen
Haushaltsmitglieder
verrichten die Arbeiten

Arbeit im Haushalt

innerhalb des Haushalts
Einkaufs- und Speisenplanung
Verpflegung der Haushaltsmitglieder
Reinigung der Zimmer

außerhalb des Haushalts
Einkommens-
beschaffung

Güter lassen sich wie folgt einteilen:

Materielle Güter	Immaterielle Güter

Konsumgüter
• Gebrauchsgüter
  z.B. Hausrat, Kraftfahrzeuge, Kleidung
• Verbrauchsgüter
  z.B. Nahrungsmittel, Wasser, Energie,
  Maschinen (Strom etc.)
	Dienstleistungen
	• personenbezogen
	  z.B. Schulunterricht, Kindergarten,
	  Krankenpflege, Kinderbetreuung
	• sachbezogen
	  z.B. Versicherungsleistung,
	  Verwaltungsleistung

Produktionsgüter
• Gebrauchsgüter
  z.B. Hausrat, Kraftfahrzeuge
• Verbrauchsgüter
  z.B. Nahrungsmittel, Wasser, Energie
  (Strom etc.)
	Rechtsverhältnisse
	z.B. Miet- und Pachtvertrag

Aufgaben
❶ Beschreiben Sie, was man unter
   a) sachbezogener Arbeit,
   b) personenbezogener Arbeit versteht.

❷ Erklären Sie, was immaterielle Güter sind.
   Geben Sie zwei Beispiele.

❸ a) Grenzen Sie Gebrauchs- und Verbrauchsgüter voneinander ab.

b) Viele Güter unseres täglichen Bedarfs waren früher Gebrauchsgüter und werden heute als Verbrauchsgüter hergestellt. Nennen Sie zwei Beispiele.

c) Welche Gefahren sehen Sie in der in b) angesprochenen Entwicklung?

Weiterführende Aufgabe

Werden die Mittel Ihres Haushalts sinnvoll eingesetzt?

a) Erstellen Sie auf einem Extrablatt folgende Tabelle:

Arbeitskraft		Güter	
Tätigkeit	Ausführende Person	Bezeichnung	Häufigkeit der Nutzung
Kuchen backen	...	Backofen	1-mal pro Woche
...	...	...	...

b) Notieren Sie hier eine Woche lang die verschiedenen Arbeiten, die in Ihrem Haushalt verrichtet werden, und die Häufigkeit der Nutzung.

c) Leiten Sie aus Ihrer Tabelle anschließend ab, ob es in Ihrem Haushalt eine zufrieden stellende Arbeitsteilung gibt. Falls nicht, machen Sie Verbesserungsvorschläge.
Sie können auch in Kapitel 5 weiterarbeiten. Hier werden Möglichkeiten der Arbeitsplanung aufgezeigt.

d) Leiten Sie aus Ihrer Tabelle weiter ab, ob wirklich alle Güter in Ihrem Haushalt sinnvoll sind und regelmäßig genutzt werden. Sollte dies nicht der Fall sein, überlegen Sie sich Vorschläge, wie diese zukünftig effektiver eingesetzt werden können.

e) Stellen Sie in Ihrer Klasse die Ergebnisse vor. Diskutieren Sie dabei eventuelle Unterschiede. Unterstützen Sie sich gegenseitig bei Ihrer Planung.

2.4 Das ökonomische Prinzip

👁 **Situation**

Anja feiert ihren 18. Geburtstag. Von ihren Eltern bekommt sie 100,00 € geschenkt. Von dem Geld kann sie sich einen ihrer Wünsche erfüllen. Doch Anja ist unentschlossen. Sie möchte so gerne einen Discman und eine CD. Ihre Freundin Meike hatte neulich eine neue Bluse, die sich Anja auch gern kaufen würde. Anja ist in einer schwierigen Situation, denn das Geld reicht nicht für alle Wünsche aus. Wie kann sie ihre 100,00 € am besten nutzen? ▶▶▶

Menschen haben viele Wünsche. In der Regel stehen nur begrenzte Mittel (z. B. Geld) zur Verfügung, um die Wünsche zu erfüllen. In diesem Fall müssen die gegebenen Mittel so eingesetzt werden, dass eine optimale Bedürfnisbefriedigung erlangt werden kann. Das Spannungsverhältnis zwischen den Bedürfnissen und den begrenzten Mitteln muss also überwunden werden. Es ist wichtig, dass mit dem vorhandenen Geld gewirtschaftet wird.

Wenn ein Mensch mit seinen Mitteln wirtschaftet, handelt er nach dem **ökonomischen Prinzip (= Wirtschaftlichkeitsprinzip)**. Das ökonomische Prinzip unterstellt, dass der Mensch vernünftig handelt, daher spricht man auch vom Vernunftprinzip.

Es werden zwei Anwendungsmöglichkeiten des ökonomischen Prinzips unterschieden, siehe Übersicht 2.7.

Ökonomisches Prinzip

Minimalprinzip
Ein bestimmtes Ziel wird mit möglichst geringen (minimalen) Mitteln erreicht.

Maximalprinzip
Mit den vorhandenen Mitteln wird das größtmögliche (maximale) Ziel erreicht.

Übersicht 2.7

▶▶▶ Anja hat nun auch die Möglichkeit, ihr Problem mithilfe des ökonomischen Prinzips zu lösen. Wie die Anwendung von Minimal- und Maximalprinzip in ihrem Fall aussieht, zeigt das folgende Schaubild: ▶▶▶

▶▶▶ Anja möchte sich im kommenden Frühjahr ein neues Fahrrad zulegen. Da die Anschaffung des Rades sehr kostspielig ist, will Anja jeden Monat dafür einen bestimmten Betrag sparen.

Für ihre Freizeitaktivitäten steht ihr also ein geringerer Betrag als bisher zur Verfügung. Die vorhandenen Mittel sind neu zu verteilen. Anja achtet ab jetzt beim Kleidungskauf mehr auf günstige Angebote und verzichtet weitgehend auf Markenartikel. ●●●

Es wird deutlich, dass beim Maximalprinzip der Aufwand (= das einzusetzende Mittel) von vornherein festgelegt ist und somit den Ausgangspunkt der Handlung darstellt. Beim Minimalprinzip hingegen ist der angestrebte Erfolg (= der zu erfüllende Wunsch) festgelegt.

Wirtschaftliches Handeln ist nicht nur für Einzelpersonen wichtig, sondern für die gesamte Haushaltsführung, unabhängig von der Höhe des Einkommens.

Durch gutes Planen und Organisieren lassen sich oft Kosten und Material im Haushalt einsparen, die dann für andere Bedürfnisse verwendet werden können.

Wesentliche Lerninhalte

Ökonomisches Prinzip (auch Wirtschaftlichkeits- oder Vernunftprinzip)

Maximalprinzip	Minimalprinzip
Mit festgelegtem Mitteleinsatz den größtmöglichsten Erfolg erlangen	Mit möglichst geringem Mitteleinsatz ein festgelegtes Ziel erreichen

Aufgaben

❶ Was versteht man unter dem ökonomischen Prinzip?

   a) Welche Möglichkeiten des ökonomischen Prinzips kennen Sie?

   b) Beschreiben Sie diese.

❷ Um welche Möglichkeiten des ökonomischen Prinzips handelt es sich jeweils in den folgenden Beispielen?

   a) Jens hat 2,50 €. Er vergleicht, wo er die meiste Schokolade dafür kaufen kann.

   b) Anke möchte eine Tafel Schokolade kaufen und vergleicht, wo sie diese am günstigsten bekommt.

   c) Frau Schmidt möchte einen neuen Elektroherd kaufen. Sie sucht einen bestimmten Herd einer besonderen Marke, der normalerweise sehr teuer ist. Nach langem Suchen bekommt sie das gewünschte Modell für 225,00 €.

   d) Petra möchte zu Weihnachten selbst gebastelte Fensterbilder verschenken. Sie versucht, in drei Stunden so viele Fensterbilder wie möglich zu basteln.

   e) Frau Schmidt versucht, ihre gesamte Wohnung in kürzester Zeit zu säubern.

2.5 Arten des Haushalts

👁 Situation

Die 19-jährige Petra besucht an einem Sonntagnachmittag ihre Großmutter, die seit einem halben Jahr in einer Altenpflegeeinrichtung lebt.

Als Petra gegen Abend nach Hause gehen möchte, trifft sie auf dem Flur der Einrichtung eine alte Bekannte, Heike, mit der sie einmal im Sportverein war. Heike hat eine Ausbildung zur Hauswirtschafterin absolviert und arbeitet seit ein paar Monaten in der Altenpflegeeinrichtung. Beide freuen sich sehr, sich endlich einmal wieder zu sehen, und verabreden sich für den folgenden Abend.▶▶▶

▶▶▶ Heike berichtet von ihrer Berufsausbildung und ihrer jetzigen Arbeitsstelle, an der es ihr sehr gut gefällt. Petra erzählt, dass sie sich immer noch nicht für eine Ausbildung entschieden hat. Heike schlägt ihr den Beruf der Hauswirtschafterin vor, da hier das Einsatzgebiet recht vielfältig ist. Petra lehnt das jedoch sofort ab und sagt: „Wer will heute schon noch Hauswirtschafterin werden, da versauert man doch in der Großküche eines Altenheimes, dazu habe ich keine Lust." Heike lässt sich nicht beirren und erzählt Petra erst einmal, wie viele verschiedene Haushaltsformen und -typen es überhaupt gibt. ▶▶▶

Übersicht 2.8 zeigt, wie Haushalte sich einteilen lassen:

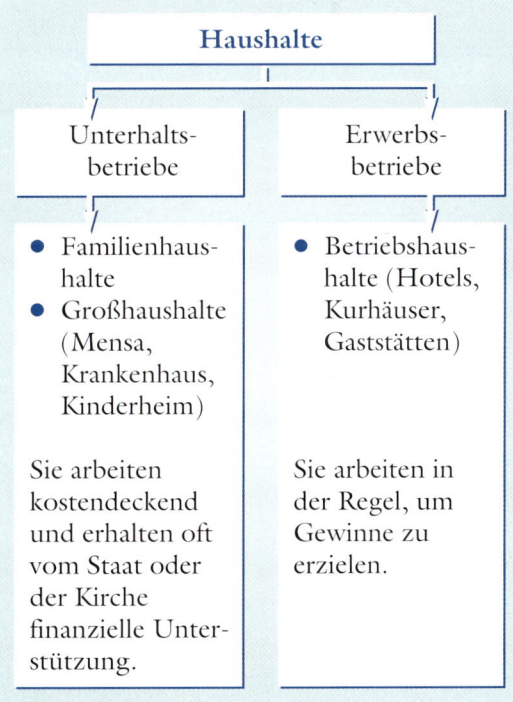

Übersicht 2.8

Neben den genannten Haushalten gibt es auch **öffentliche Haushalte**, z.B. Haushalte des Bundes oder der Länder. Diese sollen hier nicht weiter vertieft werden.

2.5.1 Der Privathaushalt

Den Privathaushalt gibt es in verschiedenen Varianten. Überwiegend leben in ihm Menschen, die in verwandtschaftlichen Verhältnis zueinander stehen. Je nach Größe kann er eine oder mehrere Generationen umfassen. Übersicht 2.9 verdeutlicht die Unterschiede.

Familienhaushalt	**Ein-Eltern-Haushalt:** Hier lebt und wirtschaftet ein Elternteil mit einem oder mehreren Kindern.
	Zwei-Eltern-Haushalt (Kleinhaushalt): Hier leben und wirtschaften zwei Erwachsene gemeinsam; in der Regel mit Kindern.
	Zwei-Eltern-Haushalt (Großfamilie): Hier leben und wirtschaften zwei Erwachsene, Kinder und Großeltern oder zumindest ein Teil der Großeltern zusammen.
Einzelhaushalt	Hier lebt und wirtschaftet nur eine Person („Single").
Wohngruppenhaushalt	**z. B. Wohngemeinschaft** Hier leben und wirtschaften einzelne Personen zusammen, die meist kein verwandtschaftliches Verhältnis zueinander haben. Sie können sich die Miete und die anfallenden Arbeiten teilen.

Übersicht 2.9

2.5.2 Der Großhaushalt im Überblick

Großhaushalte gibt es für verschiedene Personengruppen. Übersicht 2.10 zeigt, welche zu unterscheiden sind.

Der Großhaushalt ist anders strukturiert als der Privathaushalt. Hier leben Menschen zusammen, die in keinem verwandtschaftlichen Verhältnis zueinander stehen.

Ein Großhaushalt erfüllt Aufgaben, die ein Privathaushalt nicht oder nur teilweise oder mit großem Aufwand erfüllen kann. Großhaushalte werden häufig auch für hilfsbedürftige Menschen eingerichtet, die in einem Privathaushalt nicht oder nicht mehr zurechtkommen. Es kommt somit zu einer verstärkten **Funktionsverlagerung der Haushalte** (siehe auch Kapitel 2.6).

Dem Großhaushalt ist das Kapitel 13 gewidmet.

Großhaushalt für Familien	z. B. von der Arbeiterwohlfahrt oder dem Caritasverband: • Familienferienstätten • Müttergenesungsheime usw.

Großhaushalt für Kinder und Jugendliche	• Kindergärten • Ganztagsschulen • Sonderheime (z. B. für behinderte Kinder) • Mutter-Kind-Heime • Säuglings- und Kinderheime • Erziehungsheime • Jugendstrafanstalten • Jugendherbergen • Internate
Großhaushalt für alte Menschen	In jüngerer Zeit gibt es meist nur noch Mischtypen von Alteneinrichtungen, die Apartments, Wohngruppen, Wohnbereiche mit Tagespflege und stationäre Pflege bieten.
Großhaushalt für kranke Menschen	• Krankenhäuser • Rehabilitationseinrichtungen usw.
Großhaushalt für Behinderte	Je nach der Behinderung unterscheidet man Einrichtungen für körperlich und geistig Behinderte, Blinde oder Gehörlose, z. B.: • Berufsbildungswerke (für behinderte Jugendliche, die nach der Schule keinen Ausbildungsplatz gefunden haben) • Beschützende Werkstätten (für schwer, oftmals geistig behinderte Jugendliche, die keine Berufsausbildung machen können)
Großhaushalt für Berufstätige	• Betriebskantinen • Mensas

Übersicht 2.10

▶▶▶ Früher lebte Petras Großmutter in einem Familienhaushalt zusammen mit Petra und ihren Eltern. Dies war eine richtige Großfamilie. Da Petras Eltern jedoch ganztags berufstätig sind und sich nicht mehr ausreichend um die zunehmend pflegebedürftige Großmutter kümmern können, nimmt Petras Großmutter die Dienstleistungen einer Altenpflegeeinrichtung, also eines Großhaushaltes, in Anspruch. ●●●

2.5.3 Die Haushaltstypen

Familienhaushalte können nach bestimmten Merkmalen in Gruppen zusammengefasst werden.
• Nach der Anzahl der Personen, die in ihnen leben.
  Je nach der Personenzahl unterscheidet man Einpersonen- bzw. Singlehaushalt, Zweipersonen- und Mehrpersonenhaushalte.
• Nach den einzelnen Lebensphasen, die jeder Mensch durchläuft.
  Entsprechend diesen Phasen durchläuft er in der Regel verschiedene Haushaltstypen.
  Ein Haushalt entwickelt sich also mit den Personen, die in ihm leben und wirtschaften.

Entwicklungsphasen des Haushalts

• **Aufbauphase**
  Der oder die junge Erwachsene verlässt das Elternhaus und lebt alleine.

Junggesellenhaushalt

- Der oder die junge Erwachsene findet einen Partner oder eine Partnerin, sie leben gemeinsam ohne Kinder.

Kinderloser Junghaushalt

- **Stabilisierungsphase**
Das Paar bekommt Kinder.
Die Eltern leben mit ihren Kindern, bis diese zu jungen Erwachsenen herangewachsen sind.

Familienhaushalt

- **Auslaufphase**
Die jungen Erwachsenen verlassen die Familie, um einen Junggesellenhaushalt zu gründen.
Die Eltern, nun alt geworden, leben wieder alleine.

Althaushalt ohne Kinder

Das folgende Schaubild verdeutlicht die aktuelle Lebenssituation junger Erwachsener:

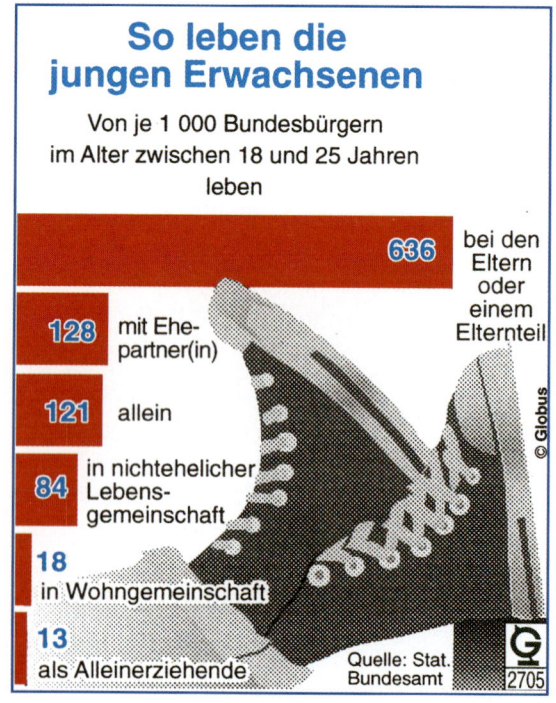

So leben die jungen Erwachsenen

Von je 1 000 Bundesbürgern im Alter zwischen 18 und 25 Jahren leben

636	bei den Eltern oder einem Elternteil
128	mit Ehepartner(in)
121	allein
84	in nichtehelicher Lebensgemeinschaft
18	in Wohngemeinschaft
13	als Alleinerziehende

Quelle: Stat. Bundesamt

© Globus
2705

Wesentliche Lerninhalte

Haushaltsarten

Unterhaltsbetriebe

Privathaushalt
- Ein-Eltern-Haushalt
- Zwei-Eltern-Haushalt
- Großfamilie • Kleinfamilie
- Einzelhaushalt • Wohngruppen

Großhaushalt
- für Familien
- für Kinder und Jugendliche
- für alte Menschen
- für Kranke • für Behinderte
- für Berufstätige

Betriebshaushalt
- Kurhäuser • Hotels • Gaststätten

Erwerbsbetriebe

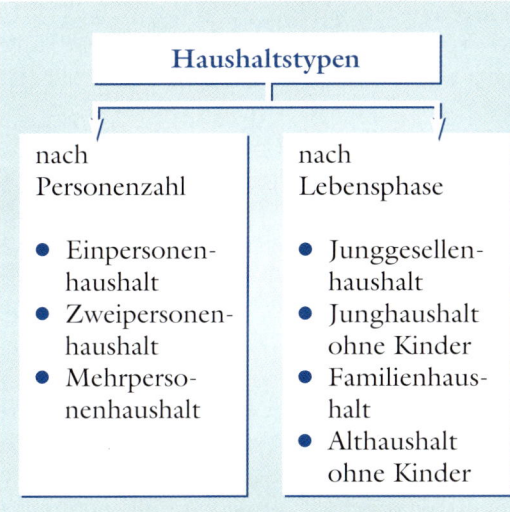

Haushaltstypen

nach Personenzahl
- Einpersonen-haushalt
- Zweipersonen-haushalt
- Mehrperso-nenhaushalt

nach Lebensphase
- Junggesellen-haushalt
- Junghaushalt ohne Kinder
- Familienhaus-halt
- Althaushalt ohne Kinder

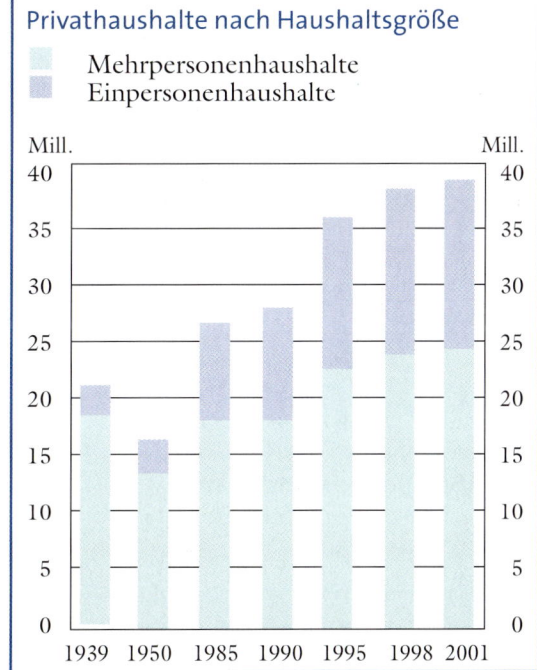

Privathaushalte nach Haushaltsgröße

Mehrpersonenhaushalte
Einpersonenhaushalte

Aufgaben

❶ Beschreiben Sie, wodurch sich ein Familienhaushalt von einem Großhaushalt unterscheidet.

❷ Nennen Sie zwei Beispiele für Familienhaushalte.

❸ Geben Sie für die fünf Bereiche der Großhaushalte je ein Beispiel.

❹ Überlegen Sie, in welcher Haushaltsform Sie leben.

❺ Zählen Sie die Merkmale auf, nach denen man Haushalte in Gruppen zusammenfassen kann.

❻ Betrachten Sie das vorstehende Schaubild.
a) Beschreiben Sie Ihre Beobachtungen.
b) Überlegen Sie sich Gründe für diese Entwicklung.

2.6 Strukturveränderungen des Haushalts

👁 Situation

Es ist Samstag, und an diesem Tag besucht Angelika (16 Jahre) nachmittags immer ihre Großeltern. Zu diesem Anlass kauft sie in der Bäckerei an der Ecke Kuchen, den sie den Großeltern mitbringt. Als Angelika den Kuchen auspackt, ist ihre Großmutter ganz begeistert, denn es ist Pflaumenkuchen.

Die Großmutter erzählt Angelika von den vielen Blechen Pflaumenkuchen, die sie früher mit ihrer eigenen Mutter immer gebacken hat. Die Pflaumen stammten aus dem eigenen Garten, und wenn sie reif waren, mussten täglich viele Körbe voll gepflückt werden, damit das Obst nicht verfaulte.

Angelika fragt sich, warum sich alles so verändert hat. Sie erkennt, dass ihre Großmutter in einem Selbstversorgerhaushalt gelebt hat, in dem das Verwerten von Obst und Gemüse aus dem eigenen Garten für den Winter sehr wichtig war. Sie selbst lebt mit ihren Eltern in einem Dienstleistungshaushalt. Das Einkommen wird zu einem großen Teil dazu genutzt, Lebensmittel und Gebrauchsgüter zu erwerben sowie Dienstleistungen zu bezahlen. ●●●

Die Strukturen des Haushalts haben sich innerhalb eines Jahrhunderts stark verändert. Je nach ihrer **Abhängigkeit vom Markt** werden Haushaltsstrukturtypen unterteilt, siehe Übersicht 2.11.

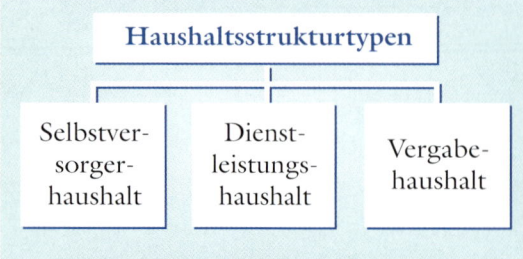

Übersicht 2.11

Je ausgeprägter die Abhängigkeit des Haushalts vom Markt ist, umso abhängiger wird er auch

- von der Möglichkeit der Einkommensbeschaffung,
- vom Angebot und vom Preis der Güter und Dienstleistungen in seiner Nähe, wobei diese Abhängigkeit mit verstärkter Nutzung des E-Commerce für die Güter entfällt,
- von der wirtschaftlichen Situation des Landes.

Der Selbstversorgerhaushalt

Ein Selbstversorgerhaushalt zeichnet sich dadurch aus, dass er alle Güter und Dienstleistungen für sich selbst produziert (z. B. durch die Landwirtschaft). In solch einem Haushalt leben in der Regel Familienmitglieder mehrerer Generationen zusammen.

Die Erziehung der Kinder und die Betreuung kranker oder alter Familienmitglieder werden ausschließlich von der eigenen Familie geleistet. Dieser Haushaltstyp ist von den Märkten außerhalb des Haushalts weitgehend unabhängig. Er ist in Deutschland kaum noch zu finden. Der uns allen bekannteste Selbstversorgerhaushalt ist der Haushalt der Romanfigur „Robinson Crusoe" von Daniel Defoe.

Der Dienstleistungshaushalt

Das ist der Haushalt, in dem heute die meisten Menschen leben. Er produziert kaum noch haushaltseigene Güter, deshalb müssen viele Güter von Anbietern außerhalb des Haushalts eingekauft werden. Dafür benötigt der Haushalt ein regelmäßiges Einkommen. Dieses erhält er, indem die Haushaltsmitglieder in Wirtschaftsbetrieben arbeiten.

Zur Erledigung der Hausarbeit werden verstärkt technische Geräte angeschafft, die die Arbeit erleichtern und Zeit sparen helfen.

Zusätzlich werden Güter und Dienstleistungen für den Haushalt am Markt gekauft, wie z. B. das Brot beim Bäcker oder die Kindergeburtstagsfeier in einer Schnellimbisskette.

Dieser Haushaltstyp beschränkt sich also im Wesentlichen auf das Erbringen von Dienstleistun-

gen, wie Nahrungszubereitung, Wäschepflege, Kinderversorgung usw.
Er ist damit teilweise von den Märkten außerhalb des Haushalts abhängig.

Der Vergabehaushalt

In diesem Haushalt werden überhaupt keine Güter oder Dienstleistungen mehr erbracht. Es wird auf alles zurückgegriffen, was außerhalb eines Haushalts angeboten wird. Zum Beispiel erfolgt die Nahrungsaufnahme in Kantinen oder im Restaurant, und zur Kinderversorgung werden Ganztagsschulen in Anspruch genommen. Diese Haushaltsform benötigt ein wesentlich höheres Einkommen als ein Dienstleistungshaushalt, denn sie ist völlig abhängig von den Märkten außerhalb des Haushalts.
Betrachtet man die derzeitige Entwicklung, so könnte dies der Haushalt der Zukunft sein.

Wesentliche Lerninhalte

Die Struktur eines Haushalts hat sich innerhalb eines Jahrhunderts stark verändert:

Haushaltstyp	Merkmale
Selbstversorgerhaushalt (Anfang des Jahrhunderts)	Alle Güter und Dienstleistungen werden ausschließlich selbst von den Haushaltsmitgliedern produziert.
Dienstleistungshaushalt (heute)	Nur wenige Güter werden selbst produziert. Die meisten Dienstleistungen erbringen die Haushaltsmitglieder selbst.
Vergabehaushalt (Zukunft)	Alle Güter und Dienstleistungen werden auf dem Markt erworben.

Aufgaben

❶ Erläutern Sie die Begriffe „Selbstversorgerhaushalt" und „Dienstleistungshaushalt".

❷ Beantworten Sie nun Angelikas Frage aus der Eingangssituation. Wodurch kam und kommt es zur Strukturveränderung der Haushalte?

❸ Unsere Haushalte entwickeln sich immer mehr zu Vergabehaushalten. Leiten Sie aus dieser Entwicklung ab, welche Folgen das besonders für Kinder und alte Menschen haben könnte.

2.7 Gründung eines Haushalts

Situation

Helen und Frank haben lange nach einer geeigneten Wohnung gesucht, denn sie wollen endlich zusammenziehen. Der Mietvertrag ist bereits unterschrieben und nun steht der Umzug vor der Tür. Es gibt so vieles zu bedenken! Beide haben bisher bei ihren Eltern gewohnt, daher besitzen sie auch nur wenige Möbelstücke oder sonstige Einrichtungsgegenstände.
Glücklicherweise sind Helen und Frank mit einem Paar befreundet, das selbst vor einigen Monaten zusammengezogen ist. Zu viert sitzen sie zusammen und sammeln in einer Liste, was alles erledigt und besorgt werden muss. Schließlich soll es bei der Einweihungsparty nicht passieren, dass sie die Weinflaschen nicht öffnen können, nur weil ausgerechnet der Korkenzieher fehlt! ▶▶▶

Im Zusammenhang mit einem Umzug ist eine Reihe von Formalitäten zu erledigen. Zur Erstausstattung bleibt meist nicht viel Zeit, weil viele Dinge dringend benötigt werden: Sorgfältige Planung ist nötig.

2.7.1 Die Formalitäten

▶▶▶ Etwa drei Wochen vor dem Umzug sollte man mit den Adressänderungen, Kündigungen und sonstigen Änderungen beginnen. Es ist wichtig, vor allem die Bank, die Post, die Stadtwerke und das Einwohnermeldeamt zu benachrichtigen. An wen oder was man dabei noch denken sollte, zeigt die folgende Aufzählung:

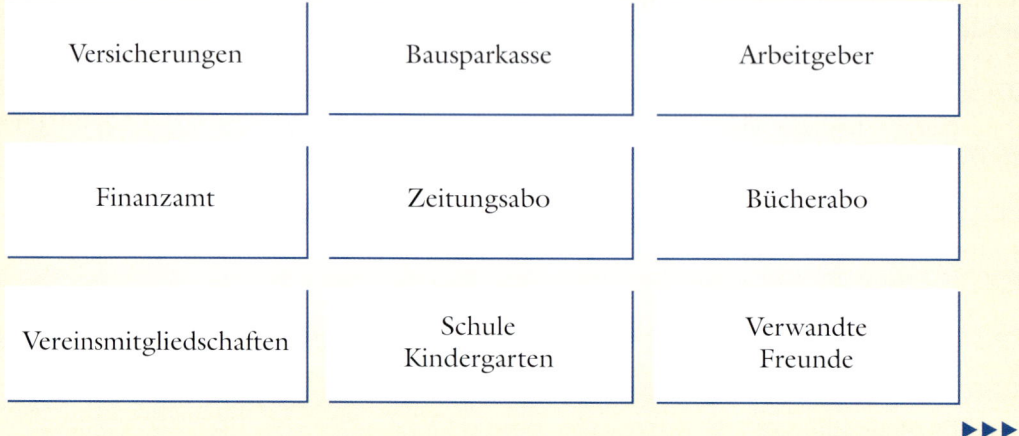

Versicherungen	Bausparkasse	Arbeitgeber
Finanzamt	Zeitungsabo	Bücherabo
Vereinsmitgliedschaften	Schule Kindergarten	Verwandte Freunde

▶▶▶

Es ist eine Vielzahl an Formalitäten für die alte und für die neue Wohnung zu erledigen, siehe Übersichten 2.11 und 2.12.

Alte Wohnung	
Mietvertrag	Mietvertrag (siehe auch Kapitel 6) fristgerecht kündigen, damit nicht doppelt Miete gezahlt wird. Die Kündigung muss schriftlich erfolgen, da eine mündliche Kündigung nicht rechtswirksam ist.
Kaution	Falls eine Kaution gezahlt wurde, ist diese jetzt vom Vermieter mit Zinsen zurückzuzahlen.
Renovierung	Der Mietvertrag gibt Auskunft darüber, in welchem Zustand die alte Wohnung verlassen werden muss.
Stadtwerke/ privater Stromanbieter	Für Wasser, Strom, Gas und Fernwärme müssen die Zähler abgelesen und die Zählerstände den Stadtwerken und ggf. dem privaten Stromanbieter mitgeteilt werden. Man kann einen Termin für den Ablesetag mit den Zulieferern vereinbaren oder das Ablesen gemeinsam mit dem Vermieter vornehmen.

Übersicht 2.11

Neue Wohnung	
Mietvertrag	Den neuen Mietvertrag grundsätzlich auf Rechte und Pflichten gründlich lesen, bevor er unterschrieben wird.
Kaution	Als Kaution sind höchstens drei Monatsmieten zulässig. Es ist darauf zu achten, dass das Geld während der Mietdauer vom Vermieter Gewinn bringend und sicher angelegt wird, da der Vermieter zur Verzinsung verpflichtet ist.
Banken	Die Bankkonten können entweder gekündigt oder auf die neue Anschrift umgemeldet werden. Dafür wendet man sich direkt an die zuständige Bank. Eventuell vorhandene Einzugsermächtigungen (z. B. Telefon) oder Daueraufträge – Miete – müssen ebenfalls geändert oder widerrufen werden.
Post/Telekom/GEZ/Kabelfernsehen	Bei der Post kann ein Postnachsendeantrag gestellt werden, damit nichts verloren geht und alles automatisch an die neue Adresse gesendet wird. Bei der Telekom ist der alte Telefonanschluss ab- und der neue anzumelden. Ebenfalls muss eine Um- oder Anmeldung bei der Gebühreneinzugszentrale (GEZ) und beim zuständigen Kabelanschlussanbieter erfolgen, sofern ein Fernseh- oder Radiogerät im Haushalt vorhanden ist und man Kabelfernsehen empfangen möchte.
Einwohnermeldeamt	Beim Einwohnermeldeamt muss eine Abmeldung erfolgen, wenn für die neue Wohnung ein anderes Einwohnermeldeamt zuständig ist. Als Bestätigung wird ein Abmeldebogen ausgehändigt. Innerhalb von 14 Tagen nach dem Umzug muss dem zuständigen Amt die neue Adresse mitgeteilt werden. Zur Anmeldung benötigt man den zuvor erhaltenen Abmeldebogen, den Personalausweis und eventuell den neuen Mietvertrag. Der Ausweis kann beim Einwohnermeldeamt auch gleich umgeschrieben werden.
Stadtwerke/private Stromanbieter	Für Wasser, Strom, Gas und Fernwärme sollten die Zähler gemeinsam mit dem Vermieter überprüft und die Zählerstände den Stadtwerken und ggf. dem privaten Stromanbieter mitgeteilt werden.
Kfz-Zulassungsstelle	Kraftfahrzeughalter müssen beim Straßenverkehrsamt ihre neue Adresse angeben. Es werden dazu die Anmeldebestätigung des Einwohnermeldeamtes, der Personalausweis und der Kfz-Schein benötigt. Bei einem Umzug in eine neue Stadt muss das Auto neu zugelassen werden. Dafür wird zusätzlich eine Versicherungsdoppelkarte benötigt, die man bei einer Versicherung erhält.

Übersicht 2.12

Handlungsvorschlag

Erkunden Sie folgende Institutionen:

- Verbraucherzentrale,
- Stadtsparkasse.

Sie erhalten hier viele Informationen, aus denen Sie dann Ihre eigene Umzugscheckliste zusammenstellen können. Nehmen Sie zur Erfüllung der Aufgabe die Hinweise von Seite 333 zur Unterstützung.

▶▶▶ Helen und Frank sind sehr dankbar für die Tipps ihrer Freunde. Nun wissen sie, an was sie vor und nach dem Umzug zu denken haben. Da sie beide nicht sehr viel Geld besitzen, ist es für Helen und Frank wichtig, die Erstausstattung der Wohnung sinnvoll einzukaufen. Sie überlegen sich jetzt sehr genau, welche Dinge als Erstes wirklich nötig sind und welche zu einem späteren Zeitpunkt gekauft werden können. ●●●

2.7.2 Die Erstausstattung einer Wohnung

Eine Haushaltsgründung lässt viele Neuanschaffungen notwendig werden. Plötzlich eine ganze Wohnung einrichten zu müssen ist nicht einfach und bedarf einer genauen Planung.

Wichtig ist, dass man vor dem Möbelkauf den persönlichen Bedarf prüft und sich nicht ausschließlich von der Mode und der Werbung lenken lässt.

Nach den Kriterien

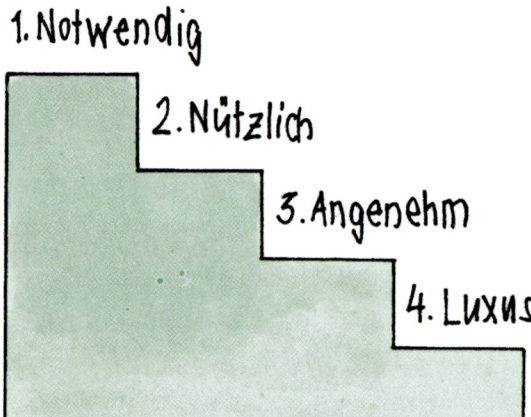

sollte jedes Teil der Erstausstattung einer Wohnung beurteilt werden. Die Planung späterer Ergänzungen kann ebenfalls nach diesen Kriterien erfolgen.

Wichtig sind ebenfalls

- die finanziellen Voraussetzungen,
- die räumlichen Gegebenheiten,
- die möglichen Erweiterungen, z. B. bei späterem Kinderwunsch.

Die Regeln der Übersicht 2.13 sollen bei der Anschaffung der Erstausstattung helfen.

Anschaffungsregeln

1. Überprüfen, welche Möbel bereits vorhanden sind und in der neuen Wohnung weiter benutzt werden können.

2. Vor dem Möbelkauf einen Preis- und Qualitätsvergleich anstellen. Also nicht nur nach dem Aussehen kaufen.

3. Niemals nur nach einer Abbildung kaufen. Dies gilt besonders für Matratzen und Polstermöbel, auf denen man lange und bequem liegen oder sitzen möchte.

4. Möbelstücke und Wohnräume genau ausmessen, damit hinterher alles passt. Ebenfalls den Transportweg vermessen (Treppenhaus und Türen).

5. Bei Kaufverträgen vor der Unterschrift auf das Kleingedruckte achten.

6. Prüfen, ob Aufbau und Montagekosten im Preis enthalten sind.

7. Genau rechnen: Barkäufe sind billiger als Kreditkäufe (Skontogewährung ist üblich).

8. Bei Lieferung die Möbelstücke auf Fehler oder Schäden überprüfen.

9. Wenn Gegenstände Mängel aufweisen, können sie reklamiert werden (§§ 462f. BGB).

Übersicht 2.13

Wesentliche Lerninhalte

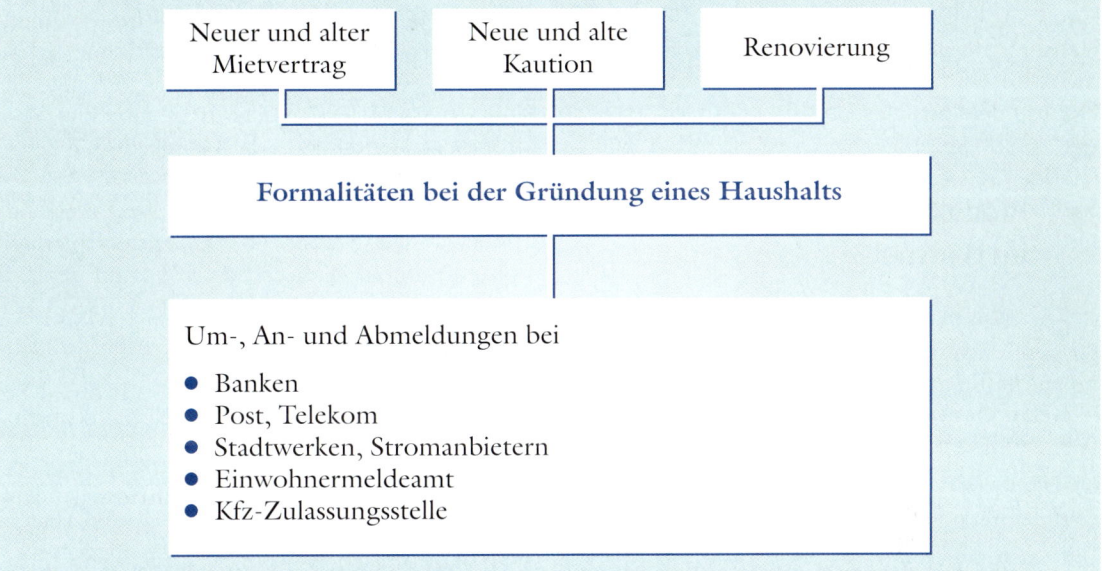

Auswahlfaktoren bei der Erstausstattung:

- finanzielle und räumliche Gesichtspunkte sowie Möglichkeiten der Erweiterungsfähigkeit
- Notwendig- und Nützlichkeit
- unabhängig von Mode und Werbung
- nicht nur nach Abbildungen kaufen
- Preis- und Qualitätsvergleich erstellen
- Reklamationsrecht beachten

Aufgaben

❶ Erklären Sie, bei welchen Institutionen Sie sich vor und nach dem Umzug um-, an- oder abmelden müssen. Begründen Sie Ihre Antwort.

❷ Geben Sie vier Regeln an, die beim Kauf der Erstausstattung hilfreich sind.

❸ Erläutern Sie die Kriterien, nach denen die Auswahl für die Erstausstattung getroffen werden sollte.

❹ Erstellen Sie eine Liste mit Möbeln und Einrichtungsgegenständen, die Sie für einen Einpersonenhaushalt in einer Zweizimmerwohnung für notwendig erachten. Legen Sie vorher Größe und Grundriss der Wohnung im Klassenverband fest. Stellen Sie anschließend ihre Liste in Kleingruppen vor und diskutieren Sie die Ergebnisse.

3 Der Haushalt als Wirtschaftseinheit

Haushalte haben die Aufgabe, den Bedarf der Haushaltsmitglieder zu decken, sie mit Nahrungsmitteln zu versorgen, ein angenehmes Wohnumfeld zu schaffen usw.

3.1 Produktionsfaktoren im Haushalt

Situation 1
Jens ist Auszubildender zum Hauswirtschafter in einem Großhaushalt. In seiner Freizeit sammelt er Champignons, die er seinem Chef gegen ein geringes Entgelt verkauft. In der Großküche werden die Pilze verarbeitet. ▶▶▶

Die wirtschaftliche Betätigung in hauswirtschaftlichen Betrieben, z.B. im Großhaushalt, zielt darauf, den Bedarf der Menschen an nicht unbegrenzt zur Verfügung stehenden Gütern und Dienstleistungen zu decken.

▶▶▶ In Situation 1 sind die Champignons die Produktionsfaktoren, die in den betrieblichen Produktionsprozess eingebracht werden. ●●●

3.1.1 Bedeutung und Einteilung der Produktionsfaktoren

Durch den betrieblichen Leistungsvorgang werden wirtschaftliche Güter und Dienstleistungen erstellt. Um diese Leistungen erzielen zu können, müssen Produktionsfaktoren eingesetzt werden, siehe Übersicht 3.1.
In der Wirtschaft sind demnach die Produktionsfaktoren die wichtigste Einflussgröße der Leistungserstellung.

Die eingesetzten Produktionsfaktoren können materieller und immaterieller Art sein. Diese Einteilung und den Gesamtzusammenhang zwischen betriebs- und volkswirtschaftlichen Produktionsfaktoren zeigt die Übersicht 3.2.
Die Gliederung der Produktionsfaktoren wird in der Volkswirtschaftslehre (VWL) und Betriebswirtschaftslehre (BWL) unterschiedlich vorgenommen. Während die BWL auf den Betrieb ausgerichtet ist, beschäftigt sich die VWL mit der Wirtschaft als Ganzem.

3.1.2 Kombination der Produktionsfaktoren

Bei der Produktion der Güter kommt es zu einer Kombination oder **Substitution** (= Austausch) der Produktionsfaktoren, und zwar nach dem ökonomischen (=Wirtschaftlichkeits-)Prinzip (vgl. S. 68). Im ersten Fall werden Arbeit, Betriebsmittel, Werkstoffe und Bildung sowie Information in bestimmter Menge und Qualität miteinander kombiniert.

Beispiel:
Eine Torte wird mithilfe von Arbeitskräften, Maschinen (Betriebsmitteln) und Zutaten (Werkstoffen) erstellt. Dabei kann beispielsweise aufgrund unterschiedlicher Kosten ein Produktionsfaktor gegen einen anderen ausgetauscht (substituiert) werden, z.B. menschliche Arbeitsleistung gegen Maschinen.

Umfang und Qualität der Produktion hängen aber auch vom Kenntnisstand der Arbeitskräfte ab. Da Bildung und Information dem Menschen nicht von vornherein gegeben sind, sondern erst erworben bzw. beschafft werden müssen, z.B. in der Ausbildung, bezeichnet man Bildung und Information als abgeleitete Produktionsfaktoren.

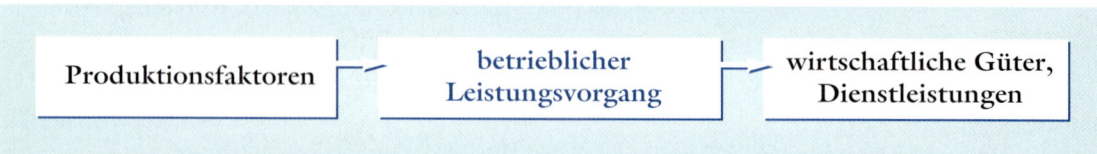

Übersicht 3.1

Produktionsfaktor(en)	ürsprüngliche			abgeleitete			
Volkswirtschaft	**Arbeit** • körperlich • geistig		**Natur** z. B. Boden, Wasser, Luft	**Kapital** • privates • öffentliches		**Bildung**	**Information**
Betriebswirtschaft	dispositiv • leiten • planen • organisieren • kontrollieren	ausführend (exekutiv) z. B. • spülen • kochen • waschen	Grundstücke	Gebäude, Maschinen, Werkzeuge usw.	Werkstoffe • Rohstoffe, z. B. Kartoffeln • Hilfsstoffe, z. B. Wasser • Betriebsstoffe, z. B. Heizöl • Reparaturmaterial	• technisches Wissen • wirtschaftliche und rechtliche Kenntnisse	z. B. über • technische Entwicklungen • Angebot und Nachfrage am Beschaffungsmarkt • Angebot und Nachfrage am Absatzmarkt
	= menschliche Arbeitsleistung		= Betriebsmittel			= human capital (menschliches Kapital)	

Kombination und Substitution (= Austausch) der Produktionsfaktoren ermöglichen wirtschaftliche Güterproduktion nach dem ökonomischen Prinzip

Übersicht 3.2

Situation 2

Jens beklagt sich bei seiner Freundin darüber, dass er im Rahmen seiner Ausbildung häufig den Boden der Großküche per Hand reinigen muss. Seine Freundin Caroline hat für diese Verpflichtung kein Verständnis. ▶▶▶

Technische Geräte zu bauen setzt z. B. Bildung in Form von technischem Wissen voraus. Nur mithilfe von Informationen in Form von technischem Know-how (= gewusst wie) in Verbindung mit Bildung können Betriebsmittel (Werkzeuge, Maschinen, Fahrzeuge usw.) erstellt werden. Das Einbeziehen dieser Betriebsmittel in den Produktionsprozess bringt Erleichterung.

▶▶▶ So wird deutlich, warum Caroline für die „Reinigungsverpflichtung" von Jens kein Verständnis hat. Heute ist es nicht mehr üblich, den Fußboden mit den Händen aufzuwischen! Aufgrund unserer fortgeschrittenen Technik gibt es genügend Geräte für die Fußbodenpflege, sodass der Mensch seine Arbeitskraft anders einsetzen kann. ●●●

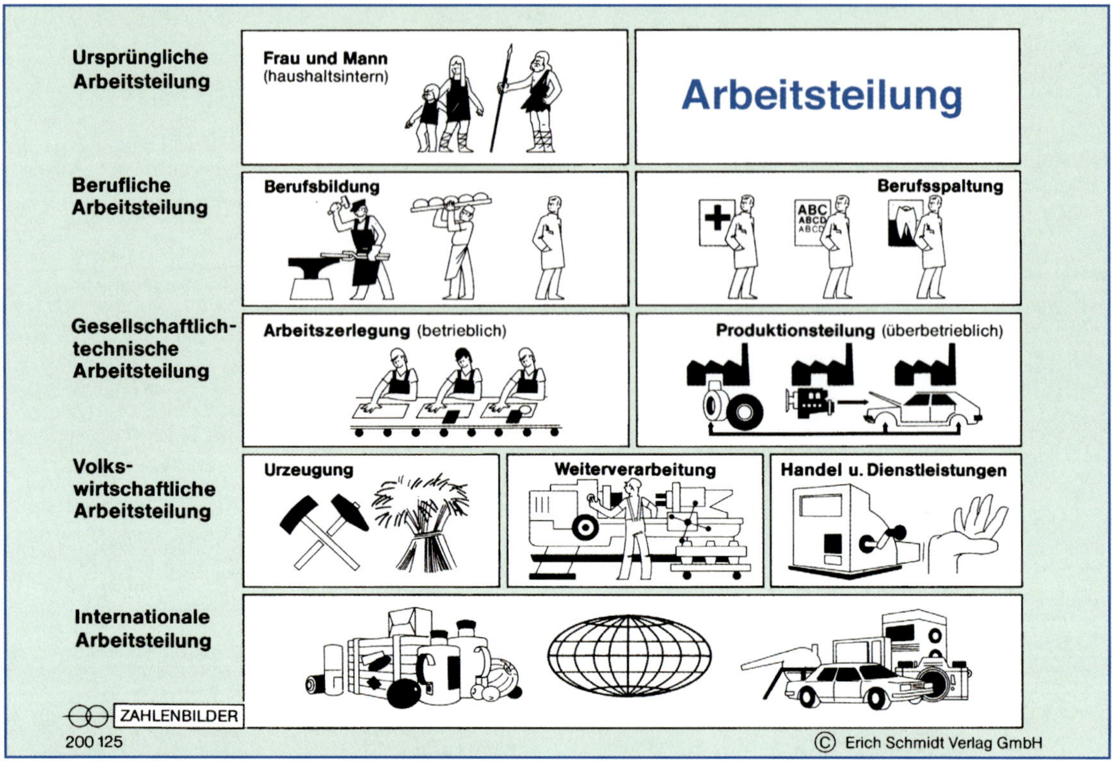

Ursprüngliche Arbeitsteilung	Frau und Mann (haushaltsintern)	**Arbeitsteilung**	
Berufliche Arbeitsteilung	Berufsbildung		Berufsspaltung
Gesellschaftlich-technische Arbeitsteilung	Arbeitszerlegung (betrieblich)	Produktionsteilung (überbetrieblich)	
Volks-wirtschaftliche Arbeitsteilung	Urzeugung	Weiterverarbeitung	Handel u. Dienstleistungen
Internationale Arbeitsteilung			

ZAHLENBILDER
200 125

© Erich Schmidt Verlag GmbH

Die ständige Entwicklung von Technik und Wirtschaft stellt fortwährend neue und erhöhte Anforderungen an unsere Bildung bzw. Ausbildung und an das Informationssystem.

Das Ergebnis der Produktion ist damit mengen- und qualitätsmäßig nicht nur von der richtigen Kombination der Produktionsfaktoren Arbeit, Kapital und Natur abhängig, sondern nicht zuletzt vom Bildungs- und Informationsstand in unserer Wirtschaft. Ein guter Informationsstand wird z. B. durch das ständige Beobachten und Erforschen des Beschaffungs- und Absatzmarktes erreicht.

3.2 Der Wirtschaftskreislauf

Situation

Frau Weiland bringt den Produktionsfaktor menschliche Arbeitsleistung in ihren 4-Personen-Privathaushalt als Hausfrau ein. Zur Erleichterung ihrer täglichen Aufgaben kauft Frau Weiland im Einzelhandel eine Küchenmaschine für 210,00 €. ▶▶▶

In einer arbeitsteiligen Wirtschaft findet ein ständiger Austausch von Gütern gegen Geld und von Geld gegen Güter statt.

3.2.1 Der einfache Wirtschaftskreislauf

Das verwirrende Bild zahlloser einzelner Tauschvorgänge stellt sich einfach dar, wenn alle gleichartigen Wirtschaftsgebilde (z. B. private Haushalte, Unternehmen) zu Einheiten zusammengefasst und nur die **Geld- und Güterströme** zwischen diesen Einheiten betrachtet werden.

Um dieses Beziehungsgeflecht zu veranschaulichen, dient uns ein einfaches Kreislaufmodell. Dieses System (Übersicht 3.3) gehört seit über 200 Jahren zum unverzichtbaren Bestand des volks- und betriebswirtschaftlichen Denkens.

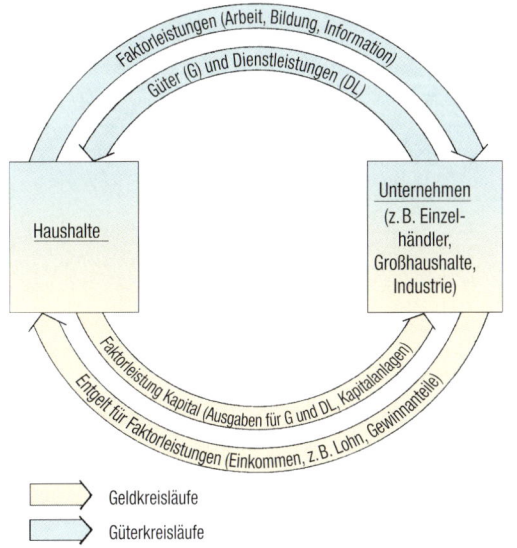

Geldkreisläufe

Güterkreisläufe

Übersicht 3.3

Die privaten Haushalte stellen den Unternehmen ihre Arbeitskraft bzw. ihr Kapital zur Verfügung. Als Gegenleistung erhalten sie Arbeitslohn bzw. Gewinnbeteiligungen. Dieses Einkommen verwenden sie wiederum dazu, die von den Unternehmen erzeugten Güter zum Verbrauch zu erwerben. So fließen die Einkommen als Konsumausgaben wieder den Unternehmen zu, während die hergestellten Güter im Konsum der Haushalte ihre letzte Verwendung finden.

Die in Haushalten zusammengeschlossenen Verbraucher versuchen natürlich, ihre Arbeitskraft so teuer wie möglich zu verkaufen. Auf der anderen Seite versuchen sie, Güter und Dienstleistungen so günstig wie möglich zu erhalten (siehe S. 73). Private Haushalte und Unternehmen sind folglich sowohl durch **Güterströme** (Arbeitskraft, Konsumgüter) als auch durch **Geldströme** (Arbeitslohn, Konsumausgaben) miteinander verbunden. Jedem Güterstrom, der von einer Wirtschaftseinheit zur anderen fließt, entspricht ein entgegengesetzter Geldstrom, siehe Übersicht 3.4 (S. 84).

▶▶▶ Der Einzelhändler hat die Küchenmaschine beim Großhändler für 140,00 € eingekauft. Der sich ergebende Unterschiedsbetrag von 70,00 € stellt für den Einzelhändler aber noch nicht den Gewinn dar. Er muss von diesem Betrag noch alle Kosten begleichen, z. B. Löhne und Strom. Der verbleibende Rest ist tatsächlich Gewinn.

Der Großhändler hat dem Hersteller für die Küchenmaschine 110,00 € gezahlt. Aber auch der Hersteller von Küchenmaschinen hat wiederum Vorlieferanten. So bezieht er z. B. das Kunststoffgehäuse von einem speziellen Zulieferbetrieb. Weiterhin benötigt der Hersteller Maschinen, Werkzeuge, Kabel, Strom usw. Für alle diese Vorleistungen sind 70,00 € zu zahlen, sodass 40,00 € für Einkommen in Form von Löhnen und Gewinnen verbleiben.

Natürlich haben die einzelnen Vorlieferanten des Küchenmaschinen-Herstellers wiederum ihre Vorlieferanten. Vereinfachend wird hier jedoch angenommen, dass die Erlöse dieser Vorlieferanten direkt zu Einkommen werden.

3.2.2 Der erweiterte Wirtschaftskreislauf

Wird die vorstehende Betrachtung erweitert, ergibt sich ein wirklichkeitsnäheres Bild. Denn die privaten Haushalte geben einen Teil ihres Einkommens nicht für Konsumzwecke aus, sondern bilden Ersparnisse. Die erzeugten Güter werden auch nicht vollständig verbraucht, sondern teilweise zum Produktionsausbau verwendet, also investiert.

Das Sammeln der Spareinlagen und deren Vergabe für Investitionen besorgt das Bankensystem (Übersicht 3.5, Seite 85). Die mit den Ersparnissen finanzierten Investitionen der Unternehmen führen zu einem Anwachsen der Produktionsmöglichkeiten. Durch Sparen und Investieren wird somit die Gütermenge im Kreislauf verändert: die Wirtschaft wächst. Wenn das gesparte Geld den Investitionsausgaben entspricht, tritt kein Nachfrageausfall ein. Die Preise bleiben stabil, und die Volkswirtschaft befindet sich im Gleichgewicht.

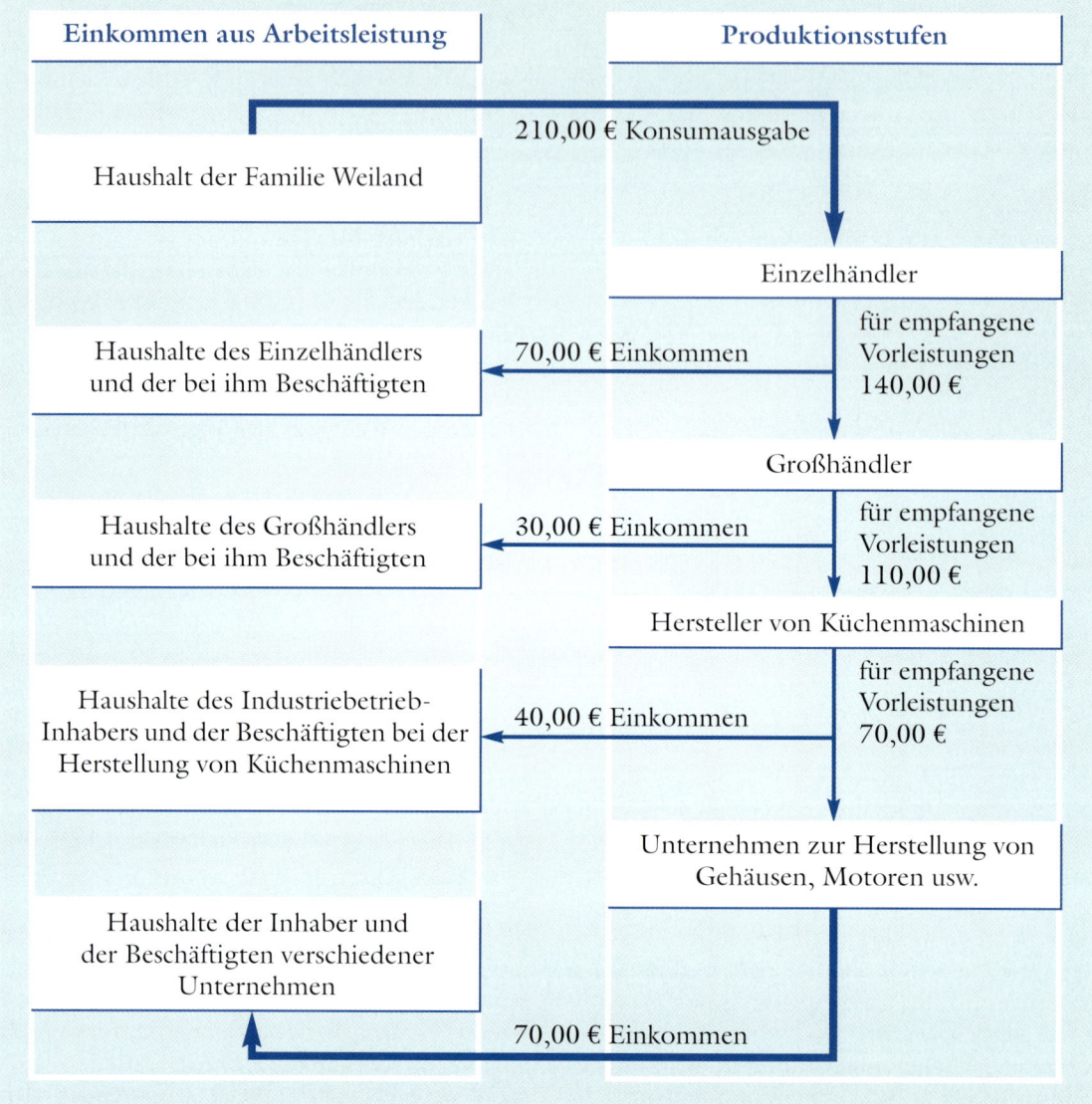

Einkommen aus Arbeitsleistung	Produktionsstufen

210,00 € Konsumausgabe

Haushalt der Familie Weiland

Einzelhändler

für empfangene Vorleistungen 140,00 €

Haushalte des Einzelhändlers und der bei ihm Beschäftigten — 70,00 € Einkommen

Großhändler

für empfangene Vorleistungen 110,00 €

Haushalte des Großhändlers und der bei ihm Beschäftigten — 30,00 € Einkommen

Hersteller von Küchenmaschinen

für empfangene Vorleistungen 70,00 €

Haushalte des Industriebetrieb-Inhabers und der Beschäftigten bei der Herstellung von Küchenmaschinen — 40,00 € Einkommen

Unternehmen zur Herstellung von Gehäusen, Motoren usw.

Haushalte der Inhaber und der Beschäftigten verschiedener Unternehmen

70,00 € Einkommen

Übersicht 3.4

3.2.3 Der Wirtschaftskreislauf mit staatlicher Aktivität

Durch die Einbeziehung des Staates (Bund, Länder, Gemeinden, Sozialversicherung) erweitert sich der Wirtschaftskreislauf abermals, siehe Übersicht 3.6, Seite 85.

Der Staat übernimmt Umverteilungsaufgaben und leistet soziale Zahlungen (Renten, Kindergeld usw.) an die privaten Haushalte. Der Staat produziert weiterhin „öffentliche Güter" (Ausbildung, Recht und Sicherheit, Umweltschutz), die private Unternehmen nicht oder nicht im gesellschaftlich wünschenswerten Umfang anbieten würden.

3.2.4 Der Wirtschaftskreislauf mit Staat und Ausland

In der Betrachtung des Wirtschaftsprozesses können schließlich noch die Austauschbeziehungen mit dem Ausland berücksichtigt werden, siehe Übersicht 3.7.

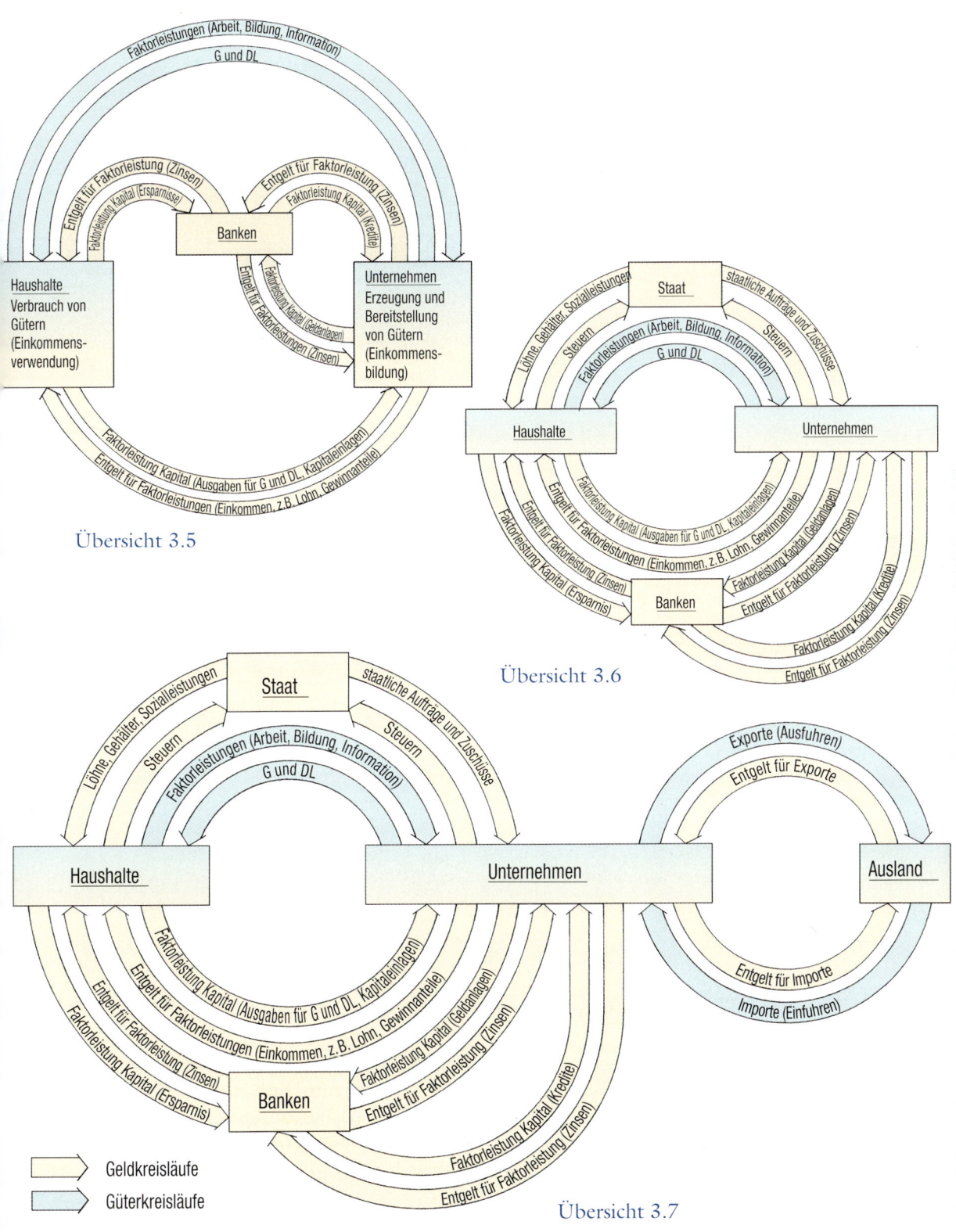

Übersicht 3.5

Übersicht 3.6

Übersicht 3.7

Geldkreisläufe

Güterkreisläufe

Wesentliche Lerninhalte

- Einem Strom von Gütern und Leistungen (Güterkreislauf) steht ein gleich großer Geldkreislauf entgegen.
- Ersparnisse bedeuten Verzicht auf Güterverbrauch. Investitionen schaffen Produktivvermögen.

- Betriebswirtschaftliche Produktionsfaktoren sind:

Volkswirtschaftliche Produktionsfaktoren	
Ursprüngliche Faktoren	**Abgeleitete Faktoren**
• Arbeit • Natur	• Kapital • Bildung • Information

Dispositive bzw. ausführende Arbeit	Betriebsmittel	Werkstoffe	Menschliches Kapital
• planen und leiten bzw. • kochen und spülen	• Grundstücke • Gebäude • Maschinen	• Kartoffeln • Wasser • Heizöl	• technisches Wissen • wirtschaftliche Kenntnisse

Aufgaben

❶ Was verstehen Sie unter Produktion?

❷ Ordnen Sie die folgenden Beispiele den entsprechenden Produktionsfaktoren zu: Heizöl, Küchenmaschine, Rührschüssel, Pfeffer, Fleisch.

❸ Jens ist Auszubildender zum Hauswirtschafter. Ist er damit auch ein Produktionsfaktor?

❹ In einer Kantine werden mittags drei warme Gerichte verkauft und zwischendurch kleine Mahlzeiten angeboten. Die Kantine verfügt über einen Getränkeautomaten und eine Küche, in der zwei Gasherde, zwei Grills, zwei Spülmaschinen sowie die notwendigen Ausstattungsgegenstände vorhanden sind. Für Aufgaben wie
  ○ Organisieren,
  ○ Einkaufen,
  ○ Zubereiten/Anrichten der Speisen,
  ○ Verteilen der Speisen und
  ○ Kassieren
sind drei Hauswirtschafterinnen, zwei Köche und eine Hilfskraft eingesetzt. Finden Sie heraus, welche Elemente (z. B. Gegenstände, Tätigkeiten) den Produktionsfaktoren Arbeit, Natur und Kapital zuzuordnen sind.

❺ Unterscheiden Sie den Prozess der Leistungserstellung in der Kantine eines Berufsförderungswerkes von dem Prozess der Leistungserstellung in der Verwaltung der Einrichtung. Berücksichtigen Sie besonders die Kombination der Produktionsfaktoren.

❻ Der Wirtschaftskreislauf macht deutlich, dass private Haushalte und Unternehmen fortwährend in einem Tauschverhältnis zueinander stehen.
  a) In welchem der beiden Ströme (Güter- oder Geldstrom) kommt der Kreislaufgedanke am ehesten zum Ausdruck? Begründen Sie Ihr Urteil.
  b) Begründen Sie, warum Geld- und Güterstrom entgegengesetzt verlaufen.

❼ Leiten Sie mithilfe der vorgestellten Kreislaufmodelle die Antworten auf die nachstehenden Fragen ab:
  a) Was bestimmt die Höhe der Konsumausgaben?
  b) Wozu benötigen die Unternehmen unsere Ersparnisse?
  c) Wonach richtet sich die Höhe der möglichen Investitionen?

❽ Welcher Summe entspricht die gesamte Produktion von Gütern und Leistungen?

4 Ökologie und Haushalt

„Klar wird, dass wir uns als unwürdige Gäste auf der Erde aufführen. Mit unseren Aktivitäten, die Gewinn bringen, erleiden wir aber auch täglich Verluste, auch wenn sie nicht sofort sichtbar werden. Die Gewinne nutzen wir für uns selber, die Verluste geben wir leichtsinnig an die Generation nach uns weiter."

(Königin Beatrix der Niederlande)

4.1 Belastung der Umwelt durch Industrie, Landwirtschaft und Haushalt

Situation

Renate erlernt den Beruf einer Hauswirtschafterin. Sie hilft Frau Vogel, einer älteren, hilfsbedürftigen Frau, im Haushalt und im Vorgarten. Bei der Pflege der Rosen wird sie von einem Insekt gestochen und ihr Fuß wird nach einem Tag dick. Renate geht zum praktischen Arzt. Im Warteraum trifft sie Frau Schulze, eine Nachbarin, und sie kommen ins Gespräch.

Frau Schulze: „Renate, was haben Sie denn?"
Renate: „Ich habe einen schlimmen Fuß, irgendein Biest hat mich bei der Gartenarbeit gestochen."

Frau Schulze: „Wer weiß, wo sich das Biest aufgehalten und welche Giftstoffe es gefressen hat! Die Landwirtschaft, aber auch sehr viele Kleingärtner und Hausbesitzer bekämpfen Schädlinge ja sofort mit Chemie."

Renate: „Im Garten von Frau Vogel, wo mich das Biest gestochen hat, wird kein Gift verwendet. Warum sind Sie denn hier, Frau Schulze?"

Frau Schulze: „Ich bekomme immer schlecht Luft, wenn nebliges Wetter ist. An manchen Tagen traue ich mich kaum auf die Straße."

Renate: „Ja, ich kenne das von meiner kleinen Schwester, die leidet schon einige Jahre darunter. Sie hat Asthma und ist deswegen oft beim Arzt in Behandlung. Sie reagiert sehr empfindlich auf Schadstoffe in der Luft."
Frau Schulze: „Renate, haben Sie gehört, Sie sind dran. Auf Wiedersehen."

Renate: „Wiedersehen, Frau Schulze." ▶▶▶

Fast täglich beschäftigen sich die Medien mit den Problemen Umweltschutz und Umweltverschmutzung. Die Ängste der Bürger vor den Auswirkungen von Umweltschäden auf die Natur und die Lebensqualität sind zahlreich.

Belastung der Luft

Ein Mensch kann ohne Sauerstoff in der Luft nur wenige Minuten leben. Die Luft enthält jedoch nicht nur den lebensnotwendigen Sauerstoff, sondern auch eine Vielzahl von Schadstoffen. Zur Luftverschmutzung tragen etwa zu 46 % private und öffentliche Verkehrsmittel, zu 37 % die Industrie und Kraftwerke und zu 17 % die Heizungsanlagen der Haushalte bei. Die Luftschadstoffe wirken sich auf die Lebewesen unterschiedlich aus:

Luftschadstoffe (Emissionen)	Schäden bei Menschen und Tieren
Schwefeldioxid (SO_2)	Reizung der Atemwege Asthma, Pseudokrupp
Stickstoffoxide (NO_x)	Verringerung der Sauerstoffaufnahme des Blutes, Reizung der Atemwege
Kohlenstoffdioxid (CO_2)	von Kopfschmerzen bis Atemlähmung
Ozon	Reizung der Schleimhäute, der Atemwege und Lunge
Radioaktivität	Blutkrebs (Leukämie), Erbgutschädigung
Staub	Erkrankung der Atemwege und der Lunge
Schwermetalle	Leber-, Nerven- und Nierenschäden, Muskel- und Immunschwäche

Übersicht 4.1

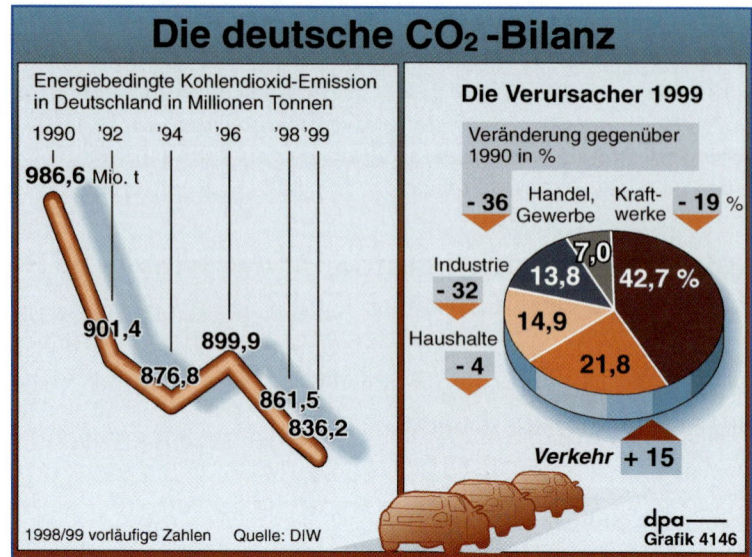

Die deutsche CO_2-Bilanz

Energiebedingte Kohlendioxid-Emission in Deutschland in Millionen Tonnen

1990 '92 '94 '96 '98 '99

986,6 Mio. t

901,4
876,8
899,9
861,5
836,2

1998/99 vorläufige Zahlen   Quelle: DIW

Die Verursacher 1999

Veränderung gegenüber 1990 in %

- 36 Handel, Gewerbe   Kraftwerke - 19 %

Industrie - 32

7,0
13,8   42,7 %
14,9
21,8

Haushalte - 4

Verkehr + 15

dpa ——
Grafik 4146

Bei bestimmten Witterungsverhältnissen (z. B. bei Nebel, Windstille, starker Sonneneinstrahlung) und bei starker Luftverschmutzung besteht die Gefahr von **Smog** (smoke = Rauch, fog = Nebel). Smogalarm wird ausgelöst, wenn bestimmte Schadstoffgrenzen in der Luft überschritten werden.

▶▶▶ In den letzten Jahren tritt neben Herbst-/Wintersmog immer öfter der Sommersmog auf. Smog führt vorwiegend bei Kleinkindern und bei älteren Menschen zu Atembeschwerden. ▶▶▶

Zur Senkung der Luftschadstoffe wurden im Jahre 2002 durch Gesetzesänderungen die neuen Luftqualitätsrichtlinien der EU in das deutsche Recht umgesetzt.

Belastung des Bodens

Die in der Luft befindlichen Schadstoffe werden durch die Luftströmungen bis zu tausend Kilometer weit vom Schadstoffverursacher transportiert. Diese Schadstoffe lagern sich auf den Pflanzen ab. Durch den Regen gelangen die Schadstoffe auch in den Boden und in den Wasserkreislauf. Sie können so zu **ökologischen Langzeitschäden** – auch bei Pflanzen und Lebewesen – führen, siehe Übersicht 4.2.

Luftschadstoffe	Schäden der Umwelt
Schwefeldioxid	Übersäuerung des Bodens und der Gewässer durch • Überdüngung von landwirtschaftlichen Flächen • Einleitung ungenügend geklärter Abwässer Dadurch können Wälder und Flüsse sterben
Stickstoffoxide	• Smog • Saurer Regen
Ozon	Wird in Verbindung mit Kohlenwasserstoff zu Smog; reizt die Schleimhäute und ist mitverantwortlich für das Pflanzen- und Waldsterben
Radioaktivität	Genetische Veränderungen in der Erbmasse bei Pflanzen und Tieren • Anreicherung von radioaktiven Substanzen in den Pflanzen (besonders in Pilzen)
Staub und Schwermetalle	Anreicherung der Schadstoffe in Boden und Gewässer

Übersicht 4.2

Wenn der Wald stirbt, stirbt unsere „grüne Lunge", da der Wald der größte Produzent des lebensnotwendigen Sauerstoffes ist. Zugleich wird das ökologische Gleichgewicht in erheblichem Umfang gestört. Eine ganze Reihe von wichtigen Funktionen würde wegfallen, denn der Wald speichert die Niederschläge, er schützt vor Abtragungen (**Erosion**) durch Wind und Wasser und dient zugleich der Luftverbesserung sowie der Erholung der Menschen.

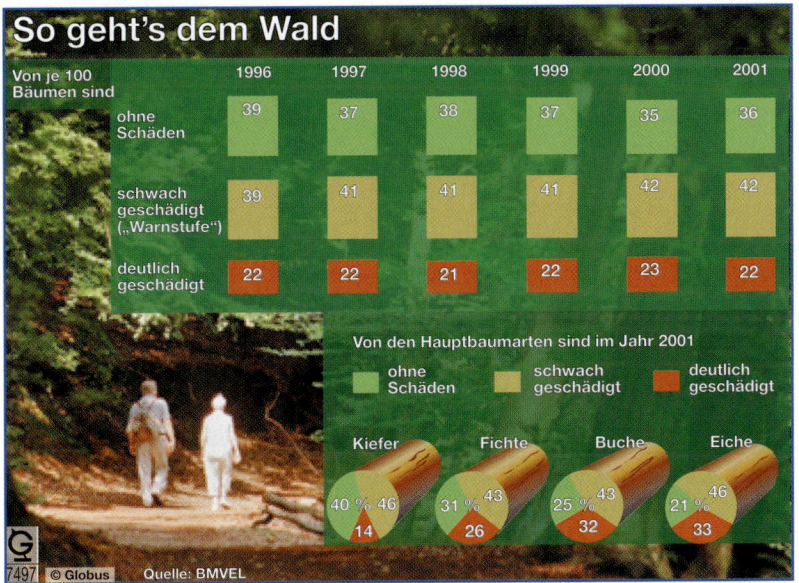

So geht's dem Wald

Von je 100 Bäumen sind	1996	1997	1998	1999	2000	2001
ohne Schäden	39	37	38	37	35	36
schwach geschädigt („Warnstufe")	39	41	41	41	42	42
deutlich geschädigt	22	22	21	22	23	22

Von den Hauptbaumarten sind im Jahr 2001

ohne Schäden — schwach geschädigt — deutlich geschädigt

	Kiefer	Fichte	Buche	Eiche
ohne Schäden	40 %	31 %	25 %	21 %
schwach geschädigt	46	43	43	46
deutlich geschädigt	14	26	32	33

7497 © Globus   Quelle: BMVEL

Übersicht 4.3

Auch auf der Oberfläche von Obst und Gemüse lagern sich Luftschadstoffe ab, die bei hohen Konzentrationen für den Menschen schädlich sind. Letztendlich werden die Schadstoffe also wieder von uns konsumiert, siehe Übersicht 4.3.

Durch intensive Landwirtschaft werden in größeren Mengen Dünge- und Pflanzenschutzmittel eingesetzt, die eine Belastung des Bodens und des Wassers hervorrufen.

Hausmüll

In der Bundesrepublik Deutschland fielen pro Jahr ca. 200 kg Hausmüll pro Einwohner an (mit fallender Tendenz). Diese Mengen werden auf Mülldeponien gelagert oder in Müllverbrennungsanlagen beseitigt.

Nicht nur, dass die Mülldeponien die Landschaft verunstalten, Schadstoffe können auch in den Boden und in das Grundwasser gelangen. Dadurch kann unser Trinkwasser verseucht werden. Zusätzlich entstehen bei der Verbrennung von Müll oft giftige Gase, die die Umwelt belasten.

Hausmüll enthält eine Vielzahl von verschiedenartigen Verpackungsmaterialien. Das Schaubild „Recycelt" zeigt, wie viel der in den Umlauf gebrachten Mengen wieder eingesammelt und anschließend auch verwertet wurden.

Besonders erfolgreich ist die Recyclingquote bei Glas und Papier.

Belastung des Wassers

Im Durchschnitt verbraucht jeder Bürger der Bundesrepublik Deutschland ca. 130 l Wasser täglich im Haushalt. Diese Mengen fließen über die Kanalisation zu den Klärwerken und dann in unsere Bäche und Flüsse. Die Abwässer aus unseren Haushalten, aus der Industrie und öffentlichen Einrichtungen (u. a. Krankenhäuser, Kinderbetreuungseinrichtungen, Altersheime) enthalten einen hohen Anteil an gelösten und schwebenden Stoffen, wie Kohlenhydrate, Fette, Eiweiß, Phosphate, die für die Umwelt schädlich sind.

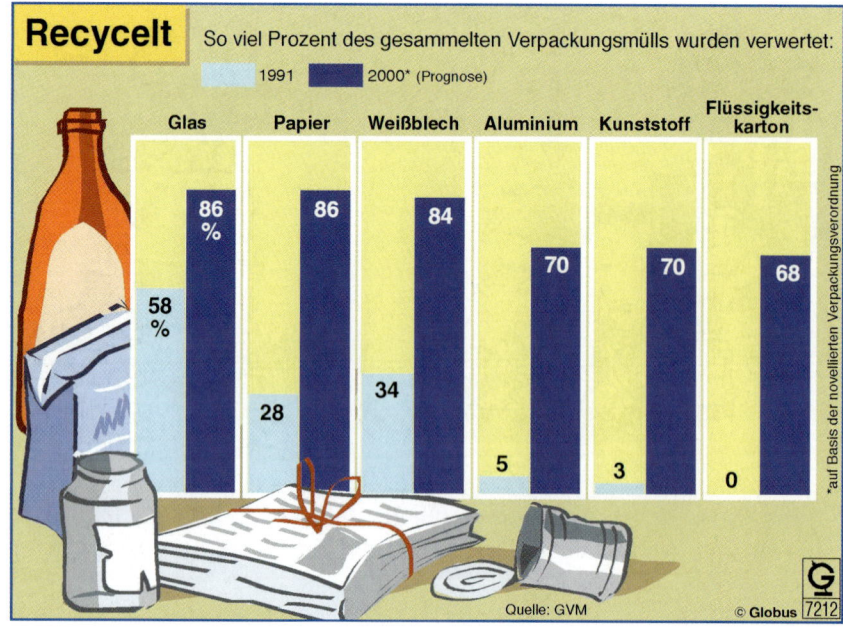

Recycelt So viel Prozent des gesammelten Verpackungsmülls wurden verwertet:

1991   2000* (Prognose)

	Glas	Papier	Weißblech	Aluminium	Kunststoff	Flüssigkeitskarton
2000*	86 %	86	84	70	70	68
1991	58 %	28	34	5	3	0

*auf Basis der novellierten Verpackungsverordnung

Quelle: GVM   © Globus 7212

Ein Teil dieser Schadstoffe wird in den Bächen, Flüssen und Seen durch Bakterien und Wasserpflanzen abgebaut (unter Verbrauch von Sauerstoff), aber die Natur schafft es nicht alleine. Nur durch die ständige Verbesserung der Abwasserkläranlagen kann die Belastung der Gewässer reduziert werden.

Mit der Steigerung der Wasserqualität unserer Gewässer verbessern wir die Qualität unseres Trinkwassers. Denn dieses wird u. a. auch aus den Gewässern (Flüssen, Seen) gewonnen.

Umweltstraftaten

In den letzten Jahren steigt die Zahl der Umweltstraftaten stetig. Immer öfter ist in den Zeitungen etwas über umweltgefährdende Abfallbeseitigung zu lesen, z. B.:

> Hochgiftige Fässer an der Autobahn gefunden! Polizei ermittelt …

Nicht nur die Industrie begeht Umweltstraftaten, auch einzelne Bundesbürger machen sich strafbar, z. B. durch die illegale Beseitigung von privaten Pkws in den Wäldern, unsachgemäße

Entsorgung von Altöl sowie von giftigen chemischen Erzeugnissen. Hierzu gehört auch das Entsorgen von Farb- oder Lackresten in der Toilette.

Wesentliche Lerninhalte

- Ziele des Umweltschutzes:
  - Reinhaltung von Luft, Gewässern und Boden
  - Abfallverringerung bzw. sichere, umweltschonende Abfallbeseitigung
  - Energie-, Rohstoff- und Wassereinsparung
  - Erhaltung der Natur
  - Vermeidung von umweltgefährdenden Produkten
- Die Qualität der Umwelt bestimmt die Lebensqualität von Menschen und Tieren.
- Mit der Zerstörung der Umwelt wird die Lebensgrundlage
  - der Menschen,
  - der Tiere und
  - der Pflanzen zerstört.
- Umweltstraftaten gefährden unser aller Leben.

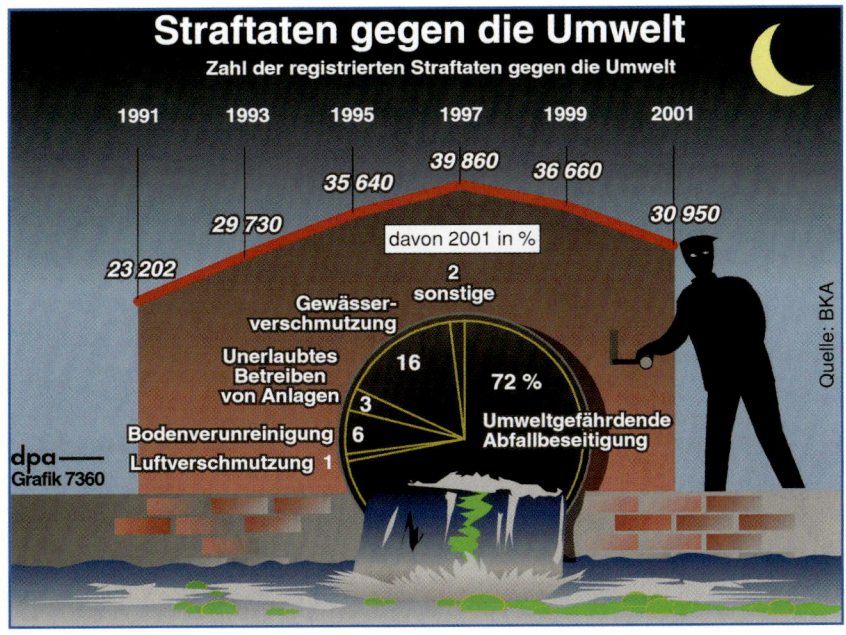

Straftaten gegen die Umwelt
Zahl der registrierten Straftaten gegen die Umwelt

1991 — 23 202
1993 — 29 730
1995 — 35 640
1997 — 39 860
1999 — 36 660
2001 — 30 950

davon 2001 in %

- sonstige 2
- Gewässerverschmutzung 16
- Unerlaubtes Betreiben von Anlagen 3
- Bodenverunreinigung 6
- Luftverschmutzung 1
- Umweltgefährdende Abfallbeseitigung 72 %

dpa Grafik 7360

Quelle: BKA

Aufgaben

❶ Luftschadstoffe führen zu Schäden bei Menschen und Tieren. Nennen Sie mindestens drei Luftschadstoffe und ihre schädlichen Auswirkungen auf Lebewesen.

❷ Die Angst vor den Auswirkungen von Umweltschäden ist groß.
Stellen Sie Ihre eigene „Umwelt-Sorgenliste" auf. Bewerten Sie folgende Umweltschäden mit den Zahlen von 1 bis 10 (Platz 1 – größte Gefahr, Platz 10 – geringste Gefahr).

○ Luftverschmutzung
○ Ozonloch
○ Waldsterben
○ Atomunfall
○ ungesundes Trinkwasser
○ Müllprobleme
○ Klimaveränderung
○ Meeresverschmutzung
○ Verkehrsprobleme
○ Bodenverseuchung

Begründen Sie die Platzierung.

❸ Welche Auswirkungen haben kranke und sterbende Wälder auf das bestehende ökologische Gleichgewicht unserer Umwelt?
a) Nennen Sie drei Auswirkungen.
b) Begründen Sie Ihre Antwort.

❹ Welche Schadstoffe gelangen durch private Haushalte in das Abwasser?

❺ Worin besteht die Notwendigkeit für Konsumenten, aktiv auf die Vermeidung von Umweltschäden Einfluss zu nehmen?

❻ Zählen Sie Umweltstraftaten auf, die von der Industrie und von Privatpersonen begangen werden.
Sammeln Sie Zeitungsartikel dazu und berichten Sie in der Klasse darüber.

Weiterführende Aufgaben

Eine Gruppe (vier bis fünf Auszubildende) besucht die örtliche Stadtverwaltung oder das Landratsamt, Dezernat Umweltschutz, Wirtschaft und Gewerbeförderung. Jeder Auszubildende erhält konkrete Aufgaben- bzw. Fragestellungen, die in diesem Dezernat zu klären sind.
Folgende Aufgaben bzw. Fragen können gestellt werden:

○ Welche staatlichen Aufgaben haben die „Dezernate Umweltschutz" zu erfüllen?
○ Einholen von Informationen über die aktuellen Werte der Luftschadstoffkonzentrationen für Stadt, Landkreis, Bundesland und die Bundesrepublik Deutschland. Für welche Schadstoffe gibt es Grenzwerte und wie sind diese Werte?
Welche Maßnahmen werden beim Überschreiten dieser Grenzwerte vom Dezernat eingeleitet?
○ Welche staatlichen Stellen müssen beim Bekanntwerden von Umweltdelikten oder -straftaten informiert werden?
○ Welche Umweltprobleme müssen von der Kommune in den nächsten zwei Jahren gelöst werden, und wie hoch ist der finanzielle Bedarf dafür?

Die Gruppe, die das Umweltamt besuchte, berichtet über diesen Besuch. Anschließend kann die Klasse über die Ergebnisse des Besuches und über die Umweltschutzdaten diskutieren.

👣 Handlungsvorschlag

Gehen Sie in einen Lebensmittelmarkt, und schreiben Sie auf, welche verpackten Waren auch unverpackt angeboten werden könnten. Begründen Sie Ihre Feststellungen.
Führen Sie in diesem Supermarkt eine Umfrage unter den Kunden durch, ob diese auch unverpackte Waren kaufen würden (Hygienevorschriften vorausgesetzt).
Tipps zur Durchführung einer Umfrage finden Sie auf der Seite 334.

4.2 Vermeidung von Umwelt-belastungen durch den privaten Haushalt

 Situation 1

Sven: „Tag, Frau Novak."

Frau Novak: „Tag Sven, wieder einmal den Müll und die Werbezeitungen wegbringen?"

Sven: „Die Werbungen schauen wir uns ja gar nicht mehr an!"

Frau Novak: „Das Problem kenne ich. Ich habe jetzt einen Aufkleber am Briefkasten angebracht:

Seitdem ist mein Briefkasten seltener voll."

Sven: „Das ist eine gute Idee, Frau Novak. Sie haben Recht, jeder kann etwas zum Schutze der Umwelt tun. Ach ja, übrigens, als meine Eltern gestern den neuen Kühlschrank bekamen, wurde der alte Kühlschrank vom Händler gleich mitgenommen. Meine Eltern hatten das mit dem Händler vereinbart."

Frau Novak: „Das muss ich mir merken."

▶▶▶

 Situation 2

Sven kommt aufgeregt vom Einkaufen zurück. Er erzählt seiner Schwester Dorit, was er gerade im Supermarkt gehört hat.

Sven: „Dorit, stell dir vor, dem Tobi aus dem Nachbarhaus sind die Haare ausgegangen."

Dorit: „Wie ist denn das passiert?"

Sven: „Er hat sich seine Haare gefärbt und die Gebrauchsanweisung nicht gelesen."

Dorit: „Das kann mir nicht passieren. Ich passe immer genau auf, lese die Gebrauchsanweisung aufmerksam durch oder gehe zum Friseur. Da weiß ich, dass alle Bestimmungen beachtet werden."

▶▶▶

In den privaten Haushalten befindet sich eine Vielzahl von chemischen Produkten, die gefährlich oder ungefährlich für die Menschen und deren Umwelt sind. Auch viele Textilien und Bedarfsgegenstände sind nicht immer gesundheitlich unbedenklich.

Sie geben Gifte an die Umwelt ab, z. B.:

- **Mottenkugeln** enthalten starke, verflüchtende Gifte,
- bei der **chemischen Reinigung** können in den Textilien gesundheitsschädigende Stoffe zurückbleiben,
- **neu gekaufte Textilien** können produktionsbedingte Stoffe enthalten, die bei empfindlichen Personen unter Umständen Allergien verursachen,
- **Pfannen mit Antihaftbeschichtungen** können einen Teil dieser chemischen Verbindungen an das Bratgut abgeben
- **Waschmittel und Weichspüler** können Allergien auslösen.

Dementsprechend ist auch hier schon beim Einkauf auf Umweltverträglichkeit und gesundheitsschädliche Substanzen zu achten.

4.2.1 Wasch-, Pflege- und Reinigungsmittel

Täglich werden Wasch-, Pflege- und Reinigungsmittel in verschiedenster Art und Weise angewendet (z. B. zum Saubermachen der Räume, zur täglichen Körperpflege, zum Waschen der Wäsche). Jeder Einsatz von Wasch-, Pflege- und Reinigungsmitteln belastet aber auch die Umwelt. In vielen Haushalten wird sofort „scharfe Chemie" eingesetzt, um einen schnellen Reinigungseffekt zu erzielen. Es verkürzt zwar die notwendige Reinigungszeit, doch die Umweltbelastung nimmt gegenüber der traditionellen Reinigungsarbeit (**mechanische Reinigung**) stark zu. Reinigungs- und Waschmittel enthalten eine Vielzahl von chemischen Substanzen wie Lösungsmittel, Phosphate, Tenside, Chlorverbindungen, Salze, starke Laugen. Einige Substanzen können die Abbauprozesse der Klärwerke und die Selbstreinigungskraft der Flüsse und Seen so stark stören, dass unter Umständen das **biologische Gleichgewicht** der Gewässer „umkippt".

▶▶▶ Mit der verstärkten Anwendung von chemischen Reinigungs- und Pflegemitteln stiegen auch die Fälle allergischer Reaktionen und anderer Gesundheitsstörungen der Menschen. Vor allem bei der Arbeit mit chemischen Produkten ist es ganz wichtig, dass die Gebrauchshinweise streng befolgt werden.

●●●

Waschmittel

In jedem Jahr kommen neue Waschmittelprodukte auf den Markt.

Im Wesentlichen bestehen Vollwaschmittel aus Bestandteilen, die auch die Umwelt belasten, wie Übersicht 4.3 zeigt.

Waschaktive Substanzen (meistens synthetische Tenside)	Sie setzen die Oberflächenspannung des Wassers herab. Nur teilweiser Abbau in den Klärwerken (unter großem Sauerstoffverbrauch). Nicht abgebaute Schadstoffe gelangen in die Gewässer und schädigen die Wasserlebewesen.
Bleichmittel (z. B. Perborate, Bleichmittel-aktivatoren und -stabilisatoren)	Zweck: Entfernung von hartnäckigen Flecken. Es werden hierbei vorwiegend Perborate (Borverbindungen) eingesetzt. Borverbindungen können Wasserorganismen, insbesondere Pflanzen, schädigen (Hemmung des Wachstums bei einigen Schilfpflanzen und Bakterienarten).
Stellmittel (z. B. Sulfate, Enzyme, optische Aufheller, Duft- und Farbstoffe, Schaumregulatoren)	Diese sind in den Gewässern schwer bis sehr schwer abbaubar. Sie lagern sich im Schlamm ab. Salze belasten die Gewässer. Duftstoffe rufen bei empfindlichen Menschen Allergien hervor und stören das Lebensverhalten von Fischen und anderen Wassertieren.

Übersicht 4.3

Industrielle Reinigungsmittel	Mögliche Umwelt- und Gesundheitsbelastungen	Umweltverträgliche Alternativen
Abfluss- und Rohr-reiniger	ätzende Dämpfe, gesundheitsschä-digend, starke Abwasserbelastung	Saugglocke, Rohrreinigungsspirale
Backofen- und Grillreiniger	ätzende Dämpfe, gesundheits-schädigend, hohes Gesundheits-risiko bei Anwendung von Sprays	Sodalösung mit Schwamm, Edel-stahlputzwolle, Allzweckreiniger
Bad- und Wannen-reiniger (Sanitär-reiniger)	teilweise stark umweltbelastend	Kalkfleckentfernung mittels Essig, Schmierseife, Schlämmkreide oder Salmiakgeist
Desinfektionsmittel	Vernichtung von nützlichen Mikroorganismen	Schmierseife, milde Allzweck-reiniger
Entkalker	starke Säureentwicklung, schleimhautreizend	Essiglösungen
Fleckentferner	giftig, feuergefährlich	Anwendung alter Hausmittel, Flecke sofort entfernen
Glas- und Fenster-reiniger	umweltbelastende Sprays	geringe Spritzer Spiritus genügen, heißes Wasser
Geschirrspülmittel für die Maschine	teilweise stark umweltbelastend	achten Sie auf ungefährliche und umweltschonende Produkte
Klarspüler	meistens überflüssig; umwelt-belastend	nicht verwenden
Herdputzmittel	lösungsmittelhaltige Produkte belasten Luft und Gesundheit	Allzweckreiniger, Edelstahlputz-wolle
Metallputzmittel	teilweise stark gesundheits-schädigend durch organische Lösungsmittel	Anwendung von Hausmitteln, Scheuersand, Scheuermilch
Möbelpflegemittel	meistens überflüssig; lösungsmittel-haltige Substanzen belasten die Luft, teilweise gesundheitsschädigend	nur bei offenporigem Holz ver-wenden; sonst: bienenwachs-haltige Mittel, Leinöl, Schellack
Polsterreiniger	Sprays und Lösungsmittel belasten die Umwelt	Absaugen der Polster, Flecke mit Seifenschaum entfernen
Silberreinigungs-mittel	teilweise stark giftig und umwelt-schädlich	Anwendung von alten Hausmitteln (z. B. Silber in Alufolie wickeln und in Kochsalzlösung legen oder mit Schlämmkreide reinigen)
WC-Reiniger	teilweise stark umweltbelastend	Scheuersand und Bürste verwen-den, regelmäßige Reinigung
WC-Beckensteine	lösungsmittelhaltige Reinigungs-substanzen belasten das Wasser	Entfernung von Kalk mittels Essiglösung

Übersicht 4.4

Jeder Waschvorgang stellt eine Umweltbelastung dar, die nie vollständig vermieden werden kann. Durch gezielte Maßnahmen im Haushalt, bei der Auswahl von Textilien und Waschmitteln sowie deren sorgfältige Anwendung lassen sich die Belastungen gering halten.

Der Wasser- und Energieverbrauch beim Waschen lässt sich reduzieren u. a. durch:

- Vermeidung der Vorwäsche,
- Verringerung der Wäschemenge, indem
  - Flecken sofort entfernt,
  - schmutzabweisende Textilien gekauft,
  - Oberbekleidungsstücke nach dem Tragen gut durchlüftet und ausgebürstet werden.

Bei Wasser ab dem Härtegrad 2 (beim Wasserwerk zu erfragen) sind phosphatfreie Enthärtungsmittel zu empfehlen. Dadurch verringert sich die benötigte Waschmittelmenge.

Mit der richtigen Dosierung des entsprechenden Waschmittels können die Umwelt wie die Haushaltskasse geschont werden.

Reinigungs- und Pflegemittel

Um Räume und Gegenstände zu säubern, wirken mehrere Komponenten zusammen:

- die Mechanik (rubbeln, scheuern, wischen),
- die Zeit (Einweichzeit, Arbeitszeit),
- die Temperatur (des Wassers oder des Gegenstandes) und
- die verwendeten chemischen Mittel (Putzmittel).

Wird mehr Muskelkraft und Zeit zum Reinigen eingesetzt, so kann oft der Einsatz der „chemischen Keule" vermieden und die Umwelt geschont werden, wobei der gleiche Sauberkeitseffekt erzielt wird.

Schon durch bewusstes Kaufen von Reinigungs- und Pflegemitteln lassen sich also überflüssige Mittel vermeiden.

Die in Übersicht 4.5 aufgeführten umweltverträglichen Alternativen unterstützen eine umweltschonende Reinigung der Räume und Gegenstände. Sie sind leicht zu handhaben und schädigen weder Mensch noch Umwelt.

4.2.2 Haus und Garten ohne Gift

Der Einsatz von Pflanzenschutzmitteln und intensive Düngung im Garten können weitgehend vermieden werden.

Durch den planmäßigen Fruchtwechsel auf den Gartennutzflächen sowie die Verwendung von Komposterde lässt sich der Einsatz von Düngemitteln oder Pflanzenschutzmitteln teilweise vermeiden. Erst wenn alle herkömmlichen Methoden bei der Unkraut- und Schädlingsbekämpfung keinen ausreichenden Erfolg bringen, sollten chemische Produkte eingesetzt werden.

Das umweltfreundlichste Beispiel ist immer noch der **Komposthaufen**: Hier werden gleichzeitig Küchenabfälle entsorgt – also die Müllmenge reduziert –, und auf gekauften Dünger wird verzichtet.

Wer Bioabfälle nicht selber auf dem Komposthaufen entsorgen kann, benutzt von der Stadt gestellte **Biotonnen**. Diese Haus- und Gartenabfälle werden industriell zu Kompost verarbeitet. Sie dienen als Ersatz für Torferde.

Zu den Bioabfällen zählen

- aus dem Haushalt:
  - Obst-, Gemüse- und Speisereste, (ohne Zitrusfrüchte)
  - Eier-, Frucht- und Nussschalen,
  - Tee und Kaffeesatz, einschließlich deren Filter,
  - Papiertücher und -tüten,
  - Streugut aus Kleintierhaltungen usw.

- aus dem Garten:
  - Baum- und Strauchverschnitt,
  - Rasen- und Heckenschnitt,
  - verwelkte Pflanzen,
  - Blumen und Blumenerde,
  - Unkraut und Wildkräuter,
  - Laub, Nadeln, Reisig, Sägespäne usw.

Eine Bodenverbesserung ohne Einsatz von künstlichem Dünger ist durch die sofortige Bestellung von abgeernteten Gartenflächen mit Grünpflanzen, der so genannten **Gründüngung**, zu erreichen. Diese Grünpflanzen (z. B. Getreide, Lupine, Klee) werden im Herbst umgegraben und wirken so wie eine Kompostzugabe.

Um Gartenanlagen und Gebäudeteile zu erhalten, werden Lacke und Holzschutzmittel eingesetzt. Diese Mittel haben oft umwelt- und gesundheitsschädliche Zusätze (u. a. Lösungsmittel, Pigmente, Weichmacher, Filmbinder). Farben enthalten bis zu 50 % **Lösungsmittel**, dieses verdampft beim Trocknen der Farbe. Beim Kauf von Lacken, Holzschutzmitteln und bei Klebstoffen sollte darauf geachtet werden, dass es umweltverträgliche Produkte sind. Die Beratung eines Fachmanns über die einzusetzenden Mittel ist in jedem Fall sinnvoll.

Viele umweltverträgliche Produkte sind mit einem **„Blauen Engel"** gekennzeichnet. In dem Symbol ist auch immer der Grund für die Prämierung angegeben („weil …").

Dieses Zeichen dürfen nur solche umweltverträglichen Produkte tragen, die durch die „Jury Umweltzeichen" zusammen mit dem Umweltbundesamt ausgezeichnet wurden. Es sind allerdings nicht alle umweltverträglichen Produkte damit gekennzeichnet. Und: Umweltverträglichkeit bedeutet nicht Schadstofffreiheit. In jedem Fall sind Informationen über die genaue Anwendung (z. B. bei Farben: geeignet für Innen- oder Außenräume) der Produkte einzuholen.

> ### Handlungsvorschlag
> Viele Organisationen (z. B. Rotes Kreuz, Caritas) haben Kleiderkammern, um Kleidung an bedürftige Menschen weiterzuleiten. Unbrauchbare Stoffreste daraus werden von der Industrie weiterverwendet – auch eine Form der Müllvermeidung! Organisieren Sie doch einmal eine Altkleidersammlung in der Klasse oder in der Schule. Gleichzeitig können Sie die Schüler nach ihrem Umweltverhalten befragen. Hinweise zu einer Umfrage stehen auf Seite 334.

4.2.3 Vermeidung von Luft-, Wasser- und Bodenverunreinigungen

Die Belastungen der Umwelt durch Groß- und Kleinhaushalte sind vielfältiger Art. Sie entstehen unter anderem durch

- die Heizung der Wohnräume,
- die Reinigung der Räume und des benutzten Geschirrs,
- die tägliche persönliche Körperpflege, die Kaufgewohnheiten.

Vermeidung von Luftbelastungen
Luftverunreinigung durch Haushalte kann unterteilt werden in:

- Belastungen durch
  - Heizung der Räume sowie durch
  - Abgase der privaten Kraftfahrzeuge;
- Verunreinigungen in den Innenräumen.

Allein der Schadstoffausstoß durch die Heizungen der privaten Haushalte und Kraftfahrzeuge trägt ungefähr zur Hälfte aller Luftbelastungen (Abgase, Rauch und Staub) bei.

Zur Reduzierung derartiger Umweltbelastungen können alle Hausbewohner beitragen, und zwar durch:

- entsprechende Einstellung der Raumtemperaturen auf die Art der Raumnutzung und auf die Tageszeiten (differenzierte Temperatureinstellungen);
- das Erbringen von Energiebedarfsnachweisen bei Gebäudesanierungen und allen Neubauten (vorgeschrieben durch Energiesparverordnung EnEV). Hierdurch soll eine 30-prozentige Energieeinsparung erreicht werden;
- den Einsatz von umweltfreundlichen Heizungen (u. a. durch Verwendung von schwefelarmen festen Brennstoffen, Umstellung auf Gasheizungen);
- Berücksichtigung von schadstoffarmen Kraftfahrzeugen beim Kauf eines neuen Pkws;
- die Nutzung von Fahrrädern oder öffentlichen Verkehrsmitteln (u. a. Bus, Straßenbahn, Bundesbahn) für kurze Strecken;
- die Nutzung von FCKW-freien Sprays.

Messung der Wärmestrahlung einer nicht isolierten (links) und einer isolierten (rechts) Hauswand mittels Infrarotkamera. Rot bedeutet hohe Wärmeabstrahlung, blau geringe Wärmeabstrahlung.

Durch kritischen Einkauf von Haushaltsmitteln kann jeder Einfluss auf die Schadstoffbelastung nehmen und somit einen persönlichen Beitrag für den Umweltschutz leisten (siehe auch S. 95).

Der Gesetzgeber hat den Handlungsbedarf erkannt und eine Vielzahl von Gesetzen zum Schutz der Umwelt erlassen, die auch für den privaten Haushalt von Bedeutung sind (aktuelle Gesetze sind im Internet unter http://mbn.de/sachthemen abrufbar).

Ein Beispiel für schützende Gesetze: Seit 1993 ist der **Saugrüssel** an allen neuen Tankstellen Pflicht. Damit soll das Entweichen von flüssigen organischen Verbindungen in die Luft reduziert werden.

Vermeidung von Wasser- und Bodenbelastungen

Haushalte und deren Bewohner verunreinigen bewusst oder unbewusst die Gewässer und den Boden. Viele Ursachen liegen in den Lebens- und Einkaufsgewohnheiten und darin, dass die Verbraucher zum Teil unzureichend informiert sind.

Oft lesen sie die Gebrauchs- und Entsorgungshinweise auf den Produkten nicht oder nur flüchtig.

Infolge ungenauer Dosierung (meistens Überdosierung) von Waschmitteln werden konzentrierte Waschlaugen in die Kanalisation geleitet, Gewässer und Flüsse unnötig belastet.

Auch bei der Reinigung und Pflege der Räume sowie der Gegenstände werden oft chemische – auch gesundheitsschädliche – Mittel eingesetzt, damit ein sofortiger, leichter Reinigungserfolg erzielt wird. Diese Sauberkeit wäre auch mit herkömmlichen, umweltverträglichen Mitteln zu erreichen.

Werden die vorhandenen Haushaltsgeräte (es müssen nicht immer elektrische Geräte zum Einsatz kommen) sinnvoll und effektiv eingesetzt, so lassen sich der Wasser- und Energieeinsatz auf das Notwendigste reduzieren. Neben Kosteneinsparungen im Haushalt erreicht man so auch eine Verringerung der Umweltbelastungen.

Jede „Flächenversiegelung" stört das ökologische Gleichgewicht der Natur: Das Regenwasser wird vorwiegend in die Kanalisation geleitet, da es nicht in den Boden und somit in das Grundwasser gelangen kann. Das führt unter Umständen zu einer Absenkung des Grundwassers. Statt den Hof z. B. zu betonieren, ist die Pflasterung oder der Einsatz von Gitterplatten für diese Flächen umweltfreundlicher. Das Regenwasser kann dadurch ungehindert in den Boden gelangen.

Rasenflächen erfordern zur Pflege oft den Einsatz von Dünge- und Unkrautbekämpfungsmitteln. Dies wiederum führt zu Boden- und Grundwasserbelastungen. Sie sind vermeidbar, wenn auf Rasen mit einer einzigen Grasart verzichtet wird und stattdessen eine **Wiese mit einer Vielfalt von Pflanzen** (z. B. die Gemeinschaft von Gras mit Gänseblümchen, Butterblumen und Löwenzahn) angelegt wird. Störende Pflanzen können ohne weiteres mit der Hand herausgezogen werden. Nützliche Insekten und Tiere finden auf diesen Wiesen einen neuen Lebensraum.

Durch intensive Düngung und Behandlung der Zier- und Nutzpflanzen mit Pflanzenschutzmitteln in Haus- und Vorgärten treten Bodenbelastungen und die Schädigung der Tierwelt auf, z. B. Vergiftung von nützlichen Tieren sowie Vernichtung der Lebensgrundlagen für Lebewesen, siehe dazu auch die Übersichten 4.1 (S. 87) sowie 4.3 (S. 89).

4.2.4 Müllvermeidung in Haushalten

Die Entsorgung der riesigen Müllmenge, die täglich von den Haushalten unserer Wohlstandsgesellschaft erzeugt wird, stellt viele Städte und Gemeinden vor ein kaum lösbares Problem.

Es gibt drei Möglichkeiten, dieses Problem zu lösen:

- Müllvermeidung,
- Müll sortieren und verwerten,
- Müll deponieren oder verbrennen.

Ein großer Teil (ca. 90 %) des anfallenden Hausmülls ist recycelfähig (= wieder verwertbar), dazu gehören z. B. Aluminium, Verbundstoffe, Weißblech, Kunststoffe, Papier und Glas. Der Rest muss auf der Mülldeponie oder in Verbrennungsanlagen entsorgt werden.

Laut der *Verpackungsverordnung* müssen vom Hersteller bzw. vom Vertreiber alle Verpackungen (Umverpackungen, Dekorationsmaterialien) zurückgenommen und der Wiederverwertung zugeführt werden (= **Recycling**).

Seit dem 1. Januar 2003 wird auf bestimmte Einwegflaschen, Getränkekartons und Dosen ein Pfand erhoben, abhängig von der Größe der Verpackung. Die Hersteller und der Handel müssen diese Pfandverpackungen zurücknehmen.

Der Vorrang sollte jedoch immer bei der Vermeidung von Hausmüll liegen. Denn: Was nicht anfällt, muss auch nicht abgefahren und beseitigt werden!

Sehr geehrte Kundschaft,

nicht mehr benötigte Umverpackungen können Sie in unserem Geschäft entsorgen. Nutzen Sie dafür die bereitgestellten und gekennzeichneten Behälter für Plastik und Papier.
Danke.

Papier

Ein großer Teil des Mülls besteht aus Papier und Pappe und gelangt in Form von Verpackungen bzw. Zeitungen, Zeitschriften, Werbung in die Haushalte.

Werden diese im Haushalt getrennt gesammelt und später in Altpapiercontainern entsorgt, können sie weiterverarbeitet werden. Dadurch verringert sich das Müllgewicht um mehr als 20 % des Müllaufkommens.

Müll & Co.

Anteile am Abfall der Haushalte in % (2001)

Papier, Pappe	23,4
Bio-Abfälle	23,0
Leicht-fraktion	9,6
Glas	7,1
Sperrmüll	7,1
Metall	6,6
Hygiene-waren	5,1
Holz	2,9
Textilien	2,5
sonstige Abfälle	12,7

© Globus Infografik 803A

▶▶▶ Unsere Hausbriefkästen werden zunehmend von Werbematerialien gefüllt, die ungelesen im Müll landen. Mit einem Aufkleber „Keine Werbung" auf dem Briefkasten lassen sich im Jahr viele Kilogramm Papieranfall im Haushalt vermeiden.

Es besteht auch die Möglichkeit, sich auf die so genannte „Robinson-Liste" setzen zu lassen. Die darin gespeicherten Haushalte dürfen nicht mehr mit Werbesendungen beliefert werden. Adresse: DDV Robinson-Liste, Postfach 1401, 71243 Ditzingen ▶▶▶

Papier – wofür?

Verbrauch von Papier, Karton und Pappe je Einwohner in Deutschland im Jahr 2001: **225 Kilogramm** davon in % für

Druck, Presse, Büro und Verwaltung **48,2 %**

39,6 Verpackung

5,7 Hygiene

6,4 Technische und spezielle Zwecke

rundungsbedingt nicht = 100   Quelle: vdp © **Globus** 7902

Glas

Etwa sieben Prozent des Müllaufkommens besteht aus Glas, siehe Schaubild Seite 100. Für Altglas (z. B. Einwegflaschen und Gläser) stehen in vielen Orten Altglascontainer. Glas ist wie Papier ein wichtiger Rohstoff für die Industrie.

4.2.5 Sondermüll

In jedem Haushalt fallen neben schadstofffreien auch verschiedene schadstoffhaltige Abfälle und Haushaltsgeräte an, die nach dem *Abfallgesetz*

nicht mit dem Hausmüll entsorgt werden dürfen. Sie bedürfen einer gesonderten, umweltschonenden Entsorgung.

▶▶▶ Schadstoffhaltige Haushaltsgeräte sind ausgediente Geräte, die Schadstoffe wie FCKW-haltige Kältemittel, elektrische und elektronische Bauelemente sowie Isolierstoffe enthalten.

Dazu zählen u. a. folgende Geräte:

- Kühlschränke und Kühltruhen,
- Wasch- und Geschirrspülmaschinen,
- Rundfunk- und Fernsehgeräte,
- Computertechnik,
- Elektro- und Gasherde,
- elektrische Kleingeräte,
- Energiesparlampen.

Häufig wird beim Kauf oder bei der Anlieferung eines neuen Haushaltsgerätes durch den Händler das alte Gerät zur Entsorgung entgegengenommen. Sollte dies nicht der Fall sein, so muss der Kunde mit der ansässigen Entsorgungsfirma (z. B. Recyclinghof) einen Termin vereinbaren bzw. das alte Gerät selber dort abliefern. ●●●

Alle Haushaltsabfälle, die

- gesundheitsgefährdend,
- luft- und/oder wassergefährdend,
- brennbar oder
- explosiv

sind, bedürfen einer gesonderten Entsorgung. Dies gilt auch für krankenhausspezifischen Abfall.

Aufbewahrung von Sondermüll

Das Aufbewahren der genannten schadstoffhaltigen Gegenstände (besonders Flüssigkeiten) im Haushalt muss so erfolgen, dass unbefugte Personen, insbesondere Kinder, keinen Zugriff erlangen können. Ebenfalls sollten Flüssigkeiten nicht zusammengegossen oder in beschriftete Gefäße (z. B. Limoflasche) gefüllt werden. Dabei kann es zu unvorhergesehenen chemischen Reaktionen kommen, die unter Umständen lebensgefährlich sind.

Sondermüll

- Lacke, Farben, Abbeizmittel
- Klebstoffe, Dichtungsmassen, Schleifpasten
- Trockenbatterien und Bleiakkumulatoren
- Haushaltschemie (Reinigungs-, Lösungs-, Desinfektions-, Frostschutzmittel)
- quecksilberhaltige Haushaltsgegenstände
- Behältnisse mit schädlichem Restinhalt
- Medikamente sowie medizinische Abfälle aller Art
- wachshaltige Abfälle und Bitumenrückstände
- Nickel-Cadmium-Akkumulatoren
- Chemikalien, Härter, Laugen und Säuren
- Altöle und technische Fette
- Pflanzen- und Holzschutzmittel und Schädlingsbekämpfungsmittel
- Leuchstofflampen

Übersicht 4.5

Gefahrstoffkennzeichnung

Gefährliche Produkte wurden mit entsprechenden Gefahrstoffkennzeichen versehen.

Die wichtigsten sind:	
Produkt ist giftig	
Produkt ist gesundheitsschädlich oder reizend	
Produkt ist leicht entzündlich	
Produkt ist ätzend	

Diese so gekennzeichneten Erzeugnisse zählen zum Sondermüll und müssen gesondert entsorgt werden.

- Ölverkaufsstellen sind zur kostenlosen Annahme von **Altöl** gesetzlich verpflichtet;
- nicht mehr benötigte oder abgelaufene **Medikamente** nehmen die meisten Apotheken kostenlos an; diese Medikamente können ebenfalls zu den Sondermüllsammelstellen gebracht werden;
- **alte Batterien** können in der Regel beim Neukauf den Händlern zurückgegeben werden.

Weitere Informationen über die Sondermüllbeseitigung können bei der Gemeinde- bzw. Stadtverwaltung oder dem zuständigen Umweltamt erfragt werden.

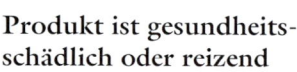 **Handlungsvorschlag**
Sammeln Sie in Ihrem Haushalt Sondermüll, den Sie „immer schon mal loswerden wollten". Organisieren Sie mit der Klasse einen Ausflug zum örtlichen Recyclinghof. Bei dieser Gelegenheit können Sie einen der Mitarbeiter zum Thema Müll befragen. Hinweise zu einer Erkundung finden Sie auf der Seite 333.

Wesentliche Lerninhalte

- Beiträge zum Umweltschutz sind:
  - sparsamste Verwendung von Wasch-, Pflege- und Reinigungsmitteln auch im Großhaushalt,
  - vorsichtige und richtig dosierte Verwendung von gefährlichen Haushaltsprodukten,
  - umweltbewusstes Kaufen von Reinigungs- und Pflegemitteln – dadurch lassen sich überflüssige und umweltschädliche Mittel vermeiden,
  - Beratung über chemische Produkte durch Fachkräfte nutzen.
- Umweltschutz im Haushalt bedeutet:
  - Verringerung der Schadstoffbelastung der Luft und
  - Vermeidung von Boden- und Wasserverunreinigungen.
- Umweltbewusstes Verhalten der Hausbewohner ist gekennzeichnet durch:

- die Benutzung von öffentlichen Verkehrsmitteln,
- wärmedämmende Maßnahmen am und im Haus,
- die Einstellung der Raumtemperatur entsprechend den persönlichen Bedürfnissen unter Beachtung von Tages- und Nachtzeiten,
- die Verwendung von umweltschonenden Produkten,
- sparsame Verwendung von chemischen Produkten,
- keine Versiegelung des Grundstückes durch Beton oder Asphalt.
- Möglichkeiten der Vermeidung von Müllbergen:
  - Müll vermeiden,
  - Müll sortieren und verwerten,
  - Müll deponieren oder verbrennen,
  - Portionspackungen vermeiden.
- Schadstoffhaltige Haushaltsabfälle müssen als Sondermüll behandelt und dementsprechend entsorgt werden. Sie gehören nicht in den Hausmüll.

Aufgaben

❶ Welche umweltschädigenden Bestandteile können Waschmittel enthalten? Geben Sie drei Substanzen an.

❷ Was ist bei der Dosierung von Waschmitteln für eine Waschmaschine zu beachten?

❸ Nennen Sie fünf Alternativen gegenüber den industriellen Reinigungsmitteln, die zum umweltfreundlichen Reinigen von Räumen und Gegenständen genutzt werden können.

❹ Durch welche Maßnahmen lässt sich die Qualität des Bodens eines Hausgartens verbessern, ohne dass chemischer Dünger oder Hochlandtorf verwendet wird? Nennen Sie mindestens zwei.

❺ Herr Müller möchte die Wohnzimmertür streichen. Worauf sollte er beim Kauf der Farbe achten? Begründen Sie Ihre Antwort.

❻ Wodurch können Haushalte die Umwelt belasten? Geben Sie Beispiele.

❼ Schon beim Einkauf für den Haushalt gibt es viele Möglichkeiten, Hausmüll einzusparen. Worauf sollte der Käufer achten?

❽ Was verstehen Sie unter einer umweltfreundlichen Müllbeseitigung, und welche Möglichkeiten kennen Sie?

❾ Welche Vorteile und Nachteile haben Mehrwegflaschen gegenüber Einwegflaschen und Dosen? Begründen Sie Ihre Antwort.

❿ Wie muss schadstoffbelasteter Hausmüll entsorgt werden? Geben Sie zwei Möglichkeiten an.

⓫ Welche Umweltschutzmaßnahmen kann der Großhaushalt durchführen?

Weiterführende Aufgabe 1

In der Mitte des Klassenraumes wird der Fußboden mit Papier abgedeckt. Ein voll gefüllter Abfallbehälter aus dem Klassenraum wird auf dem Papier ausgeschüttet. Anschließend erfolgt die Sortierung des Mülls nach:

A recycelfähigem Material
- Papier, Pappe, Verpackungsmaterial aus Papier
- Gläser, Flaschen
- Blechdosen und andere Metallgegenstände
- Plastikmüll

B kompostierfähigem Material

C Müll, der nicht unter die Punkte A oder B fällt
Dieser muss auf einer Mülldeponie entsorgt werden.

Hinterher wird mit der Klasse darüber diskutiert, welche Müllartikel vermeidbar sind, um den Müllberg zu verringern.

Weiterführende Aufgabe 2

Die Schülerschaft sammelt zwei Wochen lang alle Werbeprospekte, die in diesem Zeitraum in ihre Haushalte kamen.

Hierbei sollte eine Trennung in bestellte und unbestellte Prospekte erfolgen. Die gesammelten Prospekte werden zu einer bestimmten Unterrichtsstunde mitgebracht. Diese werden getrennt gewogen (1. Stapel: bestellte Werbeprospekte; 2. Stapel: unbestellte Werbeprospekte).

Anschließend wird über das Für und Wider von Werbeprospekten diskutiert. Was kann jeder gegen die Werbematerialflut im Interesse des Umweltschutzes unternehmen?

4.3 Sparsamer Umgang mit Wasser und Energie

Situation

Frau Achten, Leiterin einer berufsbildenden Schule für hauswirtschaftliche Berufe, erhält mit der Post die Wasser- und Abwasserjahresabrechnung für das zurückliegende Jahr. In diesem Brief liegt ein Informationsblatt, dass ab Januar nächsten Jahres der Preis für Trinkwasser und Abwasser um 0,15 € pro Kubikmeter erhöht wird.
Dieses Schreiben zeigt Frau Achten der Lehrkraft Frau Nicolai.

Frau Achten: „Im letzten Abrechnungszeitraum hat unsere Schule 10 Prozent mehr Wasser verbraucht als im vorhergehenden."

Frau Nicolai: „Kann ich mir schon vorstellen, der letzte Sommer war sehr heiß, und außerdem hat die Schule eine zusätzliche Ausbildungsklasse für BGJ-Hauswirtschaft eröffnet."

Frau Achten: „Der erhöhte Wasserverbrauch und die weitere Preiserhöhung belasten unsere Finanzen erheblich. Wo können wir noch sparen?"

Frau Nicolai: „Frau Achten, im Unterricht behandeln wir gerade die Problematik Umweltschutz. Unsere Klasse könnte Möglichkeiten der Wassereinsparung für die Schule und den privaten Haushalt erarbeiten. Dabei lernen sie mehr als nur die reine Theorie!" ●●●

4.3.1 Wassereinsparung und Abwasservermeidung

Den Wasserverbrauch und somit auch die Abwassermenge im Haushalt kann jeder Haushaltsbewohner durch sparsame Wasserverwendung beeinflussen, siehe Übersicht 4.6.

Wassersparmöglichkeiten

- nur WC-Spülkasten mit Spartasten einsetzen
- Zähneputzen, Waschen u. a. nicht bei fließendem Wasser
- Duschen benötigt dreimal weniger Wasser als ein Vollbad
- nie mehr Wasser aus der Wasserleitung entnehmen als notwendig ist
- regelmäßige Überprüfung der Verbindungsstellen von Wasser führenden Leitungen, Wasseranschlüssen und Wasserhähnen auf Dichtheit
- bei der Essenszubereitung möglichst wenig Wasser verwenden, z. B. beim Garen und Kochen
- Geschirr nicht unter fließendem Wasser waschen
- Einsatz von Durchflussbegrenzern (Perlatoren) für Wasserhähne und Duschen
- Geschirrspülautomaten immer nur in vollem Zustand arbeiten lassen
- kleine Wäsche mit der Hand waschen oder die Waschmaschine auf Sparprogramm einstellen; einzelne Wäschestücke mit der Hand waschen
- Vorwäsche ist bei modernen Waschgeräten und heutigen Waschmitteln weitgehend überflüssig
- Verwendung von Brauchwasser für Haus und Garten sowie WC
- Überprüfung der Verwendbarkeit von Brauch-, Brunnen- oder Regenwasser für bestimmte Arbeiten, z. B. für Garten, Rasenflächen, Hof
- Autos in einer Autowaschstraße waschen lassen – wie gesetzlich vorgesehen

Übersicht 4.6

Das Wasser auf der Erde befindet sich in einem ständigen Kreislauf. Nichts geht verloren und nichts kommt dazu. Das Wasser wird nicht weniger, aber es kann schlechter werden, weil es immer mehr Schadstoffe aufnehmen muss.

Trinkwasser ist ein begrenztes und kostbares Gut. Der Aufwand für die Gewinnung von Wasser steigt ständig. Alle Haushalte zusammen verbrauchen ca. fünf Milliarden Kubikmeter Wasser pro Jahr.

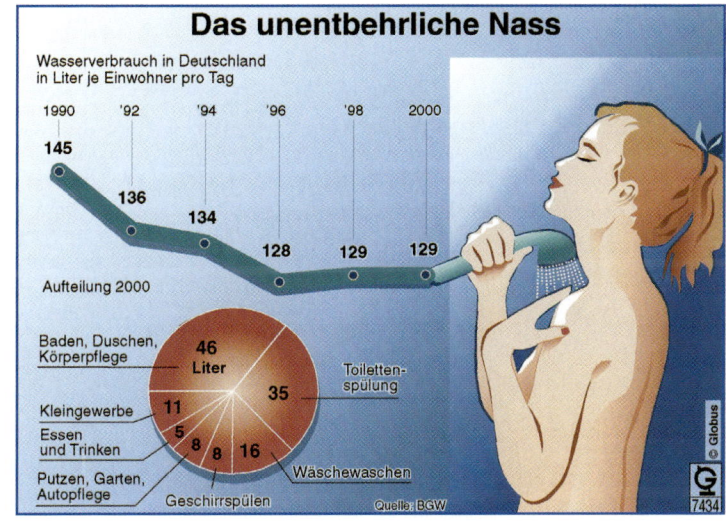

Wie aus dem obigen Schaubild ersichtlich, ist der Pro-Kopf-Verbrauch an Trinkwasser in den letzten zehn Jahren glücklicherweise um ca. 10 % gesunken.

Übrigens: In der Bundesrepublik sind 99 % der Bevölkerung an die öffentliche Wasserversorgung angeschlossen.

4.3.2 Energiesparen

Im Haushalt werden die verschiedenen Energieträger wie folgt verwendet:

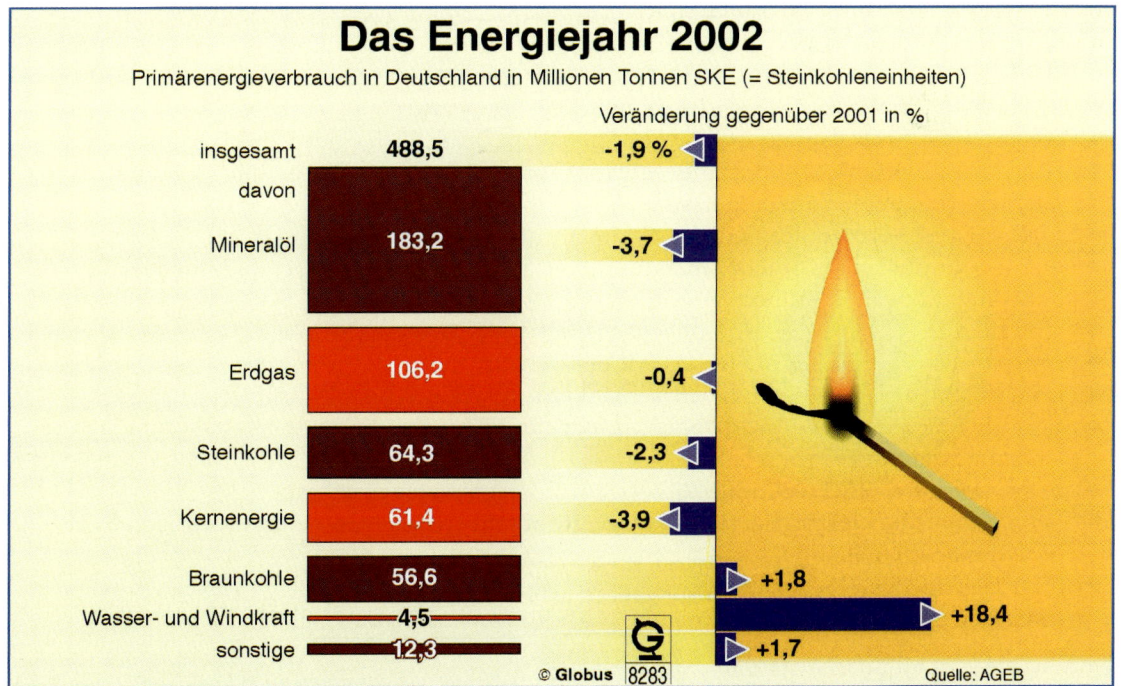

Jeder Haushalt verbraucht Energie wie Strom, Öl, Gas oder Kohle. Dieser Verbrauch macht ungefähr 30 Prozent des gesamten Energieeinsatzes in der Bundesrepublik aus. Diese Energie wird eingesetzt z. B.

- zum Heizen der Räume,
- zur Warmwasserbereitung,
- zum Kochen und Waschen,
- zur Beleuchtung und
- zum Betrieb von elektrischen Geräten.

Im Schnitt muss ein 4-Personen-Haushalt rund 1.300,00 € im Jahr für Energie aufwenden.

Sparen von Gas- und Elektroenergie

- Wärmedämmung von Außenwand, Decke, Dach und Keller
- Einbau von Fenstern mit hohem Wärmeschutz
- Abdichtung der Fugen und Ritzen an Fenstern und Türen
- Räume nur kurzzeitig, aber öfter durchlüften
- regelmäßige Überprüfung der Heizungsanlage
- Einbau von Thermostaten in allen Räumen
- bedarfsgerechte Regelung der Zimmertemperaturen in allen Zimmern (Absenkung der Temperatur für die Nachtstunden und Absenkung der Zimmertemperatur um 1 Grad spart bis zu 5 Prozent Heizkosten)
- rechtzeitiges Abschalten der Kochplatten (E-Herdplatten kochen nach)
- Töpfe und Pfannen auf die Größe der Kochstelle abstimmen, beim Kochen immer abdecken
- bei Benutzung eines E-Herdes sollten die Topfböden plan geschliffen sein
- nur den Backofen vorheizen, wenn dies im Koch- oder Backrezept ausdrücklich erwähnt wird
- nie mehr Wasser als nötig erhitzen, Kochen und Garen mit möglichst wenig Wasser
- Speisen nicht warm halten, dafür noch einmal erwärmen
- kleinere Mengen von Speisen in der Mikrowelle erwärmen
- Einstellung der Warmwassergeräte auf mittlere Temperatur
- regelmäßiges Entkalken der Warmwassergeräte, einschließlich der Kaffeemaschine
- Geschirrspül- und Waschmaschinen sowie Wäschetrockner nur voll gefüllt, gegebenenfalls mit Sparprogrammen arbeiten lassen
- regelmäßiges Abtauen der Reifschichten bei Kühl- und Gefrierschränken
- richtiges Einstellen der Kühltemperaturen, die Türen nur nach Bedarf und nur so lange wie unbedingt notwendig öffnen
- nur abgekühlte Speisen in die Kühlfächer stellen
- Arbeits-, Bastel- und Lesestellen gezielt beleuchten
- keine Räume beleuchten, in denen sich kein Mitbewohner aufhält
- Verwendung von Energiesparlampen, Einsatz von Dimmerreglern zur Regulierung der Beleuchtungsstärke
- beim Einkauf von Beleuchtungskörpern auf Energieverbrauch achten
- beim Kauf neuer elektrischer Haushaltsgeräte auf die richtige Größe und niedrigen Energieverbrauch achten
- durch regelmäßige Kontrolle des Energieverbrauches lässt sich erhöhter Verbrauch schnell feststellen und begrenzen

Übersicht 4.7

Bei der Verbrennung **fossiler Energieträger** (z. B. Öl, Kohle) werden Schadstoffe wie Kohlendioxid und Schwefelverbindungen freigesetzt, die die Luft belasten. Durch moderne Technik auf allen Gebieten lassen sich Reduzierungen des Schadstoffausstoßes erzielen, angefangen bei der Entwicklung Treibstoff sparender Motoren über den Einbau von Wärmepumpen bis hin zur Wärmedämmung von Wohngebäuden, verbesserter Heiztechnik an Wohn- und Verwaltungsgebäuden und dem Einsatz von Energie sparenden Haushaltsgeräten. Durch den rationellen Einsatz dieser Haushaltsgeräte und die Vermeidung von Leerlaufverlusten lassen sich weitere Energieeinsparungen erreichen. Grundsätzlich gilt: Eingesparte Energie, also Energie, die gar nicht erst erzeugt werden muss, spart Geld und kann weder die Umwelt verschmutzen noch das Klima gefährden. Jede vermiedene Kilowattstunde (kWh) Strom spart dem Verbraucher ungefähr 15 Cent und der Atmosphäre rund 660 Gramm Kohlendioxid. Es ist nicht sinnvoll, alle möglichen elektrischen Haushaltsgeräte in einem Haushalt zu betreiben, wenn dies auch ohne großen manuellen Aufwand mit den Händen (z. B. Brotschneiden oder Öffnen von Dosen) zu erledigen ist. Bei Renovierungsarbeiten sind neben den Verschönerungsarbeiten auch Maßnahmen zur Reduzierung von Wärmeverlusten (z. B. der Einsatz von wärmeisolierenden Tapeten) einzuplanen. Zusammengefasst gibt es vielfältige Möglichkeiten des Energiesparens in einem privaten Haushalt, siehe Übersicht 4.7.

Handlungsvorschlag
Wie ließe sich in Ihrer Schule/an Ihrem Arbeitsplatz Energie sparen? Erarbeiten Sie Vorschläge und präsentieren Sie das Ergebnis in Ihrer Schule. Hinweise zur Präsentation finden Sie auf Seite 333.
Tipp: Sprechen Sie auch Ihren Ausbilder darauf an. Denn für Geld sparende Hinweise der Mitarbeiter gibt es oft eine Prämie!

Wesentliche Lerninhalte
- Wasser- und Energiesparen = Umweltschonen + Geldsparen
- Viele elektrische Haushaltsgeräte sind nicht sinnvoll, da die gleichen Tätigkeiten auch mit wenigen Handgriffen von jedem Hausbewohner erledigt werden können.
- Vermeidung von Energieverlusten am und im Haus, z. B. durch wärmedämmende Maßnahmen, Wasserstopptasten im Spülkasten.

Aufgaben
❶ Wasser- sowie Energiesparen schonen die Umwelt und sparen Haushaltsgeld. Erläutern Sie diese Aussage, und geben Sie mindestens drei Beispiele für Wasser- und Energiesparmaßnahmen.

❷ Worauf würden Sie beim Kauf einer neuen Waschmaschine achten? Begründen Sie Ihre Antwort.

❸ Energiesparen heißt Umweltschonen. Stimmt diese Behauptung? Begründen Sie Ihre Antwort.

❹ Welche Energieträger werden von privaten Haushalten verbraucht? Nennen Sie mindestens drei Energieträger.

Weiterführende Aufgabe
Ein 4-Personen-Haushalt (eine Person verbraucht ca. 127 Liter pro Tag) in Halle spart 5 % Trinkwasser im Jahr ein. Erkundigen Sie sich nach den gültigen Wasser- und Abwassergebühren, und ermitteln Sie die finanziellen Einsparungen für diesen Haushalt.

4.4 Ökologische Landwirtschaft

Immer mehr landwirtschaftliche Betriebe und Kleingärtner bauen ökologisch an. Sie setzen keine **Pestizide** (= chemische Spritzmittel) gegen Schädlinge, Pflanzenkrankheiten und Unkraut ein. Ebenfalls wird bei der Tierhaltung auf Tierarzneimittel oder Masthilfen verzichtet.

Trotzdem können Schadstoffe, die von Pflanzen oder Tieren aufgenommen wurden (u. a. aus der Luft, dem Wasser und aus dem Boden), in geringem Umfang in diesen Nahrungsmitteln enthalten sein.

Ökologisch angebaute Pflanzen oder ökologisch gehaltene Tiere erfordern einen höheren Pflegeaufwand (Kosten). Deshalb sind ökologisch produzierte Lebensmittel teurer als die herkömmlichen. Sie können u. a. direkt beim Bauern, in Bioläden oder in Spezialabteilungen vieler Supermärkte erworben werden.

Beim Einkauf sollte sich der Verbraucher über die ökologischen Lebensmittel beraten und informieren lassen. Wie in jeder Branche gibt es auch hier „schwarze Schafe".

In den letzten Jahrzehnten wurden die gesetzlichen Maßnahmen und Lebensmittelkontrollen in der Bundesrepublik Deutschland und in der Europäischen Union über die Anwendung von Pestiziden und von Tierarzneimitteln bedeutend verschärft.

Von der Fortführung der Agrarreform und der Agrarpolitik in den EU-Ländern wird eine Verbesserung des Tier-, Umwelt-, Natur- und Verbraucherschutzes erwartet. Durch die schnelle und konsequente Umsetzung aller EU-Beschlüsse und Richtlinien in das nationale Recht lässt sich erreichen:

- eine wesentliche Verbesserung der Lebensmittelsicherheit sowie des Tier- und Umweltschutzes,
- eine höhere Wettbewerbsfähigkeit der Agrarbetriebe.

Wesentliche Lerninhalte

- Ökologisch angebaute Pflanzen und ökologisch gehaltene Tiere sind nicht vollkommen schadstofffrei.
- Nicht nur die Lebensmittelsicherheit, sondern auch der Tierschutz und der Umweltschutz gewinnen eine größere Bedeutung in EU-weiten Gesetzen und Verordnungen. Dies bedeutet auf lange Sicht auch höhere Wettbewerbsfähigkeit der Agrarbetriebe.

Aufgaben

❶ Was verstehen Sie unter ökologischen Lebensmitteln?

❷ Behauptung: „Ökologische Lebensmittel sind teurer als herkömmlich angebaute Lebensmittel." Stimmt diese Behauptung? Begründen Sie Ihre Antwort.

❸ Was kann ich tun, um selber gesünder zu leben als bisher?

4.5 Lärm und Lärmschutz im Wohnumfeld

Situation

Sarah trifft im Stadtzentrum von Coswig ihre ehemalige Schulfreundin Nicole. Sie unterhalten sich über ihre Berufsausbildung. Plötzlich sagt Sarah:

> „Ich glaube, Mario kommt gleich mit dem Auto vorbei!"

Nicole: „Ich sehe kein Auto!"

Sarah: „Nicole, hörst du denn nicht die Techno-Musik? Er hat im Auto das Radio immer so laut an, dass man ihn schon von weitem hören kann."

Nicole: „Dem müssen ja im Auto seine Ohren vom Lärm abfallen und später hat er noch einen Gehörschaden! Er macht ja in der Umgebung alle Kleinkinder munter!"

Sarah: „Nicole, siehst du, jetzt ist er gerade mit seinem blauen Auto um die Ecke gefahren."

Nicole: „Übrigens, hast du gestern den Artikel ‚*Bewohner der Stadt Coswig arg vom Verkehrslärm geplagt*‘ in der Zeitung gelesen?"

Sarah: „Hab ich. Kann man gegen diese Lärmbelästigungen nichts tun?"

 ►►►

Belästigung durch Lärm

Das Wohnumfeld wird im zunehmendem Maße durch Lärm negativ beeinflusst. Die Lärmbelästigung enwickelte sich in Deutschland laut einer Umfrage des Umweltbundesamtes 2002 wie in Übersicht 4.8 dargestellt:

Lärm-belästigungen 2002	% fühlten sich belästigt	% fühlten sich stark belästigt
durch den Straßen-verkehr	86%	43%
durch den Flugverkehr	64%	28%
durch den Schienen-verkehr	38%	9%
durch die Industrie	39%	9%
durch Baustellenlärm	51%	15%
durch die Nachbarn	62%	18%
durch Sportanlagen	23%	6%

Übersicht 4.8

▶▶▶ Bei den Berufskrankheiten steht die **Lärmschwerhörigkeit** mit an der Spitze. Früher wurde die Schwerhörigkeit als eine typische Alterserscheinung angesehen. In der heutigen Zeit werden Erscheinungsformen der Schwerhörigkeit zunehmend auch bei Menschen unter dreißig Jahren festgestellt. Die Ursachen dafür liegen u. a.

- in der lauten Disko-Musik,
- in zu lauter Musik zu Hause,
- im zunehmenden Straßen- und Baulärm sowie
- in berufsbedingten Lämbelästigungen.

●●●

Der Lärm bedroht sowohl die geistige als auch die körperliche Gesundheit der Menschen. Lärm verursacht bei Menschen u. a. folgende Schäden, siehe Übersicht 4.9.

Handlungsvorschlag
Diskutieren Sie in der Klasse darüber, wie laut die Musik in den Wohnräumen und in der Öffentlichkeit sein sollte, ohne die Mitmenschen damit zu belästigen. Hinweise für eine Diskussion finden Sie auf der Seite 327.

Lärmschutz

Es wird immer schwerer, sich dem Umweltlärm zu entziehen. Für den Arbeitnehmer wurden von den Berufsgenossenschaften entsprechende Vorschriften zur Lärmreduzierung am Arbeitsplatz erarbeitet. Die Betriebe werden dementsprechend auf die Einhaltung der **Lärmvorschriften** überprüft.
In vielen Fällen können nur Gesetze für Abhilfe der Lärmbelästigungen sorgen. Vorschriften zur Bekämpfung von Verkehrs- und Baustellenlärm treffen auch unter Umständen für den Haushalt zu, z. B. beim Rasenmähen.
Für Maschinen, Anlagen und Kraftfahrzeuge sind gesetzliche Lärmhöchstgrenzen festgelegt worden, die ständig nach unten korrigiert werden. Auch Haushaltsgeräte dürfen bestimmte Lärmgrenzwerte nicht überschreiten, vgl. auch Übersicht 4.10.

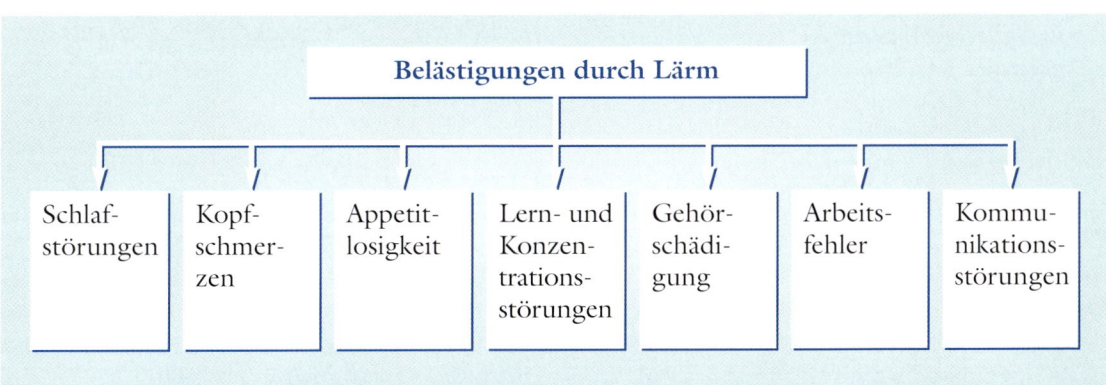

Belästigungen durch Lärm

| Schlaf-störungen | Kopf-schmer-zen | Appetit-losigkeit | Lern- und Konzen-trations-störungen | Gehör-schädi-gung | Arbeits-fehler | Kommu-nikations-störungen |

Übersicht 4.9

Hier liegt die Hörschwelle:

0–20 dB	Flüstern
	Blätterrascheln im Wind
	leise Unterhaltung
	Ticken eines Weckers
	tropfender Wasserhahn
	Regentropfen

Hier beginnt die Lärmbeinträchtigung:

40–60 dB	Unterhaltungsgeräusche
	typische Bürogeräusche
60–80 dB	lautes Sprechen
	Küchenmaschinen
	normales Fabrikgeräusch
80–90 dB	Straßenverkehr in Groß-städten
	Eisenbahnverkehr

Hier liegt die Grenze für Hörschäden:

90–100 dB	dichter Straßenverkehr
	entfernter Presslufthammer
100–110 dB	Motorrad ohne Schalldämpfer
	laute Disko-Musik

Hier beginnt es zu schmerzen:

110–130 dB	Düsenflugzeug im Tiefflug
	Presslufthammer in 1 m Ent-fernung

Übersicht 4.10

Wesentliche Lerninhalte

- Lärm beeinflusst die Wohnqualität.
- Lärm führt unter anderem zu:
  - Konzentrations-, Kommunikations- und Schlafstörungen,
  - Appetitlosigkeit,
  - Arbeitsfehlern,
  - Kopf- bzw. Gliederschmerzen,
  - sozialen Konflikten mit Nachbarn.

Aufgaben

❶ Notieren Sie, welcher Lärm Sie im Haushalt und in Ihrer Stadt am meisten stört.

❷ Wie wirkt sich der Umweltfaktor Lärm auf den Gesundheitszustand des Menschen aus? Nennen Sie mindestens vier Gesundheitsfolgen.

4.6 Der Haushalt und die staatliche Umweltpolitik

Situation

Auf der Fahrt zur Berufsschule liest André in der Zeitung, dass eine Getränkedosensteuer eingeführt wurde. In der Unterrichts-pause spricht er mit seiner Banknachbarin Heidi darüber.

André: „Heidi, hast du heute schon Zeitung gelesen?"

Heidi: „Nein, was steht denn Besonderes drin?"

André: „Jetzt soll ich mehr Geld für meine Getränkedosen bezahlen! Nur damit ich Mehrwegflaschen kaufe. Dann reicht ja mein Taschengeld überhaupt nicht mehr!"

Heidi: „Mich stört das gar nicht, ich kaufe schon seit einiger Zeit nur noch Mehrwegflaschen." ●●●

Ein großer Teil der deutschen Haushalte orientiert sich beim Wareneinkauf nach Umweltkriterien. Das war nicht immer so. Dieses umweltbewusste Konsumverhalten ist auf die Aufklärungstätigkeiten von Umweltschutz- und

Verbraucherverbänden, Medien und staatlicher Umweltpolitik zurückzuführen. Auch wenn die umweltschonenden Produkte teurer sind, entscheiden sich fast 30 Prozent der Käufer für diese.

In den letzten Jahren wurde durch Änderung des Grundgesetzes der Umweltschutz unter die **Gesetzgebungszuständigkeit des Bundes** gestellt. Dadurch soll eine strengere, einheitliche Umweltgesetzgebung zum Schutze unserer Umwelt gewährleistet werden.

Die staatliche Umweltpolitik wird von drei Grundsätzen geprägt:

Das Vorsorgeprinzip: Schwerpunkt dieses Prinzips ist neben der Beseitigung von eingetretenen Umweltschäden das vorausschauende Erkennen von Umweltgefahren und deren rechtzeitige Vermeidung. Hierbei gilt der Grundsatz: Schadensverhütung geht vor Schadensbeseitigung.

Das Verursacherprinzip: Derjenige, der eine Umweltbelastung oder -schädigung verursacht hat, muss die Kosten für ihre Beseitigung tragen. Die Allgemeinheit muss nur dann die Kosten für die Beseitigung übernehmen, wenn der Verursacher nicht ermittelt werden kann.

Das Kooperationsprinzip: Der Schutz der Umwelt ist in engem Zusammenwirken zwischen öffentlicher Hand, Gesellschaft, Wirtschaft und jedem einzelnen Bürger wirksam zu gestalten.
Die Umweltschutzpolitik des Bundes, der Länder und Kommunen erstreckt sich nicht nur auf Gebote bzw. Verbote, sondern sie übt auch beratende Funktionen aus. Des Weiteren stellt der Staat finanzielle Anreize und Förderprogramme für Umweltschutzinvestitionen bereit.

👣 Handlungsvorschlag

Führen Sie ein Expertengespräch über die Aufgaben und Probleme des Umweltschutzes im Bereich der öffentlichen Verwaltung durch.
Tipps und Hinweise finden Sie auf der Methodenseite „Expertenbefragung", S. 342.

So werden u. a. verstärkt Maßnahmen zur Reinhaltung der Luft und des Wassers oder der Beseitigung und Verwertung von Abfällen ergriffen. Auch Energie sparende Modernisierungen an Häusern und Wohnungen sowie die Umstellung auf umweltverträgliche Heizungssysteme werden gefördert.
Eine wichtige gesetzliche Maßnahme des Bundes ist die *Verordnung über die Vermeidung von Verpackungsabfällen (Verpackungsverordnung)*, die auch auf die Haushalte zutrifft.

Die Realisierung dieser Verordnung erfolgte seit 1991 in mehreren Stufen. Vergleiche dazu auch das Pfand auf Einwegverpackungen, siehe Seite 110.
Seit dem 1. April 1999 wurde die *ökologische Steuerreform* mit dem Ziel eingeführt, für die Energieverbraucher stufenweise ökonomische Anreize für den sparsamen Umgang mit Energie (z.B. Kraft- und Heizstoffe, Elektroenergie) zu schaffen. Am 1. Januar 2003 trat die fünfte Stufe dieser Steuerreform in Kraft.

Fast 3 000 Unternehmen und Organisationen verpflichteten sich freiwillig, ein Umweltmanagementsystem einzurichten. Dafür wurde das *EG-Umweltmanagement- und Umweltaudit-System (EMAS)* geschaffen. Die beigetretenen Unternehmen dürfen mit dem EMAS-Logo werben, dies bedeutet, dass sie freiwillig die strengen Vorgaben von EMAS erfüllen.

Alle auf diesem Wege entsorgten und der Wiederverwertung zuführbaren Verpackungen können mit dem **Grünen Punkt** gekennzeichnet werden.

Für die Verwendung dieses Kennzeichens zahlen die Verpackungshersteller eine Gebühr an die Gesellschaft **Duales System** in Deutschland, Gesellschaft für Abfallvermeidung und Sekundärrohstoffgewinnung mbH. Diese Gesellschaft ist für die oben genannte haushaltsnahe

Was kostet der Grüne Punkt?

Die Lizenzgebühren für den Grünen Punkt sind im Verkaufspreis der Ware enthalten.

Für die Verpackung von Getränken zahlt der Verbraucher je Liter

Kunststoff-flasche	5,3 Cents
Glasflasche (Einwegflasche)	3,6
Weißblech-dose	2,8
Getränke-karton	2,8

© Globus

2237

Sammlung und Entsorgung von Verpackungs-materialien zuständig. In vielen Städten und Landkreisen bekommen die Haushalte spezielle Tonnen oder Müllsäcke gestellt, in denen sie Kunststoffe mit dem Grünen Punkt sammeln können. Diese werden dann ein- bis zweimal im Monat von der Müllabfuhr abgeholt.

In zunehmendem Maße sollen internationale Richtlinien der Europäischen Union über den Umweltschutz in nationales Recht umgesetzt werden. So dürfen seit 1998 nur noch Heizkes-sel auf den Markt gebracht werden, die einen Mindestwirkungsgrad erfüllen.

Mit diesem Umweltgütezeichen der EU dürfen nur solche Produkte gekennzeichnet werden, die in ihrer Gesamtheit um-weltverträglich und biolo-gisch abbaubar sind. Diese Produkte müssen energie-arm hergestellt werden. Hierbei dürfen auch keine gefährlichen Abwässer oder Abgase entstehen.

Umweltgütezeichen der EU

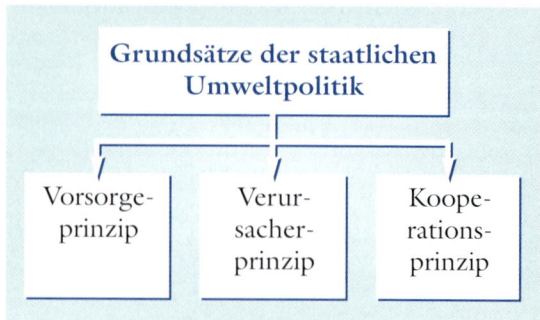

Grundsätze der staatlichen Umweltpolitik

- Vorsorge-prinzip
- Verur-sacher-prinzip
- Koope-rations-prinzip

- Gesetze und Verordnungen, die der Staat, die Länder und die Kommunen erlassen, dienen zur Durchsetzung der Mindestan-forderung an den Umweltschutz.
- Das Duale System ist ein wichtiger Schritt zur Müllvermeidung und Nutzung von wieder verwertbaren Rohstoffen.
- Unser Hausmüll ist ein wichtiger Rohstoff der Wirtschaft.
- Die Zusammenarbeit aller EU-Länder auf dem Gebiet des Umweltschutzes fördert das Bewusstsein der Verbraucher und der Produzenten für den Schutz der Umwelt.

Aufgaben

❶ Sammeln Sie Informationen über den Einfluss der Medien auf das Umweltverhal-ten der Haushalte. Erläutern Sie je zwei positive und negative Einflüsse anhand von Beispielen.

❷ Welches sind die drei Grundsätze der Umweltpolitik der Bundesregierung?

❸ Welche umweltpolitischen Maßnahmen wurden im letzten Monat in der Öffent-lichkeit diskutiert? Sprechen Sie in Ihrer Klasse darüber.

❹ Was verstehen Sie unter dem Begriff „Duales System"? Erläutern Sie es an zwei Beispielen Ihrer Wahl.

Weiterführende Aufgabe

Erarbeiten Sie (eventuell in der Gruppe) die Vor- und Nachteile des Dualen Systems der Bundesrepublik Deutschland.

5 Arbeitsgestaltung im Haushalt

Die eigene Wohnung ist der Platz, an dem man sich nach verrichtetem Tagwerk zurückzieht, um neue Kraft zu schöpfen. Gleichzeitig erfordert diese Wohnung und der dazu gehörende eigene Haushalt aber auch einen mehr oder weniger hohen Arbeitseinsatz von seinen Mitgliedern. Wie umfangreich dieser Arbeitseinsatz ist, hängt wesentlich auch davon ab, wie man die erforderlichen Arbeiten gestaltet.

5.1 Arbeit und Leistung

Situation
Ute (17 Jahre) versteht sich sehr gut mit ihrer Mutter, und so kommt es nicht selten vor, dass beide nachmittags in der Küche sitzen, Tee trinken und sich über viele Dinge unterhalten. Heute erzählt Utes Mutter, dass sie sich jetzt manchmal müde und erschöpft fühlt und ihr die anfallenden Hausarbeiten dann nur schwer von der Hand gehen. Das kennt sie gar nicht von sich. Sonst hat sie sich oft noch am Wochenende hingesetzt und innerhalb von acht Stunden einen Rock genäht, mittlerweile braucht sie dafür manchmal ein paar Tage, dabei beherrscht sie das Nähen inzwischen im Schlaf – und es hat ihr immer Spaß gemacht.
Ute, die sich in einer Ausbildung zur Hauswirtschafterin befindet und in der Berufsschule viel über Arbeitslehre erfahren hat, erklärt ihrer Mutter, was der Unterschied zwischen Arbeit und Leistung ist. Kein Mensch ist in der Lage, dauerhaft eine hohe Leistung zu erbringen, denn es gibt verschiedene Faktoren, die die Arbeit und die Leistung beeinflussen können. ▶▶▶

Die Begriffe Arbeit und Leistung haben sehr unterschiedliche Bedeutungen, obwohl man sie häufiger verwechselt (Übersicht 5.1). Im Folgenden werden die Begriffe aus der Sicht der **Ergonomie** (= Lehre der Leistungsmöglichkeiten und -grenzen des arbeitenden Menschen) näher betrachtet.

Arbeit	Leistung
Arbeit ist eine zweckbestimmte Tätigkeit zur Befriedigung materieller oder immaterieller Bedürfnisse eines einzelnen Menschen oder der Gemeinschaft. Die Arbeit führt zu einem festgelegten Ergebnis.	Leistung ist eine zweckbestimmte Tätigkeit mit einem festgelegten Arbeitsergebnis, die in einer bestimmten Zeit verrichtet wird.

Übersicht 5.1

Arbeit

In Großhaushalten und anderen großen Betrieben unterscheidet man sehr genau zwischen leitender, planender, organisierender, verwaltender und produzierender Arbeit. Diese verschiedenen Formen der Arbeit werden dort in der Regel von verschiedenen Personen ausgeführt. In Privathaushalten wie auch in kleineren Betrieben liegen sie meist in den Händen einer oder zweier Personen.

Aus der Sicht der Volkswirtschaft ist Arbeit ein **Produktionsfaktor** zur Herstellung von Gütern und Dienstleistungen.

In der Mechanik wird Arbeit durch eine Formel ausgedrückt: **Arbeit = Kraft × Weg**.
In der Ergonomie unterscheidet man körperliche Arbeit (Muskelarbeit) von der geistigen Arbeit.
Muskelarbeit wird mittels des direkten Muskeleinsatzes eines Menschen verrichtet, z. B. Heben und Tragen bestimmter Gegenstände. Diese Arbeit kann einen Menschen dauerhaft stark belasten. Heute wird immer mehr Muskelarbeit durch Maschinenarbeit ersetzt.
Geistige Arbeit wird ohne direkten Muskeleinsatz verrichtet. Hierzu gehören u. a. das Überlegen und Planen. In der Regel ist jedoch geistige

Arbeit direkt mit körperlicher Arbeit verknüpft, da vor jeder Handlung Überlegungen angestellt werden müssen.

Durch **Monotonie** (= Eintönigkeit) werden die körperliche und die geistige Arbeit negativ beeinflusst, siehe Übersicht 5.2.

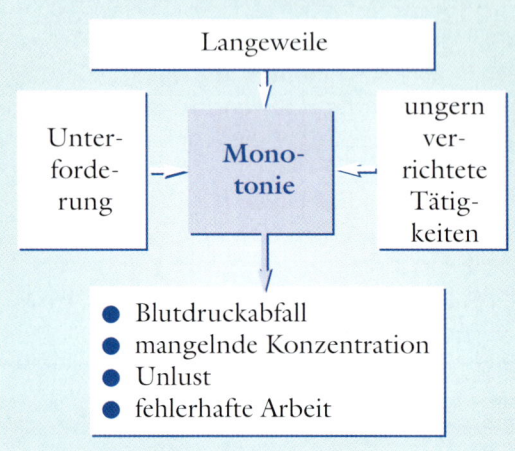

Übersicht 5.2

▶▶▶ Nach diesen Ausführungen schlägt Ute ihrer Mutter vor, doch einmal etwas zu nähen, was sie nicht im Schlaf kann, zum Beispiel einen Blazer. Diese neue Herausforderung würde ihr bestimmt mehr Spaß machen. Der Entwurf des Schnittes verlangt darüber hinaus neue und interessante geistige Arbeit. ▶▶▶

Leistung

Die Leistung steht in engem **Zusammenhang mit der aufgewendeten Zeit**. Somit ist sie von dem Begriff Arbeit abzugrenzen.

▶▶▶ Utes Mutter braucht acht Stunden, um einen Rock zu nähen. Schafft sie es auch in sechs Stunden, hat sie eine höhere Leistung erbracht für die gleiche Arbeit. Im Moment benötigt sie für die gleiche Tätigkeit aber wesentlich mehr Zeit als acht Stunden. Ihre Leistung ist damit im Vergleich zu sonst erheblich gesunken. ●●●

Wie hoch eine Leistung und damit die **Leistungsfähigkeit** eines Menschen ist, hängt von verschiedenen Faktoren ab:

- Ermüdung (biologisch, körperlich, geistig-seelisch),
- Fähigkeit (Veranlagung, Übung, Ausbildung),
- Antrieb (Motivation).

Ermüdung ist ein Zustand, der automatisch eintritt, damit der Körper auf natürliche Weise seine Leistungsgrenzen erkennt. Die Ermüdung schützt den Menschen vor einer Überanstrengung.

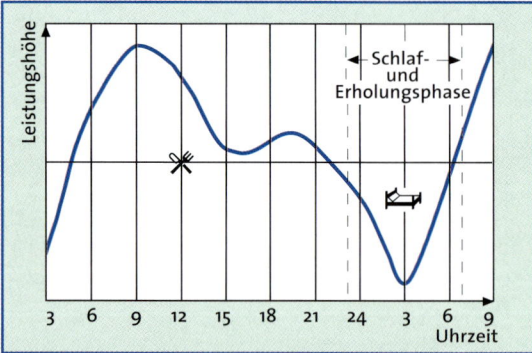

Wie die **biologische Leistungskurve** deutlich zeigt, ist ein Mensch nicht immer gleich leistungsfähig. Der Körper unterliegt natürlichen Schwankungen, die nicht bewusst gesteuert werden können. Hervorgerufen werden diese Schwankungen z. B. durch eine Veränderung des Hormonhaushaltes, der direkt auf den Stoffwechsel und die Organe Einfluss nimmt. Wer seine Arbeitszeiten seiner biologischen Leistungskurve anpassen kann, erzielt die höhere Leistung.

Für körperliche und geistig-seelische Ermüdung gibt es oft nicht nur eine, sondern verschiedene Ursachen, siehe Übersicht 5.3.

Ermüdung äußert sich durch Unfreundlichkeit, Konzentrationsmangel, Lustlosigkeit usw.

Die Leistung eines Menschen hängt unmittelbar von seinen **Fähigkeiten** ab. Eine umfassende Ausbildung und regelmäßiges Üben führen zur

Ursachen körperlicher und geistig-seelischer Ermüdung

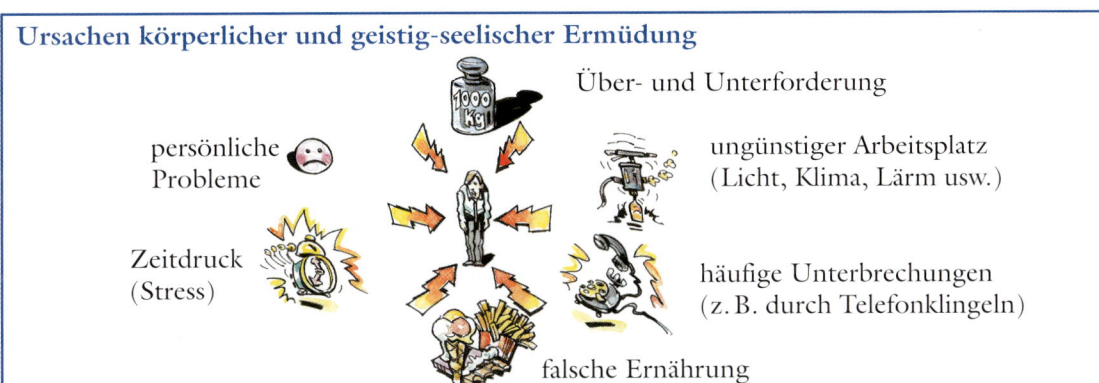

Über- und Unterforderung

persönliche Probleme

ungünstiger Arbeitsplatz (Licht, Klima, Lärm usw.)

Zeitdruck (Stress)

häufige Unterbrechungen (z. B. durch Telefonklingeln)

falsche Ernährung

Übersicht 5.3

Leistungserhöhung. Natürlich spielt auch die Motivation eine große Rolle. Eine Tätigkeit, die Spaß macht und gerne verrichtet wird, geht oftmals leicht von der Hand.

Um die Leistungsfähigkeit eines Menschen langfristig zu erhalten, muss er sich regelmäßig **Erholung** verschaffen. Dies geschieht durch:

- regelmäßige und sinnvoll gestaltete Pausen (z. B. frische Luft, Essen, soziale Kontakte),
- sinnvolle Freizeitgestaltung (Wechseln der Tätigkeit, z. B. Lesen, Malen, Schlafen),
- Ausgleichssport (z. B. Schwimmen, Fahrradfahren).

Wesentliche Lerninhalte

Begriff	Definition	Einflussfaktoren
Arbeit • körperlich • geistig	Arbeit ist eine zweckbestimmte Tätigkeit zur Befriedigung materieller oder immaterieller Bedürfnisse eines einzelnen Menschen oder der Gemeinschaft. Die Arbeit führt zu einem festgelegten Ergebnis.	**Monotonie:** • Unterforderung • Langeweile • ungern verrichtete Tätigkeiten
Leistung	Leistung ist eine zweckbestimmte Tätigkeit mit einem festgelegten Arbeitsergebnis, die in einer bestimmten Zeit verrichtet wird.	• Ermüdung • Fähigkeiten • Motivation

Erhaltung der Leistungsfähigkeit durch:

Regelmäßige Pausen	Sinnvolle Pausengestaltung durch Essen, Bewegung, Geselligkeit usw.
Sinnvolle Freizeitgestaltung	Wechseln der Tätigkeit ist wichtig, z. B. Malen, Lesen, Tanzen
Ausgleichssport	z. B. Schwimmen, Fahrradfahren, Joggen usw.

Aufgaben

❶ Erläutern Sie die Begriffe Arbeit und Leistung.

❷ Erklären Sie, was man unter Monotonie versteht.

❸ Markus hat sein Hobby zum Beruf gemacht und arbeitet daher den ganzen Tag am Computer. In seinen Pausen und in seiner Freizeit spielt er sehr gerne Computerspiele
In letzter Zeit macht ihm der Computer keinen richtigen Spaß mehr. Er klagt über Kopfschmerzen, und bei seiner Arbeit unterlaufen ihm immer öfter Fehler.

    a) Beschreiben Sie, was mit Markus los sein könnte.
    b) Machen Sie konkrete Vorschläge, damit Markus wieder Freude an seiner Arbeit findet.

Weiterführende Aufgaben

Kennen Sie Ihren eigenen Biorhythmus?

a) Übertragen Sie auf ein Blatt Papier das abgebildete Raster.
b) Wählen Sie einen ganz normalen Wochentag aus, und notieren Sie jede Stunde, wie viel Prozent Ihrer Leistungsfähigkeit Sie erbringen können.
c) Wie sieht Ihre Arbeitsplanung nach Schulschluss aus? Passt sie zu Ihrem Biorhythmus, oder sollten Sie ihren Arbeitsrhythmus ändern, um bessere Leistungen erzielen zu können?
d) Bitten Sie Ihre Lehrkraft, anschließend drei fertige Leistungskurven auf je eine Folie zu kopieren.
Jede Kurve sollte mit einer anderen Farbe nachgezogen werden. Legen Sie sie übereinander auf den Overheadprojektor. Beschreiben Sie Ihre Beobachtungen.

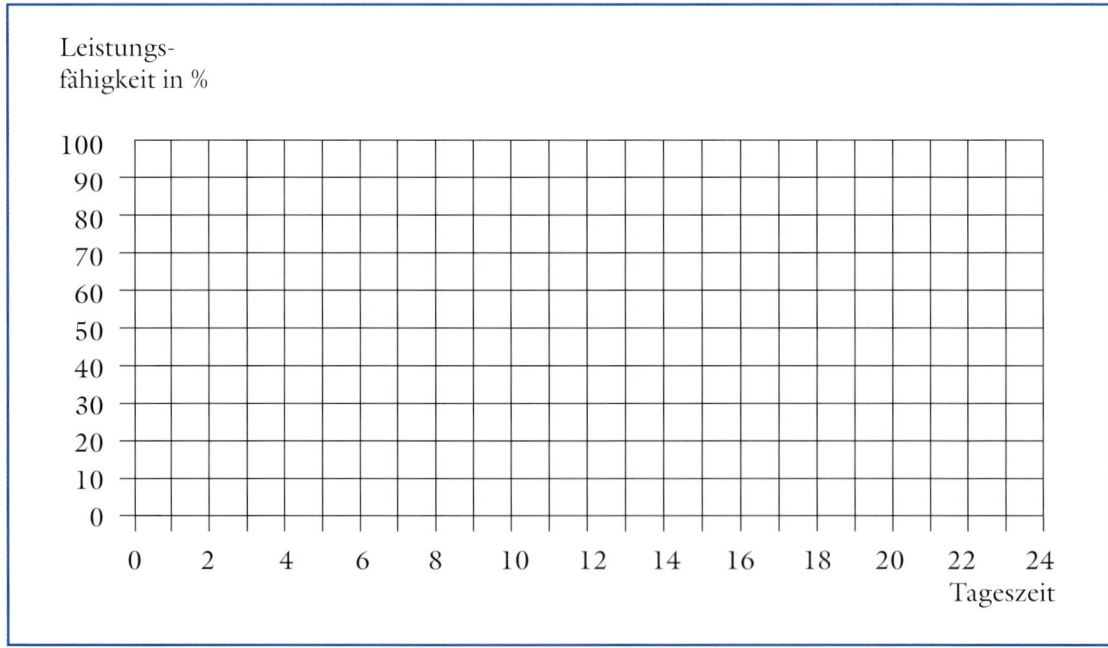

5.2 Der Arbeitsplatz

Situation

Elena, von Beruf Hauswirtschafterin, hat ihre Ausbildung beendet und ist nun auf der Suche nach einem neuen Arbeitgeber. Sie bewirbt sich beim neu erbauten Seniorenheim „Residenz" und wird zum Vorstellungsgespräch eingeladen.

Anschließend an das Gespräch wird sie von der Personalchefin durchs Haus geführt. Diese erläutert: „Bei Planung und Bau des Hauses wurde auch besonders auf die Arbeitsplatzgestaltung für unsere Mitarbeiter Wert gelegt. Bei uns ist vieles nach Gesundheitsgesichtspunkten eingerichtet, denn gesunde Arbeitsbedingungen fördern die Leistung der Mitarbeiter."

Elena ist angenehm überrascht und lässt sich von der Personalchefin daraufhin alles genau zeigen und erklären. ▶▶▶

5.2.1 Gesundes Sitzen, Stehen und Heben

Bevor man sich überlegt, wie eine gesunde Arbeitshaltung bei stehenden, sitzenden und tragenden Tätigkeiten aussieht, muss man Folgendes wissen:

Wie sehr ein Körper durch bestimmte Arbeiten belastet wird, ist in hohem Maße davon abhängig, ob er statische oder dynamische Arbeit verrichtet, siehe Übersicht 5.4.

Mit **statischer Arbeit** ist „Haltearbeit" gemeint: Sie sollte weitgehend vermieden werden, da sie auf Dauer den Körper belastet. Ein Beispiel für statische Arbeit ist z. B. das Aufhängen von Gardinen.

Dynamische Arbeit ist für den Körper wesentlich weniger belastend. Sie sollte bevorzugt werden, da sie auch über längere Dauer ausgeführt werden kann. Zur dynamischen Arbeit gehört z. B. das Staubsaugen.

Entscheidend für die Leistungsfähigkeit eines Menschen ist also unter anderem seine **Körperhaltung** während der Arbeit. Nach ihr richtet sich auch der Energieverbrauch. Dieser wird in Kilo-

joule (kJ) gemessen. Wenig Energie verbraucht ein Mensch beim Liegen oder Sitzen, viel Energie verbraucht er hingegen beim Bücken:

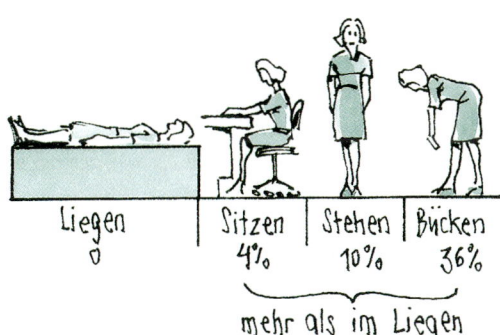

Statische Arbeit lässt sich im Haushalt nicht vermeiden. So muss zum Beispiel das Bügeln großer Teile im Stehen erfolgen, um ein gutes Arbeitsergebnis zu erhalten. Doch sollte man die Arbeitsabläufe so gestalten, dass sich statische und dynamische Arbeit stets abwechseln.

Muskelarbeit	
statische Arbeit	**dynamische Arbeit**
• Die Muskeln des Körpers sind dauerhaft angespannt. • Die Anspannung führt zu mangelhafter Durchblutung und so zu geringer Sauerstoffversorgung der Muskulatur. • Hoher Energieverbrauch nur für die Körperhaltung.	• Abwechselnde An- und Entspannung der Körpermuskulatur durch Bewegung bei der Arbeit. • Gute Durchblutung der Muskulatur und somit gute Sauerstoffversorgung. • Geringer Energieverbrauch für Körperhaltung.

Übersicht 5.4

Gesundes Sitzen

Verrichtung von Arbeit im Sitzen (siehe Übersicht 5.5) ist positiv zu bewerten, wenn folgende Regeln eingehalten werden:

1. Füße fest auf den Boden setzen.
2. Knie stehen im rechten Winkel.
3. Arme und Ellenbogen befinden sich im rechten Winkel.
4. Der Schultergürtel ist entspannt.
5. Der Rücken ist gerade.
6. Die Lehne des Arbeitsstuhls stützt die Lendenwirbelsäule.

Der richtige Stuhl

a) Rückenlehne im Sitzen höhen- und tiefenverstellbar (in Sitzhaltung)
b) Sitzfläche mit nicht schweißförderndem Material gepolstert
c) abgerundete Kanten
d) handliche Bedienelemente
e) Sitzhöhenverstellung von 40–60 cm
f) drehbare, gefederte Säule
g) Standfestigkeit durch 5-Kreuzfuß
h) gebremste Rollen

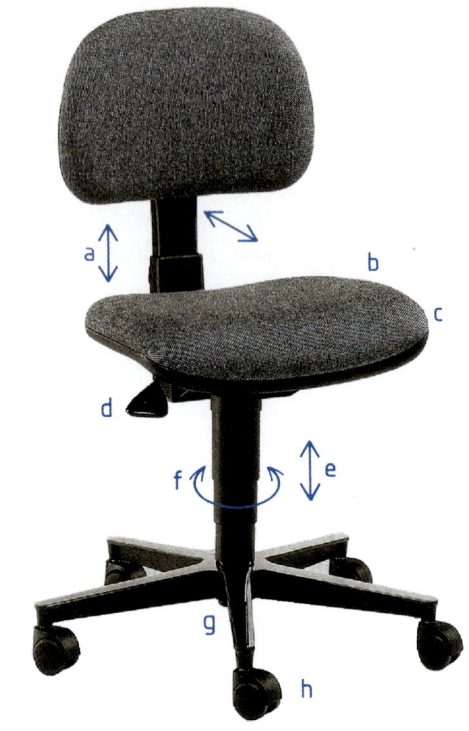

Vorteile sitzender Tätigkeit	Nachteile sitzender Tätigkeit
• Entlastung der Beine und des Kreislaufes • statische Muskelarbeit wird verringert	• Erschlaffung der Bauchmuskulatur • Gefahr der Bildung eines Rundrückens

Übersicht 5.5

Gesundes Stehen

Arbeit im Stehen lässt sich nicht vermeiden. Muss sie über einen längeren Zeitraum erfolgen, sollte eine Stehhilfe benutzt werden (siehe Übersicht 5.6). Beim Stehen sollten folgende Regeln eingehalten werden:

1. Die Knie nicht völlig durchdrücken.
2. Die Beine leicht anwinkeln.
3. Füße hüftbreit nebeneinander stellen.
4. Beide Füße gleichmäßig belasten.
5. Die Arme weiter als im rechten Winkel abwinkeln.
6. Der Schultergürtel ist entspannt.

Stehhilfe

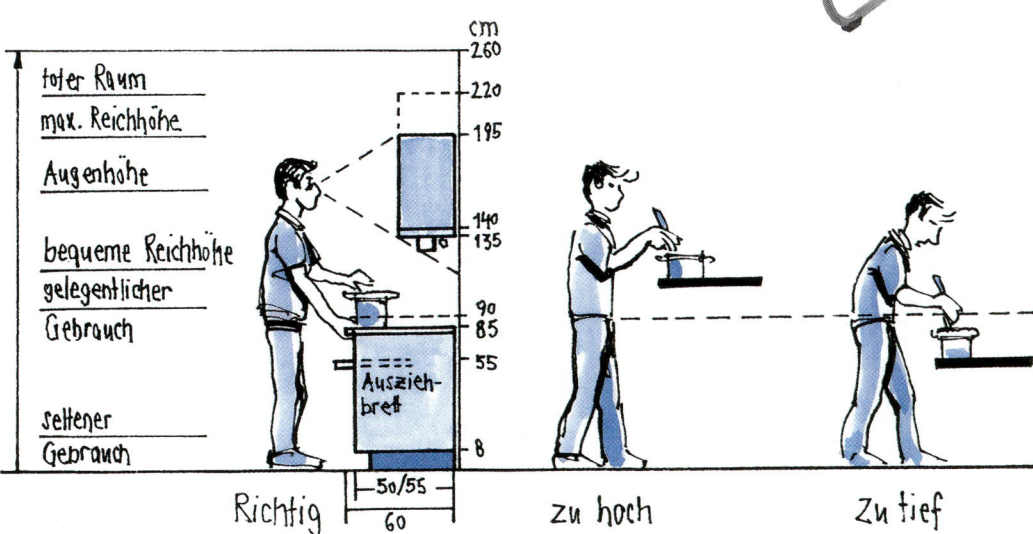

Nachteile lang andauernder stehender Tätigkeiten

- verstärkte Ermüdung durch hohen Energieverbrauch bei statischer Arbeit
- Höhere Belastung des Kreislaufs
- Mangelnde Durchblutung in den Beinen gleicht man am besten dadurch aus, dass man
  - ○ zwischendurch Stehhilfe benutzt,
  - ○ stehende Arbeit so dynamisch wie möglich gestaltet, zum Beispiel beim Tisch abwischen um den Tisch herumgehen, statt den Körper über die ganze Tischfläche zu beugen.

Übersicht 5.6

Es sollte niemals über sehr lange Zeit ausschließlich stehend gearbeitet, sondern zwischen Stehen und Sitzen abgewechselt werden.

Gesundes Heben und Tragen

Das Heben und Tragen muss den Körper nicht stark belasten, wenn einige Regeln beachtet werden, siehe Übersicht 5.7, Seite 120.

Gesundes Heben

1. Mit gebeugten Knien in die Hocke gehen.
2. Den Rücken gerade halten.
3. Mit geradem Rücken aufrichten.
4. Lasten auf beide Arme verteilen und dicht am Körper tragen.

Achtung!

Schwere Lasten (z. B. Getränkekisten oder volle Wäschekörbe) niemals mit rundem Rücken heben, da hierbei die Lendenwirbel stark belastet werden.

richtig
falsch

Gesundes Tragen

1. Lasten gleichmäßig auf beide Arme verteilen.

richtig
richtig

2. Lasten dicht am Körper tragen.

richtig
falsch

Achtung!

Schwere Lasten niemals einseitig tragen, da sonst die Rückenmuskulatur und die Bandscheiben einseitig zu stark belastet werden.

Übersicht 5.7

5.2.2 Der Greifraum am Arbeitsplatz

▶▶▶ Elena erfährt bei der Hausführung, dass Einrichtungsgegenstände wie Küchenmöbel, Arbeitstische, Stühle oder Computer den natürlichen Bewegungsablauf und somit die Körpermaße der arbeitenden Menschen berücksichtigen sollten. Ist dies nicht der Fall, können schwere gesundheitliche Folgeschäden auftreten. ▶▶▶

Nicht immer können die **Körpermaße** aller an einem Arbeitsplatz arbeitenden Menschen berücksichtigt werden (z. B. Schul- oder Großküche). In diesem Fall wird von folgenden Mittelwerten ausgegangen:

- 85 cm bis 90 cm Arbeitshöhe im Stehen,
- 65 cm Arbeitshöhe im Sitzen.

Zur richtigen Arbeitsplatzgestaltung gehört auch die Berücksichtigung der Armlänge. Der Raum, der während einer Tätigkeit mit den Armen erreicht wird, wird als **Greifraum** bezeichnet. Man unterscheidet einen **inneren** und **äußeren Greifraum**, siehe Übersicht 5.8.

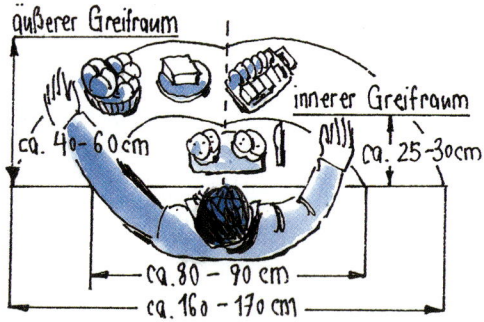

Äußerer Greifraum	Hier befinden sich alle Gegenstände, die nur selten benötigt werden, die aber noch mit ausgestrecktem Arm erreicht werden können.
Innerer Greifraum	Hier befinden sich alle Gegenstände, die im Verlauf der Arbeit häufig gebraucht werden.

Übersicht 5.8

▶▶▶ Im Privathaushalt ist es wegen räumlicher oder finanzieller Rahmenbedingungen nicht immer möglich, alle Regeln der Arbeitsplatzgestaltung zu verwirklichen. Professionelle Arbeit im Großhaushalt erfordert aber unbedingt die Beachtung der Arbeitsplatzgestaltung.

Für Elena als Hauswirtschafterin ist die Arbeitsplatzgestaltung mittlerweile ein wichtiges Kriterium bei der Wahl der Arbeitsstelle. ▶▶▶

5.2.3 Die gesunde Arbeitsplatzumgebung

▶▶▶ Die Personalchefin der neuen Senioreneinrichtung, in der Elena sich vorstellt, erklärt, dass nicht nur der Arbeitsplatz selbst, sondern auch die Arbeitsplatzumgebung wichtig für die Gesunderhaltung der Mitarbeiter ist. ●●●

Bei der Gestaltung eines Arbeitsplatzes spielen besonders die Faktoren **Klima, Geruch, Beleuchtung** und **Lärm** eine wesentliche Rolle.

Raumklima
Das Klima in Arbeitsräumen wird von vier Faktoren beeinflusst, siehe Übersicht 5.9.

Raumklima

Raumklima		
Lufttemperatur	Angenehm:	ca. 18–20 °C bei leichter bis mittelschwerer Tätigkeit im Sitzen oder Stehen.
	Achtung:	Zu hohe Temperaturen verhindern eine ausreichende Wärmeabgabe des Körpers an die umgebende Luft. Die Körpertemperatur steigt, der Körper wird müde, die Leistungsfähigkeit sinkt. Es kann zu einer erhöhten Fehlerquote und zur Kreislaufüberlastung kommen.
Luftfeuchtigkeit	Angenehm:	ca. 40–50 %.
	Achtung:	Wenn viel gekocht wird, steigt die Luftfeuchtigkeit erheblich. Dunstabzugshauben über dem Herd können Wasserdampf direkt nach außen leiten und damit einen belastenden Anstieg der Feuchtigkeit verhindern.
Luftbewegung	Angenehm:	Viel frische Luft ist besonders in der Küche wichtig, denn Kochdünste und andere Gerüche belasten die Atemluft.
	Achtung:	Nicht alle Fenster gleichzeitig öffnen, denn sonst entsteht Zugluft, die zu Muskelschmerzen führen kann. Fenster können gekippt oder Lüftungsklappen halb geöffnet werden.
Wandtemperatur	Angenehm:	ca. 3 °C weniger als die Raumtemperatur.
	Achtung:	Sehr kalte Wände führen zu einem ungemütlichen Raumklima. Auf eine gute Wärmedämmung der Wände achten.

Übersicht 5.9

Gerüche

Im Haushalt können lästige Gerüche entstehen durch
- ungeleerte Abfalleimer,
- Garen von Fisch, Fleisch, Kohl,
- Lösungsmittel nach Renovierungsarbeiten,
- scharfe Reinigungs- und Fleckenmittel.

Gerüche können vermieden werden durch
- regelmäßige Entleerung der Abfalleimer,
- Dunstabzugshaube über dem Herd,
- kurzfristiges Öffnen der Fenster,
- Verwendung umweltfreundlicher Farben, Lacke und Reinigungsmittel.

Beleuchtung

Die richtige Beleuchtung im Haushalt ist wichtig, um gesundheitlichen Risiken vorzubeugen. Ungenügende oder fehlende Beleuchtung kann zu folgenden Problemen führen:
- vorzeitige Ermüdung (z. B. beim Nähen),
- Kopf- oder Augenschmerzen,
- hohe Fehlerzahl (z. B. bei der Arbeit am Computer),
- Unfälle (herumliegende Gegenstände werden übersehen).

Für die richtige Beleuchtung eines Raumes müssen folgende Regeln beachtet werden:
- Lichtquellen dürfen nicht blenden. Eine indirekte Beleuchtung (Lichtquelle strahlt gegen die Wand) ist oftmals angenehmer.
- Schattenbildung sollte vermieden werden.
- Es ist günstig, wenn das Licht von links oder von vorne auf die Arbeitsfläche scheint.
- Lichtquellen dürfen nicht flackern.
- Für ältere Menschen eine hellere Beleuchtungsstärke wählen.

Beleuchtungen bei unterschiedlichen Tätigkeiten:

richtig   falsch

Lärm

In einem Haushalt gibt es viele Lärmquellen, die auf Dauer zu Gesundheitsschäden führen können. Lärmquellen sind z. B. die Dunstabzugshaube, die Küchenmaschine und die schleudernde Waschmaschine usw.

Lärm kann zu
- Konzentrationsmangel,
- Lärmschwerhörigkeit,
- Verständigungsschwierigkeiten,
- Schlafstörungen,
- Aggressivität und Nervosität führen.

Der **Lärmpegel** wird in Dezibel (dB (A)) gemessen (siehe Übersicht 5.10). Ob jemand bestimmte Geräusche als Lärm empfindet, hängt zum einen vom Alter (ältere Menschen reagieren auf Lärm empfindlicher als jüngere), zum anderen von der Einstellung des Hörers ab. Manche Menschen können sich beispielsweise bei lauter Musik sehr gut konzentrieren, andere empfinden sie als belastend.

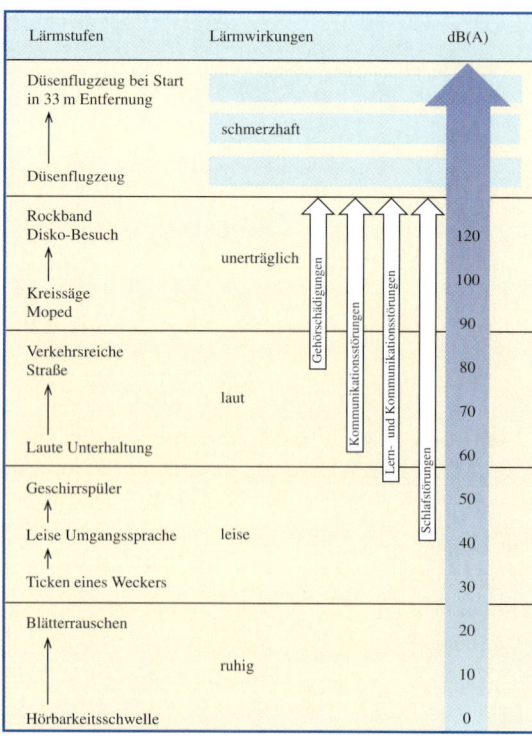

Übersicht 5.10

Möglichkeiten der Lärmverringerung im Haushalt:

- lärmreduzierte Geräte kaufen,
- laute Geräte in separate Räume stellen,
- Geräte, z. B. Küchenmaschinen, nicht auf eine Metall-, sondern auf eine Kunststoffplatte stellen,
- Gehörschutz, z. B. Ohrstöpsel, tragen.

REFA-Leitsätze zur Arbeitsgestaltung

Der REFA-Fachausschuss für Hauswirtschaft im Verband für Arbeitsstudien und Betriebsorganisation e. V. hat Grundsätze für die Arbeitsgestaltung im privaten Haushalt aufgestellt (siehe S. 347). Sie sind auf die bisher bewährten Leitsätze zur Arbeitsgestaltung in der Industrie zurückzuführen.

Wesentliche Lerninhalte

Arbeit

Statische Arbeit	Dynamische Arbeit
• Muskulatur ist dauerhaft angespannt • geringe Durchblutung • geringe Sauerstoffversorgung • hoher Energieverbrauch	• Muskulatur ist abwechselnd an- oder entspannt • gute Durchblutung • gute Sauerstoffversorgung • geringer Energieverbrauch

Richtlinien zum gesunden Sitzen, Stehen, Heben und Tragen:

Tätigkeit	Regeln	Vor-/Nachteile
Sitzen	• Füße fest aufstellen • Knie im rechten Winkel • Arme im rechten Winkel • Schultergürtel entspannt • Rücken gerade • Lehne stützt Lendenwirbel • Bildung eines Rundrückens	Vorteile: • Entlastung der Beine • Kaum statische Muskelarbeit Nachteile: • Belastung der Wirbelsäule • Erschlaffung der Bauchmuskeln
Stehen	• Knie nicht durchdrücken • Beine leicht anwinkeln • Einen Fuß etwas hochstellen • Beide Füße gleichmäßig belasten • Arme im rechten Winkel oder mehr • Schultergürtel entspannt	Nachteile: • Verstärkte Ermüdung des Körpers • Geringe Durchblutung der Beine Tipps: • Zwischen Stehen und Sitzen wechseln • Stehhilfe benutzen • Stehende Arbeit dynamisch gestalten
Heben	• Mit gebeugten Knien in die Hocke gehen • Rücken gerade halten • Last auf Arme verteilen und dicht am Körper tragen	Heben mit rundem Rücken schädigt die Lendenwirbel.
Tragen	• Lasten auf beide Seiten gleich verteilen • Lasten auf dem Rücken tragen (z. B. Rucksack)	Einseitiges Tragen schädigt die Wirbelsäule (sie wird krumm).

- **Mittlere Maße zur Einrichtung von Arbeitsplätzen:**
  - ○ 85–90 cm Arbeitshöhe im Stehen
  - ○ 65 cm Arbeitshöhe im Sitzen

- **Greifraum**
  - ○ **Außen:** 40–65 cm Länge, Gegenstände, die seltener gebraucht werden
  - ○ **Innen:** 25–30 cm Länge, Gegenstände, die oft gebraucht werden

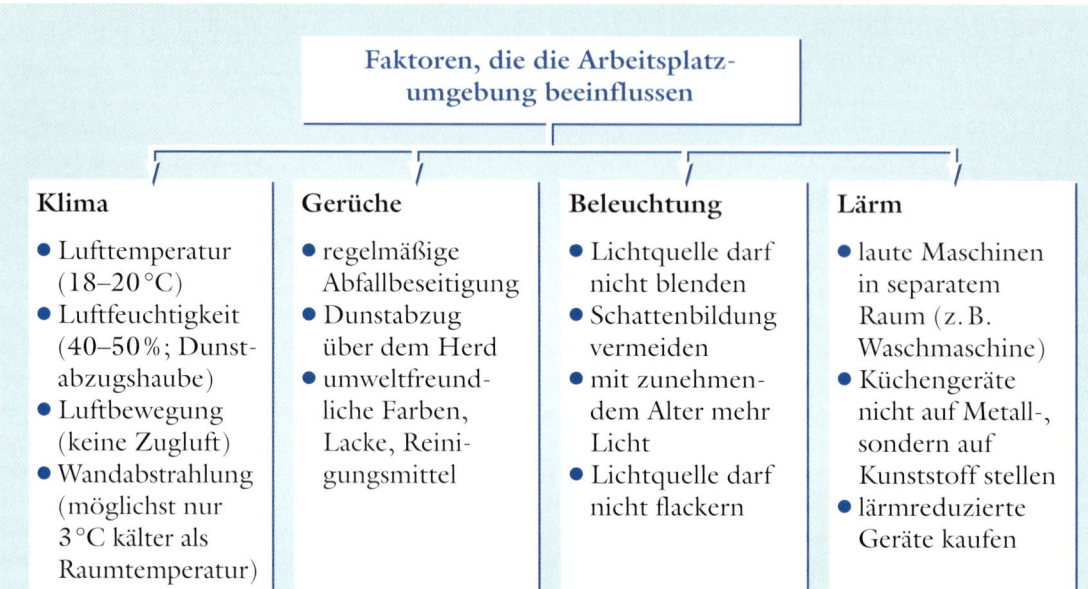

Faktoren, die die Arbeitsplatzumgebung beeinflussen

Klima
- Lufttemperatur (18–20 °C)
- Luftfeuchtigkeit (40–50 %; Dunstabzugshaube)
- Luftbewegung (keine Zugluft)
- Wandabstrahlung (möglichst nur 3 °C kälter als Raumtemperatur)

Gerüche
- regelmäßige Abfallbeseitigung
- Dunstabzug über dem Herd
- umweltfreundliche Farben, Lacke, Reinigungsmittel

Beleuchtung
- Lichtquelle darf nicht blenden
- Schattenbildung vermeiden
- mit zunehmendem Alter mehr Licht
- Lichtquelle darf nicht flackern

Lärm
- laute Maschinen in separatem Raum (z. B. Waschmaschine)
- Küchengeräte nicht auf Metall-, sondern auf Kunststoff stellen
- lärmreduzierte Geräte kaufen

Aufgaben

❶ Erklären Sie an zwei Beispielen die statische und die dynamische Muskelarbeit.

❷ Beschreiben Sie, welche Regeln beachtet werden müssen, um gesund zu sitzen.

❸ Beurteilen Sie den Stuhl, auf dem Sie gerade sitzen, nach ergonomischen Gesichtspunkten.

❹ Nennen Sie drei Möglichkeiten, die ein stehend arbeitender Mensch nutzen sollte, um seinen Körper zu entlasten.

❺ Ordnen Sie den nebenstehenden Abbildungen die Begriffe „richtig" und „falsch" zu. Begründen Sie Ihre Entscheidungen.

❻ Zeichnen Sie, wie Sie den Arbeitsplatz unter Berücksichtigung des Greifraumes zum Kartoffelschälen einrichten würden. Diskutieren Sie Ihr Ergebnis im Klassenverband und überlegen Sie, ob die Lösung für Rechts- wie für Linkshänder gleichermaßen gilt.

❼ a) Erklären Sie, warum eine zu hohe Raumtemperatur bei der Arbeit die Gesundheit beeinträchtigt.
   b) Welches ist die richtige Raumtemperatur beim Kartoffelschälen im Sitzen?

zu Aufgabe 5

❽ Erläutern Sie, was Sie beachten müssen, wenn Sie sich für Ihren Schreibtisch eine neue Beleuchtung zulegen wollen.

❾ Fallbeispiel: Eine Beschäftigte in einer Großküche verspürt plötzlich einen starken Schmerz im Bereich der Lendenwirbelsäule, als sie vom Boden des Vorratsraumes eine volle Getränkekiste mit einem Gewicht von etwa 20 kg hochheben will. Sie kann sich nicht mehr bücken und vor Schmerzen nicht mehr richtig gehen oder stehen. Lange Zeit danach ist sie noch arbeitsunfähig.

   a) Analysieren Sie den Arbeitsvorgang nach
      ○ Art der Tätigkeit,
      ○ Problem bei der Ausführung,
      ○ Ursache des Körperschadens.
   b) Überlegen Sie sich einen Lösungsvorschlag.

❿ Überprüfen Sie, ob die von den REFA-Fachleuten empfohlenen zehn Leitsätze auf Ihren eigenen Haushalt, Ihren Ausbildungsbetrieb oder Ihre Schulküche zutreffen.

Weiterführende Aufgaben

Untersuchen Sie die Schulküche nach ergonomischen Gesichtspunkten. Führen Sie bitte alle Arbeitsaufträge zu zweit durch.

a) Besorgen Sie sich einen Zollstock, und vermessen Sie die einzelnen Einrichtungsgegenstände (Stühle, Arbeitsflächenhöhe, Hängeschränke, Greifraum).

b) Vergleichen Sie die Maße mit den Angaben in diesem Buch.

c) Führen Sie eine Tätigkeit im Sitzen und eine Tätigkeit im Stehen aus (z. B. Kartoffeln schälen). Notieren Sie Ihre Beobachtungen genau.
Hinweis: Eine Person verrichtet die Tätigkeit, und eine andere beobachtet die Körperhaltung. Anschließend werden die Rollen getauscht.

d) Vergleichen Sie in der Klasse Ihre Ergebnisse im Klassenverband.

5.3 Die Arbeitsplanung

👁 Situation

Frau Bauer ist allein erziehende Mutter von drei Kindern. Ihre älteste Tochter Alexandra ist 17 Jahre alt und in der Ausbildung zur Hauswirtschaftshelferin, Sebastian ist 16 Jahre und Maxi 14 Jahre. Beide gehen noch zur Schule. Frau Bauer ist nach jahrelanger Teilzeitarbeit seit einem Jahr wieder ganztags berufstätig.

Es herrscht Krisenstimmung in der Familie. Die Kinder haben nie Zeit für die Hausarbeit. Frau Bauer fühlt sich ausgenutzt, denn sie selbst hat gar keine Freizeit mehr, da sie abends und am Wochenende nach der Berufsarbeit im eigenen Haushalt weiterarbeiten muss. Es gibt deshalb ziemlich häufig Streit.

Schließlich bittet Frau Bauer ihre drei Kinder zum Gespräch. „So geht es nicht weiter. Ich kann nicht mehr! Wir müssen eine Lösung finden für die Bewältigung der Hausarbeit." Die Kinder sind bedrückt, doch dann hat Alexandra eine Idee. Man kann doch einen richtigen Plan mit allen anfallenden Arbeiten aufstellen, an den sich dann jeder halten muss. Natürlich muss der Plan auch Freizeiten für alle Haushaltsmitglieder beinhalten. Die Familie überlegt gemeinsam, wie solch ein Plan aussehen könnte. ▶▶▶

5.3.1 Tages-, Wochen- und Monatsplan

Es gibt Arbeiten, die täglich, wöchentlich oder nur monatlich anfallen. Entsprechend sind drei Pläne zu erstellen. Die Pläne sollten im Voraus erstellt und in regelmäßigen Abständen auf ihre Zweckmäßigkeit überprüft werden.

Erstellung von Arbeitsplänen

- Tätigkeiten, ausführende Person festlegen
- Arbeitszeiten festlegen (gilt nur für zeitlich gebundene Tätigkeiten)
- Berücksichtigung der
  - ○ Bedürfnisse, Interessen und Neigungen
  - ○ Arbeitszeiten und Schulzeiten
  - ○ Zeiten der Hobbys
  - ○ freie Zeiten und Tage

Übersicht 5.11

Tagesarbeitsplan

Zeit	Frau Bauer	Alexandra	Sebastian	Maxi
7^{00}	Betten machen, Mülleimer leeren	Frühstück zubereiten	Schulbrot bereiten	Kaffee kochen, Schulbrot bereiten
8^{00}	Wohnzimmer aufräumen	Haushalt	Jugendzimmer aufräumen	Schule
9^{00}	Beruf	Beruf	Schule	Schule
usw.	…	…	…	…

Wochenarbeitsplan

Tag	Frau Bauer	Alexandra	Sebastian	Maxi
Mo	Wäsche waschen und trocknen	Geschirrspülmaschine anstellen/ aufräumen	kochen	Staub wischen
Di	kochen	frei	Staub saugen	Wäsche einordnen/ bügeln
Mi	frei	kochen	Blumen gießen	Geschirrspülmaschine anstellen/aufräumen
usw.	…	…	…	…

Monatszeitplan

Monat	Frau Bauer	Alexandra	Sebastian, Maxi
Jan	Fenster putzen	Vorratsschrank säubern	Weihnachtsdekoration verpacken
Feb	Keller reinigen	Gardinen waschen	Schränke und Regale im Jugendzimmer säubern
usw.	…	…	…

Übersicht 5.12

5.3.2 Die Wege- und Zeitstudie

Zu einer sinnvollen Arbeitsplanung gehört zusätzlich eine Überprüfung der Arbeitswege und des Zeitaufwandes bei der Verrichtung hauswirtschaftlicher Tätigkeiten.

▶▶▶ Familie Bauer überprüft deshalb zusätzlich die räumliche Gestaltung ihrer Küche anhand einer Wege- und Zeitstudie. ●●●

Die **Wegestudie** macht die bei der Verrichtung einer Tätigkeit zurückgelegten Wege und deren Länge sichtbar. Unnötig lange Arbeitswege werden erkannt. Sie kann anschließend als Grundlage zur Umgestaltung der Küche genutzt werden (z. B. sinnvolleres Einräumen von Schränken oder Schubladen).

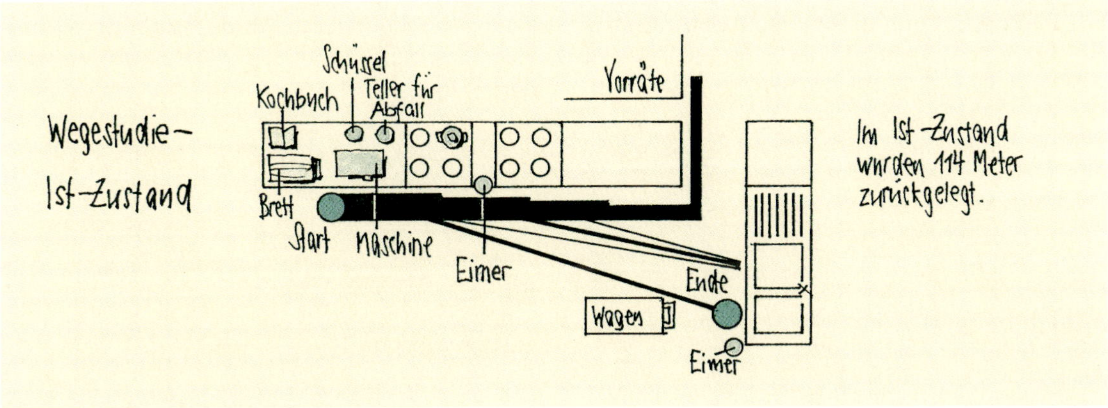

Wegestudie-
Ist-Zustand
Schüssel
Kochbuch
Teller für Abfall
Vorräte
Brett
Start
Maschine
Eimer
Ende
Wagen
Eimer
Im Ist-Zustand wurden 114 Meter zurückgelegt.

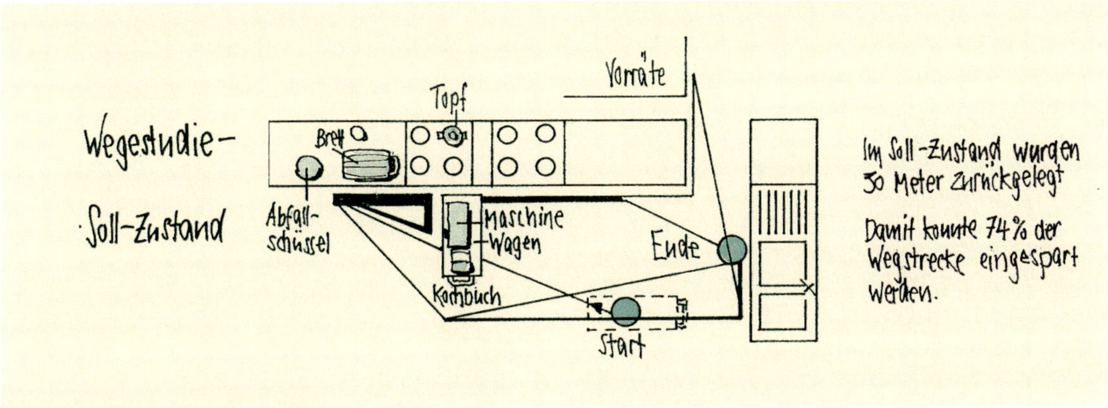

Wegestudie-
Soll-Zustand
Vorräte
Topf
Brett
Abfall-schüssel
Maschine
Wagen
Kochbuch
Ende
Start
Im Soll-Zustand wurden 30 Meter zurückgelegt
Damit konnte 74% der Wegstrecke eingespart werden.

Eine **Zeitstudie** funktioniert ähnlich wie eine Wegestudie. Sie erfasst und benennt die Zeiten jedes Arbeitsschrittes eines gesamten Arbeitsprozesses, siehe Übersichten 5.12 und 5.14.
Aus der Zeitstudie lässt sich ableiten, wo Zeit eingespart oder durch Verrichten anderer Tätigkeiten anderweitig sinnvoll genutzt werden kann (z. B. bei der Zubereitung des Essens kann während der Wartezeiten der Tisch gedeckt werden).

Gesamtarbeitszeit
Rüstzeit
Ausführungszeit
Grundzeit
Verteilzeit
Erholungszeit
Tätigkeitszeit
Wartezeit
Hauptätigkeitszeit
Nebentätig-keitszeit

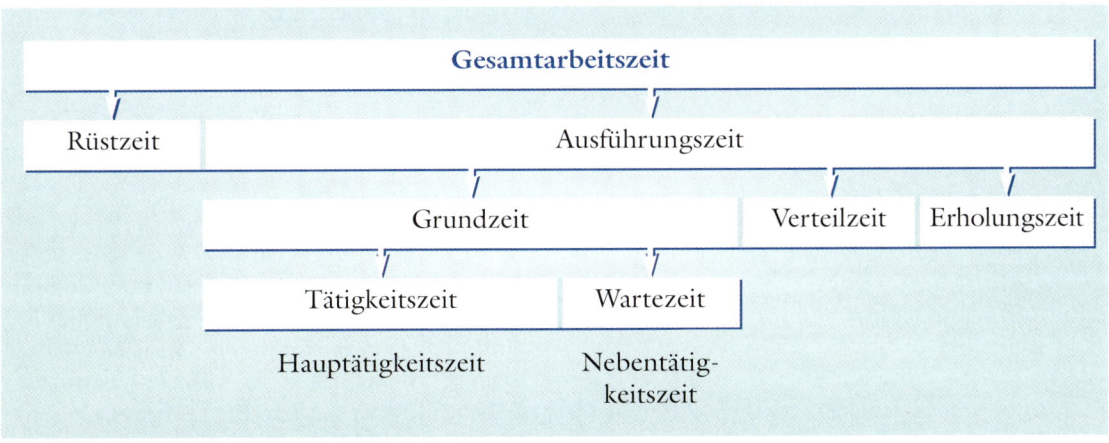

Übersicht 5.13

Die Zeitstudie kann durch eine **Ablaufanalyse** ergänzt werden. Anhand der Symbole lässt sich leicht erkennen, welche Arbeitsschritte häufig (hier: transportieren und bearbeiten) und welche seltener (hier: lagern) ausgeführt wurden.

Ablaufabschnitt	bearbeiten	transportieren	lagern	warten
1 Fleisch aus Kühltruhe im Keller holen		•		
2 Fleisch zum Auftauen bereitlegen			•	
3 warten				•
4 Fleisch zum Braten zubereiten	•			
5 Kartoffeln aus dem Keller holen		•		
6 Pellkartoffeln kochen	•			
7 warten				•
8 Salat aus dem Keller holen		•		
9 Salat putzen, mit Essig und Öl anrichten	•			
10 Zutaten zum Braten aus dem Vorratsraum holen		•		
11 Fleisch braten	•			
12 Gewürze aus dem Vorratsraum holen		•		
13 Garzeit prüfen				•
14 warten				•
15 Pellkartoffeln wieder auf Esstemperatur erhitzen	•			
Summe	5×	5×	1×	4×

Übersicht 5.14

Ablaufabschnitt	bearbeiten	transportieren	lagern	warten
1 Fleisch, Kartoffeln und Salat aus dem Keller holen		•		
2 Fleisch zum Auftauen bereitlegen			•	
3 Pellkartoffeln kochen	•			
4 Salat putzen, mit Essig/Öl anrichten	•			
5 Gewürze aus dem Vorratsraum holen		•		
6 Fleisch braten	•			
7 Garzeit prüfen				•
Summe	3×	2×	1×	1×

Übersicht 5.15

Man erkennt ebenfalls, welche Arbeitsschritte sich zukünftig zusammenfassen lassen (z. B. transportieren), verbesserter Ablauf siehe Übersicht 5.15.

Handlungsvorschlag
Führen Sie in Ihrer Schulküche eine Wege- und Zeitstudie sowie eine Ablaufanalyse zum Arbeitsprozess „Salatzubereitung" durch (Bestandteile: Salat, Tomate, Zwiebel, Gewürze, Essig, Öl). Hinweise zur Durchführung finden Sie auf den Seiten 340 ff.

Teilzeiten	Erklärung	Beispiel: Mittagessen
Gesamt-arbeitszeit	Zusammenfassung aller genannten Zeiten	Gesamtarbeitszeit für die Zubereitung des Essens
Rüstzeit	Vor- und Nacharbeiten einer auszuführenden Arbeit	Bereitstellen von Schüsseln und Töpfen, Abwaschen nach dem Gebrauch
Ausführungs-zeit	die zur Ausführung einer Arbeit nötige Zeit	Zeit für die eigentliche Zubereitung des Mittagessens
Grundzeit	Verrichtung manueller und maschineller Arbeit	Fleisch, Kartoffeln und Salat zubereiten
Verteilzeit	störungsbedingtes oder persönlich bedingtes Unterbrechen	Stromausfall, Händewaschen, Telefonanruf
Erholungs-zeit	Ausgleich aufgetretener Ermüdung	Zeitung lesen, Kaffee trinken, aus dem Fenster schauen, sitzen und ausruhen
Tätigkeitszeit	eigentliche Erledigung der Arbeit	Fleisch braten, Kartoffeln abpellen
Wartezeit	ablaufbedingtes Unterbrechen durch Küchengeräte, die teils beaufsichtigte und teils unbeaufsichtigte Arbeiten erledigen	Warten auf das Heißwerden des Bratfettes

Übersicht 5.16

Wesentliche Lerninhalte

Arbeitsplanung im Haushalt

Tages-, Wochen- und Monatspläne	Wegestudie	Zeitstudie	Ablaufanalyse
• verteilt Arbeiten zeitlich gebunden auf Personen • berücksichtigt Interessen, Arbeits-, Schul- und Hobbyzeiten • gleichmäßige Freizeit für jeden	• zeigt Länge der Arbeitswege auf • hilft die Küche zeit- und kraftsparender zu gestalten	• ermittelt die Zeit eines Arbeitsablaufes • hilft Wartezeiten, Erholungs- und Arbeitszeiten zu erkennen und zu verkürzen	• schlüsselt einzelne Arbeitsschritte genau auf • zeigt, welche Schritte wegfallen oder zusammengefasst werden können

Aufgaben

❶ Nennen Sie die Möglichkeiten der Arbeitsplanung im Haushalt.

❷ Erklären Sie, was man jeweils unter einer Gesamt-, Rüst-, Warte- und Verteilzeit einer Zeitstudie versteht.

❸ Erklären Sie, was man unter einer Ablaufanalyse versteht und welche Vorteile sie bringt.

❹ a) Begründen Sie, warum im Haushalt Tages-, Wochen- und Monatspläne für Hausarbeiten aufgestellt werden sollten.
   b) Erklären Sie, wie sich die drei Pläne unterscheiden.
   c) Nennen Sie Faktoren, die bei der Erstellung der Pläne berücksichtigt werden sollten.

6   Rechtsgeschäfte im Haushalt – Grundlagen

Das Recht hat die Aufgabe, das Zusammenleben der Menschen in der staatlichen Gemeinschaft zu regeln. Ohne Recht und Gesetz gäbe es in unserer Welt Chaos und Gewalt. Gebote und Verbote regeln jedoch die rechtlichen Beziehungen der Bürger untereinander.

Die verschiedenen Erscheinungsformen des Rechts werden als **Rechtsquellen** (Gesetze, Rechtsverordnungen, Satzungen, Vereinbarungen und Gewohnheitsrecht) bezeichnet. Das *Bürgerliche Gesetzbuch (BGB)* ist die wichtigste Rechtsquelle des deutschen bürgerlichen Rechts. Für den Kaufmann haben darüber hinaus das *Handelsgesetzbuch (HGB)*, das *Aktiengesetz (AktG)* sowie das *GmbH-Gesetz (GmbHG)* Bedeutung.

6.1   Personen im Rechtsverkehr (Rechtssubjekte)

Situation 1

Herr Meyer schreibt zu seinem 85. Geburtstag in seinem Testament, dass die eine Hälfte seines Vermögens sein Hund Buffy und seine Katze Susi und die andere Hälfte die Kirche erben sollen. Können die Genannten tatsächlich erben?   ▶▶▶

Erben kann nur, wer **rechtsfähig** ist, denn nur, wer rechtsfähig ist, ist Träger von Rechten und Pflichten. Rechtsfähig nach dem *BGB* sind aber nur:
- **natürliche Personen** = lebende Menschen, unabhängig von Alter, Geschlecht oder Rasse *(§ 1 BGB)*;
- **juristische Personen** = anerkannte Personenvereinigungen *(BGB §§ 21ff.)*.

▶▶▶ Da der Hund Buffy und die Katze Susi keine natürlichen Personen sind, besitzen sie keine Rechtsfähigkeit und können daher auch nicht erben. Die Kirche als juristische Person ist jedoch erbberechtigt.   ●●●

Situation 2
Tante Ursel schenkt dem 16-jährigen Klaus einen Hund und eine Jeans. Darf Klaus auch gegen den Willen der Eltern den Hund behalten?   ▶▶▶

Im Rechtsverkehr kann nur derjenige rechtlich wirksam handeln, der geschäftsfähig ist. Voll oder unbeschränkt geschäftsfähig sind alle Personen, die das 18. Lebensjahr vollendet haben. Geschäftsfähig bedeutet, dass man Rechtsgeschäfte selbständig und rechtswirksam abschließen kann. Das Gesetz setzt dabei voraus, dass jeder Mensch in der Lage ist, seine Geschäfte vernünftig zu führen. Da manchen diese Fähigkeit fehlt, erklärt das Gesetz sie für geschäftsunfähig bzw. beschränkt geschäftsfähig.

- **Geschäftsunfähig** ist gemäß *§ 104 BGB*:
  - wer das 7. Lebensjahr nicht vollendet hat,
  - wer dauernd geistesgestört ist.

- **Geschäftsunfähige** können keinerlei Rechtsgeschäfte gültig abschließen, d. h., für sie handelt stellvertretend der gesetzliche Vertreter.
  Eine Ausnahme sind Geschäfte des täglichen Lebens, die wenig Geld einschließen. Diese Geschäfte sind wirksam.

- **Beschränkt geschäftsfähig** sind alle Menschen vom vollendeten 7. bis zum 18. Lebensjahr *(§§ 2 und 106 BGB)*.

Die **Zustimmung** zu Rechtshandlungen Minderjähriger kann vor (= **Einwilligung**) oder nach (= **Genehmigung**) Abschluss des Rechtsgeschäftes erfolgen. Bei einseitigen Rechtsgeschäften, wie die Kündigung, die Anfechtung eines Rechtsgeschäftes, die Vollmachterteilung, der Rücktritt vom Vertrag usw., ist nach *§ 107 BGB* die vorherige Einwilligung des gesetzlichen Vertreters erforderlich. Sonst ist das Rechtsgeschäft unwirksam. Dagegen können Verträge auch nachträglich durch den gesetzlichen Vertreter genehmigt werden. Bis dahin sind sie schwebend unwirksam.

▶▶▶ In bestimmten Fällen können Minderjährige auch ohne Mitwirkung des gesetzlichen Vertreters rechtswirksam handeln. Dazu zählen Rechtsgeschäfte, die
- dem Minderjährigen nur rechtliche Vorteile bringen (§ 107 BGB, z. B. Annahme einer Schenkung) – in unserer Situation würde der Hund jedoch Hundesteuer und Pflege kosten, sodass Klaus den Hund nicht behalten darf;
- im Rahmen des Taschengeldes liegen (§ 110 BGB);
- den mit der Zustimmung des gesetzlichen Vertreters und Zustimmung des Vormundschaftsgerichts genehmigten selbständigen Betrieb eines Erwerbsgeschäftes betreffen (§ 112 BGB);
- das mit Zustimmung des gesetzlichen Vertreters geschlossene Arbeits- und Dienstverhältnis betreffen (§ 113 BGB). ●●●

Dementsprechend wäre der Kaufvertrag für ein Fernsehgerät, den der 16-jährige Klaus abgeschlossen hat, schwebend unwirksam, d. h., er gilt erst, wenn der gesetzliche Vertreter zustimmt. Die Zustimmung kann auch stillschweigend erteilt werden, es sei denn, der Vertragspartner des Minderjährigen hat den gesetzlichen Vertreter ausdrücklich zur Genehmigung aufgefordert (§ 108 BGB).

Kann ein Volljähriger aufgrund einer psychischen Krankheit oder einer körperlichen, geistigen oder seelischen Behinderung seine Angelegenheiten ganz oder teilweise nicht besorgen, so bestellt das Vormundschaftsgericht auf seinen Antrag oder von Amts wegen für ihn einen Betreuer (BGB § 1896).

Aufgaben
❶ Sehen Sie rechtlich eine Möglichkeit, dass der Hund Buffy und die Katze Susi aus unserer Situation 2 zumindest begrenzt in den Genuss der Erbschaft kommen?
❷ Nennen Sie Berechtigungen und Verpflichtungen natürlicher Personen, die an ein bestimmtes Lebensalter gebunden sind.
❸ Wovon hängt die Geschäftsfähigkeit ab?
❹ Gibt es Ausnahmetatbestände, wonach auch ein beschränkt Geschäftsfähiger rechtswirksame Erklärungen abgeben kann?
❺ Ein 16-jähriger Jugendlicher hat sich ohne Zustimmung seiner Eltern ein Mofa gekauft. Unter welcher Voraussetzung ist der Vertrag
  a) gültig,
  b) schwebend unwirksam,
  c) ungültig?
❻ Der Vertragspartner eines Minderjährigen widerruft einen noch nicht genehmigten Kaufvertrag. Ist dies rechtsgültig?
❼ Von ihrer Ausbildungsbeihilfe kauft sich die minderjährige Auszubildende Isabel eine Videoanlage im Wert von 450,00 €. Ist dieser Vertrag gültig?

Wesentliche Lerninhalte
Rechtsfähig sind natürliche Personen und juristische Personen.

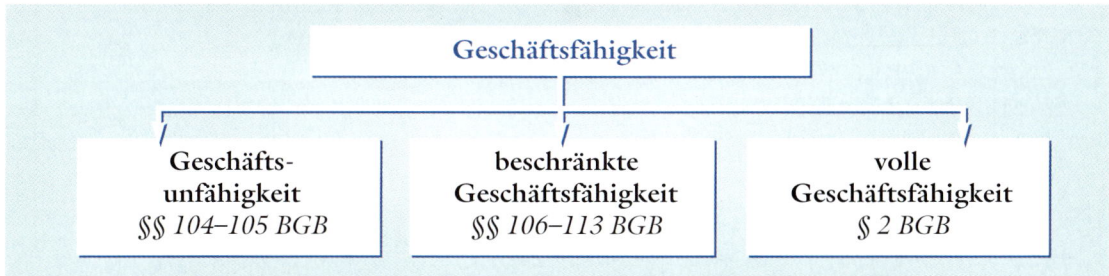

Geschäftsfähigkeit		
Geschäfts-unfähigkeit §§ 104–105 BGB	beschränkte Geschäftsfähigkeit §§ 106–113 BGB	volle Geschäftsfähigkeit § 2 BGB

6.2 Gegenstände des Rechtsverkehrs (Rechtsobjekte)

6.2.1 Sachen und Rechte

Situation
Frieder und Brigitte sind in ihr neues Haus eingezogen. In einem Gespräch mit Freunden ergibt sich die Frage, ob das zu tilgende Baudarlehen auch ein Rechtsobjekt ist. ▶▶▶

Den **Rechtssubjekten** (= natürlichen oder juristischen Personen) dienen die **Rechtsobjekte**. Rechtlich gesehen, handelt es sich um Gegenstände.
Den körperlichen Gegenständen und Dingen (= **Sachen**) stehen die nicht körperlichen, also die **Rechte** gegenüber (siehe Übersicht 6.1).
Bei Sachen ist weiterhin zu unterscheiden, ob es sich um vertretbare, verbrauchbare oder teilbare Sachen handelt:

- **Vertretbar** ist eine Sache, wenn sie sich von einer anderen Sache der gleichen Art nicht durch ausgeprägte Merkmale abhebt und somit austauschbar ist (Geld, Wertpapiere usw.). Dementsprechend sind unvertretbare Sachen einzigartig (Originalgemälde, Grundstücke usw.) (*§ 91 BGB*).

- Unter **verbrauchbaren Sachen** sind bewegliche Sachen zu verstehen, deren Bestimmung der Verbrauch oder die Veräußerung ist (Nahrungsmittel, Brennstoffe usw.). Die bloße Abnutzung ist dabei aber nicht erfasst, sodass z. B. Kleidung nicht darunter fällt (*§ 92 BGB*).

- **Teilbar** ist eine Sache dann, wenn sie ohne Wertverlust in gleichartige Teile zu zerlegen ist (*§ 752 BGB*).

- Unter **Zubehör** ist nach § 97 BGB eine bewegliche Sache zu verstehen, die dem Zweck der Hauptsache dient, ohne Bestandteil der Hauptsache zu sein. (Das Zubehör ist rechtlich selbständig.)

Ein **Darlehen** beinhaltet das Überlassen von Geld oder anderen vertretbaren Sachen mit der Verpflichtung für den Empfänger, das Empfangene in Sachen von gleicher Art, Güte oder Menge zurückzuerstatten (*§§ 607, 488 BGB*).

Rechtsobjekte

Sachen
(= körperliche Gegenstände und Dinge nach *§ 90 BGB*)
- bewegliche/unbewegliche (z. B. Waschmaschine/Grundstücke)
- vertretbar/unvertretbar (z. B. Geld/Originalgemälde)
- verbrauchbar/unverbrauchbar (z. B. Nahrungsmittel/Werkzeuge)
- teilbar/unteilbar (z. B. Schrank/Auto)
- Zubehör/Bestandteile (z. B. Verbandskasten oder Warndreieck/Reifen)

Rechte
(= nicht körperliche Rechtsgüter)

z. B. Forderungen aus Ausbildungsvertrag, Eigentum an einem Fernseher, Patente, Miete, Pacht

Übersicht 6.1

▶▶▶ Bei einem Baudarlehen werden Gelder für Neu-, Um- oder Ausbau gegeben. Diese Gebrauchsüberlassung stellt ein nicht körperliches Rechtsgut (ähnlich der Miete, Pacht, Leihe) dar. Das zu tilgende Baudarlehen von Frieder und Brigitte ist daher ein Rechtsobjekt. ●●●

Seit 1990 (*Gesetz zur Verbesserung der Rechtsstellung des Tieres*) sind Tiere in rechtlicher Hinsicht nicht mehr als Sachen anzusehen bzw. als solche zu behandeln. Die für Sachen geltenden Vorschriften sind nur dann auf Tiere anzuwenden, wenn in besonderen Gesetzen nichts bestimmt ist *(§ 90 BGB).*

6.2.2 Besitz und Eigentum

Situation
Der 19-jährige Hans-Dieter kauft sich eine Schreibmaschine, um Schreibarbeiten schneller und sauberer erledigen zu können. Auf Bitten Rudolfs leiht er ihm die Schreibmaschine für das Wochenende. Am folgenden Arbeitstag kann Rudolf die Maschine nicht zurückgeben, denn bei ihm wurde eingebrochen, wobei unter anderem die Schreibmaschine entwendet wurde. Wer hat Eigentum und wer Besitz an der Schreibmaschine? ▶▶▶

Eigentum = rechtliche Herrschaft über eine Sache, z. B. Vermieter einer Wohnung	**Besitz** = tatsächliche Herrschaft über eine Sache, z. B. Mieter einer Wohnung

Der Eigentümer kann im Rahmen der Gesetze mit einer Sache nach Belieben verfahren und andere von jeder Einwirkung ausschließen *(§ 903 BGB).*

Übersicht 6.2

▶▶▶ In der Umgangssprache werden **Besitz** und **Eigentum** häufig unterschiedslos verwendet, was jedoch nicht richtig ist. Zwar liegen Eigentum und Besitz oft in ein und derselben Hand, aber der Eigentümer ist nicht mehr Besitzer, wenn er seine Sache, z. B. die Schreibmaschine, verliehen hat: Er ist dann nur noch Eigentümer, Besitzer der Schreibmaschine war in unserer Situation bis zum Diebstahl also Rudolf.
Auch wenn die Schreibmaschine gestohlen wurde, so bleibt Hans-Dieter Eigentümer, der Dieb ist **bösgläubiger Besitzer**. ●●●

Wenn eine Sache verkauft wird, kann der Verkäufer vereinbarungsgemäß das Eigentum daran behalten, und zwar bis zur endgültigen Bezahlung durch den Käufer. **Eigentumsvorbehalt** wird häufig bei Ratenkäufen (= Abzahlungsgeschäften) angewendet, z. B. Übersicht 6.3.

Auto Eigentum oder Besitz 	Fahrzeugbrief (= eine Urkunde, in der das Fahrzeug und die an ihm bestehenden Rechtsverhältnisse (Eigentum usw.) vermerkt werden; kein Wertpapier) 
	• Das Eigentum am Fahrzeugbrief steht nach *§ 952 BGB* dem Eigentümer des Fahrzeugs zu. (Wird das Fahrzeug durch einen Nichtberechtigten ohne gleichzeitige Übergabe des Fahrzeugbriefs übereignet, so ist der Erwerber bösgläubig.)

Übersicht 6.3

Wesentliche Lerninhalte

- Gegenstände des Rechtsverkehrs lassen sich in Sachen und Rechte unterteilen.
- Besitz ist die tatsächliche Verfügungsgewalt über eine Sache. Eigentum ist die rechtliche Herrschaft über eine Sache.

Aufgaben

❶ Erläutern Sie die Begriffe „vertretbare" und „nicht vertretbare" Sachen und geben Sie Beispiele.

❷ Geben Sie Beispiele für verbrauchbare und nicht verbrauchbare Sachen.

❸ Karin hat Anina ihr Auto für eine Woche geliehen. Schon am dritten Tag fordert Karin es wieder zurück. Anina will den Wagen nicht herausgeben. Darf sich Anina gegenüber Karin zur Wehr setzen, wenn Karin den Wagen mit Gewalt zurückholen will?

❹ Bernt hat von Björn einen Kassettenrekorder entliehen und verschenkt ihn an Ramona, der bekannt ist, dass das Gerät Björn gehört. Ist der Kassettenrekorder durch die Schenkung Ramonas Eigentum geworden?

6.3   Arten und Zustandekommen von Rechtsgeschäften

6.3.1   Einseitige und mehrseitige Rechtsgeschäfte

Situation
Herr Brand, Einkaufsleiter eines Supermarktes in Hannover, erhält vom Weingroßhandel am Ort einen Anruf, in dem ihm 1 000 Flaschen Federweißer zu einem Vorzugspreis angeboten werden. Herr Brand ist mit der Lieferung einverstanden. Ist dadurch ein Kaufvertrag zustande gekommen? ▶▶▶

Eine geschäftsfähige Person nimmt am Rechtsleben teil, indem sie einen rechtlich bedeutsamen Willen oder Entschluss fasst und diesen auch erklärt (= **Willenserklärung**). Dadurch können Rechtsgeschäfte im täglichen Wirtschaftsleben begründet, verändert oder aufgehoben werden. Willenserklärungen kommen zustande durch:

- ausdrückliche Äußerung (mündlich, schriftlich, telefonisch),

- bloßes Handeln (Kopfnicken, Kopfschütteln, Einsteigen in ein Taxi, Hinzeigen auf eine Ware),

- Schweigen (im Rechtsverkehr gilt Schweigen in der Regel als Ablehnung, z.B. *§§ 146, 147 BGB;* unter Kaufleuten kann es als Annahme, *§ 362 HGB*, gelten).

▶▶▶ In unserer Situation ist der Kaufvertrag also durch Herrn Brands telefonische Zustimmung zustande gekommen. ●●●

Verträge sind Rechtsgeschäfte, denen zwei oder mehrere übereinstimmende Willenserklärungen zugrunde liegen, siehe Übersicht 6.4.

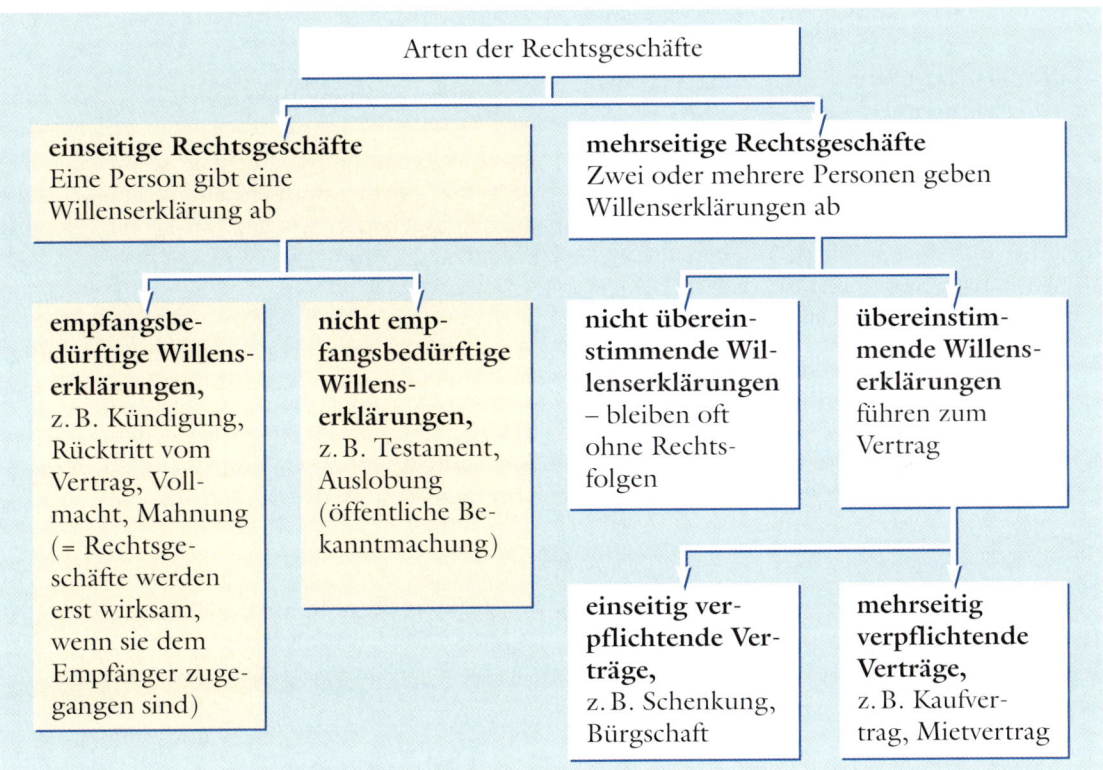

Übersicht 6.4

6.3.2 Die Form der Rechtsgeschäfte

Situation
Der Kaufmann Heinz Schulze erklärte vor dem unterzeichnenden Notar:
Meinem Enkel Hermann, geb. am 27. August 1985, möchte ich es ermöglichen, die bereits begonnene Ausbildung nach dem Tode seines Vaters fortzusetzen. Daher verspreche ich ihm, zwei Jahre lang eine monatliche Ausbildungsbeihilfe in Höhe von 450,00 € schenkungsweise zu zahlen. Diese Verbindlichkeit soll nicht mit meinem Tod erlöschen (im Sinne des § 520 BGB), sondern auf meine Erben übergehen.

Heinz Schulze Goslar, 15. Februar 20..

Grundsätzlich wird für **Rechtsgeschäfte** keine besondere Form verlangt, sodass die Vertragspartner ihre Rechtsverhältnisse nach ihrem Willen gestalten können. Zur Beweissicherung ist es jedoch oft sinnvoll, Verträge schriftlich zu formulieren.
In einigen Fällen ist die Einhaltung einer Form allerdings gesetzlich vorgeschrieben:

● Bei Bürgschaftsversprechen (nach § 766 BGB), Mietverträgen (im Sinne des § 550 BGB) oder Kündigungen bzw. Aufhebungsverträgen zur Beendigung von Arbeitsverhältnissen ist die **Schriftform nach § 126 BGB** einzuhalten.

- Sofern nichts anderes bestimmt ist, kann die gesetzliche Schriftform durch die **elektronische Form** ersetzt werden, wobei der Aussteller seinen Namen hinzufügen und das elektronische Dokument mit einer qualifizierten elektronischen Signatur nach dem Signaturgesetz versehen muss (gemäß *§§ 126 a BGB*).

- Des Weiteren ist **Textform nach *§ 126 b BGB*** in Betracht zu ziehen (Textform bedeutet, dass die festgehaltene Erklärung lesbar und die dauerhafte Wiedergabe in Schriftzeichen möglich ist), z. B. bei einer E-Mail oder einer Homepage im Internet.

- **Öffentlich zu beglaubigen** sind Anträge auf Eintragung ins Grundbuch, ins Handels-, Vereins- und Güterrechtsregister. Dies erfolgt durch den dazu befugten Beamten (meist ein Notar), der lediglich die Echtheit der Unterschrift, nicht jedoch den Inhalt der Urkunde beglaubigt (*§ 129 BGB*).

- Eine **notarielle Beurkundung (nach *§ 128 BGB*)** benötigen Veräußerungen und Belastungen von Grundstücken, Schenkungsversprechen sowie Beschlüsse einer Hauptversammlung einer AG.

Ist für das jeweilige Rechtsgeschäft eine bestimmte Form vorgeschrieben und ist diese nicht eingehalten worden, so ist das gesamte Rechtsgeschäft nichtig (*§ 125 BGB*).

6.3.3 Die Vertragsarten und ihre Entstehung

Geben zwei oder mehrere Personen Willenserklärungen ab, die die wesentlichen Vertragsbestandteile enthalten und inhaltlich übereinstimmen, so entsteht ein Vertrag.

Veräußerungsverträge	• **Kaufvertrag** *§§ 433–479 BGB* (Veräußerung von Sachen oder Rechten gegen Entgelt, z. B. Kauf von Elektrogeräten) • **Bewirtungsvertrag** als Abart des Kaufvertrages (z. B. ein Gast speist im Restaurant) • **Bierlieferungsvertrag** (z. B. ein Gastwirt verpflichtet sich, bei einer Brauerei Getränke abzunehmen) • **Tauschvertrag** *§ 480 BGB* (gegenseitige Überlassung von Sachen oder Rechten, z. B. Tausch eines Motorrades gegen einen Pkw).
Betätigungsverträge	• **Werkvertrag** *§§ 631–650 BGB* (Herstellung oder Veränderung einer Sache oder einer Dienstleistung gegen Entgelt, z. B. Bügelservice)
Überlassungsverträge	• **Darlehensvertrag** *§§ 607–610 BGB* (entgeltliche Überlassung von Geld oder Sachen zum Gebrauch, Verbrauch oder Rückgabe von Sachen gleicher Art und Menge, z. B. persönlicher Kleinkredit bei einer Bank, Überlassung von Eiern). • **Mietvertrag** *§§ 535–580 BGB* (entgeltliche Überlassung von Sachen zum Gebrauch z. B. Auto- oder Wohnungsvermietung). • **Pachtvertrag** *§§ 581–597 BGB* (entgeltliche Überlassung zum Gebrauch der Früchte; z. B. Pacht eines Grundstücks). • **Beherbergungsvertrag** als Abart des Mietvertrags (z. B. ein Gast übernachtet in einem Hotel) • **Leihvertrag** *§§ 598–606 BGB* (z. B. unentgeltliche Überlassung des eigenen Pkws für eine bestimmte Fahrt) • **Schenkungsvertrag** *§§ 516 ff. BGB* (unentgeltliche Zuwendung von Sachen und Rechten)

Übersicht 6.5

Die überwiegende Zahl kaufmännischer Geschäftsvorfälle basiert auf Verträgen. Die bedeutsamen **Vertragsarten** – siehe Übersicht 6.5 Kaufvertrag u. Mietvertrag (S. 136) – werden näher erläutert, da sie für die Hauswirtschaft von besonderer Bedeutung sind.

Bei Verträgen heißt die zuerst abgegebene Willenserklärung **Angebot**, die Zustimmung **Annahme**.

An das Angebot bleibt der Erklärende so lange gebunden, bis der Empfänger unter verkehrsüblichen Umständen darauf geantwortet haben kann (*§§ 145, 146, 151 BGB*).

Die Annahme muss:

- unter Anwesenden (dazu zählen auch Telefongespräche) sofort,
- unter Abwesenden bis zu einem Zeitpunkt, zu dem unter verkehrsüblichen Umständen (Bearbeitungszeit und Transportdauer) eine Antwort erteilt sein kann, erfolgen.

Eine zu spät abgegebene oder abgeänderte Annahme gilt als neues Angebot (*§§ 150 BGB*). Diesem muss die Gegenseite wiederum zustimmen, wenn der Vertrag Gültigkeit erlangen soll (*§§ 147, 148, 150 BGB*), siehe Übersicht 6.6.

6.3.4 Nichtigkeit und Anfechtbarkeit von Rechtsgeschäften

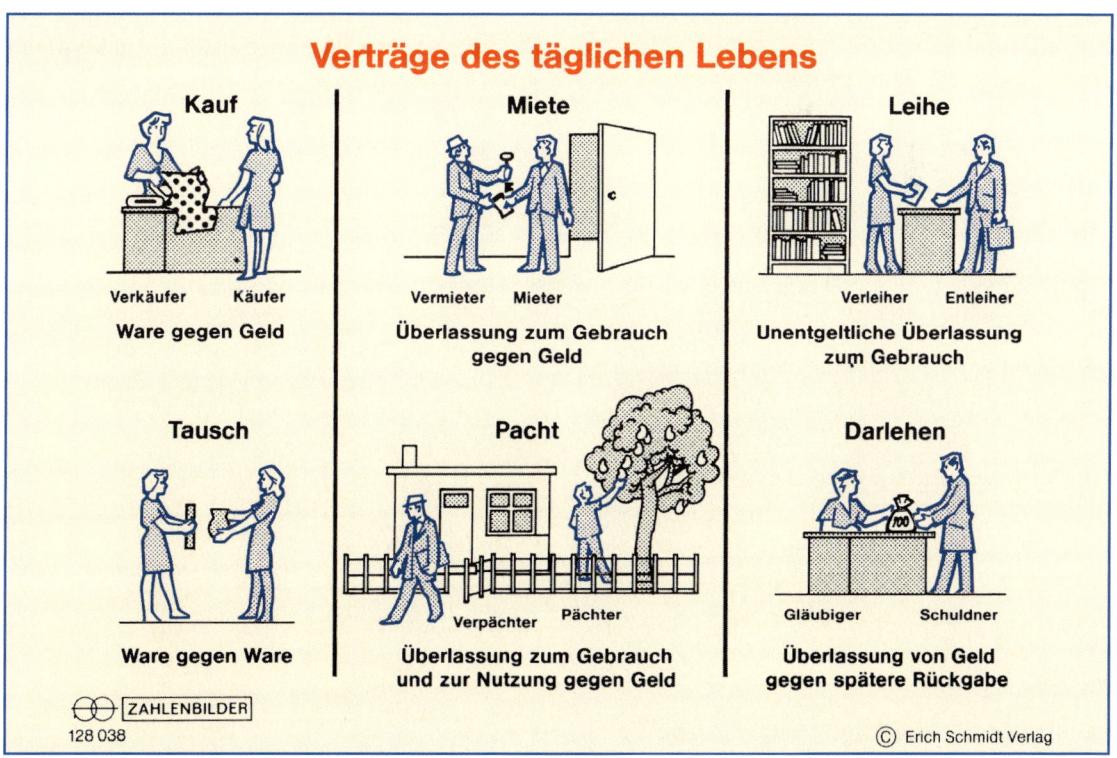

Verträge des täglichen Lebens

Kauf
Verkäufer   Käufer
Ware gegen Geld

Miete
Vermieter   Mieter
Überlassung zum Gebrauch gegen Geld

Leihe
Verleiher   Entleiher
Unentgeltliche Überlassung zum Gebrauch

Tausch
Ware gegen Ware

Pacht
Verpächter   Pächter
Überlassung zum Gebrauch und zur Nutzung gegen Geld

Darlehen
Gläubiger   Schuldner
Überlassung von Geld gegen spätere Rückgabe

ZAHLENBILDER
128 038

© Erich Schmidt Verlag

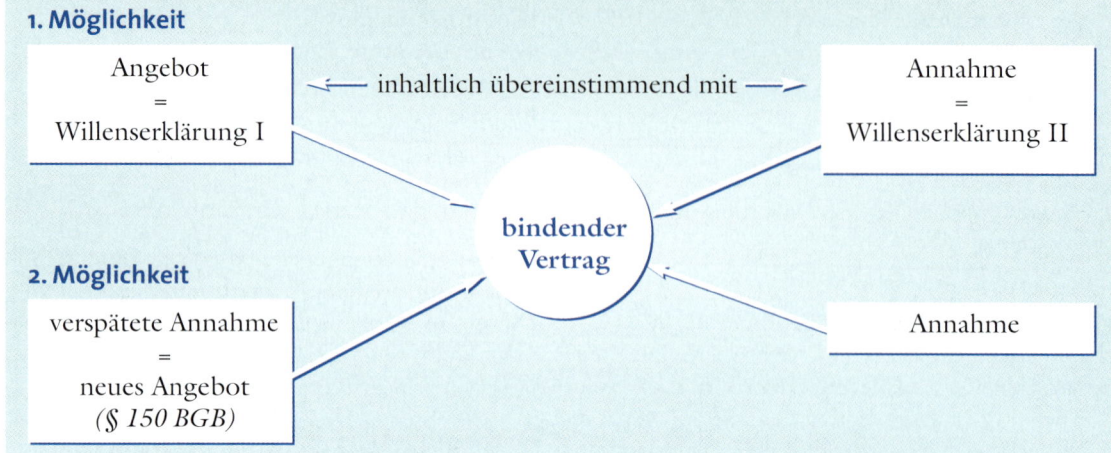

1. Möglichkeit

Angebot
=
Willenserklärung I

— inhaltlich übereinstimmend mit —

Annahme
=
Willenserklärung II

bindender Vertrag

2. Möglichkeit

verspätete Annahme
=
neues Angebot
(§ 150 BGB)

Annahme

Übersicht 6.6

Situation 2
Der Großhändler Kauz hat bei der Kalkulation seiner Preise für Wäsche den Gemeinkostenzuschlag zu niedrig angesetzt. Er will alle darauf beruhenden Kaufverträge rückgängig machen. Ist das möglich? ▶▶▶

Alle Rechtsgeschäfte sind bis zur **Anfechtung** voll wirksam. Es bedarf einer neuen Willenserklärung, die die Anfechtung zum Inhalt hat.

Demgegenüber sind nichtige Rechtsgeschäfte von Anfang an auch ohne besondere Erklärung ungültig, siehe Übersicht 6.7. Die Anfechtung eines Rechtsgeschäftes bei Irrtum muss unverzüglich, d. h. ohne schuldhaftes Verzögern nach der Entdeckung des Irrtums erfolgen (§ 121 BGB). Innerhalb eines Jahres nach Wegfall der Drohung oder Entdeckung der Täuschung sind Rechtsgeschäfte anzufechten, die aufgrund von Drohung oder Täuschung zustande gekommen sind (§ 124 BGB).

Anfechtbare Rechtsgeschäfte	Nichtige Rechtsgeschäfte

• Unter arglistiger Täuschung geschlossene Geschäfte – § 123 BGB, z. B. wird beim Kauf eines Gebrauchtwagens ein Unfall verschwiegen.
 	
 • Unter widerrechtlicher Drohung geschlossene Geschäfte – z. B. kommt ein Vertrag unter Gewaltandrohung zustande.
 	
 • Bei wesentlichem Irrtum geschlossene Geschäfte, wenn
   ○ Irrtum in der Person,
   ○ Irrtum in der Erklärung,
   ○ Irrtum in der Übermittlung
     (§§ 119, 120 BGB) vorliegt.
 Ausnahmen:
   ○ Motivirrtum,
   ○ Kalkulationsirrtum (siehe Situation 2)
	• Geschäfte mit geschäftsunfähigen Personen – § 105 BGB – siehe Situation 1.
	
	 • Geschäfte, die Formvorschriften nicht erfüllen, z. B. Kauf eines Hauses ohne notarielle Beurkundung – § 125 BGB.
	
	 • Geschäfte, die gegen die guten Sitten verstoßen – insbesondere Wucher – § 138 BGB.
	
	 • Verbotene Geschäfte – § 134 BGB
	 • Scherzgeschäfte – § 118 BGB
	 • Scheingeschäfte – § 117 BGB

Übersicht 6.7

▶▶▶ Aufgrund der mangelnden Geschäfts-fähigkeit eines sechsjährigen Jungen ist dem-nach kein Kaufvertrag zustande gekommen. Der vom Großhändler begangene Kalkula-tionsirrtum stellt keinen Grund für die An-fechtung von Rechtsgeschäften dar.   ●●●

Wesentliche Lerninhalte

- Beim Vertrag nennt man die Willenser-klärungen Angebot und Annahme.
- Für das Zustandekommen eines Vertrages müssen die beiden Willenserklärungen An-gebot und Annahme übereinstimmen.
- Die Vertragspartner sind an den geschlosse-nen Vertrag gebunden, unabhängig von der Form des Vertrages.
- Man unterscheidet: Veräußerungsverträge, Betätigungsverträge und Überlassungsver-träge.
- Ein Rechtsgeschäft, das auf einer nichtigen Willenserklärung beruht, ist von Anfang an unwirksam.
- Eine Anfechtung ist nur möglich, wenn Irr-tum, Täuschung oder Drohung vorliegen.

Aufgaben

❶ Horst Nauber will seine Tiefkühltruhe ver-kaufen und für den Erlös einen Tiefkühl-schrank kaufen. Weinhold bietet ihm 200,00 € für die Tiefkühltruhe. Damit ist Nauber nicht einverstanden. Liegt damit ein Rechtsgeschäft vor?

❷ Frau Schulze will ein Seniorenheim eröff-nen, da sie des Hausfrauendaseins überdrüs-sig ist. Sie übernimmt das Heim von der Arbeiterwohlfahrt. Welche Art Vertrag wird hier geschlossen?

❸ Beantworten Sie die in der Situation auf S. 137 gestellte Frage nach den Vertrags-arten.

❹ Das Altenheim des Ortes hat großen Win-terball. Dafür will sich Frau Qari ein Abendkleid schneidern lassen. Den Stoff hat sie bereits in einer Boutique gekauft und nimmt ihn mit zum Maßnehmen. Welcher Vertrag wird hier abgeschlossen?

❺ Michaela kann eine Veranstaltung in der Stadt nicht besuchen, da sie an dem Abend überraschend Besuch erhalten hat. Sie bietet ihre Eintrittskarte zu 25,00 € vor der Stadthalle an. Ein junger Mann gibt ihr den verlangten Preis und steckt die Karte ohne einen Ton zu sagen in die Tasche. Ist dadurch ein Kaufvertrag zustande gekommen?

❻ Peter Lichtenfeld nimmt am sonntäglichen Frühschoppen teil und sitzt mit Freunden am Stammtisch. Nachdem alle schon stark alkoholisiert sind, verkauft ihm ein Stammtischbruder unter Zeugen ein Reitpferd für seine Tochter. Am nächsten Tag bringt der Stammtischbruder das Pferd und verlangt den Kaufpreis. Inzwischen ist Lichtenfeld wieder nüchtern und merkt, dass er sich finanziell stark übernommen hat. Kann er vom Vertrag zurücktreten?

❼ Handelt es sich bei den folgenden Fällen um anfechtbare Rechtsgeschäfte?

a) Dirk (18 Jahre) hat von dem gleichaltrigen Björn ein Auto gekauft, und zwar in der Meinung, es handele sich um einen Kadett 1,7 l Rallye; tatsächlich ist es ein 1,2-l-Wagen.

b) Ein Weingroßhändler wollte einem Kasino einen Posten (200 Flaschen) Wein, Spätlese, zum Preis von 430,00 € anbieten. Aufgrund eines Schreibfehlers erhält das Kasino ein Angebot über 340,00 €.

c) Der Kunstliebhaber Zaljevski hat ein Bild erworben, von dem er glaubte, es stamme von dem Maler van Gogh. In Wirklichkeit ist es von einem unbekannten Maler gemalt worden.

d) Frau Klein, die Inhaberin einer Boutique ist, hatte zu Beginn der Badesaison in der Hoffnung auf einen sonnigen Sommer 100 Badeanzüge eingekauft. Wider Erwarten ist der Sommer kühl und regnerisch, und Frau Klein kann nur 47 modische Badeanzüge absetzen. Daraufhin teilt sie dem Lieferanten mit, er könne die restlichen Badeanzüge wieder abholen, weil sie nicht mit einem so schlechten Sommer gerechnet habe und daher die Badeanzüge nicht verkaufen konnte.

6.4 Der Kaufvertrag

6.4.1 Anfrage und Angebot

Situation
Janin hat einen „Gläsershop". Sie richtet eine Anfrage an das neu eröffnete Großhandelsunternehmen im Ort und erbittet ein Angebot über Gläser. ▶▶▶

Um nähere Angaben über die gewünschten Waren (hier Gläser) zu erhalten, werden mögliche Lieferanten gebeten, ein Angebot der benötigten Waren zu unterbreiten.

Eine **Anfrage** ist an keine bestimmte Form gebunden, kann also schriftlich, mündlich, telefonisch oder durch Telefax usw. erfolgen. Wenn eine Preisliste, ein Katalog oder ein Vertreterbesuch erbeten wird, so spricht man von einer allgemeinen Anfrage. Bezieht sich die Anfrage jedoch auf eine genau spezifizierte Ware, gesonderte Lieferungs- oder Zahlungsbedingungen, so liegt eine bestimmte Anfrage vor. Beide Arten der Anfrage sind rechtlich unverbindlich und gelten nicht als rechtsverbindliche Willenserklärung.

Demgegenüber ist das **Angebot** eine Willenserklärung, die an eine bestimmte Person gerichtet ist. Mit dem Angebot verpflichtet sich der Anbieter, über einen gewissen Zeitraum die Ware zu den angegebenen Bedingungen zu liefern. Angebote unterscheidet man nach der rechtlichen Bindung (= Verbindlichkeit), siehe Übersicht 6.8. Ebenfalls zu unterscheiden ist das **verlangte Angebot** unserer Situation vom unverlangten Angebot.

Angebote enthalten im Allgemeinen Angaben über
- Art der Ware,
- Beschaffenheit und Güte (*§ 243 BGB, § 360 HGB*),
- Menge,
- Preis,
- Übergabekosten (*§ 448 BGB*),
- Verpackungskosten (*§ 380 HGB, § 448 BGB*),

Angebote ohne einschränkende Klauseln feste, verbindliche Angebote (§ 145 BGB):	Angebote mit ganz ausgeschlossener oder eingeschränkter Bindung ganz oder teilweise unverbindliche Angebote (Angebote mit Freizeichnungsklauseln[1] § 145 BGB):
• Unbefristete Angebote: Im Angebot ist keine Gültigkeitsdauer angegeben. Es gelten die gesetzlichen Regelungen (§§ 147, 130 BGB)	• Angebote mit ganz (allgemein) ausgeschlossener Bindung: z. B. Angebote mit folgenden Klauseln: „Ohne Obligo", „Zwischenverkauf vorbehalten", „freibleibend", „unverbindlich", „ohne Gewähr"
• Befristete Angebote (§ 148 BGB): Angebote mit festgelegter zeitlicher Geltungsdauer, z. B.: „gültig bis 30. September 20.."	• Angebote eingeschränkter Bindung: Die Bindung an bestimmte Angebotsbedingungen wird eingeschränkt, z. B. „Preise freibleibend", „technische Änderungen vorbehalten"

Übersicht 6.8   [1] Auch Angebote mit Freizeichnungsklauseln können befristet oder unbefristet sein.

- Transportkosten,
- Lieferzeit,
- Zahlungsbedingungen (§§ 270f. BGB),
- Erfüllungsort (§ 269 BGB),
- Gerichtsstand (§ 29 ZPO).

Ein Angebot wird erst wirksam, wenn es dem Empfänger zugegangen ist. Bis dahin kann es widerrufen werden. Jeder **Widerruf** hat möglichst vor, spätestens gleichzeitig mit dem Angebot beim Kunden einzugehen. Dementsprechend sollte ein brieflliches Angebot fernmündlich oder fernschriftlich (z. B. Telefax) widerrufen werden.

Wenn der Empfänger eines Angebotes dies ablehnt, ändert oder nicht termingerecht annimmt, erlischt die Bindung des Verkäufers an das Angebot. Dies gilt auch, wenn die Annahme durch unverschuldete Zwischenfälle, z. B. bei der Nachrichtenübermittlung oder aufgrund eines Verkehrsunfalls, verursacht wird.

6.4.2 Der Abschluss des Kaufvertrags

▶▶▶ Nachdem die eingegangenen Angebote über Gläser detailliert geprüft und verglichen worden sind, wird Janin die Bestellung (den Auftrag) erteilen. Dieses ist die für einen Kaufvertrag erforderliche zweite Willenserklärung. Stimmen Angebot und Bestellung (= Annahme) in Inhalt und Form überein, so ist ein **Vertrag** zustande gekommen. ●●●

Gilt die Bestellung als Annahme des Angebots, so braucht sie vom Lieferer nicht bestätigt zu werden. Stellt sich beim Eingang der Bestellung eine auch nur geringfügige Abweichung vom Angebot heraus, so gilt das Angebot als abgelehnt und die Bestellung als neuer Antrag auf Abschluss eines Kaufvertrages (§ 150 BGB). Wenn ein Angebot in abgeänderter Form angenommen wird, so entsteht ebenfalls ein neuer Antrag. Die Bestellung ist in diesem Fall zu bestätigen (= **Bestellungsannahme** oder Auftragsbestätigung).

Mit dem **Kaufvertrag** sind die Partner Verpflichtungen eingegangen (= **Verpflichtungsgeschäft des Kaufvertrages**), die Ware/Leistung bleibt bis zu diesem Zeitpunkt noch unberührt gemäß *§ 433 BGB*. Erst wenn die Vertragspartner ihre durch den Kaufvertrag begründeten Verpflichtungen erfüllen, ändern sich die Eigentumsverhältnisse. Durch Einigung und Übergabe wird über die Ware/Leistung verfügt. Diese Vertragserfüllung bezeichnet man als Verfügungsgeschäft/**Erfüllungsgeschäft** *(§ 929 BGB)* im Kaufvertrag, siehe Übersicht 6.9. Sind zwischen Verkäufer und Käufer keine weiteren Vereinbarungen getroffen worden, so richten sich die gegenseitigen Rechte und Pflichten nach den Regelungen des *BGB* – für Kaufleute gilt ergänzend das *HGB*.

Aufgrund des Kaufvertrages übernehmen die Vertragspartner (Käufer und Verkäufer) folgende Verpflichtungen, die gleichzeitig die Rechte des anderen sind:

Der Käufer
● Abnahme und Prüfung der Ware
● Zahlung des Kaufpreises

und

der Verkäufer
● Lieferung der mangelfreien Ware
● Eigentum an den mangelfreien Waren verschaffen
● den Kaufpreis annehmen

Die Leistungen haben ordnungsgemäß zu erfolgen: mangelfrei, termingerecht und am richtigen Ort.
Die Erfüllung hat am Erfüllungsort (= Leistungsort) zu erfolgen, was nach dem *BGB* heißt, dass die Vertragspartner jeweils an ihrem Wohn- bzw. Firmensitz erfüllen. An diesem Ort findet gleichzeitig der so genannte Gefahrenübergang statt, d.h., das Risiko zufälliger Verschlechterung oder des Verlusts der Ware trägt von da an der Käufer *(§ 447 BGB)*, beim Geld findet allerdings kein Gefahrenübergang statt *(§ 270 BGB)*.

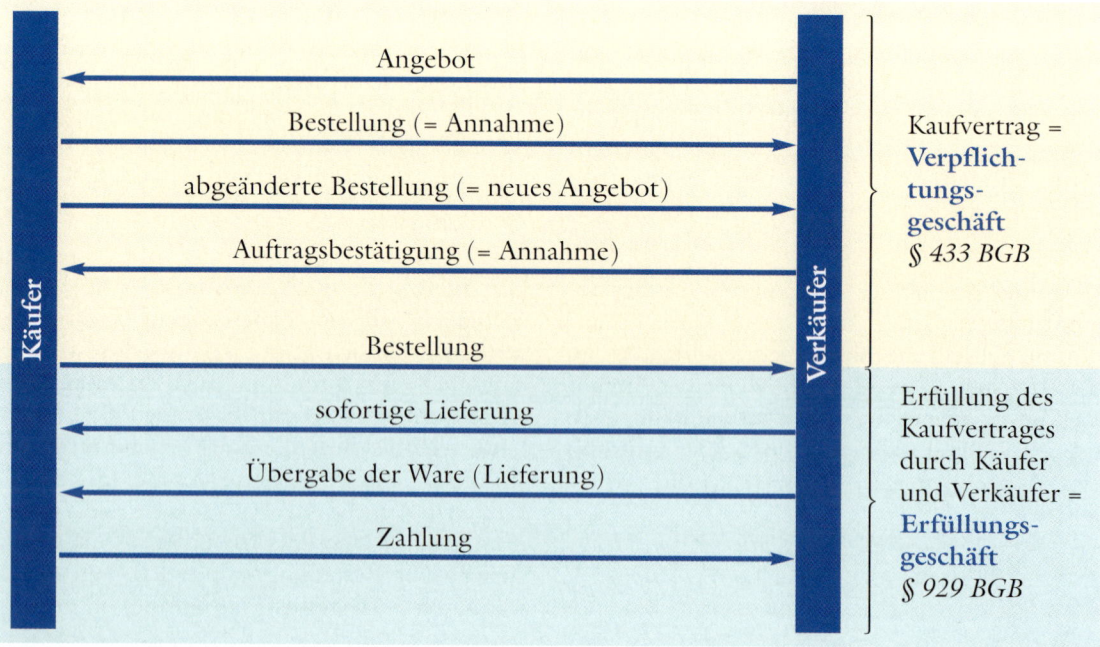

Übersicht 6.9

6.4.3 Besondere Unterscheidungen der Kaufverträge

Kaufverträge können unterschieden werden in

- Handelskauf und
- bürgerlichen Kauf (siehe Übersicht 6.10)

sowie nach

- Auswahl des Kaufgegenstandes (siehe Übersicht 6.11),
- Lieferzeit (siehe Übersicht 6.12) und Zahlungsbedingungen (siehe Übersicht 6.13).

Unterscheidung nach der Rechtsgrundlage	
Handelskauf a) einseitig b) zweiseitig	Ein Partner ist Kaufmann i. S. des *HGB*. Beide Partner sind Kaufmann i. S. des *HGB* (es gelten *§§ 373 ff. HGB*).
Bürgerlicher Kauf	Für beide Parteien kein Handelsgeschäft (es gelten *§§ 433 ff. BGB*).

Übersicht 6.10

Unterscheidung nach dem Kaufgegenstand	
originärer Kaufvertrag	Eine nicht vertretbare Sache (Stückkauf, z. B. gebrauchter Pkw, ein Rennpferd) oder eine vertretbare Sache, die nach Art, Maß, Zahl oder Gewicht bestimmt werden kann (Gattungskauf, z. B. Nahrungsmittel, Möbel), sind Kaufgegenstände im Sinne des *§ 433 BGB*.
Kauf zur Probe	Warenkauf einer kleinen Menge mit dem Hinweis, dass der Käufer evtl. weitere Posten der Ware beziehen will (z. B. Spirituosen).
Kauf nach Probe (nach Muster)	Endgültiger Kauf einer vom Verkäufer erhaltenen Probe. Die zu liefernde Ware muss der Probe entsprechen; unwesentliche Abweichungen müssen jedoch geduldet werden (z. B. Kaffee, Papierwaren).
Kauf auf Probe (zur Ansicht) *§ 454 BGB*	Kauf mit Rückgaberecht des Käufers innerhalb einer vereinbarten oder angemessenen Frist, in der der Käufer die Ware prüfen bzw. ausprobieren kann (z. B. Kauf eines Kühlschrankes, Fernsehgerätes).
Kauf nach Besichtigung	Der Käufer kann die Ware vor Vertragsabschluss besichtigen und dabei etwaige Mängel erkennen (z. B. Gebrauchtwagen).
Spezifikationskauf (Bestimmungskauf) *§ 375 HGB*	Kauf einer festgelegten Menge an Gattungswaren. Innerhalb einer festgesetzten Frist hat der Käufer das Recht, die zu liefernden Waren nach Maß, Form oder Farbe näher zu bestimmen (spezifizieren). Für die Gesamtmenge wird ein Grundpreis vertraglich vereinbart.
Kauf mit Umtauschrecht	Der Käufer hat das Recht, anstelle der gekauften Ware eine andere gleichen Wertes zu erhalten, wenn die Ware nachträglich nicht zusagt (z. B. vereinbartes Umtauschrecht bei Kauf eines Geschenks).

Übersicht 6.11

143

Unterscheidung nach der Lieferzeit

Tages- oder Sofortkauf	Die Lieferung hat unmittelbar nach dem Eingang der Bestellung zu erfolgen. Klausel: „Lieferung sofort".
Termin- oder Zeitkauf	Die Lieferung hat zu einem vereinbarten Termin oder innerhalb einer bestimmten Frist zu erfolgen (z. B. Lieferung Ende Juni; Lieferung nach der Weinlese).
Fixkauf § 323 BGB § 376 HGB	Die Lieferung hat an oder bis zu einem bestimmten Zeitpunkt zu erfolgen. Ist das nicht der Fall, hat der Verkäufer den Vertrag nicht erfüllt und gerät ohne Mahnung in Lieferungsverzug (z. B. Lieferung am 15. Juni 20..) bzw. hat ein Rücktrittsrecht.
Kauf auf Abruf	Der Käufer ruft die Ware ab – auch in Teilmengen möglich (z. B. Kauf von Mineralwasser durch eine Großküche).
Teillieferungsvertrag	Lieferung erfolgt in Teilmengen, und zwar als Zeitkauf, Fixkauf oder auf Abruf. Der Vorteil liegt im Einkauf großer Mengen (Rabatt, Ausschluss von Preissteigerungen) und niedriger Lagerhaltung.

Übersicht 6.12

Unterscheidung nach den Zahlungsbedingungen

Kauf gegen Vorauszahlung	Der Käufer hat vor Lieferung die Ware zu bezahlen.
Sofortzahlung	Die Ware ist bei Lieferung zu bezahlen (Zug-um-Zug-Geschäft).
Ziel- oder Kreditkauf	Die Zahlung hat innerhalb der vereinbarten Frist nach der Lieferung zu erfolgen.
Barkauf	Die Zahlung des Kaufpreises erfolgt auf einmal, gleichgültig ob vor, bei oder nach Lieferung gezahlt wird; ob bar, halbbar oder bargeldlos gezahlt wird.
Abzahlungskauf (Ratenkauf)	Die Zahlung des Kaufpreises erfolgt in Teilbeträgen vor, bei oder nach der Lieferung. Der Vertrag ist schriftlich abzuschließen. Er muss den Barzahlungspreis, den Teilzahlungspreis, Betrag, Zahl und Fälligkeit der einzelnen Teilzahlungen sowie den effektiven Jahreszins enthalten. Der Ratenkauf kann binnen zwei Wochen schriftlich widerrufen werden (§§ 505, 355 BGB).
Kommissionskauf	Der Käufer, z. B. die Großküche, braucht die Ware erst zu bezahlen, wenn er sie weiterverkauft hat.

Übersicht 6.13

6.4.4 Störungen bei der Erfüllung des Kaufvertrages

Beim Abschluss eines Kaufvertrags verpflichten sich die Parteien, ihre Leistungen ordnungsgemäß im Sinne der *§§ 433, 929 BGB* beziehungsweise wie vertraglich vereinbart zu erbringen.

Der Schuldner einer Leistung ist nach *§ 241 BGB* zur Leistungserbringung verpflichtet und diese geschuldete Leistung erlischt dann durch ordnungsgemäße Erfüllung gemäß *§ 362 BGB*. Erfüllen die Vertragspartner ihre eingegangenen Verpflichtungen nicht oder nicht vollständig, so können sich folgende (Leistungs-)Störungen ergeben:

a) **Lieferung mangelhafter Ware**
(Die Kaufsache ist mangelhaft.)
Beispiel: Der gelieferte, fabrikneue Küchenschrank hat einen tiefen Kratzer in der Fronttür.

b) **Lieferungsverzug** (Der Verkäufer liefert nicht oder nicht rechtzeitig.)
Beispiel: Der Verkäufer liefert die Bügeleisen erst elf Tage nach dem vereinbarten Termin.

c) **Annahmeverzug** (Der Käufer nimmt die Lieferung des Verkäufers nicht oder nicht rechtzeitig an.)
Beispiel: Die ordnungsgemäß angebotene Kaffeemaschine nimmt der Käufer zum vereinbarten Zeitpunkt nicht an.

d) **Zahlungsverzug** (Der Käufer bezahlt den vereinbarten Kaufpreis nicht oder nicht rechtzeitig.)
Beispiel: Der Käufer eines Heißmangelgeräts zahlt den dafür fälligen Kaufpreis erst fünf Wochen später.

Mangelhafte Lieferung

> **Situation**
> Der Getränkegroßhändler Dietz OHG, Birkengrund 11, 63741 Aschaffenburg, lieferte dem Dorfgemeinschaftshaus am Ort 48 Flaschen Doppelkorn, 38 %, zu 3,90 € und 60 Flaschen Apfelkorn, 32 %, zu 2,90 € je 0,7-l-Flasche.
> Nach Erhalt des Korns musste der Empfänger feststellen, dass vier Flaschen zerbrochen waren, sechs Flaschen nicht 0,7 l enthielten und der Doppelkorn das Etikett „Einfachkorn" trug. ▶▶▶

Der Verkäufer ist verpflichtet, dem Käufer die Sache frei von Sach- und Rechtsmängeln zu liefern *(§ 433 BGB)*. Dabei hat der Käufer zu prüfen, ob die vom Verkäufer gelieferte Ware bei der Warenannahme mangelhaft ist (Übersicht 6.14).

Art der Mängel

Sachmängel

§ 434 BGB: Fehlen der vereinbarten Beschaffenheit
Beispiel: Statt der vereinbarten 100-Watt-Leistung verfügt die Halogenleuchte lediglich über 60-Watt.

§ 434 BGB: Fehlen der vereinbarten Verwendungseignung
Beispiel: Beim Kauf von Küchenbekleidung ist ausdrücklich darauf hingewiesen worden, dass diese hitzebeständig sei, nach einigem Gebrauch wird deutlich, dass dies nicht der Fall ist.

§ 434 BGB: Fehlen der gewöhnlichen Verwendungseignung und Nichtaufweisen der üblichen Beschaffenheit
Beispiel: Die fabrikneue Waschmaschine kann keinen allgemein üblichen 60-Grad-Waschvorgang vornehmen.

§ 434 BGB: Fehlen der Eigenschaften, die der Käufer nach Äußerungen des Verkäufers oder der Werbung erwarten kann
Beispiel: Die Leistungsfähigkeit eines Laptops ohne Stromzufuhr wird mit 3 Stunden beschrieben, obwohl dieser tatsächlich nur 2,5 Stunden ohne Stromzufuhr arbeitsfähig ist.

§ 434 BGB: Fehlerhafte Montage bzw. -anleitung
Beispiel: Nach dem Kauf eines Computertisches übernimmt der Käufer den Zusammenbau anhand einer beigefügten Montageanleitung. Diese ist fehlerhaft, sodass es zu Beschädigungen kommt.

§ 434 BGB: Falschlieferung oder Lieferung einer Mindermenge
Beispiel: Anstelle der bestellten 12 roten Kugelkerzen werden 12 blaue Pyramidenkerzen geliefert (Falschlieferung) bzw. anstelle der 12 runden Tischdecken werden nur 6 davon geliefert.

Rechtsmängel

§ 435 BGB: Bestehen nicht vertraglich vereinbarter Rechte Dritter
(Bsp.: Verkauf von Markenkleidung ohne Lizenz)

§ 435 S. 2 BGB: Eintragung eines Rechts im Grundbuch, das tatsächlich nicht besteht
Beispiel: Versehentliche Eintragung eines Wegerechts für den Nachbarn eines Grundstücks

Übersicht 6.14

Darüber hinaus sind Mängel noch nach ihrer **Erkennbarkeit** zu unterscheiden (Übersicht 6.15):

- **Offene Mängel**
  Bei offenen Mängeln handelt es sich um solche, die zum Zeitpunkt der Übergabe der Kaufsache bei gewissenhafter Prüfung sofort zu erkennen sind (Beispiel: Der neue Kühlschrank hat bereits Rostflecken).

- **Versteckte Mängel**
  Trotz gewissenhafter Prüfung sind diese Mängel der Kaufsache bei Übergabe zunächst nicht zu erkennen, sondern kommen erst nach der erfolgten Übergabe zum Vorschein (Beispiel: Die Suppenkonserven enthalten bereits verdorbene Suppen).

● **Arglistig verschwiegene Mängel**
Arglistig verschwiegene Mängel sind solche, die dem Verkäufer bekannt sind, die er dem Käufer gegenüber aber absichtlich verschweigt (Beispiel: Ein Fernsehgerät wird als fabrikneu verkauft, obwohl es bereits ein Jahr genutzt worden ist).

Wird eine mangelhafte Kaufsache geliefert, so kann der Käufer den Mangel beanstanden (rügen) bzw. eine Mängelrüge abgeben. Dabei ist aber zu unterscheiden, ob der Kauf für beide Teile ein Handelsgeschäft (= beide Vertragspartner sind Kaufleute) darstellt oder ein einseitiger Handelskauf vorliegt (Übersicht 6.15):

Rügepflicht			
	Offene Mängel	**Versteckte Mängel**	**Arglistig verschwiegene Mängel**
Einseitiger Handelskauf (Verkäufer ist Unternehmer und der Käufer ist Verbraucher)	Rüge innerhalb von zwei Jahren möglich *(§ 475 BGB)*; Vermutung der Mangelhaftigkeit der Sache bis zu 6 Monaten nach Übergabe *(§ 476 BGB)*	Rüge innerhalb von zwei Jahren; eine Verkürzung ist bei gebrauchten Sachen möglich *(§ 475 BGB)*	Rüge innerhalb von drei Jahren *(§ 438 BGB)*
Zweiseitiger Handelskauf (Käufer und Verkäufer sind beide Unternehmer)	Unverzügliche Prüfung nach Eingang der Ware durch den Käufer und Anzeige gegenüber dem Verkäufer; bei Unterlassen der Anzeige gilt die Ware als genehmigt *(§ 377 HGB)*	Unverzügliche Anzeige der Mängel nach deren Entdeckung innerhalb von zwei Jahren *(§§ 377 BGB, 377 HGB)*, ansonsten gilt der Mangel als genehmigt; auch kann Haftung auf ein Jahr beschränkt werden	Unverzügliche Anzeige der Mängel nach deren Entdeckung innerhalb von drei Jahren *(§ 438 BGB)* bzw. bei arglistigem Verschweigen seitens des Verkäufers fehlende Berufungsmöglichkeit

Übersicht 6.15

Hat der Verkäufer die Ware übergeben und ist der Käufer seiner Prüfungs- bzw. Rügepflicht nachgekommen, stehen dem Käufer Gewährleistungsrechte nach *§ 437 BGB* zu:

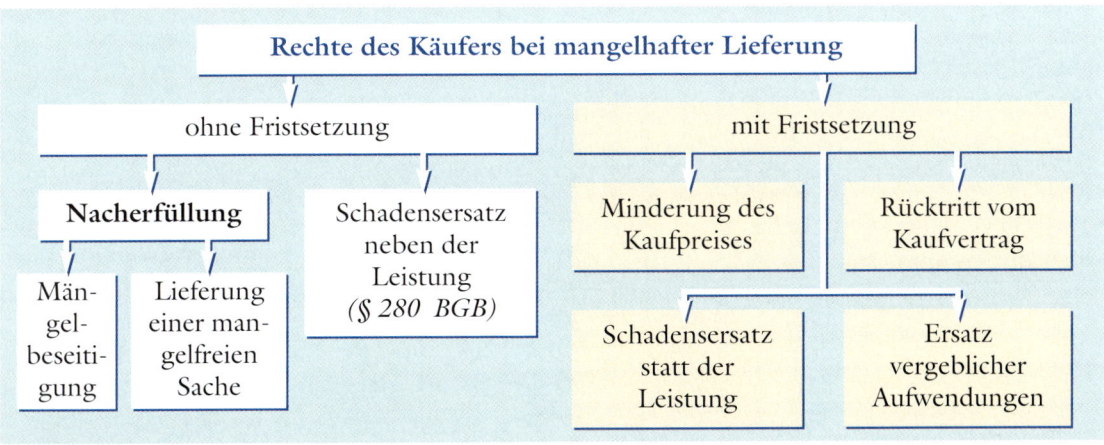

Übersicht 6.16

Der Käufer hat zunächst Nacherfüllung zu wählen; dabei kann er zwischen Mängelbeseitigung und Neulieferung wählen. Darüber hinaus kann er neben der eigentlichen Leistung noch Schadensersatz verlangen.

Ist die Nacherfüllung schließlich fehlgeschlagen, kann der Käufer Minderung des Kaufpreises, Rücktritt vom Vertrag oder Schadensersatz statt der Leistung erklären.

Dabei ist es dem Käufer auch möglich, neben dem Rücktritt Schadensersatz zu verlangen (§ 325 BGB).

Letztlich kann der Käufer auch anstelle des Schadensersatzes statt der Leistung den Ersatz der Aufwendungen verlangen, die er im Vertrauen auf den Erhalt der Leistung gemacht hat.

In der Situation kann der Käufer – ohne dass er dem Verkäufer eine Frist gesetzt hat – bezüglich der mangelhaften Lieferung Nacherfüllung und darüber hinaus noch Schadensersatz neben der Leistung (nach § 280 BGB) verlangen.

Ist die Nacherfüllung nach erfolgter Fristsetzung erfolglos geblieben, so kann der Käufer den Kaufpreis durch Erklärung vermindern oder vom gesamten Kaufvertrag zurücktreten. Ansonsten kann er auch Schadensersatz statt der Leistung oder Ersatz seiner vergeblich gemachten Aufwendungen verlangen.

Ausschluss der Rechte des Käufers

Die Rechte des Käufers können in bestimmten Situationen ausgeschlossen werden, z. B.:

- Der Käufer weiß bereits bei Vertragsabschluss, dass der Kühlschrank Rostflecken aufweist, sodass er keine Rechte mehr geltend machen kann (§ 442 BGB).

- Hat der Käufer den Kühlschrank bei Abschluss des Kaufvertrags nicht sorgfältig betrachtet und der Verkäufer die Rostflecken dabei auch nicht arglistig verschwiegen, so sind die Rechte des Käufers ausgeschlossen. Von einem umsichtigen Käufer wären die Rostflecken sofort erkannt worden (§ 442 BGB).

Verjährung der Gewährleistungsansprüche (§ 438 BGB)			
Ansprüche auf • Nacherfüllung • Schadensersatz st. d. Lstg. • Ersatz vergeblicher Aufwendungen	Ansprüche bei mangelhaften Bauwerken und Sachen, die für ein Bauwerk verwendet wurden	Ansprüche bei Rechten und Herausgabeansprüchen (z. B. im Grundbuch)	Ansprüche, bei denen der Verkäufer einen Mangel arglistig verschwiegen hat
2 Jahre Verjährungsfrist	5 Jahre Verjährungsfrist	30 Jahre Verjährungsfrist	3 Jahre Verjährungsfrist
Verjährung beginnt mit Ablieferung der beweglichen Sache Beispiel: Kauf eines Neuwagens, eines Standard-Computers	Verjährung beginnt mit Übergabe des Grundstücks sowie der Ablieferung der Sache Beispiel: Einbau einer Fußbodenheizung im Haus; direkter Anbau einer Garage an die Hausmauer	Verjährung beginnt mit Übergabe des Grundstücks sowie der Ablieferung der Sache Beispiel: Grundpfandrechte	Verjährung beginnt nach § 199 BGB mit dem Schluss des Jahres, in dem der Anspruch entstanden ist und der Gläubiger vom Anspruch Kenntnis erlangt hat Beispiel: Verkauf eines verunfallten Motorrads als unfallfrei

Übersicht 6.17

- Grundsätzlich ist der Ausschluss der Rechte des Käufers möglich; nur dann nicht, wenn der Verkäufer die Rostflecken am Kühlschrank arglistig verschwiegen oder eine Garantie für die Beschaffenheit des Kühlschranks übernommen hat *(§ 444 BGB)*.

Schließlich muss der Käufer darauf achten, seine Gewährleistungsrechte innerhalb bestimmter Fristen geltend zu machen, da die Mängelfristen ansonsten abgelaufen sind und er die Mängel gerichtlich nicht mehr durchsetzen kann (Übersicht 6.17).

Lieferungsverzug

Situation

Der Getränkegroßhändler Dietz OHG hat zugesagt, im September den im August bestellten Rotwein zu liefern. Am 3. September mahnt die Leiterin des Dorfgemeinschaftshauses die Lieferung bei der Dietz OHG an und setzt eine Frist bis zum 15. September. Der Getränkegroßhändler kann die Ware bis zum 15. September nicht liefern, denn die Bestellung wurde von der Verkaufsabteilung zu spät an den Abfüller weitergereicht. ●●●

Lieferungsverzug (= eine Form des Schuldnerverzugs) liegt vor, sofern der Schuldner eine Leistung nicht oder nicht rechtzeitig trotz Fälligkeit und Mahnung erfüllt und diese Nichterfüllung auch zu vertreten hat *(§ 286 BGB)*. Die Leistung muss aber noch möglich sein.

Voraussetzungen des Lieferungsverzugs

Wirksamer Anspruch
Beispiel: Nach dem Abschluss eines Kaufvertrags über ein 24-teiliges Teeservice hat der Käufer einen Anspruch auf Lieferung des Services.

Pflichtverletzung des Verkäufers (Nicht- bzw. Nichtrechtzeitiglieferung)
Beispiel: Der Verkäufer liefert das Service nicht zum vereinbarten Termin, sondern erst zwei Wochen später.

Fälligkeit der Leistung
Unter Fälligkeit ist der Zeitpunkt zu verstehen, ab dem der Käufer die Lieferung verlangen kann.
Beispiel: Die Lieferung des Services ist ab dem vereinbarten Termin fällig.

Mahnung des Verkäufers durch den Käufer
Die Mahnung ist die letzte Aufforderung des Gläubigers gegenüber dem Schuldner, dass dieser seine Leistung erbringt. Die Mahnung ist bei bestimmten Voraussetzungen sogar entbehrlich *(§ 286 BGB)*.
Beispiel: Der Käufer muss den Verkäufer mittels Einschreibens aufgefordert haben, ihm das Teeservice zu liefern.

Einredefreiheit
Beispiel: Einrede des nicht erfüllten Vertrags

Vertretenmüssen des Verkäufers
Der Verkäufer hat die Lieferungsverzögerung zu vertreten, sofern diese durch eigenes Handeln eingetreten ist (nicht durch höhere Gewalt)!
Beispiel: Kann der Verkäufer aufgrund überschwemmter Straßen in Dresden dem Käufer das Teeservice nicht liefern, so hat er die Verzögerung nicht zu vertreten und kommt daher nicht in Verzug.

Übersicht 6.18

Rechtsfolgen des Lieferungsverzugs

- **Erweiterte Haftung des Verkäufers**
  Während des Verzugs haftet der Verkäufer nicht nur für Vorsatz und grobe Fahrlässigkeit, sondern er hat jede Fahrlässigkeit zu vertreten. Dabei ist die Haftung verschuldensunabhängig und bezieht sich nur auf die eigentlichen Leistungspflichten (§ 287 BGB).
  Dabei ist zu beachten, dass der Verkäufer auch für Zufall haftet, es sei denn, der Schaden wäre auch bei rechtzeitiger Leistungserbringung gleichermaßen eingetreten (dieses ist dann vom Verkäufer zu beweisen).
  Beispiel: Wird der bereits verkaufte, aber dem Käufer noch nicht gelieferte Neuwagen während des Verzugs beim Verkäufer gestohlen, so haftet der Verkäufer dafür.

- **Rechte des Käufers**
  ○ **ohne eine angemessene Fristsetzung:**
    – Bestehen auf Lieferung
    – daneben: Anspruch auf Schadensersatz wegen Verzögerung der Leistung

    Beispiel: Bestehen auf Lieferung eines Neuwagens und daneben Anspruch auf Ersatz der Kosten, die der Käufer dadurch hat, dass er sich in der Zwischenzeit einen Mietwagen nehmen musste.
  ○ **nach erfolglosem Ablauf einer angemessenen Fristsetzung:**
    – Rücktritt vom Vertrag
    – Schadensersatz statt der Leistung
    – Ersatz vergeblicher Aufwendungen anstelle des Schadensersatzes statt der Leistung (§ 284 BGB)

    Beispiel: Nach dem erfolglosen Ablauf einer angemessenen Frist, innerhalb derer der Verkäufer den Neuwagen zu liefern hat, kann der Käufer vom Kaufvertrag zurücktreten, Schadensersatz statt der Leistung verlangen, oder stattdessen die vergeblich gemachten Aufwendungen bezüglich des Neuwagenkaufs ersetzt verlangen.

Annahmeverzug

Die Erfüllung der Leistungspflicht des Verkäufers kann auch dadurch gestört werden, dass der Käufer durch sein Verhalten dem Verkäufer die Leistungserbringung verzögert. **Annahmeverzug** liegt vor, wenn ein Käufer die ihm angebotene Leistung nicht annimmt (§ 293 BGB).
Beispiel: Essen vom Menübringdienst kann nur dann verzehrheiß beim Kunden sein, wenn es pünktlich angenommen wird.

Rechtsfolgen des Annahmeverzugs

- **Eingeschränkte Haftung des Verkäufers**
  Mit Eintritt des Annahmeverzugs haftet der Verkäufer bei Untergang der Sache nur für Vorsatz und grobe Fahrlässigkeit (§ 300 BGB).
  Beispiel: Befindet sich der Käufer eines neuwertigen PKWs im Annahmeverzug, so haftet der Verkäufer nur bei vorsätzlicher oder grob fahrlässiger Beschädigung des Pkws. (Bei Gattungsschulden geht die Gefahr der Verschlechterung komplett auf den Käufer über – § 300 BGB).

- **Verzinsung**
  Bei Annahmeverzug von verzinslichen Geldschulden sind keine Zinsen zu entrichten (§ 301 BGB).
  Beispiel: Monika schuldet ihrer Kollegin Petra 200,00 €. Petra erscheint aber nicht

Voraussetzungen des Annahmeverzugs

Fälligkeit der Leistung

Haben die Parteien einen Zeitpunkt der Warenlieferung vereinbart, so ist an diesem Termin Fälligkeit gegeben. Leistet der Verkäufer aber bereits vor dem Termin, ohne dass er es angekündigt hat, so ist der Verkäufer zur Leistungserbringung nicht berechtigt. somit kommt der Käufer bei Nichtannahme auch nicht in Annahmeverzug.

Beispiel: Die von Helga Hummel bestellte Hochzeitstorte wird von der Konditorei Stauchinger bereits zwei Tage vor dem vertraglichen Termin geliefert. Zu diesem Zeitpunkt ist Frau Hummel aber nicht zu Hause anzutreffen, sodass sie die Torte nicht annehmen kann. Frau Hummel ist nicht in Annahmeverzug geraten.

Ordnungsgemäßes Angebot der Leistung

Der Verkäufer muss dem Käufer seine Leistung zur richtigen Zeit und am richtigen Ort mangelfrei anbieten (§§ 270, 271 BGB).

Nichtannahme der Leistung

Letztlich muss der Käufer unabhängig vom Verschulden die ihm angebotene Leistung nicht angenommen haben.

Beispiel: Marleen plant, am nächsten Samstag eine Halloween-Party zu veranstalten, und hat dafür den Partyservice bestellt. Dieser erscheint zum vereinbarten Termin, Marleens Bruder Bruno verweigert allerdings die Annahme mit dem Grund, dass seine Schwester derzeitig nicht anwesend ist und die gelieferten Speisen und Getränke nicht selbst abnehmen kann. Marleen ist von da an im Annahmeverzug.

Übersicht 6.19

---

zum vereinbarten Rückzahlungstermin, sondern holt das Bargeld erst zwei Wochen später ab. Für diese zwei Wochen kann Petra keine Zinsen verlangen.

- **Vergütungsgefahr**
  Der Verkäufer behält trotz seiner Leistungsbefreiung aus § 300 BGB seinen Anspruch auf die Kaufpreiszahlung.
  Beispiel: Während des Annahmeverzugs des Käufers kann der Verkäufer, auch wenn er nicht erneut liefern muss, dennoch den Kaufpreis für die Waschmaschine vom Käufer verlangen.

Rechte des Verkäufers

- **Bestehen auf Abnahme:**
  Der Verkäufer kann auf Abnahme bestehen und notfalls auch darauf klagen.
  Beispiel: Der Verkäufer des PKWs kann verlangen, dass der Käufer den PKW abholt.

- **Hinterlegungsrecht:**
  Der Verkäufer kann sich durch Hinterlegung von seiner Leistungspflicht nach §§ 372 ff. BGB befreien;
  Beispiel: Die Bäckerin Paula Pohl kann sich dadurch von ihrer Leistungspflicht gegen-

über der im Annahmeverzug befindlichen Konditorin Karla Klotz befreien, dass sie die teure Kasse öffentlich hinterlegt.

- **Selbsthilfeverkauf:**
Seiner zu leistenden beweglichen Sache kann sich der Verkäufer auch durch einen anzudrohenden Selbsthilfeverkauf entledigen, sofern eine Hinterlegung nicht möglich ist. Der Selbsthilfekauf ist in *§ 373 HGB* festgelegt, z.B. Notverkauf verderblicher Waren ohne Androhung und Fristsetzung auf Kosten des Käufers.
Beispiel: Hat das Hotel „Zur Rose" die bei der Floristin Flora bestellten 50 frischen Schnittrosen zum vereinbarten Termin nicht abgeholt und sich auch nicht gemeldet, kann sich Flora dieser Rosen durch Notverkauf entledigen.

- **Ersatz von Mehraufwendungen:**
Alle durch den Annahmeverzug entstandene

Kosten kann der Verkäufer vom Käufer ersetzt verlangen (*§ 304 BGB*).
Beispiel: Die Kosten, die dem Computerfachgeschäft Krebs durch die Lagerung des bestellten, aber nicht angenommenen Computers entstanden sind, kann Krebs vom Käufer ersetzt verlangen.

Zahlungsverzug

Kommt ein Käufer als Geldschuldner seiner Zahlungsverpflichtung nicht ordnungsgemäß nach (d.h., er zahlt gar nicht, unvollständig oder nicht rechtzeitig), so liegt als eine weitere Form des Schuldnerverzugs, der **Zahlungsverzug** vor.
Zu beachten ist bei der **Geldschuld**, dass wirtschaftliches Unvermögen den Käufer nicht vor seiner Zahlungspflicht bewahrt. Hier gilt der Grundsatz „Geld hat man zu haben".

Voraussetzungen des Zahlungsverzugs

Wirksamer Anspruch
Beispiel: Das Hotel Orkano hat mit dem Warenhaus Wiese einen wirksamen Kaufvertrag über 150 dreiarmige silberne Kerzenständer zu je 18,00 € geschlossen. Es ist somit ein Anspruch des Warenhauses gegen das Hotel auf Kaufpreiszahlung in Höhe von 2700,00 € entstanden.

Pflichtverletzung des Käufers
Beispiel: Das Hotel zahlt den Kaufpreis erst fünf Wochen nach dem vertraglich vereinbarten Termin, sodass die verspätete Zahlung eine Pflichtverletzung seitens des Hotels ist.

Fälligkeit der Leistung
Beispiel: Bei Vertragsabschluss zwischen dem Hotel Orkano und dem Warenhaus Wiese ist vereinbart worden, dass der Kaufpreis spätestens drei Wochen nach der Lieferung der Kerzenständer zu zahlen ist.

Mahnung des Käufers durch den Verkäufer
Der Verkäufer muss den Käufer wegen der noch ausstehenden Zahlung mahnen, sodass der Käufer in Verzug gerät. Spricht er keine Mahnung aus, so kommt der Käufer spätestens nach Ablauf von 30 Tagen nach Fälligkeitsdatum in Zahlungsverzug (*§ 286 BGB*).

Einredefreiheit
Beispiel: Das Hotel darf dem Warenhaus gegenüber z.B. nicht wahrheitsgetreu einwenden, dass noch keine Lieferung der Kerzenständer erfolgt ist. Andernfalls wäre es kein Zahlungsverzug.

Übersicht 6.20

Rechtsfolgen des Zahlungsverzugs

Die Rechtsfolgen des Zahlungsverzugs entsprechen im Grundsatz denen des Lieferungsverzugs:

● **Erweiterte Haftung des Käufers**

Wie beim Lieferungsverzug hat der Käufer während des Zahlungsverzugs eine erweiterte Haftung nach *§ 287 BGB*.

● **Rechte des Verkäufers**
  ○ **ohne Fristsetzung:**
    – Anspruch auf Verzugszinsen (*§ 288 BGB*) (Ist z. B. die Hauswirtschafterin Helga Hummel mit ihren Zahlungsverpflichtungen aus dem Kaufvertrag über einen Fernseher mit dem Elektrofachgeschäft Engel in Verzug, so hat sie für die Zeit des Verzugs den geschuldeten Kaufpreis mit fünf Prozent über dem Basiszinssatz zu verzinsen. In anderen Fällen gelten z. T. acht Prozent.)
    – Schadensersatz wegen Leistungsverzögerung (*§§ 280, 286 BGB*) Dieser Anspruch tritt neben den eigentlichen Erfüllungsanspruch, sodass der Verkäufer weiterhin Zahlung des Kaufpreises fordern und den Käufer notfalls auf Zahlung verklagen kann. (Sind z. B. dem Verkäufer nach Eintritt des Zahlungsverzugs Aufwendungen entstanden, wie durch das Einschalten eines Inkassobüros oder eines Anwalts, so kann er diese Verzögerungsschäden neben dem eigentlichen Erfüllungsanspruch gegenüber dem Käufer geltend machen.)
  ○ **nach erfolglosem Ablauf einer angemessenen Frist zur Zahlung:**
    – Schadensersatz statt Leistung (*§§ 280, 281 BGB*) (Hat z. B. die Verkäuferin Valentina dem Käufer Kramer eine angemessene Frist gesetzt und ist diese erfolglos abgelaufen, so kann Valentina die verspätete Zahlung für die Ware ablehnen und

stattdessen Schadensersatz statt der Leistung verlangen. Der Käufer hat dann alle dabei angefallenen Kosten zu tragen.)
    – Rücktritt vom (Kauf-) Vertrag (*§ 323 BGB*) (Z. B. nach dem erfolglosen Ablauf einer angemessenen Fristsetzung kann die Verkäuferin Valentina vom Vertrag mit dem Käufer Kramer zurücktreten; daneben kann sie auch Schadensersatz verlangen.)

Produkthaftung und -sicherheit

● **Produkthaftung**

Neben den kaufrechtlichen Gewährleistungsrechten nach *§§ 437 ff. BGB* dient auch das *Gesetz über die Haftung für fehlerhafte Produkte (ProdHaftG)* dem Verbraucherschutz. Es regelt den Ersatz für Folgeschäden, die durch den Gebrauch eines fehlerhaften Produkts entstanden sind. Die Produkthaftung ist eine **verschuldensunabhängige** Gefährdungshaftung. Nach *§ 1 ProdHaftG* hat jeder Hersteller eines fehlerhaften Produkts (innerhalb der EU), durch welches eine Körperverletzung oder Sachbeschädigung entstanden ist, dem Geschädigten den entstandenen Schaden zu ersetzen. Dies ist unabhängig vom Verschulden des Herstellers.
Der Haftungshöchstbetrag bei Personenschäden liegt bei 85 Millionen €; bei Sachschäden gibt es keine Höchstbegrenzung, der Geschädigte hat allerdings einen Schaden bis 500 € selbst zu tragen.

- **Produktsicherheit**

Ziel des *Produktsicherungsgesetzes (ProdSG)* ist es, dass von Anfang an nur sichere Produkte auf den Markt gelangen. Es soll die Lücke zum *ProdHaftG* schließen und beinhaltet die gesetzlichen Regelungen, ob und inwieweit dem Hersteller die Pflicht zukommt, Schäden aufgrund seiner Produkte von vornherein zu vermeiden.

Das *ProdSG* gilt für alle Produkte, die zur privaten Nutzung durch den Verbraucher bestimmt sind.

Es ist Pflicht des Herstellers, lediglich sichere Produkte auf den Markt zu bringen. Als sicher gilt ein Produkt, wenn bei bestimmungsgemäßer Verwendung keine erheblichen Gefahren für die Gesundheit von Personen ausgehen. Bestimmte Produkte müssen erst gewisse Sicherheitsvorschriften erfüllen, bevor sie zugelassen werden. Auch Rückrufaktionen sind durch das ProdSG geregelt *(§§ 7 ff. ProdSG)*.

Produzentenhaftung aus unerlaubter Handlung

Die Produkthaftung (siehe oben) ist verschuldensunabhängig, wogegen die Produzentenhaftung aus unerlaubter Handlung **verschuldensabhängig** ist.

Eine unerlaubte Handlung im Sinne des *§ 823 BGB* liegt vor, wenn die allgemeinen Rechte einer Person vorsätzlich oder fahrlässig durch eine menschliche Handlung verletzt werden. Auch der Verstoß gegen Schutzgesetze stellt eine unerlaubte Handlung dar.

Gelingt es dem Hersteller nicht, sein Nichtverschulden zu beweisen, so hat er dem Geschädigten den verursachten Schaden zu ersetzen. Bei Sachschäden hat er den vollen Schaden sowie den entgangenen Gewinn zu ersetzen. Bei Personenschäden können neben den materiellen auch immaterielle Schäden ersetzt werden (auch Schmerzensgeld).

Handlungsvorschlag

Nehmen Sie an, Sie möchten eine Ware kaufen, die im Geschäft gerade nicht vorrätig ist. Die Ware für sich bestellen und dafür eine Anzahlung leisten kann zu Problemen führen. Um auf Ähnliches vorbereitet zu sein, versuchen Sie sich in Form eines Rollenspiels, Hilfestellung: S. 344.

Wesentliche Lerninhalte

- Die Anfrage ist rechtlich unverbindlich.
- Angebote sind rechtlich bindend. Die Bindung kann erlöschen oder durch eine Freizeichnungsklausel ausgeschlossen sein.
- Ein Angebot enthält im Allgemeinen Angaben über:
  - Art, Güte, Beschaffenheit der Ware,
  - Menge,
  - Preis und Preisnachlässe,
  - Lieferbedingungen,
  - Erfüllungsort und Gerichtsstand,
  - Zahlungsbedingungen.
- In der Bestellung werden alle Vertragsbestandteile wiederholt.
- Unveränderte Bestellung auf ein Angebot → Annahme (= Kaufvertrag ist zustande gekommen).
  Abgeänderte Bestellung auf ein Angebot → neues Angebot.
- Der Widerruf einer Bestellung muss spätestens mit der Bestellung eingehen.
- Der Kaufvertrag verpflichtet den Verkäufer, dem Käufer das Eigentum an der Sache zu verschaffen; Eigentümer der Sache ist er damit noch nicht; die Eigentumsverhältnisse gehen erst durch Einigung und Übergabe an den Käufer über.
- Der Verkäufer ist durch den Kaufvertrag zur Beschaffung von Gegenständen ohne Rechts- und Sachmängel und zur Übertragung des Eigentums verpflichtet, der Käufer zur Abnahme der Ware und Zahlung des Kaufpreises.
- Unter Leistungsstörungen sind mangelhafte Lieferung, Lieferungsverzug, Annahmeverzug und Zahlungsverzug zu verstehen.

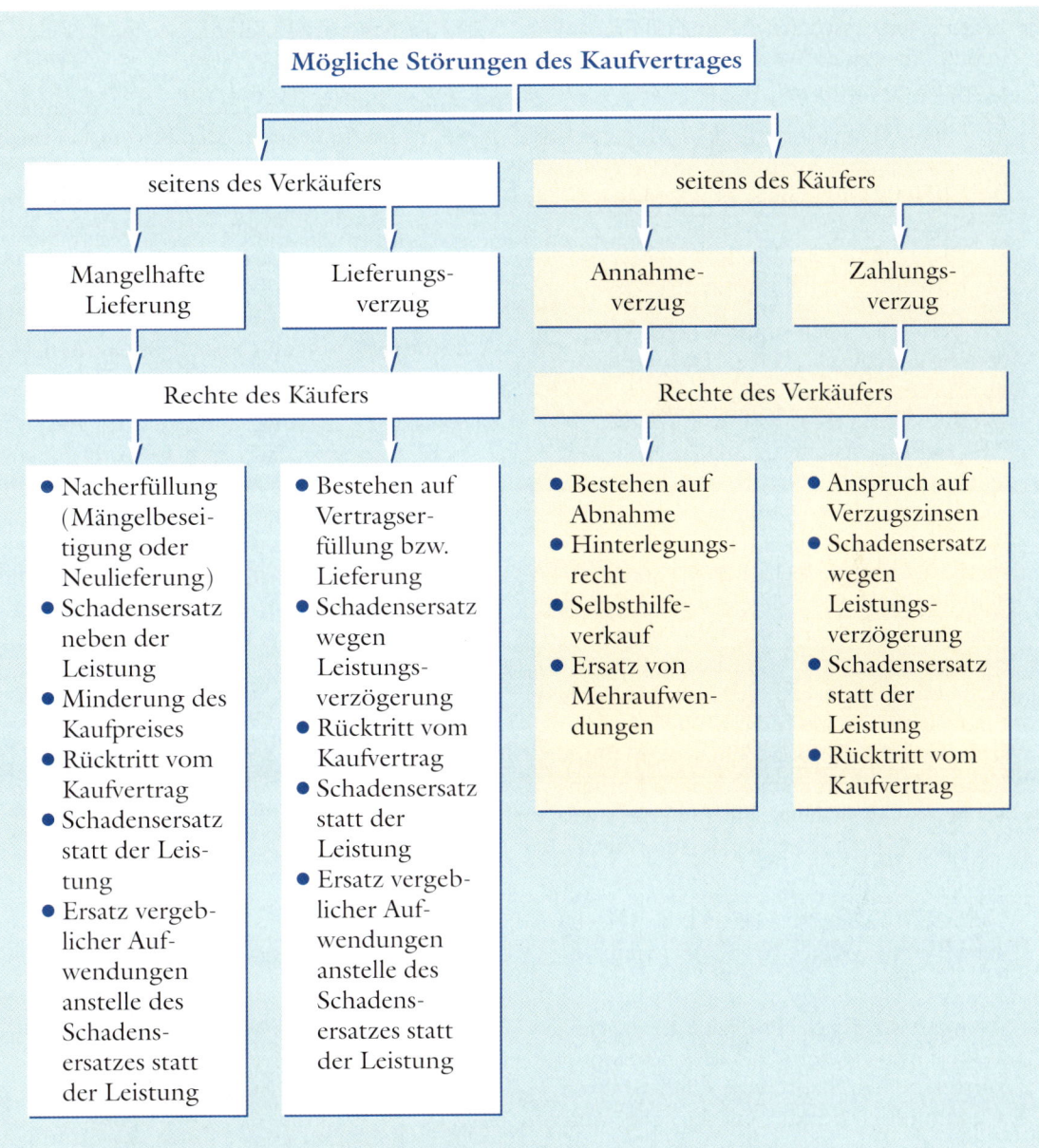

Neben den kaufrechtlichen Gewährleistungsrechten gelten das *Produkthaftungsgesetz* sowie das *Produktsicherheitsgesetz*, auch die verschuldensabhängige Produzentenhaftung aus unerlaubter Handlung ist zu beachten.

Aufgaben

❶ Erläutern Sie, inwieweit man an eine Anfrage beim Lieferer rechtlich gebunden ist.

❷ Welche wesentlichen Angaben sollte jedes Angebot enthalten, damit der evtl. Käufer eindeutig informiert ist?

❸ Einer Hauswirtschaftsleiterin sind drei Angebote über einen Wäschetrockner unterbreitet worden:

   a) 1.040,00 € ab Werk, Ziel 2 Monate, bei Barzahlung 3 % Skonto;
   b) 1.050,00 € frei Haus, Ziel 2 Monate netto oder Kasse innerhalb von 10 Tagen mit 2 % Skonto;
   c) 1.032,00 € ab Bahnhof netto Kasse.

   Zu berücksichtigen sind noch 24,00 € Fracht und jeweils 8,00 € Transportkosten für An- bzw. Abfuhr.
   Welches der drei Angebote ist für die Hauswirtschaftsleiterin am günstigsten?

❹ Manuela Kiehlmann kauft in einem Möbelhaus Mobiliar für die neu ausgebauten Zimmer. Nachdem sie sechs Betten, drei Schränke, acht Sessel ausgesucht hat, einigt man sich darauf, dass die Möbel in den nächsten Tagen mit dem Fahrzeug des Möbelhauses ausgeliefert werden. Der zwischen Frau Kiehlmann und dem Möbelhaus abgeschlossene Kaufvertrag zieht sowohl für den Käufer (Frau Kiehlmann) als auch für den Verkäufer (Möbelhaus) Pflichten nach sich. Welche Pflichten haben beide zu erfüllen?

❺ Marlies bestellt bei der Bäckerei am Ort für Sonntag, 10. Juli 20.., 14.00 Uhr, verschiedene Torten. Welche Art Kaufvertrag wurde hier abgeschlossen?

❻ Während der Verwalter des Gutshofes abwesend ist, kauft Frau Zimmer bei einem Vertreter einen Staubsauger, den sie ihrer Meinung nach gerade benötigt. Die Angestellte leistet die Anzahlung und erhält darauf den Staubsauger ausgehändigt. Erst später erkennt Frau Zimmer, dass der Kaufpreis überhöht ist, und sie überlegt, wie sie den Kaufvertrag schnellstens rückgängig machen kann.

❼ Welche Rechte stehen einem Käufer aus einer Mängelrüge zu?

❽ In welchem Fall wird der Käufer aufgrund seiner Mängelrüge Nacherfüllung oder Schadensersatz verlangen sowie Minderung oder Rücktritt erklären?

❾ Aufgrund der Familienerweiterung kaufen Jens und Anne einen Kleinbus. Dabei versichert der Verkäufer, dass es sich um ein Fahrzeug mit nur fünf Liter Dieselverbrauch pro 100 Kilometer handelt. Nach kurzer Zeit zeigt sich, dass der tatsächliche Verbrauch bei neun Litern liegt. Ist es dem Ehepaar möglich, diese Abweichung im Kraftstoffverbrauch gesetzlich begründet zu beanstanden?

❿ Brunhild hatte aufgrund eines Angebotes zehn Sack Kartoffeln zum 15. April 20.. fix bestellt. Die Kartoffeln treffen jedoch zum vereinbarten Liefertermin nicht ein. Da Brunhild die Kartoffeln unbedingt benötigt (Osteressen), bestellt sie bei einem anderen Lieferanten, der auch sofort liefert – allerdings zu einem um 38,00 € höheren Preis.

   a) Welches Recht hat sie wahrgenommen?
   b) Wie heißt der Kauf, den Brunhild bei dem zweiten Lieferanten vorgenommen hat?
   c) Welchen Betrag wird Brunhild dem Lieferanten in Rechnung stellen?

Weiterführende Aufgaben

Situation

Der Kühlschrank in einem Altenpflegeheim mit 30 Heimbewohnern ist veraltet und verbraucht auch zu viel Energie.
Die Heimleiterin erteilt Ihnen den Auftrag, einen Großkühlschrank für die Gemeinschaftsküche zu bestellen. Vor der Bestellung möchte die Heimleiterin von Ihnen einige Angebotsvorschläge sehen, damit sie für das Heim den günstigsten Kühlschrank auswählen kann. Der neue Kühlschrank muss energiesparender und umweltfreundlicher sein als der bisherige. Außerdem muss die anliefernde Firma den alten Kühlschrank gleich zur Entsorgung mitnehmen. •••

a) Zählen Sie Möglichkeiten auf, woher man solche Angebote bekommt.

b) Was ist beim Einholen von Angeboten zu beachten?

c) Nach welchen Gesichtspunkten sind die erhaltenen Angebote zu sichten und zu beurteilen?

d) Beurteilen Sie die Lieferfristen sowie die Liefer- und Zahlungsbedingungen der einzelnen Angebote.

e) Beurteilen Sie die Allgemeinen Geschäftsbedingungen der Angebote.

f) Welche Aktivitäten würden Sie unternehmen, wenn der angelieferte Kühlschrank
   1. nicht zum vereinbarten Termin geliefert wird,
   2. fehlerhaft funktioniert bzw. einen höheren Energieverbrauch hat, als es vertraglich vereinbart wurde,
   3. äußerlich Transportschäden aufweist?

6.5 Das Mietrecht

Miete, Leihe und Pacht werden häufig miteinander verwechselt oder falsch bezeichnet. So ist ein Autoverleih immer eine Autovermietung, eine Leihbücherei oft eine Mietbücherei. Der Mietvertrag ist ein zweiseitig verpflichtender Schuldvertrag, der zwischen den Vertragspartnern ein Dauerschuldverhältnis begründet. Mietvertäge können über

- **bewegliche Sachen** (Mobilien), z. B. einen Fernseher, ein Auto, oder

- **unbewegliche Sachen** (Immobilien), z. B.

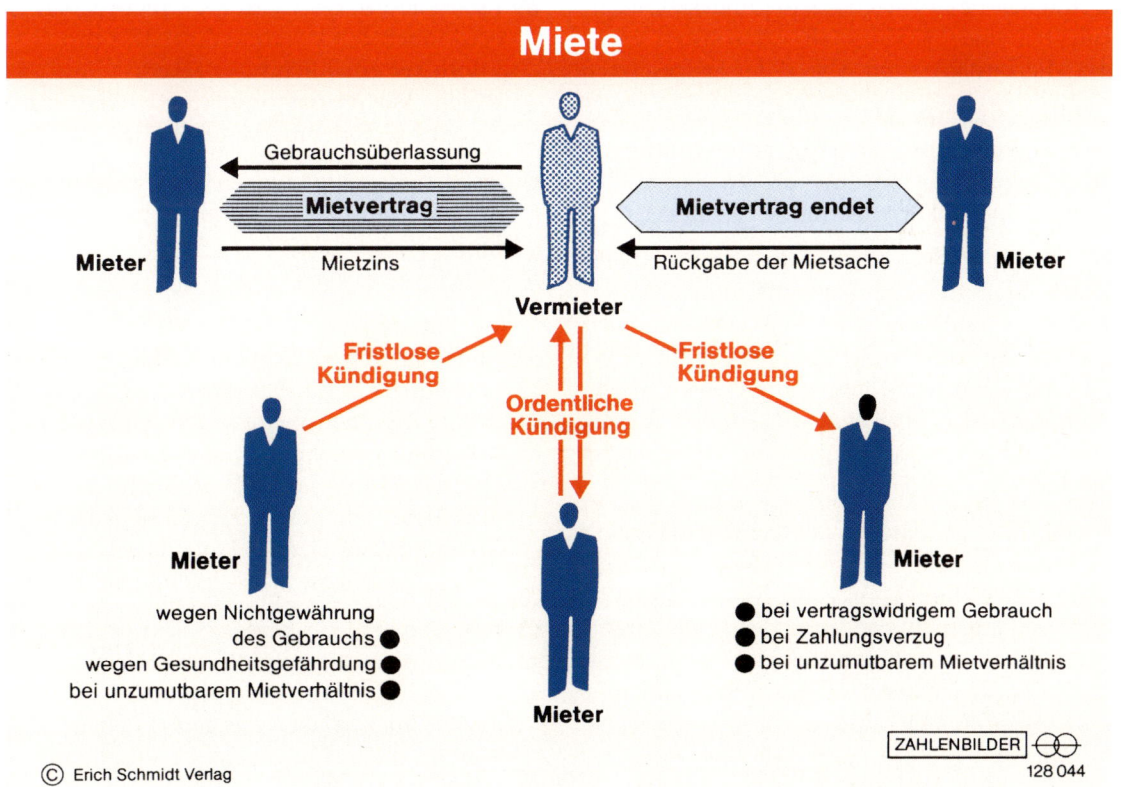

© Erich Schmidt Verlag

ZAHLENBILDER
128 044

ein Grundstück, eine Wohnung, abgeschlossen werden.

Kommt es zum Abschluss eines Mietvertrages, so werden die Sachen gegen Zahlung eines Entgelts zum Gebrauch überlassen (§ 535 BGB). Mietverträge über bewegliche Sachen können formlos geschlossen werden. Mietverträge über Räume und Grundstücke bedürfen der Schriftform, wenn sie länger als ein Jahr gelten sollen (§ 550, 129 BGB). Wurde diese Vorschrift nicht beachtet, so gilt der Vertrag als auf unbestimmte Zeit geschlossen.

Ohne Erlaubnis des Vermieters darf der Mieter die gemietete Sache nicht untervermieten (§ 553 BGB).

Bleiben die Mietzahlungen aus und will ein Mieter ausziehen, so kann der Vermieter Gegenstände des Mieters als Pfand behalten (so genanntes gesetzliches Vermieterpfandrecht, § 562 BGB). Mietverträge von unbestimmter Dauer enden durch Kündigung, wobei die gesetzlichen oder vertraglich vereinbarten Kündigungsfristen einzuhalten sind (§ 573 BGB). Ansonsten endet das Mietverhältnis mit Ablauf der festgesetzten Zeit.

Der Mieter kann einer Wohnungskündigung widersprechen, wenn sie für ihn oder seine Familie eine Härte bedeutet (§ 574 BGB).

Bei der Betriebskostenabrechnung von Mietwohnungen muss die Abrechnung dem Mieter spätestens bis Ablauf des zwölften Monats nach Ende des Abrechnungszeitraums mitgeteilt werden. Einwendungen gegen diese Abrechnung kann der Mieter spätestens bis zum Ablauf des zwölften Monats nach Zugang der Abrechnung mitteilen.

- Pflichten des Mieters (= Rechte des Vermieters):
  ○ Mietzahlung,
  ○ pflegliche Behandlung der gemieteten Sache,
  ○ Rückgabe der gemieteten Sache in einwandfreiem Zustand.

- Pflichten des Vermieters (= Rechte des Mieters):
  ○ Annahme der Miete,
  ○ Überlassung der gemieteten Sache zum Gebrauch,
  ○ Rücknahme der vermieteten Sache.

Verkauft der Eigentümer ein vermietetes Haus, so tritt der Erwerber automatisch in das bestehende Mietverhältnis mit allen Rechten und Pflichten ein („Kauf bricht nicht Miete").

Wesentliche Lerninhalte

- Der Mietvertrag ist ein Vertrag zwischen dem Mieter und Vermieter auf Gebrauchsüberlassung einer Sache gegen Entgelt.
- Der Mieter ist verpflichtet, die Mietsache in gebrauchsfähigem Zustand zu erhalten. Ansonsten kann der Vermieter Schadensersatz verlangen.

Aufgaben

❶ Judith liest in der Zeitung: „Mietwagen bei Mönch & Co. schon für 0,25 € pro Kilometer erhältlich."
Welche Vertragsart ginge Judith ein, wenn sie das Angebot annehmen würde?

❷ Isabel mietet im Laufe eines Gesprächs von Frau Manina eine Wohnung in der Stadt für ihre Studienzeit (= 3 Jahre).

 a) Begründen Sie, warum der Mietvertrag gültig ist.
 b) Wann kann der vorliegende Mietvertrag erstmals gekündigt werden?

❸ Sabine Alschner wohnt schon seit sechs Jahren im Hause des Vermieters Kummer. Dieser verkauft das Haus an Büchner, der der Mieterin kündigt, obwohl sie einen Mietvertrag über zehn Jahre hat, weil er sofort einziehen will. Ist das möglich?

❹ Juliane feiert sehr gern und sehr laut. Meist freitags steigen „dufte Partys". Nachdem die Nachbarn im Hause sich bereits mehrmals beim Vermieter beschwert haben, kündigt dieser Juliane. Ist die Kündigung rechtens?

6.6 Das Mahn- und Klageverfahren

Situation
Brauerei Jürgens, Braunschweig

243869 Konto: Betriebskantine Möller, B5				Zahlungsbedingungen: 14 Tage 3 %, 30 Tage netto				
Buchungs-datum	Rechnungs-nummer	Rechnungs-datum	Soll in €	Haben in €	Saldo	fällig am	Bemer-kungen
20..-01-01	264382	20..-12-15	12.433,00		12.433,00	20..-01-15	
20..-01-18				10.000,00	2.433,00		
20..-02-13	331213	20..-02-15	14.816,25		17.249,25	20..-03-05	kurzfristiger Kreditantrag
20..-03-18	426786	20..-03-12	8.916,80		26.166,05	20..-04-12	Erinnerung
20..-03-30				5.000,00	21.166,05		1. Mahnung

Außergerichtliches Mahnverfahren

Zahlungserinnerungen sind in ihrem Aufbau auf den einzelnen Kunden auszurichten und vorsichtig abzufassen, denn es geht darum, das Geld zu erhalten, aber auch den Kunden dabei nicht zu verärgern und ihn zu behalten.
Zweck der außergerichtlichen Mahnung ist es, den Kunden zur Erfüllung seiner noch ausstehenden Leistungen zu bewegen, ohne dass dabei das zuständige Gericht bemüht werden muss.

Das **kaufmännische (außergerichtliche) Mahnverfahren** läuft daher häufig folgendermaßen ab:

- **Erinnerungsschreiben** (= Zahlungserinnerung): Höfliche Erinnerung an eine fällige Zahlung, die i. d. R. bereits den Zahlungsverzug bedingt.

- **Erste Mahnung**
Nach weiteren 14 Tagen, innerhalb derer der Kunde seine Zahlungsverpflichtung noch nicht erfüllt hat, erfolgt die erste ausdrückliche Mahnung, der meist eine Rechnungs- oder Kontoauszugskopie beigefügt ist, und in der der Kunde mit einer gesetzten Zahlungsfrist ausdrücklich auf die Fälligkeit der Zahlung hingewiesen wird; gegebenenfalls werden auch bereits Verzugszinsen angedroht.

- **Zweite Mahnung**
Nach erneuten 14 Tagen wird dem säumigen Kunden die zweite Mahnung mit der Bitte um Zahlung unter Angabe einer letzten Zahlungsfrist zugesandt. Dabei werden nochmals die entsprechenden Zahlungsformulare beigelegt. Diese Mahnung ist ein scharf abgefasstes Schreiben mit einer kurzen Zahlungsfrist und dem Hinweis, dass die zusätzlichen Kosten dem Kunden auferlegt werden. Es wird angedroht, dass die überfällige Zahlung durch eine Nachnahme oder ein Inkassounternehmen eingezogen wird. Diese Mahnung erfolgt meist in Form eines Einschreibens.

- **Dritte Mahnung**
Hat der Kunde nach weiteren 14 Tagen nicht gezahlt und die Nachnahme nicht eingelöst und auch die Zahlung verweigert, so erhält der Kunde die letzte verschärfte Mahnung mit einer letzten Fristsetzung, worin ein gerichtlicher Mahnbescheid und/oder die Klage auf Zahlung angedroht wird. Das kaufmännische Mahnverfahren wird damit in das **gerichtliche Mahnverfahren** übergeleitet.

- **Einzug der Zahlungsforderung** durch ein Inkassoinstitut oder durch Postnachnahme

Hat das kaufmännische Mahnverfahren keinen Erfolg gebracht, so kann der Gläubiger beim zuständigen Amtsgericht einen **Mahnbescheid** gegen seinen Schuldner ausstellen lassen oder direkt Klage erheben (= gerichtliches Mahnverfahren), deren Ablauf in der Übersicht 6.21 erläutert ist.

Der Gläubiger hat auch die Möglichkeit, auf das außergerichtliche Mahnverfahren zu verzichten, um sofort bei Gericht die Zivilklage einzureichen oder den Mahnbescheid zu beantragen.

In dem angestrengten Zivilprozess prüft das Gericht die Klageschrift und urteilt über die Durchsetzbarkeit der Ansprüche.

Häufig kommt es zu Zahlungsverzögerungen des Schuldners, wofür Ursachen wie Vergesslichkeit, Zahlungsunwilligkeit oder Zahlungsunfähigkeit vorliegen können.

Dementsprechend muss die Buchhaltung des Lieferanten den termingerechten Eingang der Zahlungen, z. B. mithilfe der EDV, überwachen, damit der Betrieb

- selbst zahlungsbereit bleibt,
- nicht zu Bankkrediten greifen muss,
- nicht durch Konkurs oder Verjährung Geld verliert.

Wesentliche Lerninhalte
- Voraussetzung des Mahnwesens ist eine Kontrolle auf formale, nicht auf sachliche Richtigkeit.
- Der Lieferant (Verkäufer) mahnt bei dem Käufer (Kunden) die Zahlung an,
  - um seine Rechtsansprüche zu sichern,
  - um nicht selbst in wirtschaftliche Schwierigkeiten zu geraten.
- Für ein kaufmännisches Mahnverfahren gibt es keine Formvorschrift. Es sollte aber die notwendigen Angaben enthalten und höflich abgefasst sein.
- Der Gläubiger kann den Käufer auch ohne vorhergehendes kaufmännisches Mahnverfahren im Zivilprozess verklagen.

Aufgaben

❶ Wie würden Sie sich als Leiterin der Buchhaltung der Brauerei in der Situation von S. 159 bei einer Kontenprüfung am 15. Februar und am 31. März verhalten?

❷ Wie würden Sie in folgenden Situationen reagieren, wenn ein Kunde um Stundung des Rechnungsbetrages in Höhe von 6.000,00 € bitten würde?

a) Firma Riebold kann das Vertretertreffen in Ihren Vereinsräumen im Moment nicht bezahlen, weil ein Sturmschaden den Verkauf der Firma lahm gelegt hat.

b) Firma Mohr gibt an, die Rechnung nicht begleichen zu können, weil sie größere Investitionen im Hause vorgenommen hat.

c) Aufgrund schlechter Geschäftslage ist eine Firma, die ständig Geschäftsbeziehungen mit Ihnen hatte, nicht in der Lage, den Rechnungsbetrag zu bezahlen.

❸ Martin Weber, Würzburg, An der Graube 9, hat eine Rechnung über die Lieferung von 50 Flaschen Spätlese zum Preis von 320,00 €, die am 10. Juni fällig war, bis heute nicht bezahlt.

a) Schreiben Sie einen Mahnbrief.

b) Obwohl Martin Weber bereits zwei Mahnungen und eine Postnachnahme zugestellt wurden, wird die Rechnung immer noch nicht bezahlt. Drohen Sie das gerichtliche Mahnverfahren an.

c) Füllen Sie – mit Ihrem Absender – einen Mahnbescheid aus.

d) Welchen anderen Rechtsweg könnten Sie einschlagen?

Weg des gerichtlichen Mahnverfahrens

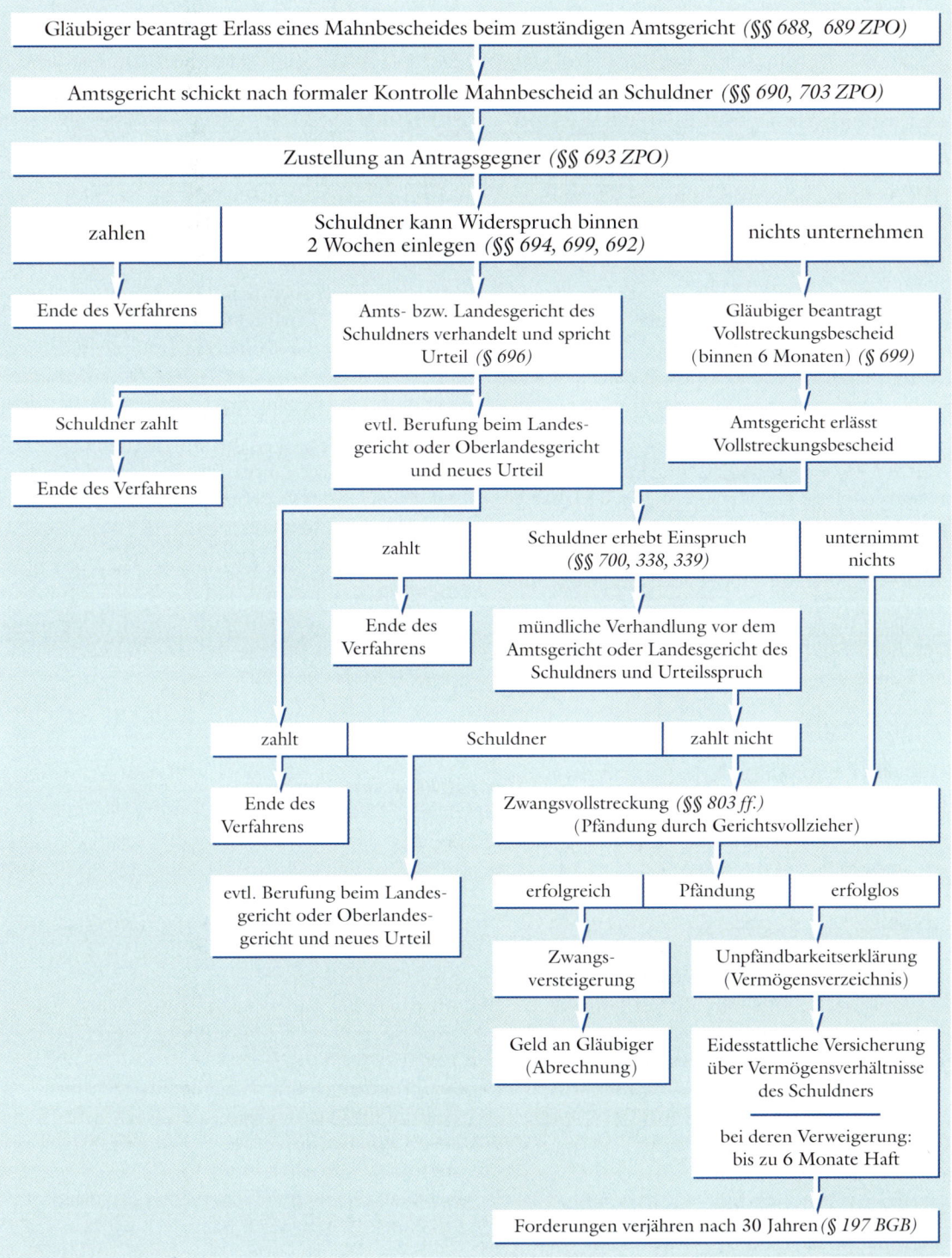

Übersicht 6.21

6.7 Die Verjährung

Unter Verjährung ist der Ablauf von Fristen zu verstehen, innerhalb derer ein Anspruch gerichtlich mit Erfolg geltend gemacht werden kann.

Beispiel: Die Erzieherin Angela Angerstein hat sich im Elektrofachgeschäft Gustav Grünklee eine Stereoanlage gekauft, die sie nach Hause geliefert bekommt. Ab Ablieferung der Stereoanlage bei Angela Angerstein beginnt die Frist, innerhalb derer sie mögliche Gewährleistungsansprüche geltend machen kann.

Der Ablauf der Verjährungsfrist bedeutet aber nicht, dass der Anspruch des Gläubigers automatisch erlischt, sondern vielmehr, dass dieser seine Forderung nicht mehr gerichtlich durchsetzen kann.

Der Gläubiger kann seine verjährte Forderung zwar gegenüber dem Schuldner geltend machen, dieser kann jedoch die **„Einrede der Verjährung"** geltend machen, d.h., der Schuldner kann die Leistung aufgrund eingetretener Verjährung verweigern. Leistet der Schuldner auf eine verjährte Forderung, so kann er das Geleistete nicht mehr zurückfordern (§ 214 BGB).

Für öffentlich-rechtliche Forderungen gelten besondere Verjährungsfristen, z.B. im Scheckrecht (§§ 52, 53, 58 ScheckG). Im Folgenden sollen jedoch die Vorschriften zur Verjährung zivilrechtlicher Forderungen dargestellt werden:

Die regelmäßige Verjährungsfrist beträgt nach § 195 BGB drei Jahre. Liegen aber besondere gesetzliche oder vertragliche Verjährungsfristen vor, so gilt diese nicht.

Die regelmäßige Verjährungsfrist beginnt nach § 199 BGB mit dem Schluss des Jahres, in dem der Anspruch entstanden ist, und in dem der Gläubiger von seinem Anspruch Kenntnis erlangt (Übersicht 6.22).

Wesentliche Verjährungsfristen im Überblick		
Verjährungsfrist	**Beginn der Verjährung**	**Anspruch**
3 Jahre (regelmäßige Verjährungsfrist nach § 195 BGB)	• nach § 199 BGB mit dem Schluss des Jahres, in dem der Anspruch entstanden ist und der Gläubiger vom Anspruch Kenntnis erlangt.	• sofern keine besonderen Verjährungsfristen bestehen, alle übrigen Ansprüche (z.B. §§ 311, 634 BGB) • Anspruch aus einer mangelhaften Sache bei arglistigem Verschweigen seitens des Verkäufers (§ 438 BGB) • Anspruch aus künftig regelmäßig wiederkehrenden Leistungen aus familien- und erbrechtlichen sowie aus gerichtlich festgestellten Ansprüchen gemäß § 197 BGB Beispiel: Der Verkäufer verschweigt, dass der LKW ein Unfallwagen ist.

Übersicht 6.22

Verjährungsfrist	Beginn der Verjährung	Anspruch
2 Jahre (gewährleistungsrechtliche Verjährungsfrist, insbes. §§ 438, 634 BGB)	• nach § 200 BGB mit der Entstehung des Anspruchs (bei beweglichen Sachen mit Ablieferung der Sache, bei Werken mit deren Abnahme nach § 634 BGB und bei unbeweglichen Sachen/Grundstücken mit deren Übergabe gemäß § 438 BGB)	• die überwiegenden kauf- und werkrechtlichen Gewährleistungsansprüche Beispiele: Lieferung eines mangelhaften Kühlschranks (mindere Qualität), mangelhafte Arbeiten eines Bauunternehmens bei der Herstellung eines Bauwerks
5 Jahre (gewährleistungsrechtliche Verjährungsfrist, insbes. §§ 438, 634 BGB)	• nach § 200 BGB mit der Entstehung des Anspruchs (bei beweglichen Sachen mit deren Ablieferung bzw. Abnahme und bei unbeweglichen Sachen/Grundstücken mit deren Übergabe gemäß §§ 438, 634 BGB)	• kaufrechtliche Gewährleistungsrechte bei Bauwerken und Sachen, die für ein Bauwerk ordnungsgemäß verwendet worden sind und letztlich Fehler verursacht haben (§ 438 BGB) • werkvertragliche Gewährleistungsrechte bei fehlerhaften Bauwerken oder Leistungen der Fachleute (§ 634 BGB) • beträgt die eigentliche Verjährungsfrist des jeweiligen Anspruchs eine längere Zeitspanne als die bei Arglist bestehende dreijährige Verjährungsfrist, so tritt die Verjährung nach § 438 BGB nicht vor Ablauf der fünfjährigen Verjährungsfrist ein. Beispiel: Vergisst der Handwerksunternehmer Hoffmann, bei der Reparatur einer von ihm eingebauten Heizungsanlage einen Dichtungsring einzusetzen, wodurch die Heizung Wasser verliert, so liegt ein Baumangel am Haus vor.
10 Jahre (§§ 196, 199 BGB)	• §§ 200, 199 BGB mit der Entstehung des Anspruchs	• Anspruch auf Eigentums- oder Rechtsübertragung an einem Grundstück • Anspruch auf die Gegenleistung bei Rechten aus einem Grundstück (§ 196 BGB) • sonstige Schadensersatzansprüche (die nicht der dreißigjährigen Verjährungsfrist unterliegen) (§ 199 BGB) Beispiel: Anspruch auf Löschung eines Grundpfandrechts

Übersicht 6.22 (Fortsetzung)

Verjährungsfrist	Beginn der Verjährung	Anspruch
30 Jahre (§§ 197, 199 BGB)	• jeweiliger Fristbeginn ist unterschiedlich: – mit Entstehung des Anspruchs – mit Fälligkeit des Anspruchs – mit Rechtskraft der Entscheidung (§ 197 BGB) – von der Begehung ihrer Handlung/der Pflichtverletzung an (ohne Rücksicht auf die Entstehung) (§ 199 BGB)	• Herausgabeanspruch aus Eigentum und anderen dinglichen Rechten • familien- und erbrechtliche Ansprüche • rechtskräftig festgestellter Anspruch, aus vollstreckbarem Vergleich oder vollstreckbarer Urkunde, im Insolvenzverfahren als vollstreckbar festgestellt (§ 197) • bestimmte kaufrechtliche Gewährleistungsansprüche (§ 438 BGB) • Schadensersatzansprüche aufgrund Verletzung des Lebens, der Gesundheit oder Freiheit (§ 199 BGB) • sonstige Schadensersatzansprüche (§ 199 BGB) Beispiele: Pflichtteilsanspruch bei einer Erbschaft; Ansprüche auf Rückgabe des verliehenen Buchs

Übersicht 6.22 (Fortsetzung)

Hemmung der Verjährung

Hemmung bedeutet, dass die Anspruchsverjährung für eine bestimmte Zeitspanne nicht weiter abläuft, sondern nur kurzfristig angehalten und in die Verjährungsfrist nicht mit eingerechnet wird (§ 209 BGB). Vgl. Übersicht 6.23 und 6.24.

Liegen besondere Gründe vor, so können diese die Wahrnehmung von Ansprüchen seitens der Gläubiger erschweren oder gar hindern.

Zum Zwecke des Gläubigerschutzes ist dem Gläubiger von Gesetzes wegen daher die Möglichkeit der Hemmung eingeräumt worden, womit er den Ablauf der Anspruchsverjährung gegebenenfalls hinauszögern kann.

Als Hemmungsgründe kommen z. B. in Frage:
- schwebende Verhandlungen (§ 203 BGB)
- Leistungsverweigerungsrecht des Schuldners (§ 205 BGB)
- höhere Gewalt, familiäre und ähnliche Gründe (§ 206 BGB)

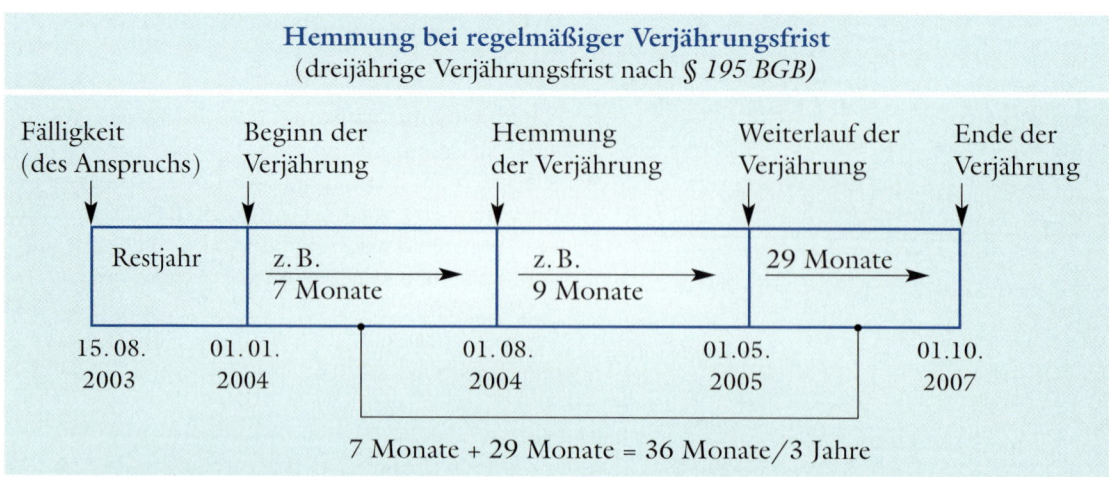

Hemmung bei regelmäßiger Verjährungsfrist
(dreijährige Verjährungsfrist nach § 195 BGB)

Fälligkeit (des Anspruchs)	Beginn der Verjährung	Hemmung der Verjährung	Weiterlauf der Verjährung	Ende der Verjährung
Restjahr	z. B. 7 Monate	z. B. 9 Monate	29 Monate	
15. 08. 2003	01. 01. 2004	01. 08. 2004	01. 05. 2005	01. 10. 2007

7 Monate + 29 Monate = 36 Monate/3 Jahre

Übersicht 6.23

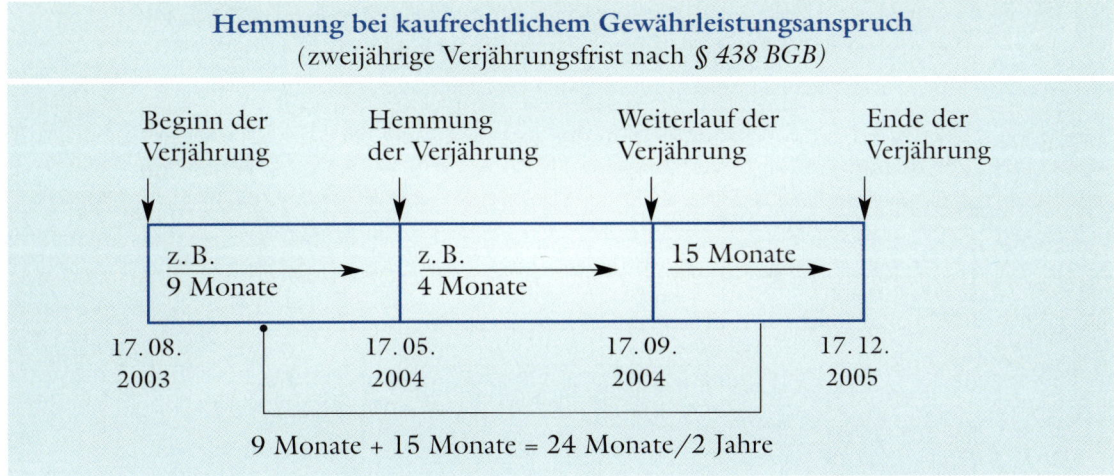

Hemmung bei kaufrechtlichem Gewährleistungsanspruch
(zweijährige Verjährungsfrist nach § 438 BGB)

Beginn der Verjährung | Hemmung der Verjährung | Weiterlauf der Verjährung | Ende der Verjährung

z. B. 9 Monate → z. B. 4 Monate → 15 Monate →

17.08. 2003 | 17.05. 2004 | 17.09. 2004 | 17.12. 2005

9 Monate + 15 Monate = 24 Monate/2 Jahre

Übersicht 6.24

Neubeginn der Verjährung

Neubeginn der Verjährung bedeutet, dass die bereits abgelaufene Verjährung unbeachtet bleibt bzw. nicht angerechnet wird, sondern vom Zeitpunkt des Neubeginns vollständig erneut zu laufen beginnt (§ 212 BGB). Vgl. Übersicht 6.25 und 6.26.

Die beiden Fälle, in denen die Verjährung erneut zu laufen beginnt, sind folgende:
- der Schuldner erkennt dem Gläubiger gegenüber den Anspruch durch Abschlagszahlung, Zinszahlung, Sicherheitsleistung an, oder
- es wird eine gerichtliche Vollstreckungshandlung beantragt.

Wesentliche Lerninhalte

- Die Verjährung wird nur dann wirksam, wenn sich der Schuldner auf sie beruft. Kaufmännische Mahnschreiben hemmen die Verjährung nicht.

- Die regelmäßige Verjährungsfrist beginnt mit dem Schluss des Jahres, in dem der Anspruch entstanden ist und in dem der Gläubiger vom Anspruch Kenntnis erlangt. Die Verjährungsfrist von Ansprüchen, die nicht der regelmäßigen Verjährungsfrist unterliegen, beginnt mit der Entstehung des Anspruchs, soweit nichts anderes bestimmt ist.

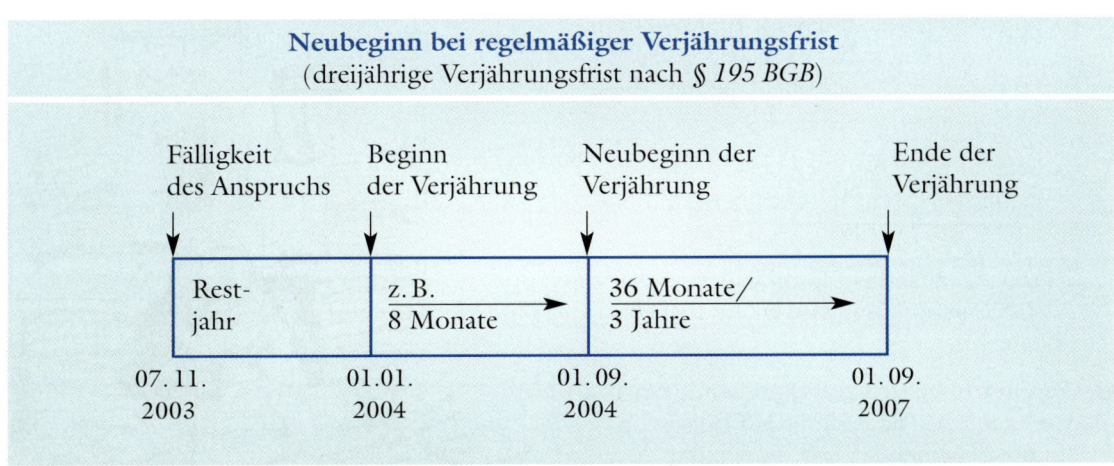

Neubeginn bei regelmäßiger Verjährungsfrist
(dreijährige Verjährungsfrist nach § 195 BGB)

Fälligkeit des Anspruchs | Beginn der Verjährung | Neubeginn der Verjährung | Ende der Verjährung

Restjahr | z. B. 8 Monate → | 36 Monate/ 3 Jahre →

07.11. 2003 | 01.01. 2004 | 01.09. 2004 | 01.09. 2007

Übersicht 6.25

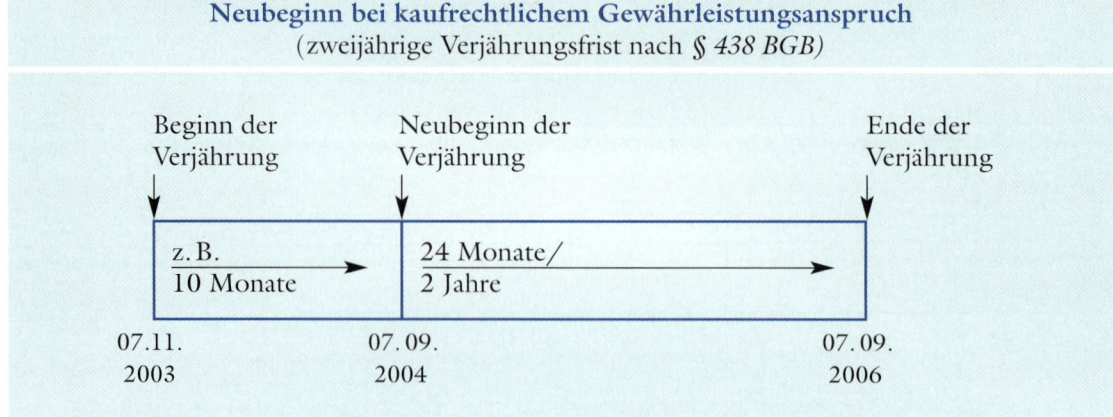

Neubeginn bei kaufrechtlichem Gewährleistungsanspruch
(zweijährige Verjährungsfrist nach *§ 438 BGB*)

Beginn der Verjährung	Neubeginn der Verjährung	Ende der Verjährung
z.B. 10 Monate →	24 Monate/ 2 Jahre →	
07.11. 2003	07.09. 2004	07.09. 2006

Übersicht 6.26

• Die Hemmung der Verjährung führt zu einem bloßen Ruhen des Verjährungsablaufes, der Neubeginn der Verjährung dagegen dazu, dass die bereits abgelaufene Verjährung ungeachtet bleibt und die Verjährung vollständig erneut zu laufen beginnt.

Aufgaben

❶ Wann verjähren folgende Forderungen?

a) Das Finanzamt Nürnberg sendet am 10. April 2004 dem Angestellten Alt einen Bescheid über eine Steuernachzahlung aus dem Jahre 2002.

b) Herr Siebert kauft am 14. Juni 2003 ein Auto von einem Arbeitskollegen, der verschweigt, dass es sich dabei um einen Unfallwagen handelt.

c) Sein nächstes Auto, einen Neuwagen, kauft Siebert am 15. Oktober 2005 bei einem Kfz-Händler.

d) Der Kfz-Händler räumt Siebert einen Zahlungsaufschub von einem halben Jahr ein.

❷ Warum häufen sich zum Jahresende bei den Gerichten die Anträge auf Erlass von Mahnbescheiden?

❸ Wodurch wird der Ablauf der Verjährung gehemmt?

❹ Zahnarzt Mund hat seinen Patienten Friedrich schon mehrmals gemahnt, die unbezahlte Rechnung zu begleichen. Da die Forderung im nächsten Monat verjähren würde, sendet Mund seinem Patienten Friedrich eine neue Rechnung, die 25,00 € höher als die alte ist. Daraufhin schreibt ihm Friedrich erzürnt, die übersandte Rechnung sei im Betrag viel zu hoch. Der Zahnarzt legt das Schreiben schmunzelnd zu den Akten. Warum?

❺ Hat die Verjährung Vorteile?

6.8 Das Betreuungsrecht

Kann ein Volljähriger aufgrund einer psychischen Krankheit oder einer körperlichen, geistigen oder seelischen Behinderung seine Angelegenheiten ganz oder teilweise nicht besorgen, so bestellt das Vormundschaftsgericht für ihn einen Betreuer *(§ 1896 BGB)*. (Mit der Einführung des Betreuungsrechts von 1992 ist die Entmündigung abgeschafft.)

Die Betreuung kann von Amts wegen, von einem Pflegedienst oder vom Gesundheitsamt beantragt werden, auch ein Geschäftsfähiger kann einen derartigen Antrag stellen. Daraufhin hat das zuständige Amtsgericht auf der Basis eines ärztlichen Gutachtens und eines Sozialberichtes zu entscheiden, ob die beantragte Betreuung notwendig ist; es bestellt bzw. beauftragt schließlich den Betreuer.

Der Betreuer darf nur für solche **Aufgabenkreise** bestellt werden, in denen die Betreuung erforderlich ist.

Er ist dann der gesetzliche Vertreter des Betroffenen.

Das Vormundschaftsgericht wird eine natürliche Person bestellen, die geeignet ist, in dem gerichtlich bestimmten Aufgabenkreis die Angelegenheiten des Betreuten rechtlich zu besorgen und ihn im dafür erforderlichen Umfang persönlich zu betreuen *(§ 1897 BGB)*.

Zum Betreuer können bestellt werden:
- Personen, die der zu Betreuende selbst vorschlägt, sofern es dessen Wohl nicht widerspricht,
- Personen mit verwandtschaftlichen oder persönlichen Bindungen zu dem zu Betreuenden,
- ehrenamtliche oder hauptamtliche Mitarbeiter eines Betreuungsvereins,
- Berufsbetreuer,
- die Betreuungsbehörde.

Dabei ist zu beachten, dass es dem Betreuer unter Berücksichtigung seiner familiären, beruflichen und sonstigen Verhältnisse zugemutet werden kann und dass der Ausgewählte erst dann zum Betreuer bestellt werden kann, wenn er sich zur Übernahme der Betreuung bereit erklärt hat *(§ 1898 BGB)*.

Die Betreuung erfasst alle Tätigkeiten, die erforderlich sind, um die Angelegenheiten des Betreuten rechtlich zu besorgen.

Dies hat so zu erfolgen, dass die Besorgung dem Wohl des Betreuten nicht zuwiderläuft, d. h. auch Fähigkeiten und Wünsche des Betreuten beachtet werden, und dass dies auch dem Betreuer zuzumuten ist. Die Betreuung dient damit vorrangig dem Wohlergehen der betreuten Person.

Mögliche Aufgabenkreise eines Betreuers sind z. B. die Gesundheitsfürsorge, Vermögensangelegenheiten, Beantragung von Renten, Empfangen und Öffnen der Post, Aufenthaltsbestimmung sowie unterbringungsähnliche Maßnahmen *(§§ 1901 ff. BGB)*.

Haftung des Betreuers

Der Betreuer haftet dem Betreuten gegenüber für sämtliche Schäden, die diesem dadurch entstehen, dass er seine Pflichten schuldhaft verletzt hat *(§§ 1833, 1901 BGB)*. Schuldhaft bedeutet, dass der Betreuer für folgende Verschulden einzustehen hat:

- **für Vorsatz,** d. h., der Betreuer weiß, dass sein Handeln rechtswidrig ist und handelt dennoch,
  Beispiel: Er kauft mit dem Geld des Betreuten ein teures Fahrrad für sich selbst.

- **für grobe Fahrlässigkeit**, d. h., der Betreuer lässt die notwendige Sorgfalt außer Acht und stellt nicht einmal die naheliegendsten Überlegungen an.
  Beispiel: Der Betreuer willigt in eine Notoperation ein, unterrichtet den Arzt aber nicht von der Narkosemittel-Allergie des Betreuten, wodurch es zu einem allergischen Schock kommt und der Betreute ins Koma fällt und zum Pflegefall wird.

- **für einfache Fahrlässigkeit,** d. h., der Betreuer lässt die erforderliche Sorgfalt außer Acht, ohne dass die Merkmale grober Fahrlässigkeit gegeben sind.
  Beispiel: Die zweimonatliche Stromrechnung wird vom Betreuer vergessen zu bezahlen. Der Betreute wird gemahnt und ihm werden Mahngebühren auferlegt. Die Mahngebühren stellen dann einen Schaden dar, der von dem Betreuer fahrlässig verursacht worden ist.

Ein Haftungsausschluss oder eine Haftungsbeschränkung kann weder durch eine Willenserklärung des Betreuten erfolgen, noch ist die Haftung dadurch ausgeschlossen, dass für eine Handlung des Betreuers eine vormundschaftsgerichtliche Genehmigung vorliegt. Der Betreuer muss das Wohl des Betreuten stets eigenständig prüfen.

Schließt der Betreuer in Vertretung der betreuten Person mit einem Dritten ein Rechtsgeschäft (z. B. einen Kaufvertrag) ab, wobei der Dritte einen Schaden erleidet, so haftet zunächst der Betreute dafür *(§ 278 BGB)*.
Erst im Innenverhältnis zwischen Betreuer und Betreutem ist der erstere dann schadensersatzpflichtig.

Bei der **Haftung gegenüber Dritten** ist also zu unterscheiden zwischen:

- der Haftung für Verletzung der Aufsichtspflicht
  (Der Umfang der Aufsichtspflicht ist einzelfallbezogen – bei geistiger Behinderung beispielsweise ist von erhöhten Anforderungen an die Aufsichtspflicht auszugehen. Die Aufsichtspflicht kann durch einen Vertrag abgetreten werden, auch sollte eine Haftpflichtversicherung abgeschlossen werden.)

- der Haftung bei Rechtsgeschäften

Wesentliche Lerninhalte

- Die Betreuung darf nur für solche Aufgabenkreise bestellt werden, in denen die Betreuung erforderlich ist.

- Zum Betreuer dürfen nur besondere Personenkreise bestellt werden.

- Die Betreuung dient vorrangig dem Wohlergehen der betreuten Person.

- Der Betreuer haftet für sämtliche Schäden, die dem Betreuten dadurch entstehen, dass er seine Pflicht schuldhaft verletzt hat. Hier unterscheidet man schuldhaft
  ○ mit Vorsatz,
  ○ aus grober Fahrlässigkeit,
  ○ aus einfacher Fahrlässigkeit.

- Bei der Haftung gegenüber Dritten wird unterschieden zwischen Haftung für Aufsichtspflichtverletzungen und Haftung bei Rechtsgeschäften.

7 Verbraucher und Markt

Der Markt ist der Platz, auf dem mehrere Verbraucher zusammentreffen und ihre Wünsche vorbringen. Der eine will Waren oder Dienstleistungen verkaufen, d. h., er ist der Verkäufer. Ein anderer will etwas kaufen. Auf dieser Basis funktioniert unsere Wirtschaft.

7.1 Marktarten und Marktformen

Situation

Die Hauswirtschafterin Claudia sucht schon seit einiger Zeit ein gebrauchtes Fahrrad, da ihr ein neues zu teuer ist und sie mit dem Fahrrad zur Arbeit fahren will. Sie findet in der Tageszeitung folgende Anzeige:

> **126er Damen-Sportrad** günstig abzugeben, 3 Jahre alt, sehr gepflegt; VB 120,00 €. Zu erfragen unter Tel.-Nr. (07145) 29036.

Sie fragt ihre Mutter, was die Abkürzung „VB" bedeutet. Die Mutter erklärt ihr, es bedeute „Verhandlungsbasis", d. h., über den Preis könne noch verhandelt werden. Claudia ruft bei der angegebenen Telefonnummer an und erkundigt sich nach näheren Einzelheiten. Da sie jedoch nur noch 40,00 € auf ihrem Sparbuch hat und die Eltern 30,00 € dazugeben wollen, bietet sie für das Fahrrad 70,00 €. Claudia besichtigt am nächsten Tag das Fahrrad und möchte es gerne kaufen, aber nicht zu dem geforderten Preis. Der Verkäufer kommt ihr entgegen und verlangt jetzt nur noch 110,00 €. Claudia denkt an das nächste Taschengeld und bietet 100,00 €. Damit ist der Verkäufer, Herr Gilbert, jetzt einverstanden. ▶▶▶

Hier sind zunächst die Nachfrage und das Angebot aufeinander getroffen (Übersicht 7.1). Anschließend ist durch das Verhandeln der entgegengesetzten Interessen der beiden Marktteilnehmer (Angebot und Nachfrage) der Verkaufspreis zustande gekommen (Übersicht 7.2).

Auf einem Markt wollen
- die Anbieter (Verkäufer) einen möglichst hohen Preis erzielen,
- die Nachfrager (Kunden) möglichst wenig Geld ausgeben.

Die Übersicht 7.3 unterscheidet die verschiedenen Marktarten.

Es gibt noch eine Vielzahl von Sonderformen von Märkten, die Ihnen aus dem täglichen Leben bekannt sind, z. B.
- Flohmärkte,
- Wochenmärkte,
- Messen und Ausstellungen,
- Versteigerungen,
- Jahrmärkte,
- Supermärkte,
- privater Gebrauchtwagenmarkt,
- Internethandel usw.

Übersicht 7.1

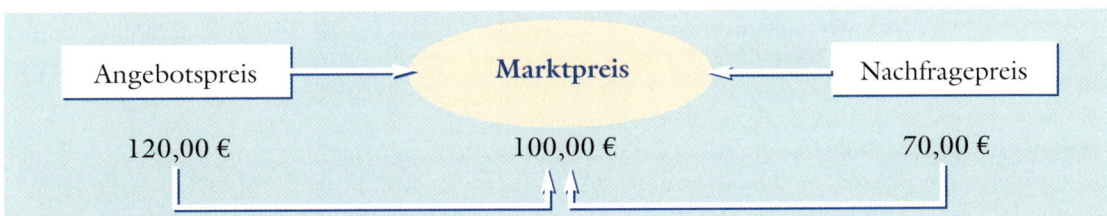

Übersicht 7.2

Unterscheidung der Marktarten

nach der Art der Güter	nach der Funktion	nach dem Ort des Marktgeschehens
Investitionsgütermärkte • Maschinen • Transportanlagen usw.	Exportmärkte • Warenausfuhr von Autos, Maschinen usw.	lokale Märkte • Gemüsemarkt auf dem Rathausplatz
Konsumgütermärkte • Lebensmittel • Haushaltsgeräte • Kosmetika usw.	Importmärkte • Wareneinfuhr von Südfrüchten, Erdöl, Gold usw.	regionale Märkte • Rindermarkt in Schleswig-Holstein
Rohstoffmärkte • Kaffee • Baumwolle	Beschaffungsmärkte • Einkauf von Rohstoffen usw.	überregionale Märkte • Arbeitsmarkt für Hauswirtschafter in Deutschland
Immobilienmärkte • Grundstücke usw.	Absatzmärkte • Verkauf von Elektrogeräten usw.	internationale Märkte • landwirtschaftliche Produkte in der EU • Weltmarkt für Erdöl
Dienstleistungsmärkte • Hauswirtschafter • Friseur • Rechtsanwalt usw.		virtuelle (gedachte) Märkte • Internetkaufhaus oder -auktion
Arbeitsmarkt • Arbeitskraft • Arbeitsplätze		
Kapitalmärkte • Kredite • Aktien • Anleihen usw.		

Übersicht 7.3

▶▶▶ In unserer Situation ist vorausgesetzt, dass sich nur Claudia auf die Anzeige gemeldet hat. Hier steht also einem Anbieter ein Nachfrager gegenüber. Es hätte aber auch sein können, dass sich mehrere Interessenten bei Herrn Gilbert melden. Dann stehen einem Anbieter mehrere Nachfrager gegenüber. ▶▶▶

Monopol	Oligopol	Polypol
ein Anbieter bzw. Nachfrager	einige Anbieter bzw. Nachfrager	viele Anbieter bzw. Nachfrager

Übersicht 7.4

Nach der Anzahl der Anbieter und der Nachfrager lassen sich verschiedene Marktformen unterscheiden, siehe Übersicht 7.4.

Je nach Anzahl der Nachfrager und Anbieter auf einem Markt gibt es Kombinationsmöglichkeiten, wie sie Übersicht 7.5 darstellt.

Anbieter / Nachfrager	viele	einige	einer
viele	zweiseitiges Polypol (vollständige Konkurrenz) • z. B. Lebensmittel	Angebotsoligopol • z. B. Benzin	Angebotsmonopol • z. B. Briefmarken
einige	Nachfrageoligopol • z. B. Getreidemarkt	zweiseitiges Oligopol • z. B. Autoscheinwerfer	eingeschränktes Angebotsmonopol • z. B. Spezialmaschinen für die Getränkeindustrie
einer	Nachfragemonopol • z. B. öffentlicher Straßenbau	eingeschränktes Nachfragemonopol • z. B. staatliche Nachfrage für Rüstungsgüter	zweiseitiges Monopol • z. B. Kauf von Briefmarken der Post bei der Bundesdruckerei

Übersicht 7.5

Wesentliche Lerninhalte

- Auf einem Markt treffen Angebot und Nachfrage aufeinander.
- Anbieter wollen einen möglichst hohen Preis erzielen, Nachfrager einen möglichst geringen Preis bezahlen.
- Es lassen sich verschiedene Marktarten unterscheiden: nach der Art der Güter, nach der Funktion, nach dem Ort.
- Nach der Anzahl der Marktteilnehmer werden Polypol, Oligopol und Monopol unterschieden.

Aufgaben

❶ Erklären Sie den Begriff „Markt".

❷ Welche Marktarten liegen hier vor?
   a) Markt für Rohseide in China
   b) Markt für Wohnungsvermietungen
   c) Eine Hauswirtschafterin bewirbt sich bei einem Großhaushalt um einen Arbeitsplatz.
   d) An der Frankfurter Wertpapierbörse werden Aktien verkauft.

❸ Um welche Marktform handelt es sich jeweils?

a) Ein Hersteller von speziellen Einbauküchen bietet seine Produkte verschiedenen Händlern an.
b) Auf einem Wochenmarkt verkaufen die Landwirte die neue Gemüseernte an die Privatkunden.
c) Die Deutsche Telekom AG „verkauft" Telefonanschlüsse bei den Privathaushalten.

7.2 Die Preisbildung

Situation

Claudia hat beim Einkaufen festgestellt, dass die Preise für frisches Obst während der Erntezeit niedriger sind als im Winter. Das liegt daran, dass auf dem Markt während der Erntezeit viele Landwirte ihre Produkte verkaufen wollen und ein großer Wettbewerb besteht. Nur wenn die Preise sinken, könnte der große Vorrat verkauft werden. Umgekehrt können im Winter die Preise steigen, weil das Angebot niedrig und die Nachfrage hoch ist. ▶▶▶

Preis für 1 kg Weintrauben in €	angebotene Menge in kg (Angebot)	nachgefragte Menge in kg (Nachfrage)	verkaufte Menge in kg (Absatz)	verkaufte Menge in € (Umsatz)
1,25	100	500	100	125,00
1,50	200	400	200	300,00
1,75	**300**	**300**	**300**	**525,00**
2,00	400	200	200	400,00
2,25	500	100	100	225,00

Übersicht 7.6

Damit wird deutlich, dass der Preis, der zu zahlen ist, einerseits von dem Angebot und andererseits von der Nachfrage abhängt.
Die Übersicht 7.6 verdeutlicht den Zusammenhang zwischen Angebot und Nachfrage.

Für das Angebot ist folgender Zusammenhang zu erkennen:

Bei einem zu niedrigen Preis ist kaum ein Anbieter bereit zu verkaufen, da er nicht einmal seine Kosten decken könnte, geschweige denn Gewinn erzielen würde. Je höher der Preis für eine Ware ist, desto mehr Anbieter wollen ihr Produkt verkaufen, da hohe Gewinne zu erreichen sind (siehe Grafik).

Die Nachfrage verhält sich genau entgegengesetzt zum Angebot:

Bei (sehr) niedrigen Preisen können und wollen viele Kunden eine Ware kaufen, bei (zu) hohen Preisen wollen oder können die Kunden das Produkt nicht kaufen. Entweder verzichten sie dann auf diese Ware oder nehmen ein anderes Produkt dafür (Ersatz- bzw. Substitutionsgut).

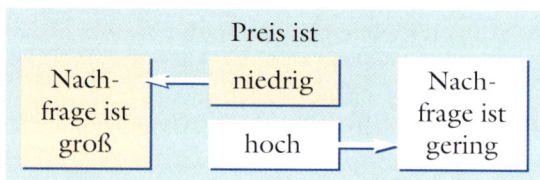

Die grafische Darstellung der Werte aus der Tabelle sieht wie folgt aus:

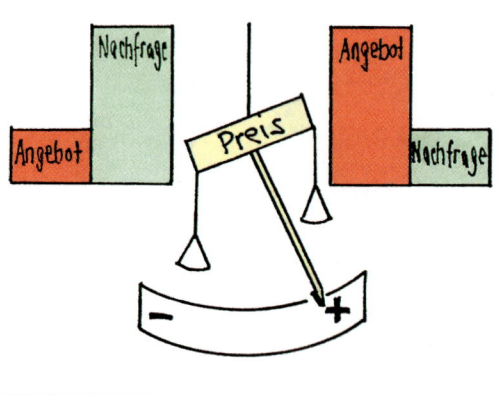

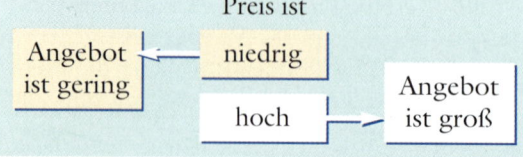

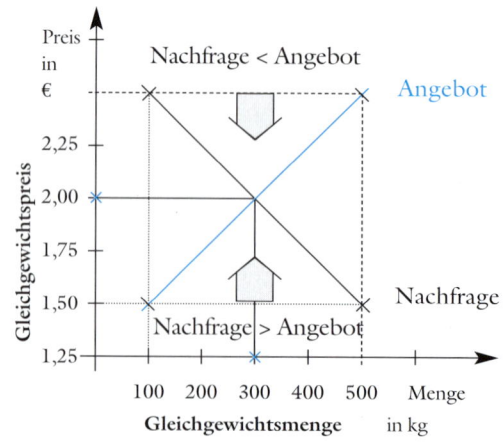

Aus der Übersicht 7.6 und dem Diagramm von Seite 172 sind folgende Zusammenhänge zu erkennen:

- Bei einem Preis von 1,75 € sind Angebot und Nachfrage gleich. Zu diesem Preis können alle Anbieter die Ware verkaufen und alle Nachfrager ihren Bedarf decken. Bei diesem **Gleichgewichtspreis** und der **Gleichgewichtsmenge** ist der Markt „geräumt". Es werden der höchste Absatz und der höchste Umsatz erzielt („Der Preis räumt den Markt").

- Bei einem Preis von 2,25 € ist das Angebot (500 kg) größer als die Nachfrage (100 kg). Hier liegt ein **Angebotsüberhang** vor. Da hier 400 Anbieter ihre Ware nicht verkaufen können, besteht die Tendenz zur Preissenkung, damit mehr Nachfrager zum Kauf angeregt werden. Es liegt ein **Käufermarkt** vor, da die Käufer durch ihr Verhalten den Preis drücken können.

- Bei einem Preis von 1,25 € ist die Nachfrage (500 kg) größer als das Angebot (100 kg). Diese Situation wird als **Nachfrageüberhang** bezeichnet. Da nach der knappen Ware eine große Nachfrage besteht, können die Anbieter den Preis erhöhen. Es liegt demnach ein **Verkäufermarkt** vor.

- Auf einem Markt besteht grundsätzlich die Tendenz zum Ausgleich zwischen Angebot und Nachfrage. Dieses Zusammenspiel von Preisen und Mengen ist ein grundlegendes Merkmal der Marktwirtschaft.

Vollkommener Markt

Für das Zustandekommen von Gleichgewichtspreis und Gleichgewichtsmenge sind in einer idealen Marktwirtschaft folgende Bedingungen zu erfüllen, damit ein vollkommener Markt gegeben ist:

1. **Markttransparenz (= Marktübersicht):**
   Alle Anbieter und Nachfrager müssen über die Preise, Qualitäten, Kaufbedingungen usw. aller Güter vollständig informiert sein.

2. **Homogenität der Güter:**
   Alle auf einem Markt gehandelten Güter müssen hinsichtlich Größe, Farbe, Ausstattung, Qualität vollkommen gleichartig sein.

3. **Keine Präferenzen:**
   Die Verkäufer und Käufer dürfen weder zeitlich (wann wird gekauft?) noch räumlich (wo wird gekauft?), noch persönlich (bei wem wird gekauft?) bestimmte Bevorzugungen haben.

4. **Ökonomisches Prinzip:**
   Alle Marktteilnehmer handeln ausschließlich nach dem ökonomischen Prinzip, d. h., sie wollen

   - mit einem bestimmten Betrag möglichst viel und gut einkaufen oder
   - eine bestimmte Ware möglichst günstig einkaufen (siehe auch Seite 67): Wirtschafts- bzw. Vernunftsprinzip.

5. **Zweiseitiges Polypol:**
   Auf einem Markt stehen sich viele Anbieter und viele Nachfrager gegenüber.

6. **Keine Timelags**
   (= keine zeitlichen Verzögerungen):
   Alle Marktteilnehmer reagieren sofort auf eintretende Veränderungen des Marktes.

▶▶▶ Aus dem täglichen Leben ist leicht erkennbar, dass für das Marktgeschehen meistens keine dieser Bedingungen zutrifft: So kennt Claudia beispielsweise nicht das gesamte Angebot von gebrauchten Damenfahrrädern in ihrer Umgebung, auch die Ausstattung von Fahrrädern ist recht unterschiedlich.
Wenn mindestens eine Bedingung des vollkommenen Marktes fehlt, liegt ein **unvollkommener Markt** vor.
Lediglich die Börse (Kapitalmarkt, Wertpapiermarkt) kommt dem Ideal des vollkommenen Marktes recht nahe. ●●●

Wesentliche Lerninhalte

- Steigt der Preis für eine Ware, so steigt das Angebot und sinkt die Nachfrage (und umgekehrt).
- Das Zusammenspiel der Kräfte führt zur Gleichgewichtsmenge beim Gleichgewichtspreis, wo entsprechend alle Marktteilnehmer ihre Ziele erreichen.
- Auf einem Markt kann ein Nachfrageüberhang (Verkäufermarkt) oder ein Angebotsüberhang (Käufermarkt) vorliegen.
- Damit man einen Markt „vollkommen" nennen kann, müssen bestimmte Bedingungen vorliegen:
  - Marktübersicht,
  - Homogenität der Güter,
  - keine Präferenzen,
  - Handeln nach dem ökonomischen Prinzip,
  - zweiseitiges Polypol,
  - keine zeitlichen Verzögerungen.
- Ein grundlegendes Merkmal einer Marktwirtschaft ist der Ausgleich zwischen Angebot und Nachfrage über den Preis.

Aufgaben

❶ Stellen Sie den Zusammenhang zwischen Angebot und Nachfrage von T-Shirts aufgrund der folgenden Zahlen in einem Koordinatensystem dar.

Preis in €	angebotene Menge	nachgefragte Menge	möglicher Absatz in Stück	möglicher Umsatz in €
5,00	0	100	0	0
10,00	10	85	?	?
15,00	30	70	?	?
20,00	50	50	?	?
25,00	60	40	?	?
30,00	70	30	?	?
35,00	80	20	?	?
40,00	90	10	?	?

a) Übertragen Sie die Tabelle in Ihr Heft, und tragen Sie die fehlenden Werte für den möglichen Absatz und den möglichen Umsatz ein.

b) Bestimmen Sie den Gleichgewichtspreis und die Gleichgewichtsmenge.

c) Welche Situation liegt bei einem Preis von 10,00 € bzw. 30,00 € vor?

d) Erläutern Sie die besondere Angebotssituation bei dem Preis von 5,00 €.

❷ Auf dem Wohnungsmarkt herrscht Nachfrageüberhang.

a) Welche Auswirkung hat dies auf die Mieten?

b) Überlegen Sie, wie trotzdem möglichst viele Wohnungssuchende eine finanzierbare Wohnung bekommen können.

❸ Welche Argumente können Sie anführen, wenn Sie ein gebrauchtes Mofa kaufen, aber so wenig wie möglich dafür ausgeben wollen?

❹ Sie wollen sich in Ihrem Wohnort eine Jeansjacke kaufen. Erklären Sie, warum hier kein vollkommener Markt vorliegt.

Weiterführende Aufgabe

Sie beabsichtigen, ein gebrauchtes Mofa zu kaufen. Da Sie mit Ihrem ersparten Geld haushalten, wollen Sie einen günstigen Preis bezahlen.

a) Erkundigen Sie sich mithilfe der Tageszeitung oder bei einem Händler über das bestehende Angebot.

b) Erkundigen Sie sich nach dem Preis, den ein Verkäufer haben will.

c) Wenn Sie das passende Mofa gefunden haben, sollten Sie Kontakt zu dem Verkäufer aufnehmen. Erkundigen Sie sich genau nach den technischen Daten.
Führen Sie Argumente dafür an, dass Sie den verlangten Preis nicht bezahlen wollen (und können).
Ihr Ziel soll es sein, einen Preis auszuhandeln, mit dem beide Seiten einverstanden sind.

7.3 Verbraucherverhalten

 Situation

Der Zeichner der folgenden Karikatur hat den Verbraucherschutz zum Thema seiner Darstellung gemacht. Welche Aussageabsicht hatte er dabei wohl?

Der Mensch beschreibt sich selbst als einziges Lebewesen, das in der Lage ist, sich

- bewusst,
- überlegt und $\left.\right\}$ = **rational**
- zweckgerichtet

zu verhalten.

Die Wissenschaft hat das Modell eines Menschen entwickelt, der fähig ist, uneingeschränkt rationale Entscheidungen zu treffen. Ein solcher Idealtyp erzielt so eine ständige Nutzenmaximierung. Einziger Haken: Einen solchen Menschen, den so genannten **Homo oeconomicus**, gibt es in der Realität (= Wirklichkeit) nicht. Um einen Homo oeconomicus hervorzubringen, fehlen der Menschheit viele Voraussetzungen, z. B. die lückenlose Information.

Fazit: Das Verhalten der Menschen zeigt sich oft anders als in diesen einführenden Darstellungen. Viele Verbraucher können den Verlockungen des Angebotes oft nicht widerstehen, auch wenn der Nutzen eines Kaufs relativ gering ist.

Die Einkaufscheckliste

Ziel eines Verbrauchers kann es sicher nicht sein, ein Homo oeconomicus zu werden, sondern ein rationales Verhalten zu erreichen. Dazu gehören die gute **Planung,** z. B. der Einkaufszettel, und eine gute **Information,** z. B. Beratung (s. S. 188). Die Übersicht 7.7 hilft dem Verbraucher, ein gezieltes Vorgehen beim Einkauf zu erreichen:

Immer wenn Sie vor einer Kaufentscheidung die erste Frage der Checkliste mit „Nein" beantworten müssen, ist es ratsam, die Checkliste gewissenhaft zu betrachten. So reduzieren Sie wenigstens die so genannten **Spontankäufe** und die damit verbundenen Nachteile.

Die Checkliste sollte beim Verbraucher jedoch so weit verinnerlicht sein, dass er sich vor einer Kaufentscheidung automatisch die entsprechenden Fragen stellt und seine Schlüsse daraus zieht.

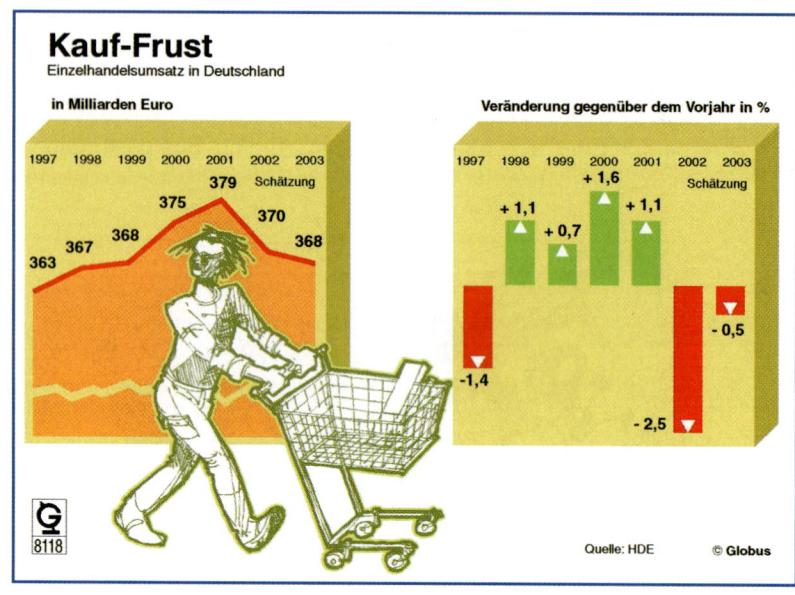

Dies wird als **Entscheidungsphase** bezeichnet – der Verbraucher zieht aus der **Planungs- und Informationsphase** seine Konsequenzen (= Schlussfolgerungen).

Letztlich sollte der Verbraucher noch den Nutzen aus der Kaufentscheidung prüfen, um beispielsweise Abweichungen des Finanzplans begründen zu können (z. B. Folgekosten eines

Einkaufscheckliste		
	ja	nein
Haben Sie einen Einkaufsplan erstellt?	☐	☐
Besteht nach der gewünschten Ware / Leistung ein dringendes Bedürfnis?	☐	☐
Ist die Befriedigung anderer Bedürfnisse vorzuziehen? Falls ja, Prioritätenliste (= nach Dringlichkeit geordnete Liste) erstellen.	☐	☐
Ist der Zeitpunkt zur Beschaffung der gewünschten Ware oder Leistung sinnvoll, z. B. saisonale Sonderangebote?	☐	☐
Gibt es preisgünstige Substitutionsgüter (= Ersatzgüter), die die gleiche Bedürfnisbefriedigung erbringen (z. B. Butter – Margarine, Gas – Öl)?	☐	☐
Hat ein Vergleich von Preis, Qualität und Lieferbedingungen stattgefunden?	☐	☐
Haben Sie die Kennzeichnung der Ware geprüft, z. B. Güte- und Umweltzeichen (s. S. 112 und 190 f.)?	☐	☐
Lassen sich über die so genannten Konditionen Vorteile erzielen, z. B. Rabatte bei größeren Mengen oder Skonto bei Zahlung innerhalb einer bestimmten Frist?	☐	☐

Übersicht 7.7

Für den Preis eines neuen Pkw könnten wir 150.000 km mit dem Taxi oder 320.000 km mit öffentlichen Verkehrsmitteln fahren!

Kaufs) und einen Lerneffekt für spätere Kaufentscheidungen zu erzielen: Aus Fehlern wird man klug – wenn man sie erkennt! Diese Überprüfung wird als **Kontrollphase** bezeichnet. In der Informationsphase vor der Kaufentscheidung sollte der Verbraucher auch die verschiedenen Lieferbedingungen betrachten (siehe Übersicht 7.7). Neben Preis und Qualität sind diese ein ausschlaggebender Faktor, denn unnötig lange Wege kosten Zeit und Geld. Unter Lieferbedingungen sind zu verstehen

- eine **Lieferung frei Haus,** d. h. eine Lieferung direkt zum Verbraucher, wobei der Transport der gelieferten Ware im Preis enthalten ist,

- die **Selbstabholung** durch den Verbraucher auf eigene Kosten.

Erläuterungen zum Einzelhandel

Fachgeschäfte/ Fachmärkte	• persönliche Bedienung • tiefes Sortiment (= große Auswahl artverwandter Waren) • Beispiele: Küchenstudios, Bau- und Möbelmärkte
„Tante-Emma-Läden" (Einzelhandelsgeschäft)	• persönliche Bedienung (meist durch den Eigentümer) • häufig in ländlichen Gebieten, selten auch in Stadtrandgebieten • über ein Lebensmittelsortiment hinaus verfügen Tante-Emma-Läden meist über ein beschränktes Sortiment an Kurz- und Schreibwaren sowie teilweise über ein kleines Angebot an Elektrogeräten und Kleidung. • eine in ihrer Anzahl stark zurückgegangene Einkaufsmöglichkeit, die sich aber aufgrund eines besonderen Charakters der persönlichen Bedienung steigender Beliebtheit erfreut
Warenhäuser/ SB-Warenhäuser	• Großbetriebe des Gemischtwarenhandels (= breites Sortiment = große Auswahl von in ihrer Art verschiedenen Waren) • Warenhäuser sind im Gegensatz zu SB-Warenhäusern eher in Stadtzentren zu finden und verfügen über mehr und qualifizierteres Personal. • SB-Warenhäuser sind folglich kostengünstiger als Warenhäuser. • Eine bedeutsame Sonderform der SB-Warenhäuser sind die **Discounter,** die eine einfache Selbstbedienung anbieten, die auf wenig Personal ausgerichtet ist (Personalkosteneinsparung). Hier werden die Preise nicht direkt auf dem Artikel ausgezeichnet. Vgl. auch Schaubild Seite 180.
Wochenmärkte	• persönliche Bedienung • der Einblick in die Produktionsmethoden ist möglich • die Erfüllung von Sonderwünschen ist gegeben • die genannten Vorteile führen zu einer steigenden Beliebtheit dieser historischen Einkaufsmöglichkeit

Übersicht 7.8

7.3.1   Einkaufsquellen der Verbraucher

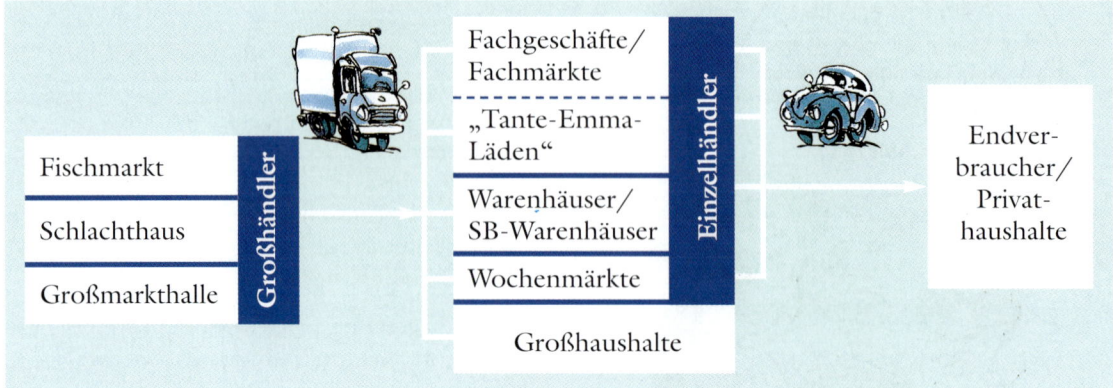

Übersicht 7.9

Weiterhin ist der Vertrieb der Versandhäuser zu berücksichtigen (= **Direktvertrieb**).

Versandhäuser liefern ihre Waren in der Regel über die Post oder private Paketserviceunternehmen aus. Die Versandkosten muss der Verbraucher dabei häufig zusätzlich zum Kaufpreis bezahlen.

Der Versandhausverkauf, der klassisch ausschließlich über Kataloge erfolgt, hat mit dem Medium Internet eine neue Absatzmöglichkeit erhalten. Die Angebote und Bestellmöglichkeiten im Internet ersetzten für manche Haushalte bereits den Katalog. Doch blättert es sich im Wohnzimmersessel in den Versandhauskatalogen natürlich noch angenehmer als am Schreibtisch vor dem Computer.

Insofern ist dieser neue Absatzweg noch von nachrangiger Bedeutung, was sich aber mit Fortschreiten der Technik ändern kann: z. B. Internet auf dem Fernsehbildschirm – also auch im gemütlichen Sessel und eventuell mit der ganzen Familie in „Einkaufsgemeinschaft". So bieten auch schon einige Einzelhandelsketten ihre Waren im Internet an. Zurzeit ist der „Marktplatz Internet" noch ein Nischengeschäft. Aber vielleicht kann der Einkaufsbummel mit Maus und Monitor das klassische Shopping irgendwann hinter sich lassen.

Im Moment sprechen die Zahlen jedoch nicht

für die vorstehend geschilderte Zukunftsvision. Im Jahr 2002 entfielen nur 1,6 Prozent des gesamten Einzelhandelsumsatzes auf das Online-Shopping. Bis zum Ende des Jahres 2003 ist dieser Anteil auf rund elf Milliarden Euro geklettert und hat damit zwei Prozent des Einzelhandelsumsatzes erreicht (vgl. „Einkaufen im Netz").

Im Lebensmitteleinzelhandel sind die Discounter weiter auf dem Vormarsch. Der Marktanteil der Discounter hat sich in den letzten zehn Jahren um ca. 10 % erhöht. Größter Discounter ist Aldi, der fast die Hälfte des gesamten Discounter-Umsatzes erreicht:

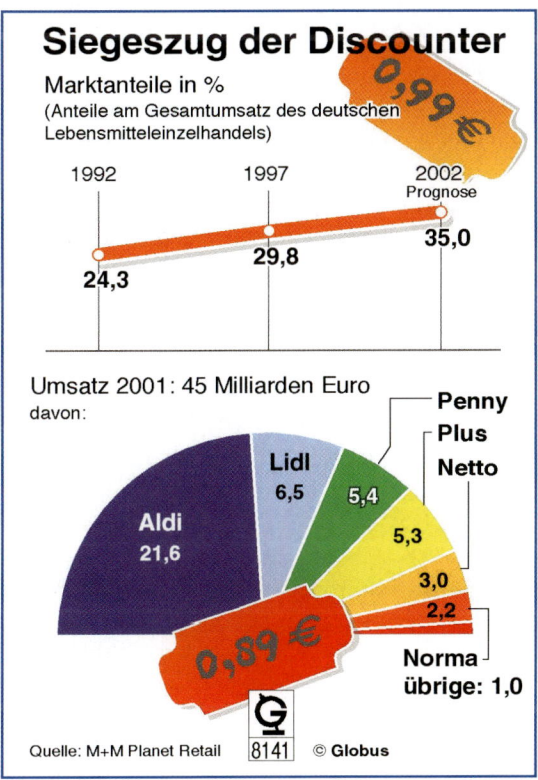

Besonders in „konjunkturschwachen Zeiten" wirken die kleinen Preise der Discounter sich besonders umsatz- und gewinnsteigernd für Aldi, Lidl, Penny, Plus und Co. aus.

7.3.2 Beeinflussung des Verbraucherverhaltens

Derzeit herrscht im deutschen Lebensmitteleinzelhandel ein erbitterter Wettbewerb, der sich in erster Linie im „Preiskampf" niederschlägt – zum Nutzen des Verbrauchers. Auch große Mediendiscounter beteiligen sich am Preiskampf. In diesem Zusammenhang wurde die Idee umgesetzt, mit dem Schlagwort „Tiefstpreise" auf den Markt zu gehen, welches gleichzeitig eine Garantie beinhaltet: Verbraucher, die das gekaufte Produkt innerhalb einer angegebenen Zeitspanne nach dem Kauf bei einem anderen Anbieter billiger sehen, erhalten den entsprechenden Unterschied zum Kaufpreis erstattet. Das ist ein kluger Schachzug, denn es kommt selten vor, dass ein Käufer sich nach der Kaufentscheidung gezielt über billigere Produkte anderer Anbieter informiert. Erst recht nicht, wenn der Kunde durch die „Tiefstpreisgarantie" das sichere Gefühl hat, wirklich „am günstigsten" gekauft zu haben.

Wenn die Kunden am Ort des Verkaufs sind, gibt es – neben Preisen – weitere gezielte Maßnahmen, sein Verhalten zu beeinflussen, und zwar durch so genannte Verkaufsstrategien. Am Beispiel der SB-Warenhäuser (Supermärkte) legt die folgende Übersicht dem Verbraucher Verkaufsstrategien dar, die sein Verhalten im Sinne des Handels beeinflussen (vgl. Übersicht 7.10 auf Seite 180).

Verkaufsstrategie	Beispiele
Lenkung des Kundenlaufs (= Lenkung des Kunden durch die Verkaufsräume, z. B. durch Platzierung der Waren und Hinweisschilder)	• Von Verbrauchern häufig konsumierte Lebensmittel werden so platziert, dass der Kunde durch den gesamten Supermarkt gehen muss, um sie zu erreichen. Mit dieser Maßnahme möchte der Händler zu Spontankäufen verleiten. • Durch die Aufbauordnung (= Anordnung) der Regale erfolgt weiterhin eine Lenkung im vorgenannten Sinne.
Platzierung der Waren	• Gänge entlang der Wände und breite Gänge werden vom Kunden bevorzugt. Daher platziert der Händler dort die Waren, die ihm den meisten Gewinn bringen. • Ebenso können Kunden, die etwas gekauft haben, den Kassenbereich nicht meiden. Dort versprechen Waren wie Zigaretten und Süßigkeiten einen erhöhten Absatz. Gerade bei großem Andrang an den Kassen kann der Kunde seine Zeit für derartige Zusatzkäufe „nutzen". • Was für die Platzierung der Waren im Laden gilt, ist auch für die Einordnung in den Regalen anzuwenden: Der Kunde bevorzugt Waren, die in Augen- oder Griffhöhe stehen (z. B. Süßigkeiten und Spielwaren in Kinderaugenhöhe). Dies nutzt der Handel natürlich in seinem Sinne aus und platziert z. B. auf den unteren Regalböden die Waren mit der geringsten **Handelsspanne** (= Unterschied zwischen Einkaufs- und Verkaufspreis des Händlers). • Durch so genannte **Schüttelplatzierung** sollen Waren den Eindruck besonders preisgünstiger Angebote erwecken, da sie noch nicht einmal ordentlich sortiert wurden (Wühltischprinzip).
Verpackung der Waren	• Die Verpackung ist neben ihrer Schutzfunktion zu einem Instrument der Werbung des Herstellers geworden. Sie gilt der Selbstpräsentation am Ort des Verkaufs und beeinflusst das Verbraucherverhalten im Sinne von Hersteller und Händler (z. B. durch Farbe und Größe).

Übersicht 7.10

Um den Kunden zu bewegen, den Ort des Verkaufs so häufig wie möglich zu besuchen, spielt die so genannte **Kommunikationspolitik** die größte Rolle. Unter die Bezeichnung Kommunikationspolitik fällt als sehr wichtiger Bestandteil die Werbung – aber nicht nur die Werbung.

Auch die Verkaufsförderung (engl. Sales Promotion) und die Öffentlichkeitsarbeit (engl. Public Relations, abgekürzt PR) sind wichtige Instrumente des Marketing, die den Absatz beeinflussen.

Beeinflussung durch Kommunikationspolitik

In unserer Welt der Informationsflut erzielt Kommunikation nur den beabsichtigten Erfolg, wenn sie im Zielmarkt eine große Wirkung erzeugt. **Zielmarkt** bedeutet in diesem Zusammenhang, dass niemals die Wünsche aller befriedigt werden können und daher eine **Zielgruppe** bestimmt werden muss, denn es gibt viele Menschen, die gleiche oder ähnliche Wünsche haben. Hier ist es wichtig, mit dem vorgesehenen Angebot eine möglichst große,

Merkmale der Zielgruppenbildung				
geographisch	**demographisch**	**nach Reisege- wohnheiten**	**nutzen- orientiert**	**verhaltens- orientiert (Life- style-Konzept)**
		z. B.	z. B.	
• Ort, Städte • Region, Bundesland • Ausland, Kontinent	• Alter • Geschlecht • Familienstand • Bildungsniveau • Beruf • Kaufkraft	• Reiseform • Anlass • Zeitpunkt der Reise bzw. Rei- seplanung • Reisemittler • Aufenthalts- dauer • Finanzierungs- art	• Gesundheit • Fitness • Schönheit • Fortbildung	• Einstellungs- muster • Lebensge- wohnheiten • Verhaltens- muster

klassisch	neu

personenbezogen

Übersicht 7.11

passende Gruppe (= Zielgruppe) ansprechen zu können. Für diese Gruppe bietet das Angebot einen Zusatznutzen zu anderen Angeboten. Die möglichen Kunden lassen sich wie in der Übersicht 7.11 dargestellt gliedern.

Aus den vorstehenden Erläuterungen ist zu entnehmen, dass die Grundlage der Kommunikationspolitik ein wohl dosierter Einsatz von Maßnahmen ist. Die Maßnahmen sind genau zu planen, denn sie sind in der Regel sehr teuer und/oder bedingen außergewöhnliche Ideen. Die **Werbung** hat zusammen mit der **Verkaufsförderung** und der **Öffentlichkeitsarbeit** (Motto: Tue Gutes und rede darüber) ein wichtiges Ziel. Diese Instrumente sollen bestimmte Personen oder Unternehmen (= Zielgruppe) so beeinflussen, dass diese die angebotene Leistung kaufen.

Die Werbung gilt über alle Branchen als wichtigstes kommunikationspolitisches Instrument. Die Verkaufsförderung soll den Verkauf steigern, indem sie alle an der Leistungsvermarktung beteiligten Organe unterstützt und motiviert sowie die Marktpartner im eigenen Sinne informiert – sie ist im Gegensatz zur klassischen Werbung kurzfristig angelegt. Sie soll also unmittelbar durch zusätzliche Maßnahmen eine sofortige Kaufentscheidung bewirken, z. B. durch eine besondere Präsentation von Verkaufsartikeln.

Die Öffentlichkeitsarbeit soll das **Image** eines Unternehmens im gewünschten Sinne beeinflussen und gleichzeitig seinen Bekanntheitsgrad steigern. Die Öffentlichkeitsarbeit stellt die Basis dar, die letztlich den Erfolg der Werbung positiv beeinflussen kann.

Die folgende Darstellung gibt einen Überblick über die Kommunikationspolitik:

Werbung	Verkaufsförderung	Öffentlichkeitsarbeit
Beispiele (hier Werbemittel):	**Beispiele:**	**Beispiele:**
Werbebriefe[1], Werbeplakate[1], Anzeigen[1], Prospekte[1], Kataloge[1], Werbefunk- und Werbe-fernsehsendungen[2], Werbevorträge[2], Werbefilme[2], Zugaben, z.B. Kunden-karten[3], Werbegeschenke[3]	Verkäuferschulungen, Verkaufshandbücher, Verkaufswettbewerbe, Publikumsmessen, Fachmessen, Warenplatzierungen	Pressekonferenzen, Pressereisen, Ausstellungen, Filmvorführungen, Kundenzeitschriften, Stiftungen, Ortsbesichtigungen

Werbemittel wirken auf die Sinneseindrücke der Umworbenen; sie verkörpern die gedankliche Werbebotschaft.

[1] = grafische Werbemittel [2] = Werbemittel Veranstaltungen [3] = Werbemittel Verkaufshilfen

Übersicht 7.12

7.3.3 Werbung

Grundlage der Werbung ist die Wettbewerbs- und Konsumfreiheit.
Das Ziel des Marketing, Personen oder Unternehmen so zu beeinflussen, dass sie die angebotenen Produkte und/oder Leistung kaufen, lässt sich in Bezug auf die Werbung abstufen:

Werbung hat das Ziel,
- Kenntnisse,
- Wissen,
- Meinungen

im geplanten Sinne bei einer festgelegten Zielgruppe zu verändern.
Aus diesem Ziel leiten sich die Aufgaben der Werbung ab:

Bedürfnisweckung	Kundengewinnung	Produktinformation	Kundenerhalt
• Aufzeigen neuer Möglichkeiten der Bedürfnis-befriedigung • neue Verwendungszwecke für angebotene Produkte	• durch den Aufbau bestimmter Vorzüge des Produkt- bzw. Leistungsangebots zusätzliche Käufer gewinnen	**über** • Produkteigenschaften • Verwendungsmöglichkeiten eines Produkts • Kaufmöglichkeiten (z.B. in allen Reisebüros)	dem Kunden ist der Anbieter bzw. sein Leistungsprogramm wieder in Erinnerung zu rufen

Übersicht 7.13

Diese Aufgaben kann die Werbung nur erfüllen, wenn sie gewisse **Grundsätze** beachtet (aus der Sicht der Werbenden):

● **Wirksamkeit**	Werbung ist nur wirkungsvoll, wenn sie geplant und überwacht wird.
● **Wahrheit**	Die in der Werbung gegebenen Informationen müssen eingehalten werden. Irreführende oder täuschende Angaben können die Werbewirksamkeit stark beeinträchtigen.
● **Klarheit**	Die Werbung muss klare Aussagen treffen.
● **Einheitlichkeit**	Werbeaktionen müssen aufeinander abgestimmt sein, sodass sie für den Werbeempfänger als Ganzes wirken.
● **Originalität**	Die Werbung sollte so aufgebaut sein, dass sie sich von den Werbebemühungen der Mitbewerber abhebt.
● **Aktualität**	Eine Werbung ist auf neueste Zeiterscheinungen abzustellen.
● **Wirtschaftlichkeit**	Die Aufwendungen für Werbezwecke sollten nicht höher sein als die auf die Werbung zurückzuführenden Gewinne.

Übersicht 7.14

Insgesamt ist bei der Gestaltung der Werbung zu beachten, dass sie zur Kaufhandlung führen soll, sodass folgender Ablauf der Werbung nach der **AIDA-Formel** eine bewährte Empfehlung für die Werbenden ist:

A	= **Attention**	= Aufmerksamkeit des Umworbenen erregen
I	= **Interest**	= Interesse am Produkt/ an der Leistung beim möglichen Kunden wecken
D	= **Desire**	= den Wunsch, das Produkt/die Leistung zu besitzen, im Menschen fördern
A	= **Action**	= die Kaufhandlung beim Kunden auslösen

Dies könnte in Bezug auf die Werbung für Werbende beispielsweise zu folgendem Muster führen:

Die Gestaltung und der Inhalt des Angebotes sollte nicht herkömmlich, sondern außergewöhnlich sein, um sich von der Masse abzuheben. Ein Kopieren von Mitbewerbern ist für Werbende fatal, denn Neuartiges ist zu schaffen (*Attention*).
Um bei der Zielgruppe *Interest* für z. B. ein bestimmtes Produkt zu wecken, beachten die Werbenden meist die nachstehenden Regeln.

Die Werbung sollte

- abwechslungsreich dargestellt werden,
- Vertrauen erwecken, also seriös und glaubwürdig sein,
- wiederholt und mit wechselnden Botschaften zum selben Thema durchgeführt werden,
- in „kleinen Portionen" angeboten werden, um die Verständlichkeit zu erhöhen,
- persönlichen Nutzen für die Zielgruppe demonstrieren, z. B. „Sie sparen …", „Kostenlose Benutzung von …".

Während **Werbemittel** (s. Übersicht 7.12) die gedankliche Werbebotschaft verkörpern, sollen

Werbeträger (**Werbe-Media**) die Werbebotschaft an die Umworbenen herantragen. Daher ist unter einem Werbeträger zu verstehen:

- das Medium, in dem mit einem Werbemittel geworben wird (z. B. Anzeige in einer Zeitung, Werbespot im Fernsehen),
- die Einheit, die Werbung betreibt (führt eine Unternehmung die Werbeaktion in eigener Regie durch, ist sie selbst der Werbeträger),
- der Gegenstand, auf dem sich das Werbemittel befindet (z. B. Plakat an einer Hauswand, Werbegrafik auf einer Straßenbahn).

Kriterien für die Auswahl von Werbeträgern sind

- die **Streubreite** (umworbener Personenkreis nach Zielgruppen),
- die **Reichweite** (es ist festzustellen, wie viele Personen angesprochen werden können),
- die **Kosten** (die vorhandenen finanziellen Mittel sind mit den Kontaktmöglichkeiten zu vergleichen),
- die **Verfügbarkeit** (Beschränkungen bezüglich des Werberaums und der Werbezeit sind zu beachten),
- die **Nutzungsdauer** (z. B. Erscheinungshäufigkeit einer Zeitschrift).

Jedem Unternehmen steht eine Vielzahl von Werbemitteln und Werbeträgern zur Verfügung, die einzeln oder kombiniert eingesetzt werden können. Aufgrund der schlechten Wirtschaftssituation ab dem Jahr 2001 knickte die Kurve des Werbeeinsatzes in Deutschland (gemessen in Geldeinsatz) erstmals seit langer Zeit nach unten ab (vgl. Schaubild Werbeflaute):

Wegen der Bedeutung der Werbung wird sich in Zukunft aller Wahrscheinlichkeit nach wieder ein ständiges (jedoch nicht mehr so starkes) Ansteigen der Ausgabenkurve im Bereich der Werbung ergeben. Nach der Flaute im Jahr 2001 war im Jahr 2002 ein leichter Anstieg zu verzeichnen (vgl. Schaubild):

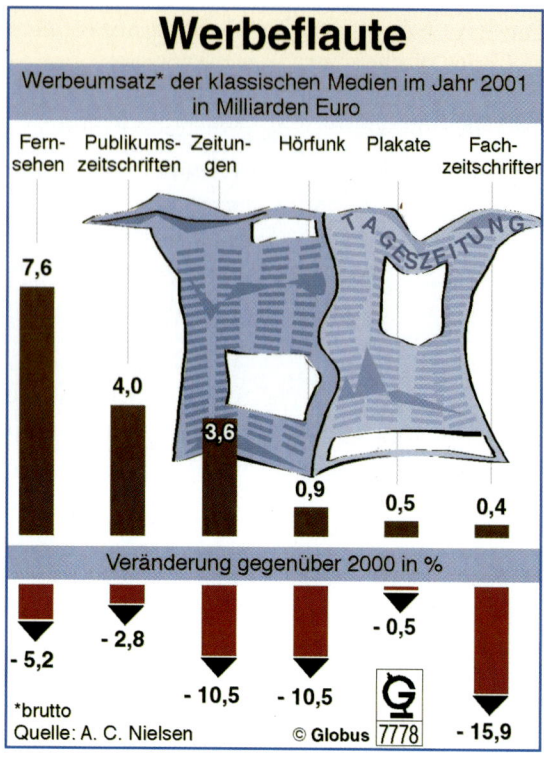

Werbeflaute

Werbumsatz* der klassischen Medien im Jahr 2001 in Milliarden Euro

Fernsehen	Publikumszeitschriften	Zeitungen	Hörfunk	Plakate	Fachzeitschriften
7,6	4,0	3,6	0,9	0,5	0,4

Veränderung gegenüber 2000 in %

| - 5,2 | - 2,8 | - 10,5 | - 10,5 | - 0,5 | - 15,9 |

*brutto
Quelle: A. C. Nielsen
© Globus 7778

Werbe-Konjunktur weiter flau

Werbeinvestitionen in Deutschland in Milliarden Euro

1994	'95	'96	'97	'98	'99	'00	'01	'02	2003
26,0	27,4	28,1	28,9	30,2	31,4	33,2	31,5	30,0	30,3

Prognose

Quelle: ZAW

© Globus 8196

Zur abschließenden Betrachtung fasst die folgende Übersicht 7.15 die Vor- und Nachteile der Werbung zusammen:

Werbung	
Vorteile	**Nachteile**
Werbung erfüllt eine Informationsfunktion: • Breite des Marktangebotes • neue Einkaufsquellen • Preise • Qualitätsmerkmale Werbung erleichtert und fördert den Verkaufsvorgang für Hersteller und Händler. ↓ Werbung trägt zum Wirtschaftswachstum bei.	Die meist unsachliche Werbung manipuliert (= beeinflusst) den Verbraucher, indem sie • Zusatznutzen (Anerkennung, Erfolg, Schönheit usw.) suggeriert (= einredet), • unterschwellig Sorgen und Ängste (z. B. Krankheit, Kündigung) anspricht. Die Kosten für Werbung werden in die Preise für Waren und Dienstleistungen einkalkuliert. ↓ Der Verbraucher bezahlt die Werbung über seinen Konsum.

Übersicht 7.15

Verhalten der Verbraucher nach dem Kauf

Anbieter wissen natürlich auch von dem üblichen Verhalten der Verbraucher nach dem Kauf (vgl. Kontrollphase S. 177) und haben ihre Mittel entwickelt, auch dieses Verhalten zu beeinflussen.

Situation
Herr Schulz kauft einen Videocamcorder eines Markenherstellers für 600,00 €. Als Herr Schulz im Nachhinein die Mediaangebote aus Werbeprospekten studiert, die häufig seiner Tageszeitung als Beilage hinzugefügt sind, steigert sich sein ungutes Gefühl. Es werden oft Videocamcorder unter 300,00 € angeboten. ▶▶▶

Der Verbraucher wird insbesondere kurz nach der Kaufentscheidung immer wieder mit der Frage konfrontiert: Habe ich die richtige Entscheidung getroffen? Anbieter versuchen, die daraus resultierenden unguten Gefühle zu verhindern bzw. zu reduzieren.

▶▶▶ Einige Tage nach dem Kauf seines Camcorders findet Herr Schulz endlich Zeit, sich mit seiner neuen Errungenschaft vertraut zu machen. Als Erstes fällt ihm eine geschmackvoll gestaltete kleine Karte mit folgender Aufschrift in die Hand:

> Herzlichen Glückwunsch zum Kauf dieses Qualitätsproduktes.
> Sie haben ein hochwertiges technisches Gerät aus unserem gehobenen Sortiment erworben. Sie werden viele Jahre große Freude daran haben.

Diese Mitteilung bestätigt die Vorstellung von Herrn Schulz, ein Markenprodukt erworben zu haben, das seinen Preis wert ist. Der Verkäufer wiederum hat sein Ziel durch ein einfaches und preiswertes Mittel erreicht. ●●●

Zum Verhalten der Verbraucher gegenüber der Umwelt gibt Kapitel 4 „Ökologie und Haushalt" Auskunft.

Grenzen der Werbung

Immer wieder trifft Werbung Aussagen, die vom Verbraucher nicht oder nur unter größten Mühen zu überprüfen sind. Die Möglichkeiten, das Verbraucherverhalten durch Werbung zu beeinflussen, haben deshalb ihre Grenzen, die sich maßgeblich im *Gesetz gegen den unlauteren Wettbewerb (UWG)* widerspiegeln.

Unzulässiger Wettbewerb laut UWG	

Irreführende Werbung	• Unrichtige Angaben über
	  - Merkmale der Waren oder Dienstleistungen
	  - Den Anlass des Verkaufs und den Preis
	  - Die geschäftlichen Verhältnisse
	• Werbung mit Preissenkung, wenn der alte Preis nur für eine sehr kurze Zeit gefordert wurde
	• Werbung mit einem Räumungsverkauf (mit Ausnahmen)

Vergleichende Werbung	• Sie bezieht sich nicht auf den gleichen Zweck • Sie ist nicht auf nachprüfbare Eigenschaften bezogen • Sie führt zu Verwechslungen mit der Konkurrenz • Sie beeinträchtigt die Wertschätzung eines Mitwerber-Kennzeichens • Sie setzt die Waren eines Mitbewerbers herab • Sie stellt eine Ware als Nachahmung einer geschützten Ware dar
Sonstige Beispiele unlauteren Wettbewerbs	Unlauter ist der Wettbewerb dann, wenn • die Entscheidung des Verbrauchers durch Druck oder Täuschung beeinträchtigt wird • die geschäftliche Unerfahrenheit von Kindern usw. oder eine Zwangslage ausgenutzt wird • eine unzumutbare Belästigung gegeben ist (z. B. Telefonwerbung) • der gewerbliche Charakter verschleiert wird • es unklare Angaben gemacht werden (z. B. bezüglich Preisnachlässen, Zugaben) – gilt auch bei Gewinnspielen • über Mitbewerber unwahre Tatsachen behauptet werden • ein Konkurrent gezielt behindert wird • gesetzliche Vorschriften nicht befolgt werden

Übersicht 7.16

Wesentliche Lerninhalte

Beeinflussung des Verbraucher-verhaltens
▶ Lenkung des Kundenlaufs
▶ Platzierung der Waren
▶ Verpackung der Waren
▶ Werbung

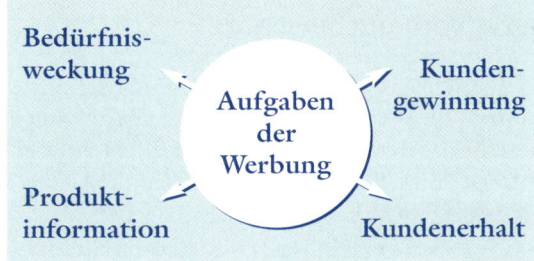

Bedürfnis-weckung

Aufgaben der Werbung

Kunden-gewinnung

Produkt-information

Kundenerhalt

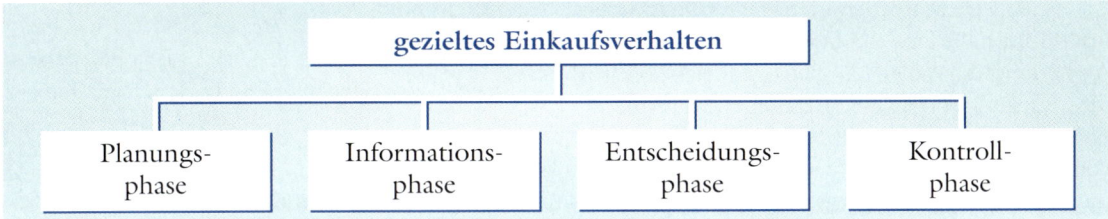

gezieltes Einkaufsverhalten

| Planungs-phase | Informations-phase | Entscheidungs-phase | Kontroll-phase |

Der Einzelhandel als Einkaufsquelle:

| Fachgeschäfte/ Fachmärkte | Tante-Emma-Läden | Warenhäuser/ SB-Warenhäuser | Wochen-märkte |

Aufgaben

❶ Wie könnte eine Planungsphase aussehen, die dazu beiträgt, ein gezieltes Einkaufs-verhalten zu erreichen?

❷ Nennen Sie vier Kennzeichen für einen so genannten „Tante-Emma-Laden".

❸ Nennen Sie Beispiele für eine Beeinflussung des Verbraucherverhaltens durch die Plat-zierung der Waren in Handelsgeschäften. Diskutieren Sie dieses Verhalten.

❹ Nennen und übersetzen Sie die englischen Worte, die in der AIDA-Formel stecken.

❺ Welche Werbemittel und Werbeträger wird ein Supermarkt bei einem eng begrenzten Budget nutzen? Zählen Sie exemplarisch passende Werbemittel und -träger auf.

❻ Überlegen Sie, mit welchen Kunden-vorteilen Händler im Bereich der Zahlungsbedingungen werben könnten.

a) Nennen Sie drei Möglichkeiten.

b) Suchen und sammeln Sie zu den ge-nannten Möglichkeiten passende Werbung, z. B. in Prospektbeilagen oder Anzeigen.

c) Werten Sie die gesammelten Materialien in der Form aus, dass Sie in der Klasse darüber diskutieren (Idee, Aufmachung, Nutzen für den Verbraucher, Nutzen für den Werbenden usw.)

Handlungsvorschlag
Schauen Sie sich zur Durchführung der Diskussion die Hilfestellungen auf S. 327 an.

7.4 Verbraucherschutz

Verbraucher ist nach § 13 BGB jede natürliche Person, die ein Rechtsgeschäft zu einem Zweck abschließt, der weder ihrer gewerblichen noch ihrer selbständigen beruflichen Tätigkeit zugerechnet werden kann.

Verschiedene Organisationen haben sich zum Ziel gesetzt, die Verbraucher zu informieren und Hilfestellungen zu deren Schutz zu geben. Als bedeutendste Verbraucherorganisation kann die „Stiftung Warentest" angesehen werden, die durch die Zeitschrift „test" über die Nutzwerte von Waren und Dienstleistungen unterrichtet und berät.

Verbraucherorganisationen und Verbraucherinstitutionen
- auf Bundesebene sind die
  - Arbeitsgemeinschaft der Verbraucherverbände (AGV),
- auf Länderebene sind die
  - Verbraucherzentralen (VZ),
  - „Stiftung Warentest".

Verbraucherschutz erfasst alle Maßnahmen zum Schutz des Verbrauchers vor einer Gefährdung seiner Sicherheit sowie vor Täuschung durch Unternehmer. Darüber hinaus bieten Einzelgesetze und Rechtsvorschriften im *Bürgerlichen Gesetzbuch (BGB)* dem Verbraucher Schutz. Dazu gehören:

- **Regelungen einzelner Wirtschaftsbereiche**, z.B. im Lebensmittelrecht die *LMKV (= Lebensmittel-Kennzeichnungsverordnung)* und das *LMBG (= Lebensmittel- und Bedarfsgegenstände-Gesetz)*, vgl. Kapitel 7.4.1.

- *Produkthaftungs- und Produktsicherheitsgesetz* (vgl. Kapitel 6.4)

- *Preisangabeverordnung*: Preisangaben für den Endverbraucher sind einschließlich Umsatzsteuer anzugeben, z.B. auf den Speisekarten. Ausgestellte Waren sind durch Preisschilder auszuzeichnen.

- Das *Rabattgesetz* wurde 2001 im Zuge der Harmonisierung in der Europäischen Union abgeschafft. Insbesondere für den Internethandel (E-Commerce) hätte es für deutsche Händler eine Benachteiligung bedeutet, wenn sie nicht höhere Rabatte anbieten könnten. Zugaben können zwischen den Vertragspartnern selbständig ausgehandelt werden, da die *Zugabeverordnung* auch entfallen ist.

- *Abfallbeseitigungsgesetz*

- *Bundesimmissionsschutzgesetz* (Immissionen = Verunreinigungen und Schadstoffe in der Luft)

- *Verpackungsverordnung* (vgl. Seite 111)

- Das *Gesetz gegen den unlauteren Wettbewerb (UWG)* dient dem Schutz der Verbraucher und Mitbewerber. Es sichert das Interesse der Allgemeinheit an unverfälschtem Wettbewerb. Verstöße gegen das *UWG* werden strafrechtlich verfolgt. Einen weiteren Anwendungsbereich hat das Gesetz seit Januar 2003 erhalten:
Trotz einiger Proteste wurde das Dosen-

pfand eingeführt. Damit besteht eine Rücknahme- und Pfandpflicht bei Einweg-Getränkeverpackungen von bestimmten Getränken.

- **Allgemeine Geschäftsbedingungen (AGB)**
- **Verschiedene Verbraucherverträge**

Die aufgezählten Rechtsvorschriften können mithilfe von Behörden (Beschwerderecht) und Gerichten (Klage) durchgesetzt werden.

7.4.1 Lebensmittel-Kennzeichnungsverordnung sowie Lebensmittel- und Bedarfsgegenstände-Gesetz

Situation
Hauswirtschafterin Constanze kauft beim Großhändler verschiedene Milchprodukte für die Betriebsküche der Chemie AG ein. Bei der Anlieferung der Ware prüft sie die einzelnen Produkte. Dabei stellt sie fest, dass die Verpackung des Quarks weder das Herstellungs- bzw. Abpackungs- noch das Verfallsdatum aufweist.
Ist dies ein Reklamationsgrund? ▶▶▶

Der § 1 der *Lebensmittel-Kennzeichnungsverordnung (LMKV)* begrenzt den Anwendungsbereich der Verordnung auf Lebensmittel in Fertigpackungen. Folgende Angaben sind auf verpackten Lebensmitteln verpflichtend (*§§ 1 ff. LMKV*):
- die handelsübliche Bezeichnung des Inhalts,

- der Hersteller,
- die Menge des Inhalts nach *Fertigpackungsverordnung*,
- das Mindesthaltbarkeits- oder Verbrauchsdatum (nicht bei Getränken über 10 Vol.-%), z. B. „gekühlt haltbar bis ...",
- die Verwendung von Zusatzstoffen, wie Farb- und Konservierungsstoffe,
- die verwendeten Zutaten in absteigender Reihenfolge ihres Gewichtsanteils,
- der vorhandene Alkoholgehalt bei Getränken mit einem Alkoholgehalt von mehr als 1,2 Vol.-%.

Ausgenommen von der Kennzeichnungspflicht sind:

- Kakao und Kakaoerzeugnisse,
- Kaffeeextrakte,
- Zuckerarten, Honig,
- Aromen,
- Schaumwein und andere alkoholhaltige Getränke,
- Lebensmittel, die in der Verkaufsstätte selbst verpackt werden und zur alsbaldigen Abgabe bestimmt sind, z. B. Obst, Kleingebäck, Käse vom Stück.

Für Lebensmittel, die lose zum Verkauf angeboten werden, gelten besondere Vorschriften zur Kenntlichmachung.

▶▶▶ Der Hersteller von Lebensmitteln wird von der **Kennzeichnungspflicht** auch dann nicht befreit, wenn von vornherein eine Weiterverarbeitung in einem hauswirtschaftlichen Betrieb vorgesehen ist. Dementsprechend kann in der Situation reklamiert werden, und zwar entsprechend den Regeln des Rückgaberechts laut Kaufvertrag (vgl. auch S. 140 ff). ●●●

Ziel des *Lebensmittel- und Bedarfsgegenstände-Gesetzes (LMBG)* ist es, den Verbraucher vor Gesundheitsschäden, Täuschung und Irreführung zu schützen.

Zusätzlich zum *LMBG* sind Verordnungen erlassen worden, die für den Verbraucher von praktischer Bedeutung sind. Die wichtigsten Verordnungen sind:

- *Verordnung über die Zulassung von Zusatzstoffen,*
- *Konservierungsstoffverordnung,*
- *Farbstoffverordnung.*

7.4.2 Warenkennzeichnung

Eine weitere Schutzmaßnahme des Gesetzgebers für die Verbraucher ist die Warenkennzeichnungspflicht:
Die *Lebensmittel-Kennzeichnungsverordnung (LMKV)* beinhaltet die Kennzeichnungspflicht von Lebensmitteln. Der *Paragraph 1* begrenzt den Anwendungsbereich dieser Verordnung jedoch auf Lebensmittel in Fertigverpackungen.
Das *Textilkennzeichnungsgesetz* bestimmt, dass Textilerzeugnisse, die an Verbraucher verkauft werden, folgende Angaben tragen müssen:

- Angaben über die Art der verwendeten textilen Rohstoffe (= **Rohstoffbezeichnung**), z. B. Baumwolle, Seide, Synthetics;
- Angaben über den **Rohstoffgehalt**, z. B. 60 % oder 100 % = rein = ganz.

Das *Gerätesicherheitsgesetz* schreibt für Hersteller oder Importeure vor, dass nur technische Geräte auf den deutschen Markt gebracht werden dürfen, die nach den allgemein anerkannten Regeln der Technik sowie nach den Arbeitsschutz- und Unfallverhütungsvorschriften gebaut wurden.
Weiterhin ist die Gefahrenstoffkennzeichnung mit ihren wichtigsten Abbildungen zu nennen:

In den Bereich der gesetzlichen Warenkennzeichnung fällt auch das *Gesetz über das Mess- und Eichwesen (Eichgesetz* vom 23. März 1992), das in erster Linie dem Schutz von Verbrauchern und Verkäufern und der Lauterkeit des Wettbewerbs dient. Gewichte, Waagen, Fässer und Messgeräte aller Art müssen demnach geeicht sein, wenn sie

- im geschäftlichen Verkehr verwendet werden oder
- so bereitgehalten werden, dass sie ohne besondere Vorbereitung in Gebrauch genommen werden könnten.

Auf Waren gekennzeichnete Größen und Gewichte müssen mit geeichten Geräten gemessen worden sein. Alle zwei Jahre hat im Allgemeinen eine Nacheichung stattzufinden, was durch den Eichstempel vom Eichamt nachzuweisen ist.

Im Rahmen des gemeinsamen EU-Marktes müssen noch weitere Schritte im Bereich einheitlicher **Vermarktungsnormen** unternommen werden (vgl. Kapitel 7.5).

Auf der anderen Seite kann eine Warenkennzeichnung jedoch auch ohne gesetzliche Zwänge erfolgen (= **freiwillige Warenkennzeichnung**). Beispiele hierfür sind freiwillige Produktinformationen der Hersteller, z. B. auf Warenverpackungen oder die Pflegekennzeichen auf Textilien.
Hierzu gehört auch der Aufdruck von **Umwelt- und Gütezeichen**:
Viele umweltverträgliche Produkte sind mit dem so genannten **Blauen Engel** gekennzeichnet. Dieses Zeichen dürfen Produkte tragen, die durch die „Jury Umweltzeichen" in Zusammenarbeit mit dem Umweltbundesamt ausgezeichnet wurden.

Das **Umweltgütezeichen der EU** dürfen Produkte tragen, die in ihrer Gesamtheit umweltverträglich und biologisch abbaubar sind.

Zur Gütesicherung haben sich einige Gemeinschaften gebildet, die Gütezeichen vergeben, z. B.

- Verband Deutscher Elektrotechniker (Gütezeichen **VDE**),
- Technischer Überwachungsverein (Gütezeichen **TÜV**, z. B. für Kraftfahrzeuge gesetzlich vorgeschrieben – siehe auch *Gerätesicherheitsgesetz*),
- Deutsches Institut für Gütesicherung und Kennzeichnung e.V. (Gütezeichen **RAL**).

Beispiele:

Auch die Herstellung von Produkten nach **DIN**(=Deutsches Institut für Normung)-**Normen** und deren entsprechende Kennzeichnung ist nicht gesetzlich vorgeschrieben. Sie stellt aus Absatzgründen jedoch schon fast ein Muss dar, da unsere Industriegesellschaft sich nahezu geschlossen des Hilfsmittels der DIN-Normen bedient.

Das Grüne-Punkt-System

Mit der Einführung der *Verpackungsverordnung* in Deutschland im Jahre 1991 hat die Bundesrepublik im Verpackungsrecycling eine Vorreiterrolle in Europa übernommen. Das trifft vor allem auf das mittlerweile in Deutschland nahezu flächendeckend bekannte Rücknahmesystem von Verkaufsverpackungen

durch die Duales System Deutschland AG zu.

Wie und ob dieses System auf die gesamte EU zu übertragen ist, hängt davon ab, wie einige Probleme geklärt werden (vgl. Kapitel 7.5):

Das Grundproblem ist eine notwendige EU-weite Vereinheitlichung der Verpackungen, um eine möglichst einheitliche und kostengünstige Bearbeitung zu gewährleisten. Das erfordert die einheitliche Kennzeichnung von Waren. Hierunter fällt insbesondere der „grüne Punkt", der mittlerweile auf dem europäischen Kontinent bereits von einigen Staaten benutzt wird.

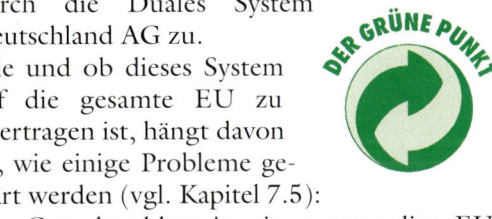

7.4.3 Allgemeine Geschäftsbedingungen

> 👁 **Situation**
>
> Hauswirtschafterin Constanze bestellt bei einem Elektrogroßhändler einen Tiefkühlschrank. Auf dem Bestellformular steht u. a. auch, dass die allgemeinen Geschäftsbedingungen des Verkäufers anerkannt werden. Sie enthalten die Klausel, dass Preiserhöhungen bis zum Liefertermin erlaubt sind. Constanze möchte wissen, ob das möglich ist. ▶▶▶

Die allgemeinen Geschäftsbedingungen (AGB) beinhalten meist Vertragsbedingungen zu Liefer- und Nachfristen, zu Rücktritts- und Änderungsvorbehalten sowie zu Rügefristen. Sie werden oft als „Kleingedrucktes" bezeichnet, da sie meist klein gedruckt auf der Rückseite des Vertragsformulars stehen.

Durch die Aufstellung von AGB schränkt der Verkäufer die Möglichkeit des Käufers ein, Verträge frei gestalten zu können, da der Käufer bei der Festlegung nicht mitgewirkt hat. Der Verkäufer möchte durch verbindliche AGB für sich günstigere Vereinbarungen erzielen, sodass die Gefahr besteht, dass die AGB den Käufer benachteiligen.

Durch die Reform des *Bürgerlichen Gesetzbuchs (BGB)* sind Vorschriften des *Gesetzes über die allgemeinen Geschäftsbedingungen* nun nahezu unverändert in das *BGB* integriert und in die *§§ 305–310 BGB* aufgenommen worden. Ziel dieser Paragraphen ist es, den Missbrauch der AGB zu verhindern und besonders kunden-unfreundliche Bedingungen zu verbieten.

Zweck der AGB: Sie sollen dem gewerblichen Anbieter über längere Zeit gleich bleibende Vertragsbedingungen ermöglichen und die andere Vertragspartei vor einer unangemessenen Benachteiligung schützen.
Beispiel: Mittels der AGB soll der Käufer vor unangemessen kurzen Rügefristen (lediglich fünf Werktage etc.) bewahrt werden.

Vertragliches: Die AGB werden nur Vertragsbestandteil, wenn der Verkäufer bei Vertragsabschluss dem Käufer ausdrücklich auf die AGB hinweist und ihm die Möglichkeit der Kenntnisnahme gibt (z. B. durch einen deutlich sichtbaren Aushang im Geschäft) und sich der Käufer mit den aufgestellten AGB einverstanden erklärt.
Beispiel: Beim Kauf einer Waschmaschine wird der Käufer sowohl mündlich als auch schriftlich auf die AGB hingewiesen.

Vorrang der Individualabrede: Individuelle Vertragsvereinbarungen zwischen Verkäufer und Käufer gelten auch dann, wenn AGB vorliegen und in diesen etwas anderes steht. Derartige Vereinbarungen haben den Vorrang gegenüber vorliegenden AGB.
Beispiel: In den AGB des Unternehmers Ulrich ist die Rede von unverbindlichen Lieferfristen. Einigen sich Ulrich und sein Kunde aber auf den 17. November des Jahres als verbindlichen Liefertermin, so gilt dies vorrangig.

Inhaltskontrolle (Generalklausel): Die Inhaltskontrolle besagt, dass Bestimmungen in AGB unwirksam sind, wenn sie den Käufer unangemessen benachteiligen.
Beispiel: Eine Benachteiligung können unverständliche Klauseln sein.

Rechtsfolgen bei Unwirksamkeit der AGB: Sind AGB ganz oder teilweise unwirksam geworden, so bleiben die anderen Vertragsbestandteile sowie der Vertrag im Ganzen wirksam. Für den übrigen Vertragsinhalt gelten dann die gesetzlichen Vorschriften (*§ 306 BGB*).
Beispiel: Bestehen unangemessen kurze Rügefristen (z. B. lediglich fünf Werktage), sind diese unwirksam, der Vertrag bleibt aber im Ganzen bestehen.

Klauselverbote: Die *§§ 308* und *309* des *BGB* enthalten Klauseln, deren Anwendung in den AGB die Rechtsunwirksamkeit zur Folge hat. Ermöglichen aufgestellte AGB z. B. eine Preiserhöhung für Waren oder Leistungen innerhalb von vier Monaten nach Vertragsabschluss, so sind diese AGB unwirksam.

▶▶▶ Nach *§ 309 BGB* ist eine Klausel über die Erhöhung des Verkaufspreises nicht erlaubt, wenn die Ware innerhalb von vier Monaten nach Vertragsabschluss geliefert werden soll, siehe Übersicht 7.17.
Liegt der vereinbarte Liefertermin zwischen der Hauswirtschafterin Constanze und dem Elektrogroßhändler innerhalb der Viermonatsfrist, ist demnach eine Preiserhöhung unzulässig. ●●●

Der Verkäufer darf die gesetzlichen Gewährleistungsansprüche des Käufers nicht vollständig ausschließen. Auch darf er keine Klausel benutzen, die ihm das Recht gibt, die im Kaufvertrag vereinbarte Leistung zu ändern, wenn diese für den Käufer unzumutbar ist (z. B. die Lieferung von gelben Gardinen statt roten = Änderungsvorbehalt gem. *§ 308 BGB*).
Sollte sich ergeben, dass die AGB unwirksam sind, gelten die gesetzlichen Vorschriften für den jeweiligen Vorgang.

Die **Gewährleistung** betreffend ist im *§ 309 BGB* bestimmt:

- Die Gewährleistung darf vertraglich nicht ausgeschlossen sein.
- Die Gewährleistung darf vertraglich nicht kürzer als ein Jahr sein.

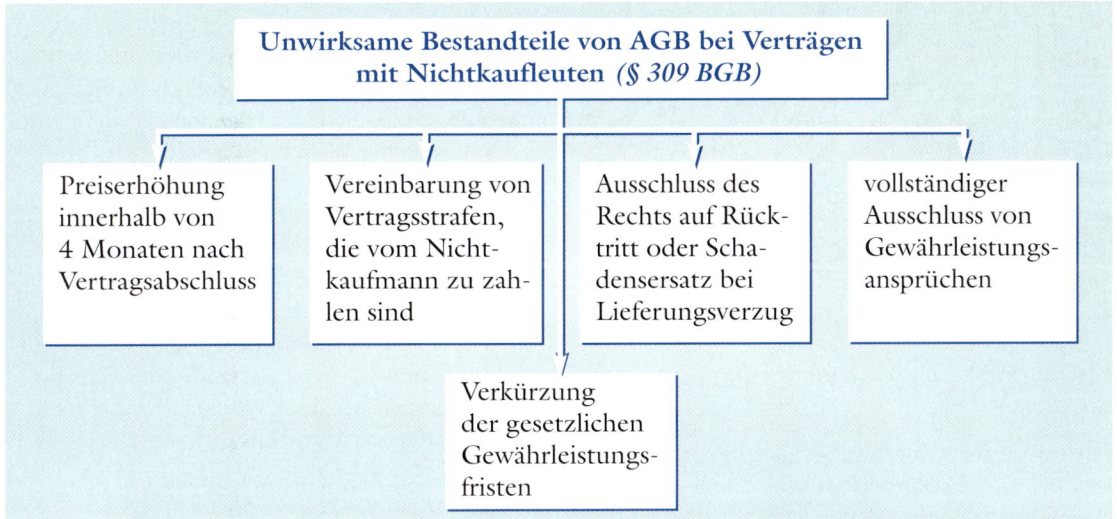

Unwirksame Bestandteile von AGB bei Verträgen mit Nichtkaufleuten *(§ 309 BGB)*

| Preiserhöhung innerhalb von 4 Monaten nach Vertragsabschluss | Vereinbarung von Vertragsstrafen, die vom Nichtkaufmann zu zahlen sind | Ausschluss des Rechts auf Rücktritt oder Schadensersatz bei Lieferungsverzug | vollständiger Ausschluss von Gewährleistungsansprüchen |

Verkürzung der gesetzlichen Gewährleistungsfristen

Übersicht 7.17

- Bei Fehlschlägen der Nacherfüllung muss dem Käufer wieder das Recht zustehen, Minderung oder Rücktritt zu verlangen.
- Bei Inanspruchnahme der Nachbesserung (Garantie) dürfen dem Käufer keinerlei Kosten entstehen, insbesondere keine Transport-, Wege-, Arbeits- oder Materialkosten.

7.4.4 Verschiedene Verbraucherverträge

Verbraucherkaufvertrag

Kauft ein Verbraucher von einem Unternehmer eine bewegliche Sache, so liegt nach *§ 474 BGB* grundsätzlich ein Verbraucherkaufvertrag vor.

Haustürgeschäft: Darunter ist ein Vertrag zu verstehen, zu dessen Abschluss der Verbraucher
- durch mündliche Verhandlungen an seinem Arbeitsplatz oder in seiner Wohnung,
- anlässlich einer Freizeitveranstaltung (z. B. Kaffeefahrt) oder
- durch ein überraschendes Ansprechen in öffentlichen Bereichen
veranlasst worden ist *(§ 312 BGB)*.

Beispiel: Unangemeldet klingelt der Vertreter Viktor Veith bei der Hotelfachfrau Helga Himmel an der Haustür ihrer Wohnung und bietet

Frau Himmel eine moderne Espressomaschine zum Kauf an. Diese entschließt sich spontan zu einem solchen Kauf, sodass ein Haustürgeschäft zustande gekommen ist.

Derartige Haustürgeschäfte (insbesondere Bargeldgeschäfte) sind aber nur wirksam, sofern der Verbraucher den Vertrag nicht innerhalb von zwei Wochen widerrufen hat. Es steht dem Verbraucher u. U. auch ein Rückgaberecht zu *(§§ 312, 356 BGB)*.

Zu beachten ist dabei die **erforderliche Belehrung** nach *§ 312 BGB*:
Erhält der Verbraucher keine ordnungsgemäße Belehrung, so beginnt die Widerrufsfrist weder zu laufen noch erlischt das gesamte Widerrufsrecht.
Es können aber auch das Widerrufs- bzw. Rückgaberecht **ausgeschlossen** sein. Dies ist der Fall, wenn:
- ein Versicherungsvertrag vorliegt,
- der Vertragsabschluss aufgrund vorhergehender Bestellung des Verbrauchers erfolgt ist,
- es sich um ein Bagatellgeschäft von nicht mehr als 40,00 € handelt,
- der Vertrag notariell beurkundet wurde.

Beispiel: Hat die Hotelfachfrau Himmel den Vertreter Veith selbst vorher zu sich nach Haus

bestellt und kommt es daraufhin zum Vertragsabschluss, so liegt kein Haustürgeschäft vor.

Fernabsatzvertrag: Ein Fernabsatzvertrag liegt vor, wenn Verträge über die Lieferung von Waren oder Dienstleistungen zwischen einem Verbraucher und einem Unternehmer unter ausschließlicher Verwendung von „Fernkommunikationsmitteln" abgeschlossen werden. Dies geschieht durch für den Fernabsatz organisierten Vertriebssysteme *(§ 312 BGB)*.
Beispiel: Telefonisch schließt der Koch Klaus Korn mit dem Haushaltswarengeschäft Hoppe einen Kaufvertrag über einen Wok. Es liegt somit ein Fernabsatzgeschäft vor.

Immer mehr Verbraucher gehen unabhängig vom Ladenschluss im Internet oder per Katalog „einkaufen", sodass der Fernabsatz seit Juni 2000 gesetzlich geregelt und mit der Schuldrechtsreform in das *BGB* integriert worden ist. Unter den verwendeten „Fernkommunikationsmitteln" sind u. a. Brief, Katalog, Fax, Telefon, E-Mail oder die Bestellung im Internet zu verstehen.

Dem anbietenden Unternehmer werden weitreichende Informationspflichten auferlegt:

- Er muss den Verbraucher über die wesentlichen Vertragsbestandteile schon vor einer Bestellung informieren und spätestens bis zur Lieferung diese Informationen auf einem „dauerhaften Datenträger" bestätigen.

- Der Unternehmer muss den Verbraucher über wesentliche Einzelheiten aufklären, z. B. über

  ○ den Geschäftszweck,
  ○ wesentliche Merkmale und den Preis der Ware,
  ○ zusätzliche Liefer- und Versandkosten,
  ○ die Zahlungsart,
  ○ die Handhabung des Widerrufs- und Rückgaberechts,
  ○ die Garantieleistungen,
  ○ die Kündigungsbedingungen und
  ○ die Anschrift, an die sich der Kunde bei Reklamationen wenden kann.

Teilzahlungsgeschäft: Erfolgt die Lieferung einer bestimmten Sache gegen Teilzahlung, so liegt ein Teilzahlungsgeschäft vor *(§ 499 BGB)*. Nach den gleichen Vorschriften findet der **Finanzierungsleasingvertrag** Anwendung.

Nach *§ 502 BGB* muss die vom Verbraucher zu unterzeichnende Vertragserklärung folgende wesentliche Informationen enthalten:
- den Bar- sowie Teilzahlungspreis,
- den Betrag, die Zahl und die Fälligkeit der einzelnen Teilzahlungen,
- den effektiven Jahreszins,
- die Kosten einer Versicherung,
- die Vereinbarung eines Eigentumsvorbehalts oder einer anderen zu bestellenden Sicherheit

Beispiel: Der Restaurantfachmann Richard Rose kauft sich beim Möbelgeschäft Maurer einen Wohnzimmerschrank aus echtem Buchenholz, der ihm auch nach Hause geliefert wird. Es ist ihm aber nicht möglich, den gesamten Kaufpreis auf einmal aufzubringen, sodass er vereinbart, die Rechnung in Teilzahlungen zu begleichen. Es liegt also ein Teilzahlungsgeschäft vor.
Das Teilzahlungsgeschäft ist nichtig, sofern die Schriftform nicht eingehalten ist oder die aufgeführten wesentlichen Angaben vertraglich nicht erfasst sind.

Kommt der Verbraucher mit mindestens zwei aufeinander folgenden Teilzahlungen in Verzug und ist eine Zahlungsaufforderung verstrichen, so kann der Unternehmer das Teilzahlungsgeschäft kündigen und die Restschuld verlangen.

Ratenlieferungsvertrag: Es ist zu differenzieren, ob der Vertrag
- die Lieferung mehrerer Sachen in Teilleistung beinhaltet, wobei das Entgelt komplett zu entrichten ist,
- die regelmäßige Lieferung von Sachen gleicher Art zum Gegenstand hat (sog. Sukzessivlieferungsverträge) oder
- die Verpflichtung zum wiederkehrenden Bezug von Sachen beinhaltet *(§ 505 BGB)*.

Beispiel: Die Hotelfachfrau Anja Ahlert möchte sich von nun an regelmäßig über aktuelle Geschehnisse informieren, sodass sie eine Tageszeitung abonniert. So schließt sie mit der Firma Info GmbH einen Sukzessivlieferungsvertrag, wonach sie täglich eine Tageszeitung geliefert bekommt und diese vierteljährlich bezahlt.

Der Ratenlieferungsvertrag bedarf der schriftlichen Form. Außerdem besteht für den Verbraucher ein Widerrufsrecht für Ratenlieferungsverträge.

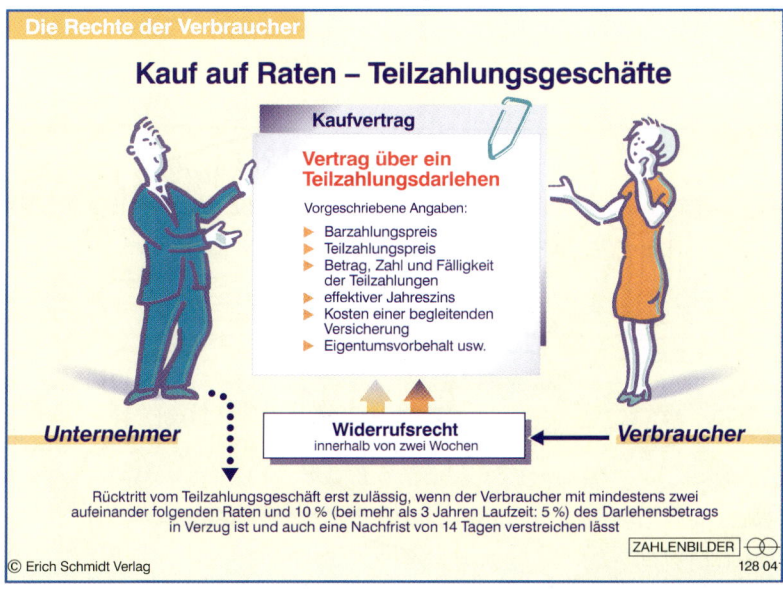

Die Rechte der Verbraucher

Kauf auf Raten – Teilzahlungsgeschäfte

Kaufvertrag

Vertrag über ein Teilzahlungsdarlehen

Vorgeschriebene Angaben:
- ► Barzahlungspreis
- ► Teilzahlungspreis
- ► Betrag, Zahl und Fälligkeit der Teilzahlungen
- ► effektiver Jahreszins
- ► Kosten einer begleitenden Versicherung
- ► Eigentumsvorbehalt usw.

Unternehmer

Widerrufsrecht innerhalb von zwei Wochen

Verbraucher

Rücktritt vom Teilzahlungsgeschäft erst zulässig, wenn der Verbraucher mit mindestens zwei aufeinander folgenden Raten und 10 % (bei mehr als 3 Jahren Laufzeit: 5 %) des Darlehensbetrags in Verzug ist und auch eine Nachfrist von 14 Tagen verstreichen lässt

ZAHLENBILDER

© Erich Schmidt Verlag

128 04

Verbraucherdarlehensvertrag

Wird zwischen einem Unternehmer als Darlehensgeber und einem Verbraucher als Darlehensnehmer ein entgeltlicher Darlehensvertrag geschlossen, so liegt ein Verbraucherdarlehensvertrag gemäß *§ 491 BGB* vor.

Beispiel: Der Magazinleiter Fred Furt möchte sich seine Eigentumswohnung komplett neu einrichten und benötigt 35.000,00 € dafür. Daher nimmt er bei dem Unternehmer Ulrich Unger ein Darlehen in dieser Höhe auf. Zwischen den beiden ist somit ein Verbraucherdarlehen zustande gekommen.

Ein Verbraucherdarlehensvertrag ist mindestens schriftlich abzuschließen, wobei die Vertragsparteien Angebot und Annahme auch getrennt unterschreiben können.

Die Vorschriften des Verbraucherdarlehens finden keine Anwendung, wenn das auszuzahlende Darlehen 200,00 € nicht übersteigt.

Der Verbraucherdarlehensvertrag muss folgende wesentliche Vertragsbestandteile beinhalten (nach *§ 492 BGB*):

- Nettodarlehensbetrag,
- Gesamtbetrag aller Teilzahlungen (Zinsen + Tilgung + sonstige Kosten),
- Art und Weise der Rückzahlung,
- Zinssatz und alle Nebenkosten,
- effektiver Jahreszins, Kosten einer evtl. vereinbarten Versicherung,
- zu stellende Sicherheiten.

Dem Darlehensnehmer steht auch ein Widerrufsrecht zu, wobei die zweiwöchige Widerrufsfrist erst mit Erhalt einer Vertrags- oder Antragsabschrift sowie deutlicher Belehrung in Textform zu laufen beginnt; ansonsten gilt der Widerruf als nicht erfolgt (*§ 495 BGB*).

Gerät der Darlehensnehmer in Verzug (*§ 286 BGB*), so können Verzugszinsen geltend gemacht werden (meist mit 5 % über dem Basiszinssatz).

Verbundener Vertrag

Wird ein Vertrag zwischen einem Unternehmer und einem Verbraucher über die Lieferung einer Ware mit einem Verbraucherdarlehensvertrag derartig verknüpft, dass eine wirtschaftliche Einheit vorliegt, so bilden die beiden Verträge zusammen einen verbundenen Vertrag (*§ 358 BGB*).

Charakterisierend für den verbundenen Vertrag ist, dass bei Widerruf eines Vertrags damit auch der verbundene andere Vertrag widerrufen ist.

Wesentliche Lerninhalte

- Der Kennzeichnungspflicht gemäß *LMKV* unterliegen Lebensmittel, wenn sie verpackt zum Kauf angeboten werden.

- Wichtige Gesetze und Verordnungen zur **Warenkennzeichnungspflicht**:
  - *Lebensmittel-Kennzeichnungsverordnung*
  - *Textilkennzeichnungsgesetz*
  - *Gerätesicherheitsgesetz*
  - *Eichgesetz*

- Die **freiwillige Warenkennzeichnung** besteht aus Umwelt- und Gütezeichen, z. B.

Umweltgütezeichen der EU

Gütezeichen des Deutschen Instituts für Gütesicherung und Kennzeichnung e.V.

- Durch *§§ 305 ff. BGB* wird insbesondere der Endverbraucher vor unangemessenen, ihm Nachteile bringenden Vertragsbedingungen geschützt.

- AGB werden nur Bestandteil eines Einzelvertrages, wenn der Käufer vor Vertragsabschluss
  - ausdrücklich auf die AGB aufmerksam gemacht wurde,
  - die AGB zur Kenntnis nehmen konnte,
  - den AGB nicht widersprochen hat.

- Liegt ein Verbraucherkaufvertrag vor, so unterliegt dieser dem besonderen Schutz der *§§ 474 ff. BGB*.

- Ein Geschäft an der Haustür, auf der Straße, am Arbeitsplatz oder bei Freizeitveranstaltungen kann innerhalb von zwei Wochen widerrufen werden.

Aufgaben

❶ Hauswirtschafterin Haas hat einen Karton Rotwein (9 Vol.-%) eingekauft. Als sie eine Flasche herausnimmt und das Etikett betrachtet, beanstandet sie das Fehlen des Mindesthaltbarkeitsdatums. Daraufhin erwidert ihr der Lieferant, dass dies bei alkoholischen Getränken nicht notwendig sei. Wer ist im Recht?

❷ Die Hauswirtschafterin einer Großküche kauft mehrere Gläser Honig ein. Dabei stellt sie fest, dass auf den einzelnen Honiggläsern die genaue Anschrift des Herstellers sowie das Verzeichnis der Zutaten fehlen. Kann sie von dem Lieferanten verlangen, dass diese Angaben künftig gemacht werden?

❸ Zwei Auszubildende in der Großküche Zabert-Sandmann sind sich nicht darüber einig, ob auf einer Fischpackung, die sich nur dann einen Monat hält, wenn sie bei einer bestimmten Temperatur gekühlt wird, die Angabe des Monats und Jahres ausreichen. Was meinen Sie?

❹ Wofür sorgen die *§§ 305–310* im *BGB*?

❺ Finden Sie mithilfe der *§§ 305 ff.* heraus, ob die in den Fällen a) bis c) verwendeten Klauseln zulässig sind.
  a) Ein Kraftfahrzeughändler hat in seine AGB folgende Klausel aufgenommen: „Ein Rücktrittsrecht besteht nicht."
  b) Ein Großhändler hat in seinen AGB niedergelegt, dass Kunden bei Vertragsrücktritt 25 % des Warenwertes als Vertragsstrafe zahlen müssen.
  c) Der Kühlgerätehersteller Nehm bestimmt in seinen AGB, dass Preisänderungen, die innerhalb von drei Monaten nach Vertragsabschluss vorgenommen werden, für alle laufenden Verträge gelten.

❻ Sie haben einen Pullover gekauft, der zu 72 % aus Baumwolle, zu 15 % aus Viskose und zu 5 % aus Polyamid besteht. Wie muss die Textilkennzeichnung aussehen?

❼ Merle kauft bei einem Vertreter an der Haustür ein Elektrogerät für 39,00 €. Den Kaufpreis für das Gerät bezahlt sie kurz nach Vertragsabschluss bar. Zehn Tage später überlegt sie es sich aber anders und möchte den Kauf wieder rückgängig machen. Kommt Merle von dem Vertrag wieder los?

❽ Frau Obst bestellt aus einem Versandhauskatalog gemäß den günstigen Teilzahlungsbedingungen ein Fahrrad; dabei wurde der Frau Obst im Vertrag ein Rückgaberecht

i. S. d. *§§ 503, 356 BGB* eingeräumt. Nachdem Frau Obst das Rad bereits geliefert bekommen hat, entdeckt sie in einem Geschäft am Ort ein vergleichbares und vor allem preislich günstigeres Fahrrad. Nach neun Tagen sendet Frau Obst das Fahrrad an das Versandhaus zurück und kauft sich das preislich günstigere Fahrrad. Muss Frau Obst das Fahrrad nicht mehr abnehmen?

❾ Welche Arten von Verbraucherverträgen kennen Sie und was zeichnet verbundene Verträge aus?

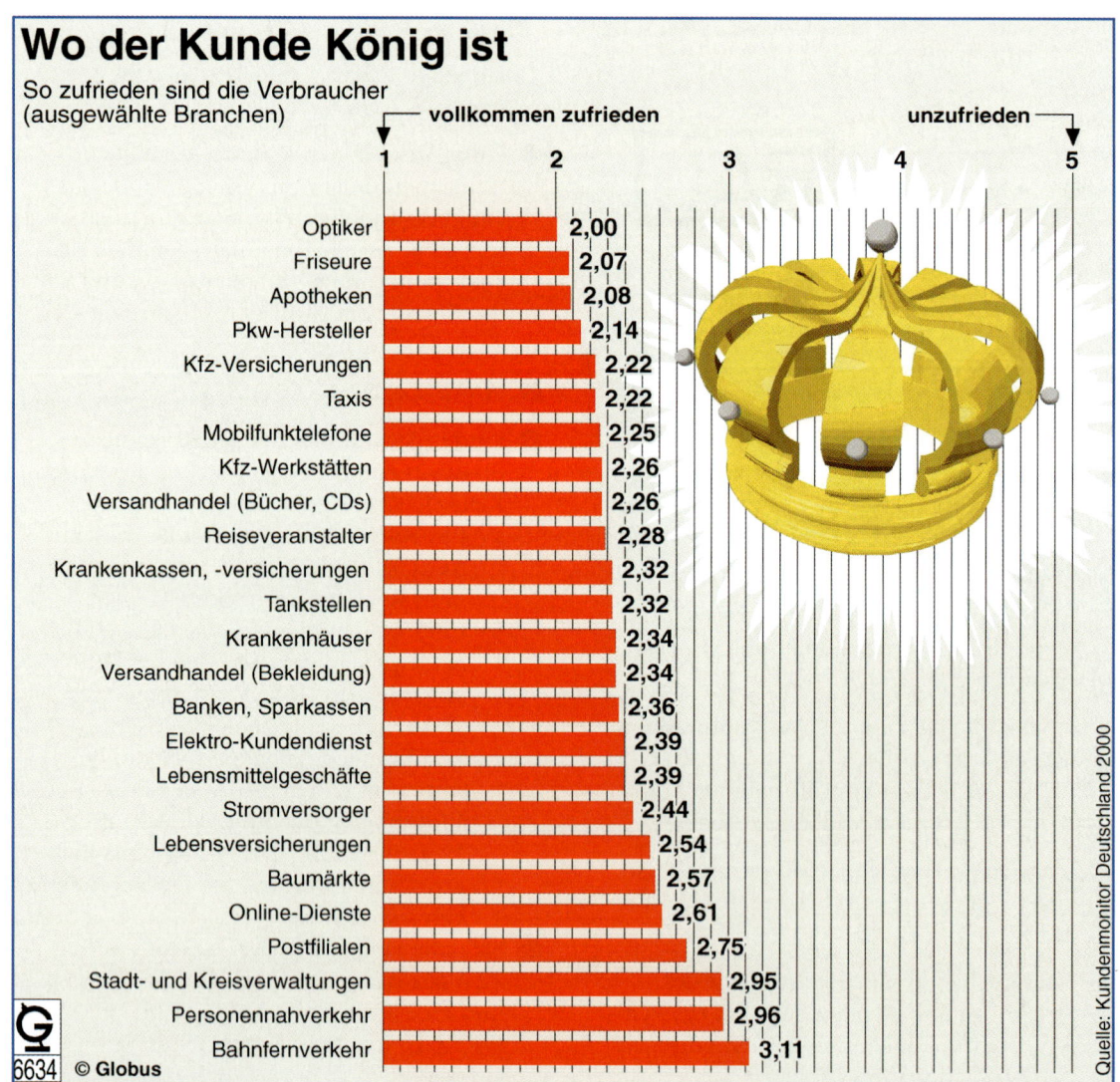

Wo der Kunde König ist

So zufrieden sind die Verbraucher
(ausgewählte Branchen)

vollkommen zufrieden → 1   2   3   4   5 ← unzufrieden

Optiker	2,00
Friseure	2,07
Apotheken	2,08
Pkw-Hersteller	2,14
Kfz-Versicherungen	2,22
Taxis	2,22
Mobilfunktelefone	2,25
Kfz-Werkstätten	2,26
Versandhandel (Bücher, CDs)	2,26
Reiseveranstalter	2,28
Krankenkassen, -versicherungen	2,32
Tankstellen	2,32
Krankenhäuser	2,34
Versandhandel (Bekleidung)	2,34
Banken, Sparkassen	2,36
Elektro-Kundendienst	2,39
Lebensmittelgeschäfte	2,39
Stromversorger	2,44
Lebensversicherungen	2,54
Baumärkte	2,57
Online-Dienste	2,61
Postfilialen	2,75
Stadt- und Kreisverwaltungen	2,95
Personennahverkehr	2,96
Bahnfernverkehr	3,11

Quelle: Kundenmonitor Deutschland 2000

6634 © Globus

Weiterführende Aufgabe

Muster für Bewertungsskala

	1	2	3	4	5
Optiker		X			
Apotheken				X	
Friseure			X		
Kfz-Versicherungen					
Taxis		X			
Tankstellen					
Automobilclubs			X		
Versandhäuser				X	
Kfz-Werkstätten		X			
Reiseveranstalter		X			
Banken, Sparkassen			X		
Elektro-Kundendienste	X				
Lebensmittelgeschäfte		X			
Personalcomputer (Hardware)				X	
Mobilfunk (Netzbetreiber)			X		
Stromversorger				X	
Telefondienste (Festnetz)		X			
Onlinedienste		X			
Briefpost		X			
„Grüner Punkt"				X	
öffentlicher Nahverkehr		X			
Stadt- und Kreisverwaltungen				X	
Bahnfernverkehr			X		
Polizei		X			
Bahnregionalverkehr			X		
Note	1	2	3	4	5

Wie zufrieden oder unzufrieden Deutschlands Verbraucher mit einzelnen Branchen sind, darüber gibt der so genannte Kundenmonitor Auskunft.

Demnach erhielten die Optiker die besten Noten: Auf einer Skala von 1 bis 5 erreichten sie den Spitzenwert von 2,00. Am anderen Ende findet sich der Bahnfernverkehr wieder, dem die Verbraucher nur die Note 3,11 gaben.

a) Berichten Sie der Klassengemeinschaft, ob Sie persönlich mit einer oder mehreren der hier betrachteten Branchen besonders positive oder negative Erfahrungen gemacht haben.

b) Beurteilen Sie die aufgezählten Branchen nach Ihren persönlichen Erfahrungen, und tragen Sie Ihre Bewertung in eine gemäß dem Muster gefertigte Skala ein.

- ○ Erfassen Sie alle Einzelergebnisse Ihrer Klasse.
- ○ Bilden Sie für jede Branche die Durchschnittsnote (den Mittelwert).
- ○ Stellen Sie die einzelnen Mittelwerte so dar, dass sich der Stand der Verbraucherzufriedenheit Ihrer Klasse deutlich ablesen lässt.

c) Erläutern Sie Ihre Erfahrungen zu unangemessener Behandlung als Kunde oder zu strittigen Forderungen von Verkäufern. Wie würden Sie diese Situationen nach den neu gewonnenen Erkenntnissen über den Verbraucherschutz beurteilen?

d) Diskutieren Sie, inwieweit der Grundsatz „der Kunde ist König" in deutschen Unternehmen eine entscheidende Rolle spielt. Schauen Sie sich zuvor bitte den Vorgehenshinweis zur Pro-und-Kontra-Diskussion auf Seite 327 an.

e) Stellen Sie die Ergebnisse Ihrer Diskussionen und der Umfrage über die Verbraucherzufriedenheit in Ihrer Klasse zusammen. Senden Sie diese Zusammenstellung an Ihre Verbraucherzentrale (VZ) und bitten Sie darum, Ihre Arbeitsergebnisse mit einem Fachmann der VZ besprechen zu können. Über die so genannte Expertenbefragung können Sie sich auf Seite 342 informieren.

7.5 Integration in die Europäische Union (EU)

	Chancen in der europäischen Einheit	
1	Export-Bonus	Offene Märkte, berechenbare Währungsrelationen
2	Arbeitsplatzsicherung	Keine Gefährdung von Arbeitsplätzen durch Währungskrisen
3	Wettbewerbsdynamik	Stärkung Europas gegenüber Japan und USA
4	Euro-Innovationsschub	Mehr Wettbewerb an den Finanzplätzen schafft investitionsfreundliches Klima
5	Euro-Sparprämie	Gemeinsame Währung macht Geldumtausch überflüssig
6	Europäische Stabilitätsinsel	Geringe Abhängigkeit von Turbulenzen auf den Weltfinanz- und -devisenmärkten
7	Spekulanten-Abwehr	Wirksame Abwehrwaffe gegen Großspekulanten
8	Stabilitätskultur	Maastrichter Kriterien sorgen für stabiles Geld
9	Friedensimpuls	Enge Bindung zwischen den europäischen Nationen
10	Zukunftsfähigkeit	Mit dem Euro gestaltet Europa die Globalisierung im dritten Jahrtausend

Übersicht 7.18

Die vorstehende Übersicht 7.19 bietet einige Gedankenansätze zu den positiven Wirkungen eines einheitlichen Europas. Die EU-Integration (Integration = Verbindung zu einer Einheit) erfordert jedoch noch viele weitere Schritte. Was ist aus Ihrer Sicht noch zu tun?

Mit der Einführung des europäischen Binnenmarktes, der alle EU-Mitgliedsstaaten umfasst, bis zur Einheit Europas ist noch viel Eingliederungsarbeit zu verrichten. Eine Übersicht, welche Stationen zu einem einheitlichen Europa bereits hinter uns liegen, bietet das folgende Schaubild:

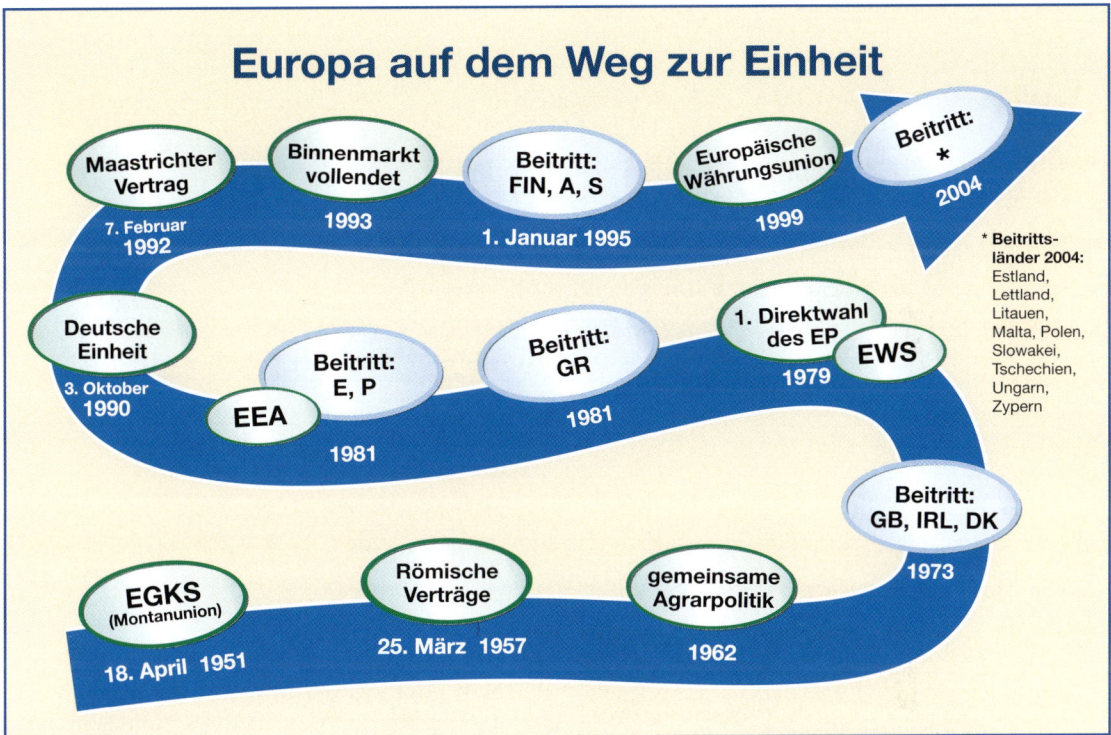

Europa auf dem Weg zur Einheit

- Maastrichter Vertrag — 7. Februar 1992
- Binnenmarkt vollendet — 1993
- Beitritt: FIN, A, S — 1. Januar 1995
- Europäische Währungsunion — 1999
- Beitritt: * — 2004
  - * Beitrittsländer 2004: Estland, Lettland, Litauen, Malta, Polen, Slowakei, Tschechien, Ungarn, Zypern
- Deutsche Einheit — 3. Oktober 1990
- EEA
- Beitritt: E, P — 1981
- Beitritt: GR — 1981
- 1. Direktwahl des EP — 1979
- EWS
- Beitritt: GB, IRL, DK — 1973
- EGKS (Montanunion) — 18. April 1951
- Römische Verträge — 25. März 1957
- gemeinsame Agrarpolitik — 1962

Übersicht 7.19

Bereits der Gründungsvertrag der Europäischen Wirtschaftsgemeinschaft (1957) sah den nun geschaffenen gemeinsamen Markt vor.
Durch die Übersicht 7.19 wird deutlich, dass die Schritte der EU größer geworden sind.

Der wesentliche Bereich der Vereinheitlichung ist bzw. war die Beseitigung der vorliegenden Hindernisse, siehe Übersicht 7.20.
Obwohl bislang noch nicht alle Hindernisse einer Harmonisierung beseitigt werden konnten, ist mit dem gemeinsamen Binnenmarkt von 1993 ein wesentliches Ergebnis erzielt worden. Jeder Verbraucher eines EU-Mitgliedsstaates kann innerhalb der Union frei einkaufen.

Wesentliche Lerninhalte

- Beseitigung von Hindernissen für einen EU-Binnenmarkt:
  - materieller Art,
  - technischer Art,
  - steuerlicher Art.

- Vorteile des EU-Binnenmarktes für die Verbraucher:
  - Abbau der Handelsschranken,
  - Wegfall des Protektionismus,
  - Vergrößerung des Marktes,
  - steigender Wettbewerb.

Hindernisbeseitigung

materieller Art	technischer Art	steuerlicher Art
• Protektionismus (= Handelsschranken durch Schutzzölle) • unterschiedliche Gesetze, z. B. Waffen- und Drogengesetze • uneinheitlicher Dienstleistungsmarkt, z. B. Versicherungen • differenzierte Bestimmungen der Niederlassungsfreiheit für Unternehmen und Arbeitnehmer • unterschiedliche Ausbildung in Schule und Beruf	• unterschiedliche Produktionsvorschriften, z. B. Messinstrumente • differenzierte Bestimmungen in den Bereichen ○ Gesundheit, ○ Sicherheit, z. B. Arbeitsschutzsysteme, ○ Umwelt, ○ Verbraucherschutz, z. B. Gesetze zur Lebensmittelqualität (Fleisch, Bier usw.) • uneinheitliche Bestimmungen des Urheberrechts • unangepasstes Fernmeldewesen	• uneinheitliche Mehrwertsteuersätze • unterschiedliche Verbrauchsteuern, z. B. Bier- und Tabaksteuern • differenzierte Einkommens-, Vermögens- und Wertpapierbesteuerung

Übersicht 7.20

Aufgaben

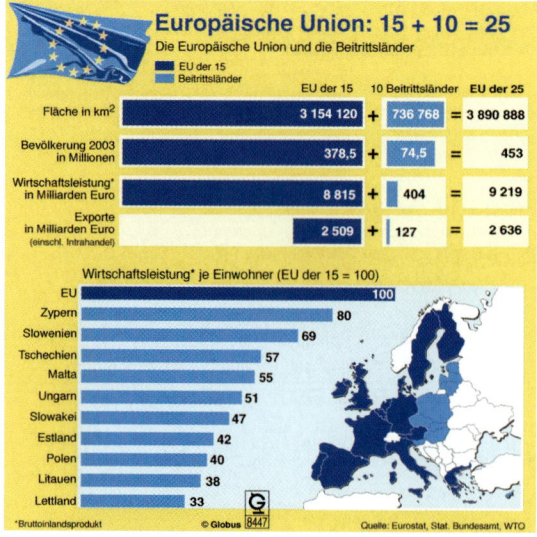

❶ In Finnland, Norwegen, Österreich und Schweden hat die Bevölkerung im Jahre 1995 über den Beitritt ihres Landes in die EU entschieden. Interpretieren Sie das Schaubild auf „Europäische Union 15 + 10 = 25" unter Berücksichtigung der Vergrößerung der EU.

❷ Diskutieren Sie in Ihrer Klasse, welche Hindernisse zu einer europäischen Einheit vorrangig noch beseitigt werden sollten.

Weiterführende Aufgabe

👁 Situation

Familie Schröder möchte neue Küchenmöbel kaufen. Am Dienstag sieht Frau Schröder eine komplette Kücheneinrichtung im Kücheneck Karl-Krüger OHG, die ihr sofort gefällt und auch in ihre kleine Küche gut passen würde. Am darauf folgenden langen Samstag geht die ganze Familie in das Geschäft und begutachtet nochmals die Kücheneinrichtung. Mit dem Verkäufer vereinbaren sie noch ein paar zusätzliche Sonderausstattungen sowie Maßänderungen an den Arbeitsflächen und an einigen Schrankteilen.

Sie einigen sich – inklusive der Sonderausstattung und der Änderungen – auf den Preis von 4.800,00 €. Da die Küchenmöbel angepasst werden müssen, besteht der Verkäufer auf der sofortigen Anzahlung von 80% des Gesamtkaufpreises. Frau Schröder ist von der zukünftigen Küche begeistert, sie zahlt die gewünschte Anzahlung in Höhe von 3.840,00 € an der Kasse ein. Der Verkäufer übergibt dann Herrn Schröder eine Durchschrift über den Kauf der Küche mit dem handschriftlichen Vermerk: „Sonderanfertigung" und „Anzahlung von 80% des Gesamtpreises".

Da die Küche noch angepasst werden muss, wird vom Verkäufer mündlich zugesichert, die Küche in ca. vier Wochen anzuliefern und einzubauen. Nach sechs Wochen kommen die ersten zwei Schrankteile. Der Rest, so sagt man ihnen, käme in einer Woche, da die Firma aufgrund einer Grippewelle die Änderungen nicht ausführen konnte. Weil in den nächsten drei Wochen keine weiteren Küchenteile angeliefert werden, geht Herr Schröder am 10. April erbost zu dem Geschäft.

Variante 1:

Der Verkäufer vertröstet Herrn Schröder, dass die restlichen Teile in drei Wochen geliefert werden.

Variante 2:

An der Geschäftseingangstür findet er folgendes Schild:

„Kücheneck"
Karl Krüger OHG

Dieses Geschäft ist ab
1. April
für immer geschlossen

Wütend kommt Herr Schröder nach Hause und schimpft. Seine Frau beruhigt ihn erst einmal. Dann beraten sie sich, wie sie doch noch zu der Küche oder zu ihrem Geld kommen könnten.
●●●

Was raten Sie der Familie Schröder?

a) Informieren Sie sich bei einem Verbraucherzentrum und bei einer Rechtsberatungsstelle in Ihrer Nähe.
Tipps zur Expertenbefragung finden Sie auf den Seiten 342.

b) Diskutieren Sie in der Klasse darüber, was die Familie Schröder beim Kauf der Kücheneinrichtung falsch gemacht hat.
In welcher Art hätte Familie Schröder den Kaufvertrag gestalten müssen?

c) Führen Sie folgende Rollenspiele durch:

1.) Gruppe 1: Familie Schröder
Gruppe 2: Vertreter einer Verbraucherzentrale
Führen Sie eine Verbraucherschutzberatung mit der Familie Schröder durch.

2.) Gruppe 1: Familie Schröder
Gruppe 2: Vertreter der ehemaligen Firma „Kücheneck Karl Krüger OHG"
Gruppe 3: Vertreter einer Rechtsberatungsstelle

Versuchen Sie, in einem Streitgespräch diesen Fall auf dem außergerichtlichen Wege zu lösen.
Tipps zum Rollenspiel finden Sie auf den Seiten 344.

8 Einkommen und Vermögen des Haushalts

8.1 Einkommen des Haushalts

👁 Situation

Familie Peters sitzt im Dezember zusammen und diskutiert über das bevorstehende Weihnachtsfest. Alle Familienmitglieder haben kostspielige Weihnachtswünsche, aber die Haushaltskasse ist leer. Die Familie hat in den letzten Monaten unkontrolliert viel Geld ausgegeben, sogar das Sparbuch wurde geplündert. Die Peters können jetzt nicht noch viel Geld für Weihnachtsgeschenke ausgeben.

Frau Peters schlägt ihrer Familie Folgendes vor: „Wir müssen eine Finanzplanung machen, so wie jeder Großhaushalt das auch tun muss, damit wir einen Gesamtüberblick über unsere Finanzlage bekommen. Wir müssen unsere Einnahmen und Ausgaben aufschreiben, zumal im nächsten Jahr ein neuer Kühlschrank angeschafft werden soll und wir alle gemeinsam in den Urlaub fahren wollen."

Die Söhne Sven und Ralf gehen noch zur Schule und haben von den Einkünften ihrer Eltern und ihrer Schwester Susanne, die im dritten Ausbildungsjahr ist, keine Ahnung. Frau Peters erklärt ihrer Familie, wie man das Problem in der Zukunft in den Griff bekommen könnte. ▶▶▶

Bei der Finanzplanung spielen die Haushaltseinnahmen und Haushaltsausgaben die entscheidende Rolle.

8.1.1 Haushaltseinnahmen

Damit jeder Haushalt seinen Bedarf an Gütern und Dienstleistungen decken kann und so viele Bedürfnisse der Haushaltsmitglieder wie möglich erfüllt werden können (vgl. Kapitel 2.3), benötigt der Haushalt ein regelmäßiges Einkommen.

Die Höhe des Einkommens bestimmt die **Kaufkraft** eines Haushalts. Es sollte nicht mehr Geld ausgegeben werden als eingenommen wurde. Geschieht dies doch, macht der Haushalt Schulden und läuft Gefahr, in eine Überschuldung abzuleiten. Er muss dann nämlich zur Deckung seines Bedarfs z. B. Kredite aufnehmen (siehe Kapitel 8.3.3, Ratenzahlungskredite).

Ein Haushalt verfügt über verschiedene **Einkommensarten**, siehe Übersicht 8.1.

Naturaleinkommen

- Haushaltseigene Erzeugnisse, z. B. Obst, Gemüse
- Dienstwohnung
- Vergünstigungen, z. B. Dienstauto, verbilligter Einkauf usw.

Geldeinkommen

Arbeitseinkommen:

- Lohn, Gehalt (bei Arbeitern, Angestellten, Beamten)
- Honorar, Gage (bei Ärzten, Rechtsanwälten, Künstlern)
- Gewinn, Ertrag (bei Selbständigen)

Sozialeinkommen:

- Renten, Pensionen (bei Rentnern und Pensionären)
- Arbeitslosengeld, Kindergeld, Bafög, Sozialhilfe usw.
- Beihilfe (bei Beamten)

Vermögenseinkommen:

- Zins, Miete, Pacht (bei Geld- und Wertanlagen, Immobilienbesitz)

Wertschaffende Leistungen

Leistungen, die im eigenen Haushalt erbracht werden. Ihr Preis wird erst deutlich, wenn sie außerhalb des Haushalts eingekauft werden müssen, z. B. Reinigungshilfe, Kinderbetreuung, Pflegeleistungen.

Übersicht 8.1

Die **Höhe des monatlichen Einkommens** eines Haushalts ist von verschiedenen Faktoren abhängig:

- Ausbildung und Beruf der Arbeitnehmer (z. B. leitende Angestellte, Auszubildende),
- Anzahl der Einkommensbezieher,
- Anzahl der zu versorgenden Haushaltsmitglieder (z. B. ein oder fünf Kinder),
- Standort (Stadt/Land).

▶▶▶ Bei Familie Peters sieht das Einkommen folgendermaßen aus:

Arbeitseinkommen (netto)

Erwerbstätigkeit Herr Peters:	1.150,00 €
Erwerbstätigkeit Frau Peters:	800,00 €
Erwerbstätigkeit Susanne:	250,00 €

Sozialeinkommen

Kindergeld:	462,00 €

Vermögenseinkommen

Zinsen:	25,00 €
Verfügbares Einkommen:	**2.687,00 €**

▶▶▶

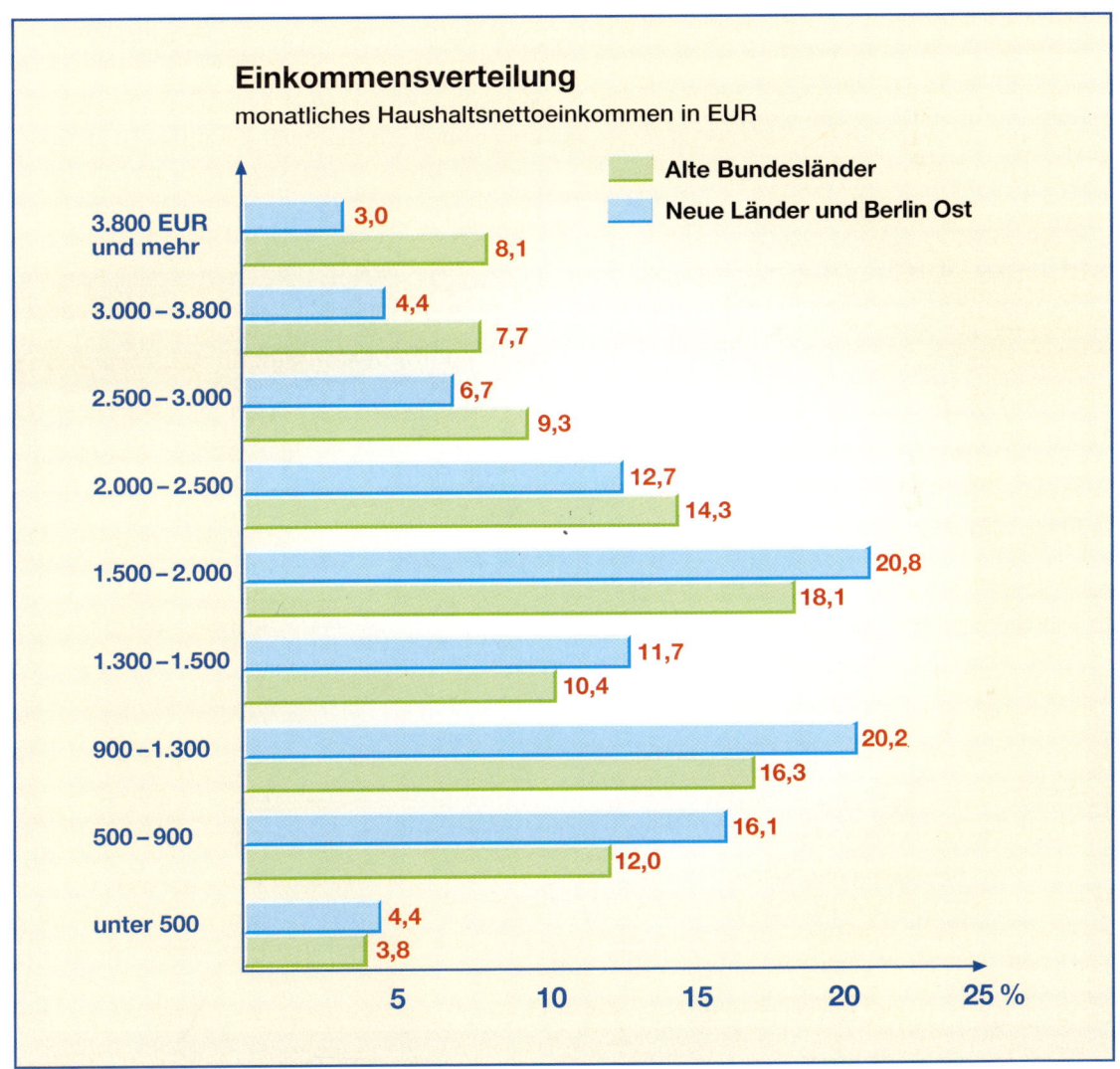

Einkommensverteilung
monatliches Haushaltsnettoeinkommen in EUR

Alte Bundesländer
Neue Länder und Berlin Ost

Einkommen	Neue Länder und Berlin Ost	Alte Bundesländer
3.800 EUR und mehr	3,0	8,1
3.000 – 3.800	4,4	7,7
2.500 – 3.000	6,7	9,3
2.000 – 2.500	12,7	14,3
1.500 – 2.000	20,8	18,1
1.300 – 1.500	11,7	10,4
900 – 1.300	20,2	16,3
500 – 900	16,1	12,0
unter 500	4,4	3,8

Quelle: Statistisches Bundesamt 2002

8.1.2 Haushaltsausgaben

Ein Haushalt hat monatlich und jährlich eine Vielzahl an Ausgaben zu leisten. Wie hoch diese Ausgaben sind und für welche Dinge sie geleistet werden, verdeutlicht das Schaubild „Wo das Haushaltsgeld bleibt".

Die Ausgaben des Haushalts können in

- fixe (feste) Ausgaben und
- variable (veränderliche) Ausgaben unterschieden werden.

Es kann nicht pauschal gesagt werden, wie viel ein Haushalt monatlich ausgeben oder sparen sollte. Allerdings gibt es für die Höhe der Miete Richtwerte. Sie sollte ein Drittel des verfügbaren Einkommens nicht übersteigen. Die Höhe der Ausgaben ist abhängig von

- der Einkommenshöhe,
- der Haushaltsstruktur,
- der Entwicklungsphase des Haushalts,
- dem Anspruchsniveau seiner Mitglieder.

Fixe Ausgaben sind z. B. die Miete, die Heizkostenpauschale, der Vereinsbeitrag, die Versicherungsgebühren usw. Es sind alle regelmäßig in gleicher Höhe wiederkehrenden Ausgaben. Meist werden sie monatlich getätigt. Es lohnt aber, sich zu erkundigen, ob man bei jährlicher Zahlung, z. B. des Zeitungsabonnements, einen Rabatt bekommt.

Variable Ausgaben sind die Ausgaben, die zwar ebenfalls regelmäßig, aber in unterschiedlicher Höhe vorkommen. Hierzu gehören z. B. Ausgaben für Ernährung und Freizeitgestaltung. Für variable Ausgaben müssen regelmäßig Rücklagen gebildet werden, da sie manchmal sehr niedrig und in anderen Monaten entsprechend höher sind, z. B. bei einer Urlaubsreise im Sommer und beim Einkauf von Weihnachtsgeschenken im Dezember.

Wo das Haushaltsgeld bleibt
Konsumausgaben der privaten Haushalte in Deutschland

Private Konsumausgaben	1991	2001
Insgesamt in Millionen EUR	820 690	1 152 810
davon in %		
Nahrungsmittel, Getränke, Tabakwaren	18,3	16,0
Bekleidung, Schuhe	7,9	6,3
Wohnung, Wasser, Strom, Gas u. a. Brennstoffe	20,1	24,7
Einrichtungsgegenstände (Möbel), Geräte für den Haushalt		
sowie deren Instandhaltung	8,1	7,0
Gesundheitspflege	3,1	4,0
Verkehr	15,5	14,3
Nachrichtenübermittlung	1,8	2,4
Freizeit, Unterhaltung und Kultur	9,9	9,6
Bildungswesen	0,6	0,7
Beherbergungs- und Gaststättendienstleistungen	5,8	5,0
Sonstige Waren und Dienstleistungen	9,0	10,0

Quelle: Statistisches Bundesamt 2002

Neben der Einkommenshöhe ist auch die **Haushaltsstruktur** (siehe auch Kapitel 2.6) von Bedeutung. Ein Selbstversorgerhaushalt benötigt nur ein geringes Einkommen und hat entsprechend geringere Ausgaben, weil er sich größtenteils selbst versorgt. Er hat ein sehr hohes Naturaleinkommen und erbringt viele wertschaffende Leistungen.

Ein Vergabehaushalt hingegen benötigt ein hohes Einkommen, denn er hat hohe Ausgaben, da er die meisten Güter und Dienstleistungen auf dem Markt gegen Geld erwirbt.

Die **Entwicklungsphasen** des Haushalts beeinflussen die Höhe der Ausgaben beträchtlich. So benötigt ein kinderloser Junghaushalt weniger Geld als ein Haushalt mit ein oder zwei kleinen Kindern. Besonders die variablen Ausgaben für Nahrung und Kleidung werden hier entsprechend höher sein.

Nicht zuletzt das **Anspruchsniveau** eines Haushaltes beeinflusst die Ausgabenhöhe. So kann der Mietpreis je nach Ausstattung und Lage der Wohnung sehr unterschiedlich sein. Ein Paar *Sneakers* für 50,00 € erfüllen genauso ihren Zweck wie ein Paar für 150,00 €, aber welche Schuhe gekauft werden, hängt vom Anspruch des Haushaltsmitgliedes ab.

8.1.3 Der Haushaltsplan und die Buchführung

Damit ein Haushalt seine Einnahmen und Ausgaben im Blick behält und nicht eines Tages überschuldet ist, sollte eine regelmäßige Finanzplanung gemacht werden (siehe Übersicht 8.2). Die kann mithilfe des Haushaltsplanes und des Haushaltsbuches erfolgen.
Voraussetzung für die Führung eines Haushaltsbuches ist, dass alle Haushaltsmitglieder Quittungen sorgfältig sammeln und die Ausgaben regelmäßig erfassen (siehe auch Kapitel 12).

▶▶▶ Auch Familie Peters erstellt gemeinsam einen Haushaltsplan, der folgendermaßen aussieht:

Einnahmen	
Erwerbstätigkeit (netto):	2.200,00 €
Sozialeinkommen (Kindergeld):	462,00 €
Vermögenseinkommen:	25,00 €
Verfügbares Einkommen:	2.687,00 €

Planung der Gesamtausgaben		€ monatl.
Fixe Ausgaben	Miete oder vergleichbare Kosten	600,00
	Strom, Gas, Wasser	60,00
	Heizkostenpauschale	45,00
	Beiträge, z. B. für Versicherungen, Vereine usw.	45,00
	Taschengeld	350,00
	Fahrgeld	50,00
	Rücklagen, z. B. Sparverträge	350,00
Variable Ausgaben	Ernährung	500,00
	Genussmittel, z. B. Kaffee, Tee, Alkohol usw.	40,00
	Hausreinigung	8,00
	Körperpflege, Hygiene	23,00
	Reparaturen, z. B. Schuhe, Kleidung	15,00
	Wäschepflege	10,00
	Aus- und Fortbildung, z. B. Bücher, Zeitschriften	18,00
	Kleidung	250,00
	Instandhaltung von Haus, Garten, Wohnung	15,00
	Geschenke, Spenden	10,00
	Sonstiges	25,00
	Summe aller Ausgaben	**2.414,00**
	Überschuss oder Fehlbetrag	**+ 273,00**

▶▶▶ Ausgabegruppe bzw. -untergruppe	Monat	Verwendungszweck	€
Wohnung			
Wäsche	Februar	Tischwäsche	55,00
	März	Bettwäsche	95,00
Kleidung			
Oberbekleidung	Januar	Herr Peters	165,00
	Januar	Sven und Ralf	155,00
	Februar	Frau Peters	155,00
	Juni	Frau Peters	95,00
	Juli	Susanne	130,00
Leibwäsche	März	Herr Peters	115,00
Schuhe	April	Ralf	130,00
	November	Frau Peters	105,00
Besondere Ausgaben			
Hausrat, Möbel	Dezember	Mikrowellengerät	235,00
Sonstiges	Dezember	Geschenke	250,00
im **Monatsdurchschnitt**: (1.685 : 12) =	**140,42 €**		**1.685,00**

▶▶▶

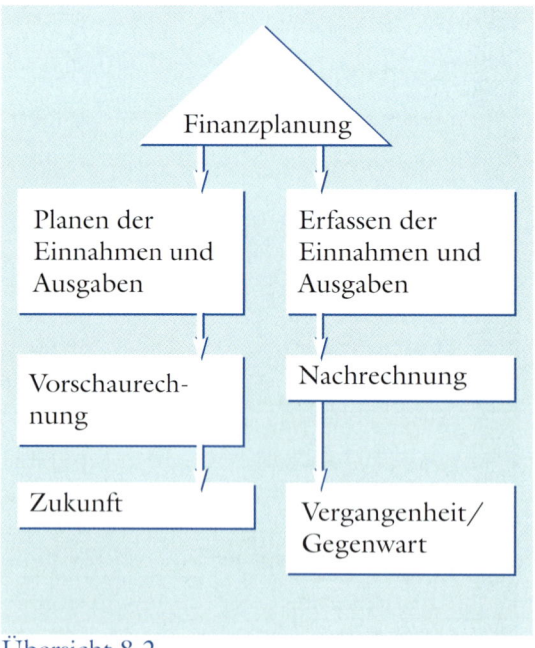

Finanzplanung

Planen der Einnahmen und Ausgaben

Erfassen der Einnahmen und Ausgaben

Vorschaurechnung

Nachrechnung

Zukunft

Vergangenheit/ Gegenwart

Übersicht 8.2

Der Haushaltsplan dient als Grundlage zur Führung des Haushaltsbuches. Mit seiner Hilfe lässt sich schnell erkennen, wo zu viel ausgegeben wurde und in der nächsten Zeit Einsparungen erfolgen können.

Er lässt sich durch einen **Anschaffungsplan** ergänzen, der die nächsten größeren Ausgaben schon im Voraus festhält. Die Summe der jährlich geplanten Anschaffungen wird durch 12 Monate geteilt. So erhält man anschließend den durchschnittlichen Betrag, der monatlich für zusätzliche Anschaffungen aufzubringen oder zurückzulegen ist.

▶▶▶ Die Differenz zwischen geplantem Überschuss und dem Durchschnittsbetrag, der für weitere Anschaffungen nötig ist, fällt niedrig aus. Familie Peters muss also versuchen, ihre Pläne strikt einzuhalten. ●●●

Wesentliche Lerninhalte

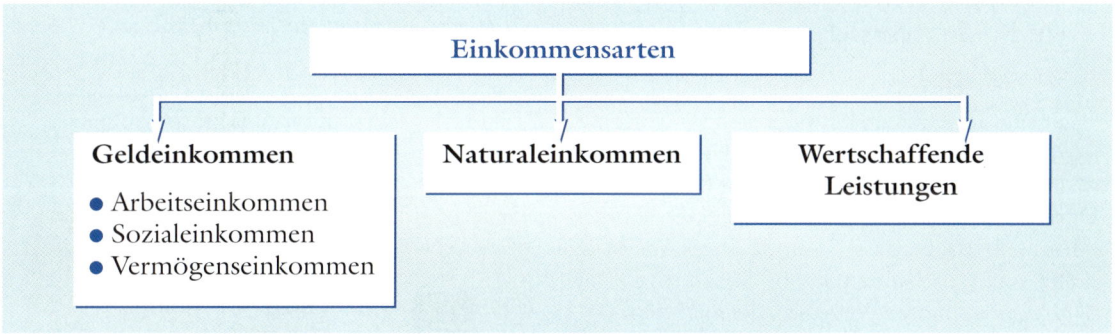

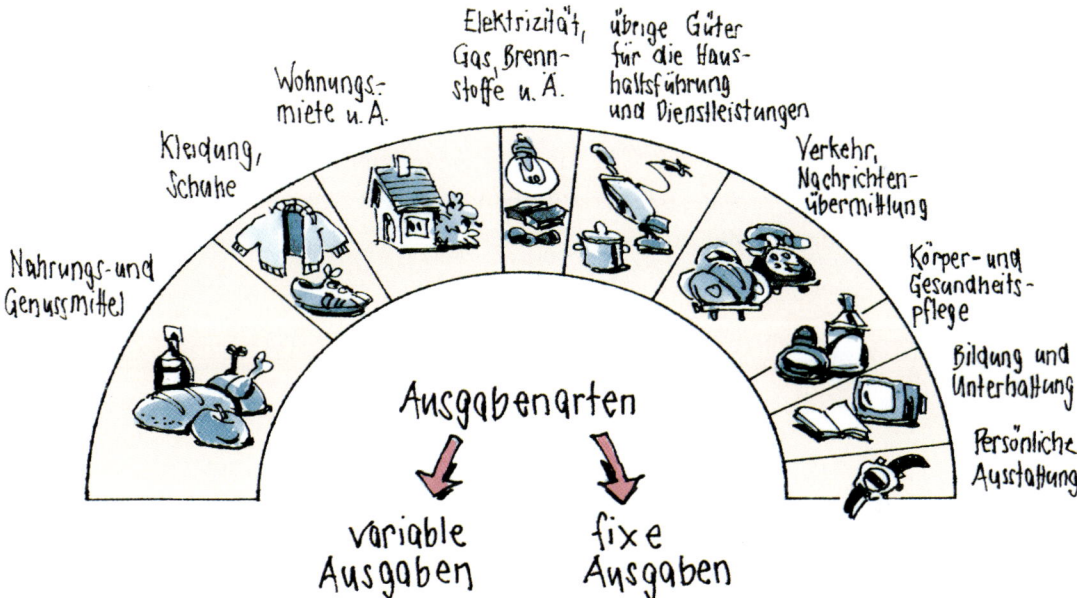

- Finanzplanung geschieht mittels
  ○ Haushaltsplan (Planung zukünftiger Ausgaben),
  ○ Haushaltsbuchführung (Erfassung gegenwärtiger Ausgaben).

Aufgaben

❶ Nennen Sie die drei großen Gruppen der Einkommensarten eines Haushalts mit jeweils einem Beispiel.

❷ Welche Faktoren beeinflussen die Höhe des Haushaltseinkommens?

❸ a) Geben Sie die drei größten Ausgabenposten eines Haushalts an.
  b) Welche davon sind fixe und welche variable Ausgaben?

❹ a) Beschreiben Sie, warum die Haushaltsstruktur die Höhe des Haushaltseinkommens und der Haushaltsausgaben beeinflusst.
  b) Nennen Sie vier Beispiele von Naturaleinkommen und vier Beispiele wertschaffender Leistungen eines Selbstversorgerhaushalts.

❺ Warum ist es sinnvoll, regelmäßig einen Haushaltsplan zu erstellen?

8.2 Die Grundlagen der Sozialversicherung und Individualversicherung

Susanne Peters befindet sich im dritten Ausbildungsjahr zur Hauswirtschafterin, als sie an den Händen Hautausschlag bekommt. Der behandelnde Arzt informiert den Ausbildungsbetrieb, dass Susanne ihre Ausbildung nicht fortsetzen kann. Susanne wird daraufhin von ihrer Freundin, die auch Hauswirtschafterin lernt, gefragt, ob sie jetzt berufsunfähig sei und eine Rente erhalte oder die Krankenkasse Leistungen zu erbringen habe. Was meinen Sie? ▶▶▶

Im Rahmen der sozialen Sicherung stellt die **Sozialversicherung** (siehe Übersicht 8.3) das

bedeutendste Instrument dar. Sie dient als Mittel der Sozialpolitik vorrangig dem Ziel, die wirtschaftliche und soziale Lage bestimmter Personenkreise günstig zu beeinflussen. Der versicherte Personenkreis trägt die versicherten Risiken als Selbsthilfeorganisation gemeinsam (= **Solidaritätsprinzip**).

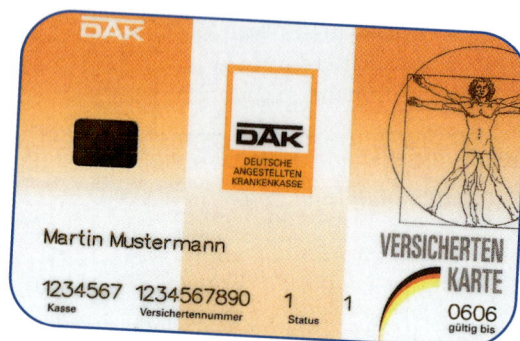

Krankenversicherungskarte

	Kranken-versicherung	Angestellten- bzw. Arbeiterrenten-versicherung	Arbeitslosen-versicherung	Unfall-versicherung	Pflege-versicherung
Versicherungs-träger	Ortskrankenkassen, Ersatzkrankenkassen, Betriebskrankenkassen	Bundesversicherungsanstalt für Angestellte in Berlin, Landesversicherungsanstalten	Bundesanstalt für Arbeit in Nürnberg	Berufsgenossenschaft	wie bei der Krankenversicherung
Finanzierung	durch Beiträge der Arbeitnehmer und Arbeitgeber zu gleichen Teilen sowie Bundeszuschuss	wie bei der Krankenversicherung sowie Zuschuss durch Bund	wie bei der Rentenversicherung	durch Beiträge der Unternehmen	durch Beiträge der Arbeitnehmer und Arbeitgeber je zur Hälfte, Beiträge für Arbeitslose trägt die Bundesanstalt für Arbeit in voller Höhe, bei Rentnern der Rentenversicherungsträger
Versicherungsfälle	Krankheit des Versicherten	Berufsunfähigkeit (= Minderung der Erwerbsfähigkeit auf weniger als die Hälfte), Erwerbsunfähigkeit (= Unfähigkeit, eine Erwerbstätigkeit auszuüben)	Arbeitslosigkeit	Körperverletzung durch Arbeitsunfall und Berufskrankheit, Schutz bei Unfällen auf dem direkten Weg zum Arbeitsplatz und auf dem direkten Heimweg	Pflegebedürftigkeit der Versicherten, die Pflegebedürftigkeit wird nach der Häufigkeit des Hilfsbedarfs in drei Pflegestufen unterteilt

Übersicht 8.3

	Krankenversicherung	Angestellten- bzw. Arbeiterrentenversicherung	Arbeitslosenversicherung	Unfallversicherung	Pflegeversicherung
Versicherungsfälle (Fortsetzung)	Schwangerschaft und Niederkunft einer Versicherten	Rente wegen Alters (flexible, bewegliche Altersgrenze): ● Regelaltersrente: Vollendung des 65. Lebensjahres ● für Schwerbehinderte, Berufs- oder Erwerbsunfähige, Arbeitslose: Vollendung des 60. Lebensjahres ● für Frauen: Vollendung des 60. Lebensjahres, vorausgesetzt, es ist die Wartezeit erfüllt	Kurzarbeit	Verlust oder Minderung der Erwerbstätigkeit durch Arbeitsunfall oder Berufskrankheit	
	Tod des Versicherten	Tod des Versicherten		Tod infolge Arbeitsunfall oder Berufskrankheit	
	Krankheit, Schwangerschaft oder Niederkunft von Familienmitgliedern				
Versicherungsleistungen	Leistungen zur Förderung der Gesundheit, Verhütung und Früherkennung von Krankheiten, Leistungen zur Behandlung von Krankheiten (einschl. Krankengeld), Leistungen bei Schwerpflegebedürftigkeit, Leistungen bei Schwangerschaft und Mutterschaft, sonstige Hilfen (z. B. Schwangerschaftsabbruch)	allgemeine Maßnahmen zur Besserung der gesundheitlichen Verhältnisse der versicherten Bevölkerung, Leistungen zur Rehabilitation, Renten an Versicherte und Hinterbliebene, Zahlung von Zuschüssen zu den Beiträgen an die Krankenversicherung, Beitragserstattungen	Berufsberatung, Arbeitsvermittlung, Förderung der beruflichen Bildung, Gewährung von berufsfördernden Leistungen zur Rehabilitation, Arbeitslosengeld, Arbeitslosenhilfe, Konkursausfallgeld, Kurzarbeitergeld, Schlechtwettergeld, Krankenversicherung für Arbeitslose	Unfallverhütung, Leistungen zur Rehabilitation, finanzielle Sicherung, Haushaltshilfe	Leistungen der häuslichen Pflege, Leistungen bei teilstationärer und stationärer Pflege, Kostenerstattung für technische Hilfsmittel oder Verbesserungen des Wohnumfeldes (Leistungen vorgesehen)

Übersicht 8.3 (Fortsetzung)

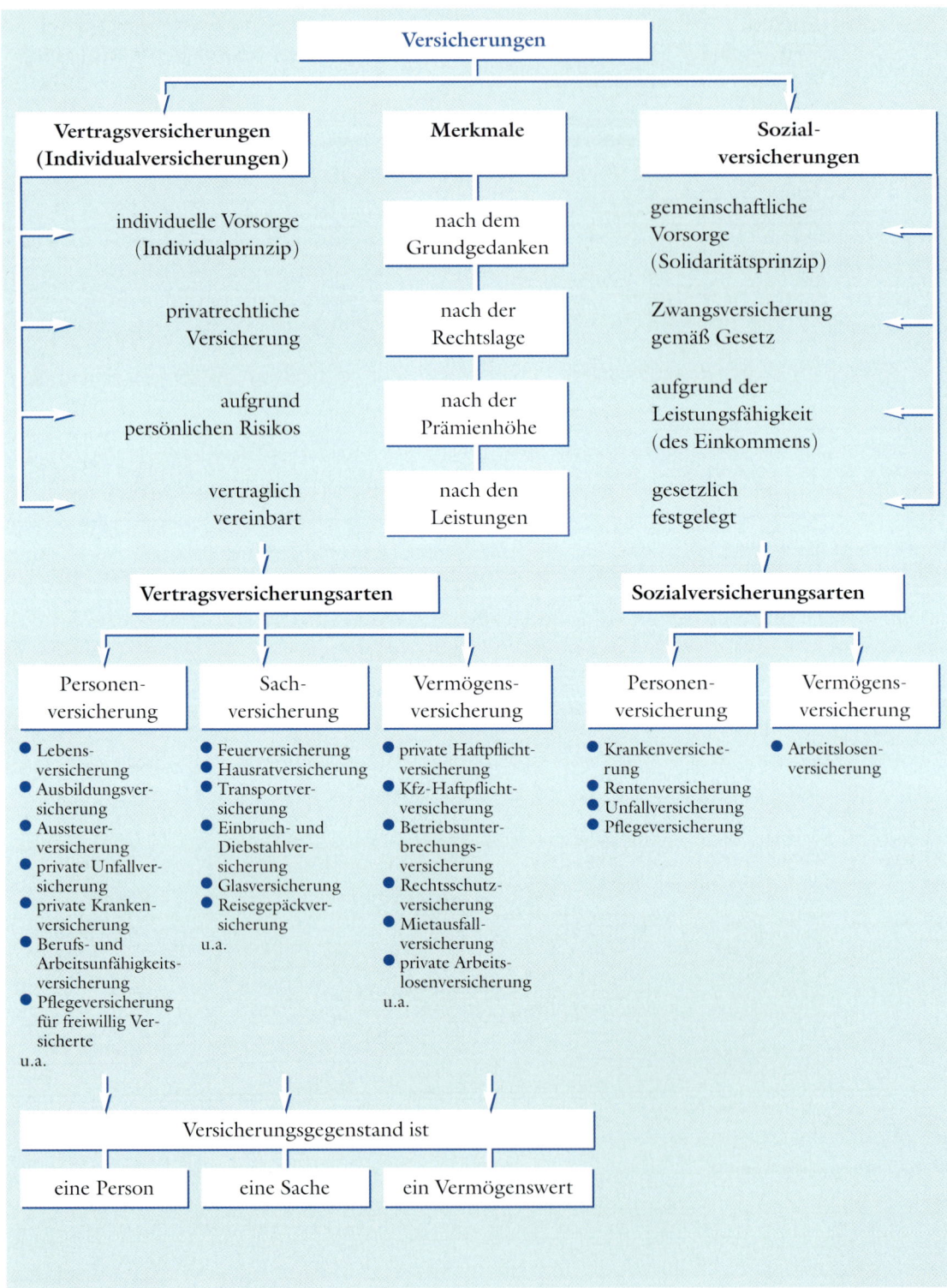

Übersicht 8.4

▶▶▶ Die Sozialversicherung hat somit die Aufgabe, bestimmte Bevölkerungskreise gegen Wechselfälle des Lebens zu schützen. Erfasst werden in erster Linie alle unselbständig Beschäftigten. Der Versicherungsschutz erstreckt sich im Allgemeinen auf Krankheitsfälle und durch sie bedingte Arbeitsunfähigkeit, Schwangerschaft, Arbeitsunfälle, Berufserkrankungen, Alter und Tod sowie – wie im Fall von Susanne Peters – auf Berufs- oder Erwerbsunfähigkeit.   ●●●

Um den Missbrauch von Sozialleistungen (z. B. durch Schwarzarbeit) zu unterbinden, erhalten alle Beschäftigten einen Sozialversicherungsausweis. Dieser muss bei der Beschäftigungsaufnahme dem Arbeitgeber vorgelegt werden, der dann die Anmeldung zur Sozialversicherung vornimmt.

Soziale Sicherung in der sozialen Marktwirtschaft hat die Aufgabe, einen Kompromiss zu finden zwischen der Eigenverantwortlichkeit des Einzelnen und der Solidarität aller Bürger. Es darf weder der Bürger hilflos seinem Schicksal überlassen werden, noch soll eine unnötige Beschneidung der Eigeninitiative erfolgen.

Im Gegensatz zur gesetzlichen Versicherungspflicht in der Sozialversicherung steht die **Individualversicherung** – diese beruht auf Verträgen, die zwischen Versicherungsnehmern und Versicherungsträgern freiwillig vereinbart werden. Selten gibt es auch bei der Individualversicherung den gesetzlichen Zwang zum Abschluss dieser Versicherung, z. B. bei der Kraftfahrzeughaftpflichtversicherung. In dem Versicherungsvertrag werden die Höhe der Beiträge und Prämien, die der Versicherungsnehmer zu zahlen hat, und die Leistung des Versicherers vereinbart. Nach abgeschlossenem Versicherungsvertrag übersendet der Versicherer die unterzeichnete **Police** (Versicherungsschein) an den Versicherungsnehmer, der diesen durch die Zahlung der Prämie einzulösen hat. Für das einzelne Versicherungsverhältnis sind von besonderer Bedeutung die zahlreichen **Versicherungsbedingungen**, die den abgeschlossenen Versicherungsverträgen (Haftpflicht, Lebensversicherung, Glasversicherung usw.) zugrunde gelegt werden und die Rechte und Pflichten beider Seiten im Einzelnen regeln.

Situation 2

Das Magazin der Privatklinik Prof. Ruhgewohl (Wiederbeschaffungswert der aufbewahrten Dinge: 100.000 €) hat unter Wasser gestanden. Der Schaden beläuft sich auf 50.000 €. Die Klinik war aber nur mit 80.000 € versichert. Welche Auswirkungen hat dies?   ▶▶▶

Die Entschädigungssumme

20.000 €			10.000 €	
20.000 €	20.000 €		10.000 €	10.000 €
20.000 €	20.000 €		10.000 €	10.000 €
20.000 €	20.000 €		10.000 €	10.000 €
20.000 €	20.000 €		10.000 €	10.000 €

Wiederbe- : Versicherungs-   Schaden   :   Entschädigung
schaffungswert summe

5 : 4   ➡   5 : 4

$$\text{Formel: } \frac{\text{Schaden} \times \text{Versicherungssumme}}{\text{Wiederbeschaffungswert}} = \text{Entschädigung} \qquad \frac{50.000\,€ \times 80.000\,€}{100.000\,€} = 40.000\,€$$

Übersicht 8.5

Liegt eine **Unterversicherung** vor, ersetzt die Versicherung von allen versicherten Schäden nur den Anteil, den die Versicherungssumme zum Wiederbeschaffungswert ausmacht, siehe Übersicht 8.5.

▶▶▶ In unserer Situation 2 erhält die Privatklinik nur 80 % des Schadens ersetzt (80.000 € Versicherungssumme zu 100.000 € Wiederbeschaffungswert = 80 %). 80 % vom 50.000-Euro-Schaden sind aber nur 40.000 €. Prof. Ruhgewohl hätte besser den vollen Wert des Magazins versichern sollen! ●●●

Aufgaben

❶ Welche Versicherungszweige unterscheidet man je nach der Art der Aufgabenstellung und der unterschiedlichen Risiken in der Sozialversicherung?

❷ Nennen Sie Krankenversicherungs- und Rentenversicherungsträger.

❸ Führen Sie Aufgaben der Krankenversicherung an.

❹ Wie setzt sich der Gesamtsozialversicherungsbeitrag zusammen, und an wen ist er abzuführen?

❺ Wer zahlt den Beitrag des pflichtversicherten Krankenkassenmitgliedes?

❻ Die Hauswirtschafterin Constanze arbeitet in einer Betriebsküche der Chemie AG. Sie sorgt sich um ihr krankes Kind, da es dringend einiger Tage Pflege durch die Mutter bedarf. Constanze kann sich einen Lohnausfall jedoch nicht leisten. Kann sie Hilfe von der Sozialversicherung erwarten?

❼ Nennen Sie die Bedingungen für den Bezug von Altersruhegeld.

❽ Welche Versicherungsarten decken die im Folgenden genannten Schäden ab, die die Privatklinik Prof. Ruhgewohl zu verzeichnen hat?
a) Ein Teil der Privatklinik brennt ab.
b) Aufgrund des Brandes muss die Klinik drei Monate geschlossen bleiben.
c) Einer Mitarbeiterin der Klinik fällt beim Fensterputzen die Leiter aus der Hand, und eine Glasscheibe springt.
d) Frau Anft fährt mit dem Privatwagen für die Klinik zur Post. Auf dem Weg dorthin verursacht sie fahrlässig einen Unfall, sodass sie aufgrund eines längeren Krankenhausaufenthaltes und einer sich anschließenden Kur für ein halbes Jahr arbeitsunfähig ist.

❾ Unterscheiden Sie die Begriffe Versicherer, Versicherter und Versicherungsnehmer.

❿ Warum werden in erster Linie Privatversicherungen abgeschlossen?

Wesentliche Lerninhalte

Individualversicherung	
Ziel	Zusätzliche Absicherung gegen bestimmte Risiken des Lebens bzw. Erreichen einer Kalkulierbarkeit eventueller Schäden.
Funktionsprinzip	Beruht auf Verträgen, die zwischen Versicherungsnehmern und -trägern freiwillig vereinbart werden.

Sozialversicherung	
Ziel	Günstige Beeinflussung der wirtschaftlichen und sozialen Lage bestimmter Bevölkerungsgruppen, um diesen Personenkreis gegen die Risiken des Lebens zu sichern (z. B. Krankheit, Alter, Arbeitslosigkeit, Unfall, Tod).
Funktionsprinzip	Der versicherte Personenkreis trägt die versicherten Risiken als Selbsthilfeorganisation gemeinsam (= Solidaritätsprinzip).

8.3 Sparen und Kredit

8.3.1 Konten- und Wertpapiersparen

Situation
Sibylle kommt durch einen kleinen Lottogewinn unverhofft zu 1.500,00 €. Sie möchte das Geld mit Zinsen anlegen, jedoch auch jederzeit wieder abheben können. Welche Form des Sparens wird Sibylle wählen? ▶▶▶

Die Möglichkeit, mit wachsendem Einkommen mehr zu sparen, resultiert aus dem relativ konstanten Grundbedarf der privaten Haushalte. Nicht ausgegebene Gelder werden über die Kreditinstitute oder über den Kapitalmarkt der Wirtschaft zugeführt, wodurch wieder Investitionen möglich sind.

Gespart wird mit folgenden Zielen:

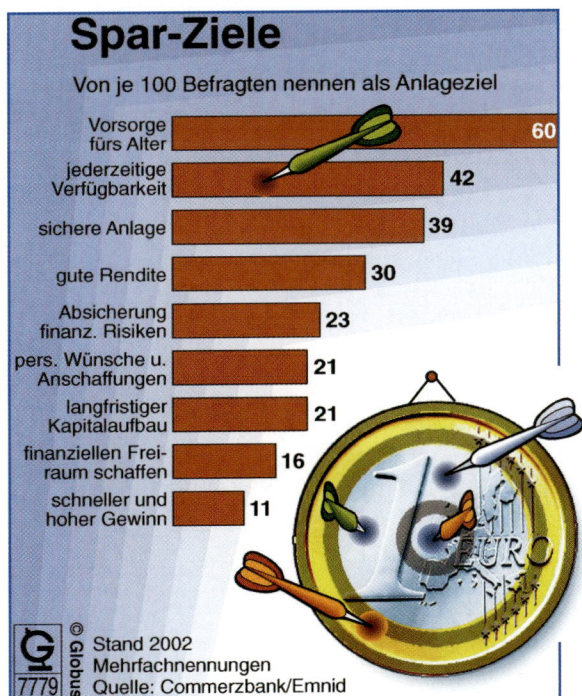

Der **Sparvertrag** ist ein schuldrechtlicher Vertrag, dessen Rechtswirkungen mit der Einzahlung der Spareinlage entstehen und mit deren vollständiger Rückzahlung enden. Verfügungs-

berechtigt ist derjenige, der im Besitz des Sparbuches ist. In der Regel kann über ein Sparguthaben nur verfügt werden, wenn es der Kontoinhaber rechtzeitig gekündigt hat.

Bei **Spareinlagen** mit längerer Kündigungsfrist sind die Zinsen, die der Kunde von der Bank erhält (= **Habenzinsen**), höher als die bei Spareinlagen mit kürzeren Kündigungsfristen, denn das Kreditinstitut kann die letztgenannten nur kurzfristig als Kredit vergeben. **Sollzinsen** (liegen über den Habenzinsen, sonst wäre kein wirtschaftliches Arbeiten für die Banken möglich) muss der Kunde an die Bank zahlen, wenn er einen Kredit aufnimmt.

Die Kreditinstitute und die Postbank bieten verschiedene Sparformen an, und zwar mit besonders vereinbarten Kündigungsfristen.

Sparbücher und SparCards (haben dieselbe Funktion) können auch für Firmen, Vereine usw. eingerichtet werden. Mit Ausweiskarten und Kennwörtern wird verhindert, dass ein Unberechtigter Beträge abhebt.

Vorsorge für die Zukunft treffen die Bürger auch durch **Wertpapiersparen**. Zu den festverzinslichen **Gläubiger- oder Rentenpapieren** mit Rückzahlungsanspruch des Inhabers zählen:

- öffentliche Anleihen,
- Bankschuldverschreibungen,
- Schuldverschreibungen der Industrie.

Bund, Länder und Gemeinden sowie Körperschaften des öffentlichen Rechts können im Rahmen ihrer Haushaltspläne oft nicht alle Aufwendungen finanzieren, sodass sie **langfristige Schuldverschreibungen** (Urkunden) ausgeben.

Im Gegensatz dazu sind die von den Aktiengesellschaften herausgegebenen Teilhaberpapiere (Aktien o. Ä.) **Dividendenpapiere**, deren Ge-winnanteile aber unterschiedlich ausfallen. Während bei den festverzinslichen Papieren die Zinsen im Allgemeinen jährlich gegen einen der Bank ausgehändigten Zinsschein ausgezahlt werden, schwanken die jährlich auszuzahlenden Dividenden an die Aktionäre oftmals sehr stark, da die Höhe unter anderem von der Wirtschaftslage des Unternehmens abhängt.

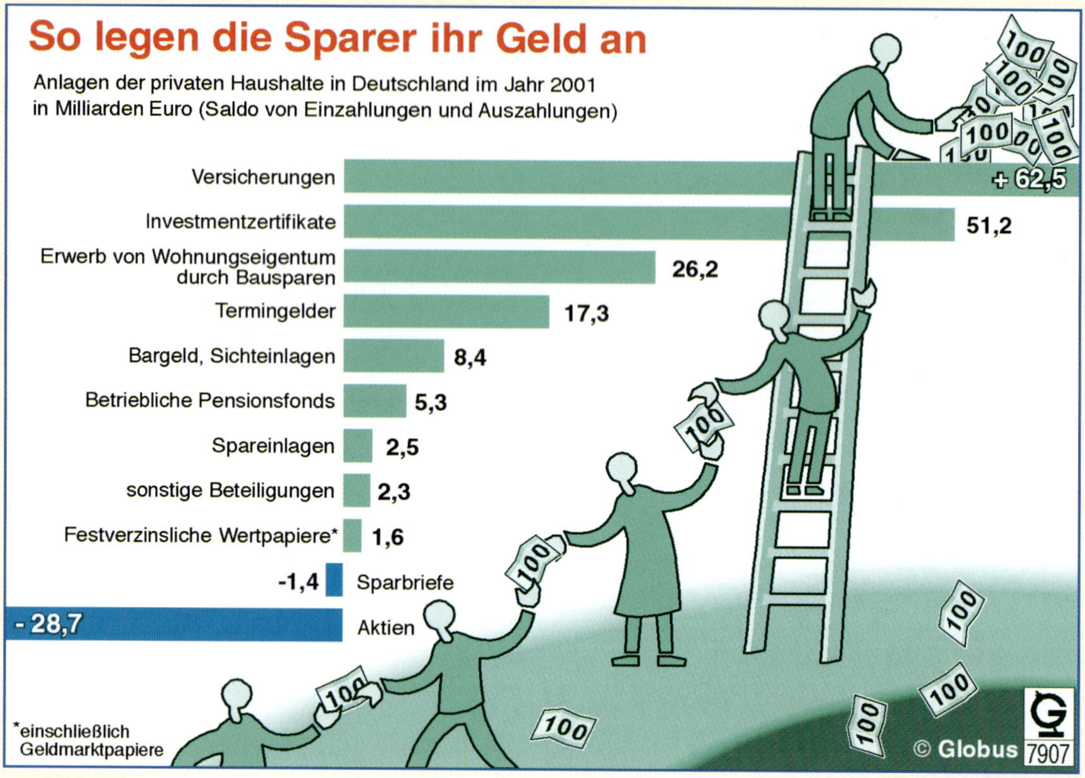
So legen die Sparer ihr Geld an
Anlagen der privaten Haushalte in Deutschland im Jahr 2001
in Milliarden Euro (Saldo von Einzahlungen und Auszahlungen)
Versicherungen
+ 62,5
Investmentzertifikate
51,2
Erwerb von Wohnungseigentum durch Bausparen
26,2
Termingelder
17,3
Bargeld, Sichteinlagen
8,4
Betriebliche Pensionsfonds
5,3
Spareinlagen
2,5
sonstige Beteiligungen
2,3
Festverzinsliche Wertpapiere*
1,6
-1,4
Sparbriefe
- 28,7
Aktien
*einschließlich Geldmarktpapiere
© Globus 7907

▶▶▶ Eine gebräuchliche Form der Sparurkunde ist das **Sparbuch** bzw. die **SparCard** (letztgenannte ersetzt bei einigen Banken das Sparbuch). Es bzw. sie muss bei der ersten Einzahlung einer Spareinlage ausgestellt und bei jeder Ein- und Auszahlung vorgelegt werden. Sparbücher ohne Einlage sind unzulässig. Zu einer wichtigen Sparform in Deutschland ist auch die **Lebensversicherung** geworden. ●●●

Der Aktionär kann mit einer Geldanlage in Aktien verschiedene Ziele verfolgen **(Motive der Geldanlage)**:

- Anlagemotiv,
- Sachwertmotiv,
- Spekulationsmotiv,
- Mitsprache- und Beherrschungsmotiv.

UNO-ELEKTROWERK
AKTIENGESELLSCHAFT
FRANKFURT AM MAIN
AKTIE
EINTAUSEND MARK

In der Praxis macht man keinen Unterschied zwischen den Begriffen „Wertpapiere“ und „Effekten“. Die **Effekten** lassen sich wie in Übersicht 8.6 einteilen.

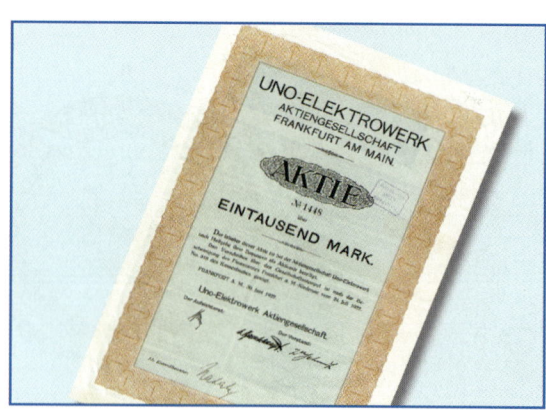

Die überwiegende Zahl der vertretbaren Kapitalwertpapiere (Effekten) verbriefen Gläubiger- oder Teilhaberrechte. Während Gläubigerpapiere im Allgemeinen festverzinslich (z. B. Rentenpapiere) sind, bieten Teilhaberpapiere variable Erträge in Form von Dividenden.

Wertpapiere
nach der Art des verbrieften Vermögenswertes

Warenwertpapiere
verkörpern Rechte
an schwimmender
oder lagernder Ware
Beispiele:
- Konnossement
- Ladeschein
- Lagerschein

Kapitalwertpapiere
verkörpern langfristige Forderungen
oder Teilhaberrechte

nicht vertretbare
Kapitalwert-
papiere
Beispiele:
- Sparbrief
- Grundschuld-
  brief
- Hypotheken-
  brief

vertretbare
Kapitalwert-
papiere
Beispiele:
- Anleihe der
  öffentlichen
  Hand
- Schuld-
  verschreibung
- Aktie
- Investment-
  zertifikat

Geldwertpapiere
verkörpern kurz-
fristige Forderun-
gen
Beispiele:
- Scheck
- Wechsel
- Schatzwechsel
- Unverzinsliche
  Schatzanweisung
- Zinsschein
- Dividendenschein

Übersicht 8.6

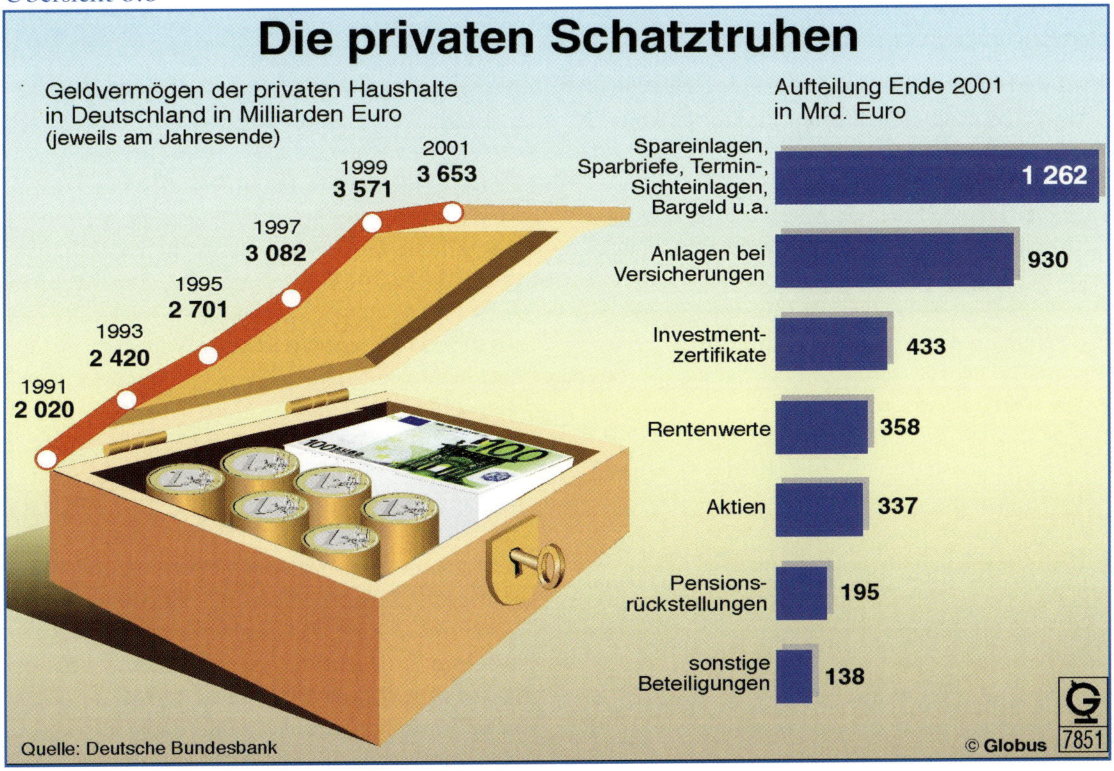

Die privaten Schatztruhen

Geldvermögen der privaten Haushalte
in Deutschland in Milliarden Euro
(jeweils am Jahresende)

Jahr	Betrag
2001	3 653
1999	3 571
1997	3 082
1995	2 701
1993	2 420
1991	2 020

Aufteilung Ende 2001
in Mrd. Euro

Spareinlagen, Sparbriefe, Termin-, Sichteinlagen, Bargeld u.a.	1 262
Anlagen bei Versicherungen	930
Investment-zertifikate	433
Rentenwerte	358
Aktien	337
Pensions-rückstellungen	195
sonstige Beteiligungen	138

Quelle: Deutsche Bundesbank

© Globus 7851

217

Von wenigen Ausnahmen abgesehen, bestehen Effekten aus einem **Mantel**, der das Gläubiger- oder Teilhaberrecht verbrieft, und einem **Bogen** mit den Zins- oder Gewinnanteilscheinen (Kupons) und dem Erneuerungsschein (Talon).

Gemeinsam ist allen Wertpapieren, dass sie der Kapitalbeschaffung und Kapitalanlage dienen.

Im Gegensatz zu den Dividendenpapieren, die oftmals sehr starken Kursschwankungen unterliegen und auf eine Aktiengesellschaft ausgerichtet sind, verbrieft ein **Investmentzertifikat** ein Miteigentum an einem Fondsvermögen (Sondervermögen) einer Investmentgesellschaft (Kapitalanlagegesellschaft). Dadurch wird auch Anlegern mit kleinen Beträgen eine Wertpapier- oder Immobilienanlage ermöglicht. Investmentgesellschaften arbeiten nach dem Prinzip der Risikomischung. Die Wertpapierfonds enthalten Effekten vieler Kapitalgesellschaften, sodass sich der Kursrückgang eines Papiers oder der Konkurs eines **Emittenten** (Herausgeber von Wertpapieren) nur in geringem Umfang auf den Gesamtkurs auswirkt.

Der Erwerber eines Investmentzertifikats

- erwirbt Miteigentum am Fondsvermögen,
- hat Anspruch auf Beteiligung am Ertrag,
- hat Anspruch auf ordnungsgemäße Verwaltung des Fondsvermögens,
- kann jederzeit seinen Anteil an die Investmentgesellschaft zum Tageswert zurückgeben.

8.3.2 Vermögenswirksame Anlagen

Situation

Gitta und Stefanie, beide Auszubildende der Hauswirtschaft, unterhalten sich über ihre Gehälter.

Gitta: „Wie viel € steuert eigentlich dein Betrieb zu einem vermögenswirksamen Sparvertrag bei? Mein Pflegeheim zahlt 50% von den 40,00 €, die ich im Monat angelegt habe."
Stefanie: „Was? Unsere Arbeitgeber schenken uns Geld? Davon habe ich noch gar nichts gewusst!" ▶▶▶

Seit Bestehen der Bundesrepublik Deutschland werden bestimmte Formen der privaten Ersparnis- und Vermögensbildung (z. B. Kontensparen und Erwerb von Wohnungseigentum) vom Staat gefördert. Die damit verbundenen steuerlichen Vorteile konnten aber gerade von den einkommensschwächeren Bevölkerungsschichten kaum genutzt werden. Um auch ihnen zu einem Polster an Ersparnissen zu verhelfen, wurden Anfang der 1960er besondere Förderungsmaßnahmen zugunsten der Vermögensbildung in Arbeitnehmerhand eingeführt.

Zum 1. Januar 1999 ist das *Vermögensbildungsgesetz* um eine interessante Variante erweitert worden (Übersicht 8.7). Mit dem fünften Vermögensbildungsgesetz in der Fassung vom 7. September 1998 können Arbeitnehmer sich verstärkt am so genannten „Produktivvermögen", sprich Aktien oder Investmentfonds beteiligen, ohne auf die Vorteile beim Bausparen verzichten zu müssen. Wer sich als Arbeitnehmer an Produktivvermögen beteiligt, kann auf einen Höchstbetrag von 410,00 € im Jahr 20% Sparzulage (das sind 82,00 €) vermögenswirksame Leistungen erhalten.
Zusammen mit der zehnprozentigen Sparzulage auf eine Bausparleistung von 480,00 € pro Jahr ergibt sich damit ein Höchstbetrag von 129,60 €. Da in den neuen Bundesländern eine Sparzulage von 25 statt 20% gezahlt wird, liegt die staatliche Gesamtzulage für hier Beschäftigte sogar bei 150,00 €.

▶▶▶ **Vermögenswirksame Verträge** können bei Kreditinstituten oder Bausparkassen abgeschlossen werden. Dem Arbeitgeber ist eine Vertragsbestätigung auszuhändigen, damit er die **vermögenswirksamen Leistungen** ausweisen kann. ●●●

Die Einkommensgrenzen für die zulagenbegünstigten Sparer beträgt 17.900,00 € bei Ledigen und 35.800,00 € für Verheiratete. Bei diesen Grenzen handelt es sich nicht um den Bruttolohn, sondern lediglich den steuerlichen Einkommensbegriff. Das heißt, nach Abzug verschiedener steuerbegünstigender Beträge darf

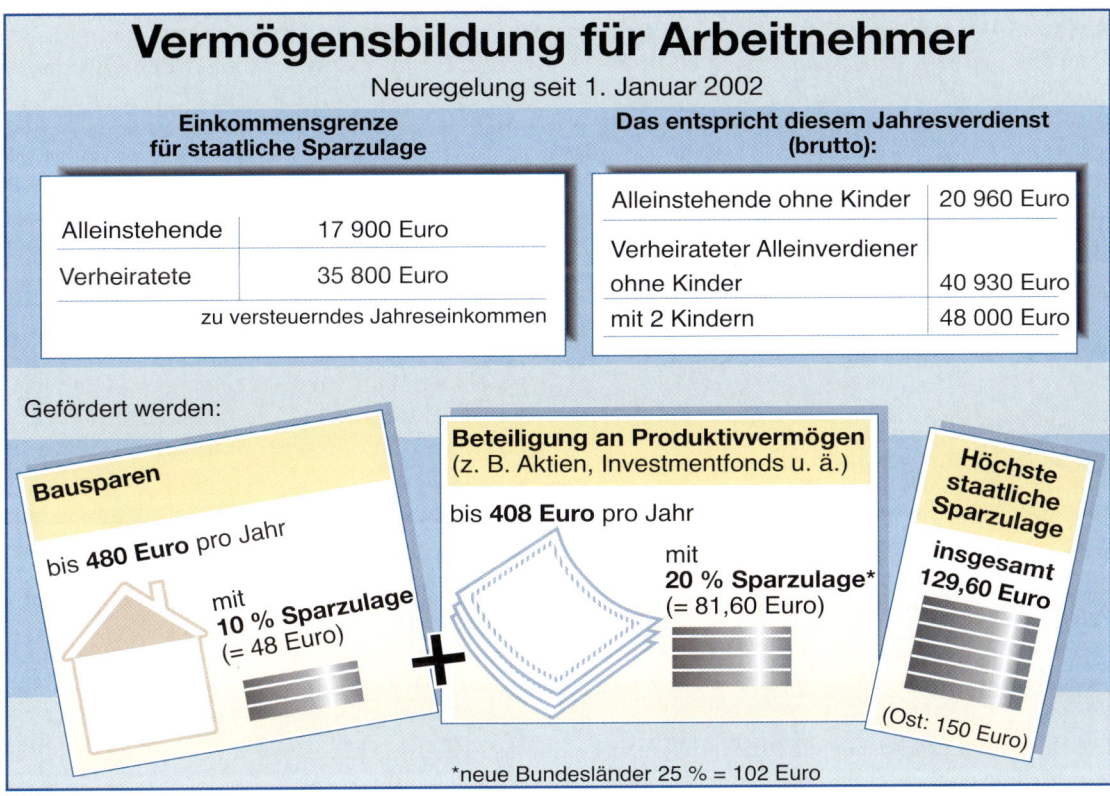

Übersicht 8.7

ein Alleinstehender ohne Berücksichtigung seiner Werbungskosten sogar 20.960,00 €, Verheiratete 40.930,00 € verdienen. Zusätzlich können gegebenenfalls noch Kinderfreibeträge abgezogen werden, sodass beispielsweise ein verheirateter Familienvater mit zwei Kindern 48.000,00 € brutto im Jahr verdienen kann, ohne auf die Sparzulage verzichten zu müssen.

Die entscheidende Breitenwirkung ging vom Vermögensbildungsgesetz, rückwirkend betrachtet, erst aus, nachdem

- die Sparbeträge von gesetzlichen Abgaben befreit wurden,
- der begünstigte Jahresbetrag auf 480,00 € festgesetzt wurde und
- eine staatliche Sparzulage auf den vermögenswirksam angelegten Betrag dazukam.

Viele Versicherungen und Bausparkassen können vermögenswirksame Sparverträge abschlie-

ßen, zumal das Geld- und Versicherungssparen im fünften Vermögensbildungsgesetz erhalten geblieben ist. Der Arbeitgeber muss die vermögenswirksamen Leistungen überweisen. Ob er einen finanziellen Zuschuss bis zu 40,00 € pro Monat dazuzahlt, hängt vom Arbeitgeber bzw. vom Tarifvertrag ab. Die Zuschüsse sind lohnsteuer- und sozialversicherungspflichtig.

Die bekannteste Form der Förderung durch das Vermögensbildungsgesetz ist das **Bausparen**. Jeder Bausparer erhält bei der Bausparkasse bei einem bestimmten eingezahlten Guthaben das Recht, ein günstiges Wohnungsbaudarlehen in Anspruch nehmen zu können (zurzeit zu einem Zinssatz von ca. 4 %). Die Sparbeiträge der Bausparer werden in einem Fonds gesammelt, aus dem sie nach einem bestimmten Plan ihr Sparguthaben sowie das Bauspardarlehen zur Finanzierung ihres Eigenheims, Verbesserungen ihrer Wohnung oder ähnlicher Verpflichtungen erhalten. Voraussetzung für die Gewährung eines Bauspardarlehens ist, dass eine bestimmte Sparleistung erbracht wurde, z. B. 50 % der Vertragssumme, und eine Mindestvertragsdauer besteht.

Der Gesetzgeber will durch die verschiedenen Arten der Förderung zu einer breiteren Vermögensstreuung beitragen und somit die Investitionen fördern.

8.3.3 Der Ratenzahlungskredit

> 👁️ **Situation**
> Nach ihrer Ausbildung zur Hauswirtschafterin vereinbart Susanne Peters den ersten Arbeitsvertrag als Hauswirtschafterin. Um zukünftig an ihren Arbeitsplatz zu gelangen, möchte sie sich ein „solides" Auto zulegen. Ein Freund erzählt ihr von den Ratenzahlungskrediten, die die Banken der Autohäuser anbieten. ▶▶▶

Die Ratenzahlung hat für die privaten Haushalte an Bedeutung zugenommen. Ob z. B. in Werbeprospekten von Autoverkäufern oder Handelsketten, überall wird der Verkauf von Produkten auf der Basis von Ratenzahlungskrediten (= **Konsumentenkrediten**) angeboten. Die Abwicklung der Kredite erfolgt meist über die Hausbank der Einzelhändler.

Der Kunde erhält von der entsprechenden Bank einen Ratenzahlungskredit. Die Bezahlung des

Kaufgegenstandes erfolgt mit dem Auszahlungsbetrag, der in der Regel direkt dem Verkäufer gutgeschrieben wird. Die Rückzahlung des Kreditbetrages erfolgt dann über monatliche Raten.

Die Laufzeit des Ratenzahlungskredits richtet sich zum einen nach der zumutbaren monatlichen Belastung des Kreditnehmers, zum anderen nach der Nutzungsdauer des über den Kredit zu finanzierenden Kaufgegenstandes.

> ▶▶▶ Die Hausbank des Autoverkäufers bietet Susanne einen Ratenzahlungskredit in Höhe von 20.000,00 € zu folgenden Bedingungen an:
>
> | Laufzeit | 48 Monate |
> |---|---|
> | Kreditbetrag | 20.000,00 € |
> | Bearbeitungsgebühr | 1,50 % |
> | monatliche Zinsen | |
> | vom Kreditbetrag | 0,35 % |
>
> ▶▶▶

Bis zur Abzahlung des Kredits behalten Banken den Fahrzeugbrief des gekauften Fahrzeugs als Sicherheit, d. h., die Bank ist Eigentümer des Autos und überträgt dem Kreditnehmer das Nutzungsrecht.

> ▶▶▶ Bevor Susanne sich für oder gegen den Vertragsabschluss entscheidet, errechnet sie die monatliche Belastung aus dem Ratenzahlungskredit. ▶▶▶

Kreditbetrag	20.000,00 €		
Bearbeitungs-gebühr	1,50 %	→	300,00 €
monatliche Zinsen vom Kreditbetrag	0,35 %	→	70,00 €

Am Ende der Laufzeit würden sich die Zinsen auf insgesamt 3.360,00 € (48 × 70,00 €) summieren. Der Rückzahlungsbetrag und die monatliche Zahlungsbelastung errechnen sich wie folgt:

Kreditbetrag	20.000,00 €
+ Zinsen	+ 3.360,00 €
+ Bearbeitungsgebühr	+ 300,00 €
= Rückzahlungsbetrag	23.660,00 €

$$\text{monatliche Zahlungsbelastung} = \frac{\text{Rückzahlungsbetrag}}{\text{Laufzeit}}$$

$$\text{monatliche Zahlungsbelastung} = \frac{23.660,00\ €}{48\ \text{Monate}}$$

$$= 492,92\ €$$

▶▶▶ Die monatliche Zahlungsbelastung würde also 492,92 € betragen. Nachdem Susanne diese Rechnung durchgeführt hat, wird ihr klar, dass sie sich wohl doch für das kleinere Fahrzeugmodell entscheiden muss. ●●●

8.3.4 Leasing

Situation

Peter: „Ich würde mir ja gerne einen neuen Computer zulegen. Andererseits sitze ich dann in zwei Jahren mit einem völlig veralteten Rechner da und kann ihn nicht zurückgeben."
Ralf: „Dann lease doch einfach einen!" ▶▶▶

Der Anteil der privaten Haushalte am Leasinggeschäft geht zwar leicht zurück. Dennoch stehen Privatleute immer wieder vor der Frage, ob sie das Fahrzeug, den Personalcomputer etc. kaufen oder leasen sollen. Dieses ist eine Kapitalfrage für jeden Haushalt.

Beim Leasing handelt es sich um eine Sachkreditgewährung gegen Zahlung eines bestimmten Preises. So kann jeder Haushalt leasen (in der Regel technische Güter mit einem Wert über 2.500,00 €).

Die Beteiligten am Leasinggeschäft sind Leasinggeber und Leasingnehmer (siehe Übersicht 8.8). Zwischen ihnen wird ein Leasingvertrag geschlossen, der den Leasinggeber zur Nutzungsüberlassung und den Leasingnehmer zur Zahlung der Leasingraten verpflichtet.
Der Leasinggeber berechnet die Leasingraten so, dass darin die Abschreibungen, die Verzinsung des eingesetzten Kapitals und ein Risikozuschlag für Ausfälle sowie (sofern er die Wartung übernimmt) die Wartungskosten enthalten sind.

▶▶▶ Der Leasingnehmer hat das Recht, das Gerät nach einer vereinbarten Zeit zurückzugeben, es gegen ein modernes Gerät auszutauschen oder es unter Anrechnung eines Teils des Mietpreises zu erwerben. Der Leasinggeber bleibt bis zu einem eventuellen Verkauf Eigentümer des vermieteten Gegenstandes. ●●●

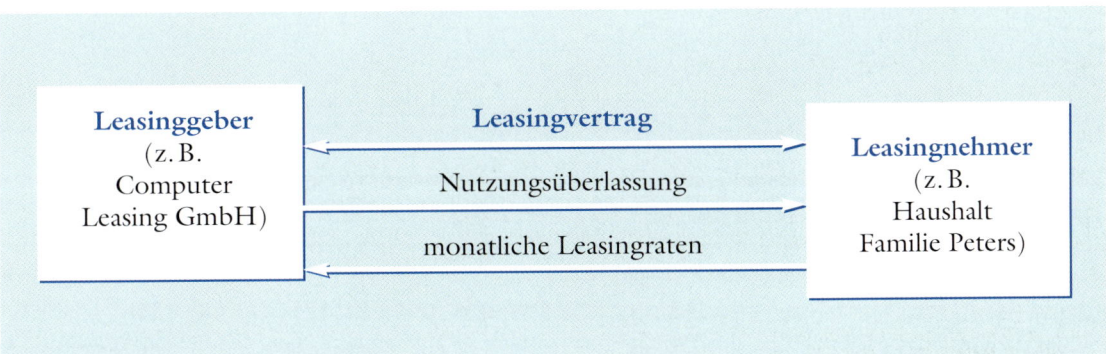

Übersicht 8.8

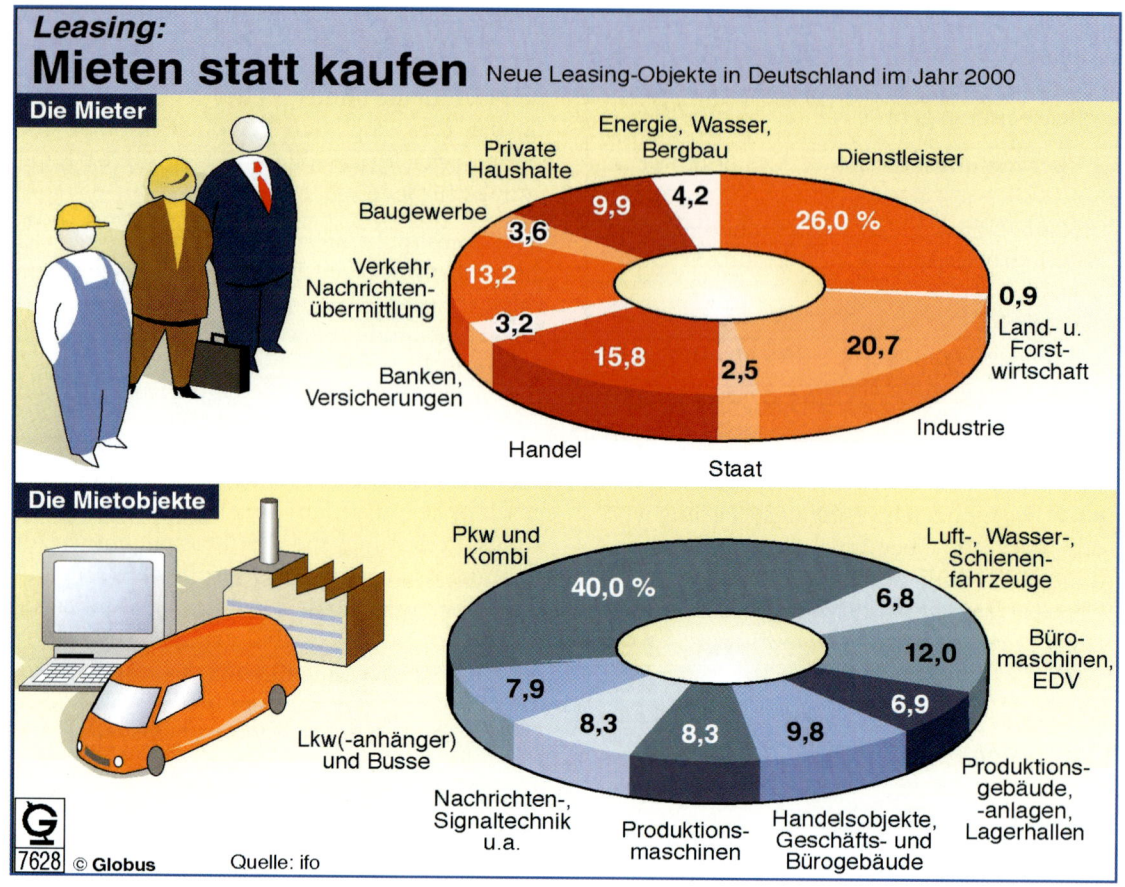

Leasing:
Mieten statt kaufen
Neue Leasing-Objekte in Deutschland im Jahr 2000

Die Mieter

- Energie, Wasser, Bergbau 4,2
- Private Haushalte 9,9
- Baugewerbe 3,6
- Verkehr, Nachrichtenübermittlung 13,2
- 3,2
- Banken, Versicherungen 15,8
- Handel
- Staat 2,5
- Dienstleister 26,0 %
- Land- u. Forstwirtschaft 0,9
- Industrie 20,7

Die Mietobjekte

- Pkw und Kombi 40,0 %
- Luft-, Wasser-, Schienenfahrzeuge 6,8
- Büromaschinen, EDV 12,0
- 6,9
- Produktionsgebäude, -anlagen, Lagerhallen
- Handelsobjekte, Geschäfts- und Bürogebäude 9,8
- Produktionsmaschinen 8,3
- Nachrichten-, Signaltechnik u.a. 8,3
- Lkw(-anhänger) und Busse 7,9

7628 © Globus   Quelle: ifo

Vor- und Nachteile des Leasings für den privaten Haushalt

Vorteile für Leasingnehmer

- Erhaltung des Kreditspielraumes
- Verwaltungsaufgaben des Haushalts werden auf den Leasinggeber übertragen
- keine Überalterung von Gütern (z. B. Pkw und Haushaltsgeräten)
- Flexibilität durch die Möglichkeit, das Leasingobjekt zurückzugeben

Vorteile für Leasinggeber

- Zusatzgeschäft durch Wartung
- dauerhafter und enger Kundenkontakt

Nachteile für Leasingnehmer

- Belastung der Haushaltskasse durch monatliche Zahlungsverpflichtungen, u. U. höhere Kosten als beim Kauf

Nachteile für Leasinggeber

- Risiko der Vertragskündigung
- mangelnde Verwertungsmöglichkeiten bei speziellen Gütern

Übersicht 8.9

Wesentliche Lerninhalte

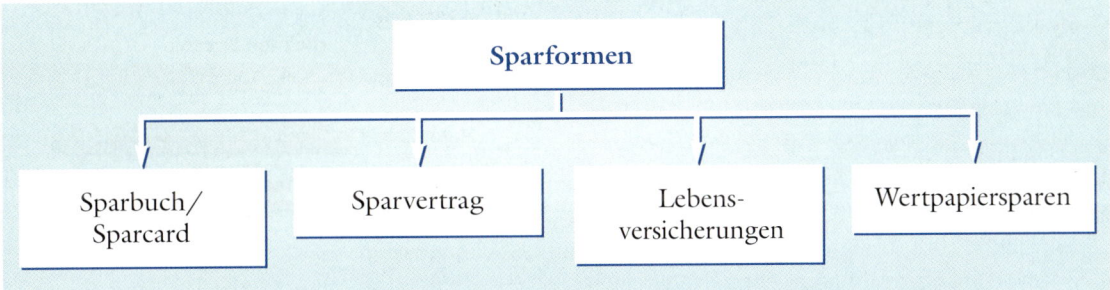

- Nach der Art des verbrieften Vermögenswertes lassen sich Effekten (= Wertpapiere) unterscheiden in
  - Warenwertpapiere,
  - Kapitalwertpapiere,
  - Geldwertpapiere.

- Vermögenswirksame Anlagen sind
  - Bausparvertrag,
  - Kauf oder Bau von Wohneigentum,
  - Beteiligungen am Unternehmen des Arbeitgebers,
  - bestimmte Beteiligungen an anderen Unternehmen.

- Arbeitgeber zahlen in der Regel einen Teil der vermögenswirksamen Sparverträge ihrer Mitarbeiter (= vermögenswirksame Leistungen).

- Beim Ratenzahlungskredit bleibt die Bank so lange Eigentümer der Ware, bis diese vollständig bezahlt ist. Der Käufer hat nur das Nutzungsrecht.

- **Ratenzahlungskredit:**

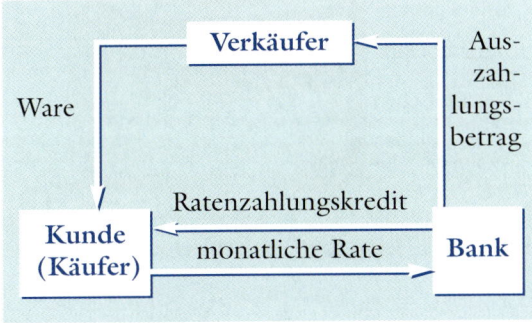

- Leasing ist eine Sachkreditgewährung gegen Zahlung eines bestimmten Preises.

Aufgaben

❶ Welche Bedeutung hat das Sparen
   a) für die Volkswirtschaft?
   b) für den Sparer?

❷ Warum sind die Zinssätze für Spareinlagen mit gesetzlicher und vereinbarter Kündigungsfrist unterschiedlich?

❸ Frau Bartels beabsichtigt, für ihren Enkel Lorenz Bartels ein Sparkonto zu eröffnen und monatlich Sparleistungen zu erbringen. Lorenz soll das Sparbuch übertragen werden, wenn er volljährig wird.

   a) Kann Frau Bartels ein derartiges Sparkonto eröffnen?
   b) Kann das Sparbuch schon von Beginn an auf den Namen des Enkels lauten?
   c) Wem steht die erbrachte Spareinlage rechtlich zu?

❹ Frau Franz besitzt folgende Papiere: Aktien verschiedener Kapitalgesellschaften, einen Grundschuldbrief, zwei Pfandbriefe, mehrere Zins- und Dividendenscheine, verschiedene Wechsel, einen Order-Lagerschein.
   Ordnen Sie die Wertpapiere nach der Art der verbrieften Vermögenswerte.

❺ Interpretieren Sie das Schaubild auf der nächsten Seite oben. Besorgen Sie sich dazu als Grundlage auch Informationen zum Zinsniveau des Jahres 2003, z. B. aus dem Internet.

❻ Herr Brand will 750,00 € so anlegen, dass er sie jederzeit wieder zur Verfügung haben kann. Welche Anlageform würden Sie ihm raten?

❼ Sepp Greinwald, 18 Jahre, ledig, verdient jährlich 13.000,00 €, und hat einen Bausparvertrag abgeschlossen. Er zahlt jährlich über den Arbeitgeber 480,00 € nach dem Vermögensbildungsgesetz auf einen bei der Bausparkasse abgeschlossenen Bausparvertrag ein. Wird er die Arbeitnehmersparzulage erhalten?

❽ Auf welche Weise kann ein vermögenswirksamer Bausparvertrag abgeschlossen werden?

❾ Welche Überlegungen haben nach Ihrer Meinung den Staat zur Einführung des *Vermögensbildungsgesetzes* bewogen?

❿ Schildern Sie die Abwicklung der Auszahlung eines Ratenzahlungskredits.

⓫ Wonach richtet sich die Laufzeit des Ratenzahlungskredits?

⓬ Warum kann der Kreditnehmer beim Ratenzahlungskredit bei der Berechnung der Konditionen nicht vom Nominalzinssatz ausgehen?

⓭ Welches Ziel verfolgt der Privatmann, wenn er Güter least?

⓮ Welche Vor- und Nachteile des Leasings sehen Sie für den privaten Haushalt?

⓯ In den Jahren 2002 und 2003 wurden Schlagworte wie „Rentenhoch" oder „Absicherung des Sozialversicherungssystems" in Politik und Medien häufig verhandelt. Interpretieren Sie auf der Grundlage der vorgenannten Themen das neben stehende Schaubild „Wofür die Bundesbürger sparen".

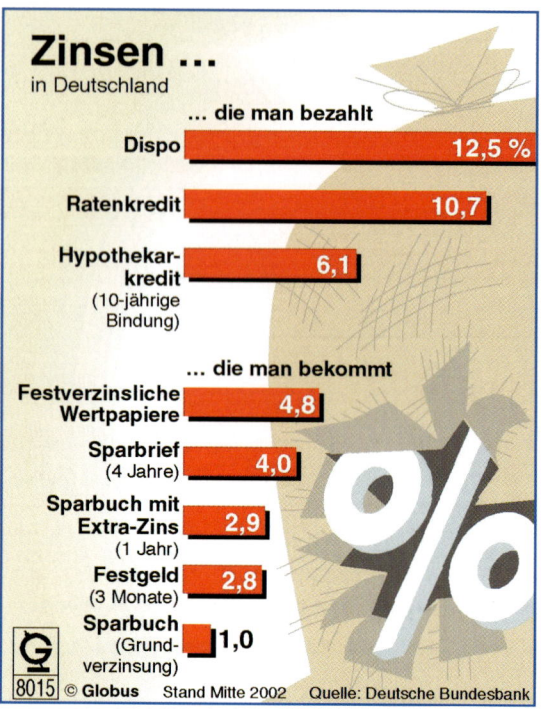

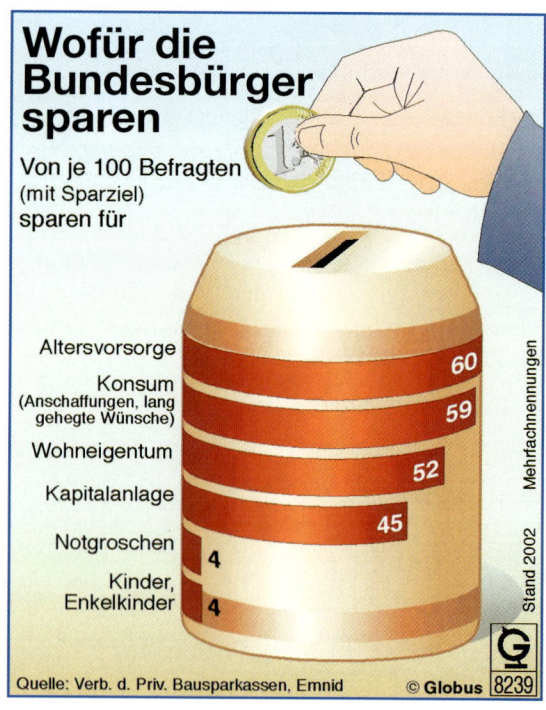

9 Die Zahlungsmöglich-keiten des Haushalts

9.1 Geld und Währung

Situation

Frau Henze unterhält sich während einer Arbeitspause mit ihrer Nachbarin Frau Kunze.

Frau Kunze: „Sie haben wieder so schöne Dahlien. Ich bewundere sie jedes Jahr."

Frau Henze: „Im Herbst kann ich Ihnen einige Pflanzen abgeben. Sie vermehren sich sehr stark."

Frau Kunze: Ja, danke! Sie können von mir dafür Gladiolenknollen bekommen – wenn Sie möchten."

Frau Henze: „Einverstanden, Frau Kunze. Im Herbst tauschen wir dann." ▶▶▶

▶▶▶ Wie in dieser Situation, so wurden in der wirtschaftlichen Entwicklung Waren gegen Waren getauscht, z.B. Lebensmittel gegen Lebensmittel oder Lebensmittel gegen Stoffe oder andere benötigte Haushaltsgegenstände. In dieser **Natural- oder Tauschwirtschaft** war Geld nicht erforderlich. Auch in unserer heutigen Zeit ist der Handel Waren gegen Waren bzw. Leistungen noch in vielen Ländern gebräuchlich. Die Tauschwirtschaft existiert vor allem in wirtschaftlich unterentwickelten Ländern, und zwar dann, wenn ein Mangel an lebensnotwendigen Waren herrscht. Aber auch unter Verwandten, Freunden und Nachbarn wird oft noch Ware gegen Ware getauscht. ●●●

Ohne Geld ist das heutige Leben nicht vorstellbar. In einem Haushalt werden täglich Zahlungsvorgänge durchgeführt. Mit Geld werden Waren, Dienstleistungen und Verbindlichkeiten (= Schulden) bezahlt. Geld ist ein allgemein anerkanntes Tauschmittel.

Das Geld hat in unserer Wirtschaft fünf Funktionen zu erfüllen, vgl. Übersicht 9.1.

Beim Einkauf von Lebensmitteln verwendet man zur Bezahlung verschiedene Arten von Geld. Zur Bezahlung von höheren Beträgen wird Papiergeld (= Banknoten) oder **Buchgeld** (= bargeldlose Umbuchung von Konto zu Konto) bevorzugt. Bei kleineren Beträgen führt man die Bezahlung meistens mit Münzen durch. In sehr vielen Fällen der Bezahlung erfolgt eine Kombination zwischen Papiergeld und Münzen (= Barzahlung mit gesetzlichen Zahlungsmitteln). Beträgt der Kaufpreis z.B. 23,85 €, so kann die Bezahlung folgendermaßen erfolgen: 20,00 € in Papiergeld (Banknote von 20,00 €) und 3,85 € in verschiedenen Münzen.

Aufgaben des Geldes				
Zahlungs- und Tauschmittel	**Wertmesser**	**Wertaufbewahrungsmittel**	**Wertübertragungsmittel**	**Kreditmittel**
Waren und Leistungen werden gegen Geld getauscht oder umgekehrt	Werte und Preise werden in Geld ausgedrückt und so miteinander verglichen	Sparen von Geld, um spätere Anschaffungen vornehmen zu können	Durch Geschenke oder Erbschaften wird Geld auf andere übertragen	Gesparte Gelder können als Kredite vergeben oder aufgenommen werden

Übersicht 9.1

Der Wert des Geldes spiegelt sich in der Güter- bzw. Leistungsmenge wider, die ein Haushalt von seinem Einkommen kaufen kann. Bleibt das Haushaltseinkommen gleich und steigt die Gütermenge, so wächst die **Kaufkraft** des Geldes. Kann man bei gleich bleibendem Haushaltseinkommen weniger Waren und Leistungen erwerben, so nimmt die Kaufkraft ab.

Die Kaufkraft im Inland **(Binnenwert des Geldes)** stellt die Menge an Waren (Gütern) und Dienstleistungen dar, die man für eine Geldeinheit im Inland erhält.

Demgegenüber ist der **Außenwert des Geldes** der Wert des eigenen Zahlungsmittels gegenüber denen anderer Länder.

Wesentliche Lerninhalte

- Bargeld (Münzen, Papiergeld) und Buchgeld sind Zahlungsmittel im Wirtschaftsverkehr.
- Die Funktionen des Geldes sind:
  ○ Kreditmittel,
  ○ Zahlungs- und Tauschmittel,
  ○ Wertmesser,
  ○ Wertaufbewahrungsmittel,
  ○ Wertübertragungsmittel.
- Der Wert des Geldes spiegelt sich in der Güter- und Leistungsmenge wider, die ein Haushalt mit seinem Einkommen kaufen kann.
- Die Kaufkraft des Geldes im Inland ist die Menge an Waren (Gütern) und Dienstleistungen, die man für eine Geldeinheit im Inland erhält.

Aufgaben

❶ Ordnen Sie den folgenden Beispielen die entsprechenden Aufgaben des Geldes zu:
a) Martin besitzt ein Rennrad. Durch seine Berufsausbildung hat er nicht mehr viel Zeit für den Rennsport. Von dem Erlös aus dem Verkauf des Fahrrades möchte er sich einen Computer kaufen.

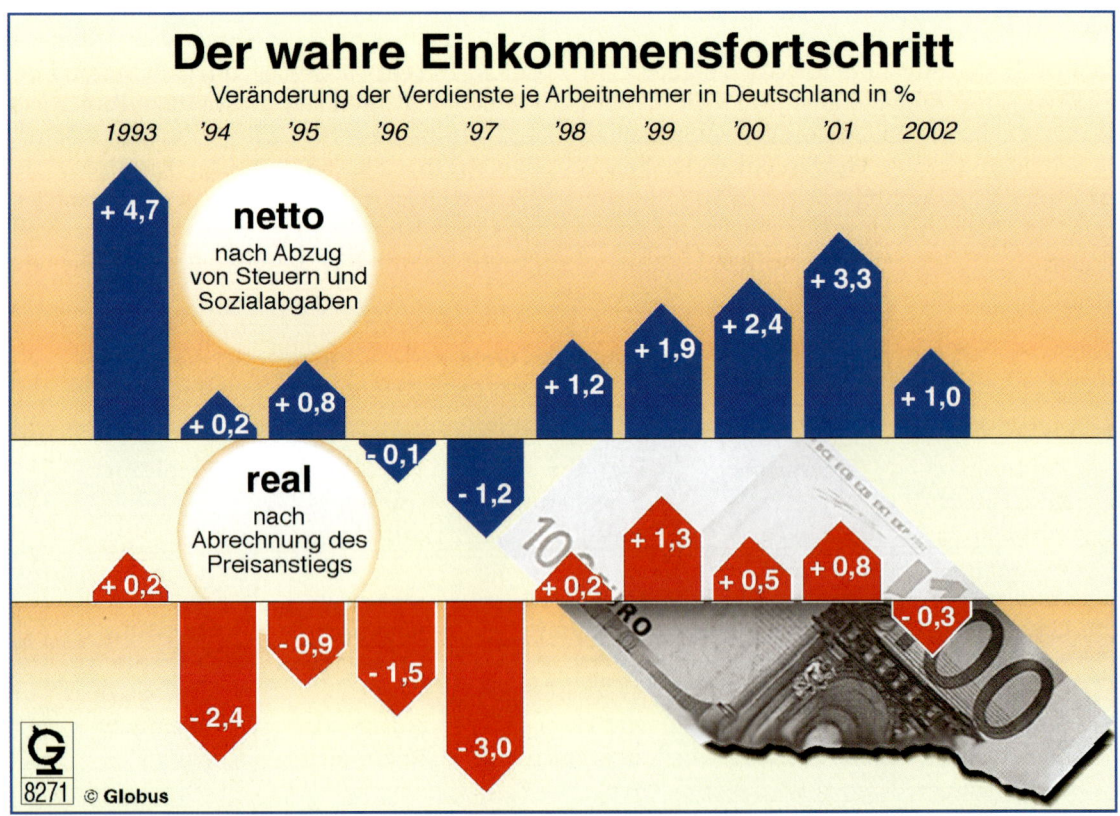

Der wahre Einkommensfortschritt

Veränderung der Verdienste je Arbeitnehmer in Deutschland in %

| 1993 | '94 | '95 | '96 | '97 | '98 | '99 | '00 | '01 | 2002 |

netto
nach Abzug von Steuern und Sozialabgaben

+ 4,7   + 0,2   + 0,8   – 0,1   – 1,2   + 1,2   + 1,9   + 2,4   + 3,3   + 1,0

real
nach Abrechnung des Preisanstiegs

+ 0,2   – 2,4   – 0,9   – 1,5   – 3,0   + 0,2   + 1,3   + 0,5   + 0,8   – 0,3

8271 © Globus

b) Das Dach des Einfamilienhauses der Familie Hering muss erneuert werden. Außerdem möchte sie die Außenwände mit Wärmedämmstoff isolieren. Dafür nimmt die Familie einen Kredit bei ihrer Bank auf.

c) Sieglinde spart monatlich 50,00 €. Nachdem sie 300,00 € gespart hat, kauft sie von diesem Geld einen Videorecorder.

d) Zum erfolgreichen Abschluss der Berufsausbildung schenkt Oma Erna ihrer Enkelin Grit 300,00 €, damit diese in den Urlaub fahren kann.

❷ Welche Aufgaben kann ein 50-Euro-Schein im täglichen Leben erfüllen?

❸ Familie Kunze kauft in einem Supermarkt Lebensmittel im Wert von 143,75 € ein. Mit welchen Zahlungsmitteln kann die Bezahlung an der Kasse erfolgen?

9.2   Die Zahlungsmöglichkeiten des privaten Haushalts

Situation
Kurz vor dem Weihnachtsfest möchte die ganze Familie Sehmisch zum Einkaufspark nach Halle fahren. Sohn Norman „schlachtete" schon vor einigen Tagen sein Sparschwein. Es enthielt nur Münzen im Wert von ein und zwei €.
Die Tochter Claudia sparte von ihrem Ausbildungsgehalt einen 50- und zwei 20-Euro-Scheine für die Weihnachtsgeschenke.
Herr Sehmisch schaut gerade nochmals in seine Brieftasche, als seine Frau sagt:
Frau Sehmisch: „Hast du genügend Geld eingesteckt?"
Herr Sehmisch: „Ja. Ich habe Bargeld mit."
Frau Sehmisch: „Nimm noch deine Bankkarte mit. Diese können wir für große Rechnungsbeträge verwenden. Denke bitte daran, die Karte und die Geheimzahl getrennt aufzubewahren!"
Herr Sehmisch: „Ja doch, ich weiß, dass bei dem Gedränge zur Weihnachtszeit schnell etwas geklaut werden kann." ▶▶▶

9.2.1 Zahlungsarten

Die Bezahlung von Waren und Dienstleistungen, die für einen Haushalt bestimmt sind, kann mit gesetzlichen Zahlungsmitteln (Bar- oder Buchgeld) oder mit **Geldersatzmitteln** (z. B. Schecks) vorgenommen werden. Geldersatzmittel sind kein „Geld" im Sinne von Bargeld, sondern eine Anweisung auf Geld. Der Aussteller eines Schecks schuldet dem Scheckempfänger Geld. Diese Geldschuld ist getilgt, wenn der Scheck bei einem Geldinstitut eingelöst wurde.

Die Bezahlung von Rechnungen kann mit unterschiedlichen Zahlungsarten erfolgen. In der Übersicht 9.2 sind die Arten der Zahlung aufgeführt.

9.2.2 Die Barzahlung

Der überwiegende Teil der Haushaltseinkäufe erfolgt mit Bargeld, d. h., die Bezahlung erfolgt mit Münzen und Banknoten. Gerade Kleinbeträge beim Einkauf lassen sich schnell und kostengünstig begleichen.

▶▶▶ Familie Sehmisch wird – wie in der Ausgangssituation des Kapitels erwähnt – kleinere Rechnungsbeträge mit Bargeld (Münzen und Banknoten) bezahlen. ▶▶▶

Das Bargeld
Die Europäische Zentralbank (EZB), in Zusammenarbeit mit den nationalen Zentralbanken, hat das ausschließliche Recht, Banknoten auszugeben und die Stückelung sowie deren Unterscheidungsmerkmale zu bestimmen. In den Ländern der EU sind neben den Banknoten auch Münzen gesetzliches Zahlungsmittel. Die Münzen werden vom Staat in staatlichen Prägeanstalten geprägt und der Zentralbank zur Verfügung gestellt.
Die Bezahlung von Rechnungen mit Münzgeld ist eingeschränkt. Beispielsweise sind Einzelhändler nicht verpflichtet, mehr als fünfzig Münzen bei einer Zahlung anzunehmen.

▶▶▶ Familie Sehmisch kann ohne Bedenken die Münzen und Geldscheine zum Bezahlen der Einkäufe verwenden. Sollte das Bargeld zum Bezahlen nicht ausreichen, so kann Familie Sehmisch auch bargeldlos bezahlen. ●●●

Die Quittung

Der Käufer von Waren und Dienstleistungen hat Anspruch auf eine Quittung oder einen Kassenbon (= Quittung nach § 368 BGB) als Zahlungsbeleg über den von ihm bezahlten Betrag. Quittungen sind stets sorgfältig aufzubewahren. Beispielsweise bei Reklamationen bzw. beim Umtausch von gekauften Waren muss der Käufer diesen Zahlungsbeleg an der Kasse als Beweis vorlegen. Bei Rechnungsbeträgen über 100,00 € ist vom Verkäufer auch der Mehrwertsteuerbetrag auf der Quittung auszuweisen.

Barzahlung bedeutet nicht immer, dass sich Zahlender und Zahlungsempfänger gegenüberstehen, sondern der Zahlende kann den Geldbetrag durch einen Boten dem Empfänger überbringen lassen. Der Bote sollte auf die Aushändigung einer Empfangsbestätigung durch den Empfänger achten.

Als Bote in diesem Sinne kann auch die Post auftreten.

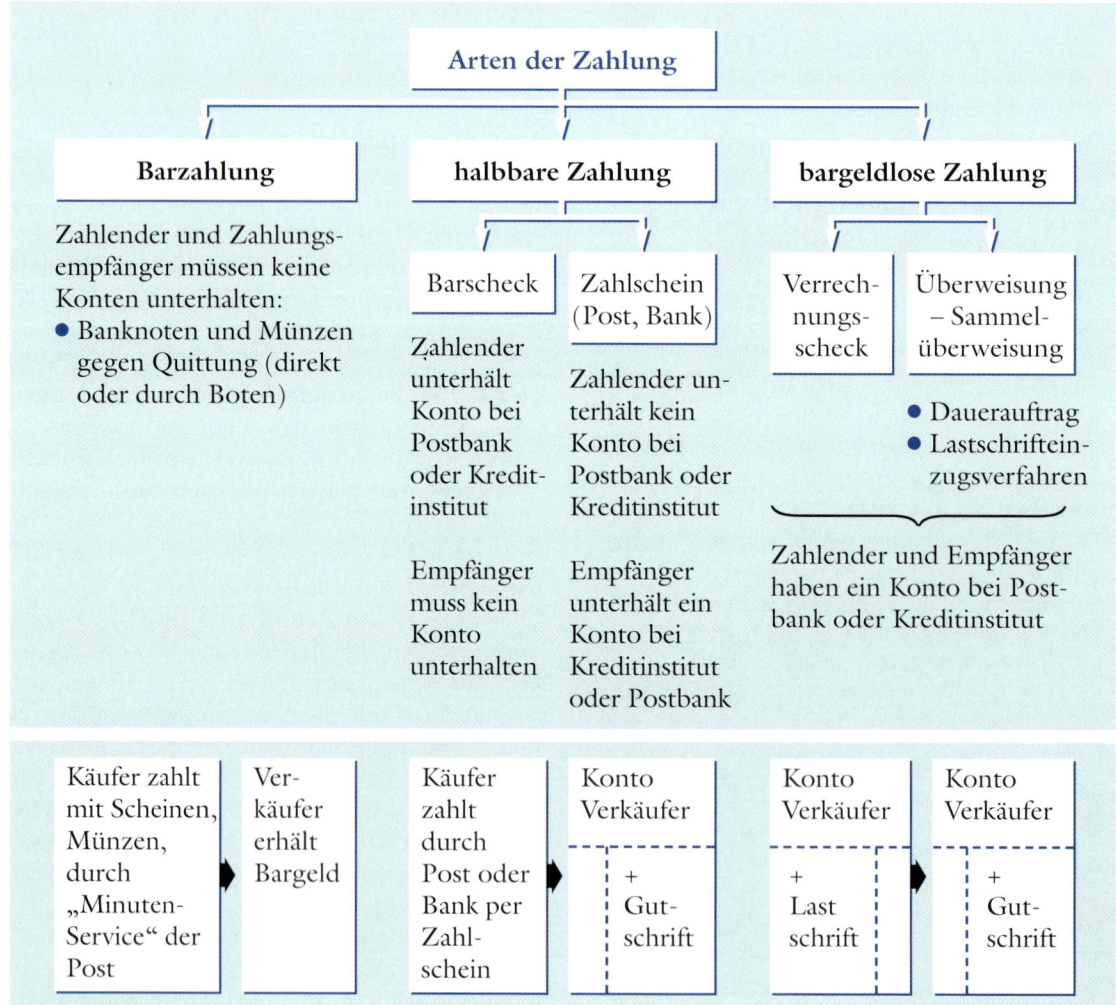

Übersicht 9.2

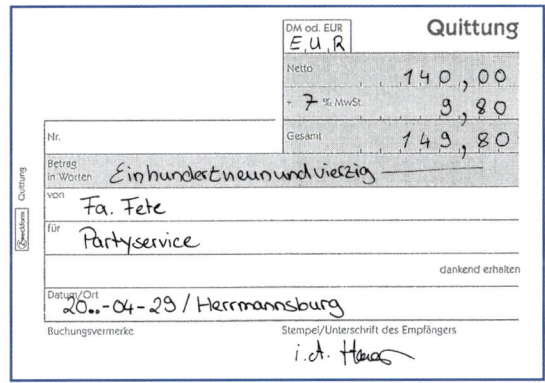

Der Geldtransfer „Minuten-Service"

Die Postbank ersetzte die bisherige Postanweisung durch den Geldtransfer „Minuten-Service". Dieser Geldtransfer ist in über 190 Ländern der Erde möglich, und zwar ohne Betragsgrenzen.

Der Empfänger kann das Geld innerhalb weniger Minuten nach Auftragserteilung in jeder größeren Postfiliale oder bei den Agenturen des Vertragspartners Western Union Financial Services ausgezahlt bekommen.

Der Absender des Betrags muss vorher am Postschalter ein Formular „Postbank Minuten-Service Transfer" ausfüllen, einschließlich eines Codeworts. Nach Bearbeitung des Auftrags und Bezahlung einer Gebühr kann der Absender den Empfänger des Geldes sofort telefonisch über den Geldtransfer und das Codewort informieren. Dem Empfänger wird das Geld unter Angabe dieses Codeworts ausgezahlt.

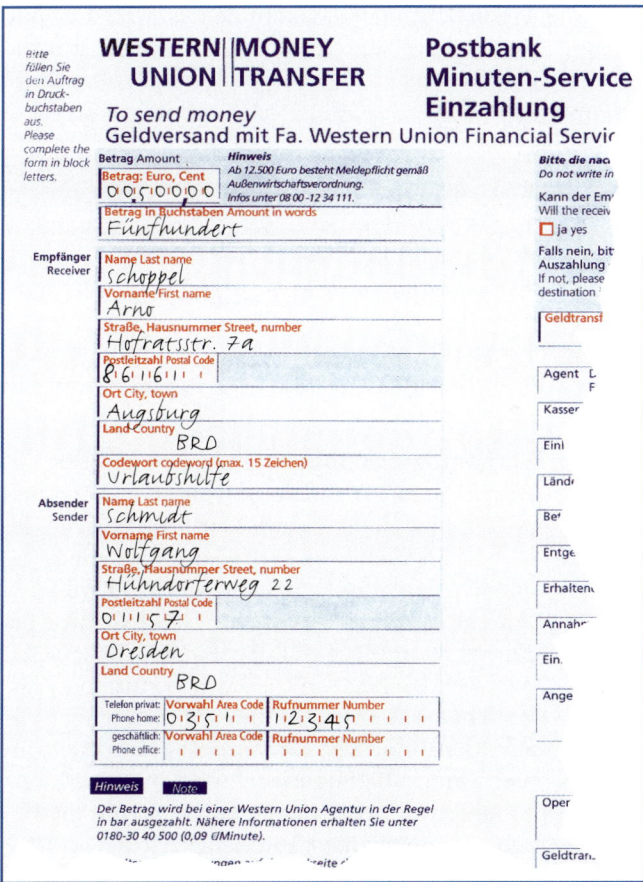

9.2.3 Die halbbare Zahlung

Halbbare Zahlung bedeutet:
Entweder der Zahlungspflichtige (= Schuldner) oder der Empfänger (= Gläubiger) des Geldes besitzt ein Konto. Dieses Konto kann z. B. ein Giro- oder Kontokorrentkonto sein. Besitzt der Empfänger ein Konto bei der Bank oder bei der Post, so erhält er Buchgeld, nachdem der Empfänger den Geldbetrag bar bei einer Bank (**Zahlschein** der Banken) oder bei einem Postamt (Zahlschein im Postbankverkehr) eingezahlt hat.
Der überwiesene Betrag wird dem Empfänger auf seinem Konto gutgeschrieben.
Wird eine Ware per **Nachnahme** an den Empfänger geliefert, so muss der Empfänger die Ware beim Erhalt (durch den Postboten bzw. auf dem Postamt) sofort bar bezahlen. Die Post überweist diesen Betrag auf das Postgirokonto des Paketsenders.
Der Empfänger muss hier jedoch noch eine Nachnahmegebühr an die Post zahlen.

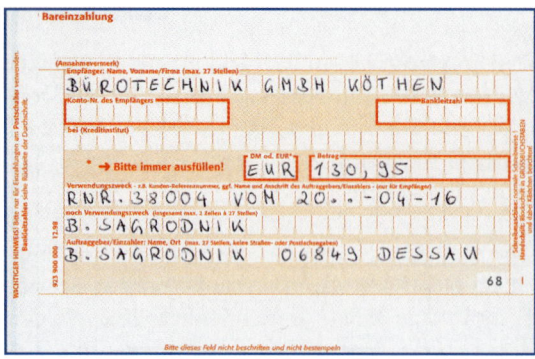

9.2.4 Die bargeldlose Zahlung

Die bargeldlose Zahlung ist keine Erfindung unserer Zeit. Sie geht auf die Praxis italienischer Banken im 12. Jahrhundert zurück. Diese übergaben dem Kunden für Einzahlungen in Edelmetallgeld (nachdem eine Prüfung des Geldes auf Gewicht und Feingehalt erfolgte) eine dem Wert entsprechende Gutschrift auf ein Kundenkonto. Auf dieser Grundlage wurden alle Zahlungen durch Zu- und Abschreibungen auf dem Kundenkonto (in den Büchern) der Bank notiert. Es wurde als Buchgeld bezeichnet. Mitte des 18. Jahrhunderts wurde eine bedeutende Verbesserung dieses Abrechnungsverfahrens von den englischen Clearinghäusern entwickelt, indem zwischen den beteiligten Kreditinstituten nur noch der jeweilige Saldo (= Unterschied zwischen beiden Seiten eines Kontos) ausgeglichen wurde. Somit wurde durch diese Form des Buchgeldes (auch als Giralgeld bekannt) das Geld von den stofflichen Formen gelöst. Die mit dem Geld verbundene Kaufkraft ist somit auf ein Konto bei einer Bank oder bei einem anderen Geldinstitut übertragen worden.

Als Buchgeld sind nur Guthaben anzusehen, die dem Kontoinhaber jederzeit bei seinem Geldinstitut zur Verfügung stehen. Zahlungen werden beim bargeldlosen Zahlungsverkehr einfach durch Kontozuschreibungen bzw. -abschreibungen getätigt. Über das auf den Konten stehende Buchgeld verfügt der Kontoinhaber mit modernen Techniken des bargeldlosen Zahlungsverkehr z. B.:

- Überweisungen,
- Daueraufträge,
- Lastschriften,
- Verrechnungsschecks,
- Reiseschecks,
- Geldkarten,
- Kreditkarten und
- Electronic banking.

Die Kontoeröffnung

Die privaten Haushalte und die Unternehmen nutzen in zunehmendem Maße die Vorteile der modernen Zahlungsmethoden. Voraussetzung für die Teilnahme am bargeldlosen Zahlungsverkehr ist die Eröffnung eines Girokontos bei einem Geldinstitut (z. B. bei Banken, Sparkassen oder bei der Postbank). Das trifft für den Zahlenden und für den Zahlungsempfänger zu. Vor Kontoeröffnung ist ein Vergleich über die Kontoeröffnungsbedingungen und Kontoführungsgebühren sinnvoll, da die Geldinstitute diesbezüglich voneinander abweichen.

Vor Unterzeichnung des Antrages zur Kontoeröffnung prüft die Bank die Legitimation

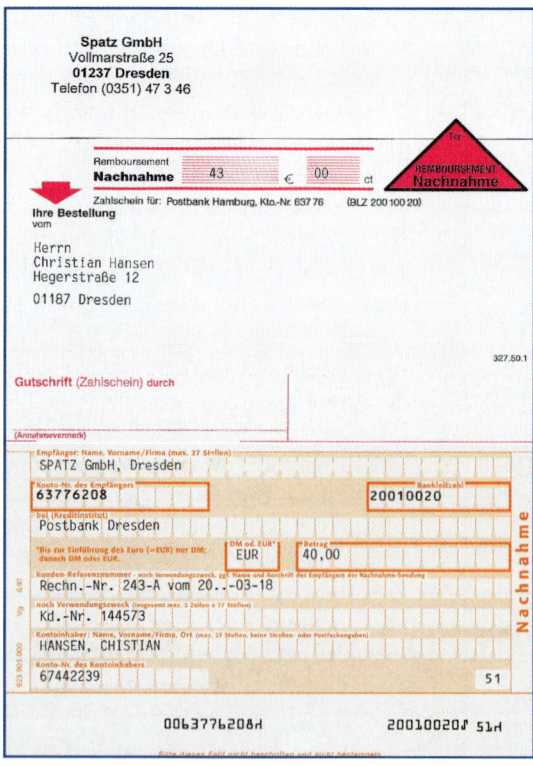

(= Befugnis) des künftigen Bankkunden anhand seiner Personalien. Durch die gesetzlich vorgeschriebene Legitimationsüberprüfung soll verhindert werden, dass jemand unter einem falschen oder angenommenen Namen für sich oder eine andere Person ein Bankkonto einrichtet und damit Missbrauch treibt. Zur Legitimation ist in der Regel ein Personalausweis oder ein Pass erforderlich.

Nur derjenige darf ein Konto bei einem Geldinstitut eröffnen, der voll geschäftsfähig ist sowie über seinen Besitz und sein Vermögen selbständig verfügen kann. Wollen Minderjährige ein Konto eröffnen, so bedarf es der Zustimmung der gesetzlichen Vertreter (siehe auch Kapitel 6).

Der zukünftige Kunde muss bei Kontoeröffnung eine Unterschriftsprobe abgeben, um einen Kontomissbrauch zu vermeiden. Sollte sich die Unterschrift des Kunden im Laufe der Jahre verändern, was gerade bei jungen Menschen oft vorkommt, muss erneut eine Schriftprobe bei der Bank hinterlegt werden.

Bei Erteilung einer Verfügungsberechtigung über das Konto (z. B. für den Ehepartner) muss der Kontoinhaber dies schriftlich bei der Bank beantragen. Der Bevollmächtigte muss ebenfalls eine Unterschriftsprobe hinterlegen.

Handlungsvorschlag

Haben Sie schon ein Konto bei einem Geldinstitut? Ein Besuch bei einem Geldinstitut lohnt sich. Tipps und Arbeitsaufgaben finden Sie auf Seite 247. Sollten Sie auch noch einen Kredit benötigen, schauen Sie vorher auf Seite 329.

Gironetze

Die Konten des Zahlenden und des Zahlungsempfängers können bei demselben Geldinstitut oder auch bei einem anderen bestehen. Alle Geldinstitute, einschließlich der Postbank, stehen durch Konten bei den Landeszentralbanken miteinander in Verbindung. Des Weiteren haben sich gleichartige Kreditinstitute zu Girokreisen zusammengeschlossen. Durch diese Gironetze werden Forderungen und Verbindlichkeiten durch Umbuchen von Konto zu Konto ausgeglichen.

In jedem Fall ist der bargeldlose Zahlungsverkehr relativ sicher und bequem. Die Kosten für die einzelnen Buchungen und die Kontoauszüge sind jedoch keineswegs gering. Die Geldinstitute setzen zur Kostensenkung im zunehmenden Maße Selbstbedienungsautomaten ein, z. B. Kontoauszugsdrucker oder elektronische Überweisungsautomaten (beleglose Überweisung).

Die Überweisung

Der sicherste und am häufigsten genutzte Weg der Rechnungsbegleichung ist die Überweisung. Die Überweisungsbelege sind zweiteilig, es gibt sie bei allen Geldinstituten. Das Deckblatt (Original) verbleibt bei der Bank, die Durchschrift erhält der Zahlende.

Viele Unternehmen versenden mit der Rechnung einen neutralen Überweisungsbeleg, in dem bereits Angaben vom Rechnungsaussteller eingedruckt wurden. Die fehlenden Angaben müssen vom Zahlenden ergänzt werden.

Der Weg der Überweisung vom Kreditinstitut des Auftraggebers zum Kreditinstitut des Zahlungsempfängers darf höchstens drei Bankgeschäftstage dauern.

Der zu zahlende Geldbetrag wird zwischen den Banken des Zahlenden und des Zahlungsempfängers als Buchgeld verrechnet.

Der Dauerauftrag

Eine besondere Form der Überweisung ist der Dauerauftrag. Diese Art der Überweisung wird von Haushalten und Unternehmen dann in Anspruch genommen, wenn eine Überweisung regelmäßig zu bestimmten Terminen, wie am Ersten oder am Fünfzehnten jeden Monats oder Quartals, auszuführen ist. Die beauftragte Bank überweist den entsprechenden Betrag termingerecht.

Haushalte wenden diese Form der Überweisung vorwiegend für die Bezahlungen von Miete, Grundsteuer, Hundesteuer, Abfallgebühren, Straßenreinigungsgebühren oder Vereinsbeiträgen an.

Daueraufträge befreien den Zahlungspflichtigen von lästigen Terminvormerkungen, dadurch

Überweisung/Zahlschein

Commerzbank Dessau
Name und Sitz des Kreditinstituts des Überweisenden

8 1 0 4 0 0 0 0
Bankleitzahl

Den Vordruck bitte nicht beschädigen, knicken, bestempeln oder beschmutzen.

Begünstigter: Name, Vorname/Firma (max. 27 Stellen)
Hauswirtschafts-Service A. Knuth

Konto-Nr. des Begünstigten
123456

Bankleitzahl
80550200

Kreditinstitut des Begünstigten
Kr Spk Anhalt-Zerbst Roßlau

EUR

Betrag: Euro, Cent
158,39

Kunden-Referenznummer - Verwendungszweck, ggf. Name und Anschrift des Überweisenden - nur für Begünstigten).
Kunden-Nr. R236   Rechnugs-Nr. 1853

noch Verwendungszweck (insgesamt max. 2 Zeilen à 27 Stellen)
Rechnungsdatum   12.08.200.

Kontoinhaber/Einzahler: Name, Vorname/Firma, Ort (max. 27 Stellen, keine Straßen- oder Postfachangaben)
KLAUS HERING

Konto-Nr. des Kontoinhabers
2 7 0 2 4 6 3

18

20.08.200.   Hering
Datum, Unterschrift

Art.-Nr. ZV 510/ZV 512   sigel

☒ **Dauerauftrag**
☐ **Auslandsdauerauftrag DM/FW**

an die
Bayerische Hypotheken- und Wechsel-Bank Aktiengesellschaft

Bankbeleg
Dauerauftrag
EDV-Handbuch: Kapitel 9.
TP-Handbuch: Kapitel 7.51.1
Auslandsauftrag DM/FW:
IWD AH 5-1-2

Kontonummer des Auftraggebers	DA-Nummer	AKZ P.Ber.	AKZ:
D 3 7 5 4 6 6 1	001 2 2 3	1	1= Eröffnung 2= Änderung

Währung	Betrag	Termin-SL	Datum der ersten Ausführung	Datum der letzten Ausführung
E U R 010	8 5 7 5	011 0	012 - - ▲ 0 7 ▲ 0 1	013 ▲ ▲

Auftraggeber – Name
014 N I T S C H K E ; R E N A T E

Verwendungszweck
015 A B F A L L G E B Ü H R N R . 3 7 6 1

Empfänger – Name
016 U M W E L T A M T K Ö T H E N

Bankleitzahl und   Kreditinstitut des Empfängers
017

Kontonummer des Empfängers	Preis	vwL	Abschöpfungsbetrag
018	019 ▲	020 _ 90 = ohne Sparzulage	024

Ausführung jeweils am ___1.___ ☒ monatlich ☐ 1/4 jährlich ☐ 1/2 jährlich ☐ jährlich ☐

☒ **Eröffnung:**
Ich/Wir beauftrage(n) Sie, vorstehenden Dauerauftrag bis zu einem schriftlichen Widerruf auszuführen, soweit ein entsprechendes Guthaben bzw. eingeräumter Kredit vorhanden ist. Bei einem Widerruf oder einer Änderung muss der Auftrag schriftlich spätestens zehn Arbeitstage vor dem jeweiligen Termin vorliegen.

☐ **Änderung** (soweit nicht auf dem Stammblatt vorgenommen):
Ich/Wir beauftrage(n) Sie, ab obenstehendem ersten Ausführungsdatum (Feld 012) den unter obiger DA-Nummer laufenden Dauerauftrag nach den angegebenen Änderungsdaten auszuführen.

Bearbeitet

Datum/Kundenunterschrift
20..-06-02.   Nitschke

Art. 1420194 Dauerauftrag (2fach) 395100´

Blatt 1

vergisst der Zahlungspflichtige keine Zahlungstermine und wird folglich nicht mehr gemahnt.

Zum Ausführungstermin wird der Dauerauftrag wie eine Überweisung ausgeführt: Das Konto des Kunden wird belastet und der Betrag dem Konto des Empfängers gutgeschrieben. Die Initiative zum Dauerauftrag geht immer vom Zahlungspflichtigen aus.

Änderungen des Zahlungsbetrages können nur durch seinen Änderungsantrag und nicht durch den Zahlungsempfänger veranlasst werden. Jede Änderung kann infolge moderner EDV-Technik kurzfristig erfolgen.

Die Lastschrift

Für periodisch wiederkehrende Zahlungsbeträge, die sich allerdings häufig ändern, wie Gas- und Stromrechnungen, Rundfunk- und Fernsehgebühren, Telefonrechnungen etc., wird immer häufiger das Lastschriftverfahren (Lastschrifteinzug) gewählt.

Die Initiative zur Lastschrift geht immer vom Zahlungsempfänger aus. Der Zahlungspflichtige muss eine Lastschrifteinzugserklärung unterschreiben. Damit gibt er dem Empfänger die Genehmigung, die fälligen Beträge vom Konto des Zahlenden einzuziehen.

Der Vorteil für den Zahlungsempfänger liegt darin, dass die Beträge in einer Summe gutgeschrieben werden. Somit wird die Buchung erheblich vereinfacht. Die Vorteile für den Zahlungspflichtigen liegen darin, dass keine Zahlungstermine versäumt werden und keine Änderung des Zahlungsbetrages zu veranlassen ist. Des Weiteren entstehen für den Zahlungspflichtigen keine Gebühren, da die Buchung von der Bank des Empfängers ausgeht. Sofern kein Guthaben bzw. ausreichender Kontokorrentkredit vorhanden ist, kann die Bank Lastschriften „mangels Deckung" an den Zahlungsempfänger zurückgeben. In diesem Fall wird der Kunde darüber unmittelbar informiert. Der Zahlende sowie der Zahlungsempfänger werden mit zusätzlichen Gebühren belastet.

Sollte ein Kontoinhaber nicht mit der Höhe des abgebuchten Betrages einverstanden sein, kann er der Kontobelastung innerhalb von sechs Wochen widersprechen. Die Abbuchung muss dann zurückgebucht werden. Es ist wichtig, dass derjenige, der einem Lastschriftverfahren zustimmt, regelmäßig seine Kontoauszüge kontrolliert, um unrechtmäßige Abbuchungen rechtzeitig festzustellen.

Für den Zahlungsempfänger ergibt sich eine gute Dispositionsmöglichkeit, da er den Geld-

---

Und so lassen Sie Ihre Rechnung vom Konto abbuchen:

Ihre Rechnung wird Ihnen auch weiterhin wie gewohnt zugesandt. Der Rechnungsbetrag wird frühestens am 10. Tag nach Absendung abgebucht, sodass dadurch die Höhe der Kontobelastung im voraus bekannt ist.

Die Abbuchung erfolgt erstmals, wenn auf Ihrer Rechnung der Hinweis "wird abgebucht" enthalten ist. Falls Sie die Abbuchung wünschen, füllen Sie bitte die nachstehende Einzugsermächtigung vollständig aus und senden Sie die unterschriebene Karte an Ihre zuständige Telekom-Niederlassung.

Ein Rücktritt ist jederzeit möglich.

Einzugsermächtigung

Vorname: PETER
Name: HENZE
Straße: KOHLENSTR.
Nr.: 52
PLZ: 06862
Ort: MEINSDORF

Hiermit wird die Deutsche Telekom widerruflich ermächtigt, die Rechnungsbeträge von dem nachstehend angegebenen Girokonto abzubuchen.

Fernmeldekontonummer (siehe Rechnung): 3 4 9 0 1 0 0 7 2 4 9
Girokonto-Nr.: 4 2 2 3 7 8 9 0 0 8
Bankleitzahl des Geldinstitutes: 8 0 0 5 3 5 6 2
Name und Anschrift des Geldinstitutes: SPARKASSE WITTENBERG
Das Girokonto wird bei dem Geldinstitut unter folgender Bezeichnung geführt (Name des Kontoinhabers): P. HENZE
Datum, Unterschrift des Kontoinhabers: 20..-01-15 P. Henze

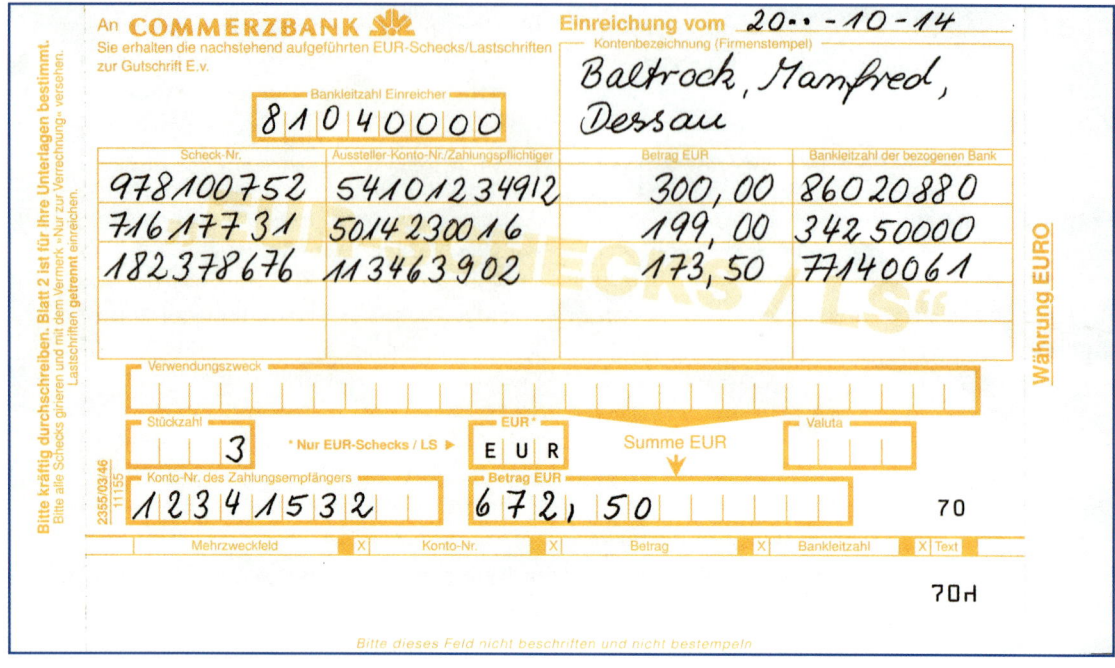

einzug vom Zahlungspflichtigen selbst bestimmen kann. Somit entfallen unnötige Mahnkosten und die Außenstände des Zahlungsempfängers.

Die Sammelüberweisung

Sammelüberweisungen werden im privaten Haushalt kaum angewendet, da selten mehrere Geldbeträge gleichzeitig überwiesen werden. Diese Art des Zahlungsverkehrs ist vorwiegend im gewerblichen Bereich anzutreffen. Dazu ist ein Sammelauftragsformular, das die Gesamtsumme der einzelnen Überweisungen ausweist, vom Zahlenden auszufüllen und zu unterschreiben. Dieser spart Kosten, weil nur einmal Buchungskosten anfallen.

Wesentliche Lerninhalte
- Die Barzahlung kann durch Bargeld oder durch Geldtransfer der Post (Minuten-Service) erfolgen.

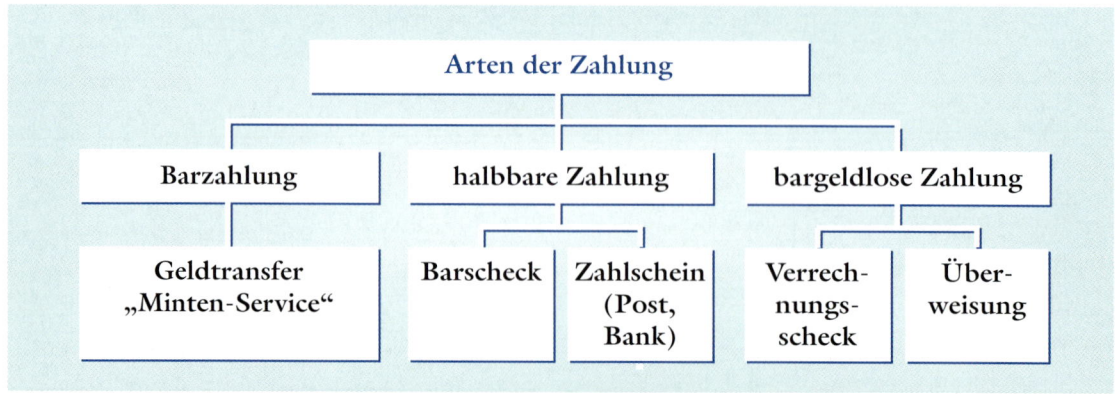

- Die Quittung dient als Beweis für den Zahlenden, eine bestimmte Ware zu einem bestimmten Preis bar erworben zu haben.
- Besitzt nur der Zahlungsempfänger ein Konto bei einem Kreditinstitut, benutzt der Zahlende den Zahlschein (bei der Bank) oder die Zahlkarte (bei der Post).
- Besitzt nur der Zahlende ein Bankkonto, so kann er mit dem Barscheck bezahlen.
- Um ein Konto bei einem Geldinstitut zu eröffnen, muss sich der Kunde ausweisen und seine Unterschrift hinterlegen.

- Um die Überweisung oder den Verrechnungsscheck nutzen zu können, muss sowohl der Zahlende als auch der Zahlungsempfänger ein Bankkonto besitzen.
- Beim Dauerauftrag beauftragt der Zahlungspflichtige seine Bank, den €-Betrag regelmäßig termingerecht zu überweisen.
- Das Lastschriftverfahren geht vom Zahlungsempfänger aus. Er holt sich vom Zahlungspflichtigen die Genehmigung, den fälligen Betrag regelmäßig einziehen zu dürfen.

Aufgaben

❶ Am 27. Okt. 20.. kauft Jürgen Rentsch aus Halle von Klaus Obst, Bernburg, Köthener Straße 13, eine gebrauchte Stereoanlage zum Preis von 275,00 € und bezahlt bar. Jürgen Rentsch besteht auf einer Quittung von Herrn Obst.
 a) Schreiben Sie zu diesem Geschäftsgang eine Quittung aus.
 b) Aus welchem Grund verlangt Rentsch eine Quittung?

❷ Bei einem Weiterbildungslehrgang für Hauswirtschaft in Berlin wird der Teilnehmerin Bettina Fröhlich am vorletzten Lehrgangstag die Handtasche gestohlen. In der Handtasche war ihr ganzes Bargeld in Höhe von 75,00 €.
Die Lehrgangsteilnehmerin Kerstin Richter leiht ihr 200,00 €, damit Bettina wieder nach Hause fahren kann. Bettina verspricht Kerstin, ihr in der nächsten Woche die 200,00 € zu schicken. Sie tauschen ihre Adressen aus.
Kerstin wohnt in 61440 Oberursel, Bad Homburger Str. 4 und
Bettina in 32760 Detmold, Burgberg 32.
 a) Welche Zahlungsmöglichkeiten kann Bettina nutzen, um ihre Schulden zu bezahlen?
 b) Füllen Sie das entsprechende Formular aus.

❸ Welche Postformulare sind bei folgenden Zahlungen zu verwenden?

	Zahlender	Empfänger
a)	kein Konto	kein Konto
b)	kein Konto	Konto
c)	Konto	kein Konto
d)	Konto	Konto

❹ Über welche Vorteile verfügt ein Girokonto?

❺ Zu Beginn der Ausbildung zur Hauswirtschafterin wird Heike von der Buchhaltung aufgefordert, ein Konto anzugeben. Auf dieses Konto soll monatlich ihre Ausbildungsbeihilfe überwiesen werden. Welche Art Konto wird Heike wählen und warum?

❻ Michaela Seidel erhält am Monatsanfang immer eine Telefonrechnung mit einem Überweisungsbetrag in unterschiedlicher Höhe. Was kann Michaela tun, damit sie die Zahlungstermine immer einhält, ohne dass sie ständig an den Termin denken muss?

❼ Martin Nolte hat in Dessau falsch geparkt. Nach drei Wochen, am 30. Nov. 20.., erhält er von der Stadtverwaltung einen Bußgeldbescheid, Aktenzeichen AZ 0055116, mit der Zahlungsaufforderung über 30,00 €.

Auf dem Bußgeldbescheid ist das Konto Nr. 35 006 123 bei der Stadtsparkasse Dessau, Bankleitzahl 800 535 72, angegeben. Überweisen Sie den Betrag mittels eines Überweisungsbeleges von dem Konto 231 78 93, BLZ 81 0 4 00 00, der Commerzbank Dessau.

❽ Frau Karin Kohl aus Leipzig, Körnerstr. 67, überwies bisher ihre Miete in Höhe von 425,00 € monatlich mit einer Überweisung von ihrem Konto – Kontonummer 431 54 23 – auf das Bankkonto des Vermie-

ters, Herrn Jürgen Müller, Kontonummer 278 317 612, BLZ 370 100 50, bei der Postbank Köln. Frau Kohl möchte nicht mehr jeden Monat zur Bank gehen, um die Überweisung vorzunehmen. Sie möchte aber nicht, dass ihr Vermieter Zugriff auf ihr Konto erhält.

a) Welche Möglichkeit zur Zahlung würde Frau Kohl wählen?

b) Füllen Sie ein entsprechendes Formular aus. Die Zahlung soll monatlich ab dem 1. April 20.. erfolgen.

9.3 Das Scheckrecht in Grundzügen

Situation

Die Menü-Service-GmbH liefert täglich Mahlzeiten an ältere Personen in privaten Haushalten aus. In den letzten Monaten stieg die Zahl der Auslieferungen an. Um die Anzahl der Auslieferungen bewältigen zu können, wird ein zusätzliches Transportfahrzeug benötigt. Gemäß Absprache mit dem Autohaus sollen bei Abholung des Fahrzeuges 4.000,00 € sofort bezahlt und der Rest mittels Bankdarlehen des Autohauses bezahlt werden. Aus Sicherheitsgründen darf der Geschäftsführer kein Bargeld mitnehmen. Er bringt einen Verrechnungsscheck zum Autohaus mit. ▶▶▶

Das Wesen des Schecks

Der Verrechnungsscheck ist ein wichtiges und vielseitiges Zahlungsinstrument geworden. Denn durch den Wegfall der Zahlungsgarantie für **Eurocheques** zum im Dezember 2001 werden Eurocheques meist nicht mehr angenommen.

In der Ausgangssituation erfolgt die Anzahlung des Fahrzeuges ebenfalls mithilfe eines Verrechnungsschecks.

Mit dem Ausschreiben eines Schecks weist der Kontoinhaber seine Bank an, gegen Vorlage des Schecks eine bestimmte Geldsumme zu Lasten seines Kontos auf dem Konto des Scheckinhabers gutzuschreiben (= Verrechnungsscheck).

Der Scheck ist

- rechtlich gesehen eine Anweisung an das eigene Geldinstitut, einen bestimmten Betrag an den Scheckinhaber zu zahlen,
- eine Schuldverschreibung: die Schuld ist endgültig getilgt, wenn der Scheck vom Scheckinhaber eingelöst wurde (= Löschung des Schuldverhältnisses),
- ein Wertpapier im besonderen Sinne.

Der Scheck gehört nicht wie die Münzen und Banknoten zu den gesetzlichen Zahlungsmitteln, sondern er ist kaufmännisches Zahlungsmittel. Der **Gläubiger** (= Zahlungsempfänger) braucht den Scheck nur dann anzunehmen, wenn eine Zahlung durch den Scheck vorher vereinbart worden ist.

Die Anerkennung des Schecks als Zahlungsmittel setzt voraus, dass bei einem Geldinstitut (Sparkasse, Bank, Postbank) ein Girokonto besteht, welches bei der Scheckausstellung und Scheckeinreichung immer Deckung (Guthaben in entsprechender Höhe oder einen entsprechenden Überziehungskredit) aufweisen muss.

Die Benutzung des Schecks ist

- bequem: die Zahlung ist vom Schreibtisch aus möglich;
- schnell: kein Abheben von Münzen und Banknoten notwendig;
- sicher: kein höherer Bargeldbestand im Haushalt notwendig,

- vorteilhaft: Verringerung von Bargeldverlust, Buchungsbeleg als Beweis für die Zahlung; bis zur Einlösung des Schecks bringt das Geld Zinsen für den Kontoinhaber.

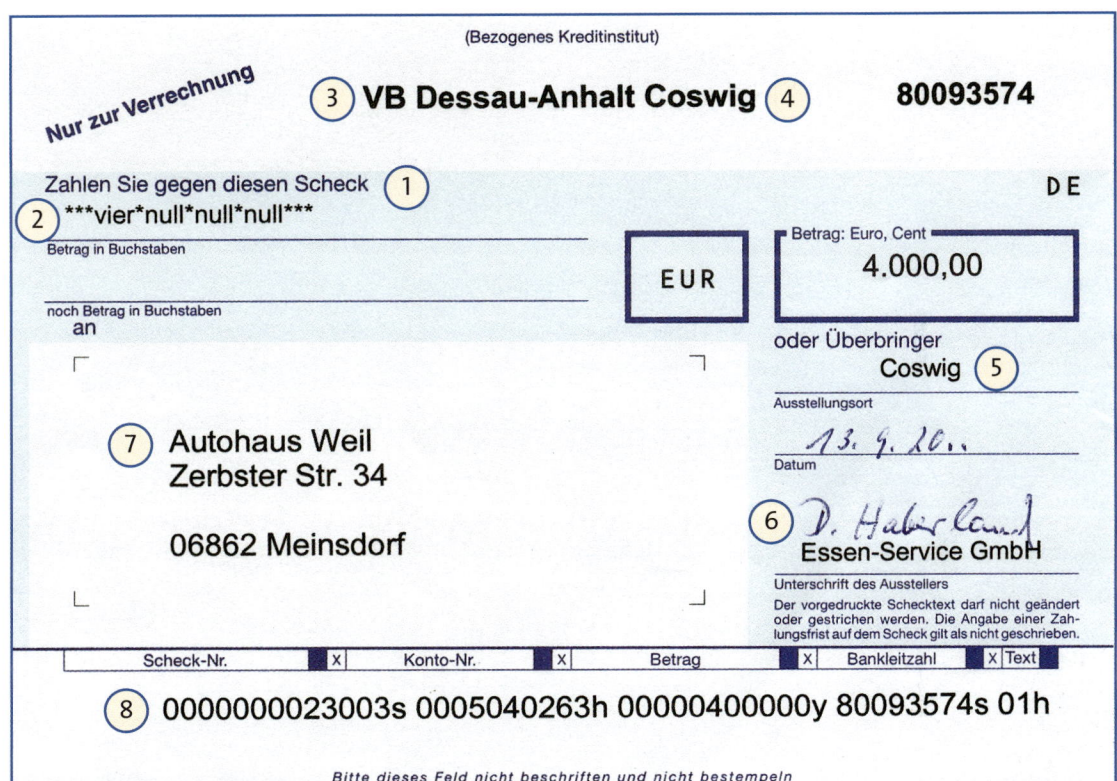

Die Bestandteile des Schecks

Das *Scheckgesetz* schreibt für die Gültigkeit eines Schecks bestimmte Bestandteile vor:

❶ die Bezeichnung „Scheck" im Text der Urkunde (Scheckklausel);

❷ die unbedingte Anweisung, eine bestimmte Geldsumme zu zahlen (zusätzlich eingefügte Bedingungen sind nicht statthaft);

❸ das bezogene Kreditinstitut (Namen des Kreditinstituts, welches zahlen soll);

❹ die Angabe des Zahlungsortes (Sitz des Geldinstituts);

❺ die Angabe des Ortes und des Tages der Ausstellung;

❻ Unterschrift des Ausstellers (handschriftlich).

Zusätzlich zu den genannten Angaben sind folgende kaufmännische Bestandteile enthalten:

❼ Überbringerklausel (entfällt bei Namensscheck);

❽ maschinell erstellte Kodierzeile mit der Angabe von Schecknummer, Kontonummer und Bankleitzahl.

Vorlegungsfristen für in Deutschland zahlbare Schecks

8 Tage nach Ausstellung	20 Tage nach Ausstellung	70 Tage nach Ausstellung
Ausstellungsort liegt in Deutschland	Ausstellungsort liegt in Europa oder einem Land im Mittelmeerraum	Ausstellungsort liegt außerhalb Europas

Übersicht 9.3

Unterteilung der Scheckarten

nach der Art der Einlösung		nach dem Ausgebenden (dem Bezogenen)		nach dem Zahlungsempfänger	
Barscheck	Verrech- nungs- scheck	Bankscheck	Postscheck	Inhaber- scheck	Namens- scheck
• wird bar bei der bezogenen Bank aus- gezahlt	• wird dem Konto gutge- schrieben = bargeld- loses Zah- lungsmittel			• Über- bringer des Schecks ist Emp- fänger	• lautet auf einen be- stimmten Namen

Während beim Barscheck die Gefahr der Abhebung durch Unberechtigte besteht, gibt es diese Gefahr beim Verrechnungsscheck kaum, da man hierbei nachvollziehen kann, wer das Geld erhalten hat.

Übersicht 9.4

Wesentliche Lerninhalte

- Der Scheck ist eine Zahlungsanweisung auf eine bestimmte Geldsumme.

- Beim Scheck unterscheidet man zwischen

  - gesetzlichen und
  - kaufmännischen Bestandteilen.

- Verrechnungsschecks werden dem Konto des Einreichers gutgeschrieben.

- Der Scheck ist bei Sicht fällig. Die Vorlegungsfrist im Inland beträgt acht Tage.

- Ein Inhaber- bzw. Überbringerscheck kann an einen Gläubiger zur Zahlung weitergegeben oder bei einem Geldinstitut eingelöst werden.

- Bei Scheckverlust ist die bezogene Bank sofort in Kenntnis zu setzen und der Scheck sperren zu lassen. Beim Amtsgericht kann man den Scheck für kraftlos erklären lassen (Amortisation).

Aufgaben

❶ Nennen Sie die gesetzlichen Bestandteile eines Schecks.

❷ Innerhalb welcher Fristen müssen Schecks bei Banken eingelöst werden?

❸ Der Großraumkühlschrank der Betriebskantine wird repariert. Gemäß voriger Vereinbarung soll die Reparatur sofort bezahlt werden. Da die Leiterin der Kantine nicht genügend Bargeld in der Kasse hat, bezahlt sie die Rechnung mit einem Scheck. Auf dem Scheck ist ohne jegliche weitere Zusätze als Empfänger „Reparatur-Service Leipzig" angegeben. Um welche Scheckart handelt es sich?

❹ Partyservice „Althaus" erhält für die gelieferten Speisen und Getränke von der Leiterin der Seniorentagesstätte einen Verrechnungsscheck. Erst nach zwölf Tagen legt die Buchhalterin des Partyservices ihn der Bank zur Einlösung vor. Wird die Bank den Scheck noch einlösen?

❺ Nachdem die Malerarbeiten in der Buchhaltung beendet sind, stellt die Kassenleiterin Frau Krause fest, dass ein Verrechnungsscheck fehlt. Was sollte Frau Krause unternehmen, damit der Scheck von keinem Unberechtigten eingelöst wird?

❻ Welche Unterschiede gibt es zwischen Verrechnungsscheck und Überweisung?

9.4 Sonderformen des bargeldlosen Zahlungsverkehrs

Situation

Jens hilft Frau Steinert im Haushalt. Da Frau Steinert stark gehbehindert ist, erledigt er für sie alle aufwendigen Arbeiten. Vor einigen Tagen erhielt sie von einem Versandhaus ein Paket. Darin findet sie einen Überweisungsschein zum Begleichen der Rechnung. Sie füllt den Zahlungsbeleg aus und bittet Jens, diesen Beleg zur Bank zu bringen. Auf dem Weg zur Bank trifft Jens Katrin, eine Mitschülerin aus seiner Berufsschule.

Katrin: „Tag, Jens, gehst du wieder für Frau Steinert einkaufen?"

Jens: „Nein, heute nicht. Ich gehe zur Bank, um eine Rechnung von einem Versandhaus für Frau Steinert zu bezahlen."

Katrin: „Das brauche ich nicht. Ich erledige solche Überweisungen für meine Mutter mit dem Computer von zu Hause aus. Größere Einkäufe bezahle ich mit Bargeld oder Kreditkarte, von meiner Mutter habe ich die Ermächtigung dafür.

Ich gehe nur noch zur Bank, wenn meine Mutter Bargeld braucht." ▶▶▶

9.4.1 Kredit- und Kundenkarten

▶▶▶ Immer mehr Bundesbürger begleichen ihre Rechnungen nicht mehr mit Bargeld, sondern mithilfe von „Plastikgeld".

▶▶▶

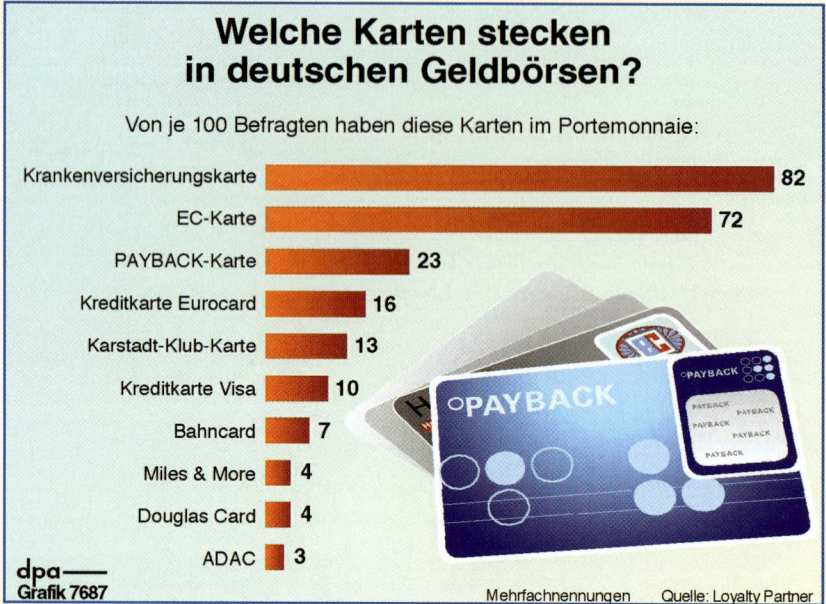

Welche Karten stecken in deutschen Geldbörsen?

Von je 100 Befragten haben diese Karten im Portemonnaie:

Krankenversicherungskarte	82
EC-Karte	72
PAYBACK-Karte	23
Kreditkarte Eurocard	16
Karstadt-Klub-Karte	13
Kreditkarte Visa	10
Bahncard	7
Miles & More	4
Douglas Card	4
ADAC	3

dpa
Grafik 7687

Mehrfachnennungen   Quelle: Loyalty Partner

Mit Plastikgeld können Waren im Supermarkt, die Tankfüllung, eine Reise, Lederwaren, größere Haushaltsgeräte und vieles mehr bezahlt werden. Auch die Beschaffung von Bargeld an Geldautomaten wird an allen Geldinstituten mithilfe von Plastikkarten angeboten.

Die Kreditkarte
Die Zahl der Unternehmen, die sich den verschiedenen Kreditkartenorganisationen anschließen, nimmt ständig zu. Diese Organisationen sind nicht nur auf die Bundesrepublik begrenzt, sondern weltweit vertreten. Mit einer in der Bundesrepublik Deutschland ausgegebenen Kreditkarte kann man fast in der ganzen Welt bezahlen.

Viele Geschäfte kennzeichnen die Annahme von bestimmten Kreditkarten bereits an der Eingangstür.

Der Kunde legt dem Kaufmann beim Bezahlen seine Kreditkarte vor. Die Daten der Karte werden dann vom Kassensystem mit der Rechnung verarbeitet.

Die Rechnung wird vom Kaufmann bei der Kreditkartenorganisation eingereicht, die diese mit dem Kreditkarteninhaber innerhalb eines Monats verrechnet. Die Organisation behält zwischen 2–5 % des Rechnungspreises als Provision ein. Der Kaufmann erhält also nicht den gesamten Kaufpreis auf seinem Geschäftskonto gutgeschrieben.

Der Kreditkarteninhaber muss bei jeder Bargeldabhebung eine bestimmte Provisionsgebühr (ca. 1–2 % des Barbetrages, mindestens 5,00 €) selbst tragen. Die Höhe dieser Gebühr ist abhängig von der Kreditkartenorganisation. Verliert der Karteninhaber seine Kreditkarte, so sollte er sofort die Sperrung veranlassen.

Bei „grob fahrlässiger" Handlung (z. B. die Geheimnummer ist auf der Karte notiert oder sie liegt anbei) muss der Kreditkarteninhaber für den gesamten Schaden haften, sonst bis zu 50,00 €.

Die Kundenkarte
Große Warenhäuser, Verkaufsketten, Hotelketten, Mietwagenunternehmen, die Deutsche

Bahn AG usw. geben eigene **Kundenkarten** heraus. Der Inhaber dieser Kundenkarte kann Waren und Dienstleistungen innerhalb des jeweiligen Unternehmens wie mit einer Kreditkarte bezahlen.

Voraussetzung für den bargeldlosen Einkauf mit Kredit- oder Kundenkarten ist das Einverständnis des Kunden, dass über seine Kreditwürdigkeit Informationen bei der **SCHUFA** (= Schutzgemeinschaft für allgemeine Kreditsicherung) eingeholt werden. Auch andere Kredit- und Geldinstitute können hier das Zahlungsverhalten des Kunden bei Bedarf einsehen. Der zukünftige Kunde muss dazu schriftlich seine Einwilligung geben. Vgl. hierzu auch S. 243. Außerdem muss der Privatkunde über ein entsprechendes Einkommen verfügen und eine einwandfreie **Bonität** (= Zahlungsfähigkeit) besitzen.

Die Geldkarte

Weiterentwicklungen der bekannten Telefonkarte sind Karten mit integriertem Chip, so genannte **Geldkarten**. Diese Karten können vielfältige Aufgaben erfüllen, u. a.:

- von der Karte kann bis zu einem bestimmten €-Betrag vom Konto des Karteninhabers abgebucht werden. Danach verliert sie ihre Gültigkeit;

- der Chip der Geldkarte wird vom Kreditinstitut mit einem bestimmten Betrag „geladen". Bis zu diesem Betrag kann abgebucht werden, auch kleinere Beträge. Die Geldkarte kann jederzeit wieder „neu geladen" werden.

Die Geldkarte wird auch für jene Unternehmensbereiche interessant, wo der Kunde vorwiegend kleinere Beträge zahlt. Man spricht dann auch von einem „elektronischen Portemonnaie".

Die Bankkarte

Die beliebteste Geldkarte in Deutschland ist die Bankkarte, früher EC-Karte genannt. Sie ermöglicht die Bargeldbeschaffung an Bankautomaten im In- und Ausland, lediglich in einigen Ländern ist sie nur beschränkt einsetzbar.

Da Eurocheques nicht mehr gültig sind, wird die EC-Karte von den universell einsetzbaren Bankkarten (auch „BankCard") abgelöst. Das EC-Zeichen an Geschäften und Automaten wird nach und nach durch das neue Maestro-Logo ersetzt.

> **Handlungsvorschlag**
> Diskutieren Sie über die Vor- und Nachteile sowie die Gefahren des Plastikgeldes für den privaten Haushalt. Tipps zur Durchführung einer Diskussion finden Sie auf der Seite 327.

9.4.2   Der elektronische Zahlungsverkehr

Neue elektronische Technologien ermöglichen die automatische Verarbeitung und Bedienung im Zahlungsverkehr. Diese Technologien verändern auch das Zahlungsverhalten der privaten Haushalte. Den elektronischen Zahlungsverkehr können private Haushalte, wie in Übersicht 9.5 dargestellt, nutzen.

Das automatische Beleglesen

Immer mehr Unternehmen senden ihren Kunden vollständig ausgefüllte Überweisungsbelege bzw. Schecks zu. Auf diesen Belegen sind bereits alle wichtigen Daten maschinell eingetragen. Sie sind in einer Spezialschrift (OCR-Schrift) geschrieben und dienen der automatischen Erkennung durch Lesegeräte in der Bank.

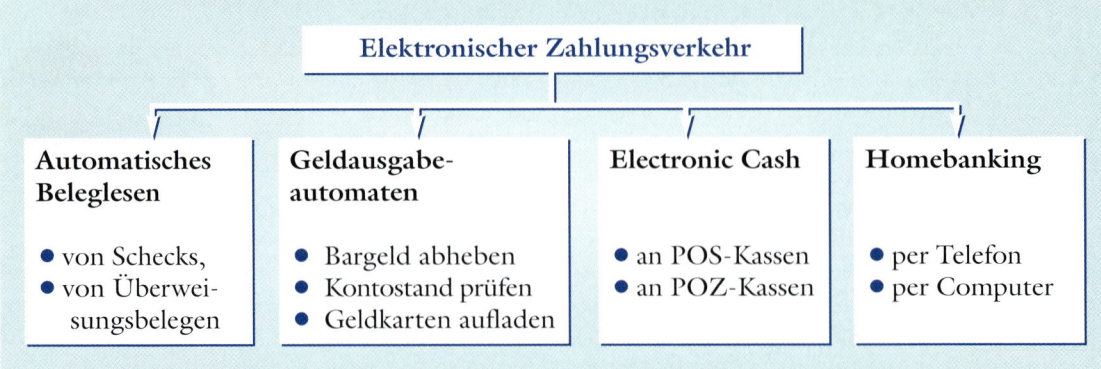

Übersicht 9.5

Diese Zeile enthält Informationen über:

- die Scheck-/Überweisungsnummer,
- die Kontonummer des Empfängers,
- die Bankleitzahl des Empfängers, in bestimmten Fällen auch die Höhe des Überweisungsbetrages und
- den Zahlungsgrund.

Die handschriftlichen Eintragungen der Kunden werden durch Schriftlesesysteme (SLS) entziffert. Ziel dieser maschinell lesbaren Belege ist die effektivere Belegerstellung beim Absender und eine schnellere Belegverarbeitung durch die Bank.

Der Geldausgabeautomat

Geldausgabeautomaten (GAA) sind eine Möglichkeit, auch nach Bankschluss Bargeld abzuheben. Inhaber von Bankkarten, Kreditkarten oder von speziellen Kundenkarten ihrer Hausbank können sich in der Regel rund um die Uhr mit Bargeld versorgen. Alle notwendigen Informationen für die Kartenorganisation sind auf der Rückseite der Karte in kodierter Form auf dem Magnetstreifen enthalten. Der Karteninhaber muss nach dem Lesen der Informationen durch den Geldausgabeautomaten seine geheime persönliche Identifikations-Nummer (PIN) und die gewünschte Geldmenge (pro Tag maximal 1.000,00 €) eingeben. Die automatische Geldausgabe ist bei dem eigenen Geldinstitut meistens kostenlos, bei fremden Geldinstituten gebührenpflichtig.

Die Electronic-Cash-Systeme (Point-of-Sale-Systeme)

Dieses elektronische Kassensystem bedeutet sinngemäß „Zahlung am Verkaufsort". Die Grundlage bildet eine Bankkarte, eine Geldkarte oder eine Kreditkarte. Mit dieser kann der Kunde bargeldlos an Electronic-Cash-Kassen (Computerkassen) zahlen.
Bei den Point-of-Sale-Systemen unterscheidet man

- **POS:** Point-of-Sale mit Deckungs-/ Zahlungsgarantie und
- **POZ:** Point-of-Sale ohne Deckungs-/ Zahlungsgarantie.

Das **POS-System** ist ein elektronisches Kassensystem, mit dem der Verkäufer blitzschnell eine Zahlungsgarantie erhält. Durch eine Online-Verbindung mit einer Autorisierungszentrale erhält er innerhalb weniger Sekunden den Bescheid, ob das Konto des Kunden gedeckt ist, denn die Autorisierungszentrale hat Zugang zu den Rechnern aller großen Banken.
Beim Bezahlen der Einkaufsrechnung werden die Karte und die PIN-Zahl eingegeben. Der Kunde braucht den ausgedruckten Kassenbeleg nicht zu unterschreiben, das Original bleibt beim Verkäufer und die Durchschrift erhält der Kunde als Zahlungsbeleg.
Der zu zahlende Betrag wird dann direkt vom Konto des Karteninhabers abgebucht. Dieses Kassensystem trifft man mittlerweile in vielen Geschäften an.

Deutsche Bahn AG
Dessau Hbf.

Terminal-ID: 42020417
05-03-28   13 : 01 Uhr -01
POS-Nr. 1000468 Bnr. 0210
Ref.-Nr.:   237230 061

Zahlung   349,50 €

BANKKARTE   Nr. 5232 2481 0001 3162
                     gültig bis : 02/06

Frank Hoffmann

. . . .
(Unterschrift)
gebucht
Vielen Dank, Ihre Deutsche Bahn AG.

Das **POZ-System** besitzt keine Online-Verbindung zu einer Autorisierungszentrale, d. h., der Verkäufer weiß nicht, ob das Kundenkonto gedeckt ist.

Der Kunde legt beim Bezahlen seine Karte vor, muss jedoch keine PIN-Nummer eingeben. Die Karte wird im Kassensystem auf eine eventuelle Sperrung überprüft. Die Sperrdatei ist ständig zu aktualisieren. Es wird nicht überprüft, ob der Kunde seinen Kreditrahmen einhält. Nach der Kartenüberprüfung muss der Karteninhaber einen von der Electronic-Cash-Kasse erstellten Lastschriftbeleg unterschreiben. Dieser Beleg ermächtigt das Unternehmen, über seine Hausbank diesen Zahlbetrag im **elektronischen Lastschriftverfahren (ELV)** von dem Konto des Karteninhabers einzuziehen. Der Betrag wird auf das Geschäftskonto gutgeschrieben (siehe Lastschrift, S. 233).

SCHUFA-Klausel: Ich/Wir willige/n ein, dass die Bank der für meinen/unseren Wohnsitz zuständigen SCHUFA-Gesellschaft (Schutzgemeinschaft für allgemeine Kreditsicherung) Daten über die Beantragung, den Abschluss und die Beendigung dieses Kreditkartenvertrages übermittelt. Unabhängig davon wird die Bank der SCHUFA auch Daten aufgrund nicht vertragsgemäßen Verhaltens (z. B. Einziehung der Kreditkarte wegen missbräuchlicher Verwendung durch den Karteninhaber, beantragter Mahnbescheid bei unbestrittener Forderung sowie Zwangsvollstreckungsmaßnahmen) melden. Diese Meldungen dürfen nach dem Bundesdatenschutz nur erfolgen, soweit dies zur Wahrung berechtigter Interessen der Bank, eines Vertragspartners der SCHUFA oder der Allgemeinheit erforderlich ist und dadurch meine/unsere schutzwürdigen Belange nicht beeinträchtigt werden. Soweit hiernach eine Übermittlung erfolgen kann, befreie/n ich/wir die Bank zugleich vom Bankgeheimnis. Die SCHUFA speichert die Daten, um den ihr angeschlossenen Kreditinstituten, Kreditkartenunternehmen, Leasinggesellschaften, Einzelhandelsunternehmen einschließlich des Versandhandels und sonstigen Unternehmen, die gewerbsmäßig Geld- oder Warenkredite an Konsumenten geben, Informationen zur Beurteilung der Kreditwürdigkeit von Kunden geben zu können. An Unternehmen, die gewerbsmäßig Forderungen einziehen und der SCHUFA vertraglich angeschlossen sind, können zum Zwecke der Schuldner-Ermittlung Adressdaten übermittelt werden. Die SCHUFA stellt die Daten ihren Vertragspartnern nur zur Verfügung, wenn diese ein berechtigtes Interesse an der Datenübermittlung glaubhaft darlegen. Die SCHUFA übermittelt nur objektive Daten ohne Angabe des Kreditgebers: subjektive Werturteile, persönliche Einkommens- und Vermögensverhältnisse sind in SCHUFA-Auskünften nicht enthalten. Ich kann/Wir können Auskunft bei der SCHUFA über die mich/uns betreffenden gespeicherten Daten erhalten. Die Adresse der SCHUFA wird mir/uns zusammen mit der Übersendung meiner/unserer Karte/n bekannt gegeben. Ich/Wir willige/n ein, dass im Falle eines Wohnungswechsels die Daten an die dann zuständige SCHUFA übermittelt werden. Weitere Informationen über das SCHUFA-Verfahren enthält ein Merkblatt, das auf Wunsch zugesandt wird.

Ort, Datum, Unterschrift des Karteninhabers/der Karteninhaberin

👣 Handlungsvorschlag

Die Funktions- und Verrechnungsweise sowie die Bedeutung der POS-/POZ-Kassen kann Ihnen am besten ein Unternehmer des Einzelhandels erklären, den Sie in die Klasse einladen.

Hinweise zu einer Expertenbefragung finden Sie auf Seite 342.

Homebanking

Telefonbanking · Electronic Banking

Übersicht 9.6

Homebanking mittels Telefon (Telefonbanking)

Ständig nimmt die Zahl der Bankkunden zu, die von zu Hause aus ihre Überweisungen tätigen, ihre Kontobewegungen kontrollieren sowie die Entwicklung der Wertpapier- und Devisenkurse verfolgen. Der Kunde spart die Zeit eines Bankbesuches und braucht sich nicht nach den Geschäftszeiten seiner Bank zu richten. Den Zeitpunkt für seine „Banktätigkeit" kann er selbst bestimmen. Die Teilnahme am Homebanking wird bei der Hausbank beantragt. Es gibt zwei Arten des Homebankings (Übersicht 9.6).

Die Anzahl der Banken, die ihren Kunden Telefonbanking anbieten, nimmt stetig zu. Es erlaubt den Bankkunden, ohne zusätzlichen technischen Aufwand viele Bankgeschäfte schnell und einfach per Telefon abzuwickeln. Die Bank prüft zuerst die Angaben des Kunden zur Kontonummer, zum Sicherheitscode und zur Servicenummer. Anschließend können per Tastendruck Überweisungen getätigt und Daueraufträge erteilt, geändert oder gelöscht werden. Die Bestellung von neuen Formularen und die Abfrage der Kontostände sowie aktueller Bankinformationen sind jederzeit möglich:

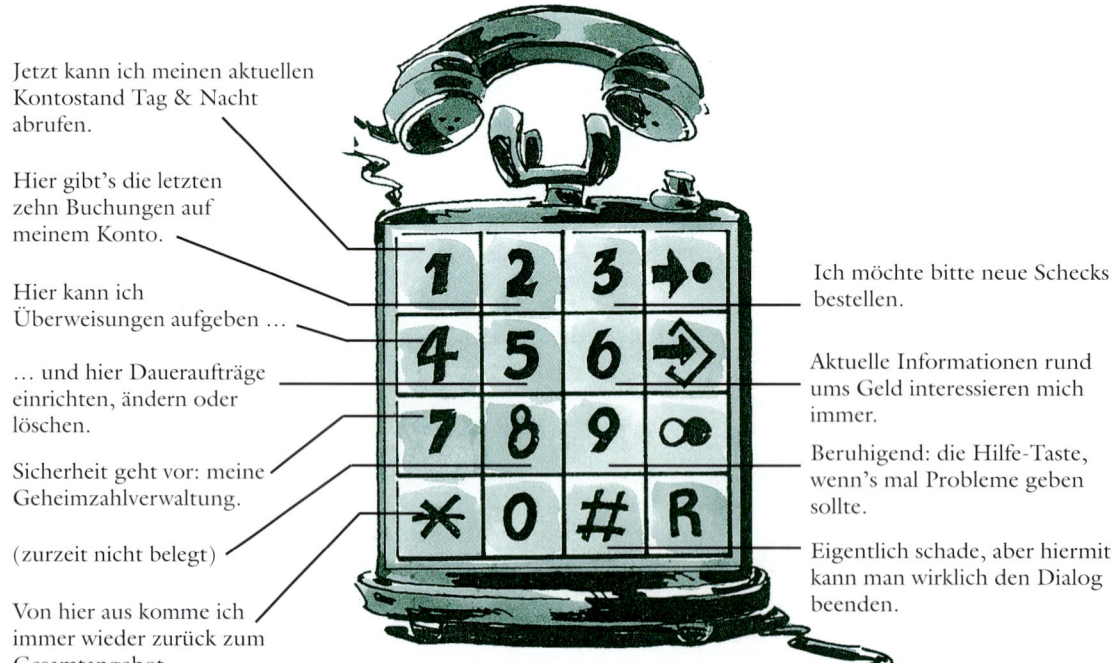

Jetzt kann ich meinen aktuellen Kontostand Tag & Nacht abrufen.

Hier gibt's die letzten zehn Buchungen auf meinem Konto.

Hier kann ich Überweisungen aufgeben ...

... und hier Daueraufträge einrichten, ändern oder löschen.

Sicherheit geht vor: meine Geheimzahlverwaltung.

(zurzeit nicht belegt)

Von hier aus komme ich immer wieder zurück zum Gesamtangebot.

Ich möchte bitte neue Schecks bestellen.

Aktuelle Informationen rund ums Geld interessieren mich immer.

Beruhigend: die Hilfe-Taste, wenn's mal Probleme geben sollte.

Eigentlich schade, aber hiermit kann man wirklich den Dialog beenden.

Homebanking mittels Computer (Electronic Banking)

Homebanking dient zum Übertragen von Informationen und zum Erteilen von Bankaufträgen über Bildschirm bzw. Computer. Besitzt man einen Telefonanschluss und ein spezielles Modem, so wird man mit dem Zentralrechner des Providers verbunden. Der wiederum stellt eine Verbindung zum Zentralrechner der betreffenden Bank her (Übersicht 9.7).

Um am Homebanking teilnehmen zu können, ist dieser Anschluss bei dem Provider zu beantragen. Von seinem Computer aus kann dann der Bankkunde z. B. Informationen abfragen über

- Bankkonditionen,
- Wertpapieranlagen,
- Devisenkurse,
- seinen Kontostand und die letzten Kontobewegungen (bis zu drei Monaten zurück).

Er kann auch selbst aktiv Überweisungsaufträge, Daueraufträge und Depotaufträge erteilen. Dieses Bankverfahren kann rund um die Uhr genutzt werden.

▶▶▶ Die Vorteile der Abwicklung von Bankgeschäften mit dem Computer hat Katrin bereits erkannt. Sie führt schon lange per Computer Banküberweisungen durch. ●●●

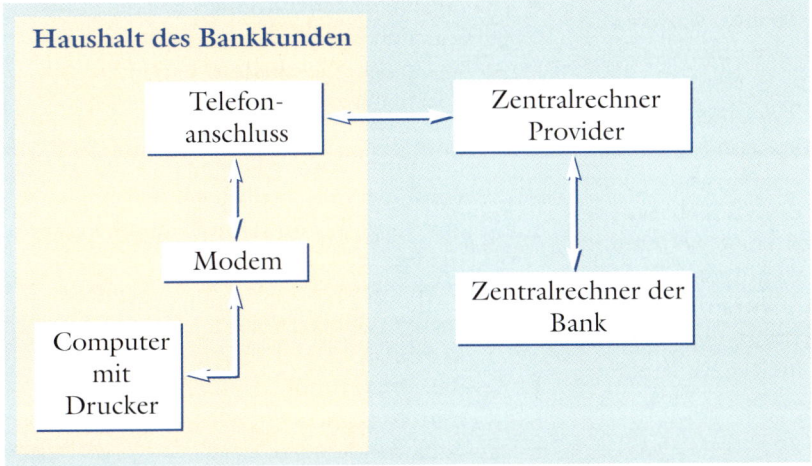

Übersicht 9.7

Zur Sicherung der Überweisungen dienen eine persönliche Identifikations-Nummer (PIN), eine Serie von Transaktionsnummern (TAN) und gegebenenfalls weitere Sicherungscodes. Sicherungscodes sind personengebunden und werden auf Antrag von der Hausbank vergeben.

Beim Homebanking wird heute auch das HBCI-Verfahren (= Homebanking Computer Interface) angewendet. Der Bankkunde erhält einen persönlichen Verschlüsselungscode (= persönliche Unterschrift) auf einer Diskette oder Chipkarte. Mithilfe des Schlüssels werden die zu übertragenden Daten des Kunden verschlüsselt und über das Internet zum Bankrechner übertragen. Mit dem im Bankrechner gespeicherten Gegenschlüssel werden die Informationen entschlüsselt. Durch dieses System besteht eine höhere Datensicherheit als bei anderen Systemen.

Bei Erteilen einer Überweisung muss die kontoführende Bank diese Transaktion freigeben. Erst danach wird das Kundenkonto belastet und die Überweisung vom Zentralrechner der Bank durchgeführt.

Der Vorteil gegenüber dem Telefonbanking besteht unter anderem darin, dass alle Informationen und Mitteilungen an die Bank und von der Bank ausgedruckt werden können. Der Kontoinhaber kann sie dann sorgfältig auswerten und archivieren. Die Kontobewegungen können auch über einen längeren Zeitraum verfolgt werden. Vor allem aber existiert ein größeres Informationsangebot als beim Telefonbanking.

Die Paybox

Dies ist ein bargeldloses Zahlungssystem der *Paybox AG*, mit dem Zahlungen über das Handy abgewickelt werden. Der Wareneinkauf ähnelt dem Einkauf im Internet. Die Firma *Paybox AG* zieht das Geld per Lastschrift ein und leitet es an den Zahlungsempfänger weiter.

Im Internet zahlen (E-Commerce)

Im zunehmenden Maße werden Waren und Dienstleistungen über das Internet angeboten, gekauft und bezahlt. Man spricht hier vom E-Commerce (= electronic commerce (engl.), zu deutsch: elektronischer Handel).

Wegen der besonderen Sicherheitsprobleme bei der Bezahlung im Online-Handel wird zum Teil auf althergebrachtem Weg gezahlt:

- **Gegen Vorkasse**: Erst nach Zahlungseingang erfolgt die Übersendung der bestellten Ware.
- **Nachnahme**: Die Nachnahmesendung, z. B. mit einer Spedition verschickt, wird erst nach Barzahlung übergeben.

- **Lastschrift**: Der Käufer übermittelt bei seiner Bestellung dem Anbieter elektronisch eine einmalige Einzugsermächtigung zum Einzug des Kaufpreises.

Bevorzugt werden aber Angaben zur **Kreditkarte** des Bestellers verlangt. Der Einzug des Kaufpreises erfolgt dann über die Kreditkartengesellschaft.

Wesentliche Lerninhalte

- Bankkarteninhaber können bei vielen alltäglichen Gelegenheiten (z. B. an Tankstellen und in Geschäften) bargeldlos mit der Karte bezahlen.
- Elektronischer Zahlungsverkehr beinhaltet:
  - das automatische Lesen von Schecks und von Überweisungsbelegen bei der Bank,
  - die Ausgabe von Bargeld am Geldautomaten,
  - die bargeldlose Bezahlung mit Bankkarten, Geldkarten oder mit Kreditkarten an POS-/POZ-Kassen,
  - die Abwicklung von Bankgeschäften mittels Telefon oder Computer (Homebanking).

Aufgaben

❶ Warum akzeptieren immer mehr Händler Kreditkarten?

❷ Was sind die Voraussetzungen, um eine Kreditkarte zu erhalten?

❸ Wie kennzeichnen Unternehmen die Annahme von Kreditkarten?

❹ Von wem erhält die Kreditkartenorganisation die Provision, wenn
  a) die Privatperson in einem Warenhaus mit der Kreditkarte bezahlt?
  b) die Privatperson Bargeld per Kreditkarte von einem Geldautomaten holt?

❺ Was verstehen Sie unter elektronischem Zahlungsverkehr?

❻ Welche Angaben kann der Zahlungsempfänger auf einem Einzahlungs-/Überweisungsbeleg bereits für den Zahlungspflichtigen maschinell eintragen?

❼ Nennen Sie die beiden Arten des Homebankings.

❽ Worin sehen Sie die Vorteile des Homebankings mittels Computer gegenüber dem Homebanking per Telefon?

❾ Worin sehen Sie Risiken beim Bezahlen im Internet?

Weiterführende Aufgabe

❶ a) Bilden Sie eine Gruppe und besuchen Sie ein Geldinstitut, beispielsweise eine Sparkasse oder eine Bank. Informieren Sie sich über

○ die Voraussetzungen für eine Kontoeröffnung;
○ Möglichkeiten der Erteilung von Daueraufträgen;
○ die Beantragung einer Bankkarte;
○ Möglicheiten von Überweisungen in Staaten der EU;
○ Möglichkeiten des elektronischen Zahlungsverkehrs privater Kunden zu Hause und in der Bank.

b) Berichten Sie hinterher in der Klasse über Ihren Besuch.

c) Führen Sie im Anschluss mit der Klasse ein Rollenspiel durch (siehe Anleitung zum Rollenspiel, S. 344): Je zwei Auszubildende, die sich bei einem Geldinstitut informiert haben, sind Kundenberater eines Geldinstitutes.

Ein oder zwei Auszubildende aus der Klasse treten als private Kunden auf und möchten sich über Möglichkeiten des Zahlungsverkehrs für einen privaten Haushalt erkundigen, beispielsweise über:

○ eine Kontoeröffnung,
○ die Erteilung eines Dauerauftrages,
○ die Beantragung einer Bankkarte,
○ die Möglichkeiten von Homebanking.

❷ Besorgen Sie sich Musterformulare und füllen Sie diese aus.

○ zur Kontoeröffnung;
○ zur Erteilung eines Dauerauftrages für die monatliche Miete in Höhe von 475,00 €;
○ einen Scheck für die Bezahlung einer Kühlschrankreparatur;
○ eine Postüberweisung in Höhe von 365,75 € an Herrn Fred Müller, 06844 Dessau, Johannisstr. 7 a;
○ die Erteilung einer Einzugsermächtigung für Rundfunk- und Fernsehgebühren;
○ einen Überweisungsauftrag in Höhe von 234,80 € an ein Versandhaus.

10 Unternehmensformen und -zusammenschlüsse

10.1 Unternehmensformen im Überblick

Situation

Christa Schwarze hat Hunger und geht in das Café „Zum Baumkuchen". Sie schaut sich um und entdeckt ihre Banknachbarin Simone von der ehemaligen Schule. Christa setzt sich zu ihr, und sie unterhalten sich unter anderem über die gemeinsame Schulzeit. Da sie sich eine Ewigkeit nicht gesehen haben, fragt Christa nach der Ausbildung von Simone.

Christa: „Was lernst du denn eigentlich?"
Simone: „Ich werde Einzelhandelskauffrau. Zur Berufsschule fahre ich nach Magdeburg, die praktische Ausbildung mache ich bei der Parfümerie „Günter Klein OHG" in Zerbst."
Christa: „Das ist bestimmt eine abwechslungsreiche Arbeit, die du dort machst. Meine praktische Arbeit ist auch vielseitig: Ich bin im Seniorensitz ‚Schlösschen'. Aber später mache ich mich ganz bestimmt mit einem Altenpflegeheim selbständig!" ▶▶▶

Unternehmungen können in privatrechtlicher und öffentlich-rechtlicher Form geführt werden. Beispiele für die öffentlich-rechtliche Form sind Krankenhäuser, Mensas oder Kinderheime. In der Hauswirtschaft haben die privatrechtlichen Unternehmen aber eine wachsende Bedeutung – in diesem Kapitel wird daher auf die privaten eingegangen, siehe Übersicht 10.1.

Die Entscheidung für eine Unternehmensform hängt von Art und Umfang der Aufgabenstellung des hauswirtschaftlichen Betriebes ab. Der unterschiedlich hohe Bedarf an persönlichen und sachlichen Mitteln verursacht Unterschiede in der Unternehmensgröße, der Kapitalbeschaffung, der Organisation sowie in der wirtschafts- und sozialpolitischen Bedeutung.

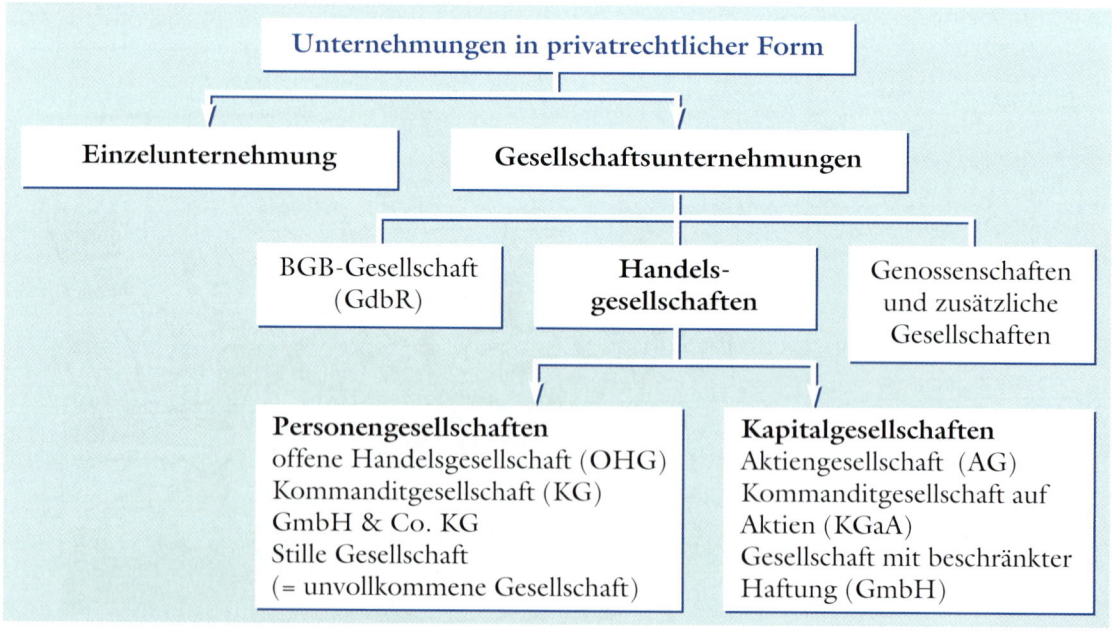

Übersicht 10.1

10.1.1   Einzelunternehmungen

Situation

Christa will in einer Senioreneinrichtung einen eigenen Friseursalon eröffnen. Die für die Ausstattung notwendigen Gelder kann sie zur Hälfte durch ein Bankdarlehen beschaffen. Christa hofft auf den Geschäftserfolg, damit sie das Darlehen problemlos zurückzahlen kann. Was aber wird geschehen, wenn der erhoffte Gewinn nicht erzielt wird?   ▶▶▶

Diese Unternehmensform (= Einzelunternehmung) kommt besonders bei kleinen und mittleren Unternehmen vor. Hier ist der Eigentümer des Unternehmens Kapitalgeber und Betriebsleiter in einer Person.

▶▶▶ Bei einem geschäftlichen Misserfolg muss Christa das Darlehen aus privaten Mitteln an die Bank zurückzahlen, um dadurch einer Pfändung durch das Gericht zu entgehen.   ●●●

Für den Einzelunternehmer ergeben sich die nachstehenden Vor- und Nachteile (Übersicht 10.2).

10.1.2   Gesellschaftsunternehmungen

Bei der Gründung eines Gesellschaftsunternehmens regeln die Gesellschafter in einem schriftlich abgefassten Gesellschaftsvertrag ihre Beziehungen zueinander, z.B. die jeweilige Kapitaleinlage der Gesellschafter, die Gewinnverteilung und die Geschäftsführung. Es sprechen viele Gründe dafür, zusammen mit anderen eine Gesellschaftsunternehmung zu gründen (Übersicht 10.3).

Alle Gesellschafter können sich finanziell oder durch Einbringen von Sachgütern (z.B. Fahrzeuge, Maschinen, Gebäude) am Unternehmen beteiligen. Welche Rechtsform der Unternehmung gewählt wird, hängt von den auf die jeweilige Unternehmung einwirkenden wirtschaftlichen, rechtlichen, steuerlichen, sozialen

---

Die Einzelunternehmung

Vorteile	Nachteile
• Unternehmerin/Unternehmer kann allein und schnell entscheiden • Unternehmerin/Unternehmer verfügt allein über den Gewinn • keine Meinungsverschiedenheiten in der Geschäftsführung	• Unternehmerin/Unternehmer trägt das Risiko und die Verantwortung allein • Unternehmerin/Unternehmer haftet mit Geschäfts- und Privatvermögen • begrenzte Kapitalkraft

Übersicht 10.2

Gründe für die Bildung einer Gesellschaft können sein:

• Verbreiterung der Kreditbasis • Risikoverteilung • Kapitalvermehrung • Aufnahme von Verwandten oder des Ehegatten in das Unternehmen • Beteiligung der Arbeitnehmer • Heranziehung von Fachkräften	• Vergrößerung wirtschaftlicher Macht durch Beteiligung oder Ankauf • Verminderung der Steuerlast • Möglichkeit der rechtlich einwandfreien Weiterführung des Unternehmens im Krankheits- oder Erbfall

Übersicht 10.3

und personalen Faktoren ab. Das heißt, die Haftung sowie die von den Gesellschaftern zu tragenden Risiken, die Gewinnverteilung, die Finanzierungsmöglichkeiten, die Art der Unternehmensführung usw. bestimmen die Gesellschaftsform. Die ständigen Veränderungen in der Wirtschaft zwingen die Unternehmen, sich anzupassen und die bei Firmengründung gewählte Rechtsform zu überprüfen.

In diesem Zusammenhang ist besonders die Unterscheidung zwischen Personen- und Kapitalgesellschaften wichtig (Übersicht 10.4). Während bei **Personengesellschaften** die Gesellschafter im Vordergrund stehen, treten sie bei **Kapitalgesellschaften** nach außen meistens nicht in Erscheinung. Für sie wirtschaften z. B. Geschäftsführer bei der GmbH oder Vorstandsmitglieder bei der AG. Die Direktoren/Leiter der Kapitalgesellschaften werden deshalb als Auftragsunternehmer oder als **Managerunternehmer** bezeichnet.

Die Wahl der Rechtsform für ein Unternehmen hängt von rechtlichen und betriebswirtschaftlichen Faktoren ab (Art der Firma, Handelsregistereintragung, Unternehmensziele, Kapitalbeschaffung Umfang und Organisation des Unternehmens, Kapitalbeteiligung u. a.). Des Weiteren gibt es Unternehmen des öffentlichen Rechts. Zu ihnen gehören u. a. Anstalten, Körperschaften, Regie- und Eigenbetriebe und Stiftungen.

10.1.3 Personengesellschaften

Personengesellschaften können von Kaufleuten (z. B. Lebensmittelgroßhändler) oder von Nichtkaufleuten (z. B. Ärzte, Physiotherapeuten) gegründet werden.

Bei Personengesellschaften stehen vor allem der persönliche Einsatz der Unternehmer sowie die gemeinsame Haftung und Kreditwürdigkeit im Vordergrund. Viele Familienbetriebe werden als Personengesellschaften geführt. Die Personengesellschaft existiert sofort mit dem Gründungsbeschluss.

Weitere Unterscheidungsmerkmale:

Gesellschaftsform besondere Merkmale	Personengesellschaft	Kapitalgesellschaft
Rechtsnatur	Vereinigung natürlicher Personen	juristische Person
Eigenart	Vereinigung von Leitung und Kapital	Trennung von Leitung und Kapital
Gesellschaftsvertrag	formlos	notarielle Beurkundung
Gesellschaftsvermögen	veränderliches Gesamthandvermögen (gemeinsames Gesellschaftsvermögen)	festes Grund-/Stammkapital der juristischen Person (Mindestkapital)
Haftungskapital	Gesellschaftsvermögen, Privatvermögen der Vollhafter, Privatvermögen der Teilhafter, soweit die Einlage noch nicht vollständig eingebracht ist	allein das Gesellschaftsvermögen
Unternehmensbestand	abhängig vom Gesellschafterbestand (mindestens zwei)	unabhängig vom Gesellschafterbestand

Übersicht 10.4

Übersicht über die wichtigsten Kriterien von Personengesellschaften

Unternehmensform	BGB-Gesellschaft Partnerschaftsgesellschaft	OHG
mind. Personen	2	2
Gründungsform	formfrei	formfrei (schriftlich)
Firmenname	keiner	Namen aller Gesellschafter oder erster Name und Zusatz, Fantasiename
Anmeldung zum Handelsregister	nein bzw. Partnerschaftsregister	Abt. A
Kapitalbeteiligung	nach Vereinbarung	alle nach dem Stand der Kapitalkonten
Haftung	unbeschränkt und solidarisch	unmittelbar, unbeschränkt solidarisch
Gewinnbeteiligung	nach Vereinbarung	4 % des Kapitals, Rest nach Köpfen
Verlustbeteiligung	nach Vereinbarung	nach Köpfen
Leitung • Geschäftsführung	gemeinschaftlich oder nach Vereinbarung	jeder Gesellschafter
• Vertretung	gemeinschaftlich oder nach Vereinbarung	jeder, wenn keine vertragliche Regelung
Kündigung	nach Vereinbarung	6 Monate zum Schluss des Geschäftsjahres
Auflösung	Bei BGB-Ges. wie OHG Bei Partner-Ges. Kündigung, Beschluss, Ablauf	Kündigung, Beschluss, Ablauf, Tod
Gesetzliche Regelung	§§ 705–740 BGB, PartGG	§§ 105–160 HGB

Übersicht 10.5

KG	Stille Gesellschaft	GmbH & Co. KG
2	2	1 oder 2
formfrei (schriftlich)	formfrei	formfrei
Namen aller Vollhafter oder ein Vollhafter mit Zusatz, Fantasiename	Vor- und Zuname	Personen-, Sach-, Fantasienamen, Mischfirma, mit Zusatz GmbH & Co. KG oder OHG
Abt. A	nein	Abt. A
alle nach dem Stand der Kapitalkonten	stille Gesellschaft mit Einlage	alle nach dem Stand der Kapitalkonten
Vollhafter wie OHG, Teilhafter mit Einlage	Inhaber unbeschränkt, atypischer Gesellschafter wie Kommanditist	GmbH mit Stammkapital, Kommanditist mit Einlage
4 % des Kapitals, Rest im angemessenen Verhältnis	angemessen oder nach Vertrag	laut Gesellschaftsvertrag
angemessenes Verhältnis	nach Vertrag	siehe GmbH und KG
nur Vollhafter	Inhaber allein, ggf. atypischer Gesellschafter	Geschäftsführer der GmbH
nur Vollhafter	Inhaber allein, ggf. atypischer Gesellschafter	Geschäftsführer der GmbH
6 Monate zum Schluss des Geschäftsjahres	nach Vertrag	siehe GmbH und KG
Wie OHG, nicht durch Tod eines Kommanditisten	Liquidation, Insolvenz, Tod des Inhabers	siehe GmbH
§§ 161–177 HGB	§§ 230–236 HGB	GmbH-Gesetz und HGB

Übersicht 10.5 (Fortsetzung)

OHG: Offene Handelsgesellschaft, **KG:** Kommanditgesellschaft
GmbH & Co. KG: Kombination aus Gesellschaft mit beschränkter Haftung und Kommanditgesellschaft

10.1.4 Kapitalgesellschaften

Die Kapitalgesellschaft kennt im Gegensatz zur Personengesellschaft nur eine finanzielle Beteiligung der Gesellschafter am Unternehmen. Die Gesellschafter (Teilhaber) können unbekannt bleiben, und der einzelne Gesellschafter hat im Allgemeinen keinen wesent-

Zusammenstellung der wichtigsten Kriterien von Kapitalgesellschaften

Unternehmensform	GmbH	AG	eG
mind. Personen	1 oder mehrere	1 oder mehrere	7
Gründungsform	öffentliche Beurkundung	öffentliche Beurkundung	Aufstellung einer Satzung und Unterzeichnung
Beginn der Gesellschaft	mit Eintragung	mit Eintragung	mit Eintragung
Firmenname	Sach- oder Personen-firma mit Zusatz GmbH oder Fantasiename (HRefG)[1]	Sachfirma mit Zusatz AG	Sachfirma mit Zusatz eG
Anmeldung zum Handelsregister	Abt. B	Abt. B	Genossenschaftsregister
Kapitalbeteiligung	Geschäftsanteil (mind. 100 €), Stamm-kapital (25.000 €)	Aktien: Grundkapital 50.000 €	Geschäftsguthaben aller Genossen
Haftung	Geschäftsanteil	Vermögen der Gesellschaft	Haftsumme
Gewinnbeteiligung	nach Geschäftsanteil	Dividende für Aktionäre	nach Geschäftsguthaben
Verlustbeteiligung	beschränkte oder unbeschränkte Nachschusspflicht	keine, nur bei Insol-venz oder Kapital-herabsetzung	Abzug vom Geschäfts-guthaben
Geschäftsführung und Vertretung	durch Geschäftsführer	durch Vorstand	durch Vorstand (Genossen)
überwachendes Organ	Aufsichtsrat bei mehr als 500 Arbeitnehmern	Aufsichtsrat	Aufsichtsrat
beschließendes Organ	Geschäftsführer-versammlung	Hauptversammlung	Generalversammlung
Kündigung	Verkauf des Anteils	nein, aber Verkauf der Aktien	3 Monate zum Schluss des Geschäftsjahres
Auflösung	Ablauf, Beschluss, Insolvenz	Ablauf, Beschluss, Insolvenz, Veräußerung des Unternehmens	Ablauf, Beschluss, Insolvenz
gesetzliche Regelung	*GmbH-Gesetz, HGB* und *BiRiLiG*	*Akt-Gesetz, HGB, BiRiLiG* und *Stückaktiengesetz*	*Genossenschaftsgesetz* und *BiRiLiG*

Übersicht 10.6

[1] **HRefG** = Handelsrechtsreformgesetz

lichen Einfluss auf die Geschäftsführung. Sie haften gegenüber der Gesellschaft nur mit ihrer Kapitaleinlage. Alle Kapitalgesellschaften handeln als juristische Personen unabhängig von den Gesellschaftern im eigenen Namen.

Der eingetragene Verein (e.V.)

Ein Verein ist eine auf Dauer angelegte Personenvereinigung mit einer körperschaftlichen Verfassung. Die Mitglieder verfolgen ein einheitliches Ziel. Der Verein kann die Rechtsfähigkeit durch staatliche Verleihung oder Eintragung ins Vereinsregister (eingetragener Verein e.V.) erlangen. Der in der Mitgliederversammlung gewählte Vorstand übt die Geschäftsführung und -vertretung aus. Die Haftung des Vereins erfolgt nur in Höhe des Vereinsvermögens, die Mitglieder haften nicht persönlich.

Neue supranationale Gesellschaftsformen der EU

Die Vorteile des EU-Binnenmarktes sollen dadurch genutzt werden, dass europäische Gesellschaftsformen in Form supranationaler (= überstaatlicher) Rechtsformen gegründet werden. Dafür wurden geschaffen:

- die Europäische Wirtschaftliche Interessenvereinigung (EWIV) – für kleine und mittlere Betriebe bis 500 Arbeitnehmer,
- die Europäische Aktiengesellschaft (Europa AG, Societas Europaea – SE) – für große Gesellschaften und Holdings.

Die beiden europäischen Gesellschaftsformen sollen neben der Harmonisierung der nationalen Gesellschaftsformen das wirtschaftliche Zusammenwachsen Europas sowie die Unternehmenskooperation fördern.

Wesentliche Lerninhalte

- Die Einzelunternehmung ist die typische Unternehmensform von kleinen und mittleren Unternehmen.

- Bei Personengesellschaften stehen die persönliche Mitarbeit und die Haftung der Inhaber im Vordergrund.

- Bei Kapitalgesellschaften ist das aufgebrachte Kapital entscheidend, und die Teilhaber haften gegenüber Dritten nur mit ihrem Einlagekapital.

- Genossenschaften wollen im Gegensatz zu den übrigen Gesellschaftsformen vornehmlich die wirtschaftliche Tätigkeit ihrer Mitglieder fördern, nach Gewinn wird nicht gestrebt.

Aufgaben

1. Charakterisieren Sie die Einzelunternehmung.
2. Stellen Sie Vor- und Nachteile der Einzelunternehmung gegenüber.
3. Während der Hauptversammlung der Nordmilch AG kommt es zu Unwillenserklärungen der Aktionäre. Man möchte den Vorstand aufgrund seiner schlechten Geschäftsführung ablösen. Ist die Abberufung möglich?
4. Welche Vor- bzw. Nachteile hat die GmbH im Vergleich zur AG?
5. Mehrere Kapitalgeber beabsichtigen, ein hauswirtschaftliches Dienstleistungszentrum zu gründen. Man ist sich darüber einig, dass es sich um eine Personengesellschaft handeln soll, die Haftung auf die Einlage zu beschränken ist und die Geschäftsführung allen Gesellschaftern zusteht. Mit welcher Unternehmensform lassen sich diese Vorstellungen realisieren?
6. Was ist bei einer Genossenschaft
   - der Geschäftsanteil,
   - die Mindesteinlage,
   - das Geschäftsguthaben?
7. Aus welchem Grund werden immer wieder Genossenschaften gegründet?
8. Frau Lips ist Eigentümerin eines GmbH-Anteils in Höhe von 10.000,00 €. Aufgrund von Meinungsverschiedenheiten mit den anderen Gesellschaftern möchte sie ihren GmbH-Anteil durch ihre Hausbank veräußern. Ist das möglich?

❾ Vergleichen Sie Personen- und Kapital-gesellschaften.

❿ Die Entscheidung für eine bestimmte Unternehmensform ist von der besonderen Situation des jeweiligen Unternehmens abhängig. Nennen Sie Entscheidungsgesichtspunkte, die die Wahl einer bestimmten Rechtsform rechtfertigen.

⓫ Raimund Lips will die ihm gehörende Großküche nicht länger allein bewirtschaften, sondern einen Gesellschafter aufnehmen. Welche Gründe sprechen für eine Gesellschaftsbildung?

10.2 Unternehmenszusammenschlüsse

Situation

Als Eric am Donnerstag von der Berufsschule nach Hause kommt, sagt er aufgeregt zu seiner Mutter: „Hast du schon gehört, das Kaufhaus in unserer Straße soll von einem großen Kaufhauskonzern aufgekauft worden sein. Die Leute sagen, dass einige Verkäuferinnen aus Rationalisierungsgründen entlassen werden sollen. Der Konzern hat doch schon die zwei Supermärkte in unserer Stadt!"

Der Konkurrenzdruck auf den Märkten führt, wie in oben stehender Situation, immer häufiger zu Unternehmenszusammenschlüssen in Form von Interessengemeinschaften (= **Kooperationen**) oder vertraglich geregelten wirtschaftlichen Bindungen (= **Konzentrationen**).
Die Gründe für Unternehmenszusammenschlüsse sind meist betriebswirtschaftlicher (z. B. Rentabilitätssteigerung) oder marktwirtschaftlicher Art (z. B. Vergrößerung des Marktanteils). ●●●

Immer dann, wenn sich Unternehmen mit dem Ziel des verstärkten Markteinflusses bzw. der Marktbeherrschung zusammenschließen, wird sehr leicht der gesunde Wettbewerb beeinträchtigt bzw. verhindert (z. B. sind Preiskartelle verboten).

Alle **Unternehmenszusammenschlüsse** werden daher auch als Konzentration bezeichnet, und der Gesetzgeber versucht mithilfe des *Gesetzes gegen Wettbewerbsbeschränkungen (GWB)*, die Gefahr wirtschaftlichen Machtmissbrauches als Folge der Konzentrationserscheinungen am Markt zu kontrollieren.
Das heißt jedoch nicht, dass damit alle Unternehmenszusammenschlüsse als nachteilig für die Volkswirtschaft anzusehen sind. Vielmehr sind die gemeinsame Nutzung und Förderung des technischen Fortschritts, der Einsatz spezialisierter Fachleute, die verbesserte Finanzierung oder bessere Verkaufsmöglichkeiten durch größere Vertriebsorganisationen usw. auf jeden Fall als Vorteile der Unternehmenszusammenschlüsse anzusehen (Übersicht 10.7, Seite 256).

Wesentliche Lerninhalte

● Der Trend zum Zusammenschluss und zur Zusammenarbeit von Unternehmen hat sich aufgrund des verstärkten Wettbewerbs verstärkt.

● Die Zusammenarbeit kann sich auf alle Unternehmensbereiche erstrecken.

● Der Gesetzgeber versucht mithilfe des *Gesetzes gegen Wettbewerbsbeschränkungen (GWB)*, die Gefahr wirtschaftlichen Machtmissbrauchs als Folge der Konzentrationserscheinungen am Markt zu kontrollieren.

Wesen des Zusammen-schlusses	Art des Unternehmenszusammenschlusses			
	Kartell	Interessen-gemeinschaft	Konzern	Trust
Wirtschaft-liche Selb-ständigkeit der beteiligten Unternehmen	wenig einge-schränkt	unterschiedlich stark einge-schränkt	aufgegeben. Die Konzernmutter übt einen bestim-menden Einfluss auf die Konzern-töchter aus.	aufgegeben
Rechtliche Selbständig-keit der beteiligten Unternehmen	bleibt erhalten. Es bestehen nur vertrag-liche Ab-machungen.	bleibt erhalten. Es bestehen vertragliche und kapitalmäßige Bindungen.	bleibt erhalten. Die Konzern-töchter treten unter eigener Firma auf.	aufgegeben = Fusion. Trust-unternehmen treten unter ge-meinsamer Firma auf.
Richtung der Verflechtung	horizontal	horizontal	meist vertikal, oft auch horizontal oder diagonal	horizontal und vertikal
Markt-stellung/ Gefahren	Marktbeherr-schung ange-strebt, Verhinderung gesunden Wettbewerbs	verstärkter Markt-einfluss bis zur Vernichtung von Konkurrenzunter-nehmen	verstärkter Markt-einfluss ange-strebt, Auf-blähung der Verwaltung und Hemmung der Beweglichkeit	Marktbeherr-schung ange-strebt, Verhinde-rung gesunden Wettbewerbs

Übersicht 10.7

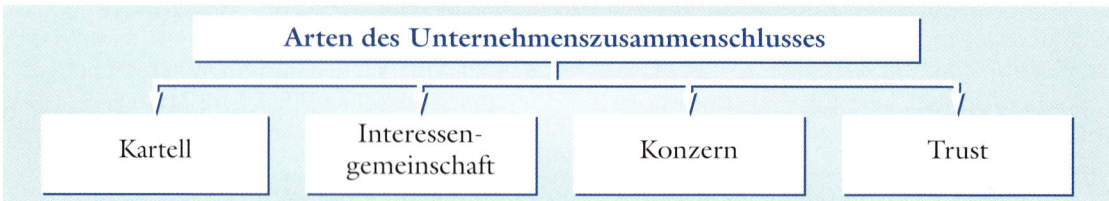

Arten des Unternehmenszusammenschlusses

Kartell | Interessen-gemeinschaft | Konzern | Trust

Aufgaben

❶ Nennen Sie Gründe, die für Unter-nehmenszusammenschlüsse sprechen.

❷ Nennen Sie in der Bundesrepublik Deutschland verbotene Kartelle.

❸ Was versteht man unter
a) Kartellen,
b) Konzernen,
c) Trusts?

❹ Was ist unter Zusammenschlüssen auf vertikaler Ebene zu verstehen?

❺ Wozu dienen Zusammenschlüsse auf vertikaler Ebene?

❻ Erläutern Sie den Begriff „Fusion".

❼ Erarbeiten Sie die wichtigsten Ziele von Unternehmenszusammenschlüssen.

❽ Was verstehen Sie unter „wirtschaftlicher Macht"?

Weiterführende Aufgabe

Nach Beendigung der Berufsausbildung finden fünf Hauswirtschafter und Hauswirtschafterinnen keine Arbeitsstelle. Bei einem Pausentreffen unterbreitet Sibylle folgenden Vorschlag: „Wenn wir schon keinen Arbeitsplatz finden, schaffen wir selber welche. Vor zwei Jahren habe ich 7.500,00 € geerbt und das Geld habe ich immer noch. Dieses Geld alleine reicht nicht für eine Firmengründung. Kreditinstitute wollen mir keinen Kredit geben, weil ich der Bank keine Sicherheiten bieten kann.

Da ich als Hauswirtschafterin ausgebildet wurde, möchte ich ein Unternehmen für hauswirtschaftliche Dienstleistungen gründen. Ich habe mich diesbezüglich schon auf dem Markt umgeschaut. Die Chancen für dieses Unternehmen sind gut, und es besteht ein großer Bedarf nach dieser Dienstleistung.

Nun meine Frage an euch, möchtet ihr da mitmachen? Arbeitnehmer kann ich nicht anstellen, aber ihr könnt euch finanziell und mit eurer Arbeitskraft daran beteiligen. Wir können ja alle ein gemeinsames Unternehmen gründen! Nur über die Unternehmensform bin ich mir noch nicht im Klaren. Welche Meinungen habt ihr dazu?
Wir müssten uns mal darüber unterhalten, wenn wir fünf das Unternehmen gründen wollen."

Folgende Punkte müssen die fünf unter anderem diskutieren und sich darüber einigen:

a) Welche Unternehmensformen sind möglich?
b) Wie viele Gründungsmitglieder sind notwendig?
c) Welche Gründungsformalitäten sind erforderlich?
d) Wie soll die Geschäftsführung und Vertretung erfolgen?
e) Wie soll die Unternehmenshaftung aussehen?
f) Wie soll der erwirtschaftete Gewinn verteilt werden, bzw. wie erfolgt die Verlustbeteiligung?
g) Wie soll die Kapitalbeteiligung erfolgen?

h) Unter welchen Voraussetzungen können einzelne Gesellschafter kündigen bzw. kann das Unternehmen aufgelöst werden?
i) Welche gesetzlichen Grundlagen (Regelungen) treffen für das Unternehmen zu?

Bilden Sie Fünfergruppen und bereiten Sie sich auf diese Problemstellung vor. Erarbeiten Sie gemeinsam einen oder mehrere Gründungsvorschläge unter Beachtung der Vor- bzw. Nachteile der einzelnen möglichen Unternehmensformen. Begründen Sie im Anschluss vor der Klasse Ihre Unternehmensform für das geplante Unternehmen. Die anderen Schüler und Schülerinnen stellen der Gruppe Fragen zu deren Unternehmenswahl und deren Vor- und Nachteile

- zum Zeitpunkt der Unternehmensgründung und
- bei einer Unternehmensvergrößerung.

Ziel dieses Planspiels soll es sein, dass Sie die für das Unternehmen „Hauswirtschaftliche Dienstleistungen" günstigste Unternehmensform ermitteln.

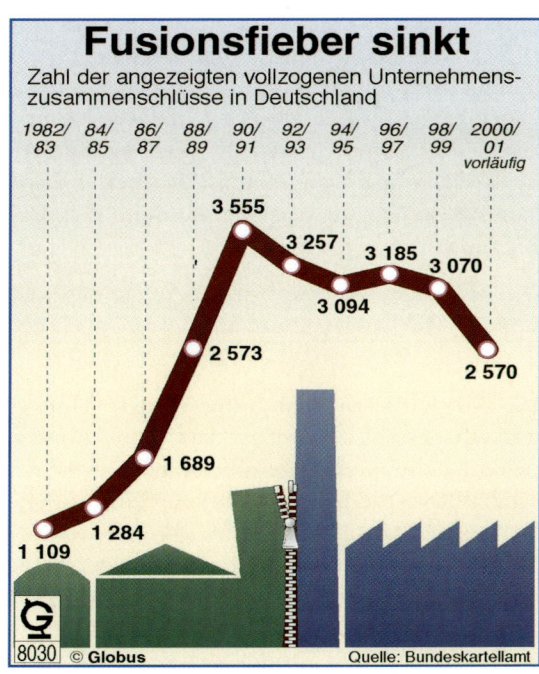

Fusionsfieber sinkt
Zahl der angezeigten vollzogenen Unternehmenszusammenschlüsse in Deutschland

| 1982/ 83 | 84/ 85 | 86/ 87 | 88/ 89 | 90/ 91 | 92/ 93 | 94/ 95 | 96/ 97 | 98/ 99 | 2000/ 01 vorläufig |

3 555
3 257
3 185
3 070
3 094
2 573
2 570
1 689
1 284
1 109

8030 © Globus   Quelle: Bundeskartellamt

11 Staat und Wirtschaft

👁 **Situation**

Thorsten May ist Bürokaufmann, und Annika Bruckmann hat eine Ausbildung zur Hauswirtschafterin durchlaufen. Beide arbeiten in einem hauswirtschaftlichen Betrieb, in dem außer ihnen noch ein Hausmeister, ein Koch und eine Hilfskraft beschäftigt sind.

Eine Klassenkameradin von Annika aus „alten" Schulzeiten, Susann Upleger, hat eine Ausbildung als Verkäuferin in einem Textilkaufhaus mit Auszeichnung abgeschlossen und möchte sich selbständig machen.
Diskutieren Sie, wie Thorsten und Annika Einfluss auf die unternehmerischen Entscheidungen im hauswirtschaftlichen Betrieb nehmen können und ob Susann ihren Wunsch nach Selbständigkeit so einfach umsetzen kann. ▶▶▶

Das Zusammenleben von Menschen bedarf einer Ordnung. Diese so genannte Gesellschaftsordnung umfasst alle kulturellen, sozialen, politischen und wirtschaftlichen Beziehungen. Darin eingebettet ist die Wirtschaftsordnung. Die Wirtschaftsordnung hat die Aufgabe, den Einsatz von Menschen und Maschinen sowie die Güterverteilung so zu gestalten, dass die Knappheit der Güter so weit wie möglich gemindert wird. Dementsprechend umfasst sie alle Rahmenregelungen für das ökonomische Geschehen einer Volkswirtschaft.

Die bisherige Erfahrung hat gezeigt, dass die soziale Marktwirtschaft am besten geeignet ist, um die vorgenannte Aufgabe zu erfüllen.

Die Modellbetrachtung der reinen Marktwirtschaft geht davon aus, dass viele Anbieter vielen Nachfragern gegenüberstehen. In Wirklichkeit löste die Industrialisierung eine zunehmende Kapitalanhäufung aus, die einen Konzentrationsprozess zur Folge hatte. Der Staat begriff, dass er regelnd eingreifen musste, wenn eine funktionsfähige Volkswirtschaft erhalten bleiben sollte. Das Modell der reinen Markt-

wirtschaft war nicht in der Lage, Wirtschaftskrisen und damit einhergehende soziale Unruhen zu vermeiden bzw. zu beheben.

Als Mängel der idealtypischen Marktwirtschaft wurden offenkundig:

- eine allein an Rentabilitätsgesichtspunkten orientierte Güterproduktion,
- eine Tendenz zur Einschränkung des freien Wettbewerbs,
- eine ausschließlich leistungsbezogene Einkommensverteilung,
- ein hoher Grad an Vermögensanhäufung,
- eine starke Abhängigkeit der Arbeitnehmer von den Arbeitgebern.

Vor dem Hintergrund dieser Mängel und den daraus resultierenden sozialen Problemen ist die Entwicklung der sozialen Marktwirtschaft zu sehen.

11.1 Grundzüge der sozialen Marktwirtschaft

Die in Deutschland nach dem 2. Weltkrieg umgesetzte soziale Marktwirtschaft hat ihren Namen von dem Nationalökonomen und damaligen Staatssekretär *Alfred Müller-Armack* (1901–1978), der unter *Ludwig Erhard* (1897–1977) im Bundeswirtschaftsministerium wirkte. Sie wird von seinem „Schöpfer" als eine Weiterentwicklung klassisch-liberaler Ideen angesehen. Die theoretischen Grundlagen der sozialen Marktwirtschaft sind im Wesentlichen von dem Freiburger Wirtschaftswissenschaftler Walter Eucken (1891–1950) und weiteren Vertretern der so genannten Freiburger Schule (Röpke, Böhm u. a.) geschaffen worden.

In der sozialen Marktwirtschaft vereinigt sich das Prinzip der Freiheit auf dem Markt mit dem des sozialen Ausgleichs innerhalb einer vom

Staat gesicherten Rahmenordnung. Sie stellt eine Art dritten Weg dar zwischen dem freien Walten der Marktgesetze und staatlicher Lenkung.

In der sozialen Marktwirtschaft werden die Funktionen der idealtypischen Marktwirtschaft durch folgende staatliche Aufgaben ergänzt:

- die Erhaltung und Sicherung des Wettbewerbs mit dem Ziel, jeglichen Missbrauch wirtschaftlicher Macht zu verhindern,

- die Wahrnehmung der sozialen Interessen der Arbeitnehmer und Verbraucher,

- eine marktorientierte Wirtschaftspolitik mit dem Ziel, die Beschäftigung möglichst hoch, das Preisniveau stabil, die Außenwirtschaft im Gleichgewicht und das gesamtwirtschaftliche Wachstum gleichmäßig zu halten („Magisches Viereck" gemäß StabWG; vgl. Seite 264).

Diese Ziele verfolgt der Staat mithilfe von Gesetzen, Verordnungen oder Schutzvorschriften.

Die **Wirtschaftsordnung** macht nur einen Teil der gesamtstaatlichen Ordnung aus; sie beinhaltet alle Normen, die das Wirtschaftsleben regeln und den Rahmen für die **Wirtschaftsverfassung** abgeben. Daher ist zu fragen, inwieweit die im Grundgesetz der Bundesrepublik Deutschland getroffenen Aussagen über Grundrechte und Grundfreiheiten auch den Bereich der Wirtschaftsordnung mitbestimmen. Das Grundgesetz schreibt zwar nicht, wie das *Stabilitäts- und Wachstumsgesetz (StabWG)*, eine bestimmte Wirtschaftsordnung vor, doch steckt es den Rahmen ab.

Die obige Darstellung zeigt in vereinfachter Form die Beziehungen zwischen Staat, Produzenten, Markt, Konsumenten und Ausland in der sozialen Marktwirtschaft.

▶▶▶ Susann ist in ihrem Wunsch nach Selbständigkeit in der sozialen Marktwirtschaft nicht eingeschränkt, denn hier herrscht Gewerbe- und Wettbewerbsfreiheit sowie Produktions- und Handelsfreiheit. Auch die Freiheit der Eigentumsnutzung ist für die Selbständigkeit förderlich. Bringt Susann die persönlichen und fachlichen Voraussetzungen mit, kann sie das gewünschte Unternehmen gründen.
Was aber ist mit der Einflussnahme an unternehmerischen Entscheidungen von Thorsten und Annika?
Einfluss auf Entscheidungen zu nehmen ist natürlich der Anspruch an jeden mündigen Menschen und die Grundlage der Demokratie. Demnach ist es in modernen Unternehmen gewünscht, dass die Mitarbeiter sich an unternehmerischen Entscheidungen beteiligen. Hierzu gibt es in unserem System sogar gesetzliche Grundlagen durch die Mitbestimmungsgesetze und das Betriebsverfassungsgesetz (vgl. Seite 34 ff.). ●●●

Wesentliche Lerninhalte

- Die **soziale Marktwirtschaft** versucht, auf der Grundlage des freien Wettbewerbs das Prinzip der Freiheit auf dem Markte mit dem des sozialen Ausgleichs zu verbinden.
- Zum Schutze der Wirtschaft sowie des Verbrauchers und der sozialen Sicherung des einzelnen Bürgers greift der Staat zum einen durch **Gesetze** in das Wirtschaftsgeschehen ein, z. B.
  - ○ Verbraucherkreditgesetz
  - ○ Gesetz gegen den unlauteren Wettbewerb (vgl. Seite 188);

  zum anderen durch so genannte **marktgerechte Maßnahmen**, z. B.
  - ○ Sozialleistungen,
  - ○ Zuschüsse,
  - ○ Steuererleichterungen.

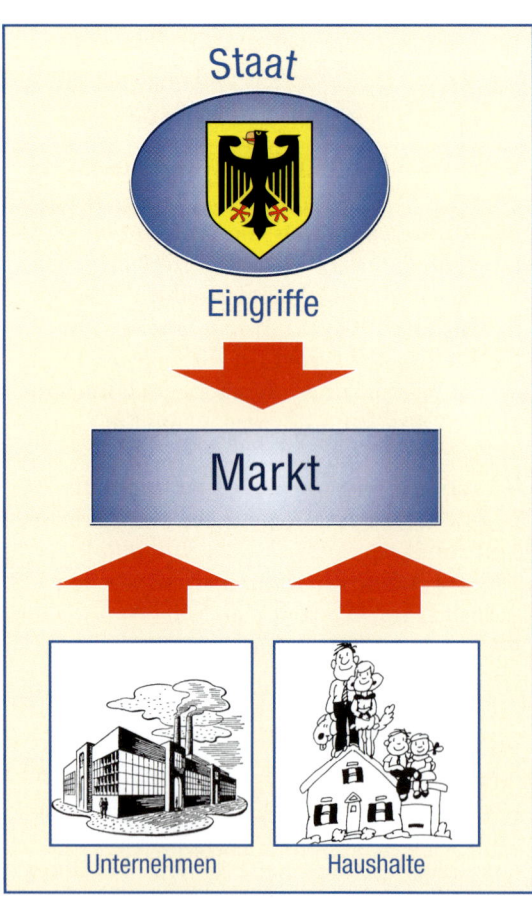

Grobcharakteristik der sozialen Marktwirtschaft

Merkmale	individualistisch (Privateigentum an Produktionsmitteln und persönliche Freiheit) Marktpreisbildung
Informations-grundlagen	dezentralistisch Preise Rechtsnormen
Zielauswahl	vorrangig individuell: privater Verbrauch Gemeinschaftsausgaben
Planung	betrieblich Wettbewerbsfreiheit
Handlungs-motive	Eigennutz Gewinnstreben

Aufgaben

❶ Worin besteht die rechtliche Grundlage der Beziehungen zwischen den Marktpartnern in einem marktwirtschaftlich organisierten System?

❷ In der freien Marktwirtschaft findet eine Preisbildung nach marktwirtschaftlichen Gesetzen statt.
  - a) Beschreiben Sie an einem Beispiel, wie dieses Prinzip funktioniert.
  - b) Erläutern Sie, warum die absolut freie Preisbildung auf dem Wohnungsmarkt sozial ungerecht sein kann. Erkundigen Sie sich dazu über die Sozialmietpreise und vergleichen Sie diese Preise mit den Wohnungen, die auf dem freien Wohnungsmarkt angeboten werden (Zeitung, Immobilienmakler).

 **Handlungsvorschlag**

Mehr zu Erkundungen finden Sie auf Seite 333.

❸ Unterscheiden Sie die Begriffe „Wirtschaftsordnung" und „Wirtschaftssystem".

❹ Ein Grundprinzip des Individualismus (= möglichst geringe Einschränkung des Handelns der Einzelnen) in der sozialen Marktwirtschaft ist die Aussage: „Eigennutzen schafft Gemeinnutzen". Erläutern Sie je an einem Beispiel aus dem Tagesgeschehen, wo diese Aussage zutrifft bzw. unzutreffend ist.

❺ Diskutieren Sie, warum eine eindeutig strukturierte Wirtschaftsordnung für jede Volkswirtschaft notwendig ist.

Handlungsvorschlag
Diskussionsleitfaden Seite 327.

❻ Welche der nachstehenden Begriffe sind der Marktwirtschaft zuzuordnen?
a) Konsumfreiheit
b) Staat als Planungsinstanz
c) Demokratie des Marktes
d) kollektives Planrisiko
e) Subventionen
f) erwerbswirtschaftliches Prinzip
g) Markt als Lenkungsinstrument
h) Volkswirtschaftsplan

❼ Erläutern Sie die Funktion des Staates in einer sozialen Marktwirtschaft.

11.2 Wirtschaftspolitik

Situation
In der Familie Fahmüller prallen in einer politischen Diskussion zwei Meinungen hart aufeinander. Herr Fahmüller ist der Ansicht, dass sich der Staat völlig aus dem Wirtschaftsgeschehen herauszuhalten habe: „Man sieht ja, wohin das in den sozialistischen Staaten geführt hat!" Seine Töchter meinen dagegen, in einer sozial orientierten Gesellschaft wie der Bundesrepublik Deutschland unterliege auch die Wirtschaft der politischen Mitverantwortung. Gerade der Wirtschaftslehreunterricht habe ihnen das klargemacht. ▶▶▶

Die vom Staat zu betreibende Wirtschaftspolitik ist ein Teil der Gesamtpolitik. Wirtschaftspolitische Entscheidungen sollen dazu beitragen, die gesellschaftlichen Ziele, wie Freiheit, (sozialer) Friede, Gerechtigkeit, (soziale) Sicherheit und Wohlstand in der sozialen Marktwirtschaft zu verwirklichen und dauerhaft zu sichern.

Wirtschaftspolitik befasst sich mit den:

● **Zielen volkswirtschaftlichen Handelns,** wie den konjunkturellen (z. B. Steigerung des Nationaleinkommens), den sozialen (z. B. Berücksichtigung kollektiver Bedürfnisse), den ordnungspolitischen (z. B. Machtausgleich) und den außenwirtschaftlichen Zielen (z. B. Zahlungsbilanzausgleich);

● **Trägern der Wirtschaftspolitik,** die Einfluss auf den Ablauf des Wirtschaftsprozesses nehmen (Zentralbank, Bund und Länder sowie überregionale Organisationen);

● **Mitteln und Instrumenten,** die zur Zielerreichung eingesetzt werden.

Der Staat kann also z. B. mithilfe seiner Ausgaben in den verschiedensten Sektoren steuernd tätig werden, Impulse geben, auch um z. B. Wachstum und Beschäftigung zu fördern.

11.2.1 Nationale Wirtschaftspolitik und Globalisierung

In dem vorstehenden Kapitel wurde gezeigt, dass die soziale Marktwirtschaft von ihren Vertretern als ein **offenes System** gedeutet wird, das z. B. angesichts tief greifend veränderter nationaler und globaler Rahmenbedingungen ständig weiterentwickelt werden muss und wird. Insbesondere der nationalen Wirtschaftspolitik wird angesichts weltweiter Vernetzung der Volkswirtschaften (= Globalisierung) in zunehmendem Maße ein Teil ihrer Bedeutung entzogen werden.
Unternehmen denken heute zunehmend global. Diese Entwicklung ist an den weltweiten Direktinvestitionen abzulesen. Diese betrugen nach dem **World Investment Report** im Jahr

1980 rund 519 Milliarden Dollar. Zehn Jahre später waren es bereits ca. 1.691 Milliarden Dollar, und bis heute haben sich diese Direktinvestitionen mehr als verdoppelt. Die größten Investoren waren Unternehmen aus den USA, Großbritannien, Japan und Deutschland. Für die Unternehmen, die im Ausland investieren, zählen nicht nur niedrige Produktionskosten. Ein entscheidendes Argument ist, auf den Auslandsmärkten nicht nur als Lieferant, sondern mit eigenen Niederlassungen oder Tochterunternehmen präsent zu sein, s. Schaubild unten.

Die soziale Marktwirtschaft des Industriezeitalters basierte auf dem **Kollektivvertrag** zwischen Verbänden von Arbeitgebern und Arbeitnehmern (vgl. Kapitel Arbeitsrecht), auf einer Übereinstimmung zwischen Gruppen. Die **elektronische Revolution** unserer Zeit begründet einen Wechsel vom industriellen zum digitalen Zeitalter. An die Stelle fester, auch sozial bestimmter Gemeinschaften ist ein loses Miteinander im Internet bzw. am Bildschirm getreten. **Globale Netze** verbinden Fachleute verschiedener Länder, Mitarbeiter verschiedener Unternehmen, abhängig Beschäftigte in Voll- und Teilzeit und selbständige Unternehmer. Dieser grundlegende strukturelle Wandel der Wirtschaft erfordert Anpassungen des Systems.

Die künftigen strukturellen, technologischen, sozialen und ordnungspolitischen Herausforderungen an die soziale Marktwirtschaft im vereinigten Deutschland und einem sich vereinigenden Europa bestehen im Wesentlichen in

- der Bewältigung von Strukturproblemen,
- der stärkeren Beachtung ökologischer Aspekte wirtschaftlichen Wachstums,
- der Sicherung des Sozialstaats,
- der Aufrechterhaltung bzw. Wiederherstellung des Wettbewerbs auf den Güter- und Faktormärkten.

11.2.2 Handlungsfelder der Wirtschaftspolitik

Das vom Bundestag 1967 verabschiedete *Gesetz zur Förderung der Stabilität und des Wachstums der Wirtschaft (StWG*, kurz auch *„Stabilitätsgesetz“)* hat primär das Stabilitätsproblem zum Gegenstand. Denn die wirtschaftliche Entwicklung unserer hoch industrialisierten, mit der Weltwirtschaft verflochtenen Volkswirtschaft hat gezeigt, dass die Selbststeuerungskräfte der Marktwirtschaft allein nicht mehr ausreichen, um der schwachen konjunkturellen Entwicklung, verbunden mit Problemen des Wirtschaftswachstums und der Arbeitslosigkeit, entgegenzuwirken.

Ziel der Wirtschaftspolitik ist daher eine möglichst störungsfreie Entwicklung der Gesamtwirtschaft.

Dem trägt das *Stabilitätsgesetz* Rechnung, indem es der Wirtschaftspolitik die Aufgabe stellt, wahlweise Möglichkeiten der Gleichgewichtsfindung zu verwirklichen. Diese können nur darin bestehen, ein Auseinanderklaffen zwischen Güternachfrage und Güterangebotsmöglichkeiten zu den jeweiligen Preisen zu verhindern.

Die großen Handelsräume der Welt

	Asean	Nafta	EU	MERCOSUR
Einwohner in Millionen	495 Mio.	392	372	208
Wirtschaftskraft* in Milliarden Dollar	748 Mrd. $	8 727	8 584	1 134
Ausfuhr in Milliarden Dollar	352 Mrd. $	1 012	2 105	82
davon innerhalb des Handelsraumes in %	24 %	49	61	24

Asean (Association of South-East Asian Nations): Brunei, Indonesien, Kambodscha, Laos, Malaysia, Myanmar, Philippinen, Singapur, Thailand, Vietnam.
Nafta (North American Free Trade Agreement): Kanada, Mexiko, USA.
EU (Europäische Union): Belgien, Dänemark, Deutschland, Finnland, Frankreich, Griechenland, Großbritannien, Irland, Italien, Luxemburg, Niederlande, Österreich, Portugal, Schweden, Spanien.
Mercosur (Mercado Comun del Sur): Argentinien, Brasilien, Paraguay, Uruguay.

Quelle: iw/Weltbank   *Bruttoinlandsprodukt   © Globus 5724

Ordnungspolitik

Spezielle Gesetze und Richtlinien konkretisieren die **Ordnungsvorstellungen** des Staates und stecken den Rahmen ab, in dem der wirtschaftliche Prozess in der sozialen Marktwirtschaft verlaufen soll.

Da ein funktionsfähiger Wettbewerb eine unerlässliche Bedingung in der sozialen Marktwirtschaft darstellt, kommt dem *Gesetz gegen Wettbewerbsbeschränkungen (GWB)*, verkürzt, aber sachlich unzutreffend auch *Kartellgesetz* genannt, zentrale Bedeutung zu. Das *GWB* wurde am 27. Juli 1957 beschlossen und trat am 01. Januar 1958 in Kraft. Es wurde inzwischen einige Male überarbeitet und im Blick auf EU-Wettbewerbsrecht und die Globalisierung der Wirtschaft (vgl. vorstehenden Abschnitt) grundlegend erneuert.

Das *GWB* hat die Aufgabe, Leistungswettbewerb auf den Märkten zu sichern bzw. wiederherzustellen. Sein Ziel ist somit letztlich, eine kostengünstige Versorgung der Bevölkerung mit Gütern und Dienstleistungen zu gewährleisten. Das *GWB* wird völlig zu Recht als Grundgesetz der Marktwirtschaft bezeichnet.

Die wichtigsten Bestimmungen des *GWB* gegen die verschiedenen Erscheinungsformen wirtschaftlicher Konzentration sind die folgenden:

- Missbrauchsaufsicht über marktbeherrschende Unternehmen
- Verbot abgestimmten Verhaltens
- Verbot der vertikalen Preisbindung
- Kartellverbot mit Erlaubnisvorbehalt
- vorbeugende Fusionskontrolle

▶▶▶ Der immer härter werdende Kampf um Marktanteile führt auch im Handel zu aggressiveren Formen des Wettbewerbs. Sehr häufig werden die Grenzen der Begriffe des „ehrbaren Kaufmanns" sowie von „Sitte und Anstand im Geschäftsleben" überschritten. Wenn der Staat in solchen Fällen nicht ordnungspolitisch eingreifen würde, würde dies zu einer hohen Verbraucherunzufriedenheit führen. ▶▶▶

Neben der Verbraucherschutzpolitik des Staates enthalten auch beispielsweise die **Konjunktur- und Geldpolitik** durchaus ordnungspolitische Elemente. In diesem Zusammenhang sind zu nennen

- das *Gesetz zur Förderung der Stabilität und des Wachstums der Wirtschaft (StabWG)*
- das *Gesetz über die Deutsche Bundesbank*.

Beide Gesetze sind von herausragender Bedeutung für den Ordnungsrahmen der sozialen Marktwirtschaft.

In kaum einer Volkswirtschaft herrscht auf allen Teilmärkten **freie Konkurrenz**, sei sie nun vollkommen oder unvollkommen. Zu viele wirtschaftliche und politische Ansprüche werden an die Regierungen gestellt und auch durchgesetzt. Trotzdem sollten unmittelbare staatliche Eingriffe in den Güteraustausch die Ausnahme bleiben und nur erfolgen, wenn die Selbststeuerung des Marktes nicht mehr funktioniert bzw. in eine unerwünschte Richtung führt (so genanntes „**Marktversagen**").

▶▶▶ Der Staat kann grundsätzlich in den Markt eingreifen
- mit indirekten Maßnahmen preislenkend, durch seine eigenen Unternehmen,
- durch **fiskalische** (= Nachfrage steuernde, finanzpolitische) **Maßnahmen** (z. B. Steuerpolitik)
- marktkonform (= entsprechend des Marktes) durch seine Ausgabenpolitik oder aber
- über die **politische Preisbildung** (= direkte, preisbindende, marktkonträre staatliche Eingriffe) ●●●

Prozesspolitik

Die Unterscheidung in Ordnungspolitik und Prozesspolitik geht auf Walter Eucken zurück. Ordnungspolitik hat die Aufgabe, die systemeigenen Rahmenbedingungen einer Wirtschaftsordnung langfristig zu gewährleisten und die übergeordneten gesamtwirtschaftlichen Ziele der Wirtschafts- und Sozialpolitik zu bestimmen. Die Prozess- oder Ablaufpolitik des Staates und der Zentralbank besteht darin, kurz- und mittelfristig Maßnahmen zu ergreifen, um die übergeordneten Ziele zu fördern. Die zum Teil gegenläufigen und insofern zwangsläufig zu Konflikten führenden Zielvorgaben des *Stabilitäts- und Wachstumsgesetzes* von 1967 sind, vereinfacht formuliert:

- die Preisniveaustabilität
- hoher Beschäftigungsstand
- angemessenes Wirtschaftswachstum
- außenwirtschaftliches Gleichgewicht

Diese genannten Zielkonflikte enthält das so genannte **„magische Viereck"** (magisch in diesem Zusammenhang deshalb, weil ein gleichzeitiges Erreichen der Ziele nicht möglich ist, da sie oftmals gegenläufig sind), siehe Übersicht 11.1.

Unstrittige weitere Zielsetzungen sind aus heutiger Sicht:

- gerechte Einkommens- und Vermögensverteilung
- Umweltschutz

Das magische Viereck ist somit zu einem **„magischen Sechseck"** geworden.

Im Folgenden sollen zwei Teilbereiche der Prozesspolitik erörtert werden:

- die Verteilungspolitik und
- die Strukturpolitik.

Verteilungspolitik

Eine leistungsgerechte und sozialverträgliche Verteilung von Einkommen und Vermögen ist das Ziel der **Verteilungspolitik** (= Leistungsprinzip, Bedarfsprinzip). Dadurch sollen auch solche Personen ein ausreichendes Einkommen erhalten bzw. am Volksvermögen beteiligt werden, die durch den Marktprozess allein kein oder zumindest kein ausreichendes Einkommen erzielen und demzufolge auch nicht zu Vermögen gelangen.

Da in der sozialen Marktwirtschaft in erster Linie die **Arbeitgeberverbände** und die **Gewerkschaften** als Partner bei Tarifabschlüssen die Einkommensverteilung bestimmen (primäre Einkommensverteilung), kommt es dem Staat im Sinne des **Sozialstaatsprinzips** zu, mit ausgleichenden oder ergänzenden Maßnahmen die rein marktwirtschaftlich zustande gekommene Einkommens- und Vermögensverteilung nachträglich zu verbessern (sekundäre Einkommensverteilung).

Situation
Sebastian besucht eine Fachoberschule, die 25 Kilometer von seinem Wohnort entfernt ist. Sebastian beantragt eine finanzielle Förderung durch den Staat. ▶▶▶

Das magische Viereck der Wirtschaftspolitik

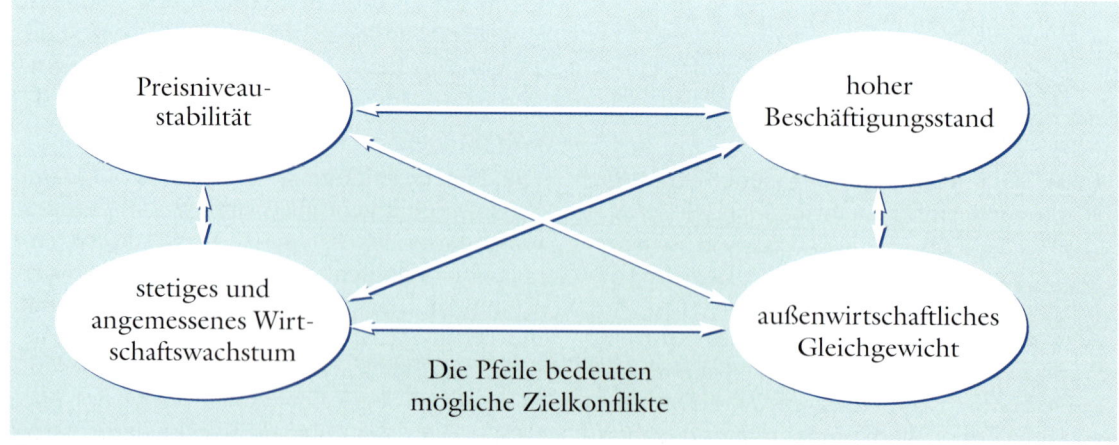

Übersicht 11.1

Die wichtigsten Instrumente staatlicher Verteilungspolitik lassen sich aus der folgenden Übersicht 11.2 entnehmen:

Lohn-politik	Finanzpolitische Umverteilung	Preis-politik	Vermögens-politik	Bildungs-politik
• Tariflohn-politik • Effektiv-lohnpolitik • konzertierte Aktion • Mobilitäts-verbesserung	• Steuerunter-scheidungen • Zusatzsteuern • Luxussteuern • Transferleis-tungen • Verteilung der Staats-ausgaben nach sozialen Kriterien	• Preisdifferen-zierung nach sozialen Gruppen • Subventionen	• Sparförderung nach gegebe-nem Einkom-men • vermögens-wirksame Leistungen • Gewinnbetei-ligung	• Finanzierung von Bildungs-maßnahmen • Maßnahmen zur Qualitäts-verbesserung • Chancen-gleichheit durch Beseiti-gung institu-tioneller Be-schränkungen ▶▶▶ In der Situation hat Sebastian das Recht auf finan-zielle Förderung (*BAFöG*) ●●●

Übersicht 11.2

Strukturpolitik

Alle entwickelten Volkswirtschaften befinden sich seit längerem in einem vermutlich auch künftig anhaltenden grundlegenden und zugleich höchst unterschiedlichen **Struktur-wandel**. Darunter wird üblicherweise ein fort-während Prozess wirtschaftlicher Umwälzun-gen verstanden, wobei sich der innere Aufbau einer Volkswirtschaft verändert. Das bedeutet z. B. unterschiedliches Wachstumstempo der verschiedenen Branchen und Regionen mit je-weils veränderter Zusammensetzung der Be-schäftigtengesamtzahl.

Anstöße zum Strukturwandel gehen sowohl von der Angebots- als auch von der Nachfrageseite der Wirtschaft aus. Auf der Angebotsseite ver-ändern z. B. Produktneuerungen die Wirtschaft, auf der Nachfrageseite sind es z. B. Änderungen der Bedürfnisse, der Bevölkerungs- und Ein-kommensentwicklung sowie der Preise bei

strategischen Gütern (Rohstoffe, Energie). Der wirtschaftliche Strukturwandel ist ein komplizierter Anpassungsprozess, der nicht nur im engeren Sinne wirtschaftlich wichtig ist, son-dern auch gesellschaftliche und politische Ent-wicklungen berührt. Er ist – wie die Erfahrung zeigt – einerseits stets schmerzhaft für die un-mittelbar Betroffenen, andererseits aber auch Motor des Wohlstands.

Im Gegensatz zum marktwirtschaftlichen Mo-dell hat die praktische Erfahrung gezeigt, dass staatliche Strukturpolitik erforderlich ist; den vom Strukturwandel betroffenen Branchen bzw. Regionen sollte der Staat unbedingt wirt-schaftliche Hilfe zukommen lassen. Ein Staat, der sich als Sozialstaat versteht und der einer „Einheitlichkeit der Lebensverhältnisse im Bun-desgebiet" Verfassungsrang zubilligt, ist sogar verpflichtet,

- gezielte Erhaltung oder
- geordnete Anpassung oder
- vorausschauende Gestaltung

der Wirtschaftsstrukturen zu betreiben. Diese Maßnahmen müssen natürlich immer am jeweiligen Gemeinwohlinteresse orientiert sein.

Die Strukturpolitik kann nach Räumlichkeit und Branchenbezogenheit unterteilt werden. Die Übersicht 11.3 stellt dies zusammenfassend dar:

Strukturpolitik	
räumliche	**branchenbezogene**
Räumliche Strukturpolitik soll wirtschaftlich zurückgebliebene Gebiete fördern und dafür sorgen, dass die Produktionsfaktoren wachstumsfördernder eingesetzt werden, z. B. Verbesserung der Infrastruktur (Bau von Straßen, Eisenbahnen, Kanälen usw.), Abschwächung regionaler Einkommensunterschiede, Gewährung zinsgünstiger Darlehen usw.	Branchenbezogene Strukturpolitik fördert einzelne Wirtschaftszweige, die Wachstum und sichere Arbeitsplätze in der Zukunft versprechen. Ebenfalls gefördert werden für die Gesamtwirtschaft notwendige Branchen (Landwirtschaft) durch Preissubventionen, Mindestpreise und Stützungskäufe.

Übersicht 11.3

Die räumliche Strukturpolitik hat in der Bundesrepublik Deutschland nach der Wiedervereinigung 1989 eine zusätzliche Bedeutung erlangt, denn die Infrastruktur (z. B. Voraussetzung für Industrieansiedlungen, Straßen) musste/muss im neuen Bundesgebiet geschaffen werden. Typische Beispiele für die branchenbezogene Strukturpolitik sind in der vorstehenden Abbildung bereits genannt. In diesem Bereich befasst sich die Strukturpolitik im wesentlichen mit **Agrar- und Mittelstandspolitik**.

Wesentliche Lerninhalte
Wirtschaftspolitik befasst sich mit:

- **Zielen volkswirtschaftlichen Handelns,** wie
  - konjunkturellen Zielen, z. B. Steigerung des Sozialprodukts,
  - sozialen Zielen, z. B. Berücksichtigung kollektiver Bedürfnisse,
  - ordnungspolitischen Zielen, z. B. Machtausgleich,
  - außenwirtschaftlichen Zielen, z. B. Zahlungsbilanzausgleich;

- **Trägern der Wirtschaftspolitik**
  - Zentralbank,
  - Bund und Länder,
  - überregionale Organisationen;

- **Mitteln und Instrumenten**
  - Ordnungspolitik,
  - Prozesspolitik.

Prozesspolitik beinhaltet die **Verteilungs- und Strukturpolitik:**

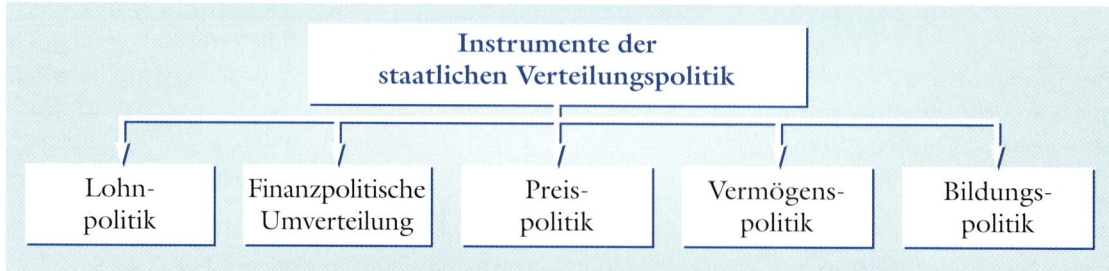

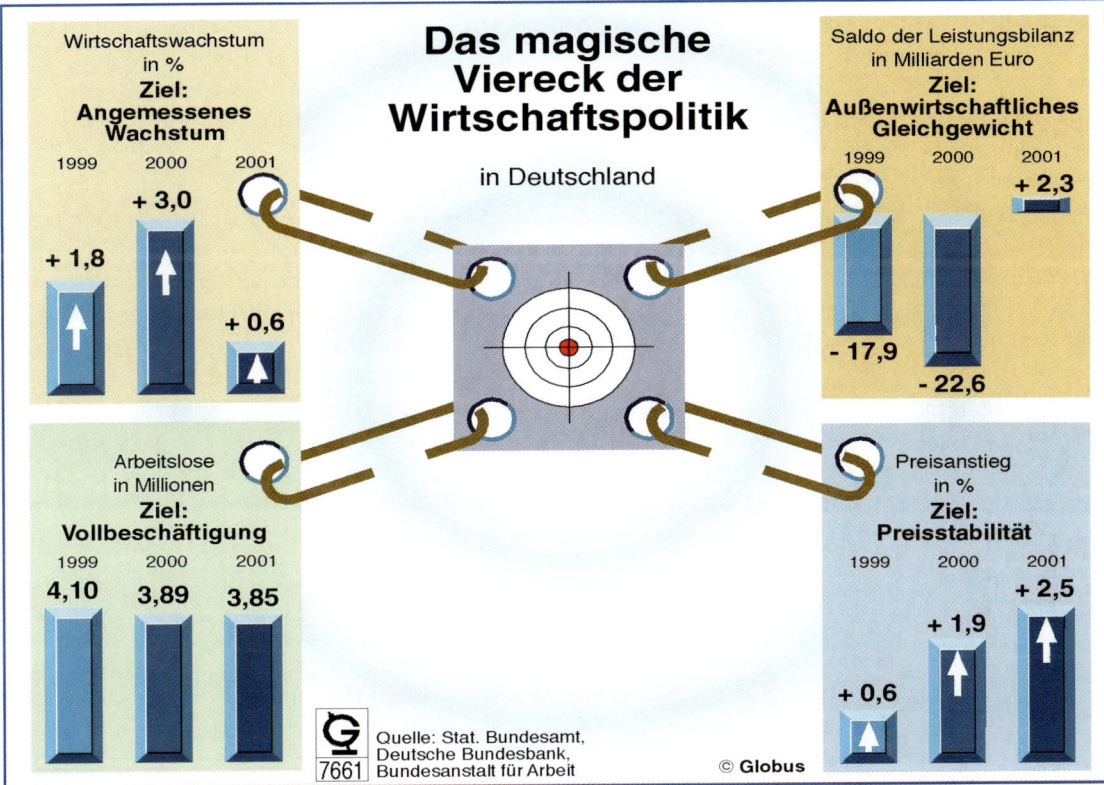

Das magische Viereck der Wirtschaftspolitik in Deutschland

Wirtschaftswachstum in %
Ziel: Angemessenes Wachstum
1999: + 1,8
2000: + 3,0
2001: + 0,6

Saldo der Leistungsbilanz in Milliarden Euro
Ziel: Außenwirtschaftliches Gleichgewicht
1999: - 17,9
2000: - 22,6
2001: + 2,3

Arbeitslose in Millionen
Ziel: Vollbeschäftigung
1999: 4,10
2000: 3,89
2001: 3,85

Preisanstieg in %
Ziel: Preisstabilität
1999: + 0,6
2000: + 1,9
2001: + 2,5

Quelle: Stat. Bundesamt, Deutsche Bundesbank, Bundesanstalt für Arbeit
7661
© Globus

- Die nationale Wirtschaftspolitik wird angesichts weltweiter Vernetzung der Volkswirtschaften (= **Globalisierung**) in zunehmendem Maße einen Teil ihrer Bedeutung verlieren.

- Das magische Viereck zeigt die Vielfalt der wirtschaftspolitischen Entscheidungsfelder.

Aufgaben

❶ Interpretieren Sie das Schaubild „Die großen Handelsräume der Welt" auf Seite 262 im Hinblick auf die Globalisierung.

❷ Wie verhalten sich die wirtschaftspolitischen Ziele „angemessenes und stetiges Wirtschaftswachstum" sowie „Umweltschutz" zueinander?

❸ Das magische Viereck ist um zwei Ziele erweitert worden, die man als „qualitative" Ziele bezeichnet.
  a) Um welche beiden Ziele ist das magische Viereck erweitert worden?

  b) Diskutieren Sie, warum es sich bei diesen Erweiterungen um qualitative Ziele handelt. Einigen Sie sich auf ein Diskussionsergebnis und formulieren Sie dieses in einem Satz, den Sie an der Tafel präsentieren.

❹ Wie versucht man, die Problematik der Zielkonflikte zu lösen?

❺ Was ist das generelle Ziel der Strukturpolitik?

❻ Erstellen Sie eine Übersicht strukturpolitischer Maßnahmen und präsentieren Sie diese in der Klasse.

❼ Wie kann sich der Staat gegenüber Veränderungen der Wirtschaftstruktur verhalten?

❽ In der Bundesrepublik Deutschland hat sich in den letzten Jahren ein Strukturwandel vollzogen. Diskutieren Sie, worin die Ursachen dieses Strukturwandels liegen.

11.3 Konjunktur-, Fiskal- und Geldpolitik

Als **Konjunkturen** (Wirtschaftsschwankungen, Wechsellagen) bezeichnet man das Auf und Ab der allgemeinen Wirtschaftslage, als **Konjunkturzyklus** die wellenartige Bewegung, die das Wirtschaftssystem als Ganzes erfasst. In ihm kommen die volkswirtschaftlichen Globalgrößen (Nationaleinkommen, Beschäftigung und Preisniveau) zum Ausdruck.

Das **Nationaleinkommen** (vgl. Seite 274) ist der umfassendste Ausdruck wirtschaftlicher Leistung und eignet sich daher besonders gut als Messziffer wirtschaftlicher Aktivitäten, da es deren Veränderungen gegenüber den Vorjahren, bezogen auf die einzelnen Wirtschaftsbereiche, erfasst.

Auch die Größen „Beschäftigung" und „Preisniveau" sind von der Konjunkturlage stark abhängig. So steigen die Zahl der Beschäftigten und die Löhne in der **Hochkonjunktur**, weil es an Arbeitskräften mangelt. Demgegenüber sind in einem **Konjunkturtief** die Produktionsfaktoren nicht ausgelastet, sodass nicht nur die Nachfrage meistens zurückgeht, sondern auch das Preisniveau, weil es wesentlich vom Beschäftigungsgrad der Produktionsfaktoren abhängt.

Die Konjunkturen geben **mittelfristige Marktschwankungen** wieder und treten in ungleichen Zeitabständen erneut auf. Sie wirken sich besonders auf die Güterproduktion, den Güterabsatz, die Beschäftigungslage, die Einkommens- und Kreditverhältnisse innerhalb einer Volkswirtschaft aus, sodass sie ständig im Mittelpunkt aller wirtschaftspolitischen Überlegungen stehen. Im Gegensatz dazu sind **Saisonschwankungen** kurzfristige Marktschwankungen. Sie treten in einem bestimmten Rhythmus (z. B. jährlich) auf und werden von der Natur bzw. dem menschlichen Bedarf entscheidend beeinflusst. Wirtschaftsschwankungen infolge technischen Fortschritts haben eine Wellenlänge von etwa 50 bis 70 Jahren (= **langfristige Konjunktur**).

Der Konjunkturzyklus (Konjunkturverlauf) lässt sich in vier Phasen aufteilen, die aus der Übersicht 11.4 ersichtlich sind.

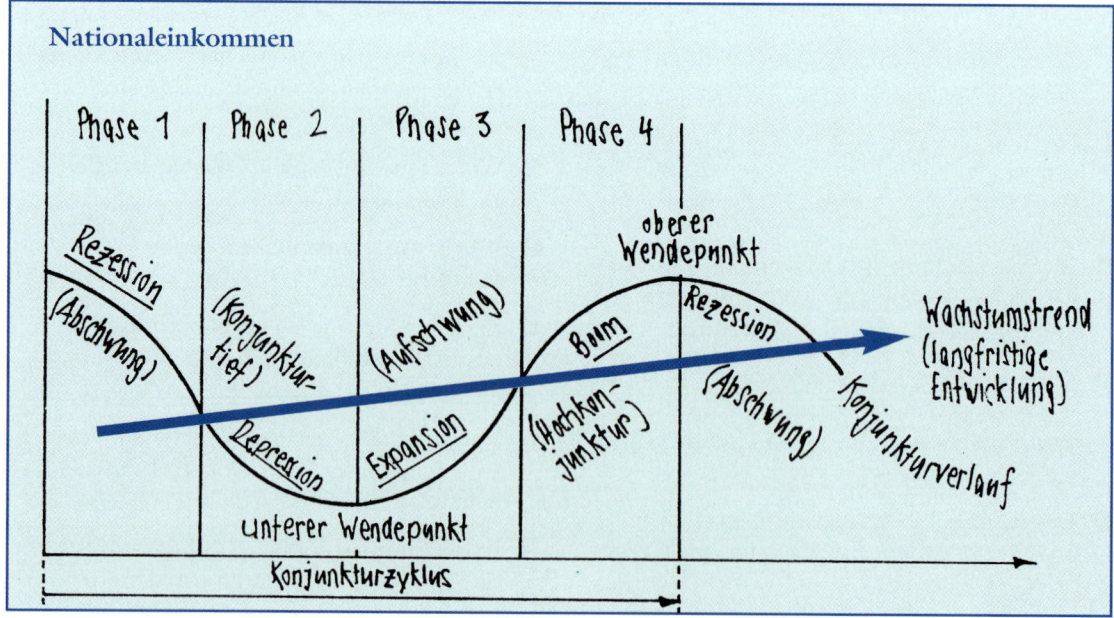

Übersicht 11.4

Phase 1 **Rezession** (Abschwung) = Allgemeines Schrumpfen der Produktion und des Absatzes.

Dies beinhaltet: Einschränkungen der Kreditvergabe durch die Banken, wodurch der Geldumlauf zurückgeht und die Güterpreise sinken. Ebenfalls fallen die Beschäftigungsquote und die Löhne; Konkurse und Arbeitslosigkeit steigen.

Phase 2 **Depression** (Konjunkturtief) = Allgemeines Tief der Produktion und des Absatzes.

Dies beinhaltet: niedriger Beschäftigungsstand, freie Produktionskapazitäten, Arbeitslosigkeit, steigende Produktionskosten bei niedrigen Güterpreisen, schrumpfende Gewinne der Unternehmer, geringe Investitionsneigung, niedriger Zinssatz.

Phase 3 **Expansion** (Aufschwung) = Allgemeine Ausdehnung der Produktion und des Absatzes.

Dies beinhaltet: steigende Nachfrage nach Rohstoffen, Arbeitskräften, Wohnungen usw. steigender Beschäftigungsstand, allmählich steigendes Lohn- und Zinsniveau bis zur Angleichung an die gestiegenen Güterpreise; dadurch verstärkte Kreditaufnahme.

Phase 4 **Boom** (Hochkonjunktur) = Hochbetrieb in der Produktion, aber weitere Absatzsteigerungen sind nicht mehr möglich; die Preise steigen stark.

Dies beinhaltet: Schwierigkeiten zunächst in der Investitionsgüterindustrie, denn deren Überproduktion wird von der Konsumgüterindustrie nicht mehr abgenommen, der Preisanstieg kommt aufgrund der erschöpften Kaufkraft bei den Verbrauchern zum Stillstand; Bankkredite sind nur schwer zu erhalten, da die Banken an der Grenze ihrer Kreditschöpfungsmöglichkeiten angelangt sind. Es ist ein steigender Zinssatz zu verzeichnen; zunehmende Wertpapierverkäufe und sinkende Kurse kündigen den Abschwung an.

Die einzelnen **Konjunkturphasen** zeichnen sich durch bestimmte Merkmale aus, wobei zu beachten ist, dass es den „typischen Konjunkturverlauf" im Grunde nicht gibt. Konjunkturzyklen gleichen sich nie ganz. Als Merkmale (gesamtwirtschaftliche Entwicklungsgrößen, wie Preis- und Beschäftigungsentwicklung, Auftragseingänge usw.) für die Konjunkturschwankungen können die genannten Globalgrößen dienen.

▶▶▶ Ständige Aufgabe der Wirtschaftspolitik muss es sein, die Schwankungen im Konjunkturverlauf auszugleichen. So kann z. B. verhindert werden, dass in Zeiten des wirtschaftlichen Abschwungs zu viele Arbeitsplätze abgebaut werden. ●●●

Die Träger der Wirtschaftspolitik müssen über ein System der Früherkennung konjektureller Entwicklungstendenzen verfügen, um unerwünschten Entwicklungen der Wirtschaft mit den geeigneten wirtschaftspolitischen Mitteln rechtzeitig entgegenwirken zu können.

Angesichts seiner Finanzkraft kann der Staat mit einer gezielten Gestaltung seiner **Haushaltspolitik** konjunkturhemmend oder -fördernd eingreifen. Die Übersicht 11.5 stellt Beispiele dar.

Die Übersicht beschränkt sich nur auf Beispiele und zeigt dennoch deutlich, wie vielseitig die konjunkturpolitischen Maßnahmen des Staates sind.

Im Rahmen der Konjunkturpolitik ist zu unterscheiden in:
● geldpolitische Instrumente und
● finanzpolitische (fiskalpolitische) Instrumente einschließlich der Einnahmen- und Ausgabenpolitik der öffentlichen Haushalte.

Erfolgsversprechend ist deren Einsatz jedoch nur, wenn Staat und Zentralbank aktiv Politik betreiben, d. h.
● zielgerichtete konjunkturpolitische Maßnahmen rechtzeitig einleiten,
● die Instrumente im richtigen Verhältnis einsetzen,

Wirkung Maßnahme	konjunkturhemmend	konjunkturfördernd
Steuerpolitik	• Abbau von Steuer-vergünstigungen • Steuererhöhung (z. B. Lohn-, Einkommen- und Körperschaftssteuer)	• Einräumen von Steuer-vergünstigungen • Steuersenkung • Gewährung von Investitionsprämien
Konjunkturaus-gleichsrücklagen	• Bildung einer Konjunktur-ausgleichsrücklage Stilllegung von Staatsein-nahmen)	• Auflösung der Konjunkturaus-gleichsrücklage oder Kredite der Deutschen Bundesbank für zusätzliche Staatsaufträge
Öffentliche Aufträge an die Wirtschaft	• Verminderung der Staats-aufträge	• Erhöhung der Staatsaufträge (z. B. für Straßenbau, Schulen)
Öffentliche Kredite an die Wirtschaft	• Beschränkung der Kredit-beschaffungsmöglichkeiten und/oder Erhöhung der Zinssätze	• Erweiterung der Kreditbeschaf-fungsmöglichkeiten und/oder Senken der Zinssätze
Öffentliche Zuschüsse	• Kürzung von Subventionen und Transferzahlungen	• Erhöhung der Subventionen und Transferzahlungen (z. B. für Wohnungsbau, Unter-nehmensgründung)
Sparförderung	• Ausbau	• Abbau
Außenwirtschafts-gesetz	• Exporterschwernis durch Exportsteuer • Einfuhrerleichterungen	• Exporterleichterungen durch Exportkredite • Einfuhrerschwerungen durch Zollpolitik
Zollpolitik	• Senkung der Importzölle • Abbau der Einfuhrmengen	• Erhöhung der Importzölle, Einfuhrmengen • Einfuhrsteuer

Übersicht 11.5

• den Einsatz geldpolitischer Instrumente der Zentralbank mit den finanzpolitischen Instrumenten des Staates koordinieren,
• die Außenwirtschaft absichern.

Geldpolitik führt nur zum Erfolg, wenn die Wirtschaftsteilnehmer in der Phase einer abge-schwächten Konjunktur die zinsgünstigen Kre-ditmöglichkeiten zum Anlass nehmen, verstärkt Güter nachzufragen. Wenn sie aber wegen schlechter Einschätzung der Zukunftsaussich-ten (Sorge vor Arbeitslosigkeit, schlechte Ge-winnerwartungen usw.) nicht bereit sind, die

vergleichsweise günstigen Kreditmöglichkeiten zu nutzen, d.h. sich zu verschulden, bleiben die Instrumente der Zentralbank in dieser Kon-junkturlage relativ stumpf.

Aus beispielsweise diesem Grunde ist ein koor-dinierter Einsatz aller Instrumente notwendig. Für sich allein betrachtet, stoßen Finanz- und Geldpolitik bald an ihre Grenzen. Dies gilt in ei-ner Abschwungphase vor allem für die Geldpo-litik. In diesem Stadium ist der Staat mit seinen fiskalpolitischen Mitteln möglicherweise eher in der Lage, eine wirtschaftliche Wende herbeizuführen. Dafür muss allerdings die Zentralbank die entsprechenden geldpolitischen Voraussetzungen schaffen.

Die Finanzpolitik bedarf auch in der Hochkonjunktur der Unterstützung durch die Geldpolitik. Relativ schnelle Beruhigungseffekte der Konjunktur kann der Staat durch eine Reduzierung seiner Nachfrage am Markt erzielen, sofern seine Bemühungen durch eine einschränkende Geld- und Kreditpolitik unterstützt werden.

Dies zeigt, dass Unternehmer und Verbraucher nur durch die Einflussnahme von Regierung und Zentralbank auf einen stabilen Wert des Geldes vertrauen können. Die Unternehmen wären ohne eine gewisse staatliche Steuerung der Wirtschaft kaum bereit, ihr Kapital in Produktionsmittel zu investieren, sodass mittelfristig ein Rückgang der Produktion und damit verbunden ein Abbau von Arbeitsplätzen zu erwarten wären. Damit würde die Massenkaufkraft sinken, sodass die Lage am Absatzmarkt sich weiter verschlechtern würde. Die Bürger wären aufgrund der Unsicherheit auch nicht bereit, das ihnen verbleibende Geld zu sparen, da das Vertrauen in den Wert des Geldes ebenfalls verloren ginge.

Wesentliche Lerninhalte

- Konjunkturen sind regelmäßig wiederkehrende Wirtschaftsschwankungen mit verschiedenen Ursachen und von unterschiedlicher Dauer, oft vier bis fünf Jahre.

Konjunkturen unter dem Zeitraumgesichtspunkt	
kurzfristig	saisonale Schwankungen, z. B. in der Bauindustrie oder in der Landwirtschaft
mittelfristig	Konjunkturschwankungen innerhalb einer bestimmten Zeit (vier bis fünf Jahre)
langfristig	Wirtschaftsschwankungen infolge technischen Fortschritts (Wellenlänge etwa 50 bis 70 Jahre)

Phasen des Konjunkturverlaufs
Boom (= Hochkonjunktur)
▼
Rezession (= Abschwung)
▼
Depression (= Tiefstand)
▼
Expansion (= Aufschwung)

- **fiskalische** (= Nachfrage steuernde finanzpolitische) **Maßnahmen** umfassen die staatliche Einnahmen- und Ausgabenpolitik mit konjunkturpolitischen Zielsetzungen:
  - Ausgabenpolitik (z. B. Transferausgaben)
  - Einnahmenpolitik (Steuern, Kredite)
  - Einflussnahme auf das Verhalten der Wirtschaftsteilnehmer (Abschreibungen, Investitionen)

Der Staat kann also mit einer gezielten Gestaltung seiner **Haushaltspolitik** konjunkturfördernd eingreifen. Weitere Beispiele:

Konjunkturfördermöglichkeiten des Staates
● Steuerpolitik
● Konjunkturausgleichsrücklagen
● Öffentliche Aufträge an Wirtschaft
● Öffentliche Kredite an Wirtschaft
● Öffentliche Zuschüsse
● Sparförderung
● Außenwirtschaftsgesetz
● Zollpolitik

Aufgaben

❶ Was verstehen Sie unter Konjunkturschwankungen?

❷ Welche vier Konjunkturphasen lassen sich unterscheiden? Charakterisieren Sie diese.

❸ Was ist beim Einsatz der wirtschaftspolitischen Instrumente immer zu beachten?

❹ Staatliche Nachfrage wird im Wesentlichen über Steuereinnahmen finanziert. Wie viel Steuern dem einzelnen Bürger zugemutet werden kann, lässt sich am besten im internationalen Vergleich diskutieren.

a) Vergleichen Sie die Belastung des steuerzahlenden Bundesbürgers (Durchschnitt) gegenüber der in anderen Ländern. Dazu müssen Sie natürlich nationale und internationale Steuerquoten ermitteln. Nutzen Sie dazu z. B. das Internet oder entsprechende Informationen der Presse.

b) Zurück zum Eingangssatz: Diskutieren Sie im internationalen Vergleich, wie viel Steuern dem einzelnen Bürger zugemutet werden können.

❺ Wann sollten die Mittel der Wirtschaftspolitik zum Einsatz gelangen?

❻ Welche Möglichkeiten hat der Staat in einem Abschwung, Vollbeschäftigung und Wachstum zu sichern?

❼ Welche Maßnahmen der geld- und nachfrageorientierten Konjunkturpolitik lassen sich unterscheiden?

11.4 Volkswirtschaftliche Gesamtrechnung

11.4.1 Wertschöpfung

Situation

Größter Getränkelieferant der Betriebskantine „Schlemmerhaus", in der Sabine als Hauswirtschafterin arbeitet, ist die Rendels GmbH. Dieses Unternehmen betreibt ausschließlich Fruchtsaftherstellung. Neben den Angehörigen der Familie Rendels sind noch 12 Arbeitnehmer als Lageristen, Buchhalter, Verkaufsfahrer und in der Herstellung beschäftigt. Aufgrund der steigenden Umsätze beabsichtigt Herr Rendels, der Geschäftsführer des Unternehmens, die Produktionsanlagen auszuweiten. Das notwendige Kapital will ein Kreditinstitut zur Verfügung stellen. Für die Verhandlungen benötigt Herr Rendels alle Zahlen der Buchhaltung.

▶▶▶

Die privaten Haushalte stellen den Unternehmen die Produktionsfaktoren zur Verfügung, z. B. Arbeit, Boden und Kapital sowie Bildung und Information (= **abgeleitete Produktionsfaktoren**, da nicht von vornherein gegeben); dafür erhalten sie Einkünfte. Die Unternehmen „kombinieren" die Produktionsfaktoren und schaffen damit neue Werte. Addiert man die Wertschöpfungen der einzelnen Betriebe und der privaten Haushalte, so kommt man zur **Gesamtwertschöpfung** der Volkswirtschaft.

Wie der Unternehmer mit Daten und Kennziffern aus dem Rechnungswesen (vgl. Seite 287 ff.) arbeitet, so beschafft sich der Staat seine Informationen über die wirtschaftliche Entwicklung aus der **volkswirtschaftlichen Gesamtrechnung (VGR)**. In dem Kontensystem der VGR werden alle wesentlichen Geldströme, bezogen auf eine bestimmte Periode, erfasst. Im Zuge der so genannten EU-Harmonisierung wird die VGR seit 1999 nach dem **Europäischen System Volkswirtschaftlicher Gesamtrechnungen (ESVG)** dargestellt.

▶▶▶ Der Buchhalter des Fruchtsaftherstellers legt seinem Chef die Gewinn- und Verlust-Rechnung des abgelaufenen Geschäftsjahres vor. Dieses Gewinn- und Verlust-Konto wird volkswirtschaftlich als Produktionskonto bezeichnet und hat hier folgendes Aussehen: ▶▶▶

Aufwendungen		Produktionskonto	Erträge	
Einkäufe von anderen Unternehmen (=Vorleistungen)	1.125.000,00	Verkäufe an verschiedene Abnehmer (= Umsatzerlöse)	1.478.000,00	} Bruttoproduktionswert
Abschreibungen	75.000,00			
Löhne, Gehälter	35.000,00			
Mieten, Pachten	25.000,00			
Zinsen	18.000,00			
Gewinn	200.000,00			
	1.478.000,00		1.478.000,00	

Aus dem Produktionskonto werden die im Zusammenhang mit der Herstellung der Fruchtsäfte notwendigen Aufwendungen und Erträge ersichtlich.

So muss die Firma Rendels zunächst einmal das für die Herstellung benötigte Fruchtsaftkonzentrat (**Rohstoffe**) von seinen Lieferanten einkaufen, sie muss die Flaschen (**Hilfsstoffe**), auf die abgefüllt werden soll, beziehen, es sind die entsprechenden Reinigungsmittel (**Betriebsstoffe**) zu beschaffen usw. Diese Vorleistungen machen hier 1.125.00,00 € aus.

Der bei dem Kreditinstitut beantragte Kredit ist für die Anschaffung einer neuen Abfüllanlage gedacht, die erheblich leistungsfähiger ist. Außerdem fallen bei der alten Maschine ständig Reparaturen an. Aber nicht nur die Abfüllmaschine hat an Wert verloren, auch der Wert der beiden Verkaufsfahrzeuge ist am Ende des Jahres zu korrigieren. So hat der Anfang des Jahres für 20.000,00 € gekaufte Kombi an Wert verloren, und zwar um 25%. Diese Wertminderung in Höhe von 5.000,00 € findet sich auf dem Produktionskonto als ein Teil der Position „**Abschreibungen**" wieder. ●●●

Die Vorleistungen, Abschreibungen, Löhne/Gehälter, Mieten/Pachten und die zu zahlenden Zinsen stellen für das Unternehmen Aufwendungen dar. Dem stehen die Erlöse für die verkauften Produkte gegenüber, die auch als **Bruttoproduktionswert** bezeichnet werden.

Die wirtschaftliche Leistung eines Unternehmens wird an der Höhe bzw. Veränderung der Umsatzerlöse gemessen. Aus der Sicht der Kapitaleigner ist allerdings der Gewinn die entscheidende **Kennziffer**.

Die volkswirtschaftliche Bedeutung eines Unternehmens lässt sich auf diese Weise aber nur unvollkommen erfassen, denn steigende Umsatzerlöse sind kein eindeutiges Indiz für sichere Arbeitsplätze oder eine Vergrößerung des Anteils des jeweiligen Unternehmens am Gesamtmarkt.

Außerdem lassen die Umsatzerlöse allein keine genaue Aussage über die durch den Fruchtsaft-

hersteller tatsächlich geschaffene Leistung zu, denn auf dem Produktionskonto sind die Vorleistungen anderer Firmen und die Wertminderung des Betriebsvermögens enthalten. Vermindert man die Umsatzerlöse (1.478.000,00 €) um die genannten Beträge (1.125.000,00 € und 75.000,00 €), so erhält man die so genannte Wertschöpfung des Unternehmens. Mithilfe dieser Maßgröße lässt sich exakter beurteilen, welchen Beitrag ein Unternehmen zum Wohlstand eines Landes tatsächlich leistet, in diesem Fall 278.000,00 €.

Für die Ermittlung des Unternehmensbeitrages zum Landeswohlstand gilt:

	Summe aller Bruttoproduktionswerte
−	Summe aller Vorleistungen
=	**Nettoproduktionswert**

In jedem Unternehmen fallen **Kosten** (Löhne, Mieten, Zinsen usw.) für die Inanspruchnahme von Produktionsfaktoren an. Diese Kosten rechnet der Unternehmer in seine Verkaufspreise ein und versucht sie auf diese Weise auf die Käufer abzuwälzen.

Für die Arbeitnehmer (Haushalte) stellen demgegenüber die Löhne/Gehälter Einkommen dar. Daraus lässt sich ableiten, dass die Kosten der Unternehmen für die Produktionsfaktoren den Einkommen der Haushalte für die Bereitstellung der Produktionsfaktoren entsprechen. Unter der Annahme, dass die Haushalte ihr gesamtes Einkommen für den Kauf von Konsumgütern ausgeben, ist in einer Volkswirtschaft die Summe der Wertschöpfungen der Unternehmen gleich der Summe der Einkommen der Haushalte.

11.4.2 Nationaleinkommen

Das Nationaleinkommen (früher: Sozialprodukt; der Begriff Sozialprodukt wird im ESVG durch den Begriff Nationaleinkommen ersetzt) bezeichnet die gesamte Güterproduktion einer Volkswirtschaft in einem Jahr. Es lässt sich berechnen, indem alle erzeugten Güter und Dienstleistungen einer Volkswirtschaft erfasst und mit ihren Marktpreisen bewertet werden: Autos und Bücher ebenso wie die Beratungsleistung eines Arztes oder Ingenieurs. Durch den Maßstab des Geldes (des Preises) werden sie rechenbar und vergleichbar gemacht.

Nach dieser Aussage scheint es recht einfach zu sein, das Nationaleinkommen zu ermitteln. In der Praxis ergeben sich jedoch zahlreiche komplizierte Probleme, die im Folgenden ansatzweise erörtert werden sollen.

Zunächst muss die Frage gestellt werden, welche Leistungen überhaupt in die Berechnung des Nationaleinkommens eingehen. Natürlich alle produktiven, d.h. alle am Markt umgesetzten Leistungen.

Nicht dazu gehören z. B. die Leistungen der Hausfrauen, da sie sich nicht am Markt erfassen lassen, ganz im Gegensatz zu angestellten Haushaltshilfen oder ausgebildeten Hauswirtschaftern.

Hausfrauengehälter

Deutsche Wissenschaftler haben den „Wert einer Hausfrau" ermittelt, der bei Streitigkeiten um Unterhaltsansprüche und bei Unfallregulierungen eine große Rolle spielt.

Die Gehälter, die für die monatlichen häuslichen Leistungen gezahlt werden müssten, beinhalteten die täglichen Arbeitszeiten einer Hausfrau in ihrer Funktion als Köchin, Küchenhilfe, Putzfrau, Wäscherin, Näherin, Kindergärtnerin, Erzieherin, Lehrerin, Krankenschwester, Hauswirtschafterin sowie Haushaltshilfe und den Wert dieses Zeitaufwands entsprechend den Tariflöhnen der einzelnen Fachkräfte. Danach kommt beispielsweise eine Hausfrau und Mutter von zwei Kindern auf eine wöchentliche Arbeitszeit von 54,9 Stunden, was nach dem Bundesangestelltentarif-West und Tätigkeiten nach BAT VIII – BAT VI einem Monatsentgelt von etwa 2.050,00 € entspricht.

Bei der Berechnung des Nationaleinkommens taucht als weiteres Problem auf, dass fast alle Güter während und nach dem Produktionsprozess mehrere Male am Markt umgesetzt werden, was zu einer Mehrfacherfassung führen würde.

So wird z. B. der Umsatz der Händler nach den am Markt erzielten Preisen für die verkauften Güter berechnet.

Situation

Angenommen, der Rundfunkhändler habe eine Stereoanlage für 230,00 € an einen Kunden verkauft und dieses Gerät für 180,00 € beim Großhändler bezogen, macht seine Leistung tatsächlich 50,00 € aus.

Bei einer auf diesem Beispiel aufbauenden Volkseinkommensberechnung dürften lediglich die 50,00 € in die Rechnung eingehen, da die 180,00 € bereits auf einer vorgelagerten Produktionsstufe angefallen sind (in der Industrie) und dort als Umsatz notiert wurden. •••

11.4.3 Ermittlung von Nationaleinkommen

Das Nationaleinkommen lässt sich auf verschiedene Weise ermitteln. Erfasst man die Güterströme am Ort ihrer Entstehung in den verschiedenen Wirtschaftsbereichen, wird also von der Produktion ausgegangen, so spricht man von der **Entstehungsrechnung**. In diesem Fall erhält jeder einzelne Wirtschaftsbereich ein eigenes Produktionskonto.

Das nachstehende Produktionskonto (Übersicht 11.6) eines Wirtschaftsbereiches ohne Außenhandel soll die Zusammenhänge der einzelnen volkswirtschaftlichen Rechengrößen der Entstehungsrechnung veranschaulichen.

Ermittelt man dagegen die Einkommen aus unselbständiger Arbeit, aus Unternehmertätigkeit, aus Vermögen sowie die Einkommen des Staates, so spricht man von einer **Verteilungsrechnung**.

Außerdem kennt man noch die **Verwendungsrechnung**, die aufzeigt, wo das Nationaleinkommen verbleibt. Es kann von den privaten Haushalten verbraucht oder investiert werden, aber auch der Staat kann Teile des Nationaleinkommens beanspruchen.

Das **Nationaleinkommen** entsteht zusammengefasst in drei Bereichen; verwendet wird es jedoch auf vierfache Weise, nämlich in Form des privaten Verbrauchs und privater Investitionen sowie durch Inanspruchnahme des Staates und den **Außenbeitrag** (Unterschied zwischen Export und Import von Gütern und Dienstleistungen gegen Entgelt).

Dementsprechend setzt sich der Wert einer Periode aus den beiden Teilmengen Nettoinvestitions- und Konsumgüter zusammen. Dem steht das Volkseinkommen gegenüber, das wiederum zum Kauf der Konsumgüter bei den Unternehmen dient bzw. gespart wird. Ersparnis bedeutet die nicht zum Verbrauch bestimmte Verwendung von Teilen des Volkseinkommens. Da aber das Nettonationaleinkommen definitionsgemäß gleich dem Volkseinkommen ist, und die Konsumausgaben wertentsprechend der Konsumgütermenge sind, müssen sich Nettoinvestitionen und Ersparnis entsprechen.

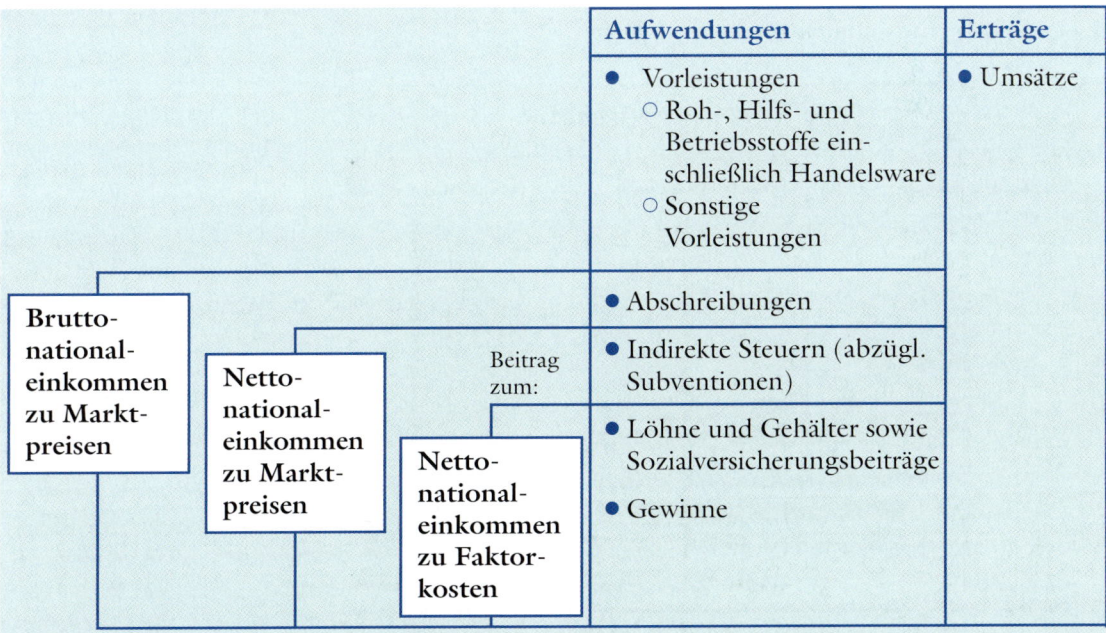

Übersicht 11.6

11.4.4 Bruttoinlandsprodukt

Eine weiteres, sehr bedeutsames Maß der wirtschaftlichen Entwicklung ist das Bruttoinlandsprodukt (BIP). Es zeigt, was innerhalb eines Landes – einer Volkswirtschaft – während des Berechnungszeitraums erzeugt wird (abgesehen von den nicht erfassbaren Leistungen wie „Schwarzarbeit" oder unbezahlte Arbeit). Dabei spielt es keine Rolle, ob die Erwerbstätigen oder Kapitaleigner ihren ständigen Wohnsitz in diesem Gebiet haben (**„Inlandskonzept"**).

Demgegenüber bezieht sich das Bruttonationaleinkommen auf die Güter und Leistungen, die mithilfe von Arbeit und Kapital der Einwohner eines bestimmten Landes produziert wurden, unabhängig davon, ob diese Leistung im Inland oder in der übrigen Welt erbracht wurde (**„Inländerkonzept"**).

Das Bruttonationaleinkommen entspricht also stärker den Einkommen, die den Bewohnern eines bestimmten Gebiets zufließen, unabhängig davon, woher diese Einkommen stammen. Dieser Unterschied wird besonders deutlich an der Zahl der Pendler von den neuen in die alten Bundesländer, wodurch das BIP in letzteren erhöht wird; die Einkommen der Pendler tragen aber zum Nationaleinkommen in Ostdeutschland bei.

In den großen Industrienationen gilt das Bruttoinlandsprodukt als Anzeiger für wirtschaftliches Wachstum. Das Statistische Bundesamt stellte daher im September 1992 die auf das Bruttosozialprodukt ausgerichtete Berichterstattung auf das international gebräuchlichere BIP um.

Wesentliche Mängel in der Aussagekraft des BIP basieren auf der gänzlich fehlenden bzw. ungenauen Erfassung der **Schattenwirtschaft** (Schwarzarbeit, Beschäftigung illegaler Einwanderer, Drogenhandel), der **Selbstversorgungswirtschaft** (legale Aktivitäten wie Hausarbeit, Eigenfertigung der Hobby-Handwerker, Nachbarschaftshilfe, ehrenamtliche Tätigkeiten) und die ökonomischen **Umweltnutzungskosten**.

Das Schaubild auf der nächsten Seite zeigt abschließend die Entwicklung der deutschen Volkswirtschaft von 1991 bis 2002, gemessen am BIP und veranschaulicht am Beispiel des Jahres 2002 die drei Ermittlungsebenen:

- Entstehung,
- Verwendung,
- Verteilung.

Das Inlandsprodukt

| Entstehung | Verteilung | Verwendung |

Land-wirtschaft
Produzierendes Gewerbe (ohne Bau)
Baugewerbe
Handel, Gastgewerbe und Verkehr
Finanzierung, Vermietung und Unternehmensdienstleister
Öffentliche und private Dienstleister

Bruttonationaleinkommen

Arbeitnehmerentgelt
Volkseinkommen
Unternehmens- und Vermögenseinkommen
Produktions- und Importabgaben
Abschreibungen
Saldo der Einkommen vom/ans Ausland

Individualkonsum
Kollektivkonsum
Investitionen
Außenbeitrag

= **Bruttoinlandsprodukt (BIP)**

ZAHLENBILDER   (vereinfachte Darstellung)

Für das Jahr 2002 ermittelte das Statistische Bundesamt ein BIP im Wert von 2.112 Milliarden €. Das waren 1,9 Prozent mehr als 2001. Rechnet man den Preisanstieg heraus, so ergibt sich ein realer Anstieg (= **Wirtschaftswachstum**) von 0,6 Prozent.

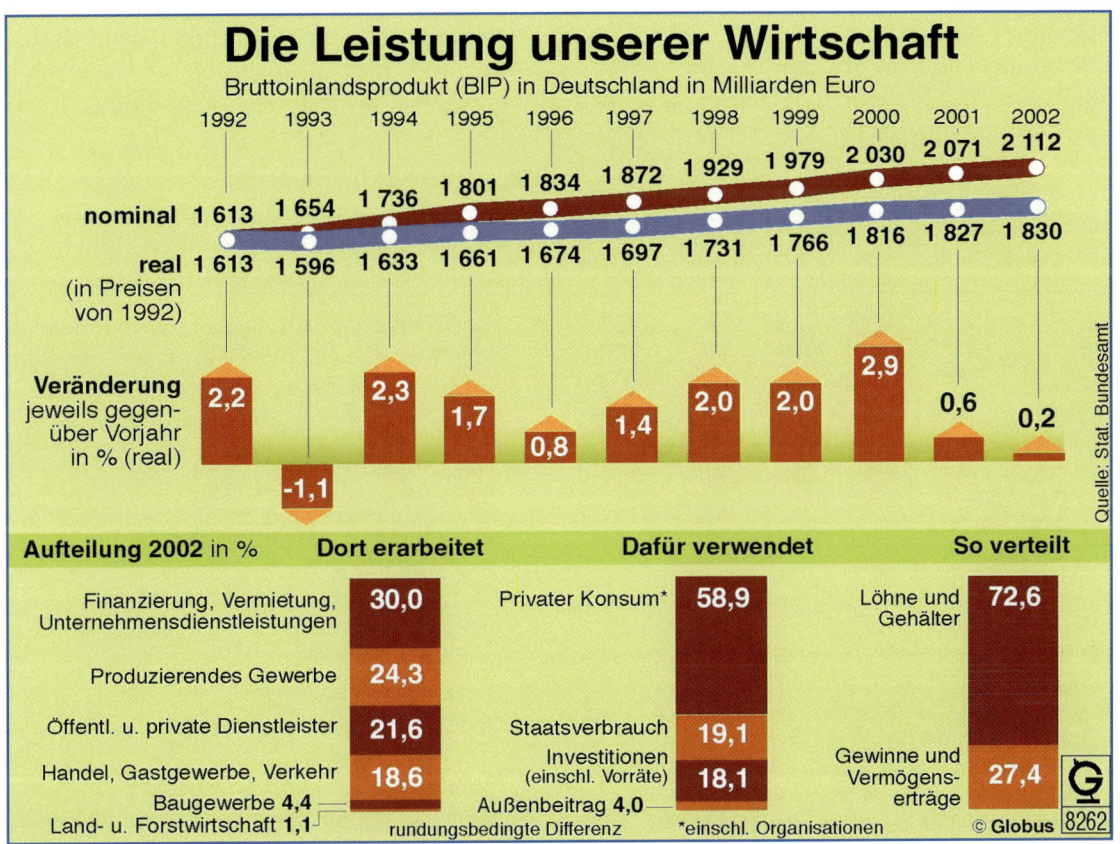

Die Leistung unserer Wirtschaft
Bruttoinlandsprodukt (BIP) in Deutschland in Milliarden Euro

	1992	1993	1994	1995	1996	1997	1998	1999	2000	2001	2002
nominal	1 613	1 654	1 736	1 801	1 834	1 872	1 929	1 979	2 030	2 071	2 112
real (in Preisen von 1992)	1 613	1 596	1 633	1 661	1 674	1 697	1 731	1 766	1 816	1 827	1 830
Veränderung jeweils gegenüber Vorjahr in % (real)	2,2	-1,1	2,3	1,7	0,8	1,4	2,0	2,0	2,9	0,6	0,2

Quelle: Stat. Bundesamt

Aufteilung 2002 in %	Dort erarbeitet		Dafür verwendet		So verteilt	
Finanzierung, Vermietung, Unternehmensdienstleistungen	30,0		Privater Konsum*	58,9	Löhne und Gehälter	72,6
Produzierendes Gewerbe	24,3					
Öffentl. u. private Dienstleister	21,6		Staatsverbrauch	19,1		
Handel, Gastgewerbe, Verkehr	18,6		Investitionen (einschl. Vorräte)	18,1	Gewinne und Vermögens- erträge	27,4
Baugewerbe 4,4			Außenbeitrag 4,0			
Land- u. Forstwirtschaft 1,1						

rundungsbedingte Differenz   *einschl. Organisationen

© Globus 8262

11.4.5 Probleme bei der Berechnung und in der Aussagekraft des Nationaleinkommens

Zur Beurteilung der Wirtschaftsentwicklung greift man in der Regel auf das Nationaleinkommen zurück. Versucht man durch dessen Veränderungen festzustellen, ob ein tatsächliches Wirtschaftswachstum vorliegt, so sind Preisänderungen zu berücksichtigen.

Nur das reale Nationaleinkommen bildet eine objektive Basis für die Beurteilung des Wirtschaftswachstums, d.h., Preisänderungen müssen beim Vergleich herausgerechnet werden.

Für den Statistiker ist es jedoch schwierig, die unterschiedlichen Preisänderungen bei der Errechnung des Nationaleinkommens zu berücksichtigen.

Problematisch ist auch, das Nationaleinkommen als Maßstab für den wirtschaftlichen Wohlstand heranzuziehen, da es nichts über die Verteilung der Güter aussagt. So ist es ohne weiteres möglich, dass eine Steigerung des Nationaleinkommens den Wohlstand bei verschiedenen Bevölkerungsgruppen in unterschiedlichem Ausmaß anhebt. Auch sagt das Nationaleinkommen nichts darüber aus, ob der Zuwachs durch den gleichen oder einen höheren zeitlichen Arbeitseinsatz erzielt worden ist.

Ebenfalls ist zu bedenken, dass das Nationaleinkommen nur das Produktionsergebnis der Unternehmen und des Staates ausweist. Es kann in einer Gesellschaft aber nicht allein darum gehen, das Angebot an Gütern und Dienstleistungen auszuweiten. Ziele sind u.a. auch,

- die Arbeitsbedingungen für die im Produktionsprozess tätigen Menschen zu verbessern,
- die Umweltzerstörung zu stoppen,
- die Wirtschaftskriminalität zu bekämpfen,
- soziale Sicherheit und Gerechtigkeit zu gewährleisten.

Alle diese „qualitativen" Ziele, die zusammengefasst auch als **Lebensqualität einer Gesellschaft** bezeichnet werden, entziehen sich einer Überprüfung mithilfe der Messgröße Nationaleinkommen. BNE (Bruttonationaleinkommen) und BIP sind insofern nur begrenzt aussagekräftige Wohlstandsanzeiger. Sie dokumentieren im Wesentlichen das gesamtwirtschaftliche

Wachstum und damit nur *eines* der im **Stabilitäts- und Wachstumsgesetz** vorgegebenen vier Ziele staatlicher Wirtschaftspolitik (vgl. Seite 264).

Wesentliche Lerninhalte
- Alle **Aufwendungen** und **Erträge** eines Unternehmens lassen sich übersichtlich in einem **Produktionskonto** erfassen.

- Die **Wertschöpfung** eines Unternehmens errechnet sich aus dem Wert der verkauften Produkte (= Umsatzerlöse) abzüglich der Vorleistungen und Abschreibungen.

Produktionskonto	
Aufwendungen	**Erträge**
Vorleistungen sind auf der Aufwandsseite des Produktionskontos erfasst; sie beinhalten alle für den Produktionsprozess notwendigen Einkäufe von Roh-, Hilfs- und Betriebsstoffen von anderen Unternehmen in einer Rechnungsperiode. Die ebenfalls hier enthaltenen **Abschreibungen** erfassen die Abnutzung der dauerhaften Produktionsmittel in einer Rechnungsperiode. Des Weiteren werden auf der Aufwandsseite des Produktionskontos **indirekte Steuern** (minus Subventionen) sowie **Löhne, Zinsen, Miete** und **Gewinn** erfasst.	**Hergestellte Sachgüter und Dienstleistungen**

Bruttoproduktionswert
−   Vorleistungen
=   **Bruttonationaleinkommen**
−   Abschreibungen
=   **Nettonationaleinkommen zu Marktpreisen**
−   indirekte Steuern
+   Subventionen
=   **Nettonationaleinkommen zu Faktorkosten**
−   direkte Steuern und Sozialabgaben
+   Transferzahlungen
=   **verfügbares Einkommen**

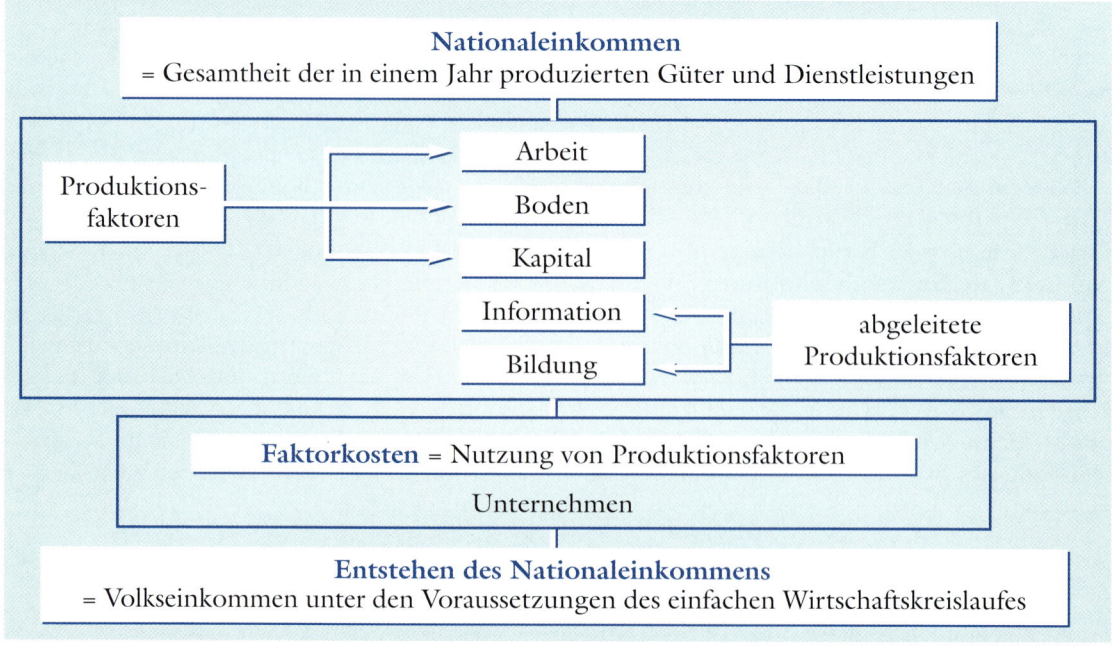

Nationaleinkommen
= Gesamtheit der in einem Jahr produzierten Güter und Dienstleistungen

Produktionsfaktoren — Arbeit / Boden / Kapital

Information / Bildung — abgeleitete Produktionsfaktoren

Faktorkosten = Nutzung von Produktionsfaktoren
Unternehmen

Entstehen des Nationaleinkommens
= Volkseinkommen unter den Voraussetzungen des einfachen Wirtschaftskreislaufes

- Das **Bruttoinlandsprodukt (BIP)** ist ein Maß für die gesamtwirtschaftliche Leistung, die in einem bestimmten Wirtschaftsraum, z. B. in Deutschland oder Europa, während eines Jahres erbracht wird (abgesehen von den nicht erfassbaren Leistungen wie „Schwarzarbeit" oder unbezahlte Arbeit). Dabei spielt es keine Rolle, ob die Erwerbstätigen oder Kapitaleigner ihren ständigen Wohnsitz in diesem Gebiet haben (**Inlandskonzept**).

- Das BIP lässt sich berechnen und darstellen
  - von seiner **Entstehung** her,
  - von seiner **Verteilung** her,
  - von seiner **Verwendung** her.

- Die **zahlenmäßige Darstellung und Beschreibung der Volkswirtschaft** erfolgt in Deutschland seit 1999 auf der Grundlage des Europäischen Systems der Volkswirtschaftlichen Gesamtrechnung. Das Statistische Bundesamt stellte bereits im September 1992 die auf das Bruttonationaleinkommen (früher: Bruttosozialprodukt) ausgerichtete Berichterstattung auf das international gebräuchlichere BIP um.

Aufgaben

1 Unterscheiden Sie
a) Bruttoproduktionswert und Nettoproduktionswert;
b) Wertschöpfung und Volkseinkommen.

2 Angenommen in einer Volkswirtschaft produzieren drei Unternehmen auf unterschiedlichen Stufen: Das Unternehmen A verfügt über eine Schafzucht, spinnt die Wolle und verkauft diese an das Unternehmen B für 100 GE. A hat also keine Vorleistungen. B webt die verschiedenen Stoffe, die an den Textilhersteller C für 160 GE veräußert werden. C fertigt die verschiedensten Textilien daraus, die er an die Verbraucher für 250 GE absetzt. Die Verbraucher dieser Volkswirtschaft geben ihr gesamtes Geld auf den vorgenannten Produktionsstufen aus. Buchen Sie die vorstehenden Zusammenhänge auf den Produktionskonten A, B und C.

3 Ein Elektrogeschäft verkauft einen Gartengrill für 180,00 €. Das Elektrogeschäft hat den Grill für 130,00 € vom Großhändler bezogen. Dieser hat dem Hersteller 90,00 € gezahlt.
Für die Produktion des Grills benötigte der Hersteller die entsprechenden Maschinen sowie das Material (Blech, Schrauben usw.). An seine Vorlieferanten zahlte der Hersteller 40,00 €.
a) Ist der Unterschied zwischen dem durch das Elektrogeschäft erzielten Verkaufserlös und dem Einkaufspreis beim Großhändler als Gewinn anzusehen?
b) Zeigen Sie grafisch auf, wie die 180,00 € von den Haushalten über das Elektrofachgeschäft, den Großhändler, Hersteller und dessen Vorlieferanten zu den Haushalten zurückgelangen. Präsentieren Sie Ihr Schaubild vor der Klassengemeinschaft.

4 Wie setzt sich das Bruttonationaleinkommen zu Marktpreisen zusammen?

5 Welches sind die unterschiedlichen Ansatzpunkte von Entstehungs-, Verteilungs- und Verwendungsrechnung in einer Volkswirtschaft?

6 Ordnen Sie nachstehendem Produktionskonto eines Wirtschaftsbereiches die Begriffe BNE, NNE zu Marktpreisen, NNE zu Faktorkosten, Wertschöpfung, Nettoproduktionswert und Bruttoproduktionswert zu:

Produktionskonto eines Wirtschaftsbereichs	
Aufwand	**Ertrag**
Käufe von Vorleistungen	Hergestellte Sachgüter und Dienstleistungen
Abschreibungen	
Indirekte Steuern • Subventionen	
Löhne Zinsen Miete Gewinn	

❼ Diskutieren Sie, welche Kritik sich an Berechnung und Aussagewert des Nationaleinkommens anbringen lässt.

❽ Welche Auswirkungen auf das Nationaleinkommen würden sich ergeben, wenn auf einmal viele Hausfrauen einen Arbeitsplatz in Industrie- oder Dienstleistungsunternehmen einnehmen würden?

❾ Was ist unter dem preisbereinigten Nationaleinkommen zu verstehen?

❿ Wodurch kann das Nationaleinkommen gesteigert werden?

11.5 Steuern

> **Situation**
> Während im Mittelalter darüber gestritten wurde, ob der Staat das Recht habe, Steuern zu erheben oder nicht, sind sich heute Politiker und Wissenschaftler einig, dass der Staat seine Aufgaben nur erfüllen kann, wenn er Steuern von den Bürgern einzieht. Herr Fahmüller meint, das einzig Gute an den Steuern sei, dass er über den Lohnsteuerjahresausgleich im Frühjahr wenigstens immer einen kleinen „Geldsegen" zu erwarten habe. ▶▶▶

Steuern eintreiben heißt, die Gans so zu rupfen, dass man möglichst viele Federn mit möglichst wenig Gezische bekommt.

(Colbert 1619 – 1683)

Steuern sind Geldleistungen, die z. B. der Bund, die Länder und Gemeinden zur Erzielung von Einnahmen allen Bürgerinnen und Bürgern auferlegen, ohne dass damit eine direkte Gegenleistung verbunden ist (in Anlehnung an *§ 3 Abgabenordnung*).
Steuern sind also **öffentliche Abgaben**, die an den Staat abzuführen sind. Außer Steuern zählen auch Gebühren und Beiträge zu den öffentlichen Abgaben. Der wesentliche Unterschied zwischen Steuern und Gebühren sowie Beiträgen besteht darin, dass **Gebühren** und **Beiträge** Gegenleistungen für eine besondere Leistung und damit Entgelt sind, was bei Steuern nicht der Fall ist.

Bei der Einteilung der Steuern (siehe auch Übersicht 11.7) aus der Sicht der Unternehmensleitung ist entscheidend, ob sie

● vom Betrieb getragen werden müssen und daher als Kosten in die Kalkulation gewinnmindernd eingehen (z. B. Grundsteuer für Betriebsgrundstücke, Kraftfahrzeugsteuer für Firmenwagen, Gewerbesteuer = Betriebssteuern)

oder ob es sich um solche handelt,

● die nicht vom Betrieb getragen werden, sondern der Unternehmer persönlich zu tragen hat (z. B. Einkommensteuer, Kirchensteuer, Erbschaftsteuer),

oder ob es sich um

● durchlaufende Steuern handelt, die der Betrieb für das Finanzamt einzieht und an das Finanzamt abführt wie die Lohn- und Kirchensteuer der Arbeitnehmer, die Umsatzsteuer, die Verbrauchsteuern.

Möglichkeit der Einteilung der Steuern

Besitzsteuern		Verkehrssteuern		Verbrauchsteuern und Zölle	
Personensteuern	Realsteuern				
Einkommen-steuer ⎫	Grundsteuer G	Umsatzsteuer ⎰	B	Biersteuer	L
Lohnsteuer ⎬ B	Gewerbe- ⎧ B		L	Kaffeesteuer	B
Solidaritäts- ⎬ L	ertragssteuer ⎨ L	Grunderwerb- ⎰	L	Mineralölsteuer	B
zuschlag ⎭ G	⎩ G	steuer ⎱	G	Stromsteuer	B
Körperschaft- ⎫	Hundesteuer G	Kraftfahrzeug-		Branntwein-	
steuer ⎬ B		steuer	L	abgaben	B
Kapitalertrag- ⎬ L				Schaumwein-	
steuer ⎭				steuer	B
Erbschaftsteuer L				Tabaksteuer	B
(Schenkungsteuer)				....	
				Zölle	B
Kirchensteuer dP					

B = Bundessteuern   L = Landessteuern   G = Gemeindesteuern   dP = durchlaufender Posten

Übersicht 11.7

▶▶▶ Wäre Herr Fahmüller selbständig, z. B. als Pächter einer Betriebskantine, hätte er bei der Einkommen-, Umsatz-, und Gewerbesteuer dem Finanzamt eine **Steuererklärung** einzureichen, die auf der Grundlage der am Jahresende erstellten Bilanz und der geführten Bücher anzufertigen ist. Nachdem die Steuererklärung vom Finanzamt geprüft worden wäre, bekäme Herr Fahmüller vom Finanzamt einen Steuerbescheid, aus dem die Steuerschuld oder das Steuerguthaben hervorginge. Zudem würde das Finanzamt Steuervorauszahlungen zu bestimmten Terminen festsetzen. ▶▶▶

11.5.1 Die Einkommensteuer

Der Einkommensteuer unterliegen die Einkünfte, die eine natürliche Person während eines Kalenderjahres hat. Dazu zählen die Einkünfte aus allen **sieben Einkunftsarten** (§ 2 EStG):

- Einkünfte aus Land- und Forstwirtschaft,
- Einkünfte aus Gewerbebetrieb,
- Einkünfte aus selbständiger Arbeit (der „freien" Berufe wie Ärzte, Rechtsanwälte),

- Einkünfte aus nichtselbständiger Arbeit (Löhne und Gehälter von Arbeitern und Angestellten, z. B. in der Hauswirtschaft),
- Einkünfte aus Kapitalvermögen (z. B. Zinsen aus Guthaben bei Kreditinstituten und Bausparkassen, festverzinslichen Wertpapieren oder Beteiligungen an Gesellschaften),
- Einkünfte aus Vermietungen und Verpachtungen,
- sonstige Einkünfte (z. B. Renten und Spekulationsgewinne).

Will der jeweilige Steuerpflichtige die Summe der Einkünfte errechnen, so kann auf verschiedene Arten der Gewinn ermittelt werden. Kleine Betriebe sind nicht dazu verpflichtet, eine umfangreiche doppelte Buchführung vorzulegen und regelmäßig Abschlüsse aufzustellen. Derartige Betriebe ermitteln den Gewinn als Überschuss der Betriebseinnahmen über die Betriebsausgaben (§ 4 EStG). Bei allen anderen Unternehmen ergibt sich der Gewinn durch einen Vergleich zwischen dem Betriebsvermögen am Schluss und am Anfang des Wirtschaftsjahres, vermehrt um die Privatentnahmen und vermindert um Privateinlagen (§ 5 EStG).

Die Einnahmen aus den Einkunftsarten 1 bis 3 können um die jeweiligen **Betriebsausgaben** (z. B. Abschreibungen) gekürzt werden. Die Einnahmen aus den Einkunftsarten 4 bis 7 können um die **Werbungskosten** gekürzt werden (= getätigte Aufwendungen zum Erwerb, zur Sicherung und zum Erhalt der Arbeitskraft/ Einnahmen).

Der Gesamtbetrag der Einkünfte kann noch um **Sonderausgaben** (z. B. Kirchensteuer, Steuerberatungskosten, Beiträge zu privaten Kranken-, Unfall- und Haftpflichtversicherungen, zur gesetzlichen Sozialversicherung sowie zu privaten Lebensversicherungen) sowie **außergewöhnliche Belastungen** aufgrund von Krankheit oder Körperbehinderung verringert werden.

Alle Eintragungen in der Lohnsteuerkarte genau prüfen! Lesen Sie die Informationsschrift „Lohnsteuer '20.."		Ordnungsmerkmale des Arbeitgebers

Lohnsteuerkarte 20..

Gemeinde und AGS
Finanzamt Johannes-Stelling-Straße 9
Finanzamt und Nr.
Finanzamt Schwerin

Geburtsdatum
12.02.1950

I. Allgemeine Besteuerungsmerkmale
Steuerklasse / Kinder unter 18 Jahren: Zahl der Kinderfreibeträge

Martin Fahmüller
Barcastraße 1 b

19063 Schwerin

drei   eins

Kirchensteuerabzug

rk
(Datum)

(Gemeindebehörde)
Schwerin

II. Änderungen der Eintragungen im Abschnitt I				
Steuerklasse	Zahl der Kinderfreibeträge	Kirchensteuerabzug	Diese Eintragung gilt, wenn sie nicht widerrufen wird:	Datum, Stempel und Unterschrift der Behörde
			vom 2000 an bis zum 31. 12. 2000	I. A.
			vom 2000 an bis zum 31. 12. 2000	I. A.
			vom 1996 an	

11.5.2 Die Lohnsteuer

Grundlage der Berechnung der Lohnsteuer ist die **Lohnsteuerkarte**, die jeder Arbeitnehmer von der Gemeindeverwaltung erhält, in deren Gebiet er seinen Wohnsitz hat. Um steuerliche Nachteile zu vermeiden, muss der Arbeitnehmer die Lohnsteuerkarte dem Arbeitgeber rechtzeitig vor Beginn des neuen Kalenderjahres vorlegen.

Steuerklassen	Personenkreis
I	• **Ledige** • **Verheiratete, Verwitwete** oder **Geschiedene** ohne Voraussetzung für StKl. III oder IV
II	• **Alleinstehende** mit mindestens einem Kind (der Haushaltsfreibetrag wird bis 2005 auf Null gesenkt)
III	• **Verheiratete** ○ unbeschränkt steuerpflichtig ○ nicht dauernd getrennt lebend ○ Ehegatte des Arbeitnehmers ohne Arbeitslohn ○ Ehegatte des Arbeitnehmers mit Arbeitslohn in StKl. V • **Verwitwete, Geschiedene** unter bestimmten Voraussetzungen
IV	• **Verheiratete** ○ beide Ehegatten mit Arbeitslohn
V	Personenkreis wie unter IV, ein Ehegatte ist auf Antrag beider Ehegatten in StKl. III eingestuft
VI	Arbeitnehmer mit Arbeitslohn aus einem zweiten und weiteren Dienstverhältnis

Übersicht 11.8

Der Arbeitgeber hat den Lohnsteuerabzug nach den vom Finanzamt herausgegebenen gültigen Lohnsteuertabellen vorzunehmen. Diese sind in **Lohnsteuerklassen** eingeteilt, die die persönlichen Verhältnisse des Arbeitnehmers berücksichtigen. Entsprechend der Lohnsteuerhöhe werden auch die Kirchensteuer und der Solidaritätszuschlag festgelegt (Übersicht 11.8).

Auf der **Lohnsteuerkarte** können aufgrund eines beim Finanzamt gestellten Antrags **Steuerermäßigungen** eingetragen werden, sofern diese den bereits in die Lohnsteuertabellen eingearbeiteten **Pauschbetrag für Werbungskosten und Sonderausgaben** übersteigen.

▶▶▶ Herr Fahmüller hat als Arbeitnehmer von seinem monatlichen Arbeitsentgelt Lohnsteuer an den Staat abzuführen. Diese behält der Arbeitgeber vom Bruttolohn ein und führt sie an das Finanzamt ab. Übersteigen die geleisteten Lohnsteuerzahlungen die auf den gesamten Jahreslohn entfallende Jahreslohnsteuer, so wird die von ihm zu viel entrichtete Lohnsteuer erstattet.
Das trifft besonders zu:

- bei schwankendem Arbeitslohn (bei höheren Lohnzahlungen greift die Steuerprogression unverhältnismäßig stark),
- bei Arbeitslosigkeit (der für einen Teil des Jahres gezahlte Arbeitslohn wird als Jahreslohn behandelt),
- bei erhöhten Werbungskosten, Sonderausgaben und außergewöhnlichen Belastungen,
- bei Heirat des Arbeitnehmers oder Geburt eines Kindes. ▶▶▶

Auf Antrag des Arbeitnehmers führt das zuständige Finanzamt eine **Einkommensteuerveranlagung** durch und ermittelt dadurch die tatsächliche Jahressteuer. Der Antrag ist bis zum Ablauf des auf das Ausgleichsjahr folgenden zweiten Kalenderjahres zu stellen (z. B. Ausgleichsjahr 2000 = letzter Abgabetermin 31. Dezember 2002).

Personen, die z. B. Wohnungen vermieten, können keine Veranlagung beantragen. Sie werden nach dem *EStG* pflichtveranlagt.

11.5.3 Die Umsatzsteuer (Mehrwertsteuer)

Die **Umsatzsteuer** (USt) wird auch als **Mehrwertsteuer** (MwSt) bezeichnet, da auf jeder Stufe des Warenweges, also z. B. von der Brauerei über den Getränkegroßhändler und den Restaurantbetrieb bis zum Endverbraucher, der Mehrwert zu versteuern ist. Der Großhändler hat nur den Unterschied zwischen Verkaufs- und Einkaufspreis, in unserem Beispiel beim Bier, zu versteuern. Steuerschuldner sind immer die Unternehmen.

Umsatzsteuerpflichtig sind alle Lieferungen und sonstigen Leistungen eines Unternehmens im Inland gegen Entgelt. Auch der Eigenverbrauch des Unternehmers unterliegt der Umsatzsteuer, d. h., die Entnahme von Gegenständen oder die Verwendung von Gegenständen für Zwecke, die außerhalb des Unternehmens liegen, sind zu versteuern (z. B. private Benutzung des dem Unternehmen gehörenden Funktelefon, Maschinen). Die Einfuhr von Gegenständen in das Inland ist umsatzsteuerpflichtig.

Besteuerungsgrundlage sind immer die vereinbarten, nur um die Umsatzsteuer gekürzten Entgelte. Sollte sich die Bemessungsgrundlage durch das Gewähren von Nachlässen (z. B. Rabatte, Skonti) geändert haben, so muss auch der Umsatzsteuerbetrag berichtigt werden.

Die der Umsatzsteuer unterliegenden Leistungen sind mit

16 % = allgemeiner Steuersatz sowie
7 % = ermäßigter Steuersatz

zu versteuern.

Dem **ermäßigten Umsatzsteuersatz** unterliegen z. B. (vgl. *§ 12 UStG*):

- die meisten Lebensmittel (jedoch voller Steuersatz bei Verzehr in Gaststätten);
- Haltung und Aufzucht von Vieh;
- Bücher, Zeitungen, Zeitschriften, Noten;
- die Personenbeförderung im Kfz-Linienverkehr oder in Taxis;
- Theateraufführungen;
- Umsätze in Schwimm- und Heißbädern;
- Kunstgegenstände (Gemälde, Zeichnungen).

Alle anderen Leistungen einschließlich des sonstigen Eigenverbrauchs unterliegen dem allgemeinen Steuersatz.

Von der **Umsatzsteuer** befreit sind u. a. Ausfuhrlieferungen, Bankumsätze, Verpachtung und Vermietung von Grundstücken, Umsätze von Ärzten, Zahnärzten, Krankengymnasten, Bausparkassen- und Versicherungsvertretern usw.

Da die Umsatzsteuer nach dem Willen des Gesetzgebers die Letztverbraucher treffen soll, stellt die Umsatzsteuer für die Unternehmen lediglich einen **durchlaufenden Posten** dar. Das heißt, der Unternehmer darf die Umsatzsteuer nicht in die Preiskalkulation einrechnen, sondern muss sie gesondert aufschlagen.

Der Unternehmer wendet den vollen Umsatzsteuersatz auf seine Umsätze an und kassiert die Umsatzsteuer von seinen Kunden. Die bereits an seine Lieferer (z. B. Hersteller, Großhändler) entrichtete Umsatzsteuer kann der Unternehmer als **Vorsteuer** (VSt) von der bei den Kunden vereinnahmten Umsatzsteuer/Mehrwertsteuer absetzen. Wird für bestimmte Umsätze keine Umsatzsteuer gezahlt (z. B. Einnahmen aus Vermietung und Verpachtung an Privatpersonen), kann auch kein Vorsteuerabzug geltend gemacht werden (Ausnahme: Ausfuhrlieferungen).

Der Unterschiedsbetrag zwischen Mehrwertsteuer und Vorsteuer wird als **Zahllast** bezeichnet und ist an das zuständige Finanzamt abzuführen.

▶▶▶ Als selbständiger Pächter würde Herr Fahmüller die Zahllast wie folgt ermitteln:

Einkauf von Speisen für die Kantine in Höhe von

	4.000,00 €
plus 7 % Vorsteuer	280,00 €
	4.280,00 €

Abgabe von Speisen in der Kantine im Monat September gemäß Barkasse und Rechnungsstellung:

	9.000,00 €
plus 16 % Mehrwertsteuer	1.440,00 €
	10.440,00 €

Zahllasterrechnung:

	1.440,00 €
−	280,00 €
=	1.160,00 €

an das Finanzamt abzuführen ●●●

Der Unternehmer hat dem Finanzamt innerhalb von zehn Tagen nach Ablauf eines Kalendermonats eine **Umsatzsteuervoranmeldung und -vorauszahlung** an das Finanzamt einzureichen, in der die vereinbarten Entgelte und die abziehbare Vorsteuer aufgeführt sind. Die an das Finanzamt zu leistende Zahllast stellt eine Vorauszahlung auf die Jahressteuerschuld dar. Am Ende des Jahres hat der Unternehmer eine **Umsatzsteuererklärung** abzugeben, nach der der **Umsatzsteuerbescheid** erstellt und darin zu wenig gezahlte Steuer als Abschlusszahlung angefordert wird. Überzahlte Beträge werden zurückerstattet.

Kleinunternehmer brauchen die Umsatzsteuer nicht zu zahlen, wenn der Umsatz im vorausgegangenen Kalenderjahr 16.620,00 € nicht überstieg und im laufenden Kalenderjahr voraussichtlich 50.000,00 € nicht übersteigen wird. Allerdings besteht dann auch keine Berechtigung zum Vorsteuerabzug und zum gesonderten Ausweis der Steuer (*§ 19 UStG*).

11.5.4 Verbrauchsteuern

Die Verbrauchsteuern belasten bestimmte Verbrauchs- und Gebrauchsgüter. Als Beispiele sind hier zu nennen:

- bei Genussmitteln Kaffeesteuer, Schaumweinsteuer, Zigarrettensteuer, Branntweinabgabe usw.,
- bei sonstigen Gütern Mineralölsteuer usw.

Verbrauchsteuern werden bereits beim Hersteller erhoben und im Gegensatz zu den Besitz- und Verkehrsteuern durch die Hauptzollämter verwaltet. Bemessungsgrundlagen sind bei Tabakwaren der Verkaufspreis, bei Branntwein und Schaumwein die Menge, bei Bier die Menge und Güte, bei Kaffee usw. das Gewicht.

Handlungsvorschlag

Es wird viel gesprochen von Steuererhöhungen bzw. der Einführung verschiedener Ökosteuern (z. B. Straßengebühren, Wasserpfennig). Welche Auswirkungen könnte dies oder die Erhöhung der Mehrwertsteuer von 16 % auf 18 % auf die Wirtschaft und die privaten Haushalte haben?
Sie können hierzu auch mit fachkundigen Personen sprechen. Tipps finden Sie auf den Seiten 333 (Erkundung) und 342 (Expertenbefragung).

11.5.5 Die Körperschaftsteuer

Die Einkünfte der juristischen Personen, wie AG, GmbH, Genossenschaften, Vereine, unterliegen der Körperschaftsteuer. Die Höhe der Körperschaftsteuer hängt davon ab, ob der Gewinn einbehalten oder ausgeschüttet wird. Nicht körperschaftsteuerpflichtig sind die Landeszentralbanken, die Gewerkschaften usw.

11.5.6 Die Gewerbesteuer

Mit der Gründung eines Gewerbebetriebes setzt die Gewerbesteuerpflicht ein, sie endet mit der Auflösung des Gewerbebetriebes. Ausgehend von der vom Steuerpflichtigen eingereichten Gewerbesteuererklärung berechnet das Finanzamt den Gewerbesteuermessbetrag.
Sie richtet sich nach dem **Gewerbeertrag,** also nach dem um verschiedene Posten geänderten Jahresgewinn. Vom Gewerbeertrag sind so genannte Messbeträge zu berechnen (z. B. 5 % des auf volle 100,00 € abgerundeten Gewerbeertrages). Der Messbetrag wird mit dem von den einzelnen Gemeinden in Prozenten festgelegten Hebesatz multipliziert, und die Gemeinde setzt so die fällige Gewerbesteuer fest. Die Steuerschuld wird nun dem Betrieb von der Gemeinde im Gewerbesteuerheranziehungsbescheid mitgeteilt. Von der Gewerbesteuer befreit sind die „freien" Berufe, öffentliche Betriebe usw.

Wesentliche Lerninhalte

- Steuern sind Geldleistungen an den Staat, die keine direkte Gegenleistung darstellen.
- Die Steuern lassen sich nach dem Steuergegenstand, der Erhebungsart, der Abzugsfähigkeit und dem Steuerempfänger einteilen.
- Einnahmen
  – Betriebsausgaben
  – Werbungskosten
  – Sonderausgaben
  – außergewöhnliche Belastungen
  = zu versteuerndes Einkommen
- Lohnsteuerpflichtige Bürger werden in die Steuerklassen I bis VI eingestuft.
- Bei der Umsatzsteuer werden die vereinbarten Entgelte mit 16 % oder 7 % versteuert.
- Mehrwertsteuer minus Vorsteuer = Zahllast

Aufgaben

❶ Welche Gebietskörperschaft zieht die folgenden Steuern ein:

a) Mineralölsteuer,	e) Tabaksteuer,
b) Biersteuer,	f) Lohnsteuer,
c) Umsatzsteuer,	g) Hundesteuer?
d) Grundsteuer,	

❷ Welche Möglichkeiten sind dem Gesetzgeber an die Hand gegeben, um den einzelnen Bürger möglichst gerecht zu besteuern?

❸ Zu welchen Einkunftsarten sind die nachstehenden Fälle zu zählen:
   a) die Gewinne einer Unternehmerin,
   b) das Gehalt einer Hauswirtschaftsmeisterin,
   c) die Einnahmen einer Einzelhändlerin,
   d) die Provision einer selbständigen Handelsvertreterin für Haushaltsartikel,
   e) die Dividende für Wertpapiere,
   f) das Honorar eines Kurarztes,
   g) die Rente des Seniorchefs?

❹ Unterscheiden Sie Betriebsausgaben von Werbungskosten und geben Sie Beispiele.

❺ Worin unterscheiden sich Einkommensteuer und Lohnsteuer?

❻ Was verstehen Sie unter Sonderausgaben und welchem Zweck dienen sie?

❼ Der Gemeinderat von Neubokel diskutiert über die Erhöhung des Hebesatzes der Gewerbesteuer. Welche Argumente sprechen für eine Erhöhung, welche dagegen?

❽ Warum unterliegt der Eigenverbrauch des Einzelhändlers der Umsatzsteuerpflicht?

❾ Prüfen Sie, ob in den folgenden Fällen eine der Umsatzsteuer unterliegende Lieferung oder Leistung getätigt wurde:
   a) Gastwirt Franz schenkt in seiner Gaststätte Apfelwein aus.
   b) Steuerberater Pfiffig führt für Herrn Zunterer gegen ein entsprechendes Honorar sämtliche Steuerangelegenheiten einschließlich der Buchführung durch.
   c) Im Haus Dorfstraße 20 wird eine neue Telefonanlage installiert.
   d) Der Gastwirt Sulz aus Nürnberg fährt mit dem auf das Geschäft zugelassenen Pkw zu Verwandten nach München.

❿ Errechnen Sie die vom Unternehmer an das Finanzamt abzuführende Zahllast bei einem Steuersatz von 16 %: Verkauf von Andenken, netto 200,00 €, die Einkaufskosten betrugen netto 100,00 €.

⓫ Wer ist für den Einzug der Verbrauchsteuern zuständig?

⓬ Nennen Sie die Bemessungsgrundlagen für Verbrauchsteuern bei Schaumwein, Bier und Benzin.

Weiterführende Aufgabe

Ein großes Handelsunternehmen möchte am Rande eines Dorfes ein Einkaufs- und Kinozentrum mit einem großen Parkplatz bauen. Der Ort liegt 5 km von einer großen Stadt entfernt. Das Unternehmen legt der Gemeinde das Konzept vor. Der Gemeinderat stimmt dem Vorhaben zu: Für die Gemeinde werden zusätzliche Arbeitsplätze geschaffen, und außerdem wird die leere Gemeindekasse durch die erhöhten Einnahmen infolge der Gewerbesteuer, die das Unternehmen zahlt, gefüllt. Auch einige Gewerbetreibende erhoffen sich durch dieses Baugeschehen eine Geschäftsbelebung. Die privaten Haushalte in der näheren Umgebung erhoffen sich günstigere und bequemere Einkaufsmöglichkeiten.

Der Stadtrat der nahe liegenden Stadt legt Einspruch gegen das geplante Bauvorhaben ein. Man begründet den Einspruch damit, dass durch den Bau des Einkaufszentrums die Geschäftsleute große Verkaufseinbußen haben werden und die Innenstadt an Attraktivität verliert. Zugleich werden Einnahmeverluste der Stadt geltend gemacht.

Die Schüler sollen das Für und Wider des Bauvorhabens erarbeiten. Bilden Sie Gruppen und diskutieren Sie folgende Fragen und Probleme:
- Vor- und Nachteile für die Dorfgemeinde
- Vor- und Nachteile für die Stadt
- Vor- und Nachteile für den privaten Haushalt
- Ist die Stadt berechtigt, den Bau des Einkaufs- und Kinozentrums zu verhindern?
- Wie weit dürfen öffentliche Behörden in die freie Marktwirtschaft eingreifen?
- Wird durch die Bauablehnung der Stadt in die bestehende Wirtschaftsordnung zum Nachteil der kleineren Gemeinde und der privaten Haushalte eingegriffen?
- Sind diese marktregulierenden kommunalen Entscheidungen mit der sozialistischen Planwirtschaft in der ehemaligen DDR vergleichbar?

12 Rechnungswesen im Haushalt

In jedem hauswirtschaftlichen Betrieb ist es notwendig, Abrechnungen vorzunehmen. Diese Aufgabe erfüllt das Rechnungswesen.

12.1 Einnahmen und Ausgaben im Haushalt

Situation
Manuela ist Auszubildende der Hauswirtschaft in einer Senioreneinrichtung. Voraussichtlich wird sie nach Abschluss der Lehre nicht übernommen. Deshalb spielt sie mit dem Gedanken, bei einer Freundin ins Geschäft einzusteigen, die sich selbständig gemacht hat. Diese Freundin klagt oft über ihre Finanzprobleme und dass sie einfach keinen Überblick über ihre Ausgaben hätte.
Manuela fragt ihre Ausbilderin, wie man denn seine eigenen Finanzen bloß in den Griff bekommen könnte. Diese ist nur zu gerne bereit, ihr etwas über das Rechnungswesen am Beispiel des privaten Haushalts zu erzählen. ▶▶▶

Zum hauswirtschaftlichen Rechnungswesen gehören folgende Bestandteile:

- Haushaltsplanung
- Haushaltsbuchführung

In der Haushaltsplanung werden alle Einnahmen und Ausgaben, die regelmäßig anfallen bzw. erwartet werden, in einer vorausschauenden Rechnung (= **Planungsrechnung**) zusammengefasst und gegenübergestellt. Die Planungsrechnung wird auch **Budget** oder **Etat** genannt.

Diese Vorausberechnungen können monatlich, vierteljährlich oder für jeden beliebigen anderen Zeitraum vorgenommen werden. In der Haushaltsbuchführung werden alle Ausgaben erfasst. Dann können die geplanten Ausgaben mit den tatsächlichen verglichen werden.

12.1.1 Haushaltseinkommen

Um ein sinnvolles Rechnungswesen eines Haushalts zu ermöglichen, ist es zunächst notwendig, sämtliche Einnahmen des Haushalts zu erfassen.
Zum **Haushaltseinkommen** gehören:

- Erwerbseinkommen,
- Vermögenseinkommen und
- Übertragungseinkommen.

Erwerbseinkommen sind alle Einkommen, die aus einer Erwerbstätigkeit erzielt werden. Folgende wichtige Einkommen werden je nach beruflicher Tätigkeit unterschieden (Übersicht 12.1):

Tätigkeit	Einkommensart
Arbeiter	Lohn
Angestellter	Gehalt
Unternehmer	Gewinn
Auszubildender	Ausbildungsbeihilfe
Künstler	Gage
Arzt, Rechtsanwalt	Honorar

Übersicht 12.1

Dabei ist es für einen Haushalt wichtig, dass allen Planungen nicht das Bruttoeinkommen, sondern das **Nettoeinkommen** zugrunde gelegt wird. Es wird wie folgt ermittelt:

Bruttoeinkommen
– Lohnsteuer
– Kirchensteuer
– Abzüge zur gesetzlichen Sozial-
  versicherung (Kranken-, Arbeitslosen-,
  Renten- und Pflegeversicherung)
– Solidaritätszuschlag
– Vermögenswirksame Leistungen
  (siehe auch Seite 218)

= **Nettoeinkommen**

Vermögenseinkommen (Übersicht 12.3) wird
aus einem vorhandenen Vermögen erzielt.

Vermögensart	Einkommensart
Sparbuch, festverzins-liche Wertpapiere	Zinsen
Aktien	Dividende
Häuser	Miete

Übersicht 12.3

Fixe Ausgaben	**Variable Ausgaben**	**Ausgaben für Rücklagenbildung**
• Miete mit Nebenkosten (Heizung, Strom, Gas, Wasser, Garage) • durch- schnitt- liche Telefon- kosten  • Kfz-Versicherung, -Steuer • private Kranken-, Haft- pflicht-, Unfall-, Lebens- und Rechtsschutz- versicherung • Beiträge zu Vereinen, Gewerkschaften, Parteien • durchschnittliche Kosten für Ausbildung • Rundfunk- und Fernseh- gebühren (GEZ) • feste monatliche Spar- beträge (Sparbuch, Bausparen, Prämien- sparen usw.) • festes Taschengeld für die Familienmitglieder • Tilgung eines Kredites	• Nahrungs- und Genuss- mittel • Kleidung, Schuhe • Kosmetik, Hygieneartikel, Körperpflege • Wasch- und Putzmittel • Freizeit, Bildung (Kino, Theater, Disko, Bücher, Zeitschriften, Ausflüge) • Geschenke, Porto, Familien- feste  • Kosten für Haustiere • Reparaturen im Haus- halt und am Auto • kleinere Anschaffungen im Haushalt • Fahrkarten, laufende Kosten für das Auto (Benzin, Öl, Inspektion) • Hobbys	• Neuanschaffungen im Haushalt • Urlaub  • Kauf eines Autos • Ersatzbeschaffung im Haushalt (neuer Kühlschrank usw.)

Übersicht 12.2

Übertragungseinkommen: Vielen Haushalten wird vom Staat noch ein Einkommen gezahlt, das man als Übertragungseinkommen (Sozialeinkommen, Transfereinkommen) bezeichnet. Hierzu gehören beispielsweise Wohngeld, Kindergeld, Renten, Arbeitslosengeld bzw. -hilfe, Sozialhilfe und BAFöG.

Das **verfügbare Einkommen** einer Familie wird ermittelt, indem man zur Summe der Nettoeinkommen die Vermögens- und Sozialeinkommen addiert:

    Nettoeinkommen (siehe Seite 288)
+ Vermögenseinkommen (Übersicht 12.3)
+ Sozialeinkommen (siehe oben)

= **verfügbares Einkommen**

12.1.2 Haushaltsausgaben

Die Ausgaben eines Haushaltes (siehe Übersicht 12.2) sind unterschiedlich hoch. Sie richten sich

- nach der Höhe des verfügbaren Einkommens,
- nach der Anzahl der in einem Haushalt lebenden Personen,
- nach den persönlichen Ansprüchen der einzelnen Haushaltsmitglieder.

Das **Ziel der Haushaltsbuchführung** ist es, die zu erwartenden Ausgaben mit dem zur Verfügung stehenden Einkommen zu decken. Wenn dieses Ziel nicht erreicht wird, gibt es folgende Möglichkeiten:

- Die bisherige Lebensführung muss eingeschränkt werden.
- Es muss versucht werden, ein höheres Einkommen zu erzielen.
- Es muss auf Ersparnisse zurückgegriffen werden.
- Es muss möglicherweise ein Kredit aufgenommen werden.

▶▶▶ Die Haushaltsbuchführung ist also für eine Familie ein nützliches Instrument, um durch Abstimmung von Einnahmen und Ausgaben eine Kontrolle über die zahlenmäßigen Vorgänge ihres Haushaltes zu gewährleisten. Dies gilt natürlich auch für den Betrieb von Manuelas Freundin.

Damit sie ihre monatlichen Ausgaben unter Kontrolle hält, will sie ab dem kommenden Monat ein Kassenbuch führen, um zu sehen, ob sie ökonomisch mit ihrem Geld umgeht. Das Kassenbuch kann wie in der Übersicht 12.4 auf der nächsten Seite aussehen.

Die Freundin hat mit diesem Haushaltskassenbuch ihre gesamten Einnahmen und Ausgaben unter Kontrolle. Damit hat sie für die nächste Zeit eine Übersicht über ihre finanzielle Situation und kann so überprüfen, welche Ausgaben sie monatlich auf jeden Fall zu erwarten hat und wo sie finanzielle Spielräume besitzt. Solch ein Kassenbuch in dieser oder ähnlicher Form kann nicht nur in einem Privathaushalt geführt werden, sondern ist eine unverzichtbare Übersichtsplattform für jeden Großhaushalt. Das Führen eines Kassenbuches ist selbstverständlich auch mithilfe eines Tabellenkalkulationprogrammes leicht durchführbar. ●●●

👣 **Handlungsvorschlag**
Siehe auch die Methodenseite Kalkulation, Seite 336.

Wesentliche Lerninhalte
- Das Einkommen, das der Haushalt für den Lebensunterhalt ausgeben kann, heißt verfügbares Einkommen.
- Das verfügbare Haushaltseinkommen setzt sich aus Erwerbs-, Vermögens- und Übertragungseinkommen zusammen.
- Reicht das Einkommen nicht zur Deckung aller Bedürfnisse aus, gibt es folgende Möglichkeiten:
  - sparsamer leben, Ansprüche überdenken,
  - Ersparnisse auflösen,
  - mehr Einkommen erzielen,
  - Kredit aufnehmen.

Kassenbuch September

Datum	Position	Einnahmen	Ausgaben	Saldo –	Saldo +
01.09.	Vortrag vom August	430,00			430,00
01.09.	Gehalt	1.850,00			2.280,00
02.09.	Miete und Nebenkosten		520,00		1.760,00
04.09.	Lebensmittel		85,00		1.675,00
05.09.	Lebensversicherung		105,00		1.570,00
06.09.	Bekleidung		145,00		1.425,00
08.09.	Kino- und Restaurantbesuch		40,00		1.385,00
10.09.	Bücher, Zeitschriften		35,00		1.350,00
11.09.	Lottogebühren		10,00		1.340,00
11.09.	Benzin		65,00		1.275,00
11.09.	Lebensmittel		95,00		1.180,00
12.09.	Eiscafé		12,00		1.168,00
13.09.	Nachzahlung Strom, Wasser, Gas		120,00		1.048,00
15.09.	Geburtstagsgeschenke für Bruder Jens		65,00		983,00
17.09.	Lottogewinn	15,00			998,00
19.09.	Jeans und Schuhe		136,00		862,00
19.09.	Lebensmittel		112,00		750,00
20.09.	Kosmetika		76,00		674,00
22.09.	Geschirr		102,00		572,00
23.09.	Benzin		58,00		514,00
26.09.	Autoreparatur		285,00		229,00
27.09.	Lebensmittel		89,00		140,00
28.09.	Haftpflichtversicherung		55,00		85,00
29.09.	Geschenk vom Vater	50,00			135,00
30.09.	Beitrag zum Sparvertrag		75,00		60,00
30.09.	Übertrag zum Oktober		60,00	0	0

Übersicht 12.4

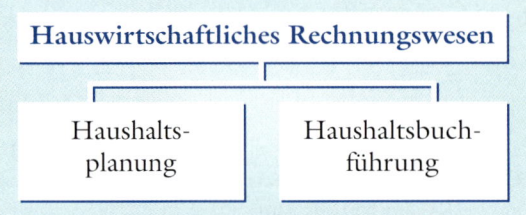

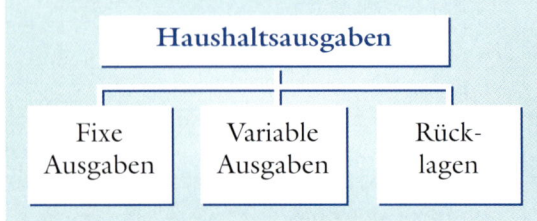

Aufgaben

❶ Welchem Zweck dient die Haushaltsplanung?

❷ Nennen Sie vier Beispiele für Erwerbseinkommen.

❸ Begründen Sie, warum das Bruttoeinkommen für einen Haushalt nicht in
seiner Gesamthöhe zur Verfügung steht.

❹ Nennen Sie zwei Beispiele für Übertragungseinkommen (Sozialeinkommen,
Transfereinkommen).

❺ Welche festen Ausgaben Ihres Haushaltes,
in dem Sie leben, können Sie feststellen?
Welche Position nimmt dabei den größten
Teil ein?

❻ Sie wollen im nächsten Sommer mit
Freunden in den Urlaub fahren. Der
Urlaub ist mit 450,00 € kalkuliert. Wie
können Sie diesen Urlaub finanzieren?

❼ Sie stellen fest, dass Sie mit Ihrer Ausbildungsbeihilfe von monatlich 225,00 €
nicht auskommen. Nennen Sie zwei
Lösungsmöglichkeiten.

❽ Welche Bereiche ihres neu erworbenen
Wissens kann Manuela auf den Betrieb
ihrer Freundin übertragen?

Weiterführende Aufgabe

Es ist Ihnen bekannt, dass dem Haushalt nicht
das gesamte Bruttoeinkommen zur Verfügung
steht.

a) Ermitteln Sie, welche Abzüge vom
Einkommen abgezogen werden, bevor es
zur Nettoauszahlung kommt.

b) Finden Sie heraus, wie viel Steuern in
Prozent des Bruttoeinkommens vom
Bruttoeinkommen abgezogen werden.
Klären Sie, wovon die Höhe der Lohn-
bzw. Kirchensteuer sowie des Solidar-
beitrags abhängt.

Informieren Sie sich hierzu beispielsweise
beim nächsten Finanzamt. Lassen Sie sich die
gültigen Lohnsteuertabellen zeigen und anhand eines bestimmten Einkommens die
Lohnsteuer und Kirchensteuer erläutern.
Erklären Sie, warum bestimmte Einkommens-

empfänger keine Kirchensteuer bezahlen müssen.

Nehmen Sie hierzu das Beispiel eines Familien-
vaters, der ein Bruttoeinkommen von
2.175,00 € bezieht; evangelisch, Lohnsteuerklasse III/2, 1 Kinderfreibetrag.
Die mit arbeitende Ehefrau bezieht 1.050,00 €
brutto, konfessionslos, Lohnsteuerklasse V/2,
1 Kinderfreibetrag.

c) Stellen Sie für Ihre Familie für die nächsten
drei Monate eine Haushaltsplanung auf.
Ermitteln Sie die Einnahmen und die festen
und laufenden Ausgaben. Ermitteln Sie
Möglichkeiten, mehr als bisher zu sparen,
damit die neu anzuschaffende Kücheneinrichtung finanziert werden kann.

Beschaffen Sie sich für diese Aufgabe Form-
blätter für die Haushaltsplanung. Wenden Sie
sich zu diesem Zweck an Ihre Sparkasse oder
an die nächste Verbraucherberatungsstelle.

12.2 Die Buchführung

Situation

Ausbilderin: „Deine Freundin Sigrid
sollte sich einen Gesamtüberblick über
den Wert ihres Vermögens und ihrer Schulden verschaffen. Der Überblick kann z. B.
konkret dazu dienen, eine neue, passende
Hausratversicherung abzuschließen.
Außerdem hilft diese Bestandsaufnahme
dabei, den aktuellen Stand aller Vermögensteile und aller Schulden übersichtlich dar-
zustellen und die laufenden Veränderungen der einzelnen Positionen festzu-
halten.“   ●●●

Zur Bestandsrechnung gehören die Inventur
mit Inventar und die Bilanz.

12.2.1 Inventur und Inventar

Es müssen zunächst alle Gegenstände des Haushaltes wie auch alle finanziellen Werte (Sparbücher, Girokonten usw.) **mengen- und wert-**

Ausfert-Grund (s. Rückseite)	Zahlungs-weise **	Beginn der Vers./ Tag der Änderung jeweils 12 Uhr mittags	Ablauf der Versicherung *	Fälligkeit des Folgebeitrages	...ingungen, ...nde. ...Bedingungen... .. Klausel... sowie der Satz... .der be... ...nden Gesellschaft. Die entsprechenden Bedingungen (bei der ▪▪▪▪▪▪ auch die Satzung) sind dem Versicherungsschein beigefügt.
10	1/1	03-07-01	04-07-01	03-07-01	* Die Versicherungsverträge verlängern sich stillschweigend um ein Jahr und weiter von Jahr zu Jahr, wenn nicht drei Monate vor dem jeweiligen Ablauf der anderen Vertragspartner eine schriftliche Kündigung zugegangen ist. ** Bei 1/2jährlicher Zahlungsweise sind 3%, bei 1/4jährlicher Zahlungsweise 5% Ratenzuschlag berechnet.

Versicherungsort:

	Beitrag einschl. Ratenzuschlag ** €
A HAUSRATVERSICHERUNG ZUM NEUWERT GEGEN SCHAEDEN DURCH BRAND, BLITZSCHLAG, EXPLOSION, EINBRUCHDIEBSTAHL, RAUB, VANDALISMUS NACH EINEM EINBRUCH, LEITUNGSWASSER, STURM UND HAGEL	
VERS.-SUMME 40.000,00 € TARIFZONE H I WOHNFLAECHE 64 QM KEIN ABZUG WEGEN UNTERVERSICHERUNG GEM. KLAUSEL 834	56,00
MITVERSICHERUNG VON UEBERSPANNUNGSSCHAEDEN GEM. KLAUSEL 837 MITVERSICHERUNG VON FAHRRAD-DIEBSTAHL GEM. KLAUSEL 833 BIS ZU 1 PROZENT DER VERS.-SUMME - DIE HOECHSTLEISTUNG JE SCHADENEREIGNIS BETRAEGT 400,00 €	12,50
B HAUSHALTGLASVERSICHERUNG GEGEN BRUCHSCHAEDEN AN GEBAEUDE- UND MOBILIARVERGLASUNGEN DER O.A. WOHNUNG	23,00

mäßig erfasst und geordnet werden. Danach sind diesen Positionen sämtliche Schulden (Dispositionskredite, Ratenzahlungskredite usw.) gegenüberzustellen.

Die Inventur ist die mengen- und wertmäßige Bestandsaufnahme aller Vermögensteile und aller Schulden zu einem bestimmten Zeitpunkt. Die Bestandsaufnahme sämtlicher Gegenstände sowie des Bargeldes heißt **körperliche Inventur,** die Bestandsaufnahme aller übrigen Vermögensteile (Bankkonten) und der Schulden erfolgt durch die **buchmäßige Inventur**.

Wenn alle Vermögensteile und Schulden erfasst sind, werden alle Positionen im Inventar zusammengefasst.

Das **Inventar** ist das Ergebnis der Inventur. Es ist das Bestandsverzeichnis aller Vermögensteile und aller Schulden zu einem bestimmten Zeitpunkt.

Inventur	Ergebnis	Inventar
Bestandsaufnahme		Bestandsverzeichnis

Übersicht 12.5

Das Inventar wird in folgende Teile gegliedert:

A. Vermögen 80.000,00 €
B. Schulden 30.000,00 €
C. Reinvermögen 50.000,00 €

A. Vermögen

Das Vermögen gliedert man nach der Liquidität („Flüssigkeit"). Das heißt, zunächst werden die „dickflüssigen" Vermögensteile aufgeführt (z. B. Fahrzeuge, Möbel), dann die „dünnflüssigen" (z. B. Bargeld, Bankguthaben).

B. Schulden

Die Schulden ordnet man nach der Fristigkeit („Fälligkeit"). Als Erstes werden die langfristigen Schulden, dann die kurzfristigen erfasst.

C. Reinvermögen

Das Reinvermögen wird wie folgt ermittelt:

Summe des Vermögens
– Summe der Schulden
= Reinvermögen

Für die Aufstellung eines Inventars ist es zweckmäßig, jeden Raum einzeln zu erfassen. Dabei sollen alle Gegenstände, die sich hier befinden, festgestellt werden.

Es kann problematisch sein, den jeweiligen Wert eines Gegenstandes genau festzulegen. Als Hilfe können hierzu die Kaufquittungen dienen. Mit diesen Anschaffungswerten, evtl. unter Berücksichtigung einer Wertminderung (= Abschreibung), kann ein aussagefähiges Bild über die Vermögenslage erstellt werden.

Wenn für den einen oder anderen Gegenstand kein Beleg (mehr) vorhanden ist, muss eine realistische Schätzung des Wertes vorgenommen werden. Dies gilt beispielsweise für ein von der Tante geschenktes Ölgemälde (Zeitwert).

Sind die Inventarlisten für die einzelnen Bereiche fertig, werden anschließend gleichartige Positionen (z. B. Möbel, Bekleidung) im Inventar systematisch zusammengefasst und geordnet, und zwar nach den Ordnungsmerkmalen, die ein Inventar zu erfüllen hat (siehe Übersicht 12.6).

Damit entsteht Schritt für Schritt das Inventar als Gesamtverzeichnis eines gesamten Haushaltes. Die Risse sollen darauf hinweisen, dass weitere Elektrogeräte (Mixer usw.), weitere Möbel (Schränke, Leuchten usw.) sowie Geschirr, Porzellan, Bestecke und andere Gegenstände in die Inventarliste aufzunehmen sind. Hier ist leicht zu erkennen, wie groß allein die Anzahl der Gegenstände in der Küche ist.

Das Inventar (siehe Übersicht 12.7) ist eine sehr detaillierte mengen- und wertmäßige Vermögens- und Schuldenübersicht. Dadurch gehen die Übersicht und das schnelle Kontrollieren über Gesamtpositionen und deren Veränderungen verloren.

Um eine bessere Übersicht zu bekommen, ist eine Zusammenfassung der Werte des Inventars vorzunehmen. Diese Kurzform heißt **Bilanz**.

12.2.2 Die Bilanz

Die Bilanz (bilancia, ital. = Waage) ist eine **Gegenüberstellung von Vermögen und Schulden in Kontenform** (conto, ital. = Rechnung). Dabei werden nicht alle Einzelpositionen, sondern nur noch zusammengefasste Werte, nicht aber Mengen aufgeführt. Die Bilanz der Familie Schober sieht dann wie in Übersicht 12.8 dargestellt aus.

Anmerkung: Der Betrag, der im Inventar als Reinvermögen ermittelt wurde, heißt in der Bilanz Eigenkapital. Zum Darlehen gehören die langfristigen Schulden bei der Stadtbank. Die Verbindlichkeiten beinhalten alle kurzfristigen Schulden.

Inventarliste am Beispiel der Küche eines Haushalts			
Anzahl	**Gegenstand**	**Beleg**	**Wert in €**
1	Elektroherd	Rechnung 47/00	600,00
1	Geschirrspüler	Rechnung 861	550,00
1	Dunstabzugshaube	Rechnung 45/01	125,00
1	Kühlschrank	Rechnung 810	400,00
1	Gefrierschrank	Rechnung 73	450,00
1	Mikrowelle	Rechnung 73/02	200,00
1	Küchentisch	Quittung 14/00	175,00
4	Küchenstühle	Rechnung 7596	320,00
3	Hängeschränke	Rechnung 67	320,00
4	Unterschränke	Rechnung 68	360,00
…	…	…	…
1	Kaffeeservice	Quittung 4711	230,00
1	Tafelservice	Quittung 48/02	320,00

Übersicht 12.6

Inventar am Beispiel eines Haushalts

A. Vermögen	€	€
I. Anlagevermögen		
1. Eigentumswohnung mit Garage		122.500,00
2. Möbel laut Anlage		27.500,00
3. Fahrzeuge		
a) Pkw	14.000,00	
b) Motorrad	4.250,00	18.250,00
4. Hausgeräte laut Anlage		7.800,00
5. Wohnungseinrichtung laut Anlage (Teppiche usw.)		4.350,00
6. Wäsche, Bekleidung laut Anlage		11.500,00
7. Geschirr usw. laut Anlage		2.300,00
II. Umlaufvermögen		
1. Vorräte		
a) Lebensmittel	350,00	
b) Reinigungs-, Putzmittel	100,00	
c) Kosmetika, Hygiene	170,00	
d) Kleinartikel (Nähzeug, CDs usw.)	380,00	1.000,00
2. Bargeldbestand		675,00
3. Sparbücher		
a) Kreditbank	625,00	
b) Stadtbank	3.640,00	
c) Universalbank	5.725,00	9.990,00
4. Girokonten		
a) Stadtbank	2.180,00	
b) Universalbank	1.620,00	3.800,00
Summe des Vermögens		**209.665,00**
B. Schulden		
I. Langfristige Schulden		
1. Stadtbank		60.350,00
II. Kurzfristige Schulden		
1. Stadtbank, Kleinkredit		3.750,00
2. Universalbank		1.300,00
Summe der Schulden		**65.400,00**
C. Ermittlung des Reinvermögens		
Summe des Vermögens		209.665,00
Summe der Schulden		65.400,00
Reinvermögen		**144.265,00**

Heidelberg, 31. Dezember 20..
(Unterschrift)

Übersicht 12.7

Bilanz zum 31. Dezember 20..

Aktiva	Passiva		
A. Vermögen		**I. Eigenkapital**	144.265,00
I. Anlagevermögen		**II. Schulden**	
1. Gebäude	122.500,00	1. Darlehen	60.350,00
2. Möbel	27.500,00	2. Verbindlichkeiten	5.050,00
3. Fahrzeuge	18.250,00		
4. Hausgeräte	7.800,00		
5. Wohnungseinrichtung	4.350,00		
6. Wäsche/Bekleidung	11.500,00		
7. Geschirr	2.300,00		
II. Umlaufvermögen			
1. Vorräte	1.000,00		
2. Bargeld	675,00		
3. Sparbücher	9.990,00		
4. Girokonten	3.800,00		
	209.665,00		209.665,00

Heidelberg, 31. Dezember 20..
(Unterschrift)

Übersicht 12.8

Übersicht 12.9 zeigt eine Bilanz in schematischer Darstellungsweise:

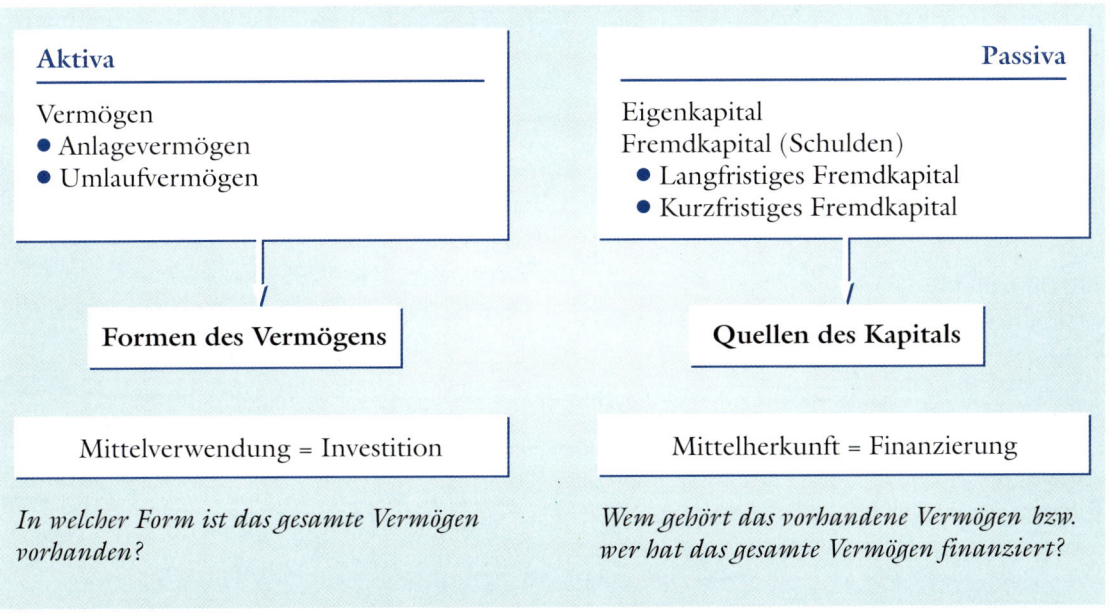

Übersicht 12.9

Beim Vergleich zwischen Inventar und Bilanz zeigen sich wesentliche Unterschiede, siehe Übersicht 12.10:

Inventar	Bilanz
• Verzeichnis von Einzelmengen, Einzelwerten und Gesamtwerten • detaillierte Auflistung aller Vermögens- und Schuldenteile • Darstellung von Vermögensteilen und Schulden in Staffelform, d.h. listenförmig untereinander	• nur wertmäßige Erfassung der Gesamtwerte • kurz gefasste Zusammenstellung von Vermögen und Kapital • Darstellung von Vermögen und Kapital in Kontenform, d.h. nebeneinander

Übersicht 12.10

12.2.3 Buchungen auf Bestandskonten

Eine Bilanz ist eine zusammenfassende Gegenüberstellung von Vermögen und Schulden zu einem bestimmten Zeitpunkt.

Die einzelnen Positionen werden jedoch durch die laufend anfallenden „Geschäftsfälle" verändert. An Beispielen sollen die möglichen Veränderungen der Bilanz verdeutlicht werden.

Als Ausgangssituation dient folgende verkürzte Bilanz:

Aktiva	Bilanz zu Jahresbeginn		Passiva
Möbel	27.500,00	Eigenkapital	25.000,00
Hausgeräte	7.500,00	Darlehen	12.500,00
Vorräte	1.000,00	Verbindlich-	
Bargeld	500,00	keiten	2.500,00
Girokonten	3.500,00		
	40.000,00		40.000,00

Aktivtausch

Die Familie kauft eine Wohnzimmervitrine für 750,00 € und bezahlt sie per Banküberweisung vom Girokonto. Dieser Vorgang ändert die Bilanz wie folgt:

Aktiva	Bilanz		Passiva
Möbel	28.250,00	Eigenkapital	25.000,00
Hausgeräte	7.500,00	Darlehen	12.500,00
Vorräte	1.000,00	Verbindlich-	
Bargeld	500,00	keiten	2.500,00
Girokonten	2.750,00		
	40.000,00		40.000,00

Durch diesen Geschäftsfall werden lediglich auf der Aktivseite zwei Positionen verändert, und die Bilanzsumme bleibt erhalten. Deswegen heißt dieser Vorgang auch Aktivtausch.

Passivtausch

Es liegt eine Vertragskopie vor: Eine kurzfristige Verbindlichkeit in Höhe von 1.000,00 € wird in ein Darlehen umgewandelt.

Aktiva	Bilanz		Passiva
Möbel	28.250,00	Eigenkapital	25.000,00
Hausgeräte	7.500,00	Darlehen	13.500,00
Vorräte	1.000,00	Verbindlich-	
Bargeld	500,00	keiten	1.500,00
Girokonten	2.750,00		
	40.000,00		40.000,00

Aufgrund dieses Vorganges (hier liegt eine „Umschuldung" vor) werden nur Passivpositionen berührt. Diese Form der Bilanzveränderung heißt daher Passivtausch. Auch hier bleibt die Bilanzsumme unverändert.

Aktiv-Passiv-Mehrung

Eine Familie kauft eine Schrankwand im Wert von 2.500,00 € auf Ziel, d. h., die Bezahlung erfolgt erst später. (Im Vertrag heißt es: „Zahlung innerhalb 4 Wochen netto Kasse".)

Aktiva		Bilanz	Passiva
Möbel	30.750,00	Eigenkap.	25.000,00
Hausgeräte	7.500,00	Darlehen	13.500,00
Vorräte	1.000,00	Verbindlich-	
Bargeld	500,00	keiten	4.000,00
Girokonten	2.750,00		
	42.500,00		**42.500,00**

Hier wird sowohl die Aktiv- als auch die Passivseite verändert. Je ein Posten der Aktiv- und der Passivseite verändert sich um den gleichen Betrag. Damit wird auch die Bilanzsumme auf beiden Seiten um den gleichen Betrag erhöht. Es handelt sich also um eine Aktiv-Passiv-Mehrung (= Bilanzverlängerung).

Aktiv-Passiv-Minderung

Ein Teil des vorhandenen Darlehens (1.250,00 €) wird durch Überweisung vom Bankkonto ausgeglichen.

Aktiva		Bilanz	Passiva
Möbel	30.750,00	Eigenkap.	25.000,00
Hausgeräte	7.500,00	Darlehen	12.250,00
Vorräte	1.000,00	Verbindlich-	
Bargeld	500,00	keiten	4.000,00
Girokonten	1.500,00		
	41.250,00		**41.250,00**

Hier werden gleichzeitig ein Aktivposten und ein Passivposten um den gleichen Betrag vermindert, sodass sich auch die Bilanzsumme verringert. Die Bilanzveränderung heißt Aktiv-Passiv-Minderung (= Bilanzverkürzung).

Auflösung der Bilanz in Konten mit Buchungssatz

Bei jedem Geschäftsfall ändern sich bestimmte Positionen in einer Bilanz. Damit eine genaue Übersicht über Art und Höhe der Veränderungen bestehen bleibt, ohne dass jeweils eine neue Bilanz erstellt werden muss, wird die Bilanz in Konten aufgelöst.

Eine Bilanz wird entsprechend den beiden Bilanzseiten in Aktivkonten und Passivkonten aufgelöst. Beispiele: Möbel ⇒ Aktivkonto; Darlehen ⇒ Passivkonto. Die linke Seite eines Kontos heißt **Soll**, die rechte Seite heißt **Haben**.

Soll	Aktivkonto	Haben		Soll	Passivkonto	Haben
Anfangsbestand		Minderungen		Minderungen		Anfangsbestand
Mehrungen		Schlussbestand		Schlussbestand		Mehrungen

Bevor ein Geschäftsfall gebucht wird, sind folgende Fragen zu klären:
- Welche Konten werden durch den Vorgang angesprochen?
- Handelt es sich um Aktiv- oder Passivkonten?
- Handelt es sich jeweils um eine Mehrung (+) oder eine Minderung (−) des Kontos?
- Auf welcher Seite des Kontos ist jeweils zu buchen?

Für die Vorbereitung der Buchung auf den Konten ist für jeden Vorgang jeweils im „Grundbuch" (auch Journal genannt) ein Buchungssatz zu bilden. Jeder Buchungssatz sieht grundsätzlich wie folgt aus:

Das bedeutet, dass zuerst das Konto aufgerufen wird, bei dem auf der Sollseite zu buchen ist, anschließend das Konto, bei dem auf der Habenseite zu buchen ist.

Beispiele:

1. Eine Familie kauft für 150,00 € Vorräte und bezahlt sie in bar.
   Aktivkonto Vorräte: Mehrung (+) Buchung im Soll
   Aktivkonto Bargeld: Minderung (−) Buchung im Haben } **Aktivtausch**

Buchungssatz:	Soll	Haben
Vorräte	150,00	
an Bargeld		150,00

2. Es wird ein Fernsehgerät für 750,00 € auf Kredit angeschafft.
   Aktivkonto Hausgeräte: Mehrung (+) Buchung im Soll
   Passivkonto Verbindlichkeiten: Mehrung (+) Buchung im Haben } **Aktiv-Passiv-Mehrung**

Buchungssatz:	Soll	Haben
Hausgeräte	750,00	
an Verbindlichkeiten		750,00

3. Eine Verbindlichkeit von 500,00 € wird in ein Darlehen umgewandelt.
   Passivkonto Verbindlichkeiten: Minderung (−) Buchung im Soll
   Passivkonto Darlehen: Mehrung (+) Buchung im Haben } **Passivtausch**

Buchungssatz:	Soll	Haben
Verbindlichkeiten	500,00	
an Darlehen		500,00

4. Es wird ein Betrag von 450,00 € für die offen stehende Rechnung des bereits gekauften Fernsehers per Banküberweisung ausgeglichen.
   Passivkonto Verbindlichkeiten: Minderung (−) Buchung im Soll
   Aktivkonto Girokonten: Minderung (−) Buchung im Haben } **Aktiv-Passiv-Minderung**

Buchungssatz:	Soll	Haben
Verbindlichkeiten	450,00	
an Girokonten		450,00

Bei jedem Vorgang wird also doppelt gebucht, zunächst immer auf der Sollseite, dann auf der Habenseite des entsprechend passenden Kontos.

Damit eine Gegenkontrolle möglich ist, wird auf den Konten bei jeder Buchung das jeweilige Gegenkonto angegeben.

Wenn alle fortlaufenden Vorgänge erfasst sind, kann die Bilanz zum Ende des Abrechnungszeitraumes erstellt werden.

An folgendem Beispiel soll die Entwicklung der Bilanzpositionen vom Abrechungsbeginn bis zum Abrechnungsende mit den behandelten Buchungen gezeigt werden:

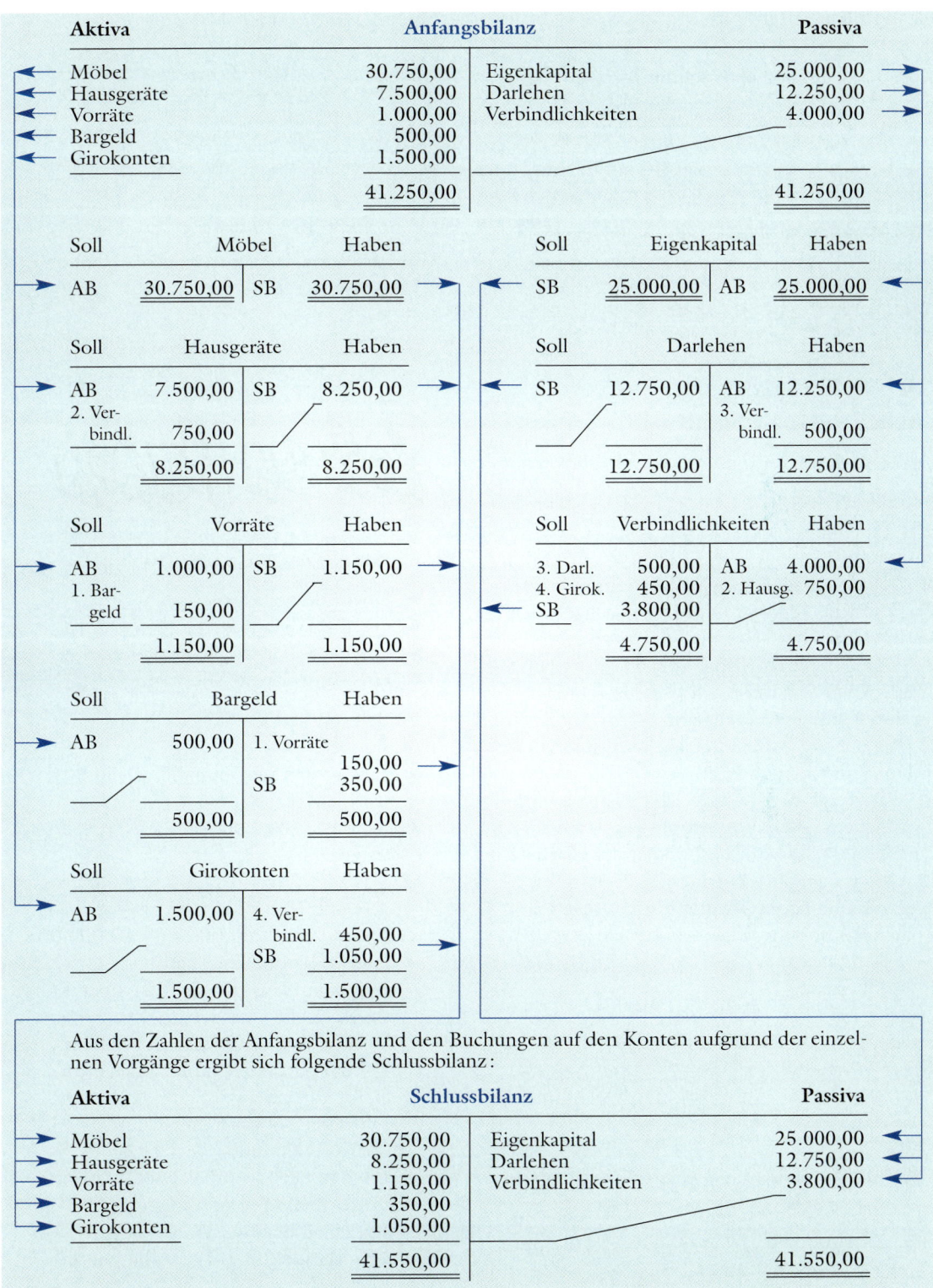

Aktiva		Anfangsbilanz	Passiva	
Möbel	30.750,00	Eigenkapital	25.000,00	
Hausgeräte	7.500,00	Darlehen	12.250,00	
Vorräte	1.000,00	Verbindlichkeiten	4.000,00	
Bargeld	500,00			
Girokonten	1.500,00			
	41.250,00		41.250,00	

Soll	Möbel		Haben
AB	30.750,00	SB	30.750,00

Soll	Eigenkapital		Haben
SB	25.000,00	AB	25.000,00

Soll	Hausgeräte		Haben
AB	7.500,00	SB	8.250,00
2. Verbindl.	750,00		
	8.250,00		8.250,00

Soll	Darlehen		Haben
SB	12.750,00	AB	12.250,00
		3. Verbindl.	500,00
	12.750,00		12.750,00

Soll	Vorräte		Haben
AB	1.000,00	SB	1.150,00
1. Bargeld	150,00		
	1.150,00		1.150,00

Soll	Verbindlichkeiten		Haben
3. Darl.	500,00	AB	4.000,00
4. Girok.	450,00	2. Hausg.	750,00
SB	3.800,00		
	4.750,00		4.750,00

Soll	Bargeld		Haben
AB	500,00	1. Vorräte	150,00
		SB	350,00
	500,00		500,00

Soll	Girokonten		Haben
AB	1.500,00	4. Verbindl.	450,00
		SB	1.050,00
	1.500,00		1.500,00

Aus den Zahlen der Anfangsbilanz und den Buchungen auf den Konten aufgrund der einzelnen Vorgänge ergibt sich folgende Schlussbilanz:

Aktiva		Schlussbilanz	Passiva	
Möbel	30.750,00	Eigenkapital	25.000,00	
Hausgeräte	8.250,00	Darlehen	12.750,00	
Vorräte	1.150,00	Verbindlichkeiten	3.800,00	
Bargeld	350,00			
Girokonten	1.050,00			
	41.550,00		41.550,00	

Übersicht 12.11

Wesentliche Lerninhalte

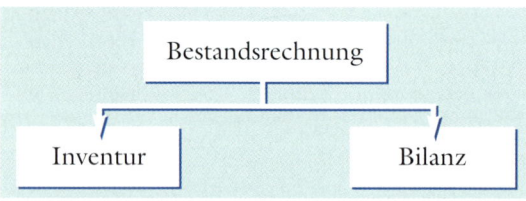

Gliederung des Inventars

	Vermögen
−	Schulden
=	Reinvermögen (Eigenkapital)

Aufbau einer Bilanz

Aktiva	Bilanz	Passiva
Anlagevermögen		Eigenkapital
Umlaufvermögen		Fremdkapital

Aufgaben

❶ Definieren Sie den Begriff Inventur.

❷ In welche Teile wird das Inventar gegliedert?

❸ In einem Haushalt soll eine Bestandsaufnahme durchgeführt werden. Beschreiben Sie die Vorgehensweise, wie dies am besten durchgeführt werden kann.

❹ Nennen Sie zwei Unterscheidungsmerkmale von Inventar und Bilanz.

❺ Warum gilt die Aussage: „Die Bilanz ist eine Münze der Bestandsrechnung mit zwei Seiten. Der Wert der Münze ist immer der gleiche"?

❻ Übertragen Sie die beiden Konten in Ihr Heft, und tragen Sie anschließend die folgenden Begriffe in die Konten ein: Anfangsbestand, Mehrungen, Minderungen, Endbestand.

Soll	Aktivkonto	Haben

Soll	Passivkonto	Haben

Buchung auf Bestandskonten

Soll	Aktivkonten	Haben
Anfangsbestand		Minderungen
Mehrungen		Schlussbestand

Soll	Passivkonten	Haben
Minderungen		Anfangsbestand
Schlussbestand		Mehrungen

● Die Veränderungen auf Bestandskonten werden durch den Buchungssatz vorbereitet. Er lautet grundsätzlich:

❼ Bestimmen Sie, ob es sich jeweils um

- einen Aktivtausch,
- einen Passivtausch,
- eine Aktiv-Passiv-Mehrung oder um
- eine Aktiv-Passiv-Minderung

handelt, und bilden Sie jeweils den Buchungssatz:

a) Eine offene Rechnung über 150,00 € wird bar bezahlt.

b) Es werden 125,00 € bar auf das Sparbuch eingezahlt.

c) Das alte Auto wird für 1.000,00 € bar verkauft.

d) Es wird ein Grundstück für 20.000,00 € gegen Hypothek gekauft.

e) In einem Haushalt wird eine neue Küche für 7.500,00 € eingebaut. Die Rechnung ist allerdings erst später zu bezahlen.

f) Für ein bevorstehendes Familienfest werden in einem Supermarkt Lebensmittel für 160,00 € eingekauft. Es wird mit Verrechnungsscheck bezahlt.

g) Ein Teil der Hypothek (6.000,00 €) wird durch Banküberweisung getilgt.

h) Für einen bevorstehenden Urlaub hebt sich Marion 200,00 € von ihrem Sparbuch ab.

8 Welche der folgenden Aussagen sind richtig?

a) Durch einen Aktivtausch erhöht sich die Bilanzsumme.

b) Es wird zunächst die Bilanz, dann das Inventar aufgestellt.

c) Ein Passivtausch lässt die Bilanzsumme unverändert.

d) Das Eigenkapital heißt im Inventar auch Reinvermögen.

e) Auf den einzelnen Konten wird zunächst auf der Sollseite, dann auf der Habenseite gebucht.

f) Beim Einkauf von Lebensmitteln, die bar bezahlt werden, wird keine Bilanzposition verändert.

g) In der Schlussbilanz stehen die Aktivkonten auf der Passivseite, die Passivkonten auf der Sollseite, also genau spiegelbildlich zur Anfangsbilanz.

h) Darlehen und Verbindlichkeiten sind Positionen, die auf der Passivseite der Bilanz stehen.

12.3 Die Kostenrechnung

Situation

In einem Großhaushalt ist die Waschmaschine durch einen technischen Defekt unbrauchbar geworden. Nach Aussage eines Elektroinstallateurs lohnt sich eine Reparatur nicht mehr. Die Leiterin überlegt, was die Anschaffung und Nutzung einer neuen Waschmaschine im Vergleich zur Wäschevergabe an ein Privatunternehmen kostet. ▶▶▶

Zunächst sollen einige Grundbegriffe geklärt werden:

Aufwendungen

Aufwendungen sind alle Ausgaben (in €), die für die Verwendung von Mitteln entstehen. Sie mindern das Eigenkapital.

Kosten

Die Aufwendungen, die zur Erstellung von Leistungen im Haushalt eingesetzt werden, heißen Kosten. Sie dienen unmittelbar dem betrieblichen Zweck, dem Haushalt. Es gibt die **Grundkosten** (= Aufwendungen) und die **Zusatzkosten**, zu denen beispielsweise die Bewertung der eingesetzten Arbeitszeit oder die Einbeziehung von kalkulatorischen Kosten gehört. Kosten gliedern sich auf in fixe und variable Kosten, wie Übersicht 12.12 zeigt.

Fixe Kosten	Fixe (= feste) Kosten bleiben in ihrer Höhe, unabhängig von der Nutzung eines Gerätes oder einer Einrichtung im Haushalt, immer gleich. Beispiele: Kfz-Versicherung, Grundgebühren für das Telefon, Zählergebühren für Strom/Gas/Wasser
Variable Kosten	Variable (= veränderliche) Kosten ändern sich in ihrer Höhe mit der Nutzung eines Gerätes/einer Einrichtung im Haushalt. Je stärker die Nutzung ist, desto höher sind die variablen Kosten. Beispiele: Benzinverbrauch in Litern, Kosten für die Telefoneinheiten, Verbrauch von Strom in kWh, von Gas/Wasser in Kubikmetern

Übersicht 12.12

Erträge

Jeder Zuwachs von Mitteln, die dem Haushalt zur Verfügung stehen, heißt Ertrag. Erträge mehren also das Eigenkapital. Der größte Ertrag ist das verfügbare Einkommen, das durch die Einnahmen der Familienmitglieder erzielt wird.

Leistungen

Leistungen sind die Ergebnisse, die durch den Einsatz der Produktionsfaktoren für die Verwendung im Haushalt erzielt werden.

Die durch Arbeitskraft erzielte Ernte aus dem Garten oder der Bau einer Terrasse durch die Familienmitglieder zählt beispielsweise zu den Leistungen.

12.3.1 Die Kostenvergleichsrechnung im Haushalt

Für den Kostenvergleich aus der Anfangssituation Seite 301 sind folgende Angaben heranzuziehen:

a) Kostenermittlung bei Vergabe an eine Wäscherei mit Bügelei

Der Waschsalon „Kaiser" berechnet für einen Waschvorgang mit ca. 4 kg rund 6,75 €. Die Wäsche kann dabei Bett- und Tischwäsche, Jeans, T-Shirts, Hemden und Kleinwäsche enthalten. Sie wird schrankfertig, d. h. gewaschen, gebügelt und gelegt bereitgestellt. Wenn die investierte Arbeitszeit für das Hinbringen und Holen der Wäsche jeweils mit 30 Minuten veranschlagt und die Arbeitsstunde mit 6,00 € berechnet wird, ergeben sich folgende Gesamtkosten pro Maschinenfüllung:

zu zahlender Preis bei „Kaiser" (= Grundkosten)	6,75 €
Kosten für verrechnete Arbeitszeit (= Zusatzkosten)	3,00 €
Gesamtkosten	9,75 €

b) Kostenermittlung bei Eigenarbeit

Hierfür sind folgende Angaben notwendig:

- Anschaffungspreis der Waschmaschine (Toplader, Fassungsvermögen 4,5 kg): 650,00 €
- Nutzungsdauer: 10 Jahre
- Instandhaltungskosten: pauschal 4 % vom Anschaffungspreis
- Wasserverbrauch: pro Waschgang 60 l
- (= 1.000 l Wasser kosten bei den städtischen Versorgungsbetrieben 2,55 €)
- Waschmittelverbrauch: 140 ml bei normal verschmutzter Wäsche (2 kg Waschmittel kosten 5,50 €)
- Stromverbrauch: 1,8 kWh pro Waschgang sowie 1,2 kWh für das Bügeleisen (1 kWh kostet bei den Stadtwerken 0,23 €)
- Benutzung: 4-mal pro Woche

Für die Berechnung der gesamten Kosten sind zunächst die **Kapitalkosten** zu ermitteln. Kapitalkosten entstehen durch die Abnutzung bzw. Benutzung der gekauften Maschine. Hierzu gehören

- **Abschreibungen**: Dies ist der Betrag, um den sich der Wert der eingesetzten Maschine durch Zeitablauf und Benutzung verringert. Dieser Betrag müsste monatlich/jährlich zurückgelegt werden, damit nach Ablauf der Nutzungsdauer eine neue Maschine angeschafft werden kann.
- **anzusetzende Zinsen**: Hier handelt es sich um den Zinsbetrag, der erzielt werden könnte, wenn der Betrag nicht für eine neue Maschine investiert würde, sondern Zins bringend bei der Bank angelegt würde (= kalkulatorische Zinsen).

Anschließend sind die **Betriebskosten** zu ermitteln, die durch die Benutzung der Waschmaschine und das Bügeln entstehen.

Rechnung:

I. Kapitalkosten (fixe Kosten)

Abschreibungen 10% von	
650,00 €	65,00 €
Kalkulatorische Zinsen 5% von	
650,00 €	32,50 €
Kapitalkosten insgesamt	97,50 €

II. Betriebskosten bei 52 × 4 Waschgängen pro Jahr (variable Kosten)

Instandhaltung 4% von	
650,00 €	26,00 €
Betriebsstoffe	
Stromverbrauch (Waschen)	
208 × 1,8 × 0,23 €	86,11 €
Stromverbrauch (Bügeln)	
208 × 1,2 × 0,23 €	57,41 €
Wasserverbrauch	
208 × 0,06 × 2,55 €	31,82 €
Waschmittelverbrauch	
208 × 0,07 × 5,50 €	80,08 €
Arbeitskosten	
Maschine füllen, bedienen, leeren,	
Wäschelegen, teilweise bügeln	
208 × 0,75 h × 6,00 €	936,00 €
Betriebskosten insgesamt	1.217,42 €

Gesamtkosten pro Jahr (I. + II.) 1.314,92 €

▶▶▶ Damit ergibt sich für den Großhaushalt folgender Kostenvergleich unter Berücksichtigung aller Faktoren:

Gesamtkosten für 4 kg	
bei Fremdvergabe	9,75 €
Gesamtkosten bei Selbstaus-	
führung (1.314,92 : 208)	6,32 €
Kostenersparnis pro	
Waschmaschinenfüllung	
bei Selbstausführung	3,43 €

Die Leiterin entscheidet sich aufgrund des Kostenvergleiches dafür, eine neue Waschmaschine anzuschaffen. ●●●

12.3.2 Die Kostenvergleichsrechnung bei Kreditgeschäften

👁 Situation

Es soll ein gebrauchtes Auto für den Fahrdienst gekauft werden. Das Auto soll beim Händler 2.000,00 € kosten. Der Händler bietet bei Zahlung innerhalb von 10 Tagen 3% Skonto an. Diesen Betrag könnte sich das Pflegeheim also abziehen.
Bei Zahlung innerhalb von 60 Tagen ist der Gesamtbetrag von 2.000,00 € zu zahlen. ▶▶▶

Bei diesem Barkauf kann der Kaufpreis also noch um den Skontobetrag vermindert werden:

	Kaufpreis	100%	2.000,00 €
–	Skontoabzug bei		
	Barzahlung	3%	60,00 €
=	Kaufpreis bei		
	Barzahlung		1.940,00 €

Da das Geld aber erst in zwei Monaten zur Verfügung steht, jedoch das Skonto ausgenutzt werden soll, erkundigt die Leiterin sich bei ihrer Bank, ob sie das Auto auch durch einen Kleinkredit finanzieren kann.

Die Bank macht ihr folgendes Angebot:

- Kreditzinsen für den in Anspruch genommenen Kredit 11,5%,
- einmalige Bearbeitungsgebühr 1% von der Kreditsumme.

Für die Berechnung der gesamten Kreditkosten ergibt sich demnach:

- Zinsen für den in Anspruch genommenen Kredit:
  Der Kredit ist lediglich für einen Zeitraum von 50 (60–10) Tagen in Anspruch zu nehmen. Dies ist genau die Differenz zwischen der Skontofrist und der Frist, innerhalb welcher man den gesamten Kaufpreis zu bezahlen hätte. Es ist eine Kreditsumme von 1.940,00 € anzusetzen.

Nach der Zinsformel ergibt sich hiermit:

$$Z = \frac{1.940,00 \, \text{€} \times 50 \, \text{Tage} \times 11,5\%}{100 \times 360}$$

$$= \underline{30,99 \, \text{€ Zinsen}}$$

- Bearbeitungsgebühren der Bank:

  1 % von 1.940,00 € = $\underline{19,40 \, \text{€}}$

Mit diesen Angaben kann jetzt der Kostenvergleich durchgeführt werden:

Preisnachlass bei Inanspruchnahme
von Skonto   60,00 €
Kosten für den in Anspruch
genommenen Kredit   50,39 €

Ersparnis, wenn die Barzahlung
erfolgt und dafür der Kredit in
Anspruch genommen wird   9,61 €

▶▶▶ Die Leiterin entscheidet sich aufgrund des Kostenvergleichs dafür, den Kredit aufzunehmen, um das Skonto auszunutzen. ●●●

Handlungsvorschlag
Mehr zur Kostenkalkulation findet sich auf der Methodenseite Seite 336.

Wesentliche Lerninhalte
- Kosten sind Aufwendungen, die eine Leistung im Haushalt erzielen.
- Bei der Kostenermittlung für ein Haushaltsgerät/eine Einrichtung ist zu unter-

scheiden zwischen Kapitalkosten und Betriebskosten.

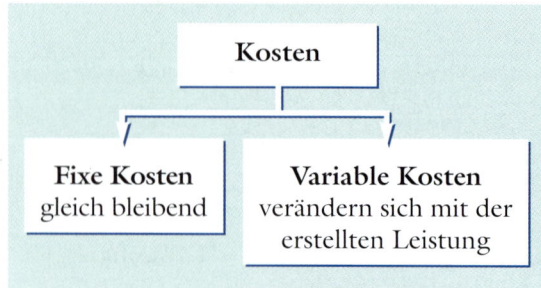

- Kapitalkosten sind fixe Kosten, Betriebskosten sind variable Kosten.
- Bei der Entscheidung, selbst eine Leistung zu erstellen oder eine Fremdvergabe vorzunehmen, muss auch die aufgewendete Arbeitszeit berücksichtigt und bewertet werden.
- Bei der Ermittlung von Kreditkosten sind neben den Zinsen auch weitere Kosten, z. B. Gebühren, zu berücksichtigen.

Aufgaben
❶ Definieren Sie den Begriff „Kosten".

❷ a) Erklären Sie den Unterschied zwischen fixen und variablen Kosten.
   b) Nennen Sie für das Beispiel „Auto" zwei fixe und vier variable Kosten.

❸ In der vierköpfigen Familie Gilbert wird überlegt, endlich eine Geschirrspülmaschine zu kaufen. Vor allem die Tochter Renate und der Sohn Manfred sind von dem Vorschlag begeistert, da sie dann endlich nicht mehr beim Spülen helfen müssten. Die Eltern sehen allerdings nicht nur die Arbeitserleichterung. Vielmehr soll auch ein Kostenvergleich zwischen dem manuellen und dem maschinellen Spülen die Wirtschaftlichkeit einer Spülmaschine untersuchen.
Hier werden folgende Zahlen ermittelt. (Es werden täglich drei Mahlzeiten eingenommen, somit fallen täglich 12 Maßgedecke an):

I. Kostenangaben für manuelles Spülen

- Benutzung: 2-mal täglich
- Stromverbrauch für die Warmwasser-bereitung: 0,8 kWh je Spülgang (Strompreis 0,24 € je kWh)
- Wasserverbrauch: 16 l je Spülgang (Wasserpreis 1,30 € je Kubikmeter = 1.000 l)
- Spülmittel: 6 ml je Spülgang (Preis 2,25 € für 1 l)
- aufgewendete Arbeitszeit: je Spülgang 20 Minuten (anzusetzender Arbeitslohn 6,00 € je Stunde)

II. Kostenangaben für maschinelles Spülen

- Anschaffungspreis der Spülmaschine: 600,00 €
- Benutzung: 1-mal täglich
- Nutzungsdauer: acht Jahre (Abschreibung 12,5 % vom Anschaffungspreis jährlich)
- Kostenpauschale für Reparaturen/Instand-haltung: 7 % vom Anschaffungspreis
- Stromverbrauch: 1,8 kWh je Spülgang
- Wasserverbrauch: 26 l je Spülgang (inklusive der ermittelten Abwassergebühr)
- Spülmittel: 36 g je Spülgang (1 kg kostet 4,90 €)
- Klarspüler: 3 ml je Spülgang (1 l kostet 4,25 €)
- Salzverbrauch: 30 g je Spülgang (1 kg kostet 1,75 €)

- Arbeitszeit: für Einräumen, Ausräumen, Reinigen der Spülmaschine 15 Minuten pro Tag (Stundensatz 6,00 €)

Ermitteln Sie für das manuelle und maschinelle Spülen

a) die Gesamtkosten pro Jahr,
b) die Kosten pro Spülgang.

Entscheiden Sie dann unter Berücksichtigung der Kosten, ob die Familie Gilbert eine Spül-maschine kaufen soll.

Weiterführende Aufgabe

Sie wollen nach Beendigung der Ausbildung aus dem Elternhaus ausziehen und einen eigenen Hausstand gründen. Es wird Ihnen eine 1 1/2-Zimmer-Wohnung angeboten. Damit Sie einen Überblick darüber bekom-men, ob Sie sich eine eigene Wohnung leisten können, sollten Sie sich einen Überblick ver-schaffen über die laufenden Kosten für die Wohnung sowie über die Möbel, Geräte und Ausstattung, die Sie benötigen.

a) Fertigen Sie zunächst eine Aufstellung über alle Gegenstände an, die Sie für sich selbst brauchen.
   Ordnen Sie dabei am besten mithilfe von Vordrucken, die Sie bei einer Bank/Spar-kasse oder einer Verbraucherberatung erhalten, den Gesamtbedarf nach den verschiedenen Wohnbereichen (Bad, Küche usw.).
b) Überprüfen Sie, was Sie schon besitzen, und fassen Sie die Dinge zusammen, die Sie noch kaufen müssen.
c) Dann sollten Sie sich über die Finanzierung Gedanken machen, also über die Quellen des Kapitals. Versuchen Sie dabei, die güns-tigsten Finanzierungsquellen zu ermitteln.

👣 Handlungsvorschlag

Eine Möglichkeit, größere Summen Geld zu bekommen, ist, bei der Bank einen Kredit aufzunehmen. Sie haben so etwas noch nie gemacht? Dann schauen Sie erst auf Seite 329, dort finden Sie Hinweise dazu.

13   Der Großhaushalt

Die Situation macht deutlich, welche enorme Bedeutung Großhaushalten in der Wirtschaft heute zukommt.

- Großhaushalte stellen für viele Menschen ein eigenes Stück Lebensqualität dar, denn dort werden Leistungen erstellt, die der eigene Privathaushalt vorübergehend nicht oder gar nicht mehr erbringen kann. Großhaushalte **unterstützen** also **den eigenen Privathaushalt** durch einzelne Versorgung- und Betreuungsleistungen oder ersetzen ihn vollständig mit allen Versorgungs- und Betreuungsleistungen.

- Großhaushalte gestalten die Arbeitswelt abhängig Beschäftigter und

- sie beinhalten für die Leistungsabnehmer (Nutzer) auch ein Stück soziale Sicherheit bzw. Daseinsvorsorge.

Die Leistungen der Großhaushalte haben natürlich ihren Preis. Die Leistungserstellung dieser Haushalte ist kostenintensiv, sodass Betriebe ihre Kantinen im Allgemeinen stark bezuschussen müssen, um einen akzeptablen Preis für die Nutzer zu erreichen. Falls es sich um Großhaushalte im Eigentum von Kommunen oder Ländern handelt, z. B. Krankenhäuser, so werden dadurch erhebliche Mittel der öffentlichen Haushalte benötigt, deren Ausgabe letztendlich die Gesellschaft trägt. Viele Großhaushalte sind aus Gründen der Kostenersparnis dazu übergegangen, hauswirtschaftliche Leistungen auszulagern und an Fremdfirmen abzugeben. Dieses **Outsourcing** bedeutet, dass z. B. die Krankenhauswäsche nicht mehr in der eigenen Wäscherei gereinigt wird, sondern eine Fremdfirma die Wäsche abholt und außerhalb reinigt. Um weiterhin ein qualitativ und mengenmäßig abnehmerfreundliches Angebot präsentieren zu können, müssen Großhaushalte das **ökonomische Prinzip** ernst nehmen und unter Berücksichtigung der Umweltbedingungen ihr Angebot auf den Abnehmer (Nutzer) genau abstimmen.

Während bei privaten Trägern die **Gewinnerzielung** im Vordergrund steht (z. B. bei Sanatorien), gilt für andere Großhaushalte in erster Linie das Ziel der **Bedarfs- und Kostendeckung**, z. B. bei karitativen Einrichtungen.

Gemeinsam ist jedoch allen: Großhaushalte sind Betriebe, deren Ziel in einer unmittelbaren Bedarfsdeckung von mindestens 20 Personen besteht und deren Leistung sich auf Unterkunft, Verpflegung, Betreuung sowie/oder Pflege bezieht. Diese Leistung erfolgt ganztags oder zu bestimmten Tageszeiten. Da Großhaushalte auch immer hauswirtschaftliche Betriebe darstellen, die aber im Gegensatz zum Privathaushalt die Aufgabe der Gemeinschaftsverpflegung haben, wird in Übersicht 13.2 eine Abgrenzung und Gliederung hauswirtschaftlicher Betriebe dargestellt.

Die quantitative (= mengen-/zahlenmäßige) Einteilung von Großhaushalten ist entscheidend von der **Anzahl der beschäftigten Mitarbeiter** abhängig (Übersicht 13.1):

Kleinbetriebe	bis 50 Beschäftigte, z. B. Kindergarten
Mittlere Betriebe	80 bis 150 Beschäftigte, z. B. Internatsschule, Seniorenheim
Großbetriebe	200 bis 1 000 Beschäftigte, z. B. Krankenhaus

Übersicht 13.1

Abhängig von der Betriebsgröße ist die Aufbau- und die Ablauforganisation eines Betriebes. Die Verantwortungs- und Funktionsbereiche (= Verwaltungsfunktion, Leitungsfunktion, Betreuungs- und Ausführungsfunktion) sind entsprechend unterteilt.

Eine weitere Abgrenzungsmöglichkeit ist die Rechtsform des Betriebe; sie ergibt sich aus der Trägerschaft. Während früher vor allen Dingen im Rechnungswesen Unterschiede zwischen den Rechtsformen lagen, hat sich dieses verwischt. Auch öffentlich-rechtliche Betriebe führen ihre Bücher heute zu großen Teilen nicht mehr nach der „Kameralistik" (= Abrechnung mit Soll-Ist-Etat), sondern bedienen sich wie alle anderen privatwirtschaftlichen Betriebe der kaufmännischen Buchführung (= Erstellen einer Bilanz mit Aktiva und Passiva sowie eines Gewinn-und-Verlust-Kontos mit Soll und Haben), vgl. auch Kapitel 12.

- Träger öffentlich-rechtlicher Betriebe können sein:
  - die Kommune, z. B. städtische Alteneinrichtung
  - der Landkreis, z. B. Kreiskrankenhaus
  - das Bundesland, z. B. Landesblindenanstalt
  - die Kirche, z. B. kirchliche Kindertagesstätte.
- Weiterhin können Berufsverbände oder Zweckverbände als Träger auftreten.
- Im Gegensatz dazu sind Träger privatwirtschaftlicher Betriebe eine oder mehrere Privatpersonen, eine Gesellschaft bzw. ein Verein.
- Als Träger von Großhaushalten kommen zusätzlich so genannte Stiftungen in Frage. Dies sind zweckbestimmte Vermögensmassen, die von Körperschaften des öffentlichen Rechts oder Privatpersonen verwaltet werden. Immer handelt es sich dabei um juristische Personen (vgl. Rechts- und Geschäftsfähigkeit im Kapitel 6), die wie natürliche Personen rechtsfähig sind. Allerdings benötigt die juristische Person zum Ausführen ihrer Tätigkeiten natürliche Personen als gesetzliche Vertreter, denn eine Vermögensmasse (Stiftung) oder eine Vielzahl von Personen (z. B. Verein) ist nicht oder nur bedingt handlungsfähig.

Leistungs- arten / Oberziel	Verpflegungs- versorgung	Unterkunfts- versorgung	Pflege- versorgung
unmittelbare Bedarfsdeckung	Gemeinschafts- verpflegungsbetriebe (= Betriebe, deren Leistung in einer Verpflegungsversor- gung von Personen- gruppen besteht)	Großhaushalte (z. B. Kantinen)	
Gewinn- erzielung		großhaushaltsähnliche Erwerbsbetriebe (z. B. Seniorenheime, Sanatorien)	
		Hotel-, Kur- und Gastronomiebetriebe (= Individualversorgung)	

Übersicht 13.2

Aufbau eines Großhaushaltes mit mehr als 200 Leistungsempfängern am Beispiel eines Krankenhauses

Geschäftsleitung des Städtischen Krankenhauses

Ärztliche Leitung	Hauswirtschaftliche Leitung	Verwaltungsleiter	Pflegedienstleitung
Ärztliche Abteilungen mit Chefärztinnen		Kaufmännische Abteilungen	Oberschwestern der ärztlichen Abteilungen

Ärztliche Leitung

Ärztliche Abteilungen mit Chefärztinnen

- Chirurgie
- Innere
- Frauenklinik
- Neurologie
- Hautklinik
- Labor
- Röntgen
- Kinderklinik
  - Ambulanz
  - OP
  - Station Stationsärztin Assistenz- ärztinnen Ärztin im Praktikum

Hauswirtschaftliche Leitung

- Hausreinigung
- Wäschepflege, meist Outsourcing
- Verpflegung Küchenleitung
  - Hauswirt- schafterinnen
  - Hauswirt- schaftshelfe- rinnen
  - Ungelernte Kräfte

Verwaltungsleiter

Kaufmännische Abteilungen
- Haus- und Grundstück
- Medizinischer Sachbedarf
- Technischer Bedarf
- Personal
- Recht
- Vermittlung

Pflegedienstleitung

Oberschwestern der ärztlichen Abteilungen

- Oberschwester der Kinderklinik
  - Stations- schwester
  - Kinderkran- kenschwester
  - Kinder- pflegerin
  - Schwestern- schülerin/ Kranken- pflegeschüler
  - Praktikantin/ Praktikant

Übersicht 13.3

Der Großhaushalt eines Industriebetriebes
(Werkskantine/Kasino)

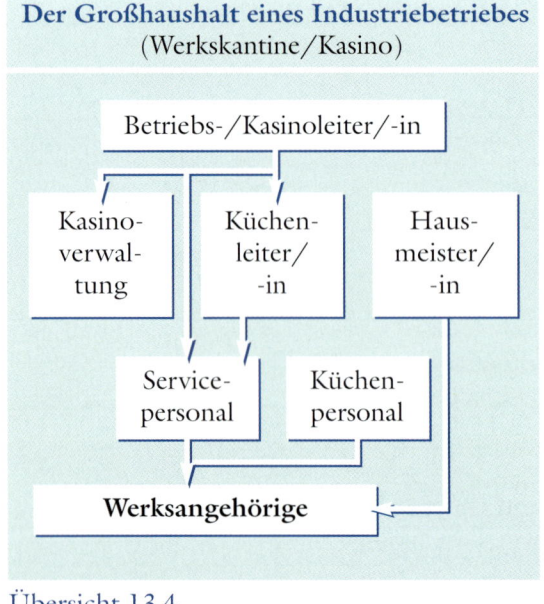

Übersicht 13.4

Die Träger von Großhaushalten haben natürlich auch gewisse **Rechte und Pflichten** einzuhalten. In erster Linie haben sie für das Wohl aller Haushaltsmitglieder zu sorgen: Dazu gehören selbstverständlich die Abnehmer der hauswirtschaftlichen Leistungen (Nutzer) wie auch die Arbeitnehmerinnen und Arbeitnehmer (Leistungserbringer) des Großhaushalts.
Der Träger kann dieser Aufgabe nur gerecht werden, wenn er:

- die notwendigen finanziellen Mittel rechtzeitig und in ausreichender Größenordnung zur Verfügung stellt (z. B. in Form von Wohngeld der Bewohner, Spenden, Steuergeldern usw.),

- für eine ordnungsgemäße Vermögensverwaltung (z. B. korrekte Buchführung) Sorge trägt,

- den Tages-/Wochen- oder Monatsbedarf und hierfür notwendige Ausgaben richtig plant und tätigt,
- die notwendigen Arbeiten innerhalb des Großhaushaltes durch eine ausgewogene Anzahl von Fach- und Hilfskräften zielgerichtet durchführt,
- in Großhaushalten, die Unterkunft gewähren (z. B. Senioreneinrichtungen), die gesetzlich vorgeschriebenen und die geeigneten Mitarbeiter einstellt (z. B. Ärztinnen und Ärzte, Krankenschwestern, Altenpflegerinnen/-pfleger usw.).

Die Leitung eines Großhaushalts liegt überwiegend in den Händen einer Geschäftsführung, die vom Träger des Haushalts eingesetzt wird. Natürlich ist es dieser nicht möglich, sich um die tägliche Arbeit direkt am Kunden (Nutzer) zu kümmern, sodass – je nach Größe des Haushaltes – eine **Betriebs-/Heimleitung** eingesetzt wird. Die weitere Aufgabenverteilung und Aufteilung der Leitungsfunktionen ist von der Art und Größe des Haushaltes abhängig. In der Übersicht 13.3 und 13.4 ist ein möglicher **Aufbau von Großhaushalten** dargestellt.

13.1 Formen der Großhaushalte

Von einem Großhaushalt ist zu sprechen, wenn dieser Unterkunft gewährt oder die Nachfrager von Speisen und Getränken ganztags oder zu bestimmten Tageszeiten versorgt (vgl. auch Seite 306). Die steigende Bedeutung der verschiedenen Großhaushaltsformen ist unzweifelhaft und lässt sich in der Praxis überall nachvollziehen, vgl. Eingangssituation. Mit dieser ständigen Mehrleistung steigt natürlich auch die Verantwortung für das Wohlergehen der zu versorgenden und zu betreuenden Mitmenschen. Die Versorgung und Betreuung erfolgt in verschiedenen Großhaushaltsformen (Übersicht 13.5):

Großhaushaltsformen
Großhaushalte als Unterkunfts-/Verpflegungs- und/oder Pflegeinstitutionen • Kranke (z. B. Krankenhäuser und Heileinrichtungen) • Senioren (z. B. Seniorenheime/-pflegeheime) • Kinder und Jugendliche (z. B. Erholungsheime und Jugendherbergen) • Studenten (z. B. Wohnheime) • Sonstige (z. B. Behinderteneinrichtungen)
Großhaushalte wie oben zuzüglich Erziehungsauftrag • Kindergärten/Kinderhorte • Schüler/-innen (z. B. Internate bzw. Internatsschulen) • Behinderte/Schwerbeschädigte (z. B. Blindenheime bzw. -schulen und Taubstummenheime bzw. -schulen) • Auszubildende (z. B. Schwesternwohnheime)
Großhaushalte als reine Verpflegungsinstitutionen • Arbeitnehmer/-innen (z. B. Messen sowie Kantinen in Betrieben und Verwaltungen) • hilfebedürftige Bürger (z. B. „Essen auf Rädern" für Senioren, Suppenküchen, so genannte „Tafeln" für Arme)

Einrichtungen für:

Übersicht 13.5

13.2 Leistungsempfänger, Interessengruppen und Funktionsbereiche von Großhaushalten

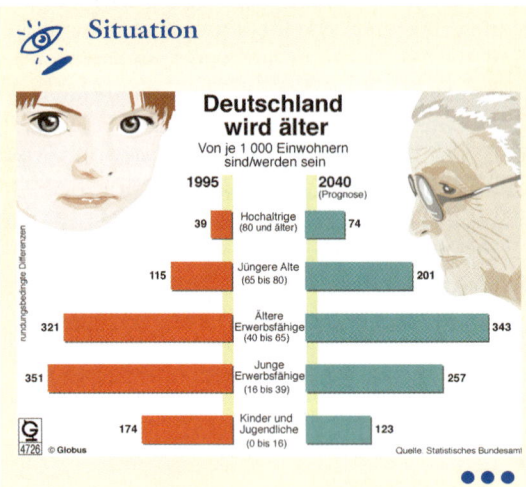

Deutschland wird älter
Von je 1 000 Einwohnern sind/werden sein

	1995	2040 (Prognose)
Hochaltrige (80 und älter)	39	74
Jüngere Alte (65 bis 80)	115	201
Ältere Erwerbsfähige (40 bis 65)	321	343
Junge Erwerbsfähige (16 bis 39)	351	257
Kinder und Jugendliche (0 bis 16)	174	123

rundungsbedingte Differenzen

G 4726 © Globus   Quelle: Statistisches Bundesamt

● ● ●

Leistungsempfänger

Je mehr sich die Alterspyramide verschiebt, desto höher wird künftig der Bedarf an Großhaushalten sein, in denen alternde Menschen eine lebensgerechte Versorgung und Betreuung finden. Entschließt sich jemand dazu, aus seiner gewohnten Umgebung auszuziehen und in eine Senioreneinrichtung zu wechseln, so erwartet er, dass er von dem Großhaushalt angemessen untergebracht und beköstigt sowie im Bedarfsfall medizinisch betreut und gepflegt wird. Grundsätzlich werden derartige Großhaushalte also zum Wohle der Betreuten eröffnet. Die Leistungsempfänger (Nutzer) sind der Dreh- und Angelpunkt des Geschehens und bilden die Basis der Arbeit im Großhaushalt. Das kommt auch zum Ausdruck durch die Beteiligung der Nutzer an Entscheidungen. Dies ist möglich z. B. durch die Einsetzung von Beiräten in Senioreneinrichtungen, d.h., die Senioren wählen aus ihrer Mitte Vertreter, die ein Mitspracherecht bei Entscheidungen der Heimleitung haben. Die Mitarbeit der Bewohnerinnen und Bewohner bei ausführenden Tätigkeiten ist erfahrungsgemäß eher selten und beschränkt sich auf Telefondienst, Einkaufshilfen oder Betreuungsarbeiten leichterer Art in ihrem Umfeld. Eine derartige Mitarbeit ist unabhängig von einer Gegenleistung von Seiten der Ein-

richtung, kommt letztendlich zum einen allen Mitbewohnern entgegen, weil dadurch gewisse Kosteneinsparungen vorgenommen werden, zum anderen hat sie auch einen therapeutischen Effekt; der mithelfende Bewohner wird körperlich und geistig mobilisiert.

Die eigentliche Bezahlung für die Leistungen des Großhaushaltes kann auf verschiedene Weise erfolgen, z. B.
- privat durch den Einzelnen selbst,
- durch Krankenkassen,
- durch Pflegekassen,
- durch die Kommune.

Vorstehend wurde auf Leistungsempfänger (Nutzer) von Großhaushalten am Beispiel einer Senioreneinrichtung eingegangen. Naturgegeben weichen die Wünsche der Leistungsempfänger und die Betreuungsarbeiten des Personals in anderen Großhaushalten hiervon ab:
- In **Senioreneinrichtungen** steht die Unterstützung bei den Aktivitäten des täglichen Lebens (z. B. nach dem Pflegebegriff *AEDL* nach Monika Grohwinkel) im Vordergrund der Aufgaben.
- In **Krankenhäusern** steht die medizinische Betreuung bzw. Pflege der Leistungsempfänger im Vordergrund der Aufgaben.
- Demgegenüber steht in **betriebseigenen Kantinen oder Erholungsheimen** die Versorgung mit Speisen und Getränken an erster Stelle.
- In Internatsschulen, die an **Schülerwohnheime** angeschlossen sind, wird neben dem Versorgungsaspekt als weiterer wichtiger Punkt die zielgerichtete Einteilung der Freizeit von besonderer Bedeutung sein, z. B. Gemeinschaftsaufgaben, Hausaufgabenhilfe.

Interessengruppen

Der reibungslose Ablauf aller in einem Großhaushalt auftretenden Situationen sowie die Erledigung der anfallenden Arbeiten kann nur erfolgen, wenn alle an diesem Prozess Beteiligten zielgerichtet zusammenwirken. Eingebunden sind vor allem:

- Träger des Großhaushalts,
- Management des Großhaushalts,
- Mitarbeiter des Großhaushalts,
- Leistungsempfänger des Großhaushalts.

Darüber hinaus werden weitere Gruppen auf die Arbeit des Großhaushalts mehr oder weniger Einfluss nehmen bzw. dieses versuchen. Zu diesen Gruppen gehören u. a. die kommunalen Politiker, Gewerkschaften, Berufsverbände, Sozialversicherungsträger, Kreditgeber, die Angehörigen usw. Es obliegt in erster Linie dem Großhaushaltsmanagement die verschiedenen Interessen aufeinander abzustimmen.

Im Vordergrund steht natürlich immer, die Bedürfnisse der Leistungsempfänger zu befriedigen. Die quantitative und qualitative Zusammensetzung des Personals ist wiederum abhängig von den Aufgaben und Zielsetzungen des Haushalts. Zusätzlich sind im Unterschied zum Privathaushalt gesetzliche Vorschriften zu beachten, z. B. inwieweit und in welchem Verhältnis qualifizierte Fachkräfte oder angelernte Kräfte beschäftigt werden dürfen.

Zu den Mitarbeiterinnen und Mitarbeitern eines Großhaushaltes können zählen:

Qualifizierte Fachkräfte

- Ärztinnen und Ärzte
- Erzieherinnen und Erzieher
- Krankenschwestern und Pfleger
- Kinderpflegerinnen und -pfleger
- Hauswirtschafterinnen und Hauswirtschafter
- Hauswirtschaftshelferinnen und Hauswirtschaftshelfer

Angelernte Kräfte

- Küchenhilfen
- Reinigungskräfte
- Hausmeister
- Pförtner
- Hilfen für Haus und Garten
- Hilfskräfte für Pflege und Betreuung
- usw.

Übersicht 13.6

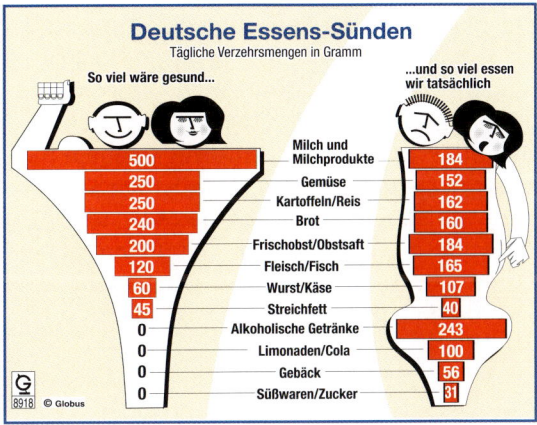

Funktionsbereiche

Neben dem bereits angesprochenen Personalbereich verfügt jeder Großhaushalt über die Bereiche **Finanzwirtschaft, Einkauf und Lagerhaltung** sowie den Bereich der **Technologie.**

Eine wichtige Aufgabe eines jeden Großhaushaltes ist es, nicht nur die entsprechenden Räumlichkeiten für Unterkunft und Verpflegung zur Verfügung zu stellen, sondern die Verpflegungssysteme zielgruppengerecht bereitzustellen. Speziell beim Einkauf von Lebensmitteln ist von den entsprechenden Personen darauf zu achten, dass für eine ausgewogene Ernährung gesorgt ist, vgl. das obere Schaubild.

Das Verpflegungssystem bildet wiederum die Grundlage für die gesamte Speisenproduktion in der Großküche, den fach- und sachgerechten Transport der Speisen sowie die Speisenausgabe.

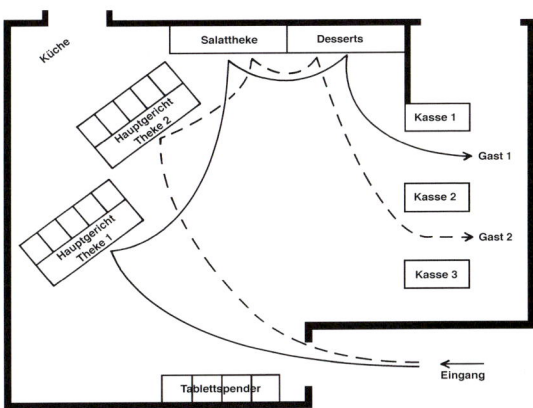

Übersicht 13.7

Alle Bereiche sind wirtschaftlich zu führen, müssen jedoch quantitativ und qualitiv den Erwartungen der Leistungsempfänger gerecht werden. Diese möchten ihre Mahlzeiten nicht nur appetitlich zubereitet in Empfang nehmen bzw. zu sich nehmen, sondern sie möchten auch soweit wie möglich einen Überblick über das Angebot an Speisen und Getränken haben. Dafür bietet sich besonders das in der Übersicht 13.7 dargestellte **Free-flow-System** an.

Hier kann der Leistungsempfänger sich seinem Wunsch und Appetit entsprechend die Portionen selbst zusammenstellen, indem er sich zwischen den einzelnen Theken frei bewegt, auswählt und anschließend an der Kasse bezahlt. Ein System, das sich heute vor allem in Kasinos, Betriebskantinen, Caféterias usw. durchgesetzt hat.

Jede Wirtschaftslehre eines Großhaushalts hat also entsprechend den vorstehenden Ausführungen grundsätzlich drei Hauptbereiche, die im Vordergrund der Betrachtung stehen:

1. die Bedürfnisse und Fähigkeiten der Leistungsempfänger,
2. die Ausstattung und Möglichkeiten des Großhaushalts,
3. die Versorgungsleistungen für die Nutzer des Großhaushalts.

Eine Wirtschaftslehre soll demgemäß die theoretische Grundlage für die in der Praxis zu lösenden Aufgaben bieten. Dabei steht sie mit diesen Arbeitsprozessen in ständiger Wechselwirkung. Theorie und Praxis sind also eng miteinander verknüpft und voneinander abhängig.

13.3 Qualitätsmanagement in hauswirtschaftlichen Betrieben und Großhaushalten

> **Situation**
> „Vertrauen ist für alle Unternehmungen das große Betriebskapital, ohne welches kein nützliches Werk auskommen kann. Es schafft auf allen Gebieten die Bedingungen gedeihlichen Geschehens."
> *Albert Schweitzer* ●●●

Qualität ist wichtig, heute wie morgen. Damit wird Qualitätsmanagement (QM) ebenfalls zum Bestandteil der Unternehmenspolitik. Mit QM will ein Dienstleistungsunternehmen die eigenen Leistungen einschätzen, verbessern und sichern, und zwar bezogen auf das jeweilige Management und die einzelnen Mitarbeiter. Wenn jeder Einzelne den Sinn seiner Tätigkeit erkennt und sich damit identifiziert, wird er aktiv am Unternehmensgeschehen mitwirken. Mitarbeiter übernehmen damit Verantwortung, die Dienstleistung so gut wie möglich zu erbringen, was wiederum Vertrauen erzeugt.

Die **Leistungsempfänger** wissen dieses sehr wohl zu schätzen. Denn ihnen liegt daran, die

Übersicht 13.8

- Leistungen zur richtigen Zeit (z. B. pünktliche Anlieferung des Essens),
- am rechten Ort,
- in gewünschter Qualität (z. B. weniger Convenience),
- mangelfrei

zu erhalten.

Theorie und Praxis sind sich darüber einig, dass in Großhaushalten wie hauswirtschaftlichen Betrieben das Urteil der Leistungsempfänger (Nutzer) die entscheidende Grundlage für die Qualitätsbeurteilung bildet. In diesem Sinne wird die offizielle Definition der International Standardization Organization (ISO) für Qualität verwendet: „**Qualität** bedeutet, die Gesamtheit von Merkmalen (und Merkmalswerten) einer Einheit bezüglich ihrer Eignung festgelegte oder vorausgesetzte Erfordernisse zu erfüllen."

Dementsprechend setzt sich in **Großhaushalten** die Qualität aus unterschiedlichen Teilqualitäten zusammen, sodass z. B. die hergestellten Speisen und Getränke sowie der Service gleichermaßen zu betrachten sind. Bleibt man im Bild und betrachtet die Qualität mit den typischen EDV-Ausdrücken, so ergibt sich, dass zur „Hardware" die gesamte Infrastruktur von Großhaushalten gehört, einschließlich deren Funktionen und Ästhetik. Die Umwelt-Dimension besteht aus dem Landschaftsbild wie den Umweltgefährdungen und dem Verbrauch natürlicher Reserven.

Außerdem werden hier zusätzlich das soziale Umfeld und die Kultur aufgeführt, weil die Sozialverträglichkeit (Auswirkungen auf die einheimische Bevölkerung und die Mitarbeiter) auch einen wichtigen Qualitätsaspekt darstellt. Die „Software" setzt sich aus dem Service, der Information und der Gastfreundschaft zusammen, siehe Übersicht 13.8.

Einführung eines Qualitätsmanagementsystems – möglicher Ablauf

1 Vorbereitung
- Festlegung der Ziele, des Leitbilds
- Erhebung des Ist-Zustandes, der Stärken und Schwächen
- Festlegung von Zuständigkeiten in der Projektphase

2 Schaffung der Randbedingungen
- Schulung und Motivierung der Führungsebene
- Schulung und Motivierung der Mitarbeiter
- Entwickeln von Checklisten zur Analyse
- Projektplan erstellen

3 Erarbeitung
- Qualitätshandbuch erarbeiten
- Verfahrens- und Arbeitsanweisungen erstellen
- Verantwortlichkeiten festlegen

4 Bewährung und Nutzen
- QM-Anweisungen erproben, bewerten und verbessern
- interne Audits durchführen
- externe Audits durchführen lassen

Übersicht 13.9

Ihre Qualitätsinventur am Beispiel einer Senioreneinrichtung

Wo steht Ihr Betrieb? Welche Ziele setzen Sie sich für die Verbesserung?

	Reservierung	Empfang	Zimmer	Restaurant	usw.
1. Basisanforderungen[1]					
2. Leistungsanforderungen[2]					
3. Begeisterungsanforderungen[3]					

1) z. B. Sauberkeit, Zimmer mit Nasszelle
2) z. B. Wellnessbereich, Schwimm- und Sporteinrichtungen
3) z. B. besonders aufmerksame Mitarbeiter, herausragendes Veranstaltungsprogramm

Übersicht 13.10

Qualitätsmanagement wird als Teil des allgemeinen Managements betrachtet, welches eine eigenständige Disziplin, nicht aber eine selbständige Funktion ist. Bei der Umsetzung von Qualitätsmanagement ist die **Einbeziehung der Mitarbeiter** daher besonders wichtig, z. B. durch gemeinsame Erarbeitung eines Qualitätshandbuches als „Regieanweisung". Am Beginn dieser Arbeit kann dabei eine „Qualitätsinventur" für alle Bereiche des Großhaushalts stehen. Steigerung der Nutzerzufriedenheit ist dabei der oberste Grundsatz. Höhere Mitarbeiterzufriedenheit und Wirtschaftlichkeit sind Nebeneffekte, über die sich Qualitätsmanagement auch „rechnet". Qualitätsmanagement ist eine ständige im Kreislauf zu vollziehende Aufgabe, vgl. Übersicht 13.11.

Grundsätze der Qualitätsentwicklung
• Qualität definieren • messbare, spezifizierte und terminierte Ziele setzen • Prioritäten setzen • ständige Kommunikation mit den Mitarbeitern • Qualität umsetzen, Mitarbeiter unterstützen • Zielerreichung kontrollieren (regelmäßige Gästebefragung) • neue Ziele setzen (Kreislauf)

Übersicht 13.11

Managementaufgabe sollte es sein, Qualität nicht nur den Leistungsempfängern, sondern auch den Mitarbeitern zu bieten. Mitarbeiter behandeln Nutzer so, wie sie selbst behandelt werden. Demotivierte, verängstigte Mitarbeiter werden kaum Qualität bieten. Nur Arbeit, die gern verrichtet wird, wird auch gut gemacht.

Total Quality Management (TQM)

Als bedeutendstes Qualitätskonzept gilt das Total-Quality-Management-Konzept, da es Strukturen sowie die Mitwirkung von Menschen berücksichtigt und damit auf ständige Verbesserungen ausgerichtet ist. Es wirkt mehrdimensional, indem es Qualität, Zeit und Kosten gleichzeitig berücksichtigt.

Die DIN ISO Norm 8402 versteht unter dem TQM „eine Führungsmethode einer Organisation, bei welcher Qualität in den Mittelpunkt gestellt wird, welche auf der Mitwirkung aller ihrer Mitglieder beruht und welche auf langfristigen Erfolg durch Zufriedenstellung der Abnehmer und durch Nutzen für die Mitglieder der Organisation und für die Gesellschaft zielt."

Das in den 80er-Jahren in Japan und den USA entworfene umfassende Total-Quality-Management-Konzept richtet sich an Mitarbeiter sowie an alle Unternehmensbereiche.

Konzepte zur umfassenden Umsetzung der Qualitätspolitik (= Total Quality Management)	
Anwender-bezogen	Entsprach die angebotene Leistung den Erwartungen der Kunden (z. B. ruhige Übernachtung zu angemessenen Preisen)?
Herstellungs-bezogen	Wie hat der Kunde die erbrachte Leistung erlebt (z. B. freundliche Mitarbeiter, gute Atmosphäre)?

Übersicht 13.12

TQM ist in erster Linie ein **Führungsmodell**. Die notwendige Identifikation mit dem TQM beziehen die Mitarbeiter aus dem motivationsfördernden Führungsverhalten: Information, Leistungs-Feed-back, Einbindung der Mitarbeiter in Entscheidungsprozesse, Erweiterung der Handlungskompetenzen sowie Anreizsysteme in Form qualitätsbezogener Prämien.

Zielsetzung ist, Qualität in Produkte und Dienstleistungen „hineinzuproduzieren", um die Fehlerkosten (Kundenabwanderung) gering zu halten. Investitionen in Qualitätsanstrengungen sind kostengünstiger als der Aufwand zur Behebung eines schlechten Service oder Einnahmeeinbußen durch einen verlorenen Gast.

Was Qualität ist, definiert der Großhaushalt-Nutzer. Dies verdeutlichen die folgenden Qualitätsspiralen, Übersicht 13.13:

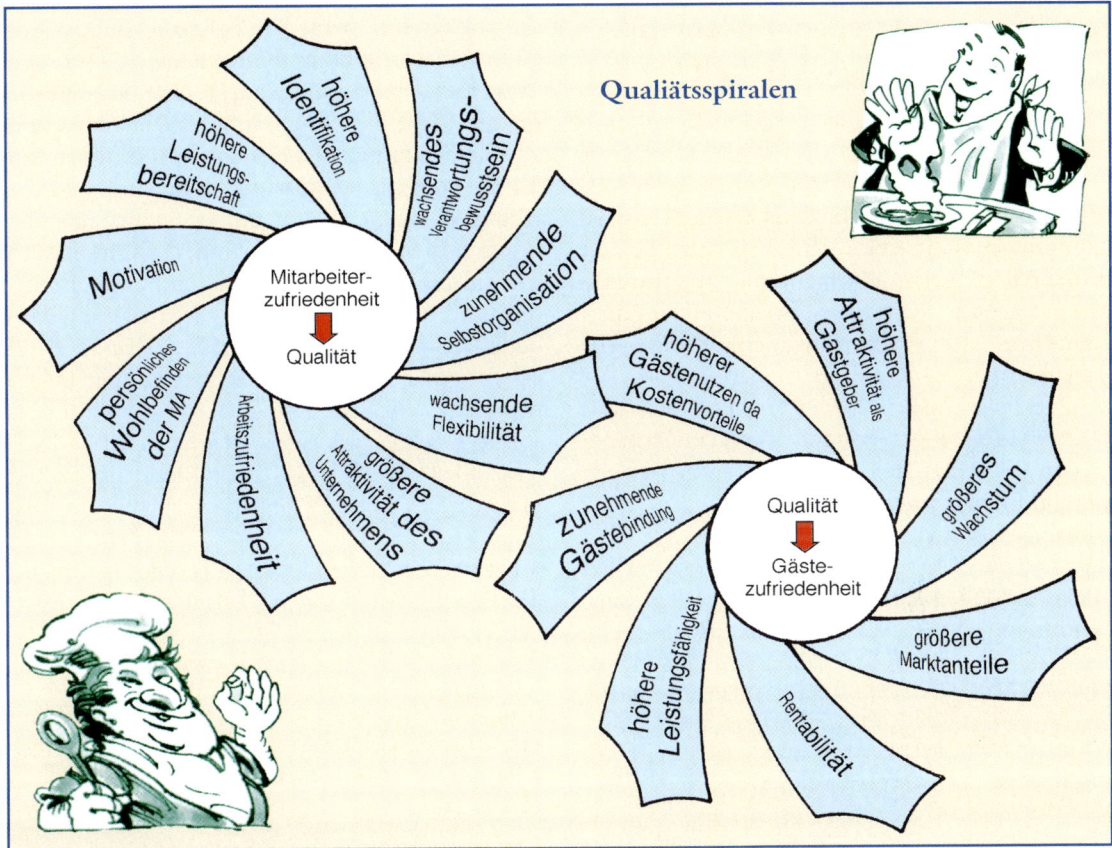

Übersicht 13.13

Zertifizierung nach DIN EN ISO 9000 ff.

Die International Organization for Standardization (ISO) hat 1987 ein weltweit angewandtes System zur Bewertung von Qualitätsmanagementsystemen eingeführt, das Verantwortlichkeiten, Aufbauorganisation, Prozesse, Verfahren und Mittel beinhaltet. Einem Unternehmen, das die Normen nachweislich erfüllt, wird in einem für drei Jahre geltenden Zertifikat bescheinigt, dass es nach einem umfassenden QM-System arbeitet.

Nutzen einer Zertifizierung:

- **Verbesserung der Wettbewerbsposition** – das Zertifikat gilt als Qualitätsindikator;
- **Erhöhung der Produktivität** – durch Rationalisierung der Arbeitsprozesse und Fehlervermeidung;
- **Qualitätssteigerung** durch konsequente

Kundenorientierung und Eliminierung von Schwachstellen sowie
- **Mitarbeitermotivation**: motivationsförderndes Führungsverhalten.

Qualität ist mittlerweile zu einem zentralen Thema geworden. Für alle Leistungsbereiche ist Qualität das oberste Gebot, um Positionen zu halten oder auszubauen. Jeder hat Ansprüche und Wünsche, die befriedigt werden müssen. Ziel eines jeden hauswirtschaftlichen Betriebes ist daher, dem Kunden seinen Aufenthalt so angenehm wie möglich zu gestalten.

Die wichtigsten Vorteile qualitätsorientierter Unternehmungen zeigen sich vor allem in der stärkeren Kundentreue, häufigeren Besuchen, geringeren Gefährdung bei Preiskämpfen, durchsetzbaren höheren Preisen ohne Marktanteilsverlusten, niedrigeren Marketingkosten und Marktanteilssteigerungen.

13.4 Die Schnittstellenproblematik zwischen Hauswirtschaft und Pflege

👁 **Situation**

Alexander arbeitet als Hauswirtschaftshelfer im Städtischen Krankenhaus. Seine Aufgabe ist es, die Mahlzeitentabletts für die Kranken mit dem Essenswagen auf die Stationen zu bringen und dort auch wieder abzuholen.

In letzter Zeit gab es immer wieder Beschwerden der Kranken über lauwarmes Essen und nicht abgeräumte Tabletts. In der Abteilungsleiterbesprechung kommt das Thema auf den Tisch, weshalb Alexander diesmal dabei sein darf. Er soll als Betroffener das Problem darstellen. Die Küchenleitung argumentiert so: „Was geht das uns an. Aus der Küche geht das Essen heiß raus. Das Pflegepersonal nimmt sich für das Verteilen zu lange Zeit – kein Wunder, dass das Essen kalt wird. Und dann wird gemeckert, dass es nicht schmeckt." Alexander fügt hinzu: „Ich muss den Essenswagen bis 14.00 Uhr wieder in die Küche bringen. Also kann ich nicht ewig auf die Tabletts warten."

Die Pflegedienstleitung entgegnet: „Wir haben mit dem Anreichen des Essens schon genug zu tun. Das Verteilen und Abräumen sollte die Hauswirtschaft erledigen." ●●●

In Großhaushalten, die nicht nur der Gemeinschaftsverpflegung dienen, sondern die Unterkunft, Verpflegung, Pflege und Betreuung ihrer Nutzer sichern, arbeiten viele verschiedene Berufsgruppen zusammen.

In stationären Altenpflegeeinrichtungen zum Beispiel stellen neben den pflegerischen Tätigkeiten die Leistungen der Hauswirtschaft, d. h. der Küche, Wäscherei und Hausreinigung, einen wichtigen Teil des Alltags dar. Oft gestaltet sich dabei die Zusammenarbeit zwischen den Mitarbeitern aus der Altenpflege und den Mitarbeitern aus der Hauswirtschaft an den **Schnittstellen** zwischen Pflege und Hauswirtschaft als problematisch. Schnittstellen sind Tätigkeiten, die keinem der beiden Berufsbereiche klar zugeordnet werden können.

„Wer räumt die Zimmer auf?", „Wer sortiert die Privatwäsche in die Schränke ein?", solche und ähnliche Fragen nach der Zuordnung von Tätigkeiten im Schnittstellenbereich haben die Abteilungen zu klären, um sie in die Arbeitsorganisation einbeziehen zu können. Man spricht dann vom **Schnittstellenmanagement**. Optimierung des Schnittstellenmanagements bedeutet aber nicht nur, dass die Zusammenarbeit zwischen den Mitarbeitern der Hauswirtschaft und der Pflege besser funktioniert, sondern auch, dass den Wünschen und Bedürfnissen der Bewohner im Grenzbereich zwischen Hauswirtschaft und Pflege besser Rechnung getragen werden kann. Denn oft bleibt die Perspektive der Bewohner bei der Diskussion um die Arbeitsverteilung im Schnittstellenbereich außen vor.

Um eine **individuelle Schnittstellenkonzeption** zu entwickeln, kann man nach folgenden **Handlungsschritten** vorgehen, siehe Übersicht 13.14:

Analyse der Ist-Situation
▼
Leitziele
▼
Derzeitige Schnittstellenkonzeption
▼
Bauliche Struktur und Ausstattung
▼
Personalausstattung
▼
Wünsche und Anforderungen der Bewohner
▼
Entwicklung der Soll-Konzeption
▼
Grobkonzept zur Schnittstellengestaltung
▼
Bauliche Struktur und Ausstattung
▼
Personalbesetzung
▼
Organisatorische Verankerung der Soll-Konzeption

Übersicht 13.14

Dabei knüpft das Vorgehen an der aktuellen Arbeitsorganisation im Schnittstellenbereich sowie an den baulichen Gegebenheiten der einzelnen Einrichtung an. Die aktuelle Situation wird zunächst mit ihren Stärken und Schwächen erfasst und mit den Wünschen und Anforderungen der Bewohner (Nutzer) sowie mit den Leitzielen der Einrichtung verglichen. Dieser Ist-Analyse folgen grundsätzlich Überlegungen zu der von der Leitung gewünschten ‚idealen' Schnittstellenkonzeption und zu deren Umsetzbarkeit. Hier spielen vor allem praktische Gegebenheiten eine Rolle, z. B. Personalausstattung oder die bauliche Struktur und Ausstattung der Einrichtung. Auf der Basis dieser Überlegungen wird zuletzt eine Soll-Konzeption entwickelt und verankert.

Besondere Bedeutung kommt dem Schnittstellenmanagement vor allem in Einrichtungen zu, in denen eine bewohnernahe Form der hauswirtschaftlichen Versorgung praktiziert wird, denn bei diesen neueren Konzeptionen werden besonders viele hauswirtschaftliche Tätigkeiten im Wohnbereich ausgeführt, und dadurch fallen hier auch wesentlich mehr potenzielle Schnittstellentätigkeiten an als bei zentralisierten Organisationsformen.

13.5 Entwicklung von Großhaushalten

 Situation

Outsourcing:

Ihre Chance für einen neuen Anfang!
Haben Sie schon einmal darüber nachgedacht,
dass eine Klinik stets auch ein Hotel, ein Patient
im Krankenhaus immer zugleich auch ein Gast ist?

Für uns sind unsere Patienten VIPs!
Eine erfolgreich etablierte, hochmoderne Spezialklinik mit einer angeschlossenen, luxuriösen Seniorenresidenz (insgesamt 240 Betten) wird zukünftig ihren Hotelbereich (Abteilungen Küche, Hauswirtschaft, Rezeption) einer betriebseigenen Gastro-Service-GmbH übertragen. Die Leistungen professioneller Spitzenhotellerie sollen zukünftig gleichrangig zu hoch qualifizierter Medizin und Pflege stehen. Im Mittelpunkt steht dabei immer der Patient als Gast, als VIP-Gast!

Für die gemeinschaftliche Leitung dieser neuen GmbH auf Geschäftsführerebene suchen wir eine(n)

Hauswirtschaftliche(n) Betriebsleiter/-in

für die Leitung einer modernen Großküche (über 300 Essen täglich, Menüwahl, alle Diätformen) inkl. Einkauf und Lagerhaltung. Erfahrungen und Referenzen in der erfolgreichen Leitung gehobener Großküchen sollten nachgewiesen werden können (Diätassistentin vorhanden).

Die vorgenannten Dienste beschäftigen über 100 Mitarbeiter und werden mit einem eigenverantwortlich zu verwaltenden Budget ausgestattet. Für die ausgeschriebene Position ist eine Umsatz- und eine Gewinnbeteiligung vorgesehen.
Wenn Sie eine echte Alternative in Ihrem Beruf suchen, sollten Sie nicht länger zögern und uns Ihre aussagefähigen Bewerbungsunterlagen (tabellarischer Lebenslauf, Zeugniskopien, Lichtbild und Angabe der Gehaltsvorstellung) zusenden.

MediPlan Gesellschaft mit beschränkter Haftung
Elberfelder Straße 122 · 40764 Langenfeld
Tel. 02173/12345 · Fax 02173/67890

●●●

Auch Großhaushalte sind zunehmendem Leistungsdruck ausgesetzt. Neben dem ökonomischen Druck (Kosteneinsparungen) spüren auch sie steigende quantitative und qualitative Ansprüche.

Die Nutzer von Großhaushalten, also Mitarbeiter von Unternehmen, Senioren, Kranke, Internatsangehörige, Studierende usw. verlangen mehr und mehr nach einem veränderten Angebot der Großhaushalte. Speisen und Getränke haben in der Gemeinschaftsverpflegung nicht mehr allein die Aufgabe der Sättigung, sondern übernehmen zunehmend soziale Funktionen, die unterstützt werden durch Ambiente, Abwechslung, Individualität.

Ursache hierfür ist das geänderte Anspruchsniveau der Nutzer, aber auch geänderte Rahmenbedingungen und damit geänderte Bedürfnisse der Nutzer, siehe Übersicht 13.15.

So hat sich die **Bewohnerstruktur** der Altenpflegeeinrichtungen durch die Einführung der Pflegeversicherung und damit verbunden der Einstufung in Pflegestufen verändert. Der überwiegende Teil der Nutzer ist heutzutage schwerstpflegebedürftig und ein hoher Anteil dementiell erkrankt (z.B. Morbus Alzheimer). Bei diesen Bewohnern stehen andere Bedürfnisse im Vordergrund als bei Bewohnern, die noch mobil und geistig ohne Einschränkungen sind. Zwar stehen Speisen und Getränke immer noch im Mittelpunkt des Interesses der Bewohner als Dreh- und Angelpunkt des Tages. Jetzt haben Speisen und Getränke aber auch die wichtige Funktion der Mobilisierung und des Wiedererkennens, also eine therapeutische Aufgabe bekommen.

Auch hat sich das Leitbild der Einrichtungen verändert. Das frühere „sauber, satt, trocken" wandelt sich hin zu „würdevollem Altern". Die hauswirtschaftliche Leistung ist dabei, einen Wandel hin zu einem hohen Anteil an Betreuungsfunktion zu vollziehen. Das gilt nicht nur in Senioreneinrichtungen.

Das **veränderte Anspruchsniveau** birgt für die Anbieter aber auch eine Chance, nämlich mit den zeitgemäßen Angebotsformen neue Zielgruppen zu erschließen. So ist z.B. neben dem Angestellten des Unternehmens, der in der Mittagspause das Kasino besucht, auch der Kunde von außerhalb ein möglicher Gast. Diese bislang nicht angesprochene Zielgruppe verlangt allerdings nicht nur ein breiteres und tieferes gastronomisches Sortiment, sondern ein modernes, konzeptionell gewandeltes Denken, siehe Übersicht 13.16. So wären über Speisen und Getränke hinaus ein kulturell oder sportbezogenes Programm denkbar. Immer mehr Großbetriebe bieten ihren Mitarbeitern an, sich während der Pausen und nach Feierabend neben der Beköstigung auch auf dem Tennisplatz oder im Fitnessraum zu entspannen.

Der Leistungsdruck auf die Großhaushalte kann langfristig zum Motivationsverlust der Mitarbeiterinnen und Mitarbeiter führen, siehe Übersicht 13.17. Viele Unternehmen investieren deshalb in **Gesundheit und Arbeitszufriedenheit** ihrer Mitarbeiter, z.B. durch betriebliche Präventionsprogramme: Gesundheitsfördernde Maßnahmen bieten den Unternehmen nachhaltigen Nutzen nach dem Motto: „Gesunde Mitarbeiter sind bessere Mitarbeiter."

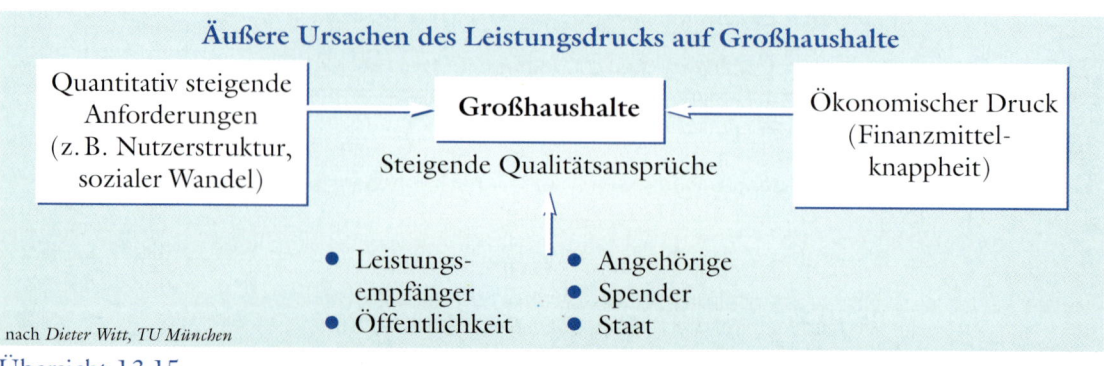

Äußere Ursachen des Leistungsdrucks auf Großhaushalte

Quantitativ steigende Anforderungen (z.B. Nutzerstruktur, sozialer Wandel) → **Großhaushalte** Steigende Qualitätsansprüche ← Ökonomischer Druck (Finanzmittelknappheit)

- Leistungsempfänger
- Öffentlichkeit
- Angehörige
- Spender
- Staat

nach *Dieter Witt, TU München*

Übersicht 13.15

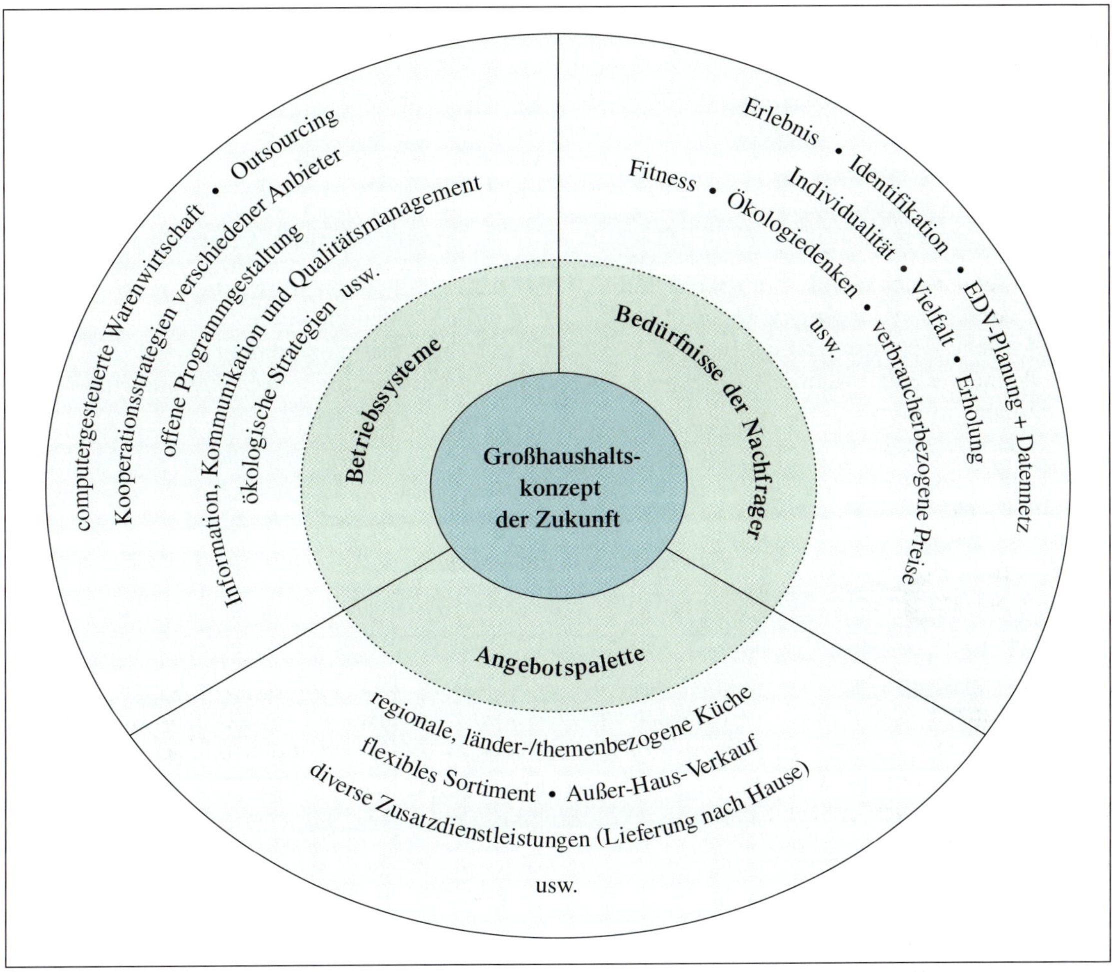

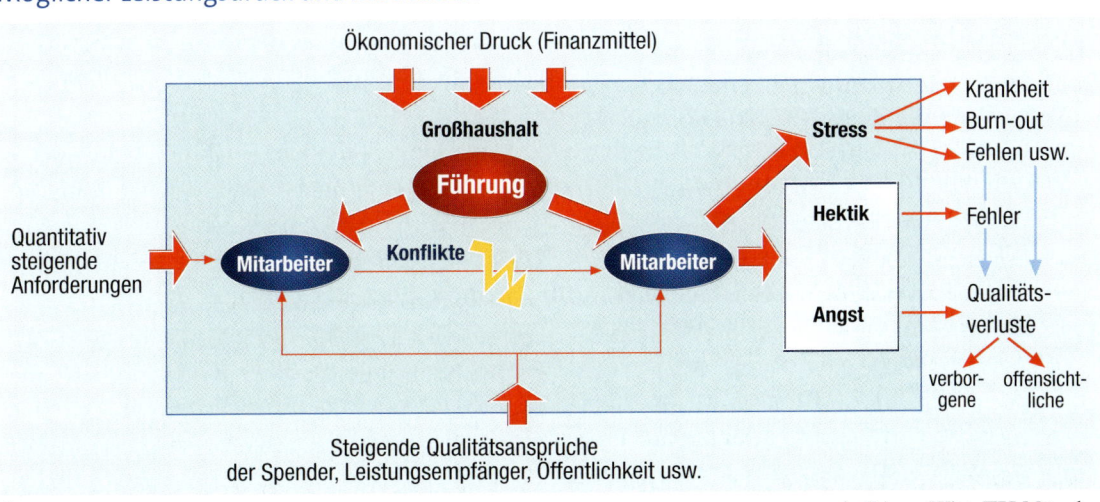

Übersicht 13.16

Möglicher Leistungsdruck und Motivation

Übersicht 13.17

nach *Dieter Witt, TU München*

Wesentliche Lerninhalte

- Großhaushalte sind Betriebe,
  - deren Ziel die Bedarfsdeckung von mindestens 20 Personen ist,
  - die zu bestimmten Tageszeiten oder ganztags Verpflegung anbieten,
  - die Unterkunft und/oder Pflege bieten.

- Der Trend der Gemeinschaftsverpflegung geht dahin, dass die Nutzer auch auf andere Bereiche Wert legen, u. a.:
  - Ambiente und Erlebnis
  - Abwechslung
  - Ökologiedenken
  - Identifikation
  - Fitness

- Großhaushalte sind zunehmend Leistungsdruck ausgesetzt:
  - ökonomisch
  - durch geänderte Nutzerstrukturen
  - durch steigendes Anspruchsniveau

- Maßnahmen zur Qualitätssicherung in Großhaushalten sind:
  - Qualitätsmanagement
  - Optimierung von Schnittstellenkonzeptionen

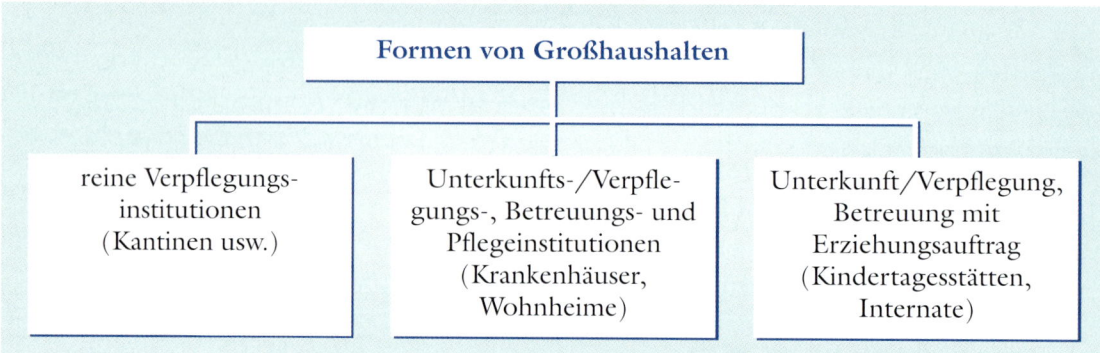

Formen von Großhaushalten

reine Verpflegungsinstitutionen (Kantinen usw.)	Unterkunfts-/Verpflegungs-, Betreuungs- und Pflegeinstitutionen (Krankenhäuser, Wohnheime)	Unterkunft/Verpflegung, Betreuung mit Erziehungsauftrag (Kindertagesstätten, Internate)

Aufgaben

❶ Erklären Sie mit Ihren Worten den Begriff „Großhaushalt".

❷ Warum bezeichnet man Großhaushalte als privathaushaltsunterstützend?

❸ Lesen Sie die Situation auf Seite 306. Der einleitende Zeitungsartikel dokumentiert den Trend zum Außer-Haus-Verzehr. Warum nimmt diese Versorgungsform nach Ihrer Meinung zu?

❹ a) Erstellen Sie eine Tabelle mit vier Spalten und zwei Zeilen; lassen Sie dabei am linken Rand etwas Platz für einen späteren Nachtrag:

	(Spalte 1)	(Spalte 2)	(Spalte 3)	(Spalte 4)
(Zeile 1)				
(Zeile 2)				

b) Tragen Sie in die Spalten der Zeile 1 jeweils einen Träger öffentlich-rechtlicher Großhaushalte ein.

c) Entwickeln Sie dann für die zugehörigen Spalten der Zeile 2 je ein Beispiel und tragen dieses ein.

d) Hängen Sie links an Ihre Tabelle noch eine zusätzliche Spalte an und betiteln Sie darin die Zeilen Ihrer Tabelle.

❺ Welche Versorgungsbetriebe arbeiten nach dem Prinzip der Gewinnerzielung?

❻ Was steckt hinter der Aussage „Qualität ist mehr als teuer"?

❼ Als Hauswirtschaftliche Betriebsleiterin erarbeiten Sie einen Vortrag über ServiceQualität. Was sagt dieser Begriff?

Methodenseiten

Prozentrechnung – leicht gemacht

Die Prozentrechnung ist eine Rechenart, bei der bestimmte Werte in ein Verhältnis zu einem Grundwert gesetzt werden. Der Grundwert wird immer gleich hundert gesetzt (pro centum, lat. = vom Hundert).

Aufgaben aus der Prozentrechnung lassen sich leicht mithilfe der Dreisatzrechnung lösen. Hier ist ohne Schwierigkeiten der Dreisatz mit direktem (proportionalem) Verhältnis anwendbar.

Berechnung des Prozentwertes

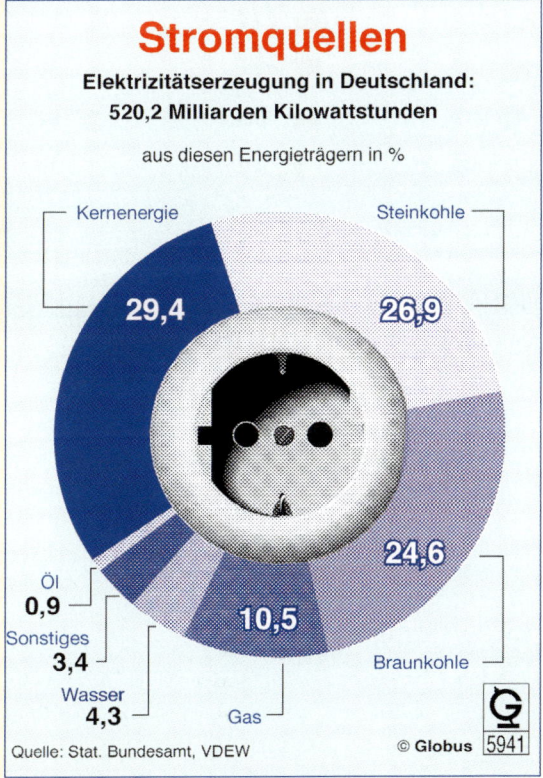

Stromquellen

Elektrizitätserzeugung in Deutschland:
520,2 Milliarden Kilowattstunden

aus diesen Energieträgern in %

Kernenergie 29,4
Steinkohle 26,9
Braunkohle 24,6
Gas 10,5
Wasser 4,3
Sonstiges 3,4
Öl 0,9

Quelle: Stat. Bundesamt, VDEW   © Globus 5941

Aus der Beispiel-Abbildung lässt sich u. a. ablesen, dass

a) insgesamt 520,2 Mrd. Kilowattstunden in dem Jahr in Deutschland erzeugt wurden,

b) 10,5 % davon aus dem Energieträger Gas gewonnen wurden.

Nun soll die mengenmäßige Stromproduktion von Gas ermittelt werden. Es gilt:

$$100\,\% = 520,2 \text{ Mrd. kWh}$$
$$10,5\,\% = x \text{ Mrd. kWh}$$

$$x = \frac{520,2 \times 10,5}{100} = 54,621 \text{ Mrd. kWh}$$

Allgemein gilt die Formel:

$$\textbf{P'wert (W)} = \frac{\textbf{G'wert (GW)} \times \textbf{P'satz (p)}}{\textbf{100}}$$

Prozentwert (W), Grundwert (GW), Prozentsatz (p)

Ergebnis:
Der Anteil von Gas an der gesamten Stromerzeugung betrug rund 54,6 Mrd. kWh.

Die Prozentrechnung ist also eine Vergleichsrechnung, bei der sich bestimmte Werte auf einen Grundwert beziehen, der immer 100 % entspricht.

Grafisch lässt sich diese Rechenmethode folgendermaßen darstellen:

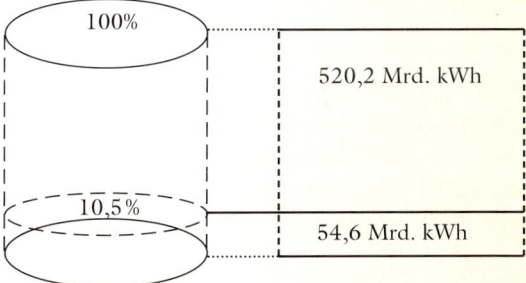

Die 100-%-Säule dient veranschaulichend als Vergleichssäule, als Vergleichsmaßstab zu den gegebenen Grundwerten. Um die Berechnung der Prozentrechnung zu üben und diese Rechenart zu festigen, sollten Sie die Prozentwerte für die anderen Energieträger des Schaubildes berechnen.

Als Kontrolle addieren Sie alle Prozentwerte, und es muss wieder die Summe von 520,2 Mrd. kWh herauskommen. Falls Sie den einen oder anderen Prozentwert gerundet haben, kann eine kleine Abweichung von diesem Gesamtwert entstehen.

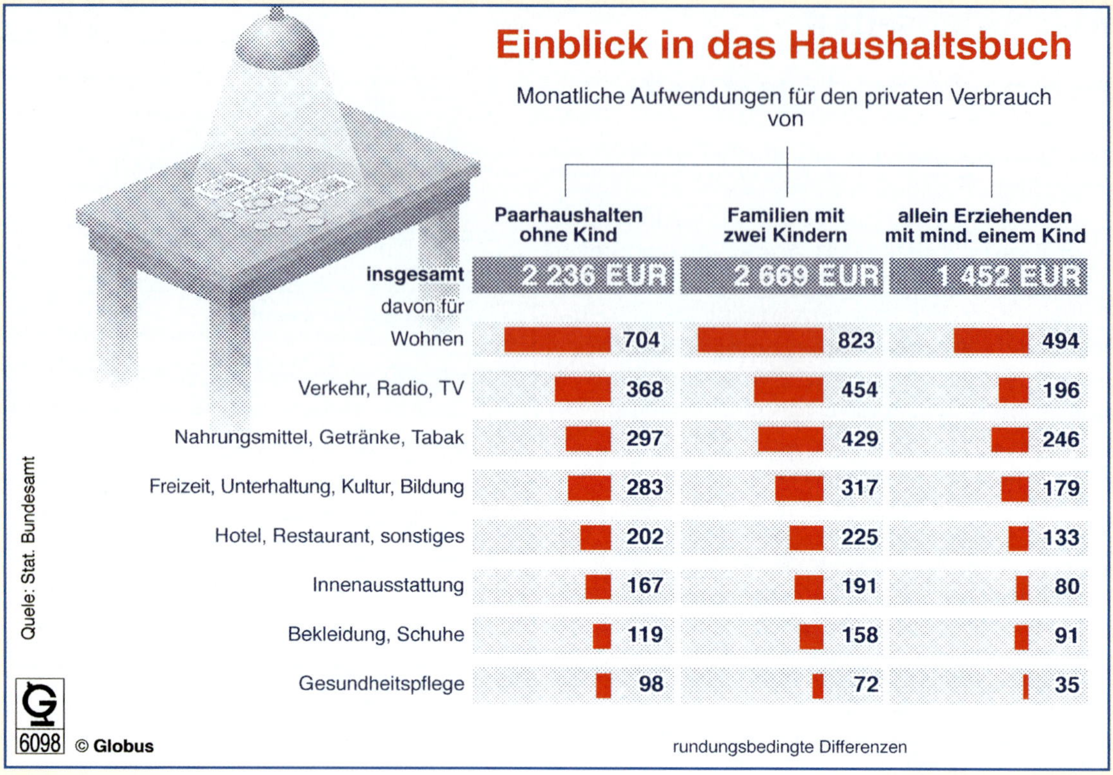

Einblick in das Haushaltsbuch

Monatliche Aufwendungen für den privaten Verbrauch von

	Paarhaushalten ohne Kind	Familien mit zwei Kindern	allein Erziehenden mit mind. einem Kind
insgesamt	**2 236 EUR**	**2 669 EUR**	**1 452 EUR**
davon für			
Wohnen	704	823	494
Verkehr, Radio, TV	368	454	196
Nahrungsmittel, Getränke, Tabak	297	429	246
Freizeit, Unterhaltung, Kultur, Bildung	283	317	179
Hotel, Restaurant, sonstiges	202	225	133
Innenausstattung	167	191	80
Bekleidung, Schuhe	119	158	91
Gesundheitspflege	98	72	35

Quele: Stat. Bundesamt

6098 © Globus

rundungsbedingte Differenzen

In dem oben gezeigten Beispieljahr haben Familien mit zwei Kindern monatlich 2669,00 € für den privaten Verbrauch ausgegeben, davon beispielsweise 429,00 € für Nahrungsmittel, Getränke und Tabak.

Hier sind der Grundwert (= 100 %) und der Prozentwert gegeben. Um nun zu ermitteln, welchen prozentualen Anteil die einzelnen Positionen an den Gesamtausgaben haben, ist hier der **Prozentsatz** zu berechnen. Der Ansatz lautet – auch wieder nach dem Dreisatz – wie folgt:

$$2.669 \text{ €} = 100 \%$$
$$429 \text{ €} = \text{x} \%$$

$$x = \frac{100 \times 429}{2.669} = \textbf{16,1 \%}$$

Allgemein gilt die Formel:

$$\text{Prozentsatz (p)} = \frac{\text{Prozentwert (W)} \times 100}{\text{Grundwert (GW)}}$$

Prozentwert (W), Grundwert (GW), Prozentsatz (p)

Die grafische Darstellung der Prozentsatzberechnung sieht wie folgt aus:

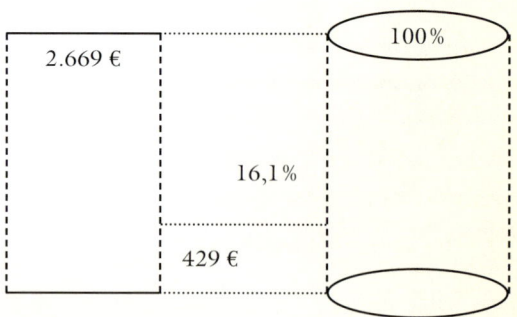

Berechnen Sie als Übung nun auch die anderen Prozentsätze.

Hier sollten Sie dann als Kontrolle alle Prozentsätze, die Sie ausgerechnet haben, addieren und auf insgesamt 100 % kommen. Eine kleine rundungsbedingte Abweichung kann auch hier entstehen.

Berechnung des Grundwertes

Bei der Jahresabrechnung eines Haushalts wird festgestellt, dass aufgrund des umsichtigen Umganges mit der Heizung in einer Abrechnungsperiode 105,00 € Energiekosten eingespart werden können. Dies entspricht 7 % der bisherigen Heizkosten.

Es sind nun die bisherigen Heizkosten zu ermitteln.

Wir gehen folgendermaßen vor:

$$7\% = 105,00\ \text{€}$$
$$100\% = \text{x €}$$

$$x = \frac{105,00 \times 100}{7} = 1.500,00\ \text{€}$$

> Die Formel für die Berechnung des Grundwertes lautet:
>
> $$\text{G'wert (GW)} = \frac{\text{P'wert (W)} \times 100}{\text{P'satz (p)}}$$
>
> Prozentwert (W), Grundwert (GW), Prozentsatz (p)

Es gibt folgende Vorgehensweise, wenn ein Wert aus der Prozentrechnung ausgerechnet werden soll:

- Zunächst prüfen, welche Werte gegeben sind.

- Es müssen immer zwei Werte vorhanden sein.

- Erst dann kann festgelegt werden, welcher fehlende Wert zu berechnen ist.

- Die Berechnung des fehlenden dritten Wertes kann mithilfe des direkten Dreisatzes oder mithilfe der jeweiligen Formel erfolgen.

- Probe: Es kann eine Überprüfung stattfinden, indem der berechnete Wert in eine der beiden anderen Formeln eingesetzt wird. Als Ergebnis muss hier wieder einer der beiden ursprünglichen Werte herauskommen.

Hier die grafische Darstellung:

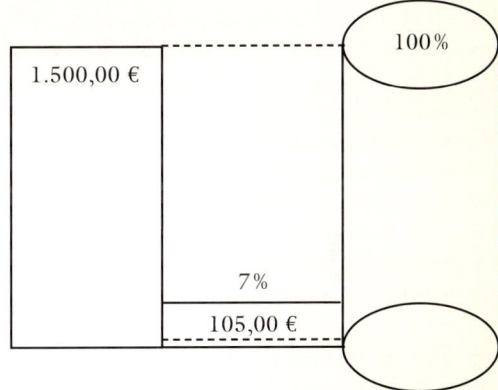

Zurück zur Abbildung von Seite 321, „Stromquellen":
Es ist ein Wasserverbrauch von 22,4 Mrd. kwh ermittelt worden. Jetzt wird der Prozentsatz vom Gesamtverbrauch festgestellt:

> $$\text{P'satz (p)} = \frac{\text{P'wert (W)} \times 100}{\text{G'wert (GW)}}$$
>
> Prozentwert (W), Grundwert (GW), Prozentsatz (p)

$$p = \frac{\overline{22,4 \times 100}}{520,2} = 4,3\%$$

Damit ist gezeigt, dass der berechnete Prozentsatz für Wasser in der Abbildung richtig ist.

Teamarbeit

Vor allem im Dienstleistungsbereich, also auch in der Hauswirtschaft, führt nur die Teamarbeit zu einem optimalen Erfolg. Das Durchführen einer Dienstleistung ist nämlich in besonderem Maße von der professionellen Umsetzung des so genannten Kommunikationskreuzes abhängig, die nur durch Teamarbeit erreichbar ist.

Kommunikationskreuz

Informieren

Ansprechpartner für Tagungen

Besondere Leistungen

Sonderkonditionen

Wer ist für was verantwortlich?

Öffnungszeiten Restaurant

Wann ist Sauna für wen?

Verkaufen

Silvesterprogramm
Wochenendgolfen
Happy Hour
Happy Tage im Sommer
Planwagenfahrten

Zuhören

Staus auf der Autobahn
Ärger mit den Teilnehmern
„Zickige" Auftraggeber

Das kaputte Auto

Zugverbindungen

Wo kann man abends hingehen?

Tagungstechnik

Schöne Spaziergänge

Beraten

Bei der Teambildung ist zu beachten, dass ein gutes Team nicht von einer Sekunde auf die andere entsteht. Auch eine neu zusammengestellte Fußballmannschaft muss sich zunächst erst „zusammenraufen", um die Einzelpotenziale auszuschöpfen, die in der Mannschaft stecken. Im Rahmen dieses Prozesses spielt der Teamchef (Trainer/Mannschaftskapitän) eine wichtige Rolle.

Je besser der Teamchef in der Lage ist, die gegebene Situation im Spiel, aber auch im Training richtig einzuschätzen und daraus resultierende Entscheidungen umzusetzen, umso größer wird der Erfolg der Mannschaft. Dasselbe gilt auch für den hauswirtschaftlichen Betrieb.

Ein guter Teamleiter wird von den Teammitgliedern als Berater gesucht, nicht nur in geschäftlichen Angelegenheiten, sondern manchmal auch in privaten Dingen. Die Teammitglieder haben also Vertrauen zu einem guten Teamleiter. Das kann dieser aufbauen, indem er gerecht und sachlich zu Werke geht und Vorschlägen aus der Gruppe immer aufgeschlossen gegenübersteht. In der Praxis ein guter Teamleiter zu sein, bedarf jedoch noch einiger zusätzlicher Fähigkeiten. Zum einen sind psychologische Grundkenntnisse wichtig, denn sie helfen dabei herauszufinden, welcher Mitarbeiter für welche Aufgabe am besten einzusetzen ist. Dieses richtige Delegieren von Aufgaben ist nicht jedermanns Sache. Wirkungsvoll kann ein Mitarbeiter nämlich nur arbeiten, wenn er seiner Ausbildung entsprechend eingesetzt wird.

Zum Begriff „Teamarbeit" gibt es in der Hauswirtschaft zwei Verständnisebenen: Zum einen wird der gesamte Mitarbeiterstamm, z. B. eines Großhaushalts, als Team betrachtet, welches zum Ziel hat, seine Aufgaben gemeinsam so gut wie möglich zu leisten.

Zum anderen wird aus diesem Mitarbeiterstamm eine Gruppe ausgewählt, die eine zeitlich befristete Aufgabe zu bewältigen hat, z. B. eine Veranstaltung auszurichten. Diese Verständnisebene ist im Grunde mit der ersten identisch. Die Gruppe der an einem Ziel arbeitenden Menschen ist lediglich kleiner und der Arbeitsauftrag ist als Sonderaufgabe ersichtlich.

Bei dem „kleinen" und bei dem „großen Team" merkt der Nutzer, wenn das Team nicht harmonisiert, und Unzufriedenheit der Hauswirtschafter spürt der Leistungsempfänger recht schnell.

Freundlichkeit im Team kann man durch gezielten Umgang mit dem Thema üben, z. B. nach dem folgenden Muster-Ablauf:

Training 1: Freundlich im Job

- Freundlichkeit ist mein Privatvergnügen! – Pro-und-Kontra-Diskussion

- Warum Freundlichkeit in der Hauswirtschaft zum Job gehört – Gruppenarbeit mit Vortrag und Begründungen

- „Freundlichkeitsbringer" und „-killer": Was fördert die Stimmung und was lässt sie knirschen? – Ideen sammeln, durch Punkte gewichten

Training 2: Mitarbeitereinsatz
Drei Gruppenaufgaben und ihre Lösungen:

- Arbeitseinsatzplanung, Zuordnung zu Arbeitsplätzen und Aufgaben: Wer kann was tun? Wer möchte was tun?

- Jobrotation: Der Wechsel von Arbeitsplatz zu Arbeitsplatz. Voraussetzungen und Organisation

- Schicht- und Urlaubsplanung, Teildienst: Konfliktquellen und ihre Überwindung.

Training 3: Teamregeln
Das erfolgreiche Team ist aufgaben- und menschenorientiert! Die wichtigsten Regeln für
  - erfolgreiche Ergebnisse
  - erfolgreiche Zusammenarbeit

- Entwicklung anwendungsbezogener Regeln mit Gewichtung

- Lerngespräch: Konkrete Maßnahmen im eigenen Haus, abgeleitet aus den wichtigsten Regeln

Tabellenkalkulation

Sie wollen mithilfe des Computers eine Tabellenkalkulation durchführen, z. B. die Ermittlung eines Bruttoeinkaufspreises. Wie die einzelnen Schritte lauten, sehen Sie hier.

Eine Waschmaschine kostet laut Liste 600,00 €. Der Lieferer gewährt 10% Rabatt und außerdem bei Barzahlung 3% Skonto. Die Bezugskosten (Fracht, Aufstellen, Anschluss) belaufen sich auf 40,00 €. Es wird mit 16% Umsatzsteuer gerechnet. Wie hoch ist der Bruttoeinkaufspreis?

Sie richten die Tabelle folgendermaßen ein:

❶ Rufen Sie ihr Tabellenkalkulationsprogramm (Excel o. Ä.) auf.

❷ Klicken Sie auf das Feld A1.

❸ Tragen Sie hier das Wort „Position" ein.

❹ Gehen Sie auf B1, tragen Sie hier das %-Zeichen ein.

❺ Gehen Sie auf C1 bzw. D1, tragen Sie auch hier das %-Zeichen ein.

❻ Gehen Sie auf E1 und tragen Sie das €-Zeichen (Tasten AltGr + E) ein.

❼ Tragen Sie in die Felder A2 bis A10, die Sie durch Mausklick oder Pfeiltaste nach unten aufrufen können, die Überschriften ein:

Listeneinkaufspreis

   – **Rabatt** (erst ein Anführungszeichen („), dann – Rabatt)

Zieleinkaufspreis

   – **Skonto** (erst Anführungszeichen („), dann – Skonto)

Bareinkaufspreis

   + **Bezugskosten** (erst Anführungszeichen („), dann + Bezugskosten)

Bezugspreis/Nettopreis

   + **Umsatzsteuer** (erst Anführungszeichen („), dann + Umsatzsteuer)

Bruttoeinkaufspreis

Für die Berechnung gehen Sie wie folgt vor:

❶ B2 anklicken, 100 eingeben.

❷ B3 anklicken, 10 eingeben.

❸ B4 anklicken, dann in die Bearbeitungszeile gehen, B2 anklicken, – eingeben, B3 anklicken. Return drücken, 90 erscheint.

❹ C4 anklicken, 100 eingeben.

❺ C5 anklicken, 3 eingeben.

❻ C6 anklicken, dann in die Bearbeitungszeile gehen, C4 anklicken, – eingeben, C5 anklicken. Return drücken, 97 erscheint.

❼ D8 anklicken, 100 eingeben.

❽ D9 anklicken, 16 eingeben.

❾ D10 anklicken, dann in die Bearbeitungszeile gehen, D8 anklicken, + eingeben, D9 anklicken. Return drücken, 116 erscheint.

❿ E2 anklicken, 600,00 eingeben.

⓫ E3 anklicken, dann in die Bearbeitungszeile gehen, = eingeben, dann die Formel E2*B3/100 eingeben. Return drücken, 60 erscheint.

⓬ E4 anklicken, dann in der Bearbeitungszeile = E2–E3 eingeben. Return drücken, 540 erscheint.

⓭ Berechnen Sie die 3 Prozent Skonto und den Bareinkaufspreis entsprechend.

⓮ Addieren Sie die Summe aus Bareinkaufspreis (E6) und Bezugskosten (E7) entsprechend; es erscheint der Bezugspreis/Nettopreis (563,80).

⓯ Berechnen Sie die 16 Prozent Umsatzsteuer (E8*E9/100) und den Bruttoeinkaufspreis (E8+E9) entsprechend.

Bei dieser Tabellenkalkulation können Sie

- den Listeneinkaufspreis,
- den Rabattsatz,
- den Skontosatz,
- die Bezugskosten,
- den Umsatzsteuersatz

verändern, und das Programm berechnet automatisch den richtigen Bruttoeinkaufspreis. Das Ergebnis sieht bei unserer Aufgabenstellung wie folgt aus:

	A	B	C	D	E
		%	%	%	€
1	**Position**				
2	Listeneinkaufspreis	100			600,00
3	"- Rabatt	10			60,00
4	Zieleinkaufspreis	90	100		540,00
5	"- Skonto		3		16,20
6	Bareinkaufspreis		97		523,80
7	"+ Bezugskosten				40,00
8	Bezugspreis/Nettopreis			100	563,80
9	"+ Umsatzsteuer			16	90,21
10	Bruttoeinkaufspreis			116	654,01

Sie können jederzeit die Spaltenbreite verändern, die Daten in den Spalten rechtsbündig, linksbündig oder zentriert einstellen, das Zahlenformat verändern, die Schriftart und Farbe durch Einstellungen in der Kopfleiste verändern – vorher die entsprechenden Felder/Spalten anklicken.

Pro-und-Kontra-Diskussion

Eine gute Möglichkeit, in der Klasse ein Thema von allen Seiten zu durchleuchten, ist die Pro-und-Kontra-Diskussion. Diese Diskussion setzt sich aus den Redebeiträgen von mehreren Personen zusammen. Ein gut durchdachter Redebeitrag enthält mehrere Teile:

These – Argument – Beleg

oder auch

Beleg – Folgerung – Argument

Man nennt dies auch eine Argumentationskette.

- An einen vorangegangenen Beitrag kann man verschieden anknüpfen:
  - Zustimmung mit Weiterführung
  - Zustimmung mit Einschränkung
  - Ablehnung mit Gegenargumenten

- Werden Fragen gestellt, so unterscheidet man in:
  - Informationsfrage
  - rhetorische Frage
  - Entscheidungsfrage

Wenn Sie eine Diskussion gestalten wollen, müssen bestimmte **Regeln** eingehalten werden:
- Bestellen Sie einen Protokollführer.
- Hören Sie konzentriert zu. Denken Sie mit.

- Schreiben Sie ggf. mit.
- Fallen Sie anderen nicht ins Wort. Reden Sie erst, wenn Ihnen die Diskussionsleitung Gelegenheit dazu gibt.
- Werden Sie nicht zu ausführlich. Schweifen Sie nicht ab.
- Bleiben Sie immer sachlich, keine persönlichen Angriffe gegen andere Teilnehmer.
- Verzichten Sie auf Ihren Beitrag, wenn sich der Inhalt der Diskussion schon weiterbewegt hat.

Es empfiehlt sich, einen **Diskussionsleiter** zu bestimmen. Nur kleinere Runden unter fünf Teilnehmern kommen ohne aus. Zu den Aufgaben eines Diskussionsleiters gehören u. a.:
- Einleitung in die Diskussion, z. B. mit einem Referat, einem Beispiel oder Ähnlichem.
- Eröffnung der Diskussion mit der Eingangsfrage.
- Aufrufen der Redner (u. U. mit Rednerliste).
- Zusammenfassung von Zwischenergebnissen. (Halten Sie sich aber mit Ihrer eigenen Meinung zurück.)
- Begrenzung von zu langen Redezeiten. Verhindern von Abschweifungen.
- Am Schluss: Darstellen der neuen Ergebnisse.

Schaubilder erstellen

Die Erstellung eines Schaubildes erfolgt in drei Schritten:

1 Vorbereitung
2 Erstellen des Schaubildes
3 Auswertung des Schaubildes

1 Vorbereitung

Folgende Fragen müssen geklärt werden:

- Was soll das Schaubild vermitteln?

- Ist es sinnvoll, über das Thema ein Schaubild zu erstellen?

- Welchen Personenkreis wollen wir mit dem Schaubild ansprechen?

- Soll das Schaubild in einen Text (u. a. Aufsatz, Bericht, Wandzeitung) eingebaut werden?

- Welches Zahlenmaterial oder welche Fakten werden dafür benötigt? Was liegt uns bereits vor?

- Wie bekommen wir das benötigte Zahlenmaterial und Sachinformationen?

- Nach welchen Gesichtspunkten ist das Zahlenmaterial aufzubereiten? Ist es gegebenenfalls sinnvoll, das Material mit Sachtexten zu erläutern?

Schaubilder vermitteln vielfältige Informationen und können einen Text gut „aufpeppen" oder unterstützen. Versuchen Sie es auch einmal.

2 Erstellen des Schaubildes

- Formulierung des genauen Schaubildthemas

- Festlegung des Personenkreises, der mit dem Schaubild angesprochen werden soll

- Sichtung und Aufbereitung des Materials für das Schaubild

- Formulierung der Bildüber- bzw. -unterschrift

- Festlegung der Darstellung des Zahlenmaterials. Die Darstellung des Zahlenmaterials kann u. a. erfolgen in einem:
  ○ Liniendiagramm,
  ○ Balkendiagramm,
  ○ Flächendiagramm,
  ○ Kreisdiagramm, vgl. Abbildungen.

Balkendiagramm

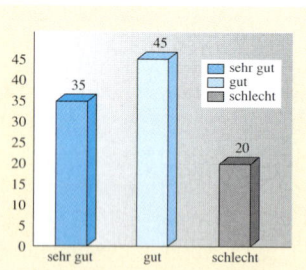

Flächendiagramm

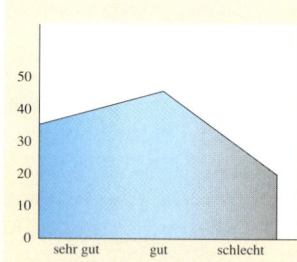

Liniendiagramm

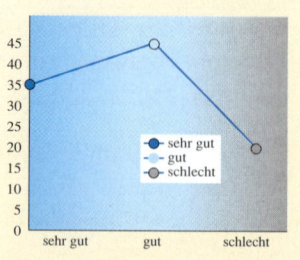

Kreisdiagramm

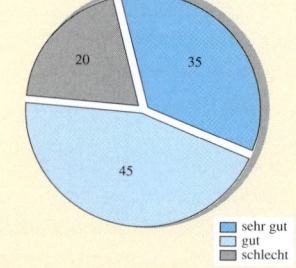

- Festlegung des Sachtextes, der in das Schaubild eingefügt werden soll, sowie ein entsprechender, kurzer Text zur Erläuterung des Schaubildes

- Verteilung der Diagramme bzw. der Sachtexte in der Schaubildfläche

- Einfügen von Bildelementen in das Schaubild. Das soll die im Schaubild zu vermittelnden Informationen für den Betrachter interessanter, lesenswerter erscheinen lassen.

- Zur bildlichen Gestaltung können u. a. verwendet werden:
  - Abbildungen von Personen, Gegenständen oder Ereignissen,
  - Abbildungen von Handlungen von Personen,
  - Karikaturen.

- Die bildlichen Darstellungen müssen mit dem Sachverhalt im Schaubild in Beziehung stehen.

3 Auswertung des Schaubildes

Folgende Fragen müssen nun noch geklärt werden:

- Ist das Schaubild vom Betrachter/Leser angenommen worden?

- Wie reagierten die Betrachter beim Anschauen bzw. beim Lesen des Schaubildes?

- Welche Hinweise wurden zur Gestaltung des Bildes oder des Textes vom Betrachter gegeben?

- Wurde die gewünschte Personengruppe überhaupt angesprochen?

- Welche Erfahrungen wurden gesammelt, um später bessere Schaubilder erstellen zu können?

Die Aufnahme eines Bankkredits

Es gibt immer wieder Situationen, in denen wir für eine Finanzierung eine größere Summe Geld benötigen. Hierfür eignet sich der Bankkredit. Wenn Sie feststellen, dass Sie wirklich einen Kredit von 4.000,00 € aufnehmen müssen, sollten Sie durch Kostenvergleich der Kreditinstitute die preiswerteste Alternative heraussuchen.

Sie können mit Ihrem Kreditwunsch zu verschiedenen Banken/Sparkassen gehen und sich die Konditionen geben lassen.
Dabei sollten Sie auf folgende Punkte achten:
- Wie lange brauchen Sie, um den Kredit zurückzuzahlen?
- Wie hoch ist der verlangte Kreditzinssatz?
- Lassen Sie sich auch bei den verschiedenen Angeboten den „effektiven" Zinssatz geben und erläutern.
- Müssen Sie eventuell Sicherheiten nachweisen, z. B. eine Bürgschaft Ihrer Eltern?

- Wie werden Sie persönlich beim Kreditinstitut bedient? Sind Sie mit dem Service, der Freundlichkeit und der Beratung zufrieden? Können Sie Vertrauen zu dem Kreditinstitut entwickeln?

Damit Sie nicht blindlings zu einer x-beliebigen Bank gehen, holen Sie sich in Ihrem Familienkreis, bei Freunden oder Bekannten am besten Vorinformationen bzw. Empfehlungen.
Bedenken Sie aber immer: Sie alleine entscheiden über Ihre eigenen finanziellen Verhältnisse.

Hinweis: Schauen Sie im Kapitel 8 nach, wie man die monatliche Belastung bei der Abzahlung eines Kredites errechnet.

Marktanalyse

Ein Seniorenstift in Ihrer Nähe möchte eine Marketingstrategie aufbauen. Die Marketing-strategie soll dafür sorgen, dass das Seniorenstift in der Öffentlichkeit bekannter wird und neue Bewohner gewonnen werden können, um eine gute Belegung zu erreichen. Was ist dabei zu beachten?

Marketing umfasst alle Maßnahmen, die dazu geeignet sind, im Rahmen der Kundenwünsche das eigene Produkt/die eigene Dienstleistung dem Markt anzupassen und die eigene Leistungsfähigkeit hervorzuheben.

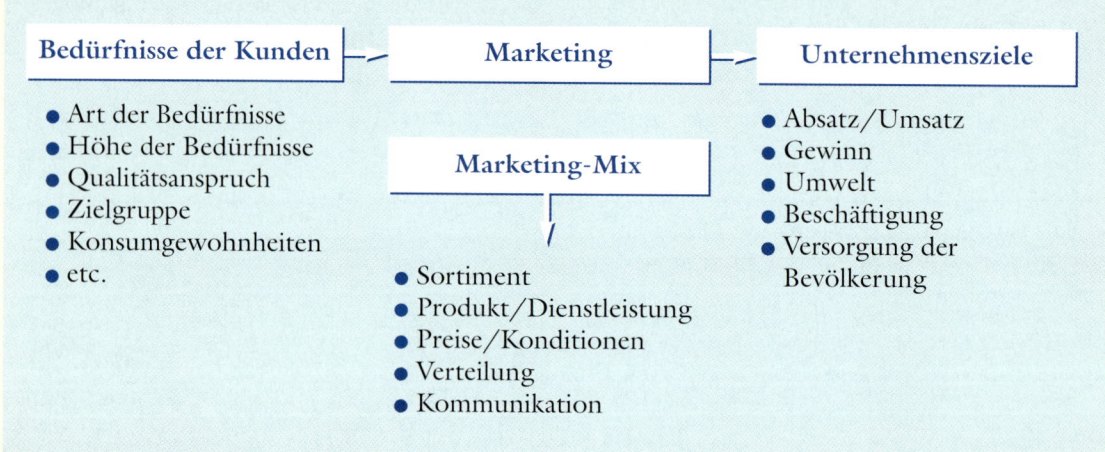

Bedürfnisse der Kunden
- Art der Bedürfnisse
- Höhe der Bedürfnisse
- Qualitätsanspruch
- Zielgruppe
- Konsumgewohnheiten
- etc.

Marketing

Marketing-Mix
- Sortiment
- Produkt/Dienstleistung
- Preise/Konditionen
- Verteilung
- Kommunikation

Unternehmensziele
- Absatz/Umsatz
- Gewinn
- Umwelt
- Beschäftigung
- Versorgung der Bevölkerung

Ziele des Marketings sind also im Wesentlichen:

- Meine Dienstleistung bringt den Leistungsempfängern Nutzen.

- Meine Dienstleistung entspricht den Wünschen der Nutzer (Bedarfsorientierung).

- Meine Dienstleistung unterscheidet sich von denen der Mitbewerber.

- Mit meiner Dienstleistung kann ich die Wünsche der Kunden erfüllen und ausbauen (Anpassung an individuelle Bedürfnisse).

- Meine Dienstleistung hat einen angemessenen Preis. Der Kunde akzeptiert mein Preis-/Leistungsverhältnis.

- Meine Dienstleistung passt sich den veränderten Ansprüchen an – sie ist kreativ und flexibel.

- Meine Dienstleistung erzielt einen angemessenen Gewinn.

- Meine Dienstleistung sichert und bringt neue Arbeitsplätze.

Die Marktforschung wird in folgende zwei Instrumente aufgeteilt:

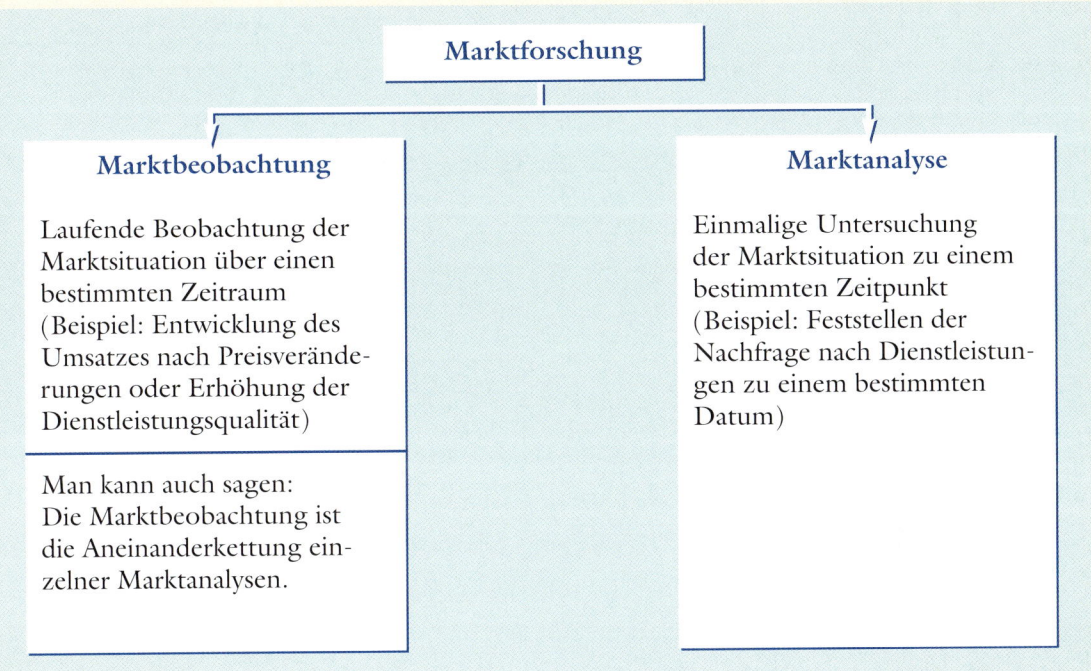

Marktforschung

Marktbeobachtung

Laufende Beobachtung der Marktsituation über einen bestimmten Zeitraum (Beispiel: Entwicklung des Umsatzes nach Preisveränderungen oder Erhöhung der Dienstleistungsqualität)

Man kann auch sagen: Die Marktbeobachtung ist die Aneinanderkettung einzelner Marktanalysen.

Marktanalyse

Einmalige Untersuchung der Marktsituation zu einem bestimmten Zeitpunkt (Beispiel: Feststellen der Nachfrage nach Dienstleistungen zu einem bestimmten Datum)

Eine auf das eigene Unternehmen zugeschnittene Strategie muss immer im starken Maße den Markt und damit auch seine (möglichen) Kunden, seine Mitbewerber und Marktentwicklungen berücksichtigen. Dies ist ohne eine qualifizierte Marktforschung nicht in der erforderlichen Weise möglich. Daher steht die Marktforschung am Beginn jeder neuen Marketingaktivität, und sie muss durchgehend betrieben werden, um auf Veränderungen am Markt rechtzeitig reagieren zu können.

Die Daten für die Marktforschung können auf folgende Art und Weise erhoben werden:

Primärforschung, Feldforschung („Field Research")	Eigene Daten einholen und auswerten: • eigene Befragungen/Interviews • Beobachtungen • Fragebogen, z. B. Kundenfragebogen
Sekundärforschung, Schreibtischforschung („Desk Research")	Auf vorhandene Daten zurückgreifen: • Internet • Medien (TV, Zeitung, Zeitschriften) • Handwerkskammer, Industrie- und Handelskammer • Gewerkschaften, Arbeitgeberverbände • Buchhaltung, Vertreterberichte

Aus den Ergebnissen der Marktforschung können dann für die Zukunft Prognosen (Vorhersagen, Erwartungen) abgeleitet werden, die für die eigene Beschäftigung von Bedeutung sind.

Kommunikation und Gesprächsführung

Kommunikation ist das A und O in jedem Betrieb.

- Jede Planung und Entscheidung,
- alles Motivieren und Kontrollieren,
- alle Beratungen und Berichte,
- Anweisungen und Diskussionen,
- Telefonate und Konferenzen,
- Belehrung und Kritik,
- Anerkennung und Beschwerde

gründen auf Kommunikation.

Außerdem ist es im Berufsleben wichtig, die eigenen Ideen richtig zu übermitteln. Dadurch wird den Zuhörern das Erfassen erleichtert. Außerdem stoßen gut übermittelte Ergebnisse bei den Zuhörern in der Regel eher auf Akzeptanz.

Das mündliche (= verbale) und das nonverbale Verhalten ist bei der Informationsübermittlung von entscheidender Bedeutung für den Erfolg. Daher sollten Sie die folgenden Tipps beachten:

Tipps zum mündlichen (verbalen) Verhalten:

❶ frei sprechen

❷ klare und deutliche Aussprache haben

❸ kurze Sätze wählen

❹ straffe, aber treffende Aussagen machen

❺ teilnehmerbezogene Formulierung und Sprache nutzen (Ich-Vermeidung)

❻ anschauliche und verständliche Darstellung bringen

❼ Nutzen für Teilnehmer betonen

❽ logischen Aufbau einhalten

❾ wichtige Passagen (Einstieg/Schluss) wörtlich vorbereiten

Tipps zum nonverbalen Verhalten:

❶ Blickkontakt mit den Zuhörern halten

❷ freundlich und offen wirken, z. B. durch Lächeln und Vermeidung von Verschränkungen

❸ durch Gesten Aussagen gezielt unterstützen

❹ Hände stets sichtbar lassen

❺ Hektik und Verkrampfung vermeiden

❻ engagiert wirken

❼ Pausen einlegen

Die abschließende Checkliste zeigt Anhaltspunkte und Anregungen zur Verbesserung der Gesprächsführung durch einen systematischen Aufbau und eine gezielte Vorbereitung:

Checkliste zur Gesprächsführung	
Inhalt	• Was will ich mit dem Gespräch erreichen? Was ist für mich ○ unumstößlich? ○ verhandelbar? • Wo sehe ich inhaltlich/ emotional die größten Schwierigkeiten?
Umstände	• Raum vorbereiten • Störungen ausschalten • Gesprächszeit festlegen
Einstellung	• Ich will verstehen, was der andere mir sagt. • Ich will auf Angriffe/Konter verzichten. • Ich will ohne Vorurteile ins Gespräch gehen.
Gesprächseröffnung	• Sich dem Partner zuwenden • Blickkontakt herstellen • Anlass, Dauer und Ziel des Gesprächs nennen bzw. vereinbaren
Gesprächsführung	• Zuhören, Sicht des Partners erfragen • Gemeinsames Ordnen der Informationen • Prioritäten setzen und bewerten • Gemeinsam Lösung festlegen • Kontrollzeitraum festlegen

(nach: H. Jung, Personalwirtschaft)

Erkundung

Die Durchführung einer Erkundung stellt eine gute Möglichkeit dar, einzelne Institutionen näher kennen zu lernen und Gespräche mit fachkundigen Personen direkt vor Ort zu führen.
Im Verlauf einer Erkundung lassen sich oftmals mehr Informationen sammeln als nur mithilfe des Schulbuches oder einer Broschüre.
Ein gutes Ziel für eine Erkundung ist die Verbraucherberatung des örtlichen Energieversorgungsunternehmens (z. B. Stadtwerke).

- Überlegen Sie, wie sich die Erkundung mit dem schulischen Ablauf in Einklang bringen lässt (Gespräche mit dem Klassenlehrer oder evtl. mit der Schulleitung).
- Entscheiden Sie, wie Sie die Erkundung gestalten wollen:
  - im gesamten Klassenverband,
  - in Gruppen.

Bei großen Betrieben bietet sich eine Erkundung in Gruppen an. Jede Gruppe kann einen anderen Erkundungsschwerpunkt vorbereiten.

- Überlegen Sie sich, mit wem Sie vor Ort sprechen wollen. Eine erste telefonische oder schriftliche Kontaktaufnahme ist wichtig, evtl. muss ein Erkundungstermin mit der zu besuchenden Institution vereinbart werden.
- Machen Sie sich Gedanken darüber, was Sie genau wissen oder sehen wollen. Erstellen Sie sich einen Fragenkatalog, dann können Sie nichts vergessen.
- Dokumentieren Sie Ihre Ergebnisse gleich bei der Befragung.
- Haben Sie in Gruppen gearbeitet, muss jede Gruppe ihre Erkundungsergebnisse vorstellen.
- Gestalten Sie Ihre Ergebnisse anschaulich. Vgl. Methodenseite „Präsentation", siehe unten.
- Haben Sie Informationsmaterial gesammelt, machen Sie einen Infotisch, an dem sich jeder alles in Ruhe anschauen kann.

Präsentation

Ergebnisse, die in Gruppen oder auch mit der gesamten Klasse erarbeitet wurden, sollten anschaulich präsentiert werden. Dadurch wird den Mitschülern und auch Außenstehenden das Erfassen der Zusammenhänge wesentlich erleichtert. Gut präsentierte Ergebnisse lassen sich viel leichter behalten (z. B. für Klassenarbeiten).

- Viel Text (Referate, Vorträge oder Ähnliches) lässt sich besser verstehen, wenn er gut gegliedert ist und aus kleinen Absätzen mit Überschriften besteht.
- Collagen ziehen oft mehr Aufmerksamkeit auf sich als reiner Text. Zum besseren Verständnis darf aber Text in geringem Umfang eingefügt werden.

- Fachbegriffe müssen immer übersetzt oder erläutert werden, damit sie allgemein verständlich sind.
- Benutzt man Abbildungen, sollte der erklärende Text dazu entweder mit der Schreibmaschine oder sehr gut leserlich mit der Hand geschrieben werden.
- Erstellt man Plakate oder Collagen, muss der Text darauf auch aus großer Entfernung gut zu erkennen sein.
- Gruppenergebnisse können auch in Frage- und Antwortform vorgestellt werden.
- Alle Zuhörer können bei einer Ergebnispräsentation mit einbezogen werden, z. B. indem man ihnen Fragen stellt.

Umfrage mittels Fragebogen

„Wer nicht fragt, bleibt dumm." – Diese Volks-
weisheit zeigt, wie bedeutsam es ist, Fragen zu
stellen. Eine einfache und wirkungsvolle Methode ist die Umfrage mittels Fragebogen. So lässt
sich beispielsweise kostengünstig feststellen:

- der Erfolg einer Werbung bei den Verbrauchern,

- positive Ergebnisse einer Verbraucheraufklä-
  rung, z. B. durch die Stiftung Warentest.

Die Umfrage ist wirkungsvoll und kostengünstig, da sich

- durch gut strukturierte Fragen ein Infor-
  mationsverlust vermeiden lässt, denn die
  Qualität der Antworten wird positiv beeinflusst,

- auf das Ergebnis der Auswertung gezielte
  Maßnahmen aufbauen lassen.

Eine Umfrage mittels Fragebogen umfasst zwei
Punkte:

- Eine bestimmte Qualität im Untersu-
  chungsbereich soll erkennbar werden, z. B.
  bewusstes Verhalten im Haushalt.

- Anhaltspunkte für Reaktionen sollen deutlich werden, z. B. durch bestimmte Maßnahmen Verhaltensänderungen bewirken.

Vorgehen

Der grundlegende Ablauf einer Umfrage mittels
Fragebogen umfasst drei Schritte:

> **Fragebogen erstellen**
>
> **Umfrage durchführen**
>
> **Fragebogen auswerten**

1 Fragebogen erstellen

a) Formulieren Sie das Thema der Befragung,
   z. B. Verbraucherzufriedenheit, Unfallrisiko
   im Haushalt, Einkaufsverhalten.

b) Setzen Sie das genaue Ziel der Umfrage fest.

c) Leiten Sie aus dem festgesetzten Ziel den
   Personenkreis ab, den Sie befragen wollen
   (z. B. Hausfrauen, andere Schüler, Passanten
   in der Großstadt).

d) Bestimmen Sie Sprache und Form der Befragung; berücksichtigen Sie dabei den ausge-
   wählten Personenkreis.

   - Entscheiden Sie, ob Sie diese Personen
     schriftlich oder persönlich befragen
     wollen.

   - Berücksichtigen Sie, dass kurze Be-
     fragungen in der Regel eher akzeptiert
     werden als umfangreiche.

e) Formulieren Sie die Fragen verständlich und
   eindeutig.

   - Vermeiden Sie es, in eine Frage die
     gewünschte Antwort mit hineinzu-
     formulieren (= Suggestivfragen).
   - Stellen Sie die Fragen so, dass man
     erkennen kann, ob der Befragte ablehnt
     oder zustimmt.
   - Bevorzugen Sie geschlossene Fragen,
     die mögliche Antworten vorgeben
     (Gegensatz: offene Fragen, die jede
     Antwort zulassen).

statt:

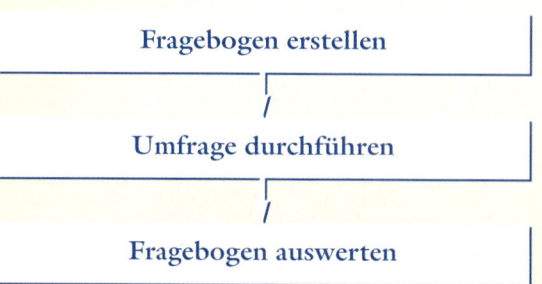

Die Speisenauswahl in dieser Kantine ist reichhaltig
☐ ja   ☐ nein

besser:

Die Auswahl an Speisen in dieser Kantine ist					
1 = sehr gut,	1	2	3	4	5	6
6 = ungenügend						

statt:

> Wie beurteilen Sie die Ausstattung dieser Kantine?

besser:

> Die Ausstattung dieser Kantine gefällt mir
>
> 1 = sehr gut,
> 6 = überhaupt nicht
>
> | 1 | 2 | 3 | 4 | 5 | 6 |
> |---|---|---|---|---|---|
> | | | | | | |
>
> Wie beurteilen Sie die Qualität der hier angebotenen Speisen?
>
> ☐ sehr gut
> ☐ gut
> ☐ befriedigend
> ☐ unbefriedigend

2 Umfrage durchführen

a) Überlegen Sie, welche Hilfsmittel Sie benötigen, z. B. Kugelschreiber, Schreibunterlage, Kassettenrekorder.

b) Teilen Sie die einzelnen Aufgaben ein, z. B. wer befragt, wer füllt den Fragebogen aus.

c) Wählen Sie den Ort der Befragung nach den festgelegten Zielpersonen aus, z. B. Privathaushalt, Schulhof, Einkaufsstraße.

d) Wählen Sie die Personen, die Sie befragen wollen, nach Berücksichtigung der jeweiligen Situation aus.

e) Rechnen Sie mit Schwierigkeiten beim Durchführen der Befragung, z. B. durch Zeitnot und mangelndes Interesse der Befragten.

f) Verhalten Sie sich höflich, unaufdringlich und ruhig.

g) Leiten Sie die Befragung mit einer kurzen Begründung ein.

Beispiel: „Entschuldigen Sie bitte, wir führen eine Umfrage für unsere Schule durch. Dürfen wir eine Minute Ihrer Zeit zu einem interessanten Thema in Anspruch nehmen?"

3 Fragebogen auswerten

Die Auswertung der Fragebögen ist die Phase, in der Sie Ergebnisse festhalten und Schlussfolgerungen aus diesen Ergebnissen ziehen können:

a) Auch hier ist eine Arbeitsteilung wieder zweckmäßig. Teilen Sie z. B. die ausgefüllten Fragebögen gleichmäßig in Ihrer Klasse bzw. in Ihrer Arbeitsgruppe auf.

b) Stellen Sie sich ein Auswertungsschema auf. Eine einfache und zweckmäßige Methode ist es, einen unausgefüllten Fragebogen als Grundlage für eine Strichliste zu nutzen. Voraussetzung ist natürlich, dass Sie geschlossene Fragen gestellt haben.

c) Jeder sollte nun seinen Anteil der Fragebögen auswerten.

Methode 1: Jeder einzelne Fragebogen wird von der ersten bis zur letzten Frage ausgewertet. Erst wenn der erste Fragebogen vollständig ausgewertet wurde, geht man zum nächsten Fragebogen über.

Methode 2: Aus allen Fragebögen wird zunächst jeweils die erste Frage ausgewertet, dann die zweite Frage usw.

d) Wenn alle Fragebögen ausgewertet sind, sollten Sie die Ergebnisse anschaulich dokumentieren (= festhalten). Nutzen Sie dabei die folgenden Fragen als Anregung:

- Wie viele Antworten gab es zu jeder einzelnen Antwortmöglichkeit?
- Wurden einzelne Fragen nicht beantwortet bzw. gab es ungültige Antworten?
- Ist es zweckmäßig, die Einzelergebnisse in Prozent umzurechnen?
- Wird das Ergebnis übersichtlicher, wenn Sie es in einem Diagramm (= Schaubild) darstellen?
Vgl. Methodenseite „Schaubilder erstellen", Seite 328.

e) Ziehen Sie aus dem Ergebnis Ihre persönlichen Schlussfolgerungen und diskutieren Sie Ihre Meinungen.
Vgl. Methodenseite „Pro-und-Kontra-Diskussion", Seite 327.

Kalkulation und Kostenvergleich

Die Kalkulation (Preisberechnung) ist nicht allein die Aufgabe von kaufmännischen Angestellten, sondern sie gehört auch zu den Aufgaben von Hauswirtschafterinnen. Wenn beispielsweise ein neues Menü vorgeschlagen und produziert werden soll, ist zu berücksichtigen, dass dieses dem hauswirtschaftlichen Unternehmen auch einen wirtschaftlichen Nutzen erbringt. Voraussetzung ist in aller Regel, dass der Unterschied zwischen dem Verkaufspreis und dem Bezugspreis die Kosten deckt und einen angemessenen Gewinn ermöglicht.

Der Preis für die Rohstoffe eines Menüs wird durch die **Rückwärtskalkulation** ermittelt. Ausgehend vom Verkaufspreis rechnet man dabei auf den höchstmöglichen Bezugspreis zurück.

Beispiel:
Der Kantinenbetreiber eines Industrieunternehmens erhält von einer Firma den Auftrag, für die Belegschaft zusätzlich zum normalen Speisenangebot ein Weihnachtsmenü anzubieten. Die Geschäftsführung erteilt die Vorgabe, dass das Menü bis zu 9,50 € kosten darf. Sie sollen nun die Menüvorschläge kalkulieren, um sie dem Auftraggeber zur Auswahl vorzulegen. Bei der Kalkulation müssen Sie die Vorgabe von der kaufmännischen Abteilung berücksichtigen: 140 % Betriebskosten (Gemeinkosten), 25 % Gewinn, 14 % Umsatzbeteiligung. Außerdem ist die Mehrwertsteuer einzukalkulieren.

Diese Vorgaben führen zu folgendem Ergebnis:

	Rohstoffkosten (= Materialkosten)	= 100 %		=	2,39 €
+	Betriebskosten (= Gemeinkosten)	= 140 %		=	3,36 €
=	Selbstkostenpreis	= 240 %	100 %	=	5,75 €
+	Gewinn	=	25 %	=	1,43 €
=	Geschäftspreis (= kalkulierter Preis)	= 100 %	125 %	=	7,18 €
+	Umsatzbeteiligung	= 14 %	14 %	=	1,01 €
=	Nettopreis (= Nettoverkaufspreis)	= 114 %	100 %	=	8,19 €
+	Mehrwertsteuer	=	16 %	=	1,31 €
=	Bruttoverkaufspreis	=	116 %	=	9,50 €

Demnach dürfen die Materialkosten bei einem Bruttoverkaufspreis von 9,50 € maximal 2,39 € betragen.

Zur Ermittlung dieses Ergebnisses sind mithilfe des **Dreisatzes** vier Einzelberechnungen durchzuführen:

a) $116\% = 9{,}50\,€$
   $100\% = x$
   $\qquad x = \dfrac{9{,}50 \times 100}{116} = 8{,}19\,€$

b) $114\% = 8{,}19\,€$
   $100\% = x$
   $\qquad x = \dfrac{8{,}19 \times 100}{114} = 7{,}18\,€$

c) $125\% = 7{,}18\,€$
   $100\% = x$
   $\qquad x = \dfrac{7{,}18 \times 100}{125} = 5{,}75\,€$

d) $240\% = 5{,}75\,€$
   $100\% = x$
   $\qquad x = \dfrac{5{,}75 \times 100}{240} = 2{,}39\,€$

Die vorstehende Kalkulationsart ist eine gute Methode für die Preisberechnung von Speisen. Moderne Hauswirtschafter müssen jedoch noch weiterdenken, denn **Arbeitszeit** ist ein kostbares Gut – sie ist für eine genaue Kalkulation natürlich ebenfalls zu berücksichtigen.

Um die Bedeutung der Arbeitszeit in der Preisberechnung zu verdeutlichen, bietet sich ein Kostenvergleich aus dem Bereich der Speisenherstellung mittels eines Convenience-Produktes und der klassischen Eigenzubereitung an:

Beispiel „500 Schnitzel für unsere Betriebskantine":

Als Convenience-Produkt	**Konventionell zubereitet**	
500 Schnitzel à 160 g, portioniert und paniert, zum Stückpreis von 0,80 €	Fleisch, ausgelöst, 80 kg zu 4 €/kg	320,00 €
	+ ca. 8 kg Schneideverlust	32,00 €
➡ keine Verarbeitungsverluste, keine Personalkosten für die Vorbereitung dieser Schnitzel	**Wareneinsatz**	**352,00 €**
	➡ aus dem Wareneinsatz für 500 Schnitzel errechnet sich ein Stückpreis von 0,70 €	
500 Schnitzel à 0,80 € = **400,00 €**	+ Personalaufwand anteilig für eine Fachkraft:	
	Monatsgehalt	2.300,00 €
	+ 50 % Personalnebenkosten	1.150,00 €
	= monatliche Personalkosten/ Fachkraft	3.450,00 €
	Zeitaufwand für die Portionierung (Schneiden, Abwiegen, Panieren, Verpacken und Lagern)	7 Stunden
	➡ Personalkosten/Std. bei monatlich 169 Std.	
	20,41 €/Std. × 7 Std. =	**142,90 €**
	Gesamtproduktionskosten	**494,90 €**

Beim Einsatz des Convenience-Produktes lassen sich **rein betriebswirtschaftlich gesehen** bei 500 Schnitzeln demnach 94,90 € einsparen. Bei einem Jahresverkauf von 50.000 Schnitzeln in der Betriebskantine bedeutet das bei der entsprechenden Personaleinsparung eine Gewinnsteigerung vor Steuern von 9.490,00 €.

Maße und Gewichte

A

In der ersten Etage der Senioreneinrichtung sollen die 25 Zimmer mit neuem Teppichboden ausgelegt werden. Außerdem soll der Rand im Wohnbereich in den Räumen mit einer Zierleiste abgeschlossen werden.
Wie kann man berechnen, wie viel Quadratmeter Teppichboden bzw. wie viel Meter Zierleiste gekauft werden müssen?
Der Grundriss jedes Raums sieht wie folgt aus:

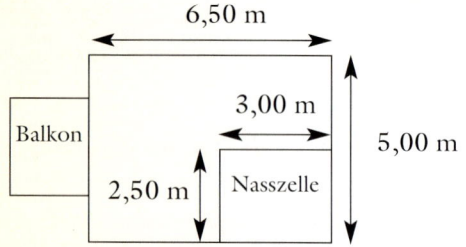

Die Teppichfirma rechnet beim Verlegen des Teppichbodens mit einem Verschnitt von 4 %. Wie viel Quadratmeter Teppichboden muss die Hauswirtschaftsabteilung bei der Teppichfirma bestellen?

Zunächst muss die Fläche berechnet werden, die pro Appartement mit Teppichboden verlegt werden soll.
Es gelten folgende Formeln zur Flächen- und Umfangsberechnung:

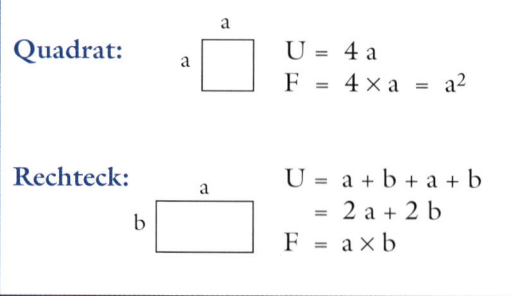

Berechnung der Fläche:

1 Raum:

6,50 m × 5,00 m − (3 m × 2,50 m) = 32,50 m²

32,50 m² − 7,50 m² = 25,00 m²

25 Räume:

25,00 m² × 25 = 625,00 m²

$$\begin{aligned} 96\,\% &= 625 \text{ m}^2 \\ 100\,\% &= \quad x \text{ m}^2 \end{aligned}$$

$$x = \frac{625 \times 100}{96} = \underline{651,04 \text{ m}^2}$$

Antwort:
Es müssen 652 m² Teppichboden eingekauft werden.

Berechnung des Umfanges:

1 Raum:

6,50 m + 5,00 m + (6,50 m − 3,00 m)

+ (5,00 m − 2,50 m) =

6,50 m + 5,00 m + 3,50 m + 2,50 m = 17,50 m

25 Räume:

17,50 m × 25 = $\underline{437,50 \text{ m}}$

Antwort:
Es müssen 437,50 m Zierleiste eingekauft werden.

B

In der Empfangshalle der Senioreneinrichtung soll zur Dekoration ein Aquarium aufgestellt werden. Es hat folgende Maße:
Breite 110 cm, Höhe 50 cm, Tiefe 60 cm.

Wie viel Liter Wasser werden zum Füllen des Aquariums benötigt, wenn das Wasser bis 5 cm unter den Rand gefüllt werden soll?
Es gelten folgende Maßeinheiten:

Würfel: 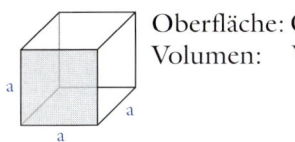 Oberfläche: $O = 6 a^2$
Volumen: $V = a^3$

Quader: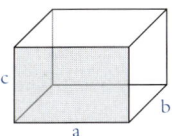

Oberfläche: $O = 2 (a b) + 2 (a c) + 2 (b c)$
Volumen: $V = a \times b \times c$

Zylinder: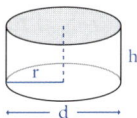

Oberfläche: $O = 2 \pi r (r + h)$
Volumen: $V = \pi r^2 \times h$

Weiterhin gilt:

1 Kubikdezimeter (dm^3)
= 1000 Kubikzentimeter (cm^3)
= 1 Liter (l)

1 Hektoliter (hl)
= 100 Liter (l)
= 100 000 Kubikzentimeter (cm^3)

1 Kubikmeter (m^3)
= 10 Hektoliter (hl)
= 1000 Liter (l)

Die Füllmenge unseres Aquariums berechnen wir wie folgt:

110 cm × 45 cm (!) × 60 cm = 297 000 cm^3
= 2,97 Hektoliter (hl) = <u>297 Liter (l)</u>

Antwort:
Zum Füllen des Aquariums werden 297 Liter Wasser benötigt.

C

Das Seniorenheim beherbergt 60 Bewohner. Für das Essen werden pro Person täglich 150 g Fleisch benötigt. Wie viel kg werden in einem Monat (30 Tage) benötigt?

Es gelten folgende Gewichtseinheiten:

1 Milligramm (mg) = 1/1000 g = 0,001 g

1 Gramm (g) = 1 000 Milligramm (mg)
= 0,001 Kilogramm (kg)

1 Pfund = 500 Gramm (g)
= $^1/_2$ Kilogramm (kg)

1 Kilogramm (kg) = 1 000 Gramm (g)

1 Zentner (Ztr) = 50 Kilogramm (kg)
= 50 000 Gramm (g)

1 Doppelzentner (DZ) = 2 Zentner (Ztr)
= 100 Kilogramm (kg) = 100 000 Gramm (g)

1 Tonne (t) = 100 Dezitonnen (dt)
= 1 000 Kilogramm (kg)
= 1 000 000 Gramm (g)

Die Aufgabe lösen wir folgendermaßen:

150 g × 60 Personen × 30 Tage = 270 000 g
= <u>270 kg</u>

Antwort:
Für die Verpflegung müssen 270 kg Fleisch eingekauft werden.

Die Wege-, Zeit- und Ablaufstudie

Studien, die an Arbeitsplätzen durchgeführt werden, schlüsseln einzelne Arbeitsschritte genau auf. Bekannte Studien sind Wege-, Zeit- und Ablaufstudien.

Sie können beispielsweise während der Verrichtung von Tätigkeiten in Groß-, Privat- oder Schulküchen, aber auch in Betrieben, z.B. bei Arbeiten am Band, durchgeführt werden.

Durch die gewonnenen Informationen können Arbeitsplätze so gestaltet werden, dass sie für den arbeitenden Menschen angenehm sind und dessen Gesundheit nicht beeinträchtigen.

Vorschlag für die Studie: Zubereitung von Kartoffeln in der Schulküche

Vorbereitungen für die Wegestudie:

- Zeichnen Sie den Grundriss Ihrer Küche im Maßstab 1:10 mit allen Möbeln und größeren Geräten auf ein Blatt Papier.

- Schneiden Sie alle Teile aus und kleben Sie sie auf eine Sperrholzplatte.

- Schlagen Sie in die Mitte der Vorderkante eines jeden Einrichtungsteiles einen kleinen Nagel.

- Befestigen Sie einen Faden (z.B. Wolle) an dem Nagel, von dem aus der Arbeitsablauf startet.

Vorbereitungen für die Zeit- und Ablaufstudie:

Legen Sie sich eine Stoppuhr, Stifte und Papier bereit.

Eine Person von Ihnen führt den Arbeitsprozess durch.

Hinweis: Wollen Sie Wege-, Zeit- und Ablaufstudien gleichzeitig durchführen, dann teilen Sie alle weiteren Aufgaben untereinander auf.

Wegestudie:

Eine Person erfasst während der Durchführung der Kartoffelzubereitung jeden Weg, der zurückgelegt wird, mittels eines Fadens, der immer am entsprechenden Nagel befestigt wird.

Zeitstudie:

Eine Person stoppt für jeden Arbeitsschritt die Zeit und notiert sie mit der entsprechenden Tätigkeit auf einem Zettel. Achtung! Manche Arbeitsschritte gehen sehr schnell, deshalb ist es günstiger, wenn einer die Zeit stoppt und ein anderer schreibt.

Erstellen Sie am Ende das Schema von Seite 128, in das Sie die einzelnen Zeiten eintragen.

Ablaufstudie:

Notieren Sie jeden Arbeitsschritt genau und erstellen Sie eine Verlaufskurve wie in der Abbildung von Seite 127.

Empfehlungen

- Stellen Sie in der Gruppe die Ergebnisse der Studien vor.

- Überlegen Sie sich, ob Sie zufrieden sind. Muss etwas verbessert werden, damit zukünftig Wege, Zeit und Arbeitsschritte eingespart werden können?

- Erarbeiten Sie gemeinsam Änderungsvorschläge.

- Besprechen Sie die Ergebnisse in der Klassengemeinschaft und setzen Sie sie direkt um. Vgl. Methodenseite „Pro-und-Kontra-Diskussionen", Seite 327.

- Zur Vertiefung führen Sie alle Studien nochmals durch und vergleichen die Ergebnisse mit denen der ersten Studien.

Beispiel für eine Wegestudie

Die Arbeitsschritte sind bei beiden Studien gleich:

1 Kartoffeln aus dem Keller holen, auf die Spüle legen
2 Kartoffeln waschen, Topf holen
3 Abfallschale und Schüssel holen
4 Kartoffelschäler holen
5 Mit Kartoffeln und Arbeitsmitteln zum Arbeitsplatz gehen (2×), Kartoffeln schälen
6 Kartoffeln und Arbeitsmittel zur Spüle tragen
7 Abfallschale entleeren, Kartoffeln waschen und mit wenig Wasser auffüllen
8 Kleine Prise Salz holen, würzen, garen
9 Anrichtegeschirr holen
10 Kartoffeln anrichten
11 Topf zum Ablösen der Speisereste mit Wasser füllen
12 Kartoffeln in das Esszimmer bringen

1. Studie

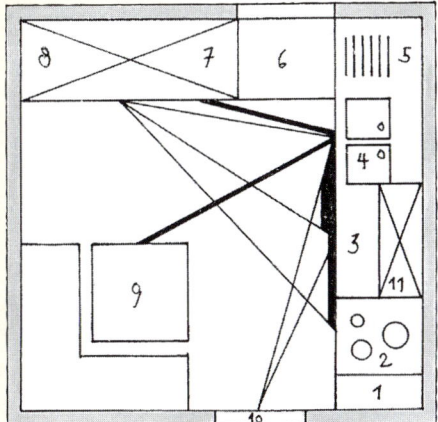

Geräteanordnung
1 = Abstellplatte
2 = Herd
3 = Arbeitstisch mit Unterschrank und Schubladen für Arbeitsgerät
4 = Spüle
5 = Abtropffläche
6 = Arbeitsplatte
7 = eingebauter Kühlschrank mit Unterschrank (Handvorräte) und Oberschrank (selten gebrauchte Geräte und Geschirr)
8 = Oberschrank (Anrichtegeschirr) mit Unterschrank (Töpfe)
9 = Esstisch und Essbank
10 = Eingangstür
11 = Oberschrank

2. Studie

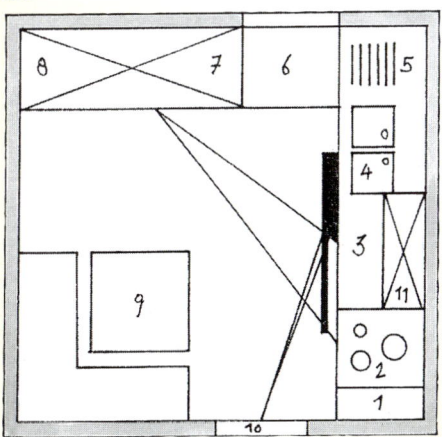

Geräteanordnung
1 = Abstellplatte
2 = Herd
3 = Arbeitstisch mit Unterschrank und Schubladen (Töpfe und Anrichtegeschirr)
4 = Spüle
5 = Abtropffläche
6 = Arbeitsplatte
7 = eingebauter Kühlschrank mit Unterschrank und Oberschrank (selten gebrauchte Geräte und Geschirr)
8 = Oberschrank mit Unterschrank
9 = Esstisch und Essbank
10 = Eingangstür
11 = Oberschrank mit Handvorräten und Gewürzen

Die zurückgelegten Wege in Studie 2 sind sehr viel kürzer, da z. B. das Arbeits- und Kochgeschirr in Unterschrank 3 statt in Unterschrank 8 aufbewahrt wird. Untersuchen Sie also Ihre Küche auf solche möglichen Verbesserungen.

Expertenbefragung

Es gibt viele Möglichkeiten, das bereits vorhandene Wissen zu erweitern. Die Lehrer in Ihrer Klasse vermitteln Grundlagenwissen. Auf Probleme können sie nicht immer eingehen. Sie können sich zusätzlich Wissen aneignen, unter anderem aus:

- Büchern,
- Fachzeitschriften und
- Fernsehsendungen.

Trotz der vielfältigen Informationsmöglichkeiten bleibt zu bestimmten Themen oft eine Reihe von Fragen offen. Eine Lösung ist, zu diesen Themen eine Expertenbefragung durchzuführen. Ein Expertengespräch sollte gut vorbereitet und mit einem kompetenten Gesprächspartner durchgeführt werden.

- Vorüberlegungen
  - Was wissen Sie bereits?
  - Welche Fragen sind ungeklärt?
  - Welche Experten kommen infrage und wo arbeiten sie?
  - Geht eine kleine Gruppe zum Gesprächspartner, oder besteht die Möglichkeit, den Gesprächspartner in die Klasse einzuladen?
  - Wann ergibt sich ein geeigneter Termin?
- Stimmen Sie das Vorhaben mit der Schul- und Klassenleitung ab. Lassen Sie sich von der Schulleitung eine schriftliche Bestätigung geben, dass Sie im Rahmen der Ausbildung Informationen sammeln und ein Expertengespräch vor Ort oder in der Klasse durchführen dürfen.
- Erklärt sich der Gesprächspartner bereit, das Gespräch in der Klasse durchzuführen, so lassen Sie sich die Einladung von einem Vertreter der Schulleitung bestätigen.
- Schlagen Sie Ihrem Gesprächspartner einen Idealtermin, ein bis zwei Ausweichtermine, die Gesprächsdauer und den zu besprechenden Themenbereich vor.
- Erarbeiten Sie in der Klasse einen Themen- und Fragenkatalog. Üben Sie eine Expertenbefragung, bevor Sie Ihren Gast einladen.
- Nehmen Sie ersten Kontakt mit Ihrem Gesprächspartner auf und klären Sie, ob der/die Gesprächspartner/in bereit ist, im Büro oder in der Klasse Ihre Fragen zu beantworten.
- Lassen Sie sich die Büroanschrift geben und senden Sie dann folgende Unterlagen zu:
  - von der Schulleitung bestätigten Auftrag bzw. Einladung,
  - genaue Anschrift der Schule, Telefonnummer und Name des Ansprechpartners,
  - gegebenenfalls einen Stadtplan mit Angabe von Anfahrmöglichkeiten,
  - Kurzüberblick über den Wissensstand der Klasse und
  - gegebenenfalls eine Liste von ausformulierten Fragen bzw. Themenkatalog.
- Bitten Sie Ihren Gesprächspartner um Bereitstellung von Informationsmaterialien.

1 Gesprächsführung im Büro
- Nehmen Sie eine kleine Aufmerksamkeit (Blumen oder Pralinen) mit.
- Schreiben Sie Ihre Fragen, soweit dies nicht bereits geschehen ist, und die Antworten Ihres Gesprächspartners auf. Stellen Sie Zwischenfragen, wenn Sie etwas nicht verstanden haben.

2 Gesprächsführung in der Klasse
- Bereiten Sie für Ihren Gast Kaffee, kalte Getränke, Gebäck o. Ä. vor.
- Bestimmen Sie vorher einen Mitschüler für die Begrüßung und für die Gesprächsführung.
- Für die Mitschrift der Fragen und Antworten bestimmen Sie zwei bis drei Mitschüler.
- Bitten Sie Ihren Gast um Zustimmung zum Fotografieren.
- Vergessen Sie nicht, am Schluss des Gespräches Ihrem Gast für seine Gesprächsbereitschaft zu danken.

Empfehlungen
Gestalten Sie z.B. eine Wandzeitung über das behandelte Thema.
Zur Gestaltung können Sie Aufsätze, Fragen und Antworten, Schaubilder und Schlussfolgerungen verwenden. Fotografieren Sie die Wandzeitung und schicken Sie diese mit einem Dankschreiben an Ihren Gesprächspartner.

Analyse einer Werbeanzeige

Was war zuerst da: die Henne oder das Ei? Wenn Sie in die Medien schauen, könnte die Frage heißen: „Was ist zuerst da: die Werbung, das Bedürfnis nach einem Produkt oder der Konsum?"

Die Werbung ist ein wichtiges Mittel, auf unser Konsumverhalten Einfluss zu nehmen. Eine Werbeanzeige ist ein Appell an den Konsumenten, ein bestimmtes Produkt zu kaufen. Damit eine Werbemaßnahme erfolgreich durchgeführt wird, sind zunächst folgende Vorüberlegungen zu machen:

- Wer wirbt für ein bestimmtes Produkt? Möglichkeiten: Unternehmen verschiedener Branchen, Staat, gemeinnützige Einrichtungen
- Worauf soll die Werbemaßnahme hinweisen? Möglichkeiten: Sachgüter, Dienstleistungen
- Welche Eigenschaften des Produkts sollen in der Werbung hervorgehoben werden, welche sollen überhaupt nicht erscheinen? Möglichkeiten: technische Neuerungen (Innovationen), besondere Qualität, spezielle Verwendungsmöglichkeiten, Preis. Achtung: Vergleichende Werbung mit Konkurrenzprodukten oder Konkurrenzunternehmen ist in Deutschland verboten. Es besteht aber die Möglichkeit, sich auf ein Testergebnis zu beziehen, z. B. von der Stiftung Warentest. Dabei müssen allerdings die Anzahl der insgesamt getesteten Vergleichsprodukte und ein Bewertungsbild aller Produkte angegeben werden.
- Wie soll eine Werbeanzeige gestaltet sein? Zu beachten:
  - ○ Text/Werbeslogan (kurz, informativ, einprägsam, Aufmerksamkeit erzeugend)
  - ○ Farbgestaltung (z. B. rot: aktiv, auffallend; grün: frisch, kühl, naturverbunden usw.)
  - ○ Größe/Umfang (nicht zu viel Text, keine Überfrachtung mit Informationen, optisch angenehme Größe)
  - ○ unterstützende Motive (einzelne Personen, Situationen im Zusammenhang mit dem Produkt: z. B. werben Sportler für einen fettarmen Joghurt, Rennfahrer für eine Reifenmarke)

- Wann und wie lange soll die Werbemaßnahme durchgeführt und eventuell wiederholt werden? Einführung eines neuen Produkts, Sonderaktion – häufig in der Automobilbranche mit Sondermodellen vorzufinden –, bestimmte Jahreszeiten bei saisonbedingten Produkten.
- Kosten der Werbemaßnahme (Werbeetat)? Die Kosten der Werbemaßnahme dürfen auf Dauer die damit erzielten neuen Erträge nicht übersteigen.
- Wo soll geworben werden? Zu bedenken: Soll eine Werbeanzeige in einer Zeitung oder einer Zeischrift erscheinen?
- Wer soll durch die Werbeanzeige angesprochen werden bzw. an wen richtet sich der Appell? Zu überlegen: Alter des Personenkreises, Einkommensstruktur, Geschlecht, Lebensgewohnheiten, Lebensumgebung.
- Wie groß ist der Personenkreis, der angesprochen werden soll, und wo befindet sich dieser? Zu bedenken: regionale Zeitung, große Tageszeitung, Zeitschrift, Rundfunk, Fernsehen

Teilen Sie Ihre Klasse in Gruppen mit jeweils vier Personen auf. Jede Gruppe soll nun für ein selbst gewähltes Produkt oder eine Dienstleistung (z. B. für eine soziale Hilfseinrichtung) eine Werbeanzeige entwickeln, die in einer Fernsehzeitschrift erscheinen könnte.

Rollenspiel

Rollenspiele stellen immer persönliche oder allgemeine Problem- oder Entscheidungssituationen des Alltags dar.

Sie bieten daher die Möglichkeit, das Verhalten in bestimmten Situationen zu trainieren. Nachgestellte Erlebnisse können zudem Situationen vergegenwärtigen und somit zur Diskussion über wichtige Szenen anregen.

Weiterhin wird dem Teilnehmer über das Hineinversetzen in verschiedene Rollen das Verständnis für unterschiedliche Meinungen erleichtert. Ein zusätzlicher Pluspunkt von Rollenspielen ist die Förderung der Kreativität (= des Einfallsreichtums) aller Teilnehmer.

Wählen Sie eine Situation aus, die für ein Rollenspiel infrage kommt, z.B. Verhandlung vor dem Arbeitsgericht, Betriebsratssitzung, Tarifverhandlung, Bewerbungsgespräch usw. Besprechen Sie die ausgewählte Situation.

Planen Sie in Grundzügen, wie die Szene aufgebaut werden soll, und legen Sie eine Rahmenstruktur fest, z.B.

- zu verteilende Rollen,
- wirklichkeitsnahes Handeln, wobei ein wenig Übertreibung bestimmten Szenen meist nicht schadet (Nervosität eines Bewerbers, Imponiergehabe des Chefs usw.),
- Gestaltung der Kulisse (kleinere Anpassung der Räumlichkeit).

Ein Drehbuch mit festgelegten Texten sollte nicht geschrieben werden, denn Spontaneität ist gefragt. Setzen Sie sich zum Ziel, Ihrem Gegenspieler die passenden Antworten zu präsentieren.

Stellen Sie fest, wer bereit ist, eine bestimmte Rolle zu übernehmen, und verteilen Sie die Rollen.

Nehmen Sie sich vor Beginn des Rollenspiels noch etwas Zeit und überlegen Sie, wie Sie in zu erwartenden Szenen reagieren werden.

Das Rollenspiel kann beginnen. Die Zuschauer schreiben sich während des Rollenspiels auf, was ihnen am Verhalten und an den Aussagen der „Schauspieler" auffällt.

Nach der Aufführung besprechen Sie gemeinsam das Spielgeschehen. Zuschauernotizen und Eindrücke der Rolleninhaber dienen dabei als Besprechungsgrundlage.

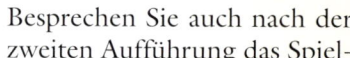

Das Rollenspiel wird noch einmal mit einer neuen Besetzung wiederholt.

Besprechen Sie auch nach der zweiten Aufführung das Spielgeschehen, verzichten Sie dabei zunächst auf direkte Vergleiche zum ersten Rollenspiel. Werten Sie dann das Rollenspiel aus, und vergleichen Sie auch das unterschiedliche Geschehen während der beiden Rollenspiele.

Geschäftsbrief

Wenn Sie einen geschäftlichen Brief verfassen, so gibt es einige Grundsätze, die Sie einhalten sollten, wenn Sie einen guten Eindruck bei Ihrem Gegenüber hinterlassen wollen. Die DIN-Norm 5008 „Schreib- und Gestaltungsregeln für die Textverarbeitung" listet die folgenden Grundsätze (und noch mehr) auf.
Vergleichen Sie dazu die Seiten 346 und 347.

❶ **Der Briefkopf** ist meist werbewirksam gestaltet, nimmt den Firmennamen, Geschäftszweig, im Allgemeinen den Ort des Unternehmens und ein Firmenzeichen auf.

❷ **Die Postanschrift des Absenders** ist bei Geschäftsbriefen meist vorgedruckt und steht in der Zeile unmittelbar über dem Anschriftenfeld, bei Fensterbriefumschlägen am oberen Rand des Sichtfensters.

❸ **Das Anschriftenfeld** umfasst bis zu neun Zeilen:
- Ggf. Angaben über die Sendungsart (z. B. Warensendung) oder die Versendungsform (z. B. Einwurfeinschreiben, Eilsendung) und Vorausverfügung (z. B. Nicht nachsenden)
- Leerzeile
- Empfänger (z. B. Großhandel Joachim Friese); das Wort Firma entfällt, es sei denn, aus den sonstigen Angaben der Anschrift ist nicht zu entnehmen, dass es sich um ein Unternehmen handelt. Die Rechtsform sollte genannt werden.
- Straße und Hausnummer oder Postfach
- Leerzeile
- Ggf. Länderkennzeichen (z. B. CH, F, I), Postleitzahl; der Ort darf weder gesperrt geschrieben noch unterstrichen werden. Die Fluchtlinie richtet sich nach dem ersten Buchstaben von „Ihre Zeichen". Generell liegt die Fluchtlinie für den normalen Text 2,4 cm vom linken Blattrand entfernt.

❹ **Die Bezugszeichenzeile** enthält:
- das Kurzzeichen des Diktierenden und/ oder Schreibenden,

- bei vorausgegangenem Schriftwechsel die entsprechenden Daten,
- die Telefonnummer,
- den Ort des Absenders,
- das Datum des Briefes (z. B. 2003-07-11 oder 11. Juli 2003).
- Das erste Schriftzeichen steht jeweils unter dem Anfangsbuchstaben des Leitwortes (z. B. „Ihre Zeichen").

❺ Nach zwei Leerzeilen unter der Bezugszeichenzeile steht **der Betreff**, der eine stichwortartige Inhaltsangabe des ganzen Briefes wiedergibt. Das Wort „Betreff" wird nicht genannt.

❻ Nach dem Betreff sind wieder zwei Zeilen frei zu lassen; dann folgt **die Anrede**. Sie beginnt an der Fluchtlinie und schließt mit einem Komma oder einem Ausrufezeichen ab.

❼ Der **Brieftext** beginnt nach einer weiteren Leerzeile ebenfalls an der Fluchtlinie. Grundsätzlich ist mit einfachem Zeilenabstand zu schreiben.
Damit bestimmte Textinhalte sich abheben, kann man Einrückungen vornehmen. Sie beginnen 4,9 cm vom linken Blattrand und enden 8,1 cm vor der rechten Kante. Sie sind vom vorausgehenden und nachfolgenden Text durch je eine Leerzeile abzusetzen.

❽ **Die Grußformel** wird vom Text durch eine Leerzeile getrennt.

❾ **Die Bezeichnung des Unternehmens** ist wiederum durch eine Leerzeile von dem Gruß abzusetzen und beginnt ebenfalls in der Fluchtlinie. In welcher Zeile die maschinenschriftliche Namenswiedergabe des Unterzeichners erscheint, richtet sich vor allem danach, wie groß die Unterschrift des den Brief Unterzeichnenden ist.

❿ **Anlagen- und Verteilervermerke** beginnen in der Regel an der Fluchtlinie und sind in einem angemessenen Abstand von der letzten Textzeile zu schreiben, mindestens drei Zeilen.

❶ Das Schlösschen GmbH
Seniorensitz

❷ Das Schlösschen GmbH · Rosentorstraße · 33801 Goslar

I← 2,4 cm vom linken Blattrand

❸ Herrn
Hugo Meyer
Bodenacher Str. 32
CH-8121 Benglen
SCHWEIZ

→I
17,8 cm vom linken Blattrand

❹
Ihre Zeichen, Ihre Nachricht vom	Unsere Zeichen, unsere Nachricht vom	Goslar
me-si 08. April 20..	hi-wa 05321 1234	14. April 20..

❺ Appartement

❻ Sehr geehrter Herr Meyer,

❼ wir danken für Ihr o. g. Schreiben und freuen uns, dass Sie sich entschlossen haben, in den Norden überzusiedeln.

Gern bestätigen wir Ihnen die getroffene Vereinbarung wie folgt:

I← 4,9 cm vom linken Blattrand
Ab dem 30. Mai 20.. beziehen Sie unser
Appartement „Golf" mit Bad und WC
für zunächst ein Jahr.

Wir hoffen, dass Sie sich im „Schlösschen" bald heimisch fühlen werden, und wünschen Ihnen eine problemlose Anreise.

❽ Mit freundlichen Grüßen

❾ Das Schlösschen GmbH

Merle Hinz

❿ Anlage
Unser neuer Hausprospekt

E-Mail schloesschen@online.de
Telefax (05321) 990072

Kontoverbindungen:
Nord/LB Goslar   Postbank Hannover
(BLZ 250 800 00)   (BLZ 250 100 30)
Konto-Nr. 33 03 40   Konto-Nr. 77 70 70

Kommanditgesellschaft Sitz Goslar; Registriergericht Goslar; HRA 9293;
Komplementär K. Bader; Geschäftsführer: Andreas Hinz

Zwei Beispiele für normgerechte Briefhüllenbeschriftung:

Hotel Braunschweiger Hof · Postfach 31162 · Bad Salzdetfurth

Frau
Dr. Maria Sprenger
Zugspitzstr. 10
•
82467 Garmisch-Partenkirchen

Dr. Maria Sprenger
Zugspitzstr. 10
82467 Garmisch-Partenkirchen

Einschreiben
•
Hotel Braunschweiger Hof
Postfach 1648
•
31162 Bad Salzdetfurth

Die REFA-Leitsätze

Leitsatz 1 Geräte, Arbeitsmittel und -materialien sollen am Arbeitsplatz stets übersichtlich und griffbereit aufbewahrt werden.

Leitsatz 2 Ausführung der Arbeit in richtiger Höhe und möglichst bequemer Haltung erspart unnütze Anstrengung.

Leitsatz 3 Das Tragen schwerer Lasten kann oft durch Fahren oder durch einfache Tragevorrichtungen wesentlich erleichtert werden.

Leitsatz 4 Jeder Arbeitsplatz soll dem Bewegungsablauf der Arbeit und dem arbeitenden Menschen so weit wie möglich angepasst werden und nicht mehr und nicht weniger Raum einnehmen, als zur ungehinderten und bequemen Ausführung der Arbeit nötig ist.

Leitsatz 5 Arbeitsplatz und Betriebsmittel sind so zu gestalten, dass Verletzungen praktisch unmöglich sind und der Arbeitende sich nicht dadurch gehemmt fühlt, dass er Verletzungen befürchten muss.

Leitsatz 6 Gute und regelmäßige Belüftung, richtige Temperatur und Luftfeuchtigkeit vermindern die Ermüdung des Arbeitenden. Außerdem sollten Dünste, Staub und Abfälle möglichst umgehend und unmittelbar beseitigt werden, sofern ihre Entstehung nicht vermieden werden kann.

Leitsatz 7 Arbeitsmittel, Gebrauchsgegenstände und Geräte sowie Möbel müssen im Haushalt laufend gereinigt werden. Auf Möglichkeiten leichter und gründlicher Reinigung sollte deshalb geachtet werden.

Leitsatz 8 Griffe an Handgeräten und Maschinen sollen handgerecht geformt sein.

Leitsatz 9 Gute Beleuchtung des Arbeitsplatzes und eine geeignete Farbgebung im Arbeitsraum erleichtern die Arbeit und erhöhen die Sicherheit.

Leitsatz 10 Zweckmäßige Arbeitskleidung schützt den Arbeitenden vor Verletzungen oder gesundheitlichen Schäden und ist damit eine wichtige Voraussetzung für das Erzielen einer guten Leistung.

Arbeitsvertrag

zwischen der	Privatklinik Prof. Ruhgewohl, Parkstr. 10–14	
	47110 Aufgeweckt	als Arbeitgeber
und	Frau Kirsten Müller	, geb. am 18. Februar 1974
wohnhaft in	18311 Ribnitz-Damgarten	als Arbeitnehmerin

wird folgender Arbeitsvertrag geschlossen, in dem die Parteien als **„Arbeitgeber"** bzw. **„Arbeitnehmer"** bezeichnet sind. Jede Veränderung der Wohnanschrift hat der Arbeitnehmer dem Arbeitgeber sofort mitzuteilen.

1. Tätigkeit, Lohn, Kündigung, Arbeitszeit

Der Arbeitnehmer wird als	Hauswirtschafterin	
zum Dienstantritt am	02. Mai 20..	unbefristet eingestellt.

Die ersten drei Monate des Arbeitsverhältnisses gelten als **Probezeit**. Während der Probezeit kann das Arbeitsverhältnis von beiden Parteien mit einer Frist von zwei Wochen gekündigt werden.

Nach Ablauf der Probezeit gilt für die Kündigung des Arbeitsverhältnisses die **gesetzliche Kündigungsfrist**.

Die Gültigkeit dieses Arbeitsvertrages ist davon abhängig, dass spätestens bei Dienstantritt durch den Arbeitnehmer ordnungsgemäße **Arbeitspapiere** übergeben werden.

Der **Lohn** und die **Arbeitszeit** werden durch den jeweils gültigen **Tarifvertrag** geregelt.

Lohnabtretungen bedürfen zu ihrer Wirksamkeit der ausdrücklichen Zustimmung des Arbeitgebers.

2. Allgemeine Bedingungen

Der Arbeitgeber ist berechtigt, dem Arbeitnehmer eine **andere Tätigkeit** zuzuweisen, soweit dies betriebsnotwendig ist. Dies gilt auch im Falle von Arbeitsmangel.

Der Arbeitnehmer hat seine ganze **Arbeitskraft** – unter Ausschluss jeder nebenberuflichen Tätigkeit – dem Unternehmen gewissenhaft zu widmen und die **Arbeitszeit** einzuhalten. Über ihm anvertraute oder bekannt gewordene Geschäftsvorgänge, sowohl während der Dauer des Arbeitsverhältnisses als auch nach dessen Beendigung, hat er Dritten gegenüber Stillschweigen zu bewahren und darf sie auch persönlich nicht unlauterer Art verwerten.

Der Arbeitnehmer verpflichtet sich, an **Schulungs- bzw. Weiterbildungsmaßnahmen** teilzunehmen, soweit der Arbeitgeber dies für notwendig erachtet und die Kosten übernimmt.

Die **Annahme von Geschenken/Vergünstigungen** von Lieferanten ist dem Arbeitnehmer nur mit ausdrücklicher Zustimmung des Arbeitgebers erlaubt.

3. Urlaub

Der Urlaub richtet sich nach dem *Bundesurlaubsgesetz* bzw. nach den anzuwendenden **tariflichen Bestimmungen**.

Der Arbeitnehmer hat dem Arbeitgeber auf Anforderung die jeweilige Urlaubsanschrift mitzuteilen.

4. Krankheit /Arbeitsverhinderung

Ist der Arbeitnehmer aufgrund von Erkrankungen oder aus anderem triftigen Grund an der Arbeit verhindert, so muss der Arbeitgeber am ersten Tag der Erkrankung oder Verhinderung hierüber unterrichtet werden. Dabei ist die voraussichtliche Dauer der Krankheit oder Arbeitsverhinderung mitzuteilen. Bei jeder Erkrankung hat der Arbeitnehmer ohne besondere Aufforderung eine Bescheinigung des Arztes über seine Arbeitsunfähigkeit vorzulegen bzw. zu übersenden.

Stuttgart, 02. April 20..	Stuttgart, 02. April 20..
Unterschrift Arbeitgeber *A. Ruhgewohl*	Unterschrift Arbeitnehmer *Kirsten Müller*

Sachwortverzeichnis